JN163406

イギリス・ピューリタン革命

王の戦争

The King's War 1641-1647

C・ヴェロニカ・ウェッジウッド
訳 瀬原義生
Sehara Yoshio

文理閣

妻　千世子に捧ぐ

序

〔本書〕『王の戦争』は、国王チャールズ一世の治世五年間、一六四二年一月の〔反国王派議員〕五人のメンバーに対する〔逮捕の〕企てから、一六四七年一月スコットランド人による虜囚となった国王のイギリス人への引き渡しまでを扱っている。わたしは、これらの年月のあいだの多くの絡み合った出来事や話題について、公平に取り扱おうと試みた。スコットランドで演じられた盟約者たちと王党派のあいだの争い、アイルランドにおける民族的・宗教的反乱、イギリス人の戦争、宗教的思索からの逸脱、新しい強力な民衆運動から生じた社会的無秩序などについてである。

この書物は、前回の『王の平和』と同様、叙述的歴史である。すなわち、なにが起こったか、それがどのような経過をたどったか、何故そうしたことが起こったかという問題に対しては、それとなく答えようとする叙述の歴史である。そういうわけで、より大きな宗教的自由に対する要求、政治権力をより広く配分せよという要求、すべての人間により大きな平等な正義、より大きな機会を与えよという要求は、戦争という物理的経験から自然に生じたものである。理論とか教理などというものは、しばしば、内面の霊感よりは、すでに心に描かれた、あるいは、実行された行動を説明したものにほかならない。

この時期の発展のすべてが、社会的革命として、観察者に明確に意識されていたわけではない。戦争の物語は無限に複雑であり、『王の平和』の場合と同様、わたしは、同時代の人々が刻一刻経験した緊迫性、混乱を眼前に浮かび上がらせるように語ろうとつとめた。これは、物語を語るもっとも明解な仕方ではない。しかし、劇的に照らし出された重要な出来事をふくんだ「内戦」を、分かりやすく単純化することは、わたしの考えでは、わたしたちの「内戦」に対する理解になにかを付け加えることにはならないであろう。それは、事実にとっては誤りでさえあるかもしれない。なぜなら、これら複雑な年月のあいだの発展には、単純なもの、分かりやすいものは、ほとんどないからであり、重要な出来事の選択に当たっても、歴史家のそれは当時の人のそれとは、往々にして異なっている。たとえば、グロスターの包囲は、歴史の転換点と歴史家によって考えられ、同時代人もそのように感じている。しかし、他方、「ニュー・モデル軍」の創設や献身条例 Self Denying Ordinance の議会通過といった事例のように、好結果をともなったもの、あるいは、同じとき国王軍の再組織を誘ったがゆえに、それほどのものでないと評価されるなど、同時代人によって入り交じって評価を受け、年代が経つにつれて、ようやくその真価が分かるようになったものもある。

「内戦」においては、政治的、軍事的、経済的諸事件は、たえず相互に影響し合っており、それぞれを切り離し、単純化することは、本質的に誤りであろう。戦闘は、しばしば、情報伝達の困難さ、指揮官や部下の地域的利害関心から生じた、ひとしく論じられない、ばらばらのものであった。地方の一部でおこった出来事は、繰り返し他地方に影響したので、戦争は、限りない地域の末端部のイメージなしには、具体的姿をともなって理解できない。わたしは故意に、ガーディナーがその大きな著作のなかで無視した、小さな地方的出来事を沢山取り入れることにした。その意図するところは、覚え切れないような数百の瑣末事で読者に負担をかけようとしたわけではない。それどころか、わたしがここにふくめた出来事は、『王の平和』の場合もそうだが、それ自体記録に値しないものであり、正確に記憶される意味をもたないものである。画家は、巨大なキャンバスに向かったとき、観る者のために、二次的な人物や背景の細々としたすべてが正確に記録され、特定されるようにとは、描かない。しかし、それらは、それでもなお彼が伝えようとした全体的印象を増すものなのである。そこでこの書物で、前著同様、わたしは多くの出来事、多くの人々を取り入れることによって、一つの消え去った時代の多彩さを再現しようと試みた。とくに本書では、相争う理念、要求、人物の相克、不安、驚き、動揺する希望、そして、戦争の絶えざる混乱をしるそうとおもった。わたしは、この戦争の経済的、社会的結果について要約することを、わざと次に予定されている書物の冒頭に先送りすることにした。その書物は、その後の軍と議会のあいだ、さらには軍内部の争いに当てられるはずである。

すでに幾多の偉大な歴史家たちがこの物語を語ってきており、一七世紀に真剣に取り組んだ者ならだれも、レオポルト・フォン・ランケの見識、ガーディナーの着実な精励、G・M・トレヴェリアン――わたしは多くを彼の励ましに負うている――の洞察力に敬意を表さずにはおれないであろう。しかし、これら偉大な先駆者によって敷かれた路線にそって物語を語り直す余地は、どう見てもないようである。わたしの叙述の仕方は、基本的にはわたくし自身のものであり、一七世紀の非常に豊富な公私の史料、戦争に関する生き生きとした、分厚いパンフレット類の収集の初期の段階から、形作られたものである。それは、本が形を整えるにつれて、わたしのノートから生まれてきたのであって、わたしは、議会の勝利ではなく、国王の敗北として戦争を描こうと思いついた。一つには、軍事的物語はこれまで議会側の視角から十分に語られたことであるし、反対側の視角から取り扱えば、より充足し、新しさもあるのではないかと考えたからである。そのうえ、このような叙述の仕方は、ながいあいだその結末が不明確であった紛争の緊張と予期されたことをよりはっきりとさせることができるようにおもわれた。たとえば、クロムウェルをたどることは、読者に確実性に賭けることを求めるようなものである。著者も読者も、究極の達成物を忘れることはできないし、やがて来るはずの議会軍の勝利に疑いを抱くわけにはいかないであろう。それに反し、ルパートをたどることは、読者を、近付く勝利が最終的には敗北におわるその興奮と絶望にとらえるであろう。わたしの信ずるところによれば、クロムウェルは、第一期「内戦」時の末期においてさえも、同時代人の目には、わたしたちの事後 post facto 知識が彼に付与しているような偉大さにおいて見えてはいない。彼の姿は、この本の末尾においてさえも、多くのひとにとっては、期待されたほどの印象的なものではなかった。彼の恐るべき権力が完全に明らかになるのは、一六四七年の軍と議会のあいだの危機のときであって、それについては、わたしは次の書物で書きたいとおもっている。

いま一度、この書物の多くが書かれたプリンストン高度研究所に対し、感謝の意を表明したい。この度も、多くの友人、同僚から援助を受けたが、その援助、啓発に対しては、この一般的な言及の場よりは、「注釈と参考文献」のそれぞれ適切な場において、感謝を表明することにした。しかし、多年に溯って、主題に関する示唆とイメージを賦与して下さったG・M・ヤング氏に多くを負っていることを表明しておきたい。戦争の最初の危機的一八カ月間における議会の操縦については、J・H・ヘクスター教授の著書『国王ピムの支配』の解明に、また一六四〇年代の広範なピューリタンの宗教的・政治的パンフレット類の本流、あるいは傍流を、だれもやらなかったほどの整理をしたウィリアム・ハラー教授の『ピューリタン革命における自由と宗教改革』にも負うていることを述べておきたい。

イギリス・ピューリタン革命 ―王の戦争―

目次

序

第一部　平和から戦争へ　一六四一年一一月—一六四三年四月

第二部　第一次市民戦争　一六四三年四月―一六四五年一〇月

第一部　平和から戦争へ

一六四一年一一月—一六四三年四月

第一章　ロンドン、失わる　一六四一年一一月―一六四二年一月

第一節　発　端――大抗議文――

一六四一年秋、国王チャールズ一世、スコットランドからロンドンへ帰国

一六四一年秋、国王チャールズ一世がスコットランドから帰国してきたとき、ロンドンは壁掛け布とワインの流れる泉で晴れやかであった。一一月の昼間は薄曇りで、ムーア門の彼方の幹線道路はくるぶしが埋まる深さの泥道であった。しかし、道路には板が敷かれて、国王の幌馬車がはまりこまないよう、またスコットランドから帰ってきた主上を迎えようと集まってきた身分の高い市民の靴を汚さないように図られていた。王妃と子供たちは、セオバルズで彼を迎え、チャールズは、一一月二五日午前一〇時に市の境目に到着したが、王妃と子供のうち年長の三人、彼の甥、そしてリッチモンド公爵夫人が一台の快適な四輪馬車に同乗していた。

ロンドンの地区裁判所判事が歓迎の挨拶をし、国王はそれにねんごろな挨拶を返した。彼は人民の自由と真のプロテスタントの宗教を維持する決意に変わりはないことを保障し、ロンドン市民に対しては、次のことを保障した。すなわち、商人に負うている借金のために拘留されるべき廷臣を保護するという国王の特権を制限する、また現在のアイルランドの反乱が鎮圧されしだい、没収されているアルスターにあるロンドン市の所有地を彼らに返還するであろう、と。彼は、ロンドン市長と判事を騎士に叙任して、締めくくりとした。それから長男とともに馬に乗り、彼は市へ入っていき、王妃と残りの一行は四輪馬車に乗ったまま、そのあとに続いた。

市の同業組合によって用意された儀仗隊が街路に沿って並び、泉水から流れ出る赤紫色のワインで気分の大きく

なった市民たちは、「見物の便宜のために」設けられていた柵にもたれかかり、声高に、長い歓呼をおくっていた。ギルドホールでの歓迎宴会ののち、国王とその家族は、家路へ向かう旅を続け、セント・ポールの南門――そこでは、聖堂参事会員たちが賛美歌を歌って迎えた――を通って、ストランドを下がり、ホワイトホールへ向かったが、市民たちは燃える松明を手にして、彼らの道を照らしたのであった。

この間、市長が受けていた苦情、すなわち、国王の浪費に憤慨し、その物見遊山に賛成しない人々――たとえば、その一人ジョン・ヴェンはロンドン選出の国会議員であった――から寄せられていた苦情は、表には現れてはいなかった。歓迎ぶりは国王をして、彼と議会のあいだに力の試し合いが起こったときには、ロンドン市が彼を支持してくれるであろうと確信させた。彼はスコットランド人に勝利したと確信し、ロンドンをも支配下においたと少なからず信じこんで、ジョン・ピムによって指導されたウェストミンスターの敵たち、その「手品使いの奴ばらjuggling junto」を出し抜き、圧倒するときがやってきたことに疑いを抱かなかった。

チャールズ一世の王権観と初期の治世

彼は、自分の治世の危機がやってきている、と感じた点において正しかった。それは本質的に、ごく単純な面、すなわち、議会における彼と反対者たちのあいだの権力をめぐっての、真っすぐな闘争に現れていた。統治する国王としての行動と野心の一七年間が、必然的に、彼をこの瞬間にまで運んできたのだ。彼はつねに、神が自分をこの高い、神聖な職務のために選んだのだ、と確信して統治してきた。彼は、王国に正義、平和、日常の秩序、真の宗教を確保することが自分の義務と心得ており、自分、そして、自分だけが、これらの良俗を維持するための行為、政治について、神の指示にしたがった判断を下すことができると真面目に信じ込んでいた。それは、彼に始まったことではなかったが、当時の政治理論家たちによって展開されたこの理論に至上の信頼をおいていたのは、彼ただ独りであった。「王は国家の頭であり、神の下に直接し、それゆえ人民のあいだに神の刻印と表徴とをもたらす者である。あるひとがいうように、神が天国の王であるとすれば、国王は地上の神にほかならない」。

その治世の最初に開かれた三回の議会が妨害的で、批判的であるのをみて、彼はもはや招集しまいと決意した。ここ数年、王国をおおっていた平穏さのゆえに、自分だけでも旨くいくという思い違いをするにいたったのである。しかし、宗教的礼拝儀式に統一性をもたせようとした彼の強制は、臣下のある者たちを怒らせ、商業上の規制への介入は、関係者の物質的利害と衝突した。彼は、〔在ネーデルラントの〕兵員への支払いのためにスペイン政府が用意した銀塊をイギリス船で運ぶことを認めて、* 収入を増加させたが、このため、自分の国をヨーロッパのスペイン・ハプスブルク帝国派に結び付けることになり、その一派は彼の治世の初期にあたるが、ドイツの大部分をローマ・カソリック信仰に取り戻すことに大成功を収めており、他方、〔ボヘミア王であった〕彼の義理の兄〔フリードリヒ五世〕を廃位に追い込み、亡命地で死なせていた。** この外交政策は、国王チャールズのプロテスタント臣下たちを苦しめ、スペインの支配する植民地でのイギリスの植民活動を妨げた。国内でもまた、国王政府は国を奮い立たせる理念の欠乏に陥っていた。彼は、自分のしていることと自分の理論とを旨く結び付ける能力も勤勉さも持ち合わせていなかった。もっとも有能な大臣――カンタベリ大主教とストラッフォード侯爵――もほとんど用いられず、国王顧問会議は行政の中心から、利益と地位をめぐる陰謀の中心に堕落してしまっていた。

* 当時は、オランダ独立戦争の末期にあり、スペインの執政スピノーラは軍隊のための給与資金（銀塊）を本国から送らせていた。

** フリードリヒ五世は、ファルル選帝侯であったが、一六一九年ボヘミア王に推戴され、ドイツ三十年戦争の発端をなした。翌一六二〇年ヴァイサーベルクの戦いで敗れ、一六三二年亡命地のメッス市で死んだ。彼の妃エリーザベトはチャールズの姉。

一六三八年スコットランド人は、国王が彼らのためにデザインした新しい教会儀式令を受け入れるよりは、反乱の方を選んだ。反乱は彼を驚かせた。イギリスの議会は、スコットランド戦争の資金調達のために、ただちに招集されたが、議会は賛成投票をすることを拒否した。これもまた彼を驚かせた。スコットランド人は、彼を徹底的に打ち破り、〔イングランドへ侵入してきたスコットランド兵の〕撤退のためには金を支払わなくてはならなかった。資金を調達するために、一六四〇年一一月、彼はまたもや議会を招集するほかはなかった。新しい議会の指導者はジョン・ピムであった。ピムはすでに五〇歳半ば、エリザベス朝時代に生まれ、育ってきた、強固なプロテスタント信仰の男であり、イングランドはスペインの覇権に挑戦し、スペインの植民地に侵入しなければならないし、そうすることができると確信する男であった。ピムとその追随者たちは、庶民院で国王のあらゆる弱点を攻撃した。国王は初めは、この猛攻撃のまえに後退するほか選択の余地はなかった。彼は、最有能だが、ひどく人気のなかった二人の大臣たちを見捨てた。大主教ロードをロンドン塔へ、ストラッフォードを断頭台へおくったのである。また彼は、議員たちの同意なしには、この危険な議会を決して解散させないことに同意しなければならなかったし、さらに国王の政策実行の主要手段であった〔星室庁〕遺言事件裁判所の廃止法案を通した。

「長期議会」

のちに「長期議会」と称される、これら最初の数カ月を通じて、国王は一般に不人気であった。しかし、国王が譲歩を続け、庶民院がなおも要求をし続けるにつれて、臣下の多数は嫌悪を感じはじめた。彼らは国王が蹂躙《じゅうりん》されているのをみた。自分たちの記憶では、いかなる国王も蹂躙されたことはなかったのに。彼らは、国王反対者たちの知性と良識を疑いはじめた。一例をあげれば、全盛時代の国王に奉仕した人々に対して追及しすぎではないか、その追及も明確ではない動機からなされているのではないか、と噂が飛び交いはじめた。そういうわけで、サー・ロジャー・トゥイスデン――かつての国王政治の批判家の一人――は、いまや議会に苦情を述べて、こういった。「議会は、われわれが置かれている悲惨さについてくだくだと説明することや、法律違反者、とくにこのごろ領地をえたような者〔新参者〕と喧嘩をすることに時間を費やすといった事柄を直す努力を、残念ながら、ほとんどしていない」。

国王が過去において過大な権力を行使したことがあったとしても、現在過大な権力を行使しているのは議会であった。庶民院は、治安判事たちに命令を下して、議会の要求する情報を提供することを拒否した者を拘束する権限を与えた。これらの革新は、保守派を困惑させ、一方、国王の工夫された温和さが、国王にこれまでもっとも激しく反対してきたひとたちをも懐柔して、国王は過去に犯した過ちを反省し、これからは賢明にして寛大な支配者であろうとしていると信じさせた。ピューリタンの牧師カリビュート・ダウニングは、最近ピューリタンが耐え忍んだ迫害とネーデルラントのプロテスタントが経験した迫害――その結果、彼らはフェリペ二世に対して反乱を起こした――とを率直に比較したのち、すべては平和と友好におわるであろう、なぜなら、「国王陛下のあまねき愛、陛下は絶対的に公正であるという信頼」、そして、「義務を愛しようという新しい気持ち」にもとづいて彼に奉仕しようという欲求があるが故である、と予言している。

一六四一年晩夏、国王はいま一度人気をかちえ、他方、敵対者たちは増大する不信感に直面していた。チャールズにとって、反撃の機が熟していた。彼は王権という職務の神聖性を確信しており、それゆえ、議会による彼の権力の被覆《ひふく》の永続化を許すことはできなかった。彼は後退を意図していなかったので、いかなる譲歩（ストラッフォードの取り返しのつかない犠牲はのぞいて）もしなかった。彼は、自分の権限への新たな侵害を妨げるだけでなく、議会の立場を出し抜き、失われたすべてを取り戻すための、将来の戦術のために働いた。この目的を視野に入れて（彼は信念と名誉にかけて、少ないことを欲してはならなかった）、彼は議会のなかに自分の一党を作ろう、スコットランドとロンドン市の支持を得よう、あるいは、もう一度得ようと手段を講じていた。

一六四一年晩夏から秋にかけて、彼はエディンバラに出かけ、誤って、すべての人間を愛顧によって獲得できると信じて、一時彼の敵であった者たちからなる政府を設置した。その者たちにおびただしい官職と称号を与え、今後彼らは王の利害を自分たちの利害と見なすようになるだろう、と彼は盲信したのであった。

イングランドにおける彼の権威の二つの生命線ともいうべき部分は、まだ触れられてはこなかった。すなわち、彼はなお、自分の顧問官と国家の主要な役人を選び、任命する権利をもっており、また王国の軍事力の最高指揮権をもっていた。この軍事力というのは、平時には、「古参兵団 Trained Banda」から成るにすぎなかったが、一旦緩急の場合に、軍隊を召集し、組織するのは彼らの役割であった。

一六四一年一〇月、アイルランドで反乱勃発

一六四一年一〇月、彼がなおスコットランドの滞在中、緊急事態が起こった。アイルランドのローマ・カソリック教徒が反乱に立ちあがったのである。彼らは、イングランド議会におけるピューリタンの勝利によって、自分たちの宗教に対してより抑圧的処置が取られるのではないか、スコットランドやイングランドからの移住者によって自分たちの土地がさらに奪われてしまうかもしれない、と怖れたのであり、その怖れは十分理由のあることであった。反乱は国中を席巻し、移住者たちを住家から追い出したが、彼らは、自分たちの意図するところは、王の権利を回復し、自分たちのしたことに対する王の保障を得ることにあると宣言した。

アイルランドの蜂起は危機を急速に深めた。それを鎮圧するため軍隊が作られねばならなかったが、イギリス議会の多数は、国王アイルランド人は彼のために戦うといっていたが軍隊を統制できるかどうかに疑問を感じていた。王は王で、自分以外にはだれにも、正式にイングランドで立ち上げられた軍隊の統帥権が与えられてはならない、と断固決意していた。アイルランドの反乱は、それゆえ、ピムにとっては、王権のなかの残存物に対して攻撃せよ、との合図に映り、アイルランド反乱に対して取られるべき処置について議会が国王におくった通告には、今後、議会の承諾する人物以外には、いかなる者も顧問官に任命してはならないという要求を含んでいた。ほとんど同じとき、庶民院では、ピムのもっとも信頼できる支持者であったオリヴァー・クロムウェルが、イングランド南部の「古参兵団」をピューリタンのエセックス伯のもとに移すことによって、国王の将校任命に直接介入しようと試みていた。

「大抗議文」議会を通過す

国王は、一六四一年一一月一八日、エディンバラを離れた。ロンドンへの帰途の途中、ジョン・ピムとその追随者たちは、庶民院においてかろうじての多数で、「大抗議文 Grand Remonstrance」を通過させた。それは、詳細に、長々と、その治世を通じての国王の教会、国家政策を、国内外を問わず、非難したものであった。その目的は、国王が自分の顧問官を選ぶ、あるいは、自分の軍隊を統率する適性をもっていないことを、疑問の余地なく示威するところにあった。「大抗議文」は、一六四一年一一月二三日午前一時、一一票の差で通過した。抗議しようとした国王支持者たちは、嫌になるような、かんしゃくを爆発させた大騒動のなかで、怒号によって威圧された。院を退去するときオリヴァー・クロムウェルは、次のようにいったといわれる。もし「大抗議文」が否決されるならば、自分は、もっているものをすべて売り払い、アメリカに渡るつもりだった、と。ジョン・ピムの支持者たちは、このように明確に、「大抗議文」という砲撃が切り開いた政治闘争の意義を理解していたのである。

第二節　国王チャールズ一世とジョン・ピム

国王が二日後、首都に再入場しようとしたとき、ロンドン市民によって彼に与えられた喉《のど》をふりしぼっての歓迎は、ウェストミンスター議場における庶民院の深夜の怒号に溺れさせられていた。国王自身は、機嫌のいい確信をもって、戦いの火ぶたを切ろうとした「大抗議文」を無視して、政治闘争に自分自身の戦術を採用することにした。議会を正式に訪問することをせず、喉がひりひりするというちょっとした口実をもうけて、ハンプトン・コートの静謐《せいひつ》のなかへ引き籠もった。冬の季節を陽気にする宮廷の行事を奪われたロンドン市民の野次も、はじめは彼の耳に届かなかった。他の事柄が彼の心をとらえ、彼はブリストル侯とその息子ディグビー卿との私的会談で時間の大半を費やした。

国王寵愛の顧問官ジョージ・ディグビー

議会が開会して以来、この二人は上院における国王支持者たちを機敏に指導し、上院のなかでピムにもっとも密着した同盟者、動きののろいマンデヴィル卿に対抗していた。二人は、ピムとその追随者たちに対する一連の上院議員たちの憤慨をかきたて、上院を動かして、庶民院から出された最近の要求――今後、「悪しき顧問官」の選ばれるのを阻止し、それによって、国王は大臣の選出にあたって議会に従わざるをえなくなる――要求に反対させることに成功していた。

続く数週間、国王は貴族院において自分の優位をさらに推し進めるために、ブリストルとディグビーに依存し続けた。ブリストルは、それほど好きでもないひとに、あえて仕える決心をした奉公人以外のなにものでもなかったが、ジョージ・ディグビーの方は、すぐに友人となり、寵臣となった。彼はこのときちょうど三〇歳、金髪色白で、青い目をした、「優雅な美男子」であった。さっと投げつける機知、流れるような口調、優雅な身のこなし、教養のある心、陽気な自信ぶりによって、国王の気に入られたのである。彼は生まれつき楽観的かつ鋭敏であり、まったくの嘘つきというわけではなかったが、自分自身に合わせて、真実を述べるのを控えたり、飾ったりする傾向があった。国王は彼の描く構図の巧妙さに目をくらまされ、障害物にかぶせられた彼の気軽な楽観に気持ちを高揚させたのであった。

ジョン・ピム

ディグビーは、庶民院のなかにも友人や称賛者をもっていたが、そのなかで中心的であったのは、エドワード・ハイド、ジョン・カルペッパーであった。彼らは、議会が招集された当初はピムを支持していたが、その後彼の賢さ、さらには彼の忠節に疑問を感ずるようになっていた。二人とも「大抗議文」に反対した。これら二人と結び付いていたのが、ハイドの特別の友人、穏やかなフォークランド卿であった。この知的で高潔な男――「きわめて鋭い機知をもち、このうえなく立派な、誠実な人柄であった」――は、ディグビーの弱点を暖かく見逃すには、あまりにも真実を愛しすぎた男であったが、彼が不承知であるからといって、ディグビーが国王に対して、庶民院における国王の利益を推し進めるためにこの三人を十分に使うように働きかけることを妨げるものではなかった。その指示は新しいものではなかった。国王の顧問官や奉公人を使って、王権の欲する処置を議会において動議し、促進するのは、また上がってくるかもしれない反対を抑制するのは、一世紀以上にわたる宮廷の政策であった。エリザベス朝のもとでは、このシステムは非常に高度に、効果的に発達したが、スチュアート朝のもとでは、おろそかにされ、少なくとも極めて不適切に用いられることになった。国王チャールズのどの議会においても、彼は、自分の奉公人によって十分に代弁されなかったし、支持もされなかった。現に開かれている長期議会の最初の会期内においても、奉公人のなん人かによって見放され、裏切られた。国務大臣のヴェインは、率直にいって、主人である国王の道具ではなく、ピムのそれであった。王の中心的顧問官である諸卿のなかでは、ノーザムバーランド、ホランド、ペムブローク各伯爵が、積極的か消極的かは問わず、彼を見捨てていた。ピムは確実に、一つ、あるいは二つの理由で、何人かの宮廷人、あるいは、なんらかの仕方で国王に奉公している従属者たちを庶民院から追放することに成功していた。長期議会の最初の会期全体を通じて、チャールズは議会内において組織立った支持をもっておらず、その状況たるや、強力な、あまり弱みのない王権にとってさえ危険なものであり、まして彼にとっては悲惨なものであった。

彼はいまや、回復する手段について考えねばならなかった。彼の秘書官のなかで、もっとも忠実で経験に富んだ男エドワード・ニコラスは、ハイドとその友人たちに接触した。当然のコースとして、これら穏和で、尊重すべき人々を国家の役職に揚げることによって、国王は、朽ち果てるままになっていた手段を再建し、議会において王の政治を推進する組織立ったグループを再び保持することになった。

外観は希望のもてないものではなかった。「大抗議文」の嵐のような議会通過は、庶民院のなかに深い亀裂のあることを暴露した。すなわち、徹底的に国王にあえて挑戦することを辞さない人々と、王権へのこれ以上の侵害を怖れ、ジョン・ピムの動機に疑いをさしはさむにいたった人々のあいだの亀裂である。もしチャールズが庶民院内の裂け目をより深くし、また貴族院と庶民院のあいだの裂け目を深めたならば、さらに友人や代弁者たちを通じて、ピムが握っている主導権を取り返すことができるならば、彼は最後には、議会における彼の敵をその権力の高みから叩き落とすことができるかもしれなかった。

反国王の議会指導者ジョン・ピム

ジョン・ピムは、危険を明瞭に察知した。彼は、チャールズがしようとしているあらゆる動きを見越し、先回りをした行動を取って、国王の政治とその地位に対して攻撃を加えることに成功した。彼は単に国王の手から主導権を取り上げたばかりでなく、彼の先見の明と熟練さをもって、より巧みに、より無節操に議会操縦術を編み出し、結局、彼が以前実現したよりもはるかに成功を収めたのであった。国王の友人たちや、これまでの数カ月、国王の側に言い寄っていた連中は、巧妙さにおいてピムとその信奉者たちに匹敵する者ではなく、それを模倣するよりは、むしろ非難する傾向にあった。ハイドはのちに、嫌悪の感情をもってピムの戦術のことを書いている。彼らが実行に移される前に、「〔議会への〕勧告を徹底的に考え抜き、形作る」このやり方は、彼にとっては、国王の友人たちの名誉を棄損するために用意された政策や、庶民院の気の弱い同僚議員たちに賄賂《わいろ》をおくるか、脅迫するかする政策ほどには、悪いこととは思われなかった。真面目な人間は、とエドワード・ハイドは思っている。「彼らに、三つの王国を維持していくためとして、こうした武器を残しはしないであろう」。

自分自身の評価では、ジョン・ピムの仕事はまさに三つの王国を維持するためのもの以外のなにものでもなかった。彼の考え、そして、彼の主要な仲間たちの考えでは、アイルランド人やカソリック派の陰謀の噂を大小を問わず流布したり、国王が陰謀者たちに巻き込まれていると仄《ほの》めかしたりする議会運営の仕方は、状況の大変な危険性から正当化されるものであった。国王がアイルランドの反乱者たちに秘密の了解を与えていると仄めかすのは、不忠実なことであったかもしれないが、決してありえないことではなかった。一六三八年プロテスタントのスコットランド人が反乱を起こしたとき、彼は一週間以内に彼らを反逆者と宣告したのに、アイルランドの反乱が起こって一カ月がたつというのに、彼はいまだに宣言を出していないのである。彼らの指導者――北部のペーリム・オニール、ロリ・マッギーヤ、南部のマスカリー卿――は、自分たちのしていることに国王の保障をえていると執拗に主張していた。アイルランドの有力なローマ・カソリック派の領主アントリム伯やディロン卿は、反乱の起こる数カ月前、それぞれちがった機会にではあるが、国王に密着した随行者であった。二年前には、チャールズは、アントリムのアイルランド一門をスコットランド反乱者に対して使おうと思ったほどである。先の四月以来ずっと、彼はあらゆる手段を用いて、自分の目的のために使える軍隊を作り、確保しようと試みていた。彼がアイルランドの反乱者をそうした軍隊として利用しようと考えたのは、ありうることである。ありうるどころか、それ以上のものであって、彼は最後には、アイルランド人を鎮圧するために召集したはずの軍隊を、より手近な本国の反抗的な臣下の弾圧に振り向けることになるのである。

これは、ピムが見て取ったように、危険なことであり、しかも決して夢物語ではなかった。国王は、議会内の忠実な人たち――その支持が必要であった――の奉公をかちえるために、なだめるような声明をしたかもしれないが、それは、自分の地位を強化しようという戦術的ごまかしにすぎなかった。宮廷では、彼は、王妃を取り巻いているほら吹きの兵士たちを励ましていたが、彼も王妃も、彼らが近い最初の機会に、力によって自分たちの権威の再建をはかる意図であることを、外国の大使たちの目から隠すことはできなかった。

庶民院のエドワード・ハイドとその友人たちは、策略にごまかされた。彼らは、自分たちに対する国王の予備的提案を、王がすでに解決の用意があるというしるしとして解釈し、ピムの非妥協性を嘆き悲しんだ。というのも、彼らは、ピムが、すでに達成ずみの法的改革を基盤にした、国王と議会のあいだの分別のある、穏やかな協定を危険にさらしていると考えたのである。彼らはこの時点では、国王がそうした基盤のうえでの協定を欲していなかったことを理解していなかったし、国王がピムだけでなく、最近の議会会期中に同意することを余儀なくされた制限的な立法すべてを転覆しようとするときに起こる争いにさいして、彼らを利用しようと、彼らを自分の側に引き付けていたことに思いもよらなかった。ハイドとその友人たちは、政治理論に明るかったにしても、自分たちが演技者である状況の性質については把握してはいなかった。穏健化や妥協はつねに、理想的には、暴力よりはいことであったが、しかし、それは、一六四一年秋には存在していなかった条件を前提とするものであった。国王と議会のあいだの協定を弁護し、追求した人々は、結局は国王によって欺かれ、ピムによって離縁されたのである。ハイドとフォークランドは、その理想において尊敬され、その不運について同情されるべきかもしれないが、しかし、彼らの政治的判断はまさしくほめられるものではなかった。国王チャールズとジョン・ピムは、もっと正確に、力、ないし詐欺以外には、解決のないことを見て取っていた。この国王とこの議会のあいだには、かつていかなる均衡も樹立されたことはなかったのである。

国王は自信過剰であった。ジョン・ピムはそうした間違いをしなかった。彼は国王の計画を推測し、国王の弱点を知っていた。彼は宮廷のなかに情報通報者をもっていた。国王の友人たちの振る舞いは不注意そのものであったので、通報者などほとんど必要とはしなかったのであるが。そのうえ、スコットランドにおける国王の行動についてリポートをするために送られた議会委員会は、帰国したさい、国王が議会に対抗するために助けを求めても、この委員会グループからは妄想におわるであろう、とピムを安心させていた。

ピムは国王の弱点を知っていたが、自分の弱点も心得ていた。彼はもはや、庶民院の多数派に依存できなくなっていた。彼が一年前、国王政府、ストラッフォード、特権的宮廷、船舶税、諸独占を攻撃したとき支持してくれた多数が、いまや疑い深く、疑惑を抱くようになっているのに気付かされた。事実としてピムとその主要な支持者たちは、いまでは自分たちが国王にとって「憎らしい、咎《とが》められるべき」存在となっていて、国王に昔の権力の回復が許されるならば、自分たちは彼の仕返しに対して決して安全ではおられないと感じていた。こうした状況が彼らの道徳的状態を弱め、今後の彼らの行動すべては、咎められるかもしれないという恐怖と政治的便宜とから解釈できそうにおもわれる。

反国王派議員の集まりプロヴィデンス会社（カリヴ海）

さらに一六四一年夏、このように多くの緊急の議会活動が本国で展開されている間、カリブ海では、スペイン軍がプロヴィデンス島に上陸し、そこのイギリス人植民者居住地を完全に一掃していた。ジョン・ピムは、プロヴィデンス会社の幹事であり、会社の主要株主はみな国王反対派のリーダーであった。ウォーリック、ホランド各侯爵、セイエ卿、ブルーク卿、ジョン・ハムデンがそれである。彼が数十万ポンドを企業に投じてまだ四年も経ってはいなかった。政治と商業におけるこれらの男たちの連合は、偶然のことではなかったのである。同じプロテスタント・ピューリタンであり、海賊行為を働いてきたという伝統が、国内にあってはピューリタンを抑圧し、国外にあってはスペインを優遇する国王を攻撃させ、他方カリブ海においてスペインに抗して、私的な冒険企業を営むことへとかりたてたのである。国王チャールズの長い個人的支配期間を通じて、彼らは会社の業務会議を利用して、自分たちの国の精神的物質的繁栄にとって致命的ともいうべき国王の政治を抑える方法について議論した。しかし、つぶされたプロヴィデンス会社がもっていたかつての意義は、現在では、その株主たちの地位と将来性よりも、それほど重大事ではなくなっていた。災害を評価する十分な時間はなかったが、会社の負債は重く、資産は少なかった。議会の会期が続いている間は、会社のメンバーは負債のために拘留されることを免除されていた。意地の悪い者たちが、ピムやハムデンは議会を無期限に続けたい強力な個人的理由をもつにいたったと信じたとしても、無理のないことであった。この種のあてこすりは、ジョン・ピムとその主要な支持者たちの評判を傷つけ、庶民院の疑惑を抱いた人々に対する彼らの把握力を弱めた。

「大抗議文」は、一四八票に対して一五九票で可決された。少数派は抗議すべきだ、というジョフリ・パーマーによって提出された動議は、多数派の猛然たる怒号のうちに打ち消されたが、まさに暴動が勃発したかとおもわれるほどであった。国王がロンドンへ入った日、パーマーはその軽率な行動のゆえに、一二八票対一六九票で、ロンドン塔への入牢が評決された。しかし、彼を庶民院から完全に除名しようという動議は、一三一票対一六三票で否決された。

一貫してパーマーに有利な投票をした一二八票が、強固な国王支持層であったのに対し、終始パーマーに不利に投票した一三一票は、同様に強固なピム支持層であった。しかし、その当時ただ、およそ三〇〇人の議員しか参集していない議会では、残りの四〇人の恐怖と共感の変動が結末を左右した。ほかに欠席した多数の議員がおり、次の二、三週間以内に庶民院に帰ってくるように国王から命令されたが、その大多数はピムの友人ではなかった。彼らは、引き続いて欠席したことからも判るように、当惑した者、怠惰な者、保守的な者であった。ピムは、欠席者がウェストミンスターに帰ってくる前に、国王との争いに決着を付ける必要性を十分に気付いていたのである。

第三節　国王、議会との対立深まる

宮廷支持者とその反対者への議会の分裂は、ずっと以前からの事実であったが、しかし、当時の政治理念は党派分裂の理念に公式的には賛成を与えていなかった。王国の大協議機関である議会は、理論的には単一の統一体であり、同時代の著作家の一人によれば、キリスト教徒からなる継ぎ目のない一枚の外套に比較されるものであった。ジョフリー・パーマーは、庶民院内の分裂を刺激して、ロンドン塔に送られた――あたかも、彼の挑発なしには、そのような分裂は存在しなかったかのように、と。数日後、チリングワース博士――彼の著作『プロテスタントの宗教』は、数年前に国王の愛顧を彼に得させていた――は、クレメンツ法学院の法律家で、一人の友人に、パーマーがいま困難に陥っているが、「別の側にいるある者」が反逆者として告発されたのも、そう以前のことではない、と述べた。こうした発言をしたという情報をもとに、チリングワースは庶民院に喚問された。彼は、自分が反逆云々について発言していないと否定したが、当局の疑惑は解消しなかった。「別の側」に言及して、彼は議会が二派に分裂していると暗黙のうちに認めた。この無邪気な事態の真実への言及のために、チリングワースはロンドン塔のパーマーの後を追うことになった。

一つの政治団体のなかに二つの党派が適当に存在することができる、ということをだれも認めないとすれば、ピムが自分たちのグループを「国家の真の党」、反対派を国民的協議の統一を壊そうとする単なる派閥と見做したのも無理からぬことであった。議会内の王党派は、王党派で、彼と同じことを考えていた。ある政治的党派は「国民の残りの党派に対する一種の陰謀にすぎない」と、ある政治家がいうようになるのは、一世紀以上後のことである。一六四一年では、双方の考え深い指導者たちは、自分たちの政治がすべての人の利益を代表し、反対者の政治は利己的な人間たちのそれに過ぎないと見做したのも当然のことであった。

ピムは、自分の多数派が数を減らされ、脅かされるにいたって、庶民院のなかで困難な問題に直面することになった。貴族院の問題は、いささか厄介であった。なぜなら、ブリストルがいまや王党派貴族たちの指導者になったからであり、対するピューリタン・グループの中心的組織者となったのは、数カ月前のことだが、マンデヴィル卿であった。有能、かつ影響力のあるノーザンバーランドは、確かに、いまや全体的には宮廷に対する忠節を放棄したようにおもわれ、イングランドの上級提督卿として、ピムとその党派に貴重な援助をもたらしはしたが、しかし、彼は、その高尚な精神に動かされて、援助したり、しなかったり、未知数の同盟者に止まった。国王は、国王で、ずっと主教たちの支持を勘定に入れることができた。このグループは、最近死亡の増加で薄くなっていたが、彼は、選び抜かれた若者の補充によってすぐに強化できるものと信じていた。この脅威に対処するため、ピムは、議会の開会にあたって、主教たちの投票を廃止する法案を提案したが、国王の権力を切り詰めようというこの法案やそのほかの対策は、上院において、もっともなことながら、否決された。

王権に対して議会の権力を維持するのは、究極的には力であり、それに依存しているはずであった。一一月末の前、二回ほど、ピムの代弁者は軍隊の将校任命権を手中にしようという動議を提出した。すなわち、オリヴァー・クロムウェルがエセックス伯をトレント河南部の全軍の司令官にするという動議を提案した、その数日後には、ウィリアム・ストロードが、王国の防衛のために組み立てられた法案を上程した。これら法案は、ピム党によって作成されたにしても、軍隊の指揮権から国王をすっかり除去しようとするものであった。このような法案には、すぐにではないが、予想される衝突が来るにちがいない。

国王党とピム党のあいだの危機を急速に近付けるにあたって、中心的役割を演じたのは主教たちの政治権力からの排除であった。なぜなら、彼らが投票を保有するかぎり、それは貴族院におけるピムの対処を封ずるものであったからである。ピムは、ロンドン市選出のピューリタンのメンバーに助けられて、必然的に主教たちに対し、前年夏ストラッフォードを断頭台へと急がせた、それと同じはやし立てる徒弟たちや船乗りたちを立ち上がらせようとした。しかし、尊敬すべきロンドン市民を自分の側につけていると確信した国王は、やじ馬たちの蜂起を出し抜く処置を取った。議会議事堂への進入路は、過去数カ月来、エセックス伯によって指揮された「ロンドン民兵隊」からなる連隊——その兵士たちはロンドンの少年たちと親しく、その指揮官はジョン・ピムと親しかった——によって防衛されていて、それに近付くことができなかった。チャールズは、いまやその防衛隊を、ドーセット侯指下の「ウェストミンスター民兵隊」から選ばれた連隊によって置き換えた。書類のうえでは、この処置は議会の安全と名誉に対する恩恵ある意向から出たものとして記されている。事実は、それは、議事堂への進入路に、ロンドン市民や将校を嫌っている、あるいは軽蔑しているような兵士、ウェストミンスター出身で、宮廷の友人、その従者であるような兵士を配置することであった。国王は、円滑に鍵になる位置を占めるにいたった。

庶民院に対して暴力が振るわれるかもしれない、という噂が、この守衛の変更以前から出始めていた。国王の楽しげなロンドン入市の日に、同市の国王反対派の人々は、王党派が議会を攻撃するかもしれないと信じており、その阻止のための活動を開始していた。ヴェン夫人——彼女の夫は「ロンドン民兵隊」の隊長の一人で、ロンドン市選出の代議士であり、国王歓迎の行事に強く反対していた男であった——は、隣人の店屋で手をよじって泣きながら座っていた。彼女は、庶民院が包囲され、自分の夫が虐殺されるのは確実とおもっていたのであるが、一人の勇敢な食品雑貨商が、ピストルを振り回したり、小刀の柄を軽く叩きながら、〔そのときには〕復讐してやると彼女を慰めていた。

ロンドンの徒弟たちの議会に対するデモ

次の日々、ピューリタンの親方たちに励まされた徒弟たちは、いわば公認の形で、喜んでウェストミンスターへぶらぶら歩いていき、庶民院の外側に群がって、「主教たちは、やめろ」と声高に叫んだ。昨日、ないし二、三日前に、「神よ、国王を救い給え」と叫んでいたというのに。一一月二九日になると、彼らは、パイプをくゆらしたピューリタンのエセックス侯や親しい隣人である「ロンドン民兵隊」ではなく、傲慢なドーセット侯と闘いたくてうずうずしている、ウェストミンスターのきびきびした青年たちと対峙することになった。それに続いて、あわてふためき、こけつまろびつしつつ、ロンドンの少年たちは、身体ではないが、誇りをひどく傷付けられて構内から投げ出された。

騒ぎのニュースを聞き付けて、エドワード・ハイドに率いられた庶民院の王党派は、騒動の原因を調査することを要求した。徒弟たちがその脅迫的な態度で議会の特権を侵害した、と彼らははっきりと断言した。王党派の攻撃はよく考えられたものであったが、ピムの友人たちは、その側面を突いた。是非とも調査すべきだ、とサー・シモンズ・デーヴは論じた。さまざまな噂のあるカトリック派の陰謀を調査するために、すでに設けられてある委員会によって、徒弟たちの行動も調査させてはどうか、と。ピムとその一派によって支配されたこの委員会が、国王の友人たちによって提出された証拠、すなわち、今度の騒ぎがピム、ヴェン、その他のシティのメンバーによって引き起こされたものであることを証明する証拠を握り潰すにちがいないことを、彼は知っていたのである。その間にも、ますます人数をふやしつつ、徒弟たちのウェストミンスターへの「三々五々」の行進は続き、「主教たちは、やめろ、主教たちは、出ていけ、と叫んでいた」。さしあたって、彼らには叫ぶことが許された。強さを試すときはまだ来ていなかったのである。

他方、国王は着々とその基盤を固めていた。彼は、サー・ハリー・ヴェインを国務大臣の地位から解任し、ホランド侯を枢密会議の座席からはずした。つまり、彼の側近から議会反対派の二つの道具を取り払ったのである。しかし、彼も王妃も、美しくて破廉恥なカーリースル伯爵夫人に自分たちの秘密を隠そうとはしなかったが、彼女はピムと密接な接触関係にあり、彼女の兄弟ノーザンバーランド侯は、貴族院における頑固な国王反対派であった。ヴェインに代わって、国王は信頼厚いエドワード・ニコラスを国務大臣に任じたが、彼は議席をもっておらず、彼の有用性を半減した。また国王は、まもなくブリストル侯とディグビー卿を宮廷と枢密会議の重要な地位へ上げるつもりでいる、という噂が広がった。その間にも、国王はストラッフォードの喪失した称号を復活し、それを自分の若い息子に授与し、それによって、彼がこの偉大な大臣の思い出をなつかしみ、その奉公を評価する意向にあることを明るみに出した。ピムがこの春に断頭台におくることを余儀なくさせた男であるというのに、である。「良き王党派がぐらつきつつある」と、ある国王の友人が憂慮して書いている。

国王の性癖は、二人の外国人外交官によって、心配げに観察されている。その二人とは、リシュリューが、繰り広げられつつある状況を見守るために送り込んできたラ・フェルテ・アンボール侯爵と、〔オランダの〕オラニエ公〔フレデリック・ヘンドリック〕から派遣されたファン・ヘーンフリート男爵であった。ヘーンフリートは、国王と王妃の安寧に真面目に関心をもっていた。というのも、その長女〔メアリー・スチュアート〕をオラニエ公は自分の一人息子〔ウィレム二世〕と結婚させていたからである。彼ら自身のため、またオラニエ家のために、ヘーンフリートは、彼らが現在の困難を切り抜け、安定した人気のある政府をいま一度樹立するのを見たいものと思っていた。しかし、彼は、今や、彼らが忙しく仕掛けている反撃の知恵に、そして、それを旨く遂行できるかどうか、その能力に疑問を抱いていた。彼らがしばしば表明した自信に対してヘーンフリートが与えた慎重な応接も、全く効果がなかった。

ラ・フェルテ・アンボールの方は、ちがった位置にいた。彼の第一の義務は、フランスの利益に気を付けることであり、それは必然的に王妃のそれと同じものではなかった。フランスは、海陸においてスペインと戦争をしており、これが、枢機卿リシュリューと国王ルイ十三世の政策であった。しかし、イギリス国王チャールズの方は、権力の座にある日々、ヨーロッパの紛争の渦中にあるスペインを一貫して支持し、また王妃は、フランス宮廷内の枢機卿に反対する一派に同情と援助を与え、しばしばスペインの援助もえて、枢機卿の打倒をもくろんでいた。こうした状況のなかでは、フランス政府が、国王チャールズとその王妃が十分な権力を回復するのを見たいとおもっていたかどうか、非常に疑問である。もちろん、リシュリューも、ルイ十三世もラ・フェルテ・アンボールも、イギリス人民に屈服し、侮辱されたフランス出身の王妃を見ようとはおもっていなかったが、彼女が虐待されていることに対して復讐したいという彼らの熱意は、彼女とその夫が統治する間に遂行した外交政策に対する失望によって、半減させられていた。それ故、ラ・フェルテ・アンボールが意図したことは、国王と王妃が権力を奪回するために軽率な試みをしないように思い止まらせること、議会と和解するように働き掛けること、その間に、フランスに好意をもっているピム党との友好関係を培うことであった。

ジョン・ピムのピューリタン支持者の多くは、フランスの教皇派とスペインの教皇主義者とのあいだに、なんの違いも見出すことができなかった。彼らの〔フランスに対する〕疑惑と憎悪は、ロンドンの下層民や沿岸諸都市の住民のひとしく分け持つところであった。とりわけ、フランス人は、スペイン人よりは、長い間、敵であり、競争者であった。フランス人が侵入してくるぞ、という誤った噂は、スペイン人の侵入の噂よりも、もっと頻繁に起こった。そして、ピムは、国王と王妃の評判をおとすようなその他の不吉な話もひっくるめて、彼ら住民たちに十分な賛意をおくっていた。しかし、彼自身とよく情報に通じていたその一派の人々とは、ヨーロッパの政治について十分に把握しており、フランスがスペインに反対する主要な権力であり、フランスの外交は王妃アンリエッタ・マリアに奉仕するよりは、スペイン人の裏をかくことに関心があり、したがってラ・フェルテ・アンボールの提案は促進されるべきである、ということを知っていた。彼自身色々手助けしてくれた。というのも、彼は宮廷について多くのことを知っており、知り得たことで興味ある事柄を伝えることによって、国王反対派との関係を維持しようと切実におもっていたからである。

第四節　国王、攻勢を強める

ピムの侮辱的な「大抗議文」は、ねらっていた結果を得ることには失敗した。彼は、チャールズがスコットランドから帰国すると、すぐに返答するだろう、そうすれば、王の顧問たち、王の政策を攻撃する新しいチャンスをつくれる、と期待していたのである。しかし、日数は過ぎていったが、王は「大抗議文」について、なんらの言及もしなかった。一週間後、庶民院は、それを、「悪しき顧問官たち」に関する請願書と一緒に、王に提出したが、その許可如何を問い合わせることによって、論議を強要しなければならなかった。一二月一日、日中の狩猟をおえて、まだ埃まみれの姿で、国王はハンプトン・コートで代表団と会い、彼らの請願を、半ば冗談の投入句を投げ入れながら聞き、元気を回復してから「大抗議文」に答えよう、その間、それを公表しないようにと要求した。次の日、彼はトン税、ポンド税法案に同意を与えるため、議会を訪問した。彼は「大抗議文」に直接言及することはせず、叱責するようにロンドンの混乱した状態に触れ、結論としてこういった。「余は人民の幸福を求めている。なぜなら、彼らの繁栄こそが余の最大の栄光であり、彼らの愛情こそが余の強さであるからである」。

彼が述べたように、恵み深くはあったが、国王は、人民の繁栄と彼に対する人民の愛情とのあいだに密接な関連があることを十分に認識していなかった。経済不況は、その原因がなんであれ、政府を不人気にし、人民を暴動にかりたてるものである。一六四一年冬のロンドンが、その不況にあった。国王の批判は、じつは昨年までの王室の政策のせいであった。廷臣たちの独占、企業計画、特許が商業をさまたげた。海上のパトロールは不十分で、海賊や密輸業者を取り締まれなかった。スコットランドとの戦争の最中、国王は造幣所から銀の地金を奪おうとし、東インド会社から胡椒の大きな船荷を自分のものにした。これは、信頼をつくりはしない策略であった。〔北イングランドを占拠した〕勝利に酔ったスコットランド兵に対する撤退補償金は巨額にのぼり、いままたアイルランドの反乱が、イギリス人のアイルランドへの投資を飲み込んでいた。ロンドン市民は、自分たちの困難を容易に、しかし、不当に、王のせいにする説得にすぐに応ずる癖があった。王の帰国を歓迎する彼らの熱狂ぶり――行列はいつでも人気のあるものだった――は、王の無策なハンプトン・コートへの隠退によって、がっかりさせられた。クリスマスにおける王室の乱費がシティに繁栄を取り戻すほどのものではなかったにしても、王の不在は、実際の損害に比べてはるかに大きないらだちを生むものであった。〔国王帰国後〕まもなく忠節なる市長サー・リチャード・ガーネーは、オルダーマンの一団を連れてハンプトン・コートにうかがい、国王にロンドンへ帰って戴きたいと懇願した。チャールズはそうすると承知し、お恵み深くも、一同全員を騎士に叙任した。

ロンドンの経済不況

首都の不況を治癒する力は、彼にはなかった。原因は深いところにあった。漁業へのオランダ人の無許可進出、両インドにおけるオランダ人の競争、オランダ運輸業の拡張が、イギリス海上貿易に重くのしかかっていた。ヨーロッパにおける戦争の継続が、イギリス毛織物の外国市場への進出をさまたげていた。そして、イギリスの政治の明白な不安定さが、ロンドンからの外国資本の撤退の原因であるといわれていた。ロンドンの大多数の商人たちは、その政治的感情において一致していたわけではなかった。ごく一部だけがジョン・ピムの確信的支持者にすぎず、大多数は政治的紛糾に無関心か、困惑していた。もちろん、その政策によって、平和と静穏がいま一度回復させられるならば、国王を支持する用意は十分にあったのであるが。他の者は、心からの国王支持者であった。王党派リチャード・ガーネーが市長へ選出されたのは、夏から初秋にかけての議会の人気の陰りを反映していた。しかし、王党派商人の力を以ってしても、全般的不況のなかにおかれて興奮した徒弟たちや、寒々とした飢えた貧民たちの示威行進を抑制することはできなかった。石炭は、スコットランド兵がニューカッスル炭鉱に加えた損害のために、乏しくなり、貴重品となった。大きな河には、空船が停泊し、停泊地や河口では、小部落や荷役人夫、船乗りなどが飢えた冬に直面していた。徒弟の方は、親方の家に住み込みであったから、それより快適であったが、しかし、商業の閑散化は手を遊ばせることになった。テームズ河の南岸の野原では、人々が集まって宗教、政治、時期の悪さについて文句をいっていた。お節介なある治安官がこうした群衆の一つを追い散らそうと試みたが、ひどいあしらいを受けた。彼らは腹をたてており、次の数週間、市長が秩序を保とうとするよりは、ピムとその友人たちにとっては、ロンドン市民を蜂起させることはそれだけ容易であった。

新聞の出現

一一月末の直前、この混乱した状態に新しい要素が加わることになった。ある印刷業者が一冊の四つ折り判のパンフレットを出版したが、『現議会に上程されたいくつかの議事の要約』という厄介な表題をもっていた。それは、先週の議会の簡単な要約であったが、その後正確に七日間の間隔をおいて出された小冊子が、それを引き継いだ。少数の情報通にとっては、それは目新しいことではなかった。以前の議会では、討議の要約筆記は、筆記料を支払ってくれる人々のために、筆記者によって編集されたのであった。しかし、「星室庁裁判所」の廃止が印刷業者を、せっかちな政治報告のために訴追される恐怖から解放したとき、彼らの多くは、本物の、あるいは剽窃《ひょうせつ》したものにせよ、入手した演説を発行することによって、公衆のニュースに対する飢え、代議士たちの虚栄心を満足させた。ここから、ウェストミンスターで起こった出来事に関する週刊誌が発行されるのは、ほんの一歩に過ぎなかった。公式的には議会は賛成せず、特権の破棄が討論と委員会のなかで否決されたが、しかし、公衆に情報が知らされることは、議会にとっても利益になることだし、支配党派の政策がそうしようとおもうときを除いて、〔印刷業者に対して〕なんらの処置も取られなかった。ときおり死刑執行人によってニュースの原版が没収されたり、焼却されたが、それこそ、出版業者にとって、飛び切りの販売をおこない、飛び切りの利益をあげる千載一遇のチャンスであった。

週一回の雑誌では、需要を満たし切れなかった。二、三週間のうちに、競争誌が現れた。彼らは、読者に他誌に気を付けるように呼びかけ、自分ところの雑誌だけが本物であり、他誌はひどいにせ物であると主張した。まもなく、彼らは読者に訴えることはやめ、その代わり、時を追っての詳細なニュース、面白い見出し、木版の装飾、短くて魅力的な雑誌名――『週刊事実』『週刊真相』、そして、やがて一大飛躍を遂げて、『マーキュリー』となる――を追求しはじめた。イギリスの出版社が突然、多産な誕生を見て二週間もしないうちに、一人の印刷業者が、ロンドンで雑誌を発行してから二、三日後にもう、その雑誌のエディンバラ版を発行するという離れ業を演じているのである。

びっしりと活字の詰まった八折り判の印刷物が、手から手へとわたり、エール居酒屋で声高に読まれ、論争点を鮮明にするために持ち出され、首都でなにが起こっているかを地方の読者に伝えるため運送業者の荷馬車に積み込まれた。まもなくそれらは、両党派に武器弾薬を与えた。はじめは、ピューリタン側のニュースだけが印刷されたので、利益をえたのはピューリタン派だけであった。数カ月も経たないうちに、国王もこの新しい武器の価値を認めたが、続く数週間のあいだ、その権威を再建しようとした彼の動きは、定期刊行物の援助なしにおこなわれた。

ジョン・ウィリアムズのヨーク大主教任命とその不評

エセックス侯とその部隊をウェストミンスターの進入路から移動させ、顧問ホランドとヴェインを免職させたのち、国王は、庶民院においてピムに挑戦できるだけ十分に強くなったと感じた。さらに、新しい主教たちを指名することによって、街頭にいる徒弟たちにも十分対抗できると。いくつかの主教区が長らく空席であった。そのなかでも大きかったのがヨーク主教区であった。これらの空席を充たすため、チャールズは、自分の穏健な友人たちを充てることにした。新主教たちの登用によって明らかになったことは、旧主教たちを辞めさせることになった教会の改革に、彼がもはや賛意をもってはいなかったということである。彼が推挙した人々の性格から見ても、チャールズは、憎まれた大主教ロードの革新を放棄していたことが判る。イグゼターの主教として一貫してピューリタンの牧師たちを保護してきたジョセフ・ホールは、イースト・アングリアの困難なノリッジ主教区に移された。その他の登用、あるいは転任もすべて、懐柔的政策を示唆している。とりわけ注目されるのは、長い間不興を被っていたリンカーン主教ジョン・ウィリアムズが、ヨーク大主教に上げられたことであった。

ずるくて、饒舌《じょうぜつ》なこのウェールズ人〔ジョン・ウィリアムズ〕は、いまや運命の変遷を嫌というほど経験することになった。国王の信用を悪用したという廉《かど》で国王顧問会議から追放され、偽誓をしたと非難され、大主教ロードによって主教職の職務停止を命じられ、ロンドン塔に幽閉されていたが、その彼がいまやイングランドの教会首座となったのであり、短期間ではあったが嵐の時代にあって、ぐらぐらするアングリカン・チャーチの中心的立役者、守護者となったのである。彼は自分自身の判断において、非常に間違った自信をもっており、友人たちを援助するにあたっても、大きいが、根拠のない確信をもっていた。彼はジョン・ハムデンと関係をもち、ウォーリック、マンデヴィル、セイとはいい関係をもっていた。前年の夏には、彼は教会改革のために指名された委員会に属し、教会の裁判権力を切り詰めるための法案――それは流産に終わった――作成に積極的であった。いまや彼は、ロード大主教との対立、そして、ロード的改革に対する彼の控えめな態度が大衆の愛顧を得る手段になると信ずるにいたっていた。確かにその大衆は、ロードの政策が崩壊し、彼がロンドン塔から釈放されたとき、大声をあげて彼を励ましたものである。

大衆は忘れっぽかった。しかし、記憶のいい者もいて、彼らの記憶を呼び覚まそうとするかのように、アングリカン・チャーチに対する批判者のなかに、ジョン・ウィリアムズの評判をつぶそうという論客がいた。突然『リンカーンの二つの顔』と題する悪意に満ちたパンフレットが現れ、考え深いプロテスタントたちに、ウィリアムズが数年前に、聖餐《せいさん》の食卓 Communion Table に対する東方教会の態度について書いた書物を思い起こさせた。その書物『神聖な食卓 その名称と実情』は、実際、出版のときには穏健なもののように見えたが、その当時、大主教ロードを大いに悩ませたものであった。しかし、用心深いその文面も、意地悪いピューリタンによって徹底的に捜されると、カソリック派と見なされる箇所が沢山出てき、それも穏健な仕方でずるずると取り込まれているだけに、始末が悪かった。

不運なジョセフ・ホールは、抑圧されているピューリタン聖職者たちに対する温和さにもかかわらず、パンフレットの論難の対象となった。彼は国王の命令で、かつて主教職を擁護した、上品で、中庸を得た書物を出版したことがあったが、それが、ここ数カ月、スメクティムース Smectymuus という集団的匿名のもとに、数人のピューリタン聖職者たちによって手ひどく攻撃された。スペクティムースの見解をめぐる紙面上の戦いは、今日まで記憶されている。というのも、ジョン・ミルトンがそのなかに引用されているからである。この一六四一年の一二月に、主として重要であったのは、完全に忘れられていたことが、主教ホールとその職員たちをしてピューリタン聖職者に対して温和にさせたということである。

パンフレット攻撃は、すでにとうの昔に治まっていた不快事を掘り起こしただけであった。教会における新しい人事任命はよかったかもしれないし、あるいは、悪かったかもしれない。そのどちらか、を正しく判断するのは難しい。しかし、議会におけるピムの追随者たちは、教会行政の関する論争が片付くまでは、これ以上の任命に反対し、徒弟たちは、一二人の使徒以外は「主教はいらない」と叫ぶ用意があった。
続く日々、ジョン・ウィリアムズのヨーク大主教座への昇任は、ウェストミンスターのぐるりに群衆を集めることになった。徒弟たちに、船乗り、暇な船着き場からやってきた波止場人足、呼び売り商人、仕事や商売が暇になった職人たちが加わった。

牡蛎《かき》採り女も、その重しをしまい込んで、
よたよた歩きながら、叫ぶ「主教様は、いらない」
The oyster-women locked their fish up
And trudg, d away to cry "No Bishop".

市長が示威行動を静めようとしたが、無駄であった。彼は、徒弟たちを家へ連れ戻すように親方に呼びかける国王名の声明を発表したが、無駄であった。それは、国王反対派を立ち上がらせるだけにおわった。主だった市民は、連日ウェストミンスターに詰め掛け、馬車のなかから徒歩でいる群衆を励ましていた。貴族院からすべての主教たち、カソリックの貴族たちを排除するとてつもなく大きな請願書が用意された。その長さは二三ヤードにたっし、一万五〇〇〇、別の計算によると二万の署名があったという。徒弟たちは、活気付いて、署名を拒否するような奴があれば、そいつの喉笛を切り裂くと脅しをかけていた。

ブラックフライアーの家では――そこには宮廷からの訪問客が二、三人いて、困り果てていた――国王の画家サー・アンソニー・ファン・ダイクが死の床にあった。彼は、ホワイトホールが二度と目にすることのないような、光り輝く、静穏な年月を記録してきた。いま彼の太陽は雲におおわれ、彼は熱病にかかり、権力の高み、生の頂点からその姿を消した。ぼんやりとした画像に、ぎこちない手をした人物として描かれた人々が、来るべき一〇年間の悩ましい顔を示すことになろう。

騒ぎの真っ最中に、国王チャールズはホワイトホールへ帰ってきた。彼は怖がってはいなかったが、次週が危機をはらんだものになるだろうということは知っていた。すぐにでもウェストミンスターの街路では、暴力と暴力がぶつかることになるだろう。しかし、彼は、誤った指導を受けた群衆や一握りの庶民院議員の反乱分子が、王の権威を背負った、良好に組織された軍事力をやっつけることができる、とは信じなかった。国王にとって大事なことは、彼の敵が悪い状態に陥った時期を見計らって、打って出るその絶好のタイミングを計ることであった。彼の護衛隊の迅速な動きと呼応して、世論を自分の有利のように変えることができるであろう。

民兵条例、提案さる

ピムとその友人たちは、そのことを予見し、まさにそのような動きになることを怖れていた。だれの目にもそのことが明らかであったので、武装勢力をずっと庶民院の前面に配置しておくように、彼らを統制下に置こうという提案がなされた。クロムウェルとストロードによってなされた動議に引き続いて、一二月七日、サー・アーサー・ハスレーリッグが、陸海軍の将校任命権すべてを議会の直接的統制下におくという提案をした。討論――そこでは、サー・ジョン・カルペパーを中心とした国王の友人たちが、提案否決を激烈に叫んだ――ののち、民兵条例は第一読会で、一五八票対一二五票で通過した。

ピムの多数派は、初期の批判派から僅かではあるが、増加した。しかし、議場はなお非常に空席が目立っており、チャールズが数日後、すべての欠席議員に一月の第二週までに帰ってくるようにと新しい布告を送り付けたとき、召喚が聞き入れられれば、彼がすぐにでも多数派を確保できることは明らかであった。そこでまた、彼が、多数派が確保できるまで、できるかぎり、彼自身と反対派の決定的な決議を延期するだろう、ということも明白であった。ピムにとっては、それ故、一月半ばまでに決定的対決に決着を付けることがこの上なく重要であった。

国王の改革派議員逮捕の企て、噂立つ

一二月九日、三人の王党派メンバー、ウィルモット、アシュバーナム、ポラードが、昨年夏軍隊内で陰謀を企てたという廉《かど》で、その部署から追放された。次の日、ピム党の一人がホワイトホールから、とりとめのない一つの噂を報告してきた。「宮廷に親しいある一人が、来たる土曜日、まもなくこの王国では大きな変化が起こるであろう。国王がいるか、いなくなるか、そのどちらかだろう。国王はいまロンドン市に大きな党派をもっているが、まもなく上級役人に変化がおきるであろう……と語った」と。そう話した男は、国王の粗野な追随者のなかで、おしゃべりであったので、報告は大いにありうることであった。庶民院がその報告を聞くか聞かないかのうちに、ピムの別の活発な支持者サー・フィリップ・ステイプルトンが、院の命令もないのに、二〇〇人のヘレバルデ*で武装した者がウェストミンスター・ホールに現れたと大声で告げ知らせてきた。調査の結果、次のことが判明した。この者たちは、ミドルセックスの治安判事によって送られてきたものであって、彼は、ありうる暴動に対して警戒措置を取れ、という国王の指示を遂行しにきたと信じ込んでいた。彼は、一万人の群衆が主教に反対するロンドン市の請願をもってウェストミンスターに押し寄せていると聞いたというのである。庶民院は彼を、余計なことに口出しするお節介やと叱責し、ロンドン塔に送った。ロンドン市の請願は、その後提出されたが、小さな、秩序立った代表団によっておこなわれ、その組織者は、二〇〇人のヘレバルデ武装者その他の見物人が馬鹿か、悪人のように見えることを十分に計算に入れて、このようにしたのであった。

＊　ヘレバルデ（Hellebarde）……斧と槍を組み合わせた武器。

国教会の公式祈祷文、復活さる

国王は、敵の弱さを露呈させることができると信じて、大胆にも、危機に向かって行進し続けた。国王にとっては、強制的な署名のついたロンドンの請願書は、人民の意見を表明したものではなかった。国王側アングリカンは、

反対者の戦術を真似て、署名を獲得するさいにも、同様な戦術を採った。主教たちに有利な請願が、ハンチンドン、サマーセットから議会に届いた。後者は一万五〇〇〇の署名を得たと称していた。ほかでもノッチンガムシャー、チェッシャー、グロスタシャー、ドーセットで署名が組織された。

状況を精査して、国王は、多くの教区ですでに放棄されたか、廃止された〔英国国教会の〕公式祈祷文Common Prayerを、省いたり変更することなく、イングランド全体を通して、もう一度読むようにとの命令を出した。彼は、いたるところで群がっている無学な、自分勝手な予言者たちが、宗教上の免許の危機だと臣民たちに証明するにちがいない、と確信していた。全体として、彼は間違ってはいなかった。立派な市民たちは、自分たちに天国への道を示すと称する靴直し職人やバスケット作り職人たちの自負に憤慨し、靴直し職人の一人がサウスワークにあるセント・ジョージ教会の説経壇に上がって、しかも追い出されなかったとき、いらいらさせられた。グラマー・スクール教育を受ける人々は、嘲笑的にラテン語は「野獣の言語だ」という話を聞かされ、無学で、軽蔑的に「バール人の説教師」と称された上品ぶった聖職者たちのうんざりするような話を聞かされて成長した。「時代の転換」はダニエルの予言にしたがって訪れ、聖人たちの支配は間近い――つまり、こういっている当人の支配を意味するが――と有頂天になって宣言している魂の持ち主は、だんだん注意を引かなくなっていった。礼拝儀式のあいだの思い上がった混乱ぶりや教会の調度品の無法な破壊が、義務付けられた宗教改革を問題にしはじめた柔順な人々に腹立ちを生みだした。数カ月前まで、公式祈祷文を単に料理された〔でっちあげられた〕オートミール、ないしスープと軽蔑していた人々も、いまでは、この同じ軽蔑されているスープが「中身の量は少ないが、命のパンにぴったり合うように調味されている」という国教会牧師の説教に同意しはじめていた。

ロンドン外では、国王の命令は静かに、安心して受け入れられた。「神が国王陛下を守り給わらんことを。われらは古き宗教を再び定着させることになろう」と、ドーヴァーの善良な人々は述べている。そのある者たちが、一人の石工が聖書を解釈するのを聞くために群れをなして彼のもとに赴いたのも、そう以前のことではなかった。ロンドンにおいてさえも、徒弟たちは、毎週「監督はいらない」と叫んだのち、非国教徒を追い回すことで毎日曜日を過ごした。彼らは非国教徒のもっとも著名な人の家に踏み込み、なめし皮商人で、雄弁なプレーズ・ゴッド・バーボンは沈黙し、自分の会衆を解散させねばならなかった。次に彼らは、聖墓教会の礼拝行事を妨害した、野蛮な目をした一人の熱狂者に襲いかかり、なお声高に説教する彼を、市長の前まで引きずっていった。

これらの攻撃は、けっして、ほとんど予想もできなかった地域で暴発していた反カソリック感情の弛緩を意味しなかった。フランスの大使――そのピムとピム一党に対する貢献は、大使の宮廷におけるある種の信用の保持に依存していた――は、国王が七人の牧師の死刑執行の猶予を宣言したとき、庶民院に抗議を思い止まるように説得した。しかし、ニューゲイトの他の非難された男たちは反乱を起こし、閉じこもって、神父が自分たちと並んで絞首台に上がらないかぎり、自分たちも刑に服すつもりはないと主張した。それは、まもなく、それを聞き付けた群衆が暖かく賛意をおくった感情であった。

こうした情況は、国王が一二月一四日、盛装して、大抗議文に答えるため――長らく期待されていた――ではなく、アイルランドへの派兵について不必要な議論を止め、直ちに派遣してはどうかを、つっけんどんに回答を求めるため、貴族院にやってきたときにも、なお解決されてはいなかった。自分は、自分の権限を縮小することを含んだ民兵規制法案がつくられようとしていると聞いている、と彼は述べた。アイルランドの必要性がもはや待つことを許さないことを理解してほしい、とも。彼自身の権利と人民の権利をまもる権利保護 salvo jure が付け加えられるだけで、法案を通すつもりである、つまり、アイルランドの彼の臣民が解放されるまでは、争いを延期したい、とも述べたのである。

第五節　アイルランドの反乱起こる

国王は、生々しい真実を語っていた。順風が吹くたびに、ダブリン評議会からの懇願がウェストミンスターに届き、その度毎に、即座に送られねばならない兵員と資金の量を増やした。最後の至急便は、英領地区ペイル〔ダブリン周辺部〕のローマ・カソリック教徒たちが反乱に合流したことを伝え、最小の救援要請として、二〇〇〇の騎兵、二万の歩兵、二〇万ポンドの金、同量の武器を送ってほしいといってきた。

ダブリンの哀れな行政当局は、これまでただ敗北を続けてきただけであった。六〇〇人の男たち——大部分はアルスターからの避難民であった——が急遽武装され、ドロゲーダ救援に派遣されたが、しかし、彼らは、ジュリアンスタウンのところの小川ネニーの険しい、泥だらけの堤防をよじ登ろうとしたところを、靄の中から現れた、恐ろしい金切り声を上げたアイルランド人によって襲われた。彼らは一人残らず逃げ出し、投げ出した武器は敵によって集められてしまった。ダブリンの一〇マイル足らずのビルヌでは、スペイン軍の老練な兵士出身の隊長が、強力なキャンプを張り、ぐるりの土地を略奪し、家畜を掠め取り、イギリス人の家を焼いた。オーモンド侯の家畜はすべてアイルランド人によって奪い去られた。避難民たちは、侯の大きな城の部屋といわず、厩、階段にまで入り込んで、キャンプ生活を始め、そこで、侯爵夫人は、称賛すべき冷静さで、女たちを組織して、裁縫させたり、子供の世話をさせたり、全員のための食事の手配をしたりした。

ギャルウェイでは、この地域の最大の領主であるクランリカード卿は、細心にもなおダブリンの政府に忠実に止まっていたが、武器を送ることは拒否した。なぜなら、彼はローマ・カソリックであったからである。彼は警戒していたが、むなしかった。政府のために兵籍に編入できるとおもわれる若者は、冒険を求めて反乱者のなかへ飛び込んでいったからである。「気まぐれ者たちが〔反乱に〕立ち上がったが、だれもそれを止める力をもっていなかった」。彼は書いている。「多くは、本当は政府に忠実な者たちであるが、自分自身を救うために、彼らについていくことを余儀なくされた。だれもが、信頼と雇用を求めて、不満を抱いていた」と。

ミュンスター地方では、政府軍の司令官であるサー・ウィリアム・サン・レジェは、狩猟の時期に合わせて反乱を抑えようという、以前抱いた希望を放棄した。「素っ裸のごろつきどもの団体は」と、彼は息巻いた。言葉ではもっと軽蔑的にではあるが。しかし、彼は一四日間もベッドで眠ることはできなかったし、「シャツを着替える暇さえ」もっていなかった。アイルランド人の侵入者たちは農村部を徘徊し、制圧されることはなかった。コーク、ウォーターフォード、ウェセックスフォード、ライムリックも、もし救援が来なければ、カークニー同様、荒らされることになるだろう。追跡と哨戒を尽くしたにもかかわらず、サン・レジェとその副官たち――残忍な年老いたコーク領主の、これまた残忍な三人の息子、恐るべきボイル兄弟――が課した絞首刑と焚刑にもかかわらず、叛徒たちは地盤を確保した。キンセイルでは、スペインでの奉公のために徴兵された一〇〇〇人のアイルランド人が出港を拒否し、向きを変えて、謀反者の隊列を膨れ上がらせた。他のスペインのための援軍も、時間が経つにつれて怖れられた。偉大なティロン侯の名前と名声の嗣子《しし》であるオーウェン・ロー・オニールは、ネーデルラントのスペイン軍に入っていた。もし彼が、スペインの祝福と偉大な名前をともなって、叛徒を指揮するためにアイルランドに来たとすれば、それは実際、イギリス人にとって、最悪の日になったことであろう。

悲惨なニュースが日々アイルランドから到着していたとき、国王はまさに民兵条例に反対し、議会に討議を縮め、補給を急ぐように要請した。ピムも、軍隊の命令権の問題が解決されるまでは、叛徒を抑えておくことが、国王と同様、正しいことだと感じた。ダブリンからの評議会の最後の議会宛て通信は、重大な内容を含んでいた。ノルマン・アイリッシュ系の貴族、ディロン卿が、推察されるところによれば、ローマ・カソリック教徒の王党派の軍隊を率いて反乱を鎮圧するという提案をたずさえて、国王のところへ向かったというのである。こうした示唆は、国王のプロテスタント臣下の不信を増すことをねらったものにすぎなかった。叛徒たちに対するディロンの関係は、非常に疑わしく、そのことは、すでに庶民院で論議されていた。前年の秋、反乱が勃発したときには、彼は国王と一緒であり、そういう状況は様々に解釈されるところであった。ロンドンの危機が頂点に達しようとしつつあるいま、国王に合流しようと急ぐ彼の旅行は、無邪気には受け取りがたいものであった。

第六節　「騎士党」「坊主頭党」の呼称生まれる

国王にとっても、ピムにとっても、アイルランドの戦争は、基本的には本国の争いに利用される武器であった。紛争の中心は、彼らにとっては、ミュンスターの焼かれている村々、脅かされているダブリン、圧迫されているキルケニーにあるのではなかった。ピムは、すでにこれまでアイルランドの反乱を宮廷と国王一家の評判を害することに使った。彼は、国王を巻き込むことには慎重であったが、繰り返し、王妃や彼女の司祭、友人たちが、自分たちよりもはるかに多くのことを知っているとほのめかしている。そういう訳で、いまやチャールズは、議会での演説の中で、アイルランドの惨状を使って、庶民院の反対者をイギリス人移住者を援助することを怠っている者と描き出すにいたったのである。この演説の言葉遣い、とくに民兵条例に「権利を侵害せず salvo, jure」――つまり、国王の権利を守り、したがって条例の全体目的をつぶす――条項を付け加えるべきであるという提案は、法務長官オリヴァー・セント・ジョンによって示唆されたもののようにおもわれる。セント・ジョンはピム党に属したが、彼のこの地位への早期の任命は、部分的には国王反対派を慰撫するため、一部にはセント・ジョンの友情を買収するために、なされたものであった。彼はその善意の信念からその示唆をしたのであったが、しかし、エドワード・ハイドがのちに考えたように、それは、ジョン・ピムをして、議会特権侵害の廉《かど》で国王を非難することを可能にする落とし穴となった。議会でなお審議中の法案に対する国王側からする論及は、討議の自由に対する重大な侵害であると、ピムは断言した。

しかし、彼は、アイルランドに関する国王の適切な発言がもたらした好印象によって、明らかに落ち着かなくなった。いまではもう三週間前になってしまった大抗議文も、チャールズがそれについてなんのコメントもしないために、彼に対する不信の念を引き起こす効果を失っていた。一二月一五日の薄暮、多くの王党派議員が退場したとき（彼らはなお、朝早くから遅くまで議会にとどまっている必要性を認めるにいたっていなかった）、ピムの信頼していた人物で、ウォーリック・バラー出身の議員である老サー・ウィリアム・ピュアフォイが、突如、大抗議文を印刷すべし、という動議を出した。仰天した王党派議員は動議を延期させようと試みたが、ほとんど一〇〇票差で敗れてしまった。彼らは次に、印刷を遅らせせようと努力した。しかし、彼らが迷っている若干の議員を引き込もうと工作している間に、またもやひどい敗北を喫した。おそらくピムにとって、この投票が証明したように、彼が議会運営の操作にあたって国王の友人たちを打ち負かされたことほど歓迎すべきことはなかったであろう。

彼の次の動議は、国王の民兵条例に関する論及が議会特権の侵害であると、貴族院を説得することであった。このことはさほど困難なことではなく、貴族院も庶民院と合流して抗議し、それに、自分たちは演説を思いつかせた「悪しき助言者」の名前を知りたい、という要求を付け加えた。この行動において、穏健派は、左右両派の好意を得ているという誤った判断に目がくらんで、重要な役割を演ずることになった。大主教ウィリアムズは、国王に抗議するため組織された、庶民院三六名、貴族院一八名からなる代表団の委員長の役割を引き受けた。「反対者に反対した行動 fell opposed opposites」というのが、いまや明らかにお互いを近くに引き寄せたのであるが、妥協に期待をかけ、それに信頼を寄せていた人々は、なおも「自分たちの命運にかかわる諸点を値切ろう」と試み、そうすることによって、より抜け目のない攻撃者の新しい展開に奉仕することになるのに気付かなかったのである。

チャールズが議会の抗議を受けたその日に、ディロン卿が、ペイルの諸領主の伝言をたずさえて、宮廷に到着した。ディロンが、ローマ・カソリックに信仰の完全な自由を与えることによって、アイルランドの平和を図るようにと、強力に助言したということが、すぐに一般的に報じられた。この情報は、国王が叛徒たちと気脈を通じている嫌疑をさらに増大させ、イギリスの移民に緊急の援助をせよ、という国王の議会に対する訴えの効果を消し去ってしまった。

チャールズは、にもかかわらず、自分の強さの増大を確信し、それを、三日後に、議会の抗議に対して与えた回答によって示した。代表団を王の居室に呼び入れて、助言者の名前を明かす訳にはいかない、なぜなら、そのような要求は名誉ある人間になされるべきではないから、と厳かに言い渡した。議会特権の侵害に関しては、民兵条例はすでに印刷に付されており、それに対する自分の論及が侵害に当たるものとは考えていない、と答えた。自分としては、つねに議会の法律上の特権を尊重してきたし、議会もまた、自分の国王大権を注意深く尊重することを期待するものである。こういうと、彼は「自信にあふれ、悠然として」立ち上がり、彼らが回答を反芻するままに残した。

ピムら、ロンドン市政を制圧

ロンドンの市議会議員たちは、王党派の市長サー・ロバート・ガーニーの権威を掘り崩すために懸命であった。彼が主教に対するロンドンの請願を妨害した、という苦情がいまや議会にたっした。しかし、彼の解任を実施するには、これだけでは不十分であった。分裂しきったロンドン市に対する支配を回復するためには、ほかの手段が試みられねばならなかった。ロンドンの一般評議会は、理論的には、選挙制であった。しかし、実際には、年々、それを構成したのは、同じ顔触れの市民であった。新しい議員選出に有利なような手際のいい宣伝によって、ヴェンとその一派は、文字通りの選挙を組織し、一二月二一日、一般評議会から国王の友人の多くを追い出すことに成功し、ピューリタン的心情をもった一連の市民でそれに置き換えた。負けた反対者たちが軽蔑的にいうには、そのある者は、下賤な階層——一人の裁縫師、一人の布地裁断師、一人の染物屋——であって、その「リレイという男は、きいきいとしゃべる婦人服メーカー」であった。

ピムとその友人たちがロンドン市を確保している間に、チャールズはロンドン塔を確保していた。クリスマス前の週に、庶民院は、裕福なスコットランド出身の軍人で、厳格なプロテスタント、そして、長らくロンドン塔の警護隊副官を務めてきたサー・ウィリアム・バルフォアが、国王によって、トーマス・ランズフォード大佐によって交替を余儀なくされたことを知った。ランズフォードは、ピム一派が騒々しくいうところによれば、「とんでもない向こう見ずの男」であったが、前年の夏に実際にあった、あるいは、未遂におわった諸陰謀事件で、国王の友人のなかに姿を見せている大胆かつ乱暴な威張り屋であった。彼の任命はけっして穏健な国王支持派を喜ばせるものではなく、その一人、サー・ラルフ・ホプトンは、貴族院へ駈けつけて、ランズフォードを即時罷免するよう、国王に統一請願をしようと求めたほどであった。

チャールズの大抗議文に対する簡単な回答

ランズフォード任命をめぐって騒ぎが起こった日に、チャールズは、大抗議文に対する彼の筋道の通った回答をおくった。それは、明らかに、非公開の意図で、エドワード・ハイドによって草案が書かれ、ディグビーによって検閲され、もう一度エドワードによって手直しされ、国王に対してなされた非難への公式の回答として、然るべき手続きをへて発布された。文書は、疑惑を和らげ、庶民院の動揺分子の国王に対する忠誠を強めるために、よく考案されていた。その前面には、前年度になされた譲歩をおき、順次、将来なされる政策について語るところへとすすむ。国王は宣言する。自分は柔軟な意識の持ち主に対して、宗教の問題についてある程度の許容をする用意があるが、しかし、にもかかわらず、イングランドの教会は「キリスト教世界で現在行われている宗教のなかでも、もっとも純粋で、神の聖なる言葉に一致するものであり」、もし要求されるならば、自分の血をもってその信念に署名するであろう、と。そのほかでは、彼は、議会との了解以上にはなにも欲しておらず、「自由にして、幸せな人民に君臨する偉大にして、栄光ある国王」でありたいかのようであった。文書は、庶民院内の国王友好グループの、根拠のない希望を反映していた。次の一四日間の、一ねじりごとに深みに落ちて、ついに崩壊にいたる過程のなかで、驚きに促えられたのは彼らだけであった。

クリスマスの夕べは、ピムにとっては心配なときであった。彼の最初の仕事は、ランズフォードに対して、彼と共働するように貴族院の議員たちを説得することであった。ランズフォードの宗教に関しては、彼が日曜日に一回いく以外は、ほとんど教会にいかないという事実以外にはなにも判っていなかったが、ピムは、ランズフォードの警護隊副官への任命こそは、「冷酷で、血に飢えた教皇主義者たちの陰謀」がいまや頂点に達したことを示すものだ、と宣言し、「われらとともに、公共の危険について憂慮している貴族各位に、公共の安全擁護の名誉を負う人にならんことを呼びかけた。王党派の貴族たちは、問題をクリスマス後まで棚上げしようとしたが、ノーザンバーランド侯は、この延期工作に反対する抗議行動〔名簿〕に二四人の同僚貴族を登録させて、貴族院における反国王の拡がりを暴露した。とかくする間、ヘンリー・マーテンは、庶民院のピム党のために、国王の断固たる反対者であるニューポート卿への接近をはかった。卿はロンドン塔の警備隊長官として、ランズフォードに直接命令する立場にあったのである。ニューポートは、不機嫌に彼に語った。国王は、この夏、ニューポートが王妃に対し軽薄かつ脅迫的な言辞を弄したという理由で、その地位から彼を解任したのだ、と。

ロンドンの徒弟ら、クリスマスに反乱を起こす

国王の手中にある塔、分裂した貴族層とともに、庶民院は、クリスマスの二日間、不安な休会に入った。彼らは、一般に許されている慣例よりもはるかに短い休暇を取った。一二月二五日から一月六日までの一二日間のクリスマスは、お祭り騒ぎ、いわゆるキリスト教化されたサチュルナーリアSaturnalia〔農神祭〕に認められた期間であって、それに対して、これまでピューリタンは抗議してきたけれども、効果はなかった。この年のサチュルナーリアは、彼らにとっては、聖化されたものになるはずであった。徒弟たちは、休暇であったので合法的に、ホワイトホール

へ殺到して、これを取り巻き、まさしく高揚した気持ちで、「主教はいらない」「教皇派の貴族はいらない」「ランズフォード打倒」と叫び立て、それは、国王のためにシティーを確保しようと努力していた市長ガーニーが、塔からランズフォードを退去させるように国王に哀願するまで続いた。一二月二六日、チャールズは、宮廷では愛顧され続けたなお忠実な、評判のいい男サー・ジョン・バイロンに代えた。ランズフォードは、彼自身に対してなお忠実な、評判のいい男サー・ジョン・バイロンに代えた。

一二月二七日、月曜日、議会は再開し、ミュンスターの土地所有者で、ピムの親戚にあたるサー・ウィリアム・ジェフソンが、アイルランドから報告してきて、叛徒たちがローマ・カソリック教会の防衛のために立ち上がるお墨付きを王妃からもらったという証拠をもたらした。ピムは、カソリック教会への寛容を求めるアイルランド・ペイル地区の領主たちからの書簡を読むことによって、この情報の裏付けを得た。彼は慎重に、ジェフソンによってかき立てられた疑惑をあふりたてた。なぜなら、彼は国王との係争を無理やりつくろうと思っていたからである。彼は王妃を弾劾しよう、もしくは、弾劾する外見を取ろうと意図した。そのような侮辱に直面すれば、否が応でも、チャールズは攻撃せざるを得ないであろう。しかも、王はまったく用意ができていなかった。

一人の心配した議員――この場合は王党派の一員であった――が、ウェストミンスター・ホールの上階で格闘がおこったと警告を発したのは、ピムが語りおえるか、おえないかのときであった。ランズフォードと数人の友人とは、徒弟たちに突き当たられて、かんしゃくを起こし、剣を引き抜いた。このときは、なんら危害は起こらなかったが、しかし、その後の三日間に、叛徒はひどく膨れ上がった。流れに乗った群衆はウェストミンスターの階段を封鎖し、主教たちは議会の議席に着くことができなかった。「主教はいらない」「教皇派の議員はいらない」とわめきながら、彼らは隣接の街路で四輪馬車を引き止め、薄暗い冬日のなか、なかに誰が乗っているのかを見るため、窓から松明を差し入れた。大主教ウィリアムズは、非聖職者の服装をしていたが、ずうずうしい悪漢どもに食ってかかり、一人の耳をなぐり、他の一人の足を踏み付けて、ひっくり返したが、しかし、徒弟たちの人数はあまりにも多く、プロテスタント貴族たちの腕のなかに救いを求め、貴族院に逃れたときには、彼の毛皮のスカーフはちぎられていた。夕方になると群衆の数はますます増大したので、ハートフォード侯は、議院にどうにか到着した主教に対して、二度とそんな冒険を犯さないように忠告し、マンデヴィル卿は、ウィリアムズとの古い友情のゆえに、群衆の何人かを買収して、彼を近くの宿泊所へ連れ出したのであった。騒然とした夜が明けると、三年前、星室庁裁判所でひどいめにあった、気違いじみたサー・リチャード・ワイズマンが指導者となって、〔議会に隣接する〕ウェストミンスター修道院に襲撃をかけたが、何人かの国王護衛兵によって撃退された。落ちてきた一枚のタイルによってワイズマンが殺されると、しばらくは叛徒たちの酔いをさました。国王は叛徒たちを公然と非難し、彼らに対して、必要とあればシティ民兵団を招集するように、市長に通告し、すべての宮廷人に対して、国王ならびに彼ら自身を守るため、剣を帯びるように命じた。

「騎士党」「坊主頭党」の呼称生まれる

すべては旨くいくだろうと確信したディグビーに支えられて、国王は晴れ晴れとした顔付きで計画を遂行した。一二月二九日、彼は、ランズフォードとその主な家来を、ホワイトホールの晩餐会で歓待した。彼らが散会するとき、ワイン商や食料品商の組合によって鼓舞された徒弟たちは宮殿の門によじ登り、「主教はいらない」という、いつもの諷刺的合唱で彼らに挨拶をおくった。再度、ランズフォードは剣をきらめかせて、彼らの方に向かった。このときは激しい闘いがあり、そのあとで徒弟たちは何人かの囚人を釈放する挙動に出、囚人を先頭に立てて練り歩いた。闘いの噂はシティ中に広がり、怒った徒弟たちは暗闇のなか、松明を手にして集まった。ジョン・ヴェンさえも、彼らがするかもしれない事柄を恐れ、市長宅だけは襲わないように彼らに訴えた。そうする代わりに、彼らは追い散らされ、消耗し、家路につくまえに、シティの牢獄の一つに入り込んだ。この日、「坊主頭党 Roundhead」「騎士党 Cavalier」という攻撃用の仇名が、はじめて遠慮なく言いふらされることになった。坊主頭というのは、丸刈りされて、つるつる頭の徒弟たちを軽蔑した平易な用語であるが、騎士の方は、陽気で、雄々しい連想を伴う用語であり、怒って、国王側の人々に投げ付けられたとき、醜い響き「カヴァリエーロ cavaliero」「カバレーロ caballero」、スペイン騎兵――プロテスタントの残忍な抑圧者、国民の敵――という響きをもつにいたった。

次の日、一二月三〇日、大主教ウィリアムズは、まずい行動に出た。ディグビーは、すでに貴族院において、やじ馬たちが議員の自由を侵害することによって、議会の現会期を無効にしたという動議を提出しようと努力していた。貴族院の議員たちは、この動議を押さえていた。なぜなら、もしこの原則が受け入れられるならば、この春からの立法の大半が無効にされる恐れがあったからである。ストラッフォードに対する重罪宣言法案は、文字通り、明白に暴徒たちの圧力によって通されたものであった。大主教ウィリアムズは、いまやそのディグビーの考えを取り上げたのである。おそらく、彼に忠告され、彼の黙認を受けたのであろう。急遽、同僚の主教たちと協議して、ウィリアムズは、貴族院からやじ馬たちを暴力的に排除することに抗議する法案を提出した。彼らがいなくなったときの貴族院は不十分なものとなり、その法案は権威を失うであろう、という意味をほのめかして、である。

国王は、それが自分に示されたとき、読む労も取らずに、当の文書を国璽尚書に渡した。国王はすでにディグビーから文書の内容を知っていたにせよ、単純な不注意からくる怠慢であった。国璽尚書は、順繰りにそれを貴族院へ渡したが、それは、ピム党ばかりでなく、院全体によって、非常な不快感をもって受け取られた。貴族院はすでに、ディグビーがそれを提示したとき、この問題に自分たちの見解を表明しており、再度それが提示されたことに苛立ったのである。ピムの友人たちは、貴族院で起こったことが即座に庶民院にいるピムに知らせられるように取り計らった。法律家ジョン・グリンヌの速やかな助けを得て、ピムは、半時間以内に、抗議に署名したすべての主教たちを告発する投票を庶民院で行うように手配した。自分たちの会期を無効にしようという二度目の不器用な試みによって感情を害され、不安にされた貴族院の議員たちは、告発に同意し、一ダースばかりの立派な聖職者たちが、暗くなった夕刻、午後八時、完全に凍てついた牢獄へさっさと押し込められた。その夜、徒弟たちはシティの鐘全部を打ち鳴らし、街路々々に祝いの大篝火を燃やした。しかし、王妃は、オラニエ公の使者へーンフリートに、夫は断固として譲らないであろう、と語っていた。対決の時がやってきたのである。

双方が、相手方が暴力を意図していると主張した。ピムは、主教たちにくってかかる前に、なお困惑している庶民院に対して、下劣な陰謀が彼らに対して企てられていると知らせた。次の日、国王は、シティ軍事習練生団に対して、平和を乱している「卑しい、始末におえない者たち」に備えるように求めた。しかし、庶民院はデンジル・ホールズを国王のもとに派遣し、その同じシティ民兵団に「悪性の党派」の暴力から議会を守らせるようにと訴えている。

一月一日、自分たちの恐れが本物であることを示すため、庶民院は、安全を求めて、ギルドホールの委員会のもとに入った。そのときにはもう、王妃の告発が迫っているというささやきが王のもとに届いていたが、それは、ピムによって意図的にそうしたのである。チャールズは、ぐずぐずしてはおれないと信ずるにいたった。じめじめした、雨がちの冬は、道路の通行を困難にし、国王が庶民院におけるピムの支配を覆す頼りにしていた欠席議員のウェストミンスターへの到着はおくれていた。しかし、彼は、彼らなしでも、十分強力であると考え、ぐずぐずすることが大きな危険を招くと確信した。まず彼は、アイルランド人を裏切り者とした見解を取り消す声明を発したが、それは、彼と王妃と反乱者が合体したという悪口を押さえようと意図したものであった。それから彼は、オリーブの枝を携えてフォークランドをピムのもとにおくったが、それが断られることは十分承知していた。彼はピムに、大蔵大臣の地位を提供した。この空々しい身振りは、穏和派を喜ばせ、疑惑を解消しようと意図されたものであった。ピムの拒絶に会うと、彼はカルペッパーを大蔵大臣に、フォークランドを国務大臣に任命した。

第七節　五議員逮捕の企て失敗

彼らは一月二日、日曜日に宣誓した。一六四二年一月三日、月曜日、国王はその銃砲のおおいを取り、ピムとその結社に対する砲撃を開始した。貴族院では、法律屋の筆頭、サー・エドワード・ハーバートが、反逆罪の嫌疑があると、六人の中心人物、マンデヴィル卿、ジョン・ピム、ジョン・ハムデン、アーサー・ハスレーリッグ、デンジル・ホールズ、ウィリアム・ストロードを非難した。この計画を発案し、攻撃の時期を助言していたディグビーは、その役割を演じ損ねた。ハーバートが演説をしている間に、彼はマンデヴィル卿について驚いたことを、だれかがそれを国王に忠告できるように、耳打ちして廻るのに忙しすぎて、合図を出す時期を失した。ハーバートが演説をおわると――一週間前に告発後ただちに投獄された主教たちのように――非難された人々を即時投獄する動議を出すべく、彼は立ち上がるはずであった。彼は時期を逸してしまい、精神錯乱したのか、それとも考えを変えたのか、国王の新しい動きに呆然とし面食らった議員たちを残したまま、院から急いで出てしまった。それによって、次になにをなすべきか、国王の友人たちに指示を与える者はだれもいなくなってしまった。

庶民院の方は、ハーバートが演説をおえるか、おえないかのうちに、なにが進行しているかを見て取って、告発は議員特権の侵害であるとの主張に立って、ただちに貴族院との協議をもちたいと申し入れた。彼らはまた、その朝、国王の役人がピムとホールズの宿舎に侵入し、捜索をした行動こそ、特権侵害に当たると主張した。差し当たっては、両院とも告発された人間を〔国王に〕明け渡しをしないように、とも。

国王は、ストラッフォードが弾劾されたとき、庶民院が取った例にならって、告発された人間に対して挙げられた反逆の諸条項を公開した。そこでは、彼らは基本的法をくつがえし、国王の臣下の好意を離間し、騒動を起こして議会をおどし、他国の権力に国土へ侵入するように刺激した――これはおそらくスコットランド人のことを指してのことであろう――といわれている。一年前のストラッフォードに対して挙げられたように、諸条項は、一部は、少なくとも宣伝の意味を込めて、作成されたものであった。それは、大抗議文に対する国王の反撃であった。

チャールズが議会において敵に対する攻撃を組織している間に、王妃は、ヘーンフリートを呼び寄せて、いま国王とわたしは、わたしたちの娘、王女メアリーをこの春に、婚約者〔オラニエ家のウィレム二世〕に嫁がせる決心をした、と語った。彼らが話し合っているなかへ、国王も入ってきて、オラニエ公〔フレデリック・ヘンドリック、ウィレム二世の父〕が息子の妻になる王女に対して正式の申し込みをしてほしい、さすれば娘の渡航も、イングランド内のごたごたもそれに支障を来すことがなく、スムーズに行われるであろう、という示唆を与えた。ヘーンフリートは、この新しい提案が、国王がこれ以上の紛糾に陥った場合に、支援を要請するその先触れであることを、すぐさま悟った。

こうしたことはすべて、一月三日の夜明けから日暮れまでに起こった。日が落ちると、シティ選出の二人の議員、ジョン・ヴェンとアイザック・ペニントンは、国王の兵士たちによる襲撃に備えて、ロンドン民兵隊を議会の護衛につけてほしいと、市長にしつこく迫った。ガーニーは、なんとも答えなかったが、真夜中、ベッドに入っているところを国王の使者によって呼び起こされ、庶民院を支援するために民兵隊を送ることを禁じられた。チャールズは、それに、縁起でもない次のような言葉を付け加えた。もしこれ以上の騒ぎが起こるようなら、貴殿は群衆に向かって発砲するよう民兵隊に命令する権限を有するものとする、と。

国王はまた、四法学院 Inns of Court へも使者をおくり、彼の敵に対する告発諸条項と、緊急の場合、国王ならびに王国を防衛する覚悟をしておくように法律家と法科学生のボランティアに呼びかける要請文を携えさせた。チャールズは自信に満ちていた。サー・ジョン・バイロンがタワーを固めていたし、ホワイトホールに配置された護衛隊と雇われたジェントルマンたちは恐るべきランズフォードと若きロックスバーグ卿に指揮されていた。このロックスバーグ卿は、二、三カ月前、エディンバーグの「紛争」に巻き込まれたばかりであった。ディグビーはといえば、彼は自分流にサリーで義勇兵を集めており、それを連れてロンドンへ前進できると確信していた。国王は、ピムの徒弟たちが一斉攻撃の前に崩壊するであろうと信じて疑わず、シティ民兵隊が悪い側の支援に回るのを市長が阻止してくれるものと、彼の忠節に信頼していた。

ピムにとっては、これ以上の特別な警告なしにでも、国王が、彼および他の告発された者を力づくで捕らえようと意図していることは明らかであったにちがいない。計画の詳細については、彼は宮廷からの情報、ときにはレディ・カーリールから、あるいはウィル・マレーからもたらされる情報に依存していた。しかし、その情報は、国王が撃って出るだろう、という一般的に明らかなこと以上のことを知らせるものではなく、いつ、いかなる仕方で、を精確に知ることはできなかった。じつは、王自身も、その点はっきりしていなかったからである。そこでピムは、手探りのなかで、予想される出方に対応する戦術を練った。彼および告発された友人たちは、すぐにでも庶民院を離れ、強制逮捕の危険を逃れることができる。しかし、大事なのは、議会に対する国王の暴力的意図を白日のもとにさらけ出さねばならない、ということである。ピムとその同僚たちがいて、捕らえられそうなときだけ、国王は暴力行為に及ぶだろう。罠には、餌が仕掛けられていなければならない。五人のメンバーは餌であった。

かくして議会は、一月四日朝、ギルドホールではなく、ウェストミンスターで開会し、告発された者全員が出席した。彼らは、国王の護衛たちがはっきりと議会への途上につくまで、そこにいなければならない。しかし、護衛たちが到着したときには、彼らはそこにいてはならない。もし彼らが捕らえられれば、あとでどんな騒ぎが起ころうとも、国王はその主要な目的を達成したことになる。彼らが去ってしまえば、議会における彼らの党派は崩壊し、それとともに、騒動を危険なものにする指導力も失われるであろう。しかし、彼らが逃亡すれば、国王の暴力的企図がむきだしに暴露されることになり、それによって、国王はなにものも得ないことになる。

すべてはタイミングにかかっていた。庶民院は、前夜、国王がおくった通告を妨害する通知を市長と四法学院へ送る仕事で、不安な午前を過ごした。彼らは、苛々しながら、午後の昼食の休憩に入った。ピムは、食事中に、仲のいい友人エセックス侯から、国王が今日の午後に襲撃に出ることは確実だという話を聞いた。庶民院が、午後一時半に再開した。ピムは、フランス大使に、ホワイトホールの動きを知らせるよう依頼していたが、午後三時、若いフランス人エルキュール・ド・ラングルがウェストミンスターの外コートを息せき切って駆け込み、ニュースをもたらした。国王自身が、護衛を連れて、やって来る、と。

チャールズが成功したならば、彼の思い切った、大胆不敵な行動は、別派を立てようとする臣下に対する元首の力と権威を教える事例となるであろう。しかし、少しでも失敗の危険性があれば、企ては馬鹿げたものになる。実行段階ではなく、企画の段階で、彼は完全に混乱していた。彼は絶対確実な行動でないかぎり、自分自身を拘束することに納得すべきではなかった。なぜなら、そう行動することによって、彼は自分の退路を断ってしまったからである。そして、彼は失敗の非難を他に転嫁することはできないのである。

チャールズがホワイトホールから近づきつつあるとき、議会では、ピムが議長に自分とその友人たちの退席を求めた。その友人の一人ウィリアム・ストロードだけは、初期の議会において、国王に対する反抗的態度のゆえに一〇年間牢獄で過ごすという経歴をもった、いかつい男であったが、時宜にふさわしくない勇気を発揮して、退席する彼らを引き止めた。彼は国王と対決することを欲し、ピムの巧緻《こうち》な意図など理解できなかったのである。説明や議論する暇などなかった。ピムの同僚たちは、ストロードの上着をつかんで引きずり出してしまった。水門のところに艀《はしけ》が用意されていて、五人のメンバーは、チャールズがウェストミンスター・ホールに着いたときには、水路を通って、シティへ向かっていた。

国王は、院のロビーに従者たちを残し、甥のファルツ選帝侯*ただ一人を伴って、議場に入った。ドアの脇のところで、投げやりにドアのつっかえ棒となっていたロックスバーグがドアを開けると、議員たちは軍隊を見ることができたが、そのある者はピストルの撃鉄を起こしており、ふざけながら、そのねらいを物色する身振りをしていた。チャールズは、つねに小さなことにこだわる人であったが、議場に入るとき帽子を脱ぎ、無帽のまま、何人かの議員に会釈しながら、議長席に歩いていった。議員たちもまた脱帽して、黙って立っていた。国王は、ピムが通常座っていた議院の〔演説者が寄りかかる〕バーの右手に急いで近づいた。国王はいった。「議長、しばらく君の椅子をあえて占めさせて貰わねばならない」。レントホールは彼に場所を明けた。チャールズは、なぜここに来たか、を簡潔に説明し、名前をあげて議員の所在を尋ねた。「ミスター・ピムは、いるか?」彼の言葉は死んだような沈黙のなかにおちた。我慢しきれなくなって、彼は議長に、五人のメンバーがいるかどうか、を尋ねた。レントホールは、とっさの機転で、ひざまずいて、議会が欲している以外のことを目にしたり、しゃべったりすることは自分の役割ではない、といった。「そんなことは、どうでもいい。わたしの目は、他人の目と同じくらい、いいはずだ」と王はいった。そして、ぞっとするような沈黙のなかを、彼は、最後に敗北を悟るまで、「かなり長い間」座席の列をずっと見続けていた。「わたしの鳥はみんな飛び去ってしまったようだ」と、彼は絶望的につぶやき、議長席から飛び降り、「入って来たときよりももっと不満に満ちた、怒りの感情をもって」出て行った。もっともなことであったが。

＊　チャールズの姉エリザベスの子カール・ルートヴィヒのこと。姉はファルツ選帝侯フリードリヒ五世に嫁ぎ、ドイツ三十年戦争で夫が亡くなると、その子供たちは叔父の、イギリス王のもとに保護を求めていたのである。なおカール・ルートヴィヒの祖母の実家はオランダのオラニエ家である。ウェッジウッド『ドイツ三十年戦争』（瀬原訳、二〇〇三年）五三一頁以下。

大騒ぎのロンドン市

強さを誇示するはずの行動は、失敗におわってしまった。その夜、ディグビーは、ランズフォードとシティに出掛け、告発された者たちを捕らえようと申し入れた。チャールズはこれを断ったが、しかし、絶望的な粘り強さで、彼は彼らを捕らえようともう一度試みた。彼はエドワード・ニコラスをして、告発された者たちを引き渡すように、ロンドンの忠実な臣下に呼びかける宣言文を作成させた。しかし、国璽尚書リトルトンは、それに署名することを拒否した。チャールズは横に押しやられはしなかった。彼はシティに乗り込んだ。店舗は閉鎖され、街路は人々で満ちあふれていた。ある熱狂者が、「おー、イスラエル人よ、汝のテントへ急げ」と銘打った紙片を、国王の大型馬車に投げ込んだ。それは、反乱への公然たる叫びであった。市長は、一般評議会を招集したが、新たに選出されたピューリタンの評議員たちは、「クリスマスから」十二夜後の最初の月曜日に、職務に就くという慣例を無視して、早々と会合し、市長も、悪しきトラブルを怖れて、彼らを追い出すことをあえてしなかった。国王は彼らに宗教の保証、自由な議会、アイルランドの反乱に対する速やかな対処を約束し、シティに隠れていることの確かな五人の反逆者の引き渡しを要求した。ある者は「特権を守れ」と叫んだが、そうでない者は、多くはなかったが、「神よ、王を護り給え」とわめいた。

チャールズは「いかなる特権といえども、反逆者を法による裁判から守るものではない」というと、市長、州長官らと食事をしに出掛けていった。しかし、彼は、ガーニーがなお忠実さにおいて変わりはないにしても、シティについてもはや責任を負うことはできないことを知った。市長は、自分自身について責任を果たすのが精一杯で、それも、毎夕刻、怒れる群衆によって脅かされていた。チャールズが、冬の薄暗がりのなかを、宮廷へ向かって馬車を駆っていたとき、六週間前に松明をかかげて帰国した彼を励ましてくれたはずの民衆が、馬車のぐるりに押し寄せて、「特権を守れ！　特権を守れ！」とわめいて、脅し、侮辱していた。国王にとって、このようなことは、彼の生涯にとって初めて――おそらく、唯一の――ことであり、彼を意気阻喪《そそう》させた。

それも、その筈であった。彼はロンドンを失ったのである。

次の日、庶民院はギルドホールで委員会を開き、自分たちのメンバーを逮捕しようとした国王を助けようとする者は公共の敵である、とする宣言を発した。（告発された者たちは、コールマン街の居心地のいい一軒の家に隠れていた）市長を無視して、一般評議会は、宮廷にいるローマ・カソリック信徒とタワーの司令官サー・ジョン・バイロンに反対する請願書を作成した。それに応じて、すぐに国王のたけり狂った騎士たち――噂では、千人に膨れ上がっていた――が、シティを攻撃することが予想された。徒弟たちは、街路に長椅子でバリケードをつくり、女たちは、窓からぶちまける熱湯を釜で煮はじめ、民兵団は怠りなく武装した。

ホワイトホールでは、クリスマス一二日目は、沈鬱な混乱のなかで過ぎていった。芸人たちは、小さいプリンス・オブ・ウェールズのために「軽蔑すべきお嬢さん The Scornful Lady」を上演したが、観客はまばらで、楽しくなかった。兵士はシティへ進軍しなかった。だれも、なにをしたらいいか、判らなかった。

ロンドン一般評議会は、市門のなかに逃げ込んだ議会――の断片――に友好の手をさしのべた。彼らは合流して、公安委員会を作り、一月八日、木曜日、シティの名誉市民権をフィリップ・スキポン、オランダ戦争に参加したこともある職業軍人に授け、次の月曜日、議会は彼に民兵団の指揮権を与えた。市長の抗議を抑え、国王の権利を無視して、であった。

国王は、スコットランドを離れて以来、勘定に入れ、計画していた中心的打撃の失敗について、決して熟考しようとはしなかった。彼自身は、市長の支持、兵士たちの勇敢さ、助言者たちの老練さに確信を感じていた。失敗は、彼から政策も目標も失わさせ、一時は怒り、いうことを聞かない状態においたが、次の瞬間には、穏健な友人たちの支持に依存させることになった。しかし、彼ら哀れな人々は、なにをすべきか、を知らなかった。彼らの希望は、国王以上に最終的に崩壊していた。彼らが国王の政策を守り、議会における彼の権威を熱烈に維持しようとしたのは、国王の取ったこの種の行動のためではなかった。彼らは、シティの一般評議会の会議に出席する気分にならず、国王のために同僚議員を組織する気持ちも希望も失ってしまった。満足するよりは呆然となって、カルペッパーやフォークランドは、国王が最近彼らにあてがった役職の責務を引き受けることになった。

これまでは徒弟や民兵団が、議会の特権擁護をやかましく叫んできた。一月一〇日、月曜日には、港と川筋が蜂起した。水夫たちや艀《はしけ》船頭が、議会に命を捧げるべく、シティへ大挙押し寄せてきたのである。いまや、すべてのロンドンが、正義か死を求めてウェストミンスターに向かって流入しつつあるかの観を呈していた。これらは、単なる制御のきかない群衆ではなかった。むしろ恐るべき群衆であった。民兵団が召集され、有能なフィリップ・スキポンの指導下に、武器を手にした。シティに進軍し、街路に大砲を据え、鎖を張った。船乗り稼業のウォーリック侯と海軍会計官の若きヴェインも、水夫たちのあいだで働いており、テームズ河は、人員を乗せ、指令を待つボートで満ち溢れていた。

チャールズは、恐怖を示すことが彼に残されたロンドンの支持者を弱めると考えて、躊躇《ちゅうちょ》した。エセックス侯とホラント侯は、なんとしてもホワイトホールに留まるべきだと国王を説得したが、しかし、彼は、彼らが敵側と同調していたことを知っていたので、二人のどちらも信用しなかった。王妃は、ヘーンフリートに、反乱が始まったと語った。彼女は、庶民院への急襲に国王自身を係わらせた責任は自分にあるといい、それをピムに密告させるようにしたのも自分の軽率さにあると、ヒステリックに思い込んでいた。一月一〇日夜、突然、浅はかにも王室の夫婦は、上の三人の息子を連れて、首府から逃げ出した。彼らは、暗い、なんの用意もしていないハンプトン・コートに夜遅く着いた。疲れきって、王、王妃、三人の子供が一つベッドに一緒になって、眠り込んだ。

次の日、ロンドンでは、スリー・クレーン・ワーフのところで、ジョン・ピム、ジョン・ハムデン・デンジル・ホールズ、アーサー・ハスレーリッグ、ウィリアム・ストロードが、艀に立って民衆の歓呼に応えた。残りの議員たちは、彼らのうしろで乗船したが、テームズ河を溯ってウェストミンスターへ行く議員たちには、歓呼する市民、船員たちが乗り込んだ、満艦飾の多数の艀が同伴した。マンデヴィル卿〔マンチェスター伯〕を真ん中にして、スキポンと民兵団は、ドラムを打ち鳴らし、色リボンをひるがえし、河岸を行進し、ウェストミンスターで議員たちに合流した。ホワイトホールの空っぽの宮殿を通り過ぎるとき、彼らは叫んだ。「王と王妃はいずこ?」。いかなる征服者が帰ってきたとしても、これほどの感動的な歓迎を受けなかったであろう。まさしく彼らは征服者であった。彼らはロンドン市を制し、国王を首府から放逐した。彼が次にウェストミンスターにくるときには、死罪の裁判を受ける囚われ人としてであったのである。

第二章　戦争の準備　一六四二年二月―七月

第一節　国王と議会の対立激化す

ロンドンの興奮広がる

ロンドンの周囲では、ヒロイックな興奮のムードが広がっていた。ジョン・ハムデンの郷里であるバッキンガムシャーからやってきた一〇〇〇人の騎馬隊は、議会のために命を賭けると宣言した。船乗りたちは、タワーを占拠し、バイロン卿とその「騎士たち」を追っ払いたいと申し出た。デンジル・ホールズは、キングストンからの噂として、ランズフォード大佐とディグビー卿が軍隊の武装をしており、彼らへ送られる鞍と武器の船荷がテームズ河で差し押さえられた、と伝えている。ロンドンをめぐる戦いがいつ始まってもいいような様相が生まれてきていた。

興奮は急速に広がっていった。「地方人の口はみな、議会の特権の破棄問題でほとんど一杯である」と、一観察者は書いている。ハートフォードシャーでは、教皇主義者が武装蜂起をしている、といわれた。南ウェールズでは、アイルランド人の侵入が怖れられている。国王の兵士の一人、レッジェ大佐が、秘密の使命を帯びて、ハルで忙しく働いている。またフランスの一部隊が、イングランド南岸に上陸するために、ピカルディに召集されている、さらに二三隻の大艦隊がアイルランドに向かいつつある、と噂された。庶民院は、ハルの施政官であるサー・ジョン・ホーサム、ポーツマスの司政官のゴーリング大佐に向けて、国王からのいかなる提案も、これを拒絶するようにという通知を送った。議会は、ハルへの使者にホーサムの長男を選び、守備隊の必需品購入のための二〇〇〇ポンドを父に渡すようにと、彼に委ねた。「議長」と、若者は小踊りして叫んだ。「たとえ背中固め、へり固めされようとも、わたしはあなた方の命令に服し、実行するつもりです」。彼の奔放な空想のなかでは、どう猛な「騎士たち」が、庶民院や「公共福祉党」を叩きのめす――「背中固め、へり固め」をする――ために、剣を振り上げて待ち構えていた。

国王、開戦をためらう

九日間、国王は戦争の瀬戸際にあって、ためらっていた。彼はハムプデン・コートからより戦術的に適したウィンザー城に移った。彼もまた、ハルとポーツマスを確保するため――効果はなかったが――使者を送った。彼は王妃と長女とを、ポーツマスからネーデルラントへ派遣し、そこの人々に王室の宝石を売却して、海外で武器を調達しようと目論んでいた。彼自身は、北方へ移動しようと思っていたが、そこの住民は喜んで彼のために立ち上がるであろうと信じていたからである。それから、外国の武器と資金がハルに上陸すれば、彼はロンドンを席巻するであろう。王妃は、一六四二年一月一七日、ウィンザーでオランド公使ヘーンフリートと会い、自分の夫は、ロンドン以外では、その支配地のどこでも愛されている、と語った。ヘーンフリートは、王の計画に賛成しなかったが、それは正しかった。国王が南イングランドで愛されていないことは明白であったからである。サリーシャイアーの民兵団副官代理のリチャード・オンスロウは地域の団を召集し、キングストンのディグビーの手勢を追い散らし、議会のための地域の兵器庫として管理することにした。彼はまた、ポーツマスへの道路を見張るため、ファーナムに人員を配置した。

サリーにおけるこの速やかな行動とバッキンガムシャーでのジョン・ハムデンの土地保有農民の蜂起は、強さを直接ためすときがきた場合には、国王の反対者の方が彼よりもより早く地方を立ち上がらせることができることを国王に見せつけた。彼はぐずぐずしていた。彼はハミルトン侯をロンドンへ送って、ヴォークスホールに保管している八門の大砲と弾薬を気前よくシティに提供し、彼らの疑惑をなだめようとした。彼はウィンザーから議会に手紙を書いて、こう宣言した。自分は「君たちと合意することによって、もっとも寛大な君主としての最高の例をも越えるつもりである」、そして、君たちに向かってなにかを企てるつもりのないことは、神に誓ってもいい、と。彼はのちに、一月二〇日のこの通信を、庶民院と和解しようとして無駄におわった証拠として引き合いに出している。しかし、ディグビーはこっそり抜け出して、ホラントへ渡り、一週間後、新しい計画をたっぷり抱えて、冷ややかに、元気一杯帰ってきていた。

国王、開戦にあたってスコットランドの支持を期待

ピムに対する攻撃の失敗は、国王の躊躇の原因となったが、この議会を打倒しようという彼の計画を急に変えるものではなかった。彼はなお、王妃が娘と一緒にネーデルラントへ渡り、そこで資金と武器を調達し、ヨーロッパの諸君主たちに同盟を求める、という計画を捨ててはいなかった。彼自身は当然のコースとしてヨークへ移動し、この北の首府から、用意が整い次第、反乱のロンドンへ、ウェストミンスターのごろつきどものところへ進軍する予定であった。彼の信ずるところによれば、これまで多くの情け深い譲歩をしてきたスコットランド人が、この企てを援助するのは確実であった。一月末の直前に、彼はエディンバラの評議会へ手紙を書き、とくにアーガイルと同議長ロードゥンへ支援を求めた。要請される支援の詳細な事柄については、直接口頭で伝えたい、と。彼は主としては、熟考して権力を与えてきた盟約者たちCovenantersを信頼していたが、同時に、付加的な用心として、一緒に逃げ出してきた王党派のミントローズにも、これまで続けてきた忠誠を保持するように書き加えた。彼はまた、アイルランド評議会でもっとも信頼できる議員オーモンド侯にも、手紙にしるすにはあまりにも秘密を要する伝言を使者の口頭を通して伝えていた。

とかくする間、ロンドンの興奮はなお衰えてはいなかった。公共の場所で、議会に反対する言葉を口にすることは、その人間にとって安全を意味しなかった。ピムのもっとも積極的な支持者たちは、教皇主義者や主教たちに反

対し、庶民院に好意を示す示威行動や請願行動を組織していたが、それが止んだのは、ヘーンフリートが他の外国公使たちと組んで、深刻な事態を回避したいという独自の欲求から、若きヴェインと一緒に、ウェストミンスターのぐるりをうろついている飢え、怒った、怠惰な群衆をたしなめたときからであった。そして、議会の指導者のある者たちも、将来に対してひやっとするような不安を感じはじめていた。ときおりロンドン市民は、ローマ・カソリックの外国人商人の家屋を襲って、自分たちのキリスト教の原則を表明していたが、一月二一日、彼らは、二人のカソリック司祭の処刑の証人となるため、多数集まった。「陽気な連中が集まったね！」と、刑吏の二輪馬車から微笑しながら、神父アルバン・レーは、復讐心に燃えた面々の顔を、崇高な慈悲深さで眺めた。彼の告別の説教、そして、彼と一緒に処刑される同僚トーマス・グリーンの平静さは、その最後において、感動させられやすい人々を動かしたのであった。

暴力はロンドン・タワーのぐるりでも発生したようにおもわれる。庶民院は、サー・ジョン・バイロンを警備隊長の職から追い出す決議をした。怒りっぽいバイロンは、庶民院の面々に、軽蔑を示して指をはじいてみせた。彼は庶民院からの命令は、いかなるものも受け取らなかった。それに対する返答として、彼は、ロンドン州知事から小言をくい、商人による食料の供給を拒否され、スキポンと民兵団によって陸上側を占拠され、船乗りたちによって河側を封鎖された。他方ではロンドン市は、彼の解任を要請した。なぜなら、彼が居座っているところの貨幣鋳造所へ地金をおくりたくない、横取りされるだけだから、というのである。国王の友人たちは、すっぱい顔をして、請願者のだれ一人として地金をもつほどの資産家ではない、と主張した。しかし、議会がバイロンに来るように呼び付けたとき、彼はそれに従うのが賢明と判断した。〔議会からタワーへ〕帰ってみると、留守中、スキポンがタワーを占拠しようとして、無駄におわっていた。

全国各地から国王非難の訴え、議会に殺到

ウェストミンスターの国王の友人たちは、もはや冷静な論議は不可能だとこぼしていた。しかし、なおしばらくのあいだは、法と特権に関する屁理屈がときおり敬意を表された。庶民院が国王の奉公人エンデミオン・ポーターからウェストミンスター民兵団の指揮権を奪う決議をしたとき、小心なサー・シモンズ・デーヴは、一度は少数派の王党側に立って投票した。ポーターがまだ議員でいるあいだは、隊長職から彼を罷免する投票をすることは、議会の特権を破棄することになると考えたからである。そういう繊細さは別として、全国各地から組織された請願が殺到するにつれて、ピムの地位は日々強くなっていったが、その請願というのは、教皇主義者に対する国王の愛顧、アイルランド救済行動の彼の遅さ、悪しき人間の助言への依存ぶり、教会改革に対する彼の気乗り薄さに関するものであった。一月二六日、ピムは、貴族院と協議して、これらの請願を「イングランドすべてからの声、むしろ叫び」であると、まとめあげた。印刷され、広く流布した彼の演説は、プロテスタント・ジェントリ層の高く広い称賛を博した。

政治的美辞麗句を差し引いても、これらの請願が、たとえ積極的な少数者によって刺激され、組織されたものであろうと、多くの意見を非常に公平に代表するものである、とピムが考えたのは不当なことではなかった。アイルランドの反乱は、イングランドのカソリック少数派に対する恐怖と憎悪を鋭く増大させていった。過去数週間の出来事は、司教たち、したがって教会を国王の攻撃的政策の最前線においた。国王のスコットランドからの帰国は、商取引を妨害し、だれにも未来について疑いを抱かせるにいたった一連の無秩序や混乱勃発の合図であった。一六四一年の静かな夏、そして、秋の始まりのころは、国王の統治はもっと人気があり、ピムはそれほど人気をもってはいなかった。しかし、過去八週間の出来事は、激しく事態の進行を転換させた。国王とその政治は、ストラッフォードが処刑された一年前ほどには、もはや人気をもつものではなくなっていた。

議会におけるピム派の強化

世論というものは、隠れもなく、移りやすいものである。時は、もし時が与えられるならば、国王のために作用するであろう。そう考えて、リッチモンド公は、事態が正常化するまで、議会を六カ月間休会にしたらどうかという要望を表明した。庶民院は彼の示唆を危険な悪意をもったものと決議したが、その投票の比率は、国王が浮動票の支持を失ったことを明白に示している。すなわち、庶民院のうち、公爵に賛成したもの二三票に対し、反対票は二二三票にのぼっているのである。この区割りの数字——その大多数が記録されている——は、議員たちは脅迫的群衆のゆえに、議会に出席することを怖がっているという王党派の主張に反論したものであった。王党派のデンジルの従兄弟のジャーヴェス・ホールズは、ウェストミンスター・ホールズを通り過ぎるとき、自分に向かって用いられた言葉について、院に苦情を述べた。しかし、厳しい言葉も骨を砕きはしない。意志堅固な王党派たちの大多数は、これらの恐るべき日々、国王のための負け戦《いくさ》を戦うために、出席していた。国王の支持者が論議に参加することを妨げることによって、減少しつつあったピムの多数派を復活させたのは、大衆の暴力ではなかった。庶民院の浮動派のメンバーを国王から切り離したのは、彼の暴力のせいであった。

敵愾心《てきがい》をもった多数派は、国王が彼らに言い寄ろうとしておくった、表面的には愛想のいい通告を、疑惑をもって受け取り、答えるのに、主教制の廃止、議会による武装した団体およびロンドン・タワーの統制に対する要求をもってしただけであった。彼らの要求の調子は、非常に明白に国王がアイルランドの叛徒たちと気脈を通じている、と彼らが考えていたことを示している。ピムは大胆にそれを、できるだけ大きく暗示したのであった。チャールズはしばらく時を稼いでいたが、結局逃げ口上を使って要求を突き放してしまった。自分は君たちに譲歩することはできない、しかし、将来とも、君たちと議論を続けたいとおもう、と彼は述べた。庶民院は返答の遅れに激怒し、こうした返答をするように国王に助言した人々こそ公共の平和の敵であると宣言した。庶民院では、王党派であるサー・ラルフ・ホプトンただ一人が、王国を受け身の立場に追い込む法案に投票することに反対したが、無駄であった。

国王の態度硬化

国王の態度は硬化した。二月七日、彼が議会に妻と娘をネーデルラントへおくるつもりであると通知し、王国の強力な地点を譲渡することの拒否を繰り返し、優渥《ゆうあく》にも反逆罪に問われたピムとその同僚たちを許すことに同意した。彼らに対する告発が何故行われたかについての説明はないままに、である。彼は、甥のファルツ選帝侯とヘーンフリートによって提案された穏やかな助言を却下した。ヘーンフリートに対しては、議会の犯した悪行についてざっと説明している。まず彼らは、ストラッフォードの死刑を要求した、次に議会を三年間続け、さらに議会を永続的なものにした、いまや軍隊と要塞の引き渡しを要求している、と。「彼らの意図がどこを目指しているかは、君も分かるだろう」。王妃も、いかなる犠牲を払っても反対者を叩きつぶそうという彼の決意を裏打ちした。彼女はヴェネツィアの使者に、事態が悪くなっているが、それだけ将来の自分たちはより良くなるであろう、と率直に語っている。

二月半ば、王党の一隊がカンタベリを経て、ドーヴァーに到着した。王妃と王女をホラントへ送った将校はジョン・メネスであったが、国王に忠誠を誓い、議会人を軽蔑した強靭な艦長であった。国王の戦艦五隻は、王家の淑女とそのお付きを乗船させるため、停泊していた。王妃は「獅子号」に乗船することになっていた。チャールズは、メネスとその乗組員から見て取ったところから、彼ら船員たちを忠実であると判断し、海軍の強さを確信した。彼はまた、能力に恵まれた妻の説得によって、オラニエ公から財政的支援を、好戦的なデンマーク王からは大規模な軍事的支援を得られるものと信じていた。

プリンス・ルパート

国王の甥であるファルツ選帝侯は、ぷりぷりしながら、はるかここまで宮廷についてきていたが、〔この出発のときには〕一時居合わせていなかった。こんなにも沢山の旅行をする金がなかったので、彼はガーター勲章を質に置かなければならなかった。平和と安定したプロテスタント政府がイングランドで保持されるかどうか、についての彼の心からの危惧は、自分自身の収入の将来についてのごく自然な関心によって強められた。彼は議会によって彼の家族に付与された下賜金によって生活していたのであり、彼が国王側近によって企てられ、目論まれた暴力行為になんら係わりをもたないことを、ウェストミンスターの友人たちに知らせるように努めていた。

彼が留守をしていた間に、弟のルパート〔ドイツ名ループレヒト。以下、英語流の発音ルパートで通す〕公が突然宮廷に現れた。三年半ばかり戦争の捕虜としてオーストリアの要塞に留置されたのち、前年秋、彼はイギリス大使の介入で釈放され、叔父に礼をいう機会をとらえて、はじめてイングランドへやってきたのである。彼の母は、兄のいる宮廷の危険な陰謀に巻き込まれないようにと、彼を止めたが、無駄であった。国王や王妃がつねに慎重な兄よりも贔屓《ひいき》してきたこの利《き》かん気の少年は、恐ろしく精力的な、行動意欲に燃えた男に成長し、武器を購入し、ホラントで兵士を集めて、いつでも自発的に王妃を支援する用意をしていた。

国王、若干譲歩す

国王が感謝されるのを期待していた他の者たちは、期待に添わなかった。スコットランドの評議会は彼の援助の要請に対して、冷たい、言い逃れの返答を返してき、ただ、アーガイル侯が王に助言をするために待っていると示唆しただけであった。時を稼ぎ、一連の譲歩をすれば、庶民院におけるピムの強い立場を弱めることができると信じたカルペッパーの示唆をうけて行動を起こし、国王はいくつかの要求に譲歩した。彼はバイロンをロンドン・タワーから解任したが、タワーは物資の供給なしにはもはや支えきれなくなっていた。もっと驚くべきことは、彼が、主教の世俗的権力を廃止する法案を通過させたことで、おだやかに「自分は王国の満足以上には、なにも欲しない」と付け加えただけであった。通知は二月一四日に庶民院に到着したが、彼らは国王のヴァレンタイン・カードの贈り物によってなだめられなかった。ピムとその同調者は、国王が軍事力を保持するかぎりは、彼が弱いときに自分からねじり取られたものを、強くなったときに取り返すために、その力を行使するであろうことを、十分すぎるほど承知していた。そこでもう一度、庶民院は軍事力に対する支配権を自分たちに寄越すように圧力をかけた。彼らは、五人のメンバーに対して告発の嫌疑をかけたという件で筆頭法律屋 Attorney General を弾劾し、ホラントから送られてきたディグビー卿の、途中差し押さえられた手紙を開封した。ディグビーは、率直に敵に対して暴力的行動を取るように国王に助言していた。この証拠に則って、国王は国民に対して戦いを始めようとしていると非難された。

二月二三日、王妃はドーヴァーから出航した。国王にとってこの別離は非常につらいものであった。彼らの別れは公式的なものであったが、二人とも涙にくれ、追い風に乗って「獅子号」が外海に出ても、国王は断崖の海岸に馬を走らせ、帆が冬の水平線の彼方に没するまで、彼女の姿を追い求めたのであった。

王妃が戦争準備の使命を帯びて海峡を渡ったその日、ロンドンでは、国民の罪を告知して、ウェストミンスターのセント・マーガレットの説教壇からシュテファン・マーシャルが、『士師記』の一節を引用しながら説教した。「メロスは呪われてあれ、と主の天使はいわれた。その住民は厳しく呪われてあれ、主を助けに来なかったが故に、強力な者に対して主を助けなかったが故に」と。鳴り響く言葉のなかで、彼は、始まったばかりの闘争のなかの、すべての「中立者」を非難した。有害な党派と和解を図るなどは、議会ではなくて、神の問題を欺くものにほかならない。荒っぽい狂信者ではなく、暖かく生き生きとした説教者マーシャルは、浮足立った連中に同意せよと熱弁をふるった。

議会、アイルランド反乱鎮圧の資金として、同地の広大な土地没収と売却を計画、国王も同意

庶民院はアイルランド反乱鎮圧のための資金調達についてシティと協議した。彼らの企画は、公にされる前に数日にわたって話し合われたものであり、国王は、なんの通知も受け取っていないと公式に苦情をあげた。にもかかわらず、彼は、将来アイルランドにとって残虐なものとなる計画――それは彼の死後、クロムウェルによって履行《りこう》された――に同意を与えた。それは、国王と議会のほとんど最後の共同行為であった。一〇〇万ポンドの金が、アイルランド人の反乱を鎮圧し、移住者の財産を回復するために、調達される。そして、アイルランドの土地一〇〇万エーカーを反乱者から没収し、その四分の一の土地――沼沢、森林、不毛の荒れ地ではない肥沃な土地――を、戦争のための資金提供者に授ける、というのである。こうして反乱の鎮圧は、イギリス人の側からみると、ほとんどアイルランド全体を賞与に当てようという、土地に対する巨大な投機となった。企画は必要な資金をもたらしたが、しかし、それはアイルランド人に、隠されてはいるが、反乱の正当性を与え、彼らに力を倍にして戦う口実を与えた。いまや反乱の絶滅的敗北以外には、いかなる解決もイギリス人にとっては受け入れられなかった。なぜなら、その他の解決は、投資家の金の必要な返還を保証しなかったからである。まだ残っていた王党派のアイルランド人は、「自分たちの王国がイングランドへ売り渡された」ことを知ったとき、裏切った政府に背を向け、同郷人に合流して、武器を取ったのであった。

アイルランド戦争の資金調達のこの方法に同意しながら、国王は、なおも議会の民兵条例に対する彼の返答を引き延ばしていた。なぜなら、この法案は軍隊に対する支配権を議会の手に引き渡すものであったからである。二月二七日、日曜日、平和な時期に彼が王妃と幸せな日々を過ごしたことのあるグリニッジ宮殿で、エドワード・ハイドの助けを借りながら、返答を作成した。これから数カ月間、彼は返答を作成するに当たって、ハイドの外交的表現に長《た》けたペンに依存することになるが、そのペンこそは、適度で、月並みな臣下たちのあいだに、なお一握りの追随者を彼のために確保してくれたものであった。〔その民兵法案に対する返答のなかで〕しっかりとした、うま

い言い方で、国王は法をまもり、人民の権利を保護する意図であることを宣言し、五人の議員を拘留しようと企てたさいにも、議会に対して暴力をふるうつもりはなかったと否定したが、しかし、「人民を守るため、神と王国の法によって彼に授けられた正当な権力が剥奪されることには同意」していない。穏健な人々への国王の返事がどのような影響をもったにせよ、庶民院は怒りの決意のシャワーでそれを迎え、その返答、それを助言した人々を非難し、国王の不在が王国の平和を危険にさらしているが故に、ロンドンへ帰るように彼に要求した。

不撓不屈の市長は、同様にねばり強い裕福な絹商人ジョージ・ビニオンと協力して、市長の同意なしに民兵司令官――フィリップ・スキポンのことである――を任命したことに関して議会に対する一般評議会の請願を組織することによって、国王の返答のために道を均《な》らした。国王の友人たちからの諸請願は、このころになると、決まりきって議会特権の破棄に当たると非難され、ピムはこれをも巧みに、議会が国王の民兵法案拒否にさいして受け取った憤慨の念を促すのに利用した。その議場から多くの王党派議員がいまや退場するにいたった貴族院は、庶民院と一緒になって、このような返事を国王に助言するような人々は国家の敵であると宣言した。

議会、民兵条例を強行採決

体面上、議会はいま一度民兵条例を通すように国王にしつこく求めた。彼らの使者は三月一日、セオバルトで国王に会ったが、彼はプリンス・オブ・ウェールズを同伴して、そこへ移動していたのである。この度は、彼はいらだった激しさで語った。議員たちは、わたしの行為によって恐怖とねたみを引き起こされたと不平を述べている、しかし、彼らには、「胸に手を置いて問うてほしい。わたしもまた恐怖やねたみで悩まされたくない、それが、そんなことをするかどうか」と。

国王の率直な敵意は、その効果をもった。庶民院では、「悲哀と悪しき前兆にみちた」論議のなかで、民兵条例に対する彼の同意をこれ以上待たず、自分たちだけで条例として発布し、これ以上ごたごたせずに王国の防衛を引き受けようと決心した。彼らは、自分たちのしていることの意義を認識していた。なぜなら、このことは、国王から独立して、国土の利益のために行動する議会の権限を宣言するものであったからである。「議会の高等裁判所は、王国の公正さと自由を判定し、決定することを法によって可能とされた最高法院 The Court of Judicature であるばかりでなく……必要に備え、切迫した危険を阻止し、王国の公共の平和と安全を保持する会議の如きものである」と、民兵条例の前文に謳われている。この行動によって、議会は、それ自体が主権的権威であり、かくして、国王権力は、国王として人間的、自然的にもっている権力と同じものではないことを指示した。チャールズ・スチュアートは、人間として、悪しき顧問たちの手に落ち、みずから議会から離れていった。しかし、国王の権力というのは、議会とともに在るべきである。そのほか、布告は「教皇主義者や、すでにアイルランド王国において反乱を起こしているその他の不満分子」から、国土を守るために制定させたものである。したがって、すべての徴募兵の指揮権をにぎり、各州の隊長は議会によって任命されねばならず、国王によってなされた任命はすべて一度は撤回される。こうして庶民院は、国王の返答に対して、王権に反対している自分たちの道理こそが、はっきりと前面におかれるべきであるという宣言を作成しようと決心したのである。最後まで国王を擁護したサー・ラルフ・ホプトンは、「馬を盗む友人の首をくくるのに使うよりも、もっと僅かな証拠で」主権者を非難している、と彼らに説いた。この奇妙な表現を取った反対論のために、彼はタワー投獄に表決された。

ピム、議会から王党派議員を追放

この動きの以降、和解の最後の、見せかけのものではあったが、機会は去った。これまで王党派を威嚇してきたピムの脅迫と時折の懲罰行為のかすかな動きは、追放と迫害の組織的政策に席を譲った。スキポンに反対する請願を組織したビニオンは、議会特権を破ったという理由で逮捕され、ロンドン地区裁判所判事で、王党派のトーマス・ガーディナーは、船舶税の賦課を支持したという理由で、タワーへおくられた。シティ内の議会の友人たちは、一般評議員のなかから、自分たちと一致しない評議員を追放することを考えはじめ、それらの選挙の有効性を調査する委員会を任命した。ドクター・ホーウェルという一聖職者は、名誉ある庶民院のことを「上調子の脳みその集まり」と呼んだ廉《かど》で、またスプレッド・イーグル・ターヴァーンというところで、酔っ払った勢いで、ある「騎士」が、王様ピムを粉々に切り刻んでやると叫んだという件で、ものものしく議会に喚問された。プリマス出身の議員であるロバート・トゥレラウェイは、私的な会話のなかで、国王に対する議会の態度を批判したため、庶民院から追放されたし、哀れにもとまどったサー・エドワード・ダーリングは、ピムの態度を批判した彼自身の演説のいくつかを印刷したという件で、やじ馬にあざけられながら、タワーへ引っ張っていかれた。オックスフォード州では、セイ卿が、王党派の請願を組織した何人かのジェントリーをおだてていた。地方のいたるところで、隣人や家族同士が政治をめぐって喧嘩し、街路で口論し、家庭内で論議し、おとなしい人は武装した人のところへ保護を求めはじめた。

国王と議会の亀裂、絶対的となる

チャールズは北方への旅を続けていた。彼は、議会が挑戦的に民兵条例を発布したとき、ロイストンにいた。策略に富んだペンブロークと不甲斐ないホランドとが、議会の宣言を拒絶するようにと、その法文を彼にもたらしたのはニューマーケットにおいてであった。彼は、かつて廷臣であった二人の卿を怒ってにらみつけ、布告を読むのを中断したが、二人が拒絶するようにというと、彼らを静まらせた。「君たちはなんということをしてくれたのか？」と。いつものためらいもなく、彼はパシッといった。「わたしが君たちの法律を踏みにじったことがあるか？　わたしが、臣下たちの安寧のための法案の通過を否定したことがあるか？　わたしは、君たちがわたしのためにしたことを頼んだ覚えはない」と。そのあと、ペンブローク伯はもう一度、しばらくの間であろうが、民兵に対する議会の支配に同意するように説得した。「神に掛けて、一刻といえども同意できない」と国王はいった。

ペンブロークとホランドは、ロンドンへ向けて馬車を走らせ、チャールズは、長男を連れて、北へ向かった。両派の極端論者はそれぞれ、その道を得た。亀裂は絶対的であった。

第二節　アイルランドの反乱、急を告ぐ

アイルランドの無政府状態

これらのごたごたした週間を通じて、アイルランドからの憂鬱なニュースは到着をやめなかった。国王と議会のあいだの危機は、アイルランドの反乱の鎮圧手段の論議から始まった。それがいまや、議会か国王のどちらかがアイルランドの移住者に救援をおくる前に、イングランドにおいて内戦が勃発するにちがいない情勢となった。

地域毎に、アイルランド島は無政府状態に陥っていた。北方では、「アイルランドはいい土地であり、全体として反乱を起こしている」と、ある司祭が歓声をあげて書いている。オニール、マッギーア、マッギンズが武器を取っていた。マクドネルの勇敢さを長々と、声高に自慢してきたアントリム伯は、この時点を選んで、南方の友人たちを訪ねたが、しかし、彼の一族の五〇〇人の男たちは、その指導者に、大胆かつ筋骨たくましい一八歳のアラスター・マッコネル・ケイタッチを選んだ。デリーとアントリム全体にわたって、納屋、農場、干し草の山が炎の犠牲となった。うろつきまわるアイルランド人が家畜群を奪い、破壊しなかった財貨を持ち去る一方、移住民たちは家を放棄し、囲壁で囲まれた都市のなかで、食糧、燃料、武器の不足の故に、身を縮めていた。

マスカリー卿に率いられたマッカーシーたちが地域を蹂躙したミュンスター地方では、移住民たちはコーク、キンセイル、ユーゴール、バンドン・ブリッジに避難をよぎなくされた。コーク伯がその活動的な生涯を通じて、緑の土地に置いた市場都市、プロテスタント教会、そして、産業に従事するイギリス人の集落——アイルランド人を痛め付けて引き出した年間二万ポンドの収入は別として——は、いまやどうなったのであろうか？　リズモアの要

塞から、冬の一夜、ある見張りは、ブラックウォーターとダンガーヴォンのあいだに五〇〇カ所の火事を数えている。「われわれはいま、息を引き取る寸前にある」と、ある老いたならず者が嘆いている。「もしイングランド国が急いで救ってくれなければ、われわれは生きたまま葬られることになるだろう」。しかし、いまの時点、イングランドからやってきた救援部隊は全部で、歩兵の小さな三部隊――その隊長の一人がジョージ・モンク大佐であった――と、サー・リチャード・グレンヴィル指揮下の騎兵四〇〇であった。グレンヴィルは有名な名前をになっていたが、やがてそれを不名誉なものにしてしまい、モンクは、やがて有名になる名前を担っていた。

南部では、重要な一族が暴動に参加していなかった。オブリアン家の家長であるインチキン卿はミュンスターの筆頭貴族であるサー・ウィリアム・セント・レジェの娘と結婚し、筆頭の地位を継ごうと希望していた。インチキンは、その猛烈なエネルギーをイギリス人への奉仕に捧げていた。

移住民の反撃始まる

移住者たちは、徐々に防衛を組織しはじめた。北アイルランドではスコットランド人が、イギリス人を怪しんでいたのに対し、イギリス人はスコットランド人に不信感を抱いていた。イギリス国教会派は長老会派を信用しておらず、両派は、王党派のローマ・カソリック派を疑惑をもって眺めていた。ギャルウェイで有力者であったのはノルマン・アイリッシュ系のカソリック信者クランリカード卿であったが、彼は、イギリス人の母親を通じて、ピューリタンのエセックス伯と異父兄弟の関係にあった。彼はアイルランド人側からのあらゆる誘いをしりぞけ、この西海岸の貴重な港の市民たちをダブリン政府に忠実たらしめていたが、その政府は、十分な報酬を受けながら、彼に対して一切の武器も送ろうとはしなかった。しかし、地域の守備隊は、ピューリタンの職業軍人ウィロウバイ隊長の指揮のもとにあったが、彼は、守備隊を食べさせるためアイルランド人を略奪し、それによって彼らの反乱を惹起し、自明の教皇主義者であるとクランリカードを公然と憎悪し、都市の平和をまもろうとしたクランリカードの計画を妨げ、ダブリンの評議会に彼のことを中傷したのであった。

クラール地方では、あまり能力もなく、クランリカードほど〔政府に〕忠実でもなかったソーモンド卿が、アイルランド人部隊の援助を得て、イギリス人の財産を守ろうとしたが、しかし、彼らは武装解除され、次いで自分たちが保護下に置いたはずの人々を略奪した。多くの移住民は逃げた。頑固なモーリス・カッフェのような少数の者は、バリヤリー城に立て籠もって、自衛の手段を取った。

どこでも不信がはびこり、ほとんどどこでもアナーキーが支配し、アイルランド人の侵入者から逃れた者は、冬のさなかの行進によって、都市に安全を求めたが、そこも安全ではなかった。悪い装備、半裸の自分たちに必要なものを、当然のように探していたアイルランド人は、自分たちの捕虜の衣服、金、手押し車、店舗を奪取した。そのあとで逃げ出した捕虜たちは、冬なのに履く靴もなく、背中をおおうコートもなく、敵意に満ちた地方を、手近な要塞へとぼとぼと歩いていった。ノルマン・アイリッシュ系のジェントリーが助けようと試みた。ハケット城のユーリック・バークは、村々を彷徨《さまよ》っている人を救出するために馬車とその御者をおくった。彼は二人の男、三人の女、三人の子供を連れて帰ってきたが、彼らはほとんど裸同然で、雪のなかでちぢこまっており、憔悴していた。冷え切った身体が暖まり、衣服を着けると、彼らはキラッラの主教とその妻、子供であることが明らかになった。ウォーターフォードへ向かった四〇〇人の女、子供たちは、そこでユーゴールに向けて船に乗せられた。しかし、コーク伯は、世話をしなければならない窮乏した逃亡民がいなくても、なすべきことは十分にあり、彼のところへ来た者はみなイングランドへ送られた。ブリストル、チェスター、スコットランド南西部の小さい港は、はじめは裕福な避難民を受け入れていたが、冬が深まるにつれて、船積みされてきた病気で、飢えた、ぼろをまとった人々、夫を亡くした女房、絶望的な戦いのなかで両親を失った子供たちを収容した。これらの人々の嘆きは、アイルランド人の残虐さ——彼らが見た、あるいは、見たと信じ込んだ絞首、殺人、手足切断など——の話を膨れあがらせた。

長くてきびしい冬の寒さと飢えが、戦いのなかで冷酷にアイルランド人によって殺されるよりも、はるかに逃亡する移住者を痛め付けた。しかし、それは、その出発点から、報復的な、血みどろの戦争であった。追い出された原住民の侵入して来た移住民に対する激しい憎しみを増すのに、宗教、人種、文化の違いに、ほかになにが付け加えられるであろうか？　イングランドでは、ほとんどすぐに議会はアイルランド人に対する残虐話の出版を許した。ダブリン政府は、二、三週間たって、悪しき例にならった。プロテスタントは、略奪された農家のまえで首を吊されている住民、家もろとも生きながら燃やされている家族、レイプされ、殺されている女、沼地に沈められる、あるいは、両親の目の前で長いナイフにつばを吐きかけている子供たちの、興味津々のホラー話を公然と朗読した。避難民は物語にさらに付け加える。スコットランドのある女は、自分の夫に十字のしるしが現れるのを見たと主張している、と。味わいは、なにを食べるかによって、さらに増す。いかなる犯罪も、「血まみれのアイルランド肉屋」の残虐さに比べれば、ものの数ではなかったし、彼らの犠牲の数は、数週間のうちに、一〇万を超え、おかげで、血でずぶ濡れになったアイルランドでは、「死骸を隠す墓石と埋める土地」がほとんどなくなったほどである。

これらの恐るべき物語は、真実の種子から増殖されたものである。アルスターのポータダウンや、ギャルウェのシュルール・ブリッジでは、十分考えた末に、女、子供の溺殺が行われた。アイリッシュ人は情け容赦のない残虐さで放火し、略奪し、ときには、マギー島の移住民の考え抜かれた大量虐殺の場合のように、平然と殺している。住民の指導者は、心底これら民間人の囚人を安全な場所に護送しようと努力したのであるが、地域を徘徊する獰猛《どうもう》な侵入者の集団から、彼らを守るだけの強さをもってはいなかった。ダブリンやブリストル、チェスターの街路で乞食をしながら、自分の夫はアイリッシュによって喉を斬られたと訴えている女たちのいうことが、すべて真実であったわけではない。しかし、そのあるものは真実であった。

イギリス人、スコットランド人は仕返しをした。「容赦しない」というのが共通の法則となった。捕まえた者は首をくびられ、女は溺殺された。「非人間的、否認さるべき事柄だ」と、ある裕福なスコットランド兵士が、嫌気がさしていっている。「相手側の残酷さのゆえに、他方の側の非人間性は弁解される必要がなくなる」。レーンスターでは、政府軍は、アイリッシュが潜んでいるヒースやハリエニシダに火を放ち、侵入者だけでなく、逃げることのできない女、子供もろとも焼き殺した。ミュンスター〔アイルランド南部の地方〕では、サー・ウィリアム・セント・レジェは、怖るべき婿養子インチキン卿――マッロウ・オブ・ザ・バーニングス、アイルランド人が半ば恐れ入って背教者の家長と呼んでいた――とともに、男、女、子の差別をせずに、反乱者を狩り立てた。コーク卿の三人の息子たちは、熱狂的追跡に力を合わせ、彼らの一番年下の男がある要塞を、そのなかにいるすべての生き物もろとも焼き滅ぼしたとき、セント・レジェは、彼らの父親に、さぞ満足であろうと賛意を込めて報告しているのである。

破壊と憎しみのこの憤激のなかで、両派のある者はなおキリスト教徒、名誉ある人間として振る舞った。プロテスタントで、キルモアの主教であったウィリアム・ベデルは、自分の家に震える避難民を一杯かくまって、静かに反乱民――それは彼に仕えていた家畜の世話人であった――と対峙した。彼は、自分とその小さな避難民たちの寝るところを確保したが、数週間後、彼が死ぬと、アイリッシュの兵士たちは、彼の墓の名誉を守る守衛を立て、峻厳にして、ひるまない老人の棺に対して礼砲を放った。

ダブリン政府軍の中核的将軍オーモンド伯

ダブリン政府の軍隊の将軍であったオーモンド伯は、アイリッシュ人の集落を荒らしたり、民間人を殺すことを拒否した。ノルマン・アイリッシュ系の彼の家族の多くは、叛徒たちと共感をもっていた。彼の母はローマ・カソリックであり、その兄弟は叛徒たちとともに武器を取っていた。彼は他の心配事を抱えていた。というのも、国王は彼とひそかに通信を取り合っており、知らなければもっと幸せであったろうが、ほかならぬ彼は、広い範囲でのチャールズのアイリッシュ人への愚かな手出しを知っていたからである。彼の資質と人気は、政府軍にとって彼を不可欠なものとしたが、評議会のなかには、彼が叛徒たちとつながりがあるのではないか、と疑う人々もいた。しかし、オーモンドは、法、秩序、王冠に対する忠誠の態度において、不動であり、ささやかれている中傷にこう反論している。「わたしは恒常的に進むつもりであり、わたしの親戚であり　友人であるからといって、叛徒に手心を加えようとはおもわないし、だからといって、わたしの任務を十二分に果たすに当たって、わたし自身以外のだれかを満足させるために、剣をこれ以上に鋭くしようともおもわない」と。

彼の妻は、子供たち、彼女が受け入れ、救い入れた数百人の避難民ともども、キルケニー城に孤立させられた。アイリッシュの指導者は、オーモンドが政府軍の指揮権を放棄しないかぎり、彼らを破滅させると脅かした。イギリス側は、もし伯爵夫人とその子供たちが害されるようなことがあれば、アイリッシュの女、子供にも容赦しないであろうと答えた。しかし、春の戦闘の準備の手をゆるめないで、オーモンドは異なった返答を宣言した。「たとえわたしの妻や子供たちが男たちによって害されることがあったとしても、わたしは女や子供たちにはけっして復讐しないであろう。それは卑しむべき、非キリスト教的行為であり、わたしが妻や子供に与えている価値を著しく引き下げることになろう」と。

オーモンドは、すぐれた才能をもった軍人というよりは、軍人としての適性をもった人物であり、アイリッシュの強さも弱点もよく理解していた。彼は、ジュリアンスタウンで悲惨な最後を遂げたドロゲーダを救い出そうとした政府の試みに反対した。堕落した一群のアルスター避難民からなる部隊は、オーモンドの表現によれば、「兵隊の顔」をしていない群れであったが、彼らは、慣れない手に急遽手渡されたムスケット銃の扱い方を知らなかった。このような軍隊に対して、霧のなかから突如襲いかかるというアイリッシュ人ペリム・オニールの衝撃的な作戦は、成功しないのがおかしいくらいであった。しかし、ドロゲーダ自体では、経験をつんだ職業軍人サー・ヘンリー・ティッチボーンとその規律ある守備隊とは、飢えと裏切り、敵の繰り返しての攻撃、侵入にもかかわらず、持ちこたえた。長い防衛戦は、アイリッシュの無秩序な多人数に対する、秩序だった小人数の部隊の優位性を明らかにした。三月初め、オーモンドは、よく訓練され、装備を施された三〇〇〇の歩兵と五〇〇の騎兵を集めた。ドロゲーダの外にあったペリム・オニールは、人数においてまさっていたが、組織された軍隊と戦うという危険を犯すには、あまりにも用心深かった。政府軍がダブリンから近付くにつれて、彼は安全なアルスターへと引き揚げ、一六四二年三月一一日、オーモンドはドロゲーダに入った。それは、イギリス人にとって、ぞっとするような五カ月間を通じて、アイルランドから届いた最初のいいニュースであった。

第三節　国王、ヨークに宮廷を構える

アイルランドにおける同国人の変わりつつある運命が、いまやイングランドにおける衝撃的な状況にとって、唯一の背景となった。「のろしが新たに上げられ、航路目標が設置され、郵便馬車が小包をのせて上下している。すべてが戦争が起こる兆候だ」と、ある議員が書いている。チャールズは、ハンチンドンから、臣民に向けて、自分が同意を与えていない条例に服従しないように警告を発した。議会両院は、大いに怒って、自分たちの権威を問題にするような者は、なんびとといえども、議会特権の破棄の罪に値すると宣言した。

国王はなおも北方への旅を続けていたが、平穏な時の楽しみと気晴らしがないわけではなかった。ケンブリッジでは、彼はトリニティ・カレッジとセント・ジョン校を訪れ、プリンス・オブ・ウェールズは競技を楽しんだ。穏やかな陽光の一日、国王の一行はルトルト・ギッディングのフェラッラ家を訪問した。国王は、隣接した野原で野ウサギを撃った。プリンス・オブ・ウェールズは食料品室でチーズ・ケーキとアップル・パイを賞味した。別れにあたって、国王は、その情愛に対してフェラッラに五ポンドを与えたが、それは、前夜、カード遊びでファルツ選帝侯から巻き上げたものであった。彼の最後の言葉は、彼の心にある不安を一瞬もらすものであった。「祈ってくれ、わたしの速やかな、安らかな帰還を祈ってくれ給え」と、彼はいったのである。

エドワード・ハイドの両者調停の試み

エドワード・ハイドは、フォークランドとともに、ウェストミンスターで、庶民院のなかに残っている少数の国王の友人たちを支えるという仕事をし、手紙によって国王との通信を続け、国王がいまや議会と始めた出版物での戦争において、種々助言を提供し、記事を作成した。ハイドは、温和な審議が国王とピムがそれぞれ違った仕方で追求していた衝突を避ける効力をもつと、なお幻想を抱いていた。「陛下はよくご存じのはずです」と、彼は書いている。「陛下の最大の強さは、公共の自由を熱心きわまりなく主張する人々の心と愛情のなかにあることを。つまり、陛下の人格に対する義務と忠誠とならんで、陛下の平和と正義に対する性向との共感にあることを」。彼は国王に、「陛下は、ほかならぬ自分の法の強さとそれに対する臣下の服従に依存していることを示唆することを」怠ってはならないと催促している。国王は、こうした格好を維持することが、自分自身に対する支持を確保し、ピムとその一味の反抗的な非妥協性が国民の上に降りかかっている厄介事の原因であることを世界に明らかにするための、賢明な方法であると悟った。スタンフォードで彼は、ローマ・カソリックに対する法律を厳格に実施すると声明したが、これはプロテスタント臣下を喜ばせこそすれ、カソリックの彼に対する忠誠を失わせるものではなかった。というのも、彼らは、自分たちの運命がいかに苛酷なものであろうと、国王の反対者たちよりも、彼が自分たちのより近い友人であることを十分に心得ていたからである。

ハイドは、とかくする間、チャールズがニューマーケットでつっけんどんに拒絶した諸提案に対して、より懐柔的回答を作成した。それは、国王が北部の首府ヨークに入ったのち、彼の名前で発せられた。この文書の慎重に考えられた文句のなかで、国王は、自分に対する信頼の欠如について議会を叱責した。もう一度、彼は「真のプロテスタント信仰に対する誠実、かつ熱烈な愛情をもち、そして、当然の順序として、その喧伝と教皇主義者の抑圧のために、議会と一致する覚悟である」ことを宣言した。もう一度、彼はアイリッシュの反乱とそれを唆《そそのか》す者すべてを非難した。彼は、外国の勢力が彼を助けるために呼び寄せられているという陰謀の噂をきっぱりと否定し、議会に自分のした多くの譲歩を思い出させ、安全と感じるならば、ロンドンへ帰ってもよいと言明し、いまは「国民の平和と栄誉、そして繁栄」以外のなにものも欲するものではないと告知した。

これが、国王がおくった最後の和解のメッセージであり、エドワード・ハイドが意図した効果に誤りはなかった。貴族院、庶民院、そして一般に地方の、多くの不安定な、戸惑った人々は、これら国王による緩和の表現によって動かされて、この最後の手段によって、ピムとその一党が攻撃者となり、今後は、積極的、あるいは消極的に、国王に協力していかなければならなくなると判断した。この文書の説得力は、エドワード・ハイドが作成にあたっての誠実さから来るものであった。彼は真実、国王が妥協的解決になお同意するであろうと信じ、自分の道徳的確信と知的才能のすべてを、そこに投入したのであった。国王は、国王で、これら緩和のジェスチャーの価値を知っていたが、ウェストミンスターの権力者たちが力によってのみ屈服されるという信念をいささかも動揺させられることはなかった。彼らはすでに、国王の権威とチャールズ・スチュアートの権威とは別物であり、国王的権威は厳密には自分たちに属するものであると主張していた。国王からすれば、「国王を救おうとすれば、チャールズ・スチュアートを守ることが必要」と考えるのは、当然の反応であった。その必要性において、チャールズは行動し、エドワード・ハイドによって真摯に作成された通告は、国王にとっては、敵の地位の掘り崩しをねらった戦争の武器の一つであった。

危険に気付いたピム党は、危ないと警戒し、すでにエドワード・ハイドに対して文句を付けていた。近頃になって、彼らは、なお残っているウェストミンスターの王党派の同調者の影響を窒息させる方法を広げていた。〔専門の〕委員会が増やされた。防衛、情報、海軍、あれこれの審問、告発の委員会である。これらすべてにおいて、ピム派が支配しており、彼らの手を通して、議会の主要な業務が運営されていった。

王党派、地方で組織化をすすめる

議会の外では、王党派はいかに組織をしていくかを学んでいた。ランカシャーからは、議会によって任命された州知事代理、ピューリタンのウワォートン卿に反対し、献身的な王党派のストレィンジ卿に好意を示す請願がきていた。庶民院は、このニュースを、ランカシアーの真面目な住民には請願書に署名するように圧力がかけられたというコメント付きで受け取った。オリヴァー・クロムウェルは、マンモスシャイアーからのリポートに注意が引かれたが、その地域のピューリタンの牧師たちは、土地の教皇主義者によって企てられている蜂起によって脅かされているというのである。教皇主義者は、その隣の州では明らかに非常に強力であったが、そこを支配していたのは、王国のなかでももっとも裕福なカソリック貴族、ウースター侯であった。ケント州では、王党派の治安判事であるトーマス・マレットは、メイドストンで、軍事権力はすべて国王の手に回復すべきであり、議会は、ロンドン近隣から、暴徒たちの介入を怖れる必要のないどこか遠くの場所へ移動すべきである、という請願を採用するよう大陪審を説得していた。

王妃、海外へ支援を呼びかけ

ピム党は、ほかの恐れももっていた。彼らの不安な注意は、ハルとネーデルラント、そしてデンマークにも向けられていた。というのも、チャールズがヨークから宣戦布告をし、外国から支援を受けようとした場合、彼が確保しなければならない港はハルであった。デンマーク国王クリスティアン四世は、年齢的にすでに老いていたが、かつては陸海で有名な戦争王であった。彼はチャールズの母親の兄弟、つまりチャールズの伯父にあたり、王妃が執拗に彼に援助を呼びかけていたことは周知の事実であった。侵入――とくにデンマークからの――噂は、ここ数カ月のあいだに熟していた。忙しい小柄な王妃は、ハーグに滞在して、持ち出した王家の宝石を担保に資金を借り上げ、有能なプリンス・ルパートの助けを得て武器とボランティアを集め、彼女のもてるあらゆる力を用いて、オラニエ公とデンマーク王の関心を彼女の夫の問題に引き付けようと努めた。彼女は健康ではなかった。歯痛、頭痛、咳、風邪が、国王に宛てた彼女の手紙を満たしている柔らかな愛の申し立てに、悲しげに同伴していた。しかし、彼女の助言は悲しげなものではなかった。彼女は、緩和を助言する者の本気のなさに警戒するように呼びかけ、彼らが共同して描いている戦術の鍵の地点にあたるハルを確保することの重要性を繰り返し強調してやまなかった。

国王、ヨークに宮廷を設ける

国王は、いくらかの儀式を挙げて、古い優雅さをともなった宮廷をヨークに設けた。彼はホワイトホールから楽士たちを呼び寄せたが、彼らの俸給はここ二年間支払われておらず、彼らは旅行をする余裕がなかった。ホランド、エセックス両伯爵は正式に彼に合流することを拒んだので、宮廷の役職から外された。しかし、貴族たちの大多数は、いまや競って国王の側に参じた。彼らは貴族院に一握りに減少した、ほとんどピム党の議員を残し、ある者はヨークへ、ある者は自分の領地に帰り、用心深く事態の成り行きを見守った。

国王やその友人たちが住まうヨークの大きな館の広間や庭には、適度な陽気さが支配していた。宿屋の亭主や大農場経営者は愛想がよく、市場は威勢がよかった。しかし、国王は、北部の全般的な支持を計算に入れていたとすれば、思い違いをしていたことになる。地域は、宗教によって、貴族大家族間の私闘と競争によって、またすぐれたヨークシャー人であったストラッフォードが、彼を贔屓《ひいき》した人と攻撃した人とのあいだに残した硬い感情によって、恐ろしいくらい分裂していた。

時にはまた、地域的苦情が、あらゆる党派を無視して、燃え上がった。女たちのギャング団が、パイプと小太鼓の音楽入りで、最近囲い込まれたある土地の柵を倒し、怒った執事によって捕らえられ、牢獄へおくられる前に、自分たちの行為を祝って、ケーキとエールで祝宴を開いた。時宜を得て、チャールズはウェストライディングの有力な家セイヴィル卿を味方につけたが、しかし、影響力のあるフェアファックス卿とその息子で軍人のトーマスを獲得することはできなかった。ジェントリーのある者は、彼に忠誠の宣言をしたが、他の者は、ウェストミンスターに帰り、議会と和解するように彼に請願した。対立する諸グループは、荒っぽい言葉と振舞いで、ヨークの街頭で衝突した。北アイルランドから避難してきた移住民は、リバプールの浜辺にやってきて、地域を乞食して歩き回り、恐怖話を広げていた。つつましやかなピューリタンの家長たちは、断食と祈祷によって、教皇主義者・アイリッシュの侵入、彼らの手にかかっての死に備えた。「おー、なんという恐怖と涙、叫びと祈り、夜と昼が、多くの場所に、とりわけわたしの愛する母の家にあったことか」と、あるブラッドフォードの男が、ずっと後に書いている。「わたしは、そのとき一二、ないし一三歳で、殺されるのを怖くは思っていなかったが、しかし、あまりの多くの断食と祈りには疲れ果てた」。無知な者は、アイリッシュ・教皇主義者による虐殺を怖れただけではなかった。あるプロテスタントのジェントルマンがフェアファックス卿に書いている。「われわれみんなの関心事は、王国においてさようなことを阻止するように努力することである」。ピューリタンのジェントリーは、国王によって、近隣の服従忌避《きひ》者のなかからヨークに集められたボランティアを、仰天して眺めた。彼らは、この者たちを「教皇派の軍隊」と呼んだ。

チャールズは、自分が健全なプロテスタントであることを臣下に確信させようとして、二人の司祭を虐殺した。彼らは静かな、無害な一対の男たちであり、法が眠っていた過去数年間のあいだに、ヨークシャーの同信仰者たちに静かに奉仕していた。二人はヨークで絞首刑に処せられたが、その一人ロックウッド神父はほとんど九〇歳に達していた。

徴募兵に人気のある色彩を与えようと、チャールズは、反乱を鎮圧するために、みずからアイルランドへ率いて行くという意図を宣言した。ロンドンでは、議会は即座に反対し、スコットランドの評議会は、もう少し慎重な文言においてではあるが、計画に反対した。プロテスタントの闘士、アイルランドの移住者の保護者という役割を演じようとした国王の企ては、彼の数人の友人を納得させたかもしれないが、敵のだれ一人もそうはいかなかった。

ダブリンの評議会は、最近、二人の地位の高い囚人を、拷問にかけて尋問したばかりであったが、その一人、蜂起の直前に捕らえられた若い首領のヒューグ・マクマオンは、拷問台で、ずっと以前の前年五月に、自分は国王がアイリッシュの蜂起を支持すると聞いた、と告白した。第二の犠牲者、イギリス人の職業軍人であるジョン・リード大佐は、マクマオンよりはもっと慎重で、ほとんど供述しなかったが、しかし、彼の沈黙は国王の有罪を意味するものと解釈された。ダブリン評議会はこれら囚人の尋問の結果を議会だけに報告して、それによって自分自身の意見の表明に代えた。つまり、彼らがチャールズをもはや指導者、あるいは助けとして見ていないことを明らかにしたのである。

ダブリンの評議会も、ロンドンの議会も、ヨークシャーのピューリタン・ジェントリーもともに、チャールズがアイルランドへ行けば、叛徒を静めるどころか、彼らに合流するであろうと疑った点では、間違っていなかった。夫の計画を理解していたにちがいない王妃は、ハーグからせきたてるように手紙を書いている。わたしは、あなたがスコットランド経由でアイルランドへ渡るつもりである、と聞きました。これは、スコットランド人があなたを助けそうにないので、重大な誤りのようにおもわれます。ウェールズを通って行かれる方が賢明でしょう、と彼女は指摘している。彼女は、夫の最終的意図がアイリッシュの首領に納まることにあることに、間違いなく気付いていた。しかし、彼女は、夫が反乱者に合流するという考えに表立って後押しはしない賢さをもっており、あるアイリッシュのフランチェスコ修道会神父が、ブリュッセルで、この問題に対する確答を迫ったときも、彼女は見事なくらい慎重であった。

プリンス・ルパート、国王に奉仕を誓う

にもかかわらず、ヨーロッパの観察者たちは、イングランドの議会の反乱によって脅かされているグレート・ブリテンの国王が、アイリッシュ・カソリックの救援に手を貸し、その論理的帰結として、ローマ教会に好意的な政

策を取ることになり、それが彼の権力の終末を意味することになろうと予測していた。彼の不幸な姉であるボヘミア王妃〔エリーザベト〕*は、ハーグでの王妃アンリエッタ・マリアの活動を見、彼女の長男であるファルツ選帝侯がヨークからおくってくる、気の滅入るようなニュースを読むにつれて、それとは違った光のなかで事を見ることはできなかった。彼女は、少なくとも、自分の若い方の息子プリンス・ルパートを、賛成しかねる争いから脱出させようと骨を折り、ネーデルラント駐劄《ちゅうさつ》ヴェネツィア公使に呼びかけて、彼を穏やかな共和国の軍隊のポストにつけてくれないかと推薦したのであった。

＊　エリーザベト・フォン・ファルツ……イギリス王チャールズ一世の姉で、ファルツ選帝侯フリードリヒ五世に嫁いできていたが、夫がボヘミア王に選出され、その後三十年戦争で敗れると、彼女は姑ルイーゼ・ユリアーナの実家のオランダ、オラニエ家に亡命した。

彼女の行動は遅すぎた。プリンス・ルパートは、すでに国王に奉仕することを誓約していた。彼がネーデルラントにおいてアンリエッタ・マリアに協力して、兵士募集をしている間に、国王チャールズはヨークで、ガーター勲章騎士団の幹事を呼び、ルパートを騎士団の一員に受け入れるように手配していた。数日間、国王はこれらの儀式行事に夢中になり、彼の残された地域から入ってくる報告を読む時間がほとんど取れないくらいであった。彼の計画は、しかし、急速に機が熟していた。四月初め、ハートフォード侯がその生来の無気力から目覚め、議会が彼におくった無礼な命令を無視して、自分が預かっていた国王の下の息子を、ヨークへ連れて来た。小さな公爵は、大《おお》篝火《かがりび》で迎えられ、立派な九〇〇騎の護衛兵が付けられた。次の数日、王子は、不在の従兄弟ルパートとともに、ガーター勲章騎士団の騎士に正式に挙げられた。そして、四月二二日、彼は一団の貴族、ジェントルマンと一緒に、ハルの司政官を訪問するために、おくられた。

第四節　ハル市、国王の入市を拒否

国王、ハル市への入市を拒否さる

これが、戦争へむけての国王の最初の動きであった。ハルの司政官サー・ジョン・ホーサムは、はじめから、この友好的訪問の背後にはなにかある、と疑っていたが、王子とその同伴者たちの受け入れを拒否することはできなかった。次の朝、ジョージ・ディグビーの異父兄弟であるサー・ルイス・ダイヴが馬で都市に駆けつけて、国王が、息子に合流するため、騎馬部隊を伴ってハルへの途上にあると通知してきた。ホーサムは落とし穴を見て取った。もし彼が国王とその従者を入れれば、彼らが、自分が議会のために保持することに同意してきた城郭と兵器庫を占拠するのは目に見えていた。都市民の感情は分かれており、市長は王党派であった。すでに市内には王子のヨーク公が入っており、国王が市門のところに現れた場合、ホーサムが彼の入場を拒否することは二重に困難なことであった。震えながら彼は、ダイヴに勘弁してほしいと嘆願した。自分としては、こんな多くの人を受け入れることはできません……全く用意をしておりませんので……。

ホーサムは、地域の政治に経験があり、野心家で怒りっぽかった。彼はストラッフォードと争っていた。彼は、自分の家の重要性についての珍しくもない信念、そして、どちらの党派が勝利しようとも、ホーサム家がヨークシャーのイーストライディングで尊重されている家であることを見たいという決意以外には、なんら安定した確信をもたない人物であった。庶民院は、彼にへつらい、スパイした――ハムデンは彼に友好的な手紙を書いているが、彼の息子、海軍大尉ホーサムは父の行動について報告するように激励されており、またハル選出議員ペレグリン・ペラムは、接触を保つため、ウェストミンスターとハルのあいだを往復している。ペラムは、国王の来訪が通知されたとき、市内にいたが、いらいらとしたホーサムの議会に対する忠誠心を堅くさせた。王の一行が現れると、ホーサムは市門を閉じさせ、市壁の上に現れて、お入れするわけにはいかないと、国王に述べた。しばらく決断は下されなかった。国王の従者のある者は、市壁のうえに友人である市長の姿を見て、ホーサムを自分たちのところへ投げ落として、門を開けと市民たちに呼びかけた。この催促にはだれも応ぜず、市内の王党派を先導すると期待されたヨーク大公の一行は、静かに昼食中であり、なにが起こったか、知らなかったようである。国王は驚き、怒ったが、拒絶を受け入れ、退く以外にはなす術もなく、すこし距離をへだてて、ヨーク大公とそのおとり鴨のしょんぼりした一行があとに続いた。

この一行の一人に、国王の一番上の甥、ファルツ選帝侯がいた。国王は、いつも彼を国王のグループのなかに加えていたが、それは、ヨーロッパにおけるプロテスタント問題との正真正銘の連帯を表明するためのものであった。国王は、おそらくこの甥が、自分を受け入れる義務をホーサムに説得をするため最善を尽くすであろうと信じていた。選帝侯は、叔父のこの知恵に疑問をもち、自分に対してなされた仕打ちに腹を立て、なにもしなかった。否、しなかったどころか、もっと悪いことをした。大公の小さな一行が、食事中、司政官がいなくなった――彼は国王に話をするため市壁のところへ出掛けた――ことに気付かなかったというのは、たしかにおかしい。外の交渉に対して、こうした完全な無関心でいられる例として挙げるほかはないであろう。どのような役割を演じたにせよ、この偶発事件が選帝侯をして、国王から最終的に分離することを決断させた。彼はこう計算した。もし戦争が起これば、彼の取るべき最善のコースは、裕福で、もっとプロテスタント的な党派――議会と親しい間柄に留まることではなかろうか、と。彼の憤慨した表現によれば、「しゃくにさわって仕方がない」ハルでの冒険のすぐあとで、彼は別れの挨拶もなく、ヨークから離脱し、サー・シモンズ・デーヴに、明らかに国王をけしかけ、黙ってネーデルラントへ渡っていく自分の態度について、ウェストミンスターで説明し、釈明してほしいと頼んだ。

国王はヨークへ退き、急いでサー・ルイス・ダイヴをホラントの王妃のところへ派遣し、ハルで阻止されたニュースを伝えた。彼はまた、なお残っている議会との薄い関係を利用して、反逆罪のかどでサー・ジョン・ホーサムを処罰するように求めたが、それは国王特権の違反に対して即刻適用される要求であった。

ケント州民、ロンドンで国王擁護を示威

ロンドンとウェストミンスターにおける緊張は、国王が離れて以後も、ほとんど減じてはいなかった。四月初め、叛徒がウォーターフォードを占拠したというニュースが入って、アイリッシュの侵入の脅威は再び頂点に達した。もう一人の司祭エドワード・モーガンの処刑は、民衆の反教皇の復讐心を一時的に和らげたにすぎなかった。ハルでの国王の企てのニュースが入ってきたのは、こうした怒りと恐怖にみちた雰囲気のなかにおいてであった。ほぼ同じとき、ケントの王党派の一団がロンドン市に入ってきた。彼らはフィッシュ・ストリート・ヒルへ上っていったが、「数百人が馬に乗り、帽子と腰帯に主張を張り付け」、イングランドでもっともハンサムと評判の宮廷人リチャード・ラブレイスによって率いられていた。彼らが携えてきた「主張」というのは、国王に軍隊を返せ、という請願であり、それはサー・トーマス・マレットが冬のさなかメイドストン・アッサイズで伝授したものであった。彼らが議会の門前に現れると、ピムの一党は、請願を受け取ることを拒否するよりは、それが提出される前に急いで議席から立ち上がる以外のいい方法を思いつかなかった。次の日、庶民院は、それを危険なものとして却下し、その発起人のある者を危険人物として投獄したが、この暴挙で監禁されたラブレイスは、そのすぐあと、石壁、鉄格子から霊感を受けて、イギリス文学史上もっとも愛らしい叙情詩の一つをもたらしたのであった。

いたるところで、民衆間の衝突起こる

いまや、国中にひろがった敵意の前には、爆発を見るのはただ時間の問題であった。すでにノリッジでは、シュローブ・サンデー〔聖灰水曜日まえの日曜日〕、徒弟たちがオルガンを破壊しようと意図しているという噂が立ち、聖職者たちがカテドラルに守衛を配置して、流血はかろうじて避けられた。険悪な出来事が起こったのはウェルス

で、ここを訪れたあるピューリタンが古いサクソン時代の十字架に石を投げたのである。またキダミンスターでは、一団の聖像破壊者たちが、屈辱的なことに、そこから追い出され、彼らの牧師リチャード・バクスターとともに、グロースターの「礼儀正しく、思いやりのある信仰深い人々」のところへ逃げている。ブロッコリーでは、ピューリタンの教区牧師が治安官を殴り倒し、髪の毛を引きちぎり、彼を溝に蹴落として復活祭月曜日を祝ったが、その治安官は、国王に貸し付ける金を求めたといわれる。ラッドロウの若者たちは、メイデーの日に、メイポール〔五月柱〕に「頭のようなもの」をくくり付け、坊主頭党を嘲笑しながら、それに向かって石を投げ付けた。そこから隔たっていないところでは、若い乱暴者たちが、国王のためのお祈りを省略したというので、ピューリタンの聖職者に本気になって石を投げている。ロンドンにおいてさえも、王党派は自分たちの代弁者を見出し、ある酔っ払った「騎士」が、短剣を突き付けて、ある信心深そうな刷毛作り職人をチープサイド〔ロンドン中央部を東西に横切る大通り〕の十字架にひざまずかせ、教皇のために祈れと強いたとき、だれも仲裁に入ろうとはしなかった。

静穏を愛好する人は、国中の熱っぽい状態を嘆き悲しみながら傍観していた。なぜなら、医学的に譬えれば、その治療には瀉血《しゃけつ》しかなかったからである。「双方の要求は、お互いに一歩も譲らないものであり、なんらか愛すべき一致はほとんど期待できなかった。しかし、双方とも法の維持に努めており、問題は、いかに〔法によって〕統治されるかではなく、だれが王国の主人、裁判官になるか、であった。王国の富、財宝――多分、血もふくめて――を消費する嘆かわしい条件は、二、三の口あたりはいいが、強情な逃げ口上にかかっていた」。哀れなサー・トーマス・クニヴェットのこの言葉は、目印を十分、間近で打っている。しかし、二つの権威のあいだで論争された「口あたりはいいが、強情な逃げ口上」は軍隊の支配権をめぐってのもの以外のなにものでもなかったので、戦争は、始まったときから、善なるものであったのである。

第五節　オーモンド伯、アイルランドの反乱を一時制圧

オーモンド伯の人柄

この混乱した中間期に、ダブリン政府の将軍として、アイルランドのイギリス人移住者を保護する仕事がふりかかったオーモンド伯ほど哀れな人はないであろう。ノルマン・アイリッシュ系の貴族の家——その母と兄弟たちは古い宗教に忠実にとどまった——に生まれたオーモンドは、叛徒たちによって、ノルマン・アイリッシュの大部分がそうしたように、彼らに合流するものと期待されていた。しかし、彼はイギリス国王の配慮でプロテスタントとして教育され、その信仰に踏みとどまった。彼はストラッフォード伯によって文民統治の責任者として訓練され、その伯の行政手腕とアイルランドに対するその物質的貢献を彼はけっして忘れることはなかった。彼の経験と、それ以上にその宗教とは、アイルランドの土地投機者に不信感を抱き、この土地投機者こそが、ストラッフォードを失脚させ、彼の死後、評議会を支配し、その略奪的政策が反乱を引き起こしたのであった。

オーモンドは、このとき、およそ三〇歳、強壮で、背が高く、色白（アイリッシュは彼のことを白人ジェームズと呼んだ）、なにびとも抗《あらが》い難いほど優美で魅力的であった。彼は穏やかな挙措《きょそ》のもとに悩みを隠し、洗練され、快活であったが、しかし、彼の苦労の種は多かった。高い義務感をともなった知性人として、彼は、相争う異なる忠誠心のため、自分の判断の実行を妨げられる時代に生き、自分の行政能力を戦争のなかで擦り減らされることをよぎなくされた。その戦争こそ、彼の愛した国土を荒らし、彼が唯一奉仕をしようと欲した主人を滅ぼすことになったのである。

ドロゲーダ救済ののち、ダブリンへ帰った彼は、妻と子供を乗せた船が新たに入ってきているのを発見した。伯

夫人は、キルケニーを立ち去ることが許され、彼女が世話をしてきた避難民を連れて、ウォーターフォードで乗船したのである。ダブリンに着くと、彼女はすぐさま避難民救済にその組織的才能を発揮した。女たちは、彼女の夫の兵士たちのシャツを縫うために組織され、子供たちは学校へおくられた。選ばれた一団の孤児の世話は、彼女自身がした。

オーモンドは、妻と子供たちと会うために、ほんのわずか時間を割いただけで、キルデアの叛徒に向かって進軍しなければならなかったが、そこでは、叛徒たちが「樹木や湿地、その他生息できるところに群がっている蜜蜂のように」群がり集まっていた。彼らは、彼が接近すると、隠れ家から分散し、戦いに出て来ようとしなかったが、彼は、彼らの生活の基盤となっている遊牧経済を崩すことをねらって、家畜類を追い散らした。捕獲した家畜はアルスターからの避難民のあいだに分配されたが、彼らにはまた各人に小さな土地と一袋の種籾が割り当てられ、軍隊にチーズ、ミルク、(時には)穀物を供給するように命じられた。

オーモンドの前進に激発されて、キルケニーから、アイリッシュの莫大な、統制のきかない暴徒たちが、彼に向かって押し寄せたが、その指揮を執ったのはエリザベス蜂起の老練な指導者マウントガレット卿であった。オーモンドは、キルラッシュという低地の小村で彼らを待ち伏せした。小道から離れた丘の上にはマッディングスタウン、若いキャッスルへイヴン卿の屋敷があった。キャッスルタウンは、アイリッシュの土地とジェイコビアン譲与物という称号をもっていたが、ローマ・カソリックに改宗していた。彼はサヴォア大公の軍隊に奉公していたが、チャールズ王がスコットランド戦争の義勇兵を求めたとき帰国した。その後はなにもしていない。一六四二年のこの春、彼は浮ついたアントリムと、同様に浮ついた妻、バッキンガム公女をパーティーに招いていた。オーモンドとマウントガレットの軍隊が三マイル離れて対峙したとき、マディングスタウンでの家内パーティーは、無礼にも、驚かされることになった。

キルラッシュの戦いで、オーモンド伯、アイルランド反乱者を破る

アイリッシュは、政府軍よりは人数的に多かった。そして、彼らは、冬中そうしたように、自分たちの攻撃のスピードと強さ、明るい色の軍旗、長い剣《ダーク》、彼らが植民者の心に打ち込んだテロを自負していた。オーモンドは、砲撃によって彼らの襲撃をさえぎった。彼らはこれまで砲撃に直面したことはなかった。オーモンドの騎兵隊は、どう猛なチャールズ・コート指揮下に、その優位を追及し、マウントガレットの兵たちは混乱に陥り、近くの湿地帯に安全を求めて逃げ込んだ。

戦いは午後遅く決着し、オーモンドは、自分と幕僚たちにマディングスタウンの夕食の客になると宣言した。キャッスルヘイヴンとアントリムは、丁重に勝利者を迎えたが、しかし、バッキンガム公女は、サー・チャールズ・コートを血に飢えたならず者、いやしい生まれと呼んだため、面倒なことを生んだ。その直後、アントリムは姿を消したが、おそらくアルスターにいる同族の反乱者に合流するため逃げたとおもわれる。彼が姿を消したのは、オーモンドと面と向かいあったとき、なにかがあったからであろう。数年後、アントリムは不思議な話を作り出している――すなわち、国王は彼とオーモンドに、一六四一年夏、ダブリン城を占領するために、ストラッフォードの解散した軍隊を集めておけ、そして、アイルランド人民が彼らを支持することを確信して、国王に味方し、議会を非難せよと命じた。しかし、アイリッシュの指導者たちは、アントリムから注意を与えられていたにもかかわらず、遅滞に待ち切れなくなって、戦争をすぐに始め、オーモンドは、彼らの暴力的な、時期を失した蜂起との関係を断つ以外の選択をすることができなかったのである、と。もしこれがそうであれば、オーモンドは、アントリムが政府軍の勝利の晩に示唆されて逃げ出した事情を知っていたことになる。

キャッスルヘイヴンはダブリンへおくられ、尋問された。彼がオーモンドに供したロースト・チキンは、戦争が起こる前に、マウントガーレット卿の夕食のために台所の焼き串で焼いたものではないのか、という嫌疑についてである。キャッスルヘイヴンは否定したが、にもかかわらず抑留された。その後すぐに、彼はうまく脱走し、領地

に帰ったが、マディングスタウンから一マイルのところで、炎が上がっているのを見た。サ・チャールズ・コートが屋敷に火を放ったのである。キャッスルヘイヴンはキルケニーへの道をたどり、そこでアイリッシュと合流した。彼の離反とアントリムのアルスターへの帰還は、当時イギリス人を大いに喜ばせた戦争の不幸な余波であった。

キルラッシュの会戦は、アイリッシュの叛徒が規律ある十分な兵力の部隊に対しては太刀打ちできないことを証明したものと見なされた。オーモンドが、冷静な現実主義にもとづいて、もしアイリッシュが武器と弾薬、それに、二、三のもっと熟練した指揮者をもっていれば、イギリス人に対して十分対抗するかもしれない、と予告していたけれども、である。彼が見ていたように、戦争を終わらせる唯一の希望は、外国の友人たちから、多数のすぐれた将校、物資が到着する以前に、戦いを終えることであった。

イングランドでは、人々は他の悩み事を抱えており、ずっと先を見ることができなかった。国王は、オーモンドの奉公ぶりに温かい感謝の言葉をおくり、庶民院は五〇〇ポンドの宝石を贈り、ガーター勲章騎士団の団員に推薦した。国王と議会は、最後の決裂に近付くにつれて、等しく、このような有能な人物の奉仕を確保できるかどうか、危うんでいた。ヨークからの祝辞もウェストミンスターからの贈物も、オーモンドの困難を和らげはせず、この名望ある男をめぐって、陰謀、反陰謀の網がもつれあって掛けられた。国王は、アイリッシュに対して、とがめられるような軽率さで行動し、ダブリンの評議会は、いまや公然と、国王に対して反乱を起こしつつあるイギリス議会に好意を示すにいたっていた。オーモンドは慎重に軍事的義務を遂行し、警戒し、待ったのであった。

オーモンド伯

第六節　スコットランド盟約者団とアーガイル

スコットランド盟約者団

ヨークの国王は、ウェストミンスターの議会と公的な泥仕合の応酬を続けていた。彼も彼らも、何一つアイルランド問題を解決することをしなかった。チャールズは、スコットランドにもっと関心をもっていた。彼がこの国を去った六カ月のうちに、アーガイルによって支配された「厳格な領主たち」は、その権力を強固なものにし、教会との密接な同盟関係に入っていた。定期的地方教会会議は、人民の道徳にしっかりとした制御を――それを通して政治に対する制御を――保持していた。スコットランドの教会は、最後の頼りとして、長老たちによって支配されていたが、その長老たちは、三年前のグラスゴー集会での選挙以来、圧倒的に、権力党の友人、被護民、支持者から選ばれていた。主教の地位をめざすほとんどすべての教区牧師、学校長らは、この頃、厳格な一線に移動させられるか、それに揃えられた。スコットランドにおける国家と教会の全員一致性は、滅多に見られないくらい完璧なものであり、精神的武器に対する現実の世俗的武器の支配は、アーガイルの本物の宗教的熱情によって覆いをされていたが、その熱情は他のあまり敬虔でない領主たちにも調子を付けた。盟約者党が、明けっ広げに野心的で、騒々しい、冗談の好きなロート家によって指導された時代は、遠く去ってしまっていた。現在の支配者たちの峻厳な探求心は、わずかな逸脱も許さず、権力を求め、あるいは、保持しようとする人々は、アーガイルや教区牧師たちの例にならった。

スコットランドの事実上の支配者アーガイル

ハイランドの風土病的紛糾が、アーガイルの権威と教会の力をさらに進展させる機会となった。新たな司法委員会――そこでの傑出した人物は、もちろんアーガイルであった――が、最近、この地方を支配するために設けられ、年二回、裁判を開いて、無秩序を審理し、罰した。こうした法廷が作り出す政治的有効性は明白であり、教会と国家の権威を広げるもう一つの機会となった。例えば、始末におえないマックグレゴールがゴードンに侵入してきたとき、その出発にあたっては、盟約者に好意を抱かないことで悪名高いこの地域を巡察するというのが口実であった。アバディーンの長老会議が、復活祭におけるすべてのお祭り騒ぎ、四旬節を勝手に三週間に延長することを禁じたのは、おそらく王党派の陰謀、集会を阻止しようという意図からであった。

アーガイルは、秩序の維持だけに関心があるのではなかった。彼は、ハイランド人の道徳性を高めようとする教区牧師の努力に彼の権威を貸し与えた。アーガイルの宗教会議は、「これらの日々の幸せな改革によって」クリスマスと復活祭の贈物の交換を廃止してしまった。それは、ロッチャバーとスカイ島の人々の聖像崇拝とだらしない生活を激しく非難し、「一般的にはコーロナック〔葬いの歌〕と呼ばれている、墓穴の死者にむかって泣き叫ぶことをまだしようとしている女たちの無知を軽い揺さぶりで脅した。

エディンバラ政府は、過去数カ月間、原則的にアルスターのアイリッシュに対して歩兵隊を派遣しようと考えていた。国王はアーガイルに、叛徒に対して行動を起こす権限を与えたが、まもなく国王はこの軍事的職務委託を激しく後悔することになる。しかし、アーガイルは彼のいつもの効率のよさで事をすすめていった。北アイルランドに面した海岸、島々を警戒しつつ、開放した海路を維持し、植民者たちによってまだ保持されていたアルスターの諸港へひきわり粉や塩漬魚などを供給した。スウェーデンに奉公していた職業軍人ロバート・モンローに率いられて、装備のいい二〇〇〇人余の兵士がカーリックファーグに上陸したのは四月半ばのことであったが、ちょうど、オーモンドがキルラッシュでマウントギャレットに勝利を収めたときにあたっていた。

彼らの備蓄品とよい供給に嫉妬して、ロンドンデリーのイギリス人は協力を拒否した。モンローは南方のニューリーに転じ、アイリッシュの家畜を蹴散らし、その牛を大砲の牽引獣として使った。ロリー・マッギンズ指揮下のアイリッシュの一団を払いのけて、彼はニューリーに到着し、それを占拠したが、そこで彼は、叛徒を助けたという理由で、六〇人の市民とふたりの司祭を射殺、または絞首刑に処した。女性囚人全部を虐殺しようとしたが、より人間的なジェームズ・ターナー大佐によって阻止された。一日後、ペリム・オニールはアルマーグ市を焼いたが、ある人にいわせれば、モンローからそれを救うためであったといい、他の者にいわせれば、ニューリーにおける射撃に対する復讐であったといわれる。教皇派アイリッシュに対する盟約者派兵士たちの憎しみは、迷信的恐怖によって深められた。暴風と厳しい寒さが彼らを襲った。強風のため彼らはテントを張ることができず、何人かが野外にさらされて死んだ。五月初めのこんな天候は、アイリッシュの魔女によって引き起こされたにちがいない、と彼らは考えたのである。

アイルランドに派遣されるスコットランド軍の規模は、イギリス議会との協議において合意されていた。モンローは軍の全部を輸送していたわけではなく、スコットランドの抑圧されていた王党派は、盟約者団が軍隊の著しい部分を、レヴン指揮下になお本国に保持していることを憂慮の念をもって見ていた。国王は、これによってかき乱されはしなかった、なぜなら、称号を与えればレヴンの友好的態度を確保できる、そして、盟約者団の軍隊は、もしすこしでも使えるとすれば、自分の利益のために使おう、と希望していたからである。彼は、これほどの多くの兵力に命令できる一団に挑戦するよりは、むしろ和解するように気を使った。スコッテッシュ王党派のある者、モントローズと彼の姪エアリーが、ヨークの国王のところに努力して来たとき、彼は彼らの接近を禁じた。

彼は、その代わりに、アーガイルのスポークスマン、尚書官ラウドゥーンを引見し、彼から歓迎できないニュースを聞いた。スコットランド評議会は、現在の不幸な争いにおいて正しいのはイギリス議会側であると考えている、と。「われわれは、あなたが他の王国の問題の裁判官になることを、あなたに願ったわけではない」。チャールズは、つっけんどんに返答し、国王の立場の新しい解説をもたせて、ラウドゥーンを帰国させた。

帰国したラウドゥーンは、エディンバラが侵入者によってすし詰めになっているのを見た。王党派たちが、議会に対抗して、国王を支持する請願を作成して、それをたずさえて領主やジェントリーたちが大変な数の従者を従えて首府にやってきたのである。自然発生的な、しかし、おそらくは吹き込まれて起こった噂が、彼らのことを、「アーガイル個人に対して邪悪に企まれたもの」と非難した。このとき「五人のジェントリーと教区牧師」が非常呼集をし、「数千人となって」都市に駈けつけたが、他方で、一個連隊の武装兵が評議会護衛のために配置された。こうした雰囲気のなかで、年老いたモートン伯が、傲慢なイギリス議会の自負に対して、国王の諸権利――彼は自分たちの国王であり、仲間ではないか――について弁じたが、無駄であった。評議会は厳粛同盟側の請願を受理し、王党派側のそれを拒絶し、国王に通告した。自分たちは、彼と議会のあいだの幸せな一致のためにあらゆる努力をはらうであろう、と。しかし、これさえもチャールズを落胆させなかった。盟約者団は心底では自分の友人であると、なおも信じて、彼らを説得するためにハミルトンを派遣した。

第七節　国王、海外の支援得られず

国王の外交政策は、この間にも崩壊していた。王妃はオラニエ公からほとんど援助を得ることができなかった。なぜなら、オランダの議会はイギリス議会側に公然と付いていたからである。デンマーク王はあまりにも深くかかわっており、彼はそこに仲裁人、調停者として関与し、イングランドの甥のために時間、さらにもっとわずかな金、を割くことができなかった。王妃のスペイン領ネーデルラントへの呼びかけも、同様に効果をもたなかった。ウェストミンスターからは、フランス大使ラ・フェルテ・アムボールがフランスの国益を追及し、オーストリアのハプスブルク朝との関係を維持しようという国王の努力を邪魔した。彼はピムに報じている。チャールズの大使、老練の大使がドイツにおけるローマ・カソリックの帝国党と同盟をつくろうとしている、と。チャールズの駐ウィーンプロテスタント外交官サー・トーマス・ローウェは、少しもそのようなことを考えてはいなかった。彼がしてきた

エセックス伯

ことは唯一、過去一五年間にしてきたこと、――ドイツの宗教戦争の解決のために、そして、国王の姉とその子供たちの権利の回復のために、衰えつつあるチャールズの威厳を用いるということであった。フランスの使節の想像にもとづく陳述によって怒りの嵐に襲われたチャールズは、ローウェを召喚した。なぜなら、ウィーンでの彼の任務継続によって得られる利益は、それが本国において国王に対してなした損害によって償却されるよりも、はるかに大きかったけれども。

外交官たちは、国王よりも、ヨーロッパ政治のより効果的な要素として議会を考慮に入れていた。ロンドンは商業上の首府であり、そこでは交易する諸国民――オランダ、ヴェネツィア、フランス、新たに〔スペインから〕解放されたポルトガルの人々、そして、スペイン人さえも――が、明白なことだが、その代表者を置いていた。この春と夏を通じて、ヴェネツィアの駐在代表者はカラント〔干しぶどうの一種〕の輸入をめぐって、トラブルに巻き込まれた。ヴェネツィアの支配下にあるエーゲ海の島々の多くは、カラントの輸出で生活していたが、ロンドン市が、一六四二年初頭、その輸入を禁止したのである。ヴェネツィア人がアドリア海沿岸の港でのイギリス毛織物の販売を妨害しているという理由からである。駐在代表者はサムエル・ヴァッセルとトーマス・ソーム――二人ともロンドン選出の議会議員であった――を、自分たちのカラントの在庫品を法外の値段で売るために、輸入禁止を操作したと非難した。彼はヨークの国王に訴えたが、しかし、チャールズがこの問題を考える時間をもったとしても――その場合でも、彼はあまり興味をもってはいなかった――どうすることもできなかった。所管する権威はロンドン、あるいは議会にあった。すべての外国政府がすぐに理解したように、国王は、彼が首府と最大の港を再獲得するまでは、ヨーロッパの諸問題にはほとんど考慮を払えなかったのである。

第八節　一六四二年七月、内戦始まる

国王と議会は、いまや急速に戦争へ向かって動いていた。五月八日、委員たちが、表向きはハルの出来事について国王と議論するためという口実で、ウェストミンスターからヨークへやってきた。チャールズは、彼らの意図がヨークシャーにおける国王の兵員募集を妨害することにあると正当にも見抜いて、彼らに退去するように命じた。彼らはそうすることを拒否した。一二日、国王はヨークシャーのジェントリーに、武装して彼のもとに参集するようにと命じた。ただちに、スタプルトン、コルムリーという議員に率いられたグループは、抵抗の訴状を提出した。

ロンドンでは、五月一〇日、シティの連隊がフィンズベリ・フィールドでフィリップ・スキポンによって査閲《さえつ》され、議会の指導的メンバーはすべて、馬に乗ってか、車でこの査閲に参加した。ヨークの地でチャールズは、自分が反対者の構想する攻撃で目標とされやすい地点にいると信じて、衝撃を受けた。彼は法廷の北方への移動を命じた。このニュースに、五月一七日、議会は、国璽尚書《こくじしょうしょ》リットルトンの賛同を得て、法廷に関する国王の介入は違法であると宣言した。しかし、国王からの使者が第二の考えに国璽尚書を説得するのに成功した。彼はヨークへ国璽を急送し、目立たないように、そのあとを追った。ウォーバーンで彼を止めようとしたお節介な治安官に通り道をうまくだまして、彼は国王に合流した。

チャールズは、いまや王国最大の法律官吏を彼の側にもつことになったが、しかし、彼は自分の側に法をもっていただろうか？　国璽があるかぎり、議会は国王の宣言を単なる印刷物とあざ笑うことができた。一度国王が国璽をもつとなると、法的地位は危険なくらい変わり、議会はただちに、自分の都合のいいようにバランスを取り直して行動しなければならなかった。

五月二七日、彼らは、国王が邪悪な相談役たちに惑わされて、議会に対して戦争を仕掛けようとしていると宣言した。このような混沌とした事態にあっては、それゆえ、平和を保ち、王国を統治する合法的権限は自分たちの上に委ねられることになり、今後、国王の臣下たちは、議会両院から発せられない、効力をもたない命令を、いかなるものであろうと、受け取ってはならないと指示された。このような途方もない主張から、もはや後退する余地はなかった。国王の平和を保持するために、議会は国王に対して宣戦布告をしたのである。

議会、一九カ条の挑戦状を発表

最後の障害物が取り除かれ、二つの主権請求者、国王と議会とは、公然たる挑戦において、向かい合うことになった。国土の将来の政府に関する一九カ条の提案が、六月一日、両院において可決された。提案は、王国の軍事、民事の高級官吏の任命権、ローマ・カソリックに反対する法律、教会改革の法律の執行権、すべての要塞の管理権を議会のものとして要求し、ヨーロッパのプロテスタント問題に対して有効な支援をおこない、これら提案に関する奇怪な非難に対しては五人の議員が説明するとしている。一九カ条の提案は、戦争前夜の最後通牒であった。だれもそれを、それ以外のなにものとも解しなかった。

六月三日、国王は、二人の息子を伴って、ヘイワース・ムーアに出掛けたが、セイヴィル卿によって組織されたヨークシャーのジェントリーによる忠誠の敬礼を受けるためであった。しかし、フェアファックスが立ち働いて、期待に反して、反対派の数百人のジェントリーが、ウェストミンスターへ帰るようにという請願をもって現れた。セイヴィルは彼らの接近を阻止しようとしたが、サー・トーマス・フェアファックスは彼を出し抜いて、国王の鞍へ請願書を押し付けた。チャールズは、彼を見ようともせず、ほとんど彼を馬で踏み付けようとした。この無作法な行為は、怒りをもって、ヨークシャーで長く記憶されることになった。

ロンドンでは、同じ週、議会の八パーセント利付きの金の延べ板および現金の借り入れ提案は、熱狂的な支持のうちに、承認された。彼らの友人たちはすべての農村で兵員の徴募に着手した。ピューリタンの聖職者たちは、若者たちに主のために武器を取るように促し、ピューリタン・ジェントリーは火薬、軍需品を仕込み、彼らの農地保有民を武装させた。イースト・アングリア出身の無害の王党派であるサー・トーマス・クニヴェットは、ウェストミンスターでウォーリック伯と会って、議会のために一団の歩兵隊を募集するように命じられている。

チャールズ、全国に閲兵令（総動員令）を発令

チャールズは、彼の言によると、「わたしの主権に対して動乱扇動者や敵がでっち上げた」一九カ条を非難し、拒絶した。彼は、ヨークで合流した貴族たちを説得して、自分たちは国王の平和の意図に十分満足している、また国王が議会に対する戦争を意図していると「信じさせるに足るような準備や相談を見たことはない」と声明する〔一九カ条に対する〕抗議書に署名するように促した。自分の平和の意図に強く確信を抱いて、国王は次の日には王国全体のすべての州長官に閲兵令を発した。それは総動員令であった。

議会も、同様に正しいと決心して、国王の閲兵令は合法的なものではないと表明したジョン・セルデンの権威を引き合いに出した。この断定は敬意をもって受け入れられたが、彼が、議会の民兵条例もまた合法的でないと言明したとき、この意見は無視された。この見くびったような取り扱いを気に掛けたわけではないが、彼はそれについて二度となにも述べなかった。

地方の平和的秩序がそれに依存していた治安判事以下、数千人の下層民のすべてにとって、なんらか選択を先に延期する余地はなかった。究極的には、彼らは国王か議会かどちらかの命令を履行することになろう。「いまや、王国のすべての役人をして、どちらかの側の反逆者になることを宣言させることになった」と、サー・トーマス・ニヴェットは書いている。「だれも、よりよい条件に居合わせてはいなかった」。

王党派の義勇兵、続々参集す

ヨークでは、援助の提供者の流入が相次いだ。四〇人の貴族が、三カ月間、騎馬部隊の支払いをすることに同意していた（そのなかには、のちに債務を履行しなかったハミルトン侯など数人が含まれていた）。乱暴な若者たちは浮かれ立ち、ハリー・ウィルモットは、ある友人に楽しそうに書いている。戦争に勝利した暁には、議会人の肥沃な領地から摘み取るものがあるだろう、と。

しかし、彼らは、ロンドンと肥沃な領地を征服するには、なお遠く隔たっていた。ロンドン市長は、最後には王党派になり、国王の閲兵令をシティで読み上げたが、すぐにその職を奪われ、議会によってタワーにぶちこまれた。いまや、全国土にわたって、各々の党派の大領主、ジェントリーはその部署につき、保有農や隣人たちに言い寄り、命令し、戦時にあって地方の徴集兵のために役立てられるように、なんであれ武器庫を確保しようと努めた。閲兵令をめぐって、反抗、抵抗、過激な言葉、ほら吹きなど、衝突が起こった。ヨークシャーでは、フェアファックス一党とその信奉者たちは、国王の役人たちによって侮辱された。グロースターシャーでは、閲兵令を読み上げようとしたチャンドス卿がシレンスターから追放され、彼の立派な馬車は粉々に砕かれた。ハンチンドン伯の元気な下の息子、ヘンリー・ヘイスティングスは、レスターシャーでの閲兵令の読み上げには成功したが、ダービーシャーの家領から新規に集められた少数の兵では、レスター市を占領することはできなかった。チャンド、ならびにヘイスティングス両家のメンバーは、田舎で議会の問題を発展させようとウェストミンスターを離れたのである。ウォーリック伯は、閲兵令に賛成して、エセックスの徴集兵の訓練に余念がなく、ロンドンでは、五〇〇人の「騎士」たちが、トートヒル・フィールドで戦闘術をマスターしようとしていた。ヒアフォードでは、王党派のジェントリーが地域の徴集兵を集めたが、次にどうしたらいいか思いつかなかった。その地の最大の人物、ピューリタンのサー・ロバート・ハーリーはウェストミンスターにいたが、しかし、ハーリー夫人は、悪意のある隣人に対抗してブランプトン・ブライアンにある夫の城を固め、議会で使えるようにと家所蔵の金の延べ板をロンドンへ送り、それに夫のための手作りのたっぷりとしたケーキを添えることを忘れなかった。

ピューリタンのウィロビー卿に脅されたレスター市長は、国王の閲兵令を拒否し、その使者を拘留したが、ウィロビーが議会に帰ると、彼は寝返り、抑留者たちをこっそりと釈放し、ヨークの国王追随者たちに合流した。ウォーリックでは、武具師のティボットが大胆にも、地元のピューリタンの有力者、厳格なブルーク卿に挑んで、王党派のジェントルマンが彼の店に修理のため残していた武器を、卿に引き渡そうとはしなかった。

ヨークでは、国王は、北部、南部、そしてウェールズからの提供品を受け取っていた。北部では、サー・リチャード・ロイドが一万人の提供を約束し、とてつもなく富裕なウースター侯の息子、ラグランのハーバート卿は、自分自身と父の財産を無償で国王の処置に委ねると申し出てきた。彼はさらに、夏に入って、一〇万ポンド余を国王に上呈した。

六月の終わる前、ニューカッスル伯は、国王のために働き、自分の名前をもった都市を押さえた。ニューカッスル・オン・タインを得たことによって、国王は石炭の輸出から有益な収入を得ることが期待できた。しかし、彼は海軍を統制下に置かないかぎり、外国交易からも外国の援助からも遮断されたままである。

国王、艦隊の掌握には失敗

国王は、その海軍の掌握に失敗した。彼が、権力を握っていた日々に、それに対して費やした世話は、船乗り稼業の臣下の大多数にとっては取るに足りないものであった。というのも、彼の海外政策は、彼らが育って来た伝統に背くものであったからである。船員たちは、一月に彼に対して共同して示威運動を起こし、そのさい意味深い文句をふくむ請願を提出した。曰く「王国の価値よりも少なくない価値を豊富に積んだ議事堂という大船が、恐ろしくゆさぶられ、危険に瀕している。ローマは巌をもち、スペインの流砂は、船を飲み込もうとしている」と。国王自身の艦隊の船長、乗組員の大多数は、彼が国家という船をローマの巌やスペインの流砂の方向へと導こうとしていると考えたのであった。

国王は、そのうえ現実的な不利をもっていた。チャタムにある海軍の主要な造船所、兵器廠《しょう》は議会の手中にあったからである。しかし、彼は少なくとも、ノーザンバーランド伯を艦隊司令長官という地位から更迭することによって、反対者を妨げることができた。この誇り高く有能な人物は、国王の個人的統治期間を通じて、彼の基本的な相談役の一人であったが、議会と知り合って以来というもの、ずっと穏やかだが、一貫して彼に反対するようになった。彼の取った態度についての理由を限定するのは容易なことではない。彼は、国王によって低く評価されたと感じ、彼の不屈の性質から、国王の政策のたくらみやごまかしを軽蔑するにいたったものであろう。サー・トーマス・バンクスへの書簡で、彼は、国王の個人的統治期間を通じて、自分自身で感じ取った議会の性質についての見解を披瀝している。「われわれの信ずるところによれば、最高の権力をにぎった人々は、国王と一緒になって、議会を単なる国王の命令の執行機関にしようと努力しており、彼らは国王の最高顧問会議として確立されたものにほかならない」と。

国王がヨークに赴き、内戦の危機が明白になったとき、ノーザンバーランドは、都合よく、病気になって責任をまぬがれることになった。チャールズは、彼の代理人に王党派のサー・ジョン・ペニントンを指名しようとしたが、ノーザンバーランドは、ウォーリック伯を指名する方を選んだ。その状態が六月末まで続いたが、そのときになって、やっとチャールズは、ノーザンバーランドが自分の敵であることを悟って、彼を罷免し、ペニントンを艦隊司令長官に任命し、折からザ・ダウンズ*に停泊していた艦隊をブライドリントン湾**に回航するように命じた。議会は、ウォーリックに、艦隊について委託された使命を続行し、ペニントンがなにかしようとしても、それを阻止するように指示した。国王の司令官候補者は、出発からして後れをとっていたが、彼は主導権をにぎろうと考える男ではなかった。彼がより詳細な命令を待つあいだに、ウォーリックは、七月二日、すでに艦隊と行動をともにしていた。

＊　ザ・ダウンズ the Downs……イングランド東南端、ディール沖合の砂州のこと。南北の長さ九マイル、東西の幅六マイル、

水深二五フィート―七〇フィートで、船の仮停泊地として最適であった。一六三九年一〇月、ここでオランダ・スペイン間に大海戦があり、後者の惨敗におわり、オランダの独立を決定付けた。

＊＊　ブライドリントン湾 Bridlington Bay……ハンバー河口から北へ六〇キロ、北海に面した入り江。

海軍の実力者ウォーリック伯は議会派

ウォーリックは、活動的、冒険心に富んだ船乗りであり、エリザベス朝期のスペインに対する敵意に満ちた男であった。国王がスペインと平和を結んだとき、彼は、スペイン船を襲うため、サヴォア大公の旗を掲げた私掠船隊を組織したほどであった。彼はプロヴィデンス会社の中心的株主であり、自国民にスペイン領アメリカの富の分け前を確保するために、資金とエネルギーを自由に使っていた。問題のこの夏にあってさえ、彼は、キャップテン・ウィリアム・ジャクソンが掠奪行のために三隻の船でカリブ海へ出航するように手配しているのである。彼を船員仲間の人気者にした強壮な、機転のきく、精力的で明けっぴろげな人柄から、ウォーリックには、議会のために艦隊を確保するのになんの困難もなかった。五人の船長だけが、服従を拒否した。ウォーリックは彼らの船を取り巻き、そのため五隻のうち三隻がぐらつき、残り二隻には脅しの砲火を放ち、やすやすと船に乗り込んで、船長を圧倒した。国王は艦隊を失い、それによって、残っていたヨーロッパでの評判までも失った。海軍をもたないグレート・ブリテンの国王は、外交のやり取りのなかにあって、もはや国王ではなかった。

全艦隊のなかで､国王の手中に残ったのは､当時ザ・ダウンズに居合わせていなかった数隻の劣弱な船だけであった。三〇〇トンの第四級艦プロヴィデンス号は、王妃を乗せた航海に従事していたが、ホラントから彼に火薬の供給をもたらした。しかし、同船は追っかけられ、ハルでより強力なメイフラワー号――議会のために働く武装した商船――によって、積み荷を奪われそうになった。しかし、プロヴィデンス号の船長は、巧みに監視から逃れて、ハンバー河の干潟に入り込み、メイフラワー号が遡行できない狭い水路に入った。そこの泥土の岸で、国王側の数人によって、成功裡に船荷を下ろすことができた。

メイフラワー号には、一本の小さなマストと乗船していた船酔いのフランス人以外の戦利品はなかったが、フランス人は捕らえられて、ハルのサー・ジョン・ホーサムのところへ送られた。そこで彼は楽しげに、自分はフランス人でも船酔いでもなくて、健康も精神も溌剌《はつらつ》としたディグビー卿であることを明らかにした。彼はこっそりとヨークで国王と一緒にいたが、国王の計画と予想を彼なりに計算して、いまや、ハルを譲るのに同意するようにホーサムをだましにかかった。移り気な司政官が求めたのは、国王が、名誉ある開城に同意を余儀なくされたという外観を偽装するために、十分な兵力をもって市の前面に現れるということであった。

一六四二年七月、ベヴァリー、マンチェスター市で衝突、戦争開始さる

そこで国王は、七月の最初の週、兵を率いてベヴァリーに来り、塹壕を掘って、周囲の野原を水浸しにし、都市を包囲するぞという様子を示し、市壁に向かって攻城機を据え付けさせた。しかし、ホーサムは彼を失望させた。ホーサムの意図を疑った議会は、スコットランド人の職業軍人サー・ジョン・メルドラムを彼の助手に送ったのである。メルドラムは、防衛の責任を引き受け、国王軍に対して市門を開いて突撃を敢行し、彼らを塹壕から追い出した。

戦争の光景と響きのさなかに、チャールズは、ホランド伯を団長とする議会の使節団の来訪を受けたが、伯は、最終的に、彼に平和のうちに首府に帰還するように求めた。国王はいった。君たちの意図が本当のものなら、わたしの手へのハル市の引き渡しを命じ給え」。彼らはこれを拒否した。「さあ、いまやだれが戦争を始めたか、全世界に判断させせようではないか」と、国王はいった。

同じ週、王党派と議会派はランカシャーで衝突した。ストレィンジ卿はプレストンで、武器を取るようにという国王の呼びかけを宣言し、リヴァプールの兵器庫を占領した。彼は、この地方では有力者であった、というのも、ラーソム・ハウスにある宮殿のような館を中心として大きな所領をもっていたからである。しかし、彼は愛されてはい

なかった。議会に味方したワートン卿もまた兵を挙げた。両者は、この地域のもう一つの兵器庫のあるマンチェスターをめざした。そこは重工業の場所であり、見せかけでなく「これらの地域のロンドンそのもの、周辺すべての地域に血液をおくる肝臓」であり――一言でいえば、ファスティアン織物業の中心地であった。その住民は、イングランドの織物匠、織布工をしばしば特徴付けた、あのピューリタン戦士のなかでも最たるものであった。ここでは日々賛美歌が説教され、歌われ、そして、小都市はすでに、ヨークシャーから逃れてきた何人かのピューリタン避難民を受け入れていたが、彼らは国王の騎士たちの乱暴についてのぞっとする話を語っていた。

ストレィンジ卿は少数の騎馬隊を連れて、ワートン卿より前に、一六四二年七月一五日、マンチェスターに到着した。都市の防御はささやかで、弱いものであった。市民のあるものは、すべてが快く過ぎ去ることを期待して、彼を食事に招き入れることにしたが、他の市民たちは、警戒して、ムスケット銃を取り出し、隣人たちを街路に集め始めた。戦闘は全く判らないうちに始まり、降りしきる雨の中、ぬかるみの中心道路で、馬上の人、徒歩の人が目茶苦茶に剣をふるい、発砲した。ストレィンジとその一味は、数人の負傷者を残して、追い出され、被攻撃側の一人が死んだ。のちにストレィンジは問責され、内戦において最初に人を殺した責任を問われた。しかし、この責任性には議論の余地がある。なぜなら、一六四二年の夏、偶然的かつ、ばらばらに、イングランド全体で内戦が始まっていたからである。

第三章　秋の会戦　一六四二年八月―一一月

第一節　スコットランド、アイルランド、ともに国王の支配を離れる

アーガイルに指導されたスコットランド盟約者団、国王に距離をおく

偶発的に、そして、見込み違いのなかで、国王は自分の戦争を始めた。分裂した北部は、彼にロンドンへ前進する確かな基盤を提供しなかった。彼はハルを確保しなかったし、スコットランドからの救援も来なかった。彼は逆に、アーガイルの支持を獲得するためにハミルトンとウィル・マレーを派遣した。しかし、彼ら二人がエディンバラでなにをしたにせよ――国王の友人たちは、彼らがただ有害なことをしただけだと考えている――盟約者団は、動くにはあまりにも用心深すぎた。

アーガイル侯は、いまや事実上スコットランドの支配者であった。明敏で、勤勉であり、議論において説得力があり、判断において確かな彼は、親戚にあたる官房長ラウドゥーンの慎重な助力を得て、評議会を支配した。アーガイルは、盟約者団に対する国王の譲歩によっても、決してだまされることはなかった。彼は、イギリスの議会に対抗していくために盟約者団の援助が必要であるかぎりにおいて、国王が彼らに好意を寄せるであろうということを十二分に心得ていた。ピムが打倒されれば、次の順番は彼らに回ってくるだろう。アーガイルは、国王が反対者に対して戦争を仕掛けるよりは、むしろ妥協を図るだろうと見ていた。しかし、イングランドで戦争が起こった場合、それが盟約者団にとって利益になろうと、そして、彼がどうすれば自分の国土、国王の利益になるかを真剣に考えたとしても、彼は議会側の人間であった。

アイルランドからのニュースが、彼の国王に対する不信感を深めた。彼の領地は西海岸、アルスターに面していた。数年来、その領海で漁業をし、外国と交易してきた自分自身、および領民の船が、アイリッシュのマクドネルやヘブリデス諸島、西ハイランドに根拠をおくマクドナルド党の連中の無法な妨害によって悩まされていた。アイリッシュ語、カソリック信仰、そして、一族の深い国王に対する忠誠が、これらの人々を堅く結び付けていた。アイルランドの反乱がスコットランドにひろがる可能性があった。アイリッシュ・マクドネル党の首領であるアントリム卿は、数年前に、キンタイアー島のアーガイルの領地に侵入し、それを占領する許可を国王から得たばかりであった。この常軌を逸した譲歩は、アルスターのスコッツ人部隊の隊長ロバート・モンローが、ダンルース〔アイルランド東北部にある海岸沿いの集落〕にあるアントリムの城および伯自身を捕らえた一六四二年夏を通じて思い出されていた。率直だが饒舌なアントリムは、彼を捕らえた者に、国王が彼にあらゆる犠牲を払ってもダンルースを死守せよ、さすれば彼を「アルスターの全ローマ・カソリックの将軍に」するであろう、と約束したと語ったが、このニュースはエディンバラに筒抜けになった。

アイリッシュ蜂起に対する国王の関心のこの新しい証拠に直面して、エディンバラの評議会は、救援の要求者〔モンロー〕に慎重な返答をかえし、ハイランドの警戒を倍増し、ローマ・カソリックに対する用心深さを固め、「悪がしこい嫌疑のある司祭やジェスイット会士、国家の問題に対する政治的指導者や駆け引き家たちすべてを」逮捕するように命じた。

七月、教会会議がセント・アンドリューズで開かれ、それにはアルスターからの数人の代表者も出席したが、会議に対する彼らの態度は、国王、アイリッシュ人に対すると同様、苦々しいものであった。会議を通じて、アーガイルは几帳面さと有益性の典型を示し、正しく聖職者たちの命令に従った。「彼は、われわれの教会会議のすべての会合を守護し、さまざまな目的に適した最高、最善の助言を与えた……会議後の枢密委員会においても、彼は決して誤ったことがなく……疲れたと不平をこぼすことはなかった」。イギリス議会からの通知に応えて、教会会議は、大ブリテンを通じての教会改革を考える委員会を任命した。盟約者団とイングランドにおける国王の敵とのあいだの新しい絆《きずな》を練り上げるために選ばれた中心的委員は、メイトランド卿ジョンであった。彼は大柄な赤毛の、深い学問のある、絶大な記憶力をもった若者であったが、冷たい心、すばしっこい頭脳、怒りのこもった早口の雄弁術をもっていた。教会会議の決定は、評議会によって批准されたが、その日は、国王の利益を擁護しなければならないハミルトンが機転をきかして欠席した日であった。そして、メイトランド卿のウェストミンスターへの派遣が、国王がスコットランドで権力へと引き上げてやった男からの助力への期待——誤った期待——が終わったことを明示していた。

アイルランドの反乱、フランス、スペインの支援をうけて持続

国王を放棄したスコットランド評議会の過程は、アイルランド評議会の態度と比較される率直さの典型である。ダブリンの悩める政府は、軍隊に支払う、そして、彼らを武装し、衣服を着せ、靴をはかせる金がなく、議会に軍事援助を頼んだ国王はなにひとつ送ることができなかったからである。アイリッシュは、ヨーロッパの競争しつつある二大国からの内密の援助を期待することができた。なぜなら、フランスもスペインも、相手側にローマ・カソリック・アイルランドの感謝、そして、将来の同盟を独り占めにさせようとはおもっていなかったからである。両国政府とも、アイリッシュ司令官とその部隊を撤退させ、その彼らを本国に輸送する手助けをし、その間、スペインは武器と食糧とを送り続けた。夏のあいだに、二人のすぐれた将軍が、好戦的な同国人を組織するために、本国に帰ってきた。ノルマン系アイリッシュの貴族の息子トーマス・プレストンは、スペイン領ネーデルラントで高い信頼される地位に上っていたが、つい最近、ウェックスフォードに上陸し、ジュネップスの包囲で栄冠を勝ち得たばかりであった。もっと秘密裡に、ロウ・スウィリーの海岸の北部にオーウェン・ロー・オニール、通称赤毛のオニール、一族の長で、大という偉称を取ったタイロン・オブ・エリザベサンの甥に当たる男が上陸していた。少年

のときからスペイン軍の規律の下で訓練された彼は、ウルスターの荒々しい襲撃者たちを恐るべき軍隊へと変えていった。

ダブリン政府へ送られた援軍（と称する）フォーブス卿の乱暴狼藉ぶり

すべてのこうした間、国王は移住民になんら援助を送らず、議会もまた、送ったとしても、ほんの僅かであった。飢えた部隊は暴動寸前であり、ダブリン市は、病に罹り、家を失った避難民でごった返していた。冒険商人組合の財政的援助を受けて小さい遠征を行っていた小艦隊が、荒れ模様の天候のなかでの戦闘に従事し、そして、シリー諸島沖合で辛うじて難破をまぬがれ、アイリッシュ海岸沖では濃霧と凪のため停止したままであったのち、七月半ば、ミュンスターに到着した。それを指揮していたのはスコティッシュの職業軍人フォーブス卿であったが、彼はドイツの戦争で訓練を受けた怒れるカルヴィニストで、アイリッシュは人間以下、移住民は無能、あるいは頼りにならない存在と確信していた。彼の軍隊付き牧師、雄弁で、意志強固な、せかせかとした小柄な男、ヒュー・ピーターズは、最近アメリカから帰ってきたばかりで、アイリッシュのことをアメリカ・インディアン並に感じていた。

フォーブスとその一味は、アイルランド西部、南部の海岸に土砂降りのように降りかかった。彼らはキンセイルに上陸したが、敵味方を区別せずに、周囲の土地をえぐるように荒らした。ティモリーグ——だれにも危害を加えたことのなかった大修道院をもった小村——で、フォーブスは冷酷な楽しみをもって、「町を大修道院もろとも焼き」、部下に命じて、二人の捕らえた者を拷問に掛け、スパイの嫌疑があるとして殺させた。「ごろつき共の取るに足りない死、われわれは彼らからなにも得られなかった」と、彼は記録している。ギャルウェイの城を管理するあるピューリタンの将校に招かれて、ギャルウェイ市の中立を辛うじて保っていたクランリカード卿をあっさりと無視して、フォーブスはこの町を略奪し、周辺の農村を荒らし回り、セント・メリー教会を冒瀆《ぼうとく》した。アイリッシュによって包囲されていたトラリーの住民たちは、彼に救援を頼んだが、彼は途中でアラン島の略奪で時間を食い、トラリーに着いたときはすでに遅かった。再び南方へ針路を取り、彼はクレア海岸に上陸し、家を焼き、穀物を焼き払った。その後、彼は部下たちをシャノン渓谷への最後の破壊的襲撃をするために解き放った。「これらの略奪行は、援助とはいえ、われわれにとっては利益というよりは破壊的なものであった」と、穏やかなクランリカードはギャルウェイから報告している。そして、ミュンスターで指揮を執っていたインチキン卿は烈火のように怒って、ダブリン評議会へ詰問して書いている。だれによって、これらの血に飢えた、向こう見ず、粗野で、適切でない輩が、援助の代わりに、わたしを悩ませる権限を与えられているのか、と。

「だれから権限を与えられているのか」という問題は、ダブリン評議会の若干のメンバーを深刻に悩ませている問題であった。ストラッフォードの件以来、心の落ち着かない、分離した一団があった。ストラッフォードの支持者、その弟子たち――その筆頭はオーモンドであった――は、ストラッフォードの没落を図った、あるいは、それによって昇進した彼らの同僚をあまり愛してはいなかった。行政を主宰する二人の司法卿のうち、一人はサー・ジョン・ボアレイズ、取るに足らない人間であり、もう一人のサー・ウィリアム・パーソンズは、貪欲なアイリッシュの土地の投機人であり、アイリッシュを所有地から追い出すための新しい口実として、隠すことのできない喜びでもって、はじめは反乱を歓迎していた。事態は、もちろん、サー・ウィリアム・パーソンズの期待した通りには進行せず、彼は、ダブリン評議会のなかで、国王の意図を疑う唯一のメンバーではなかった。ダブリン政府の公式の報告はなおウェストミンスターの議会にいっており、北方の国王には届いていなかった。一六四二年八月一三日、オーモンドはヨークの秘書官ニコラスに手紙を書き、彼の同僚たちの忠誠心が疑わしいと伝えてきた。事態はあまりにも微妙であり、評議会もまた分裂しているから、なんら行動を起こしてはならない、と彼は助言している。そして、国王に対しては、油断なさらないようにと懇願しているのである。

第二節　国王、宣戦を布告し、双方の戦闘準備、徐々に進む

双方の行動、なお小規模

オーモンドの書簡がヨークに到着したそのときには、すでに国王は正式に宣戦布告していた。七月、八月を通じて、全国土にわたって、国王側の人、議会側の人たちは、隣人たちの帰依、要塞地の保持、各州の民兵団に属する集積物資と武器、そして、可能なところではどこでも、戦争の筋肉ともいうべき貴金属の所有を確保しようと行動していた。ケンブリッジ大学では、王党員たちが国王のために自分たちの金の延べ板の荷造りをし、その一台分が国王のもとに届いた。しかし、オリヴァー・クロムウェルは、それ以上の流出を阻止し、都市を占拠し、残りのものすべてを取り戻し、そのすぐ後で、数人の大学人の主だった者を逮捕し、牢獄へと送った。オックスフォードでは、国王側の数人の軍人によって整列させられた学生たちが武装して、平和な市民たちを困惑させたが、この都市選出の議会のメンバーが邪魔しに入ってきて、彼らを屈辱的に追い出した。

チルターン丘陵下のワットリントン市では、ジョン・ハムデンが、バークシャー伯が国王の閲兵令を読み上げるのを阻止していた。シレンスターでは、武装するように呼びかける王党員は、ピューリタン大衆によって沈黙させられ、住民が国王に対してより同情的であったウースターでは、折よく駆け付けた同州選出の二人の議会議員によって静められた。ハートフォード侯とサー・ラルフ・ホプトンは、サマセットを国王のために蜂起させようとしたが、失敗し、もう少しはうまくやれそうなドーセットへ退いた。しかし、この州も深く分裂しており、ドーチェスターでは、別の種類の暴力事件が発生していた。すなわち、ローマ・カソリックの司祭ヒュー・グリーンがローマ遺跡の円型競技場で絞首刑に処せられて、その遺骸を確保しようとした信仰深き者たちと、ピューリタンの隣人たちのあいだに、殉教者の遺体をはさんで、闘争が展開されたのである。

他の地方では、騎士党がより有利に立ち回っていた。ナントウィッチでは、彼らは「虚勢を張り、大声を上げ、浮かれ立って」町に乗り入れ、議会側のために兵を集めていたサー・ウィリアム・ブレルトンを締め出した。彼はチェスターでも徴兵しようとしたが、同様に不運であった。ピューリタンの厳格さで遠くまで名を知られたバンベリの近くで、王党派のノーザムプトン卿は、セイ卿の落ち着き払った息子の一人を捕らえて、彼から大砲五門を奪った。ポーツマスでは、議会を一瞬うろたえさせたことに、これまでうまく献身ぶりを確信させていたゴーリング大佐が、仮面を投げ捨てて、国王に味方すると宣言した。しかし、海軍なくしては、ポーツマスにはなんの価値もなかった。一度議会がそれを海から封鎖すると、ゴーリングは、海外の友人と連絡し、彼らから武器、資金、人間を獲得したいという国王の現在の死活問題を解決するうえで、なにごともできなかった。王妃がその三つをほとんど調達していた間に、彼女と夫とのあいだの海は、議会のために艦隊によって勤勉に哨戒されたが、その艦隊というのは、国王が船舶税を取り立てて愛情を込めて建造したものにほかならなかった。

国王は、自分に対する戦争のため税金を臣下から徴収することを、少なくとも認可しなかった。彼は、まさに議会との決裂が絶対的に直前に迫っているいま、ヨークで自分に提出された毎年徴収のトン税、ポンド税法案を通過させることを拒否した。それ故、議会は、慣習諸税の徴収する法的手段をもたなかったわけであるが、八月一日、説得力のある言葉を述べた一つの法令を発布し、次のように宣言した。いかなる臣民も「強制されない」が、もし彼らが、国王が認めたもののように、法案に規定されている諸税を支払うならば、それは「公共の福祉〔国家〕にとって受け入れられる奉仕」と見なされるであろう、と。議会が必要とした金額は、海軍だけですでに、ほとんど二〇万ポンドに達していたが、ロンドンの商人たちはすべて、政治がどうであれ、交易が海上の安全に依存していることを知っていたので、課税が支払われるのはありうることであった。

プリンス・ルパート、入国す

八月初め、プリンス・ルパートは、兄のモーリスと主としてイギリス人、あるいはスコットランド人からなる職業軍人の一団を連れて、ホラントを出航した。議会側の軍艦によって誰何《すいか》されたり、砲撃されたりしたが、彼らは追跡を逃れ、ニューカッスルとともに、国王側に保持されていたタインマウスに着いた。

両方の側における行動はなお小規模であった。勢力と熱意をもった人たちによって立ち上げられた小さな諸集団が、地方の民兵の補給集積所を占拠したり、武器や要害地の所有をめぐって戦っていた。しかし、ジェントリーの多くは、まだ自分たちの領域から戦争をずらすことができるのではないか、と期待していた。リンカンシャーでは、国王のために、閲兵令がしぶしぶ実施されたのち、彼らは「二度と州外へ兵士を送り出すことはしまい」、ただ和解のために働こうと決心した。ヨークシャー、チェッシャー、スタッフォードシャー、コーンウォール、デヴォンでは、次の六カ月間、攻撃しないという地域的協定が結ばれ、隣人がなにをするにせよ、部分的ながら中立を保とうと約束された。もちろん、無駄ではあったが。民兵たちは、一般的にどちらかの側に立って活動することを好まず、両派の熱狂者たちは、そのかわりヴォランティアに働きかけた。ジョン・ハムデンは、自分の土地保有農民を武装させ、それは濃緑の制服を着せられた一個連隊をなした。グレイヴスエンドでは、ある退役船長が「十分に感化された、がっしりとした若者たち」の部隊を作り上げていた。オリヴァー・クロムウェルは、沼沢地帯の男たちに「福音の自由と土地の法」のために武器を取るように呼びかけていたが、彼らがその要請に応じたのは、「議会が彼らに沼沢地を返還してくれるのを期待したからではなく、土地を干拓して、囲い込もうとしている土地投機業者を抑制しようとしたからであった」と、一般的には考えられている。商業が長らく停滞した地域、たとえば織布工たちが飢えていたエセックス、そして、ロンドンとその近郊では、兵士の徴集は順調にすすんだが、しかし、これらの男たちを引きずり込んだのは、福音と法を防衛するという欲求よりは、新しいコート、ブーツ、そして略奪への期待であった。その混乱した秋、議会軍が進んだところではどこでも、食糧貯蔵所の略奪や鹿の密猟が起こっている。教会のガラスの粉砕、祭壇の手摺りの焼却、聖像の破壊が、部隊の宗教的熱狂の誇示に付け加えられた。まもなく庶民院は「不満分子」からの略奪を禁止する法令をださなければならなかった。彼らの家屋や財産は国家の世襲財産であり、もし破壊されなければ、十分役立てられるものだから、という理由を付けてである。ノーザムプトンシャーでの部隊の仕業を見たハムデンは、彼らの行き過ぎを抑えるために軍事裁判が適用されるべきだと、せきたてるように書いている。

いくつかの中隊、部隊は、もう少し立派であった。四法学院生のヴォランティアであるエドマンド・ラッドロウやチャールズ・フリートウッドのような良家の子弟、あるいは、トーマス・ハリソンやマシュウ・トムリンソンのような身分は低いが熱狂的な教会書記や文書送達吏が、エセックス伯の身辺護衛隊を形成した。このオランダ独立戦争の老練兵で、落ち着いた、信心深い、パイプ喫煙を好む貴族、貴族院で絶えずピム党を支持してきた男が、七月初め、議会軍の司令官に任命されたが、それは避けようのない選択であった。彼は、四〇年前、エリザベスによって断頭台におくられた父、騒々しく、激情的なエセックス伯からみると、異質的な相続人であった。しかし、すべての反乱者が同じものに見えた国王は、その後絶えず、父と子を比較して見、エセックス問題に対するエリザベス女王の取り扱いを引き合いにだす傾向があった。あたかも、そのときの父の行動が、子供にとって有用な先例をなしているかのように、である。

議会軍総司令官にエセックス伯、任命さる

戦争には、惑わすかのように、いくぶん封建家族間の闘争の雰囲気がただよっていて、海陸の総司令官は二人とも、野望に満ちた家系から出された。すなわち、〔国王側の総司令官〕ウォーリックは、エリザベス時代のエセックス伯の妹、サー・フィリップ・シドニーの詩にステッラとして出てくるペネロープ・デヴルーの息子であった。国王は、状況にとってあまり重要でないことだけは、しっかり握り締めていたのである。エセックスとウォーリッ

クが従兄弟であったことも、さほど注意すべきことではないが、しかし、両者がエリザベス時代のプロテスタンティズムと膨張の伝統のなかで育ったというのは、重要なことであった。

議会、戦争指導機関として公安委員会を設ける

議会の選んだ指揮官たちが、海陸で準備している間に、ピムは中央にあって事態の進行を取り仕切っていた。前線への通知は、いちいち両院で議論するわけにはいかなかった。戦争の直接指導は、少数者に限定されなければならない。一六四二年七月四日、この目的のために公安委員会が設置された。それは、投票によって選ばれた両院のメンバーからなる団体で、その団体の手中に、漸次、議会の執行権が委ねられることになった。

戦争の接近とともに、著名な王党員はほとんどすべて、国王に軍務奉公をするため、ロンドンとその近郊から離れた。議会の命令で、彼らの屋敷は武装兵によって捜索され、気まぐれな捜索者によって、なにほどか略奪された。シティでは、この機会を利用して、ほとんど公然と敵方の古い債務に片《かた》が付けられた。リッチモンド公がもっていた立派なバルバリー種の馬はすべて、コバームの厩舎から引き出され、ノールにあったドーセット卿の備蓄庫はことごとく奪われ、ハートフォードシャーでは、若いベッドフォード伯が、王党派の隣人、サー・トーマス・ファンショウ、サー・アーサー・カペルの家に押し入り、そこで見付けた値打ち品を議会に送っている。

国王のロンドンへの進軍が、日々恐れられていたが、北方のチャールズはためらっていた。彼は、七月末、ミッドランドを短期間踏査したのち、ヨークシャーに帰り、そこで、反対派のもっとも活動的な二人の組織者、フェアファックス卿とその息子を捕らえようと思案をめぐらし、それから再び南方へ前進しようと考えた。静観している者、北方の中立的ジェントリーが敵に回ることになるのを恐れて、彼はこの計画を放棄した。北方諸地域に対する総代理人として、カンバーランド伯、かつての立派なクリフォード家の穏和な子孫を任命したのち、やっと南方へ向かうことになった。エセックス伯を反逆者と宣言しつつ、彼はミッドランドへ入った。彼の兵力は数百人に過ぎ

なかったが、準備をととのえた地方の有力者の支持を期待することができた。それらは、ノーザムプトン伯、サー・ジョン・バイロン、精力的なヘンリー・ヘイスティングスなどであったが、とりわけリンゼイ伯は、ノッチンガム、リンカーンシャーの土地保有民からなる強力な支援を約束していた。しかし、反対側の勢力が議会のために働いて、国王は冷たく迎え入れられた。彼はサー・アーサー・ハスレーリッグ——例の五人のメンバーの一人で、レスタシャーの領地の住民を蜂起させ、いまなお「そこらへんに潜んでいる」といわれていた——を捕らえようと期待したが、ハスレーリッグは、あらかじめ警報を受け、よき友人に恵まれて、うまく逃れた。その代わりとして、国王は、旧敵で、短髪〔で耳を出した〕のジョン・バストウィックを捕らえた。彼は、五年前、主教を攻撃した廉《かど》で首かせ刑に処せられた人物である。チャールズはもう一度大逆罪で告発しようとしたが、土地の審判員が彼を放免するのではないかを怖れて、思い止まった。

彼がいまや意図したことは、正式に国王の軍旗を掲げ、自分を本来の地位に就けるよう、すべての忠誠な臣下に訴えかけることであった。それは、封建的王党員であるストレインジ卿は、この儀礼的行為の場所として、ウォーリントンを選ぶように迫ったが、それは、封建的王党員であるスタンレー家の領地にあり、同家の保護下にある町であった。しかし、ウォーリントンは、国王がネーデルラントの王妃から期待していた救援から、あまりにも遠すぎた。その代わりとして彼はノッチンガムを選んだが、この地は航行可能なトレント河によってハンバー河口から到達可能であるうえ、ミッドランドへの道路網の結節点を抑えるものであり、国王の支持者たちがその兵を徴集できる地域に近いとおもわれたからである。それは、人口およそ五〇〇〇の町であり、トレント河流域の牛取引の中心として繁栄しており、二つの塊《かたまり》のような丘のうえに乱雑に散らばり、崩れかかった中世の砦によって支配された、皮なめし業の悪臭の濃くただよう小都市であった。しかし、まず無分別にも、国王は、議会軍によって包囲されているコヴェントリを解放しようと、同地へと進んだ。議会軍は無規律な群衆であり、鹿を掠め取り、教会の衣服を盗み、ふざけて厄介な売春婦の下にもぐり込んで、夕食のために「騎士方の食事」をしているのだ、と叫ぶ始末であった。彼らの将校の一人が、賛成して「それこそ人食いだ」と記している。国王軍の方はもう少し規律があったが、はるかに劣勢であり、彼は彼らに交戦することを許さなかった。

ノッチンガムで国王軍旗、掲揚さる

八月二二日、国王はノッチンガムに退き、ここで、敵意よりは無関心の雰囲気のなかで、国王旗の掲揚という儀式をおこない、庶民院とその兵士たちを反逆者と宣言した。それは混乱した、不名誉な行事であった。天候は陰気で、湿っていた。国王はふさぎ込み、宣言の形について考えを変え、それを漠然としたものに変更し、伝令官は辛うじてそれを読み上げることができた。一週間も経たないうちに、軍旗は降ろされた。ごく少数の徴集兵が軍に加わっただけであった。

国王のための徴兵に応じようとする熱狂の欠如は、一部は季節から説明される。ちょうど収穫時期にあたっており、だれも野良仕事に忙殺されていた。しかし、一部は彼の助言者たちの誤りのせいであった。彼らは彼に最後の平和の提案をせよと説得したのである。拒絶されることが判っていたが、彼の道義的地位を強めておこうと意図したものであった。チャールズは、はじめは示唆に抵抗し、のち涙を流しながら屈したが、今度だけは彼が正しかった。議会に宛てたこれらの最後の瞬間の通告は、議会によって冷たく拒絶されたのであるが、これは、ミッドランドでは弱さの現れと解釈され、忠実なジェントリーたちに国王に合流することを嫌がらせることになった。彼らは、今週は国王の忠実な闘士として歓迎されながら、次週には、多数の、活動的なピューリタンの隣人たちの復讐に引き渡されることになるのではないか、を心配したのである。現に国王は平和のため妥協しようとしているではないか。これらの戦争初期の数カ月間、ストラッフォードに対する国王のかつての裏切りが、彼自身に対して重苦しく語られることになったのである。

チャールズは、もう一つの心配事を抱えていた。ヨーロッパの軍事的実践によってこれまで良しとされてきた仕方で行動しつつあるプリンス・ルパートが、略奪を免れる代償として、レスター市民から二〇〇〇ポンドを要求したのである。驚愕した市民は、彼に五〇〇ポンドを送ってよこした。国王はこの行為を否認した。ルパートは、金を返さなかったが、早速教訓とし、二度と過ちを繰り返さなかった。しかし、噂はうわさを呼び、国王とその「邪悪な」随行者に対するすべての有産市民の怒りを促しただけであった。

議会は東海岸を、国王は西海岸の港〔ブリストルとポーツマスを除く〕を確保

金は国王の中心的問題であった。献身ぶりにおいて目立っていたオックスフォードの教授たちは、自分たちの金の延べ板の最良の部分を送ってきたが、国王の裕福な同情者たちは、どこにいようと援助を求められた。王妃は外国で弾薬を購入したが、議会に対してより友好的なオランダ議会は、それを運ぶ船の出航を妨害したし、イギリス議会は東海岸をパトロールし、ニューカッスル、あるいはハンバー河口南岸でのそれの陸揚げを困難にした。海岸は災難に満ちていた。ブリストルとプリマスは議会側に付くと宣言し、ドーヴァー・カッスルは、王党派市民が奪回しようと努力したけれども、議会側に確保されたままであった。〔議会側の〕キャプテン・スワンリー指揮下の小艦隊がワイト島のぐるりを威嚇するように航行し、コウズで人と銃器を上陸させた。しかし、ヤーマスの剛毅な司政官バーナバス・バーリー〔王党派〕は、火縄を手にして、岸壁に出てきて、屈服するよりは砦を爆破すると脅した。

ガーンシーでは、サー・ピーター・オズボーンが砦を堅固にし、民衆の好みに反して、それを国王に差し出した。フランス語を話すカルヴァン派のチャネル島民は、一般的には国王の政治を嫌い、議会側に傾いていた。ジャージー島民は、島の司政官で王党員サー・フィリップ・カートレットに反対して、議会に請願したが、彼は友人たちとともに島の基幹的地位を占めつづけ、請願民も議会もともに受け付けなかった。

議会、ポーツマスを奪う

国王にとって、もっとも手痛い打撃は、ポーツマスの喪失であった。そこは、フランスからの救援の上陸する貴重な港として、ゴーリングに確保させておくというのが、国王の戦略の一部であった。しかし、計画はうまく進行しなかった。枢機卿リシュリューが、フランスの援助を求める王妃の嘆願に応えることを拒否したのである。そして、ゴーリングは、自分に向かってくる海軍に対してポーツマスを、敵の手中にあるワイト島を確保できるとは考えていなかった。ゴスポートとサウスシーからの上陸軍によって攻撃され、海上への出口を封鎖され、内部では暴動に直面して、ゴーリングは降伏したが、そうすることによって、ワイト島で孤立していたキャプテン・バーリーの、これ以上の抵抗を不可能にした。ゴーリング自身は、気落ちすることなく、王妃を助けるため、ホラントへ渡った。国土全体にわたって、いまや散発的な戦いが起こっていた。八月二八日、日曜日、サー・ジョン・バイロンとその「騎士たち」は、議会軍によってブラックレーから追い出された。退却を有利に転じようと、彼らはオックスフォードに現れた。市民たちは門を閉じようとしたが、副学長が、大学のお偉方たち、武装した学生たちと一緒にマグダーレン橋のところへ現われ、「ようこそ、ジェントルマン諸君！」と叫んだ。バイロンは、この古い都市が長い年月のなかで見た最大の「市民とガウン」の行列のなかで、オックスフォードを占拠した。

ベッドフォード伯は、デンジル・ホールズを同伴して、シェアボーン城から王党派のハートフォードとホプトンを追い出すため、ドーセットへと進軍した。城の大砲が砲火を放ったとき、議会軍の兵士——地方の若者たちは、そのような仕打ちには慣れていなかった——は「ぺたっと尻餅をつき」、二度と動こうとはしなかった。夜になって、彼らは逃亡しはじめ、ベッドフォードは後退をよぎなくされた。

第三節　両軍の最初の手合わせ

一六四二年九月、エセックス伯、出征す

一六四二年九月九日、エセックス伯は、民衆の拍手喝采のうち、ロンドンを離れ、二四時間後、ノーザムプトンでミッドランド軍に合流した。そこから彼は、シティに向けて、「この大事業を終わらせる」ために十分なだけの借款をしてくれるように訴えている。議会人たちは、彼が一五〇〇〇人の兵士をもっている――それは誇張であったが――と苦情を述べている。彼の部隊は無規律で、訓練をつんでおらず、略奪をしたがった。彼らを連隊に編成しようという試みはほとんどなされなかった。隊長たちや中隊集団はばらばらに行動し、混乱は大きかった。しかし、最高指揮に関しては、少なくとも問題にはならず、エセックスの権威が絶大であった。

国王側では、混乱はトップのところで最大に達していた。総司令官は任命されなかった。リンゼイ伯が、北ミッドランドでの徴兵にあたっての彼のそれほど旨くいかなかった努力を認める意味で、最上級将軍という地位を得たが、それは、彼が徴兵に成功した人員から大部分成っている歩兵隊だけによって認められているものであった。六〇歳に達した彼は、一五九七年のカディスの占領にさいして少年として参加し、評判を得、騎士（ナイトフッド）に叙せられたが、それ以後ほとんど二〇年間、陸戦ではこれといった寄与をしていない。騎兵隊中将という地位のプリンス・ルパートは、自分は彼の干渉からは独立した存在と心得ていた。兵站《へいたん》部将軍であるハリー・ウィルモットも、自分を同様に独立していると見なしていた。

エセックスのはるかに優勢な軍の接近につれて、国王はウェールズの境界地域（マーチス）へと後退したが、そこで強力な兵員を徴集できると期待していたのである。平和への希望はすべて、いまや最終的に放棄されたが、後退にさいして、彼は悲しみに沈んだ最後通告を反逆者である議会に送った。「天にましまず神は君たちを指図し」と、

彼は書いている。「そのお恵みによって、この国民に懸けられている審判を変更させられるであろう。そして、われらが欲しているように、真のプロテスタントの宗教、法、臣下たちの自由、議会の諸権利、王国の平和、これらを保持し、促進することをわれら、ならびに、われらの子孫に保証されるであろう」。前進途上のウェリントンで、彼は小部隊を閲兵したが、そのさい、もう一度、同じ用語をもちいて、彼の目指すところの穏健さ、戦争の正しさを主張しているのである。

鉄の地帯スタッフォードシャーで、国王は何人かの友人と知り合って、武器と弾丸の製造を手配することができた。ときには、より明るい束の間もあった。スタッフォードで、プリンス・ルパートが、セント・メアリー教会の尖塔の風見鶏をピストルで撃ち落とすという、腕前のほどを披瀝したのである。チャールズが後退するにつれて、エセックスが前進したが、しかし、用心深く、であった。彼の命令は、「国王陛下、王太子やヨーク公の身柄を、あとで処分するはずの向こう見ずの連中の手から救い出し」、陛下を再び彼の愛する議会へお連れする、というものであった。

王党派は、最初に占領した場所を保持するために、時間と人を浪費しなかった。オックスフォードは急いで略奪された。バイロンとその「騎士たち」は、ウースターめざして逃げ出した。そのさい、大学保管の金の延べ板を持ち去り、学生たちが見付け出せたかぎりの馬で運ばせた。残った分は、怒った市民や議会軍の好きなままにまかされた。

ウースター（ポーヴィック橋）の戦い、王党派の最初の勝利

ウースターで、プリンス・ルパートはバイロンと合流して、後退を援護してもらい、その間にウェールズの国境へと急いだが、そこでは、およそ五〇〇〇の歩兵隊がシュルーズベリーで彼のために装備されているといわれていた。ウースターは、「騎士たち」の最初の勝利という束の間の栄光を享受することになった。九月二三日、ルパー

トと数人の主だった将校とは、セヴァーン河とテーム河とのあいだ、ポーヴィック村近傍を偵察したが、そこで、敵の騎馬隊の一隊が、自分たち後衛を本隊から切り離そうという明白な意図をもって、ポーヴィック橋のところでテーム河を渡っているのを発見した。敵の戦術は悪くはなかったが、執行の仕方が拙劣であった。王党軍は平地におり、そこへ達するには、議会軍は生け垣の狭い小道を通って前進しなければならず、ルパートは、それを悩ますために、急いで数騎の竜騎兵を敵に発砲できる位置に配置した。こうした手配をすませると、彼は、小道を出たところ、展開する暇を与えないで敵に対して攻撃をしかけるため、人員を手元に引き付けた。こうして試練を経ない議会軍は、平地に出て瞬きをする間に、全力を挙げての「騎士」軍の攻撃にさらされることになった。彼らは、なお小道でもがいている戦友たちのところへ追い返された。ある者が、こんな狭い場所で可能かどうかはお構いなしに、「引き返せ」と命令したが、議会側の兵士たちは、攻撃に向かうか、もと来た方に転ずべきかの区別がつかず、雪崩をうって逃走し、王党派は勝利者として残った。

ポーヴィック橋の前哨戦における成果は、軍事的重要性からいえば取るに足らないものであった。しかし、圧倒的な、数等上のエセックス軍が、「騎士」軍との最初の接触において、恥ずべきことに、はるかに劣った兵力に敗れたのである。たちまち、未熟で、無名のプリンス・ルパートは、国王に奉仕する勇敢な若者のあいだの英雄となり、議会から怖れられる存在となった。この厳格で、精力的、かつ単純な若き戦士が、長くこの地位を保ったのは、正当なことであった。

次の日、エセックスは将校たちに、軍隊の規律を確認する儀式などに「時間を空費するな」、ただちに兵士たちに「慎重に襲撃し、注意深く後退するという、戦争に必要な基本を教えるように」と、指示を与えた。

勝利したにもかかわらず、王党派はウースターを保持しようとは考えなかった。イングランドで戦われた最後の戦争以来の平和な数世代のなかで、市壁や市門は老朽化しており、優勢な軍隊に対しては防衛不可能であった。「騎士」たちは、退いてウェールズ国境で国王と合流し、陰気な雨の降るなか、議会軍は「教皇派、無神論者の、いまわしい」都市に入り、市長を逮捕し、カテドラルを略奪し、地域の楽しみと誇りであった甘い調べのオルガンを叩き壊したのであった。

第四節　イングランド北部で議会軍、押し気味

議会軍がウースター〔の栄光〕を涜《けが》している間に、聖像破壊と反教皇主義の怒りが国土の南東部を吹き荒れていた。窮迫の数年によって悩まされてきた都市コルチェスターでは、怒れる群衆が、富裕で王党派に属するルーカス家を略奪し、壁掛けを引きちぎり、個人礼拝堂のガラスや装飾を砕き、家族の墓をあばき、死者の骨をばらまいた。彼らは聖三位一体教会を襲い、老教区牧師を半殺しにし、それから都市から出て、ローマ・カソリック派のレディ・リヴァースの田舎の家へと殺到した。彼女はウォーリック伯の執事に隣人としての救援を求めたが、しかし、彼はこれに失敗し、彼女は命からがらロンドンへ逃げ出し、その家を運命にまかせた。

ケント州で双方の民衆、荒れ狂う

興奮はテームズ河口を横切って、次にはケントで荒れ狂った。カソリックや「騎士」と疑われた者の家には、強制的に立ち入り、捜索がおこなわれた。武器、馬、金の延べ板は没収された。サー・ウィリアム・ボトラーの家、バーラム・プレイスは略奪され、侵入者のある者が執事を拷問にかけている間に、他の者は貯蔵庫にある食料を食べ尽くした。船乗りの一団のギャングは、ロチェスターのカテドラルの聖像やステンド・グラスを打ち壊し、詩人で聖堂主席司祭ヘンリー・キングによって蒐集され、大事にされてきた図書室を破壊した。カンタベリーでは、議会軍の兵士が挿絵入りの備え付け図書をずたずたに裂き、綴れ織を切り裂き、南入り口上部の十字架に向けてムスケット銃を発砲した。ロンドンでは、別の生ける犠牲が、反教皇主義者の熱狂の犠牲となった。すなわち、トーマス・

ブルレイカーという一司祭が、ミサを唱えている間に捕らえられ、タイバーン〔ロンドンの刑場、現ハイド・パークの東北隅〕で絞首されたのである。

議会、マンチェスターを奪う

このようにピューリタニズムは、熱狂的な勝利のなかで、見苦しい一面を示したが、危険なときにはより有利な存在であることを示した。マンチェスターの頑固な人々は、七月に騎士党と最初の血なまぐさい衝突をしたのち、あらゆる攻撃に対して自分たちの町を断固として守り抜いた。国王は、シュルーズベリーからチェスターに立ち寄ったが、これが王党派をしてこれらの地域にエネルギーを急にふり注がせる合図となり、マンチェスターはあらたな試練に直面しなければならなかった。

華やかな将校たちを従えて、微笑をたたえた国王は、住民の半数によって嬉しそうに受け入れられたが、他の半数は、その息の下で、王の従者のなかの「地獄行きに育った騎士たち」や教皇派の領主たちを呪った。この地域は過去三世代のあいだに多くの植民者をアイルランドに送り込んでおり、いまや多くの人々は困難かつ危険な状態にある親戚をもつにいたっていた。アイルランドの反乱の結果に対する恐怖と懸念が、ここでは過去一〇カ月のあいだに深刻なものになっており、チェスター自体、アイルランド教皇派の虐殺についての厳しい話を交わしている避難民でいっぱいであった。これらの人々は、アイルランドにいるイギリス兵部隊の使用に充てられる車両や牽引用馬——それらは船積みを待っていた——を国王が自分たちの用に留置したとき、ショックを受けたが、さらに、彼らは、国王が自分の護衛のため地域のローマ・カソリックのジェントルマンたちに武装する許可を与えたとき、大きな衝撃を受けた。

ピューリタンのジェントルマンは、国王側の人間に同様な仕返しをした。もっとも重要な人物二人が拘留され、家宅捜索がおこなわれ、その馬、貴重品が没収されたが、他方、美男子の若いグランディソン卿は、騎馬隊を連れてナントウィッチにさっと現れ、クリューヴ卿やその他の、反国王的ジェントルマンの家を略奪し、それらの馬を国王用に奪った。

九月に父からダービー伯爵の地位を継いだストレンジ卿は、チェッシャーの徴集兵をマンチェスター攻囲のために集めた。「わたしの信ずるところによれば、この州の教皇派の連中はみな、都市と戦うためにすすんで助力を与えようとしている」と、ある筋金入りのランカシャー・ピューリタンは書いている。しかし、チェッシャー人は、その場に到着すると、自分たちの州の外で戦うことを拒否した。熱狂的な王党派にもつきまとった限界で、この限界は他の多くの場合にも起こり、両派の指揮官をしばしば困惑させたものである。だから、すっかり包囲されたマンチェスターの場合でも――土砂降りの雨で火薬は湿らせられ――信仰深い同盟者であることを示した包囲側も、包囲された側も、雨天のときの義務、あるいはエール酒場での義務はずれのときも、かまわず賛美歌を歌って士気を保った。一週間の激しい攻撃と一〇週間の包囲ののち、騎士党はマンチェスターを放棄し、同市が「解放の歌で取り巻かれるのにまかせた」。この頑強な抵抗は、マンチェスターをして、この不毛で困難な地域に議会のための価値ある橋頭堡であることを示した。ダービー伯爵の規律のない浮浪集団によってまもなく荒らされることになるのではあるが。

ヨークシャーでも国王、押される

ヨークシャーでは、議会派は骨を折って進んだ。国王側の司令官カンバーランドは、敵を作ろうとしない親和的学究であったが、議会派の前進を阻止するためにほとんどなにもしなかった。六月にヨーク主教座に据えられた騒ぎ屋の大主教ジョン・ウィリアムズは、はじめは、国王を助けようと懸命であったようにみえた。しかし、ヨークとセルバイの中間にある、ウーズ河に沿った彼の城カーウッドが議会側によって奪われるにいたって、ひるまされた。夕闇の薄暗がりになかで城を奪回しようとした王党派の一隊は、豆畑の水車を防衛部隊と見間違えて、ドン・

キホーテとは違って、彼らは踵《くびす》を返して、逃亡した。このことがあって、ジョン・ウィリアムズは、ほとんど友人のない、また影響力ももたない大主教管区でよりは、自分の出身地である北ウェールズで国王に奉仕しようと決心した。彼はヨークから退去し、コンウェイ城に立て籠った。

北方の騎士党は、家族連合、地域的影響力、議会問題に対するフェアファックスの熱意に対抗するうえで、貧しいカンバーランド以上により効果的な指導者を探し出した。ピーク地区、そしてトレント河からハンバーに沿った底地帯は、大キャベンディシュ家によって支配されていた。家長の誇り高く、かつ優雅なニューカッスル伯は、夏のあいだ、思いがけない性格を示した。プリンス・オブ・ウェールズの保育官、スコットランド戦争の司令官としての週にいたって、国王のためというよりは、自分自身の権威により関心を奪われていたようにおもわれる。しかし、最後て、彼は、彼は新しいエネルギーと能力を示し、ニューカッスル・オン・タインと周辺の炭田地域とを王のために確保した。そういう訳で、北の王党派は、彼に、敵に対抗する勢力を組織するために、カンバーランドに取って替わるように要請したのである。

国王は、ニュー・カッスル石炭の輸出税から収入を確保したいと望んでいた。しかし、炭田と港を所有したからといって、制海権をもたない国王にとって、それはさほどの利益をもたらすものではなかった。この制海権の喪失ということが、事々に彼にとって妨げとなった。ウォーリック伯の支配をのがれた彼の艦隊の唯一残った船、ボンヴェントゥーラとスウァロウも、一〇月初め、タイン河口を封鎖しようとしたとき、捕らえられてしまっていた。ほとんど同じ時期、軍需品、武器、数人の職業軍人を積んで、(大陸にいる)王妃によって送り出されていた商船が、ヤーマス沖合で捕獲されていた。乗組員は訊問のため留置され、積み荷は議会の倉庫にしまい込まれてしまった。

国王、シュルーズベリーに滞在

国王は、はるか内陸のシュルーズベリーにおり、自分の兵士たちによって取り囲まれていて、海上の不運についてあまり気に掛けなかった。彼の気持ちは、気ぜわしい小都市の気心の合った雰囲気のなかで昂揚していたが、この市場の日には、ウェールズ出身の臣下たちの楽の音《ね》のような方言とイングランドのアクセントとが入り交じって聞かれた。モンゴメリやラドノアといった国王の忠誠なジェントルマンが、従者を連れて集まり始めていた。彼らの生計は山で飼っている羊の毛であり、彼らの村で織られた軽い毛織物がシュリューズベリーの商人によって市場に出された。国王は、権力をもっていた時期には、毛織物商業の独占をねらうロンドンの冒険商人組合の強欲な苦情に対して、彼らの権利を守ってやった。彼らの最近の著しい繁栄を彼に負うていたこの地域は、いまや感謝の意を表明した訳である。

さらに南の方、マンモスシャイヤーやグラモーガンでは、ウースター伯爵の息子で、なまかじり芸術愛好家のハーバート・オブ・ラグラン卿は、潜水艦輸送、万歩計、水力に関する発明狂ぶりを放棄し、挙兵したのであった。老いたウースター伯は裕福で、王に対して忠実であったので、国王はいまや二万ポンドに対して侯爵の位を提供した。さらに手厚くも、王は一二歳のプリンス・オブ・ウェールズをしてラグランを訪問させている。若きチャールズは、ウースター伯の大きな客間でウェールズ出身のこのジェントルマンと陽気に騒ぎ、うやうやしく、父の所蔵品にと贈られたこの家族の肖像画を受け取り、「古きブリトン人」の健康のために自家製の蜂蜜酒を飲み、つねに彼らに忠実なプリンス・オブ・ウェールズであることを誓った。

フォース伯、ルパート、国王軍を鍛える

シュルーズベリーで国王に、熟練の軍人パトリック・ルスヴェンが合流したが、彼は一六四〇年、盟約者団に対抗して、国王のためにエディンバラ城を確保した男であった。春になってフォース伯に任ぜられて、彼はずっとドイツにいたが、いまや何人かのスコットランド人職業軍人を連れて、国王に合流したのである。フォースは経験をつんだ、すぐれた軍人であり、スウェーデン軍の上級司令官を任じてきた男であった。ほとんど七〇歳にたっし、難聴と痛風に悩まされながらも、彼はリンゼイよりも近代的で、より積極的な司令官であり、その年齢にもかかわらず、若くて精力的なルパートとはるかに共同歩調をとることができた。このルパートは、セヴァーン河沿いの牧草地で国王の騎兵隊を作ろうと日々調練に励んでいた。フォースの到着とウェールズ人騎兵隊の集合――その人数はまもなくイングランド人を越えた――は、リンゼイ伯の影響力を減退させた。もちろん彼はなお名目的には最高司令官にとどまっており、その仕事を続けてはいたが、権威そのものは、他の二人によって熱狂的に行使されることになったのである。

とかくする間に、ウェールズの鉱山技師で思いつき屋のトーマス・ブッシェルが国王に合流した。彼は自分の負担で三個連隊に衣服を着せ、自分の鋳物工場からカノン砲と砲弾を供給し、軍隊の支払いのため、一週一〇〇〇ポンドの割合で銀――一部は彼の鉱山から産出のもの、残りは銀器を溶かしたもの――の貨幣を鋳造しようと企てた。これらの貨幣のあるものは、誇り高く、「神が立ちあがり給い、敵は蹴散らされる Exurgat Deus, dissipentur inimici」という刻印をもち、またあるものは、もっと地味な「宗教と議会のために Pro religione et Parliamento」という文句をもっていた。後者の刻印は、彼がウェストミンスターの悪漢たちの陰謀に対して、真実の宗教、議会の正しい権利を守ろうとしていることを、国王が公式に認めたという理論にもとづくものである。しかし、国王に奉仕するために議会を放棄したこの物柔らかな男の重点とするところは、貨幣の意匠、つまり、彼が経営している会社の証明に対する非の打ち所のない公的承認を得ることにあった。国王は職業軍人たち、武器をもったローマ・カソリックの臣下たちやアイルランド出身の領主たち――ディロン、ターフェなど――などによって取り巻かれていたが、彼らは蜂起によって共犯者の気持ちを帯び、彼は彼らに軍事における役割を与えたのであった。こうした様子をみたこれら温和な人々は、彼の敗北を恐れるとおなじくらい勝利を恐れたのであった。

国王の駐屯所から妻にあてて書いた手紙のなかでスペンサー卿は、この若い男が自分のかたわらの人々に対して装わねばならなかったジレンマを暴露している。「ある男が議会側――わたしとしては、むしろ、それによって首を架けられているのだが――に立って戦うという決意をしないかぎり、そいつは戦うことを恐れているのだ、といっても過言ではないだろう。名誉の堅苦しさを解くなんらかの便宜が見いだせたら、わたしは一刻もここに止まっていはしないだろう」。教皇主義者の高まる影響が深く彼を混乱させたのであった。国王は、年が過ぎるまえにロンドンへいくだろう、と彼スペンサーは考えている。このことは、この極端で暴力的な男に勝利をもたらすであろう。自分のような、温和でプロテスタント的考え方をもった人間には、こうするか、あるいは自発的に亡命するか、他に選択肢はないようにおもわれる。彼の手紙は、思いがけない記事でおわっている。彼は書いている。「これ以上いい状態の国王を見たことがない。彼は非常に機嫌がよくて、猥談をし、わたしは、自分が宮廷の引見室にいるようにさえおもえた」と。

興奮と明けっ広げの生活とが、国王の落ち着きのない性質に適応していた。失望と敗北の二年間ののち、彼はいまや自分の信じた事柄について一撃を加える時期がきたと感じたようである。そして、彼は妻の手紙によって励まされ、平和か妥協について語る中途半端な顧問たちを一顧だにしない決意をしたのであった。

シュルーズベリーで彼は、六〇〇〇人の歩兵、一五〇〇の竜騎兵を集め、それに、甥のルパートの訓練した騎兵隊が加わった。さらに、彼のこれまでの不運が、彼の臣下たちのあいだに、権力の座にあるときには知られなかったような熱情を目覚めさせていた。彼らの献身が彼の禁じられていた感情を生き返らせ、損なわれていた自尊心を癒した。戦争の雰囲気がすでに彼の硬直性を和らげていた。彼のために死のうと決意した人々にとっては、多くのことが大目に見られ、多くのこと、猥談を語ることさえ許されたのであった。

第五節　国王か、議会か

恐れられた内戦はいまや事実となった。国王、議会の軍隊がそれぞれ前進の準備を整えつつある間、心配でたまらない男、女たちは、自分たちがした、あるいは、まもなくしなければならない選択の善し悪しについて自分の心に問いかけていた。多くのイギリス人にとって、政治理論はわずかな助けしか供給しなかったが、双方の真面目な分子たちにとっては、決定的な問題について論ずることは重大事であった。国王、議会が政治集団となって以来、この二つにとっては戦争状態にあるということは、明白に不可能事であった。各人は、ふたつのうちどちらが自分の機能を、一時的にせよ、強めるかを判断して、問題を解決した。悪しき顧問たちによって誘惑された国王がもはや判断力をもたなくなった場合、彼の権威は、時が経つにつれて、議会のそれに吸収されるのではなかろうか？議会が、有害な党派によって指導され、やじ馬連中によって威嚇され、もはや国民を代表するに適さなくなった場合、その権力は国王によって再び取り上げられるべきではなかろうか？

サー・ジョン・オクシンデンのようなひとにとっては、国王は、国民共同体 Commonwealth との関わりをもたないかぎり、国王として存在しえないとされた。国民共同体と関わりをもつひとは、と彼は論ずる。「そうすることにおいて、国王を表《あらわ》し、結果的に、国王と国民共同体を表すのである」。これはピム、ハムデン、エセックス、その他議会党の指導者の見解であった。彼らは国王という人間に敬意を表し、彼を議会に取り戻し、脅かされている状態を再統合するために戦っているのである。

この議論は、より温和な王党派を困惑させ、より過激派を激怒させた。人間チャールズと国王チャールズとを区別することは、危険な詭弁《きべん》のようにおもわれた。「わたしは、陛下を神聖なものとみなすことをあなたにお願いする」と、若いエドマンド・ヴァーニーは、議会派にとどまる道をえらんだ長兄に書いている。「あなたは、国王を傷つけるつもりはないというかもしれないが、一発の弾丸が彼という人間を危険にさらさないとだれが保証できるでしょうか」。「丸坊主頭派」的な内容をもった諷刺的狂文が、騎士党を歌った一片の俗謡のなかで、その冷笑ぶりを典型的に示している。

陛下を保ちたいであろうが　Tis to preserve His Majesty
われらが戦っているのは、その陛下だよ　That we against him fight

チャールズと国王のあいだの区別という考え方を受け入れがたい人々にとっては、彼の行動と政策に賛成できなくても、議会が彼に戦争を仕掛けて来た場合には、防御を整えるほかはなかった。王党派陣営における温和派のひとびとの態度は、議会派指導者に対する嫌悪と疑惑の増大によってうながされた。過去数カ月をかけて国王のために作成されたハイドの声明の穏やかさは、ピムとその一党が作成した、国王よりははるかに非妥協的で、ざらざらした文章の議会の抗議文とは、いい対照をなしている。チャールズが五人の議員拘留を余儀なくされたときに多くの人が感じた憤りは、夏のあいだに冷めてしまっていた。ピムとその友人とが、その脅迫から逃げ出しただけでなく、これを利用して自分たちの地位を強化し、国王の信用を害し、彼を首都から放逐するのに成功したからでもあったが。彼らが海軍、主要な港湾、国王の造船所、兵器庫を掌握したという賢さは、思わざる拍手喝采を呼び起こしたが、しかし、それ以上訴えかけるところはなかった。国王の苦境は、彼をして、たえず騎士的な、私利私欲にかかわらない忠誠を要求させることになった。議会はそうした感情に訴えることはできなかった。「神よ、国王・議会を救い給え」という敬虔な叫びには、次のような皮肉な答えが返ってきた。「神は国王を救う、議会は自分自身を救うために十分に気をつかったがよろしい」。

ピムとその一味が、自分たちが取り返しのつかないほど攻撃した国王に対して、自分たちを保持すること以外の目的のために戦争を始めたのではない、と考える人々がいた。しかし、情報通の比較的小さなサークルの外側では、より下層の人々が、過去一〇年の政治の単純な、そして、単純化された収集にもとづいて、自分たちが見て来た信頼と忠誠の出来事のうえに自分たちの心を作り上げていた。ロンドン市民はなお、プリンヌ、バートン、バストヴィックの血みどろの耳、リルバーンを苦しめた鞭打ちを覚えていたし、清教徒説教師によって、大主教ロードによる抑圧と干渉を忘れることを許されてはいなかった。いま議会が軍隊を賄う金を要求した場合には、船舶税やスコットランドの二度にわたる戦争に対する国王の要求がなお生きいきと思い出された。石鹸、塩、煙草の独占がどんなに不便を生じたことであろう。韻律不揃いのあるバラード詩が、国王——「国王大顧問会議」——に反対して議会を支持する一連のもっともらしい理由を次のように数えあげている。

課税と独占によって抑圧され、
船舶税、兵隊、騎士様たち、その他、
コート着用指導料など、冗談ではない、
考えてもみよ、隣人たち、俺たちはどれほど
国王の大いなる顧問会議を、
「国王大顧問会議」とたたえてきたことだろう。
だれが俺たちの貧しさ、涙を顧みてくれただろうか？
俺たちの欲するところ、惨めさ、多くの恐れを？
鞭打ち、裸にし、全くもとのままで追っ払われただけではないか——
いま、自分の耳の主人となったのは君たちだ
国王の大いなる顧問会議をたたえよう
「国王大顧問会議」を。

臣下の自由を擁護しようという議会の表明は、国王のする保護の表明よりは、もっともらしくおもわれた。というのも、彼の臣下の自由の侵害ぶりは十分記憶され、十分に宣伝されていたのに対し、議会のそれはごく少数者に

影響しただけであったからである。同じことが、自分は真のプロテスタントだという国王の主張についてもいえた。彼の個人的な信仰の純粋性がどんなものであったにせよ、過去一二年間、彼はピューリタンよりは教皇主義者をより好み、そうすることによって、イングランド教会を、多くの臣下ともども、疑惑のもとに置いたのである。これは、大多数の真面目なプロテスタント・クリスティアンが、戦争になったとき、その党派を選ぶ基準となる出来事であった。「わたしが一六四二年、主の仕事に手を置こうとしたとき」と、あるピューリタン兵士は書いている。「そそっかしく、それをしたのではなく、わたしの道を知るために、何時間も、夜通し、神を求めました」。イングランド教会の敬虔な息子たちでも、それほど燃えるように祈らなかった者は、違った答えを受け取り、騎士党派に合流したのである。

しかし、積極的な関与は、なお少数者に限られていた。もっとも熱烈に国王、あるいは議会の問題を取り上げた人々さえも、単一の短い会戦以上には参加しようとはしなかった。大多数の人々は、国中を通じて、自分たちがどちらか一方の側の勝敗の決定に呼び出されるまえに、嵐が過ぎ去ることを望んでいた。

国王も議会も、双方とも短期間の戦争、負けた側がそれ以上提訴できないような戦闘による単純な審判を見込んでいた。国王の目標はエセックスの軍隊を滅ぼし、征服者ではないにしても、少なくとも問題のない主人として、首都に再入場することにあった。ひとたび彼が軍隊において優越性を樹立すれば、ピムとその一味を黙らせること（悪漢どもは地方を逃げ回って、そのことを容易にする）、議会を解散させ、先任の国王たちから学んだように、柔順になった議会をもって新しい治世を始めることは容易であるはずであった。

議会の目標はもっと単純でさえあった。国王の軍隊を滅ぼし、彼を名誉と安全をともなって（ただし、自由はない）ウェストミンスターに連れ戻し、彼から議会側の二つの要求――議会が王国内の武装勢力の支配権をにぎり、国王顧問たちの任免権をにぎる――を保証させることであった。

国王は、議会と人民の自由を保護しようとおもっていると真面目に断言していた。議会の指導者も同様に、国王に対する彼らの敬意を主張する点において真面目であった。しかし、それら「保護」「自由」「敬意」といった言葉の意味は、双方にとって同じものではなかった。国王は、制度としての議会を滅ぼしはしないにしても、この特殊な議会を終わりにしようとおもっていた。議会の指導者たちは、彼という人格に敬意を払っていて、彼が要求する特権を認めるつもりはなかった。双方とも、相手方の従属者を解体させ、それゆえ無害なものにしようと決心していた。双方とも、二、三週間以内に——長くても数カ月で——神が正しい事柄を決せられるであろうと確信していた。

第六節　エッジヒルの会戦

国王、ロンドンを目指す

一〇月半ば、国王はロンドンへの行進を開始した。ブリッジノースで人々は、町中に並んで彼に歓呼し、歓迎の鐘を鳴らした。徴兵に応ずる者がなお絶えなかった。「お母さん」と、あるチェッシャーの少年が、軍隊に走り込む言い訳を次のように書いている。「あなたと別れることはつらいことですが、このままじっとしている——それは後悔を呼び起こすだけでしょう——よりは、こうする方がいいようにおもわれますし、わたしのこの決心を変えさせるようなことはなにもありません」。ウォルバーハンプトンで、ウェールズ人の徴募兵の最後が国王に合流し、その数はいまや一万三〇〇〇人にたっした。彼らはいい気性の人間たちで、適度な規律を保っていたが、武装は貧困なものであった。地方の訓練所の武器庫は彼らの需要に応えるものはなかった。歩兵にとっては剣が不足していたし、騎兵にとっては、鎧と火器が不足していた。彼らはテントをもっていなかったし、ごく少数の軍用行李《こうり》運搬用車輛をもつにすぎなかった。ケニルワースで、国王はサー・ロバート・ヒースを司法長官卿に任命した、というのも、慎重なブラムストンが病気を訴え、国王と一緒することを拒否したからである。国王はまた、エセックス伯を反逆罪で告発した。

その間、議会軍もまた、国王軍をさえぎろうと、ウースターからウォーリックへと前進していた。牽引馬の不足に妨げられて、エセックスは、一〇月二二日、木曜日の夕刻、ウォーリックから数マイル南の小さな市場町カイントンに到着したが、その後ろにはほぼ一日の旅程で、彼の多くの大砲がついて来ていた。国王はその夜、サーザムにおり、ルパートは前哨部隊とともに、ウォームレイトンにいて、そこで彼は、糧秣《りょうまつ》を探していた議会軍騎兵のあるものと接触した。ルパートの位置が報告されたけれども、エセックスは行動を起こさなかった。おそらく、夜が明ければ、国王軍の強さと動きが明らかになると考えたからであろう。次の朝、彼が教会にゆくと、彼の斥候が、エッジヒルの急斜面を占拠していると報告してきた。夜のあいだに、判断の早いルパートが国王に言葉をおくり、国王軍の大部分が南三マイルのところ、彼とバンベリ、オックスフォード、ロンドンへいたる主要道路のあいだの、暗いなかで急行して、騎兵隊で丘の頂上を占拠し、いまや歩兵隊がやってくるのを待っているというのである。

一六四二年一〇月二三日、エッジヒルで激突、勝敗決せず

エッジヒルは、イングランドのもっとも麗しい光景の一つ、エイヴォン渓谷へ広がっている緑の牧草地や肥沃な平野の広々とした風景を見渡すことができた。しかし、一〇月の明るくて寒い朝、国王の将校たちは、秋の太陽の光のもとにある豊かな農村の景色よりは、歩兵を位置につけ、彼らの下にいるエセックスの動きに関心があった。丘の頂上は、その下の平野を一望させたが、しかし、傾斜は騎兵の行動にとってはあまりにも険しかった。そこでエセックスは、さえぎるもののない位置へと動き、一方、ルパートは、敵の攻撃を察知して、その兵員を丘の頂きから下のゆるやかな斜面に移した。騎士党は地の利をえていたが、エセックスは、自分がかつて指導してきた場合のような、兵員数のはっきりとした優位をもっていないのを見て、心が騒いだ。軍隊の人数は完全に互角であり、エセックスは二〇〇〇の騎兵と一万一〇〇〇の歩兵をもち、王党派はおよそ三〇〇〇の騎兵と竜騎兵、九〇〇〇の

歩兵をもっていた。

しかし、エセックスは自分の信頼しうる忠実な将校たちに依存するという利点をもっていた。彼の命令はひたむきのものであり、そして、彼は天才ではなかったが、有能であり、冷静で、断固としていた。彼は部隊を配置につけた。すなわち、右翼を形成する騎兵隊は小村ラドウェイに配され、村から丘へとはい上がっている小道と生け垣によって守られていた。中央の歩兵は、届いたばかりの小銃で武装し、ごくゆるやかに上がっていく土地という利点を占めていた。ただ左翼は、敵の目にすっかりさらされていた。

王党派の部隊はより強力な位置にあったが、過去二日間、敵対的地域を通過してきたため、食糧も休息所も見付けることができなかった。兵士たちは飢えており、指導者の気性は爆発寸前であった。村々のあいだの渓谷の「囲込み地」を前進するように、その方が歩兵にとって有利だ、というリンゼイの助言はルパートによって却下され、前進は、騎兵の方がはるかに動きやすい、高台の見通しのいい土地を通っておこなわれた。エッジヒルの素早い奪取と戦闘の計画によって、ルパートの助言が再び優勢になった。リンゼイは、平地での歩兵の指揮をゆだねてほしいと願ったが、拒否された。社会的な手練よりはより深い軍事的判断力をもったルパートは、戦闘は計画された細切れではないと断言し、さらに槍兵とムスケット銃兵とは、近代的なスウェーデン方式にならって、相互に入り交じるべきだ、とも主張した。リンゼイの膨れっ面は激怒へと燃え上がった。部隊の前面で、彼は指揮棒を地面に投げ捨て、もし自分が「将軍に適していないのなら、大佐として連隊のまえで死んでもいい」と言い放った。面倒な状況になったので、歩兵指揮官としての彼の地位はサー・ジェイコブ・アストレイによって取って代わられたが、彼はかつてのプリンス・ルパートの家庭教師であり、彼と調子を合わせるこつを心得ていた。

喧嘩は収まり、軍の配置が完了した。ルパートは四騎兵連隊と国王近衛連隊を率いて右翼に陣し、騎兵五連隊のウィルモットが左翼に、歩兵が中央に配置された。国王の軍旗はサー・エドマンド・ヴァーニーによって奉持されたが、赤いコートをまとった国王近衛連隊の先頭に掲げられた。騎兵出身の彼の護衛兵、バーナード・スチュアート卿――彼の従兄弟で、リッチモンドの兄弟――は、要望によって、プリンス・ルパートのもとで奉仕する許可を得た。

ルパートは、部隊に向かって、政治ではなく、戦術について指示した。彼は自分の騎兵隊が、火器と訓練に不足していて、最初の攻撃の衝撃で限界にたっするにちがいないと考え、そこで、できるだけ密集した隊形を取り、敵と接触するまでは発砲を控えるようにと指示した。

双方の軍隊が位置についたのは午後であったが、主導権をえ、国王軍の戦線になんらか乱れを生じるかもしれないと期待して、エセックスは、カノン砲の砲撃を開始した。これに対し、国王はみずから手を振って合図し、王党派も砲門を開いた。サー・ジェイコブ・アストレイは、短い祈りを口にした。「おー、主よ、あなたは、今日わたしがどれほど忙しいかご存じですね。わたしがあなたのことを忘れることがあっても、どうかあなたはわたしのことを忘れないで下さい」。ルパートはもはや待てなかった、そして、エセックスは、左翼の王党派騎兵隊が斜面を駆け降り、自分の不揃いの戦線に襲いかかるのを見た。ルパートの兵たちは斜めの線を描いて殺到し、議会軍の騎兵隊だけでなく、その近くにいた歩兵隊のあるものをなぎ倒した。相手方は支え切れず、「馬の蹄と蹄が接触せんばかりになって、無茶苦茶に」逃げた。逃走にあたって、彼らは後方に陣を敷いていた味方の予備軍のあいだを駆け抜けた。デンジル・ホールズは雄々しくも「途中立ち止まって、逃走者を糾合しようとした」が、ごく少数者が立ち止まっただけであった。残りの者は、恥ずかしげもなく、追っかけてくるルパートの手の者の叫び声とともに、散らばった。敗残兵のあるものたちは、広いこの地方を迂回して、ロンドンへ向かう道路まで議会軍の敗北のニュースを伝え、それはアックスブリッジまで届いた。大多数はカイントンに逃れ、そこで王党派によって散々に撃たれた。一マイル後方の都市では、ジョン・ハムデンとその連隊が、残りの遅れている大砲を抱えて進んできていたが、うろたえた兵たちに出会い、手早く路面上に大砲を据え、追跡者を止めよう、少なくとも脇へそらそうとした。

ちょうどこのとき、エッジヒルの斜面では、国王部隊の状況が悪くなっていた。歩兵部隊を援護するため止まるように指示されていた右翼のごく少数の騎兵隊が、その指示にもかかわらず、プリンス・ルパートの攻撃に追随し、追跡に加わり、中央を離れてしまっていたので、歩兵、小銃、そして、国王の軍旗は相手方の攻撃に裸でさらされることになった。

プリンスと二、三の熟練の将校たちが、愉快な追跡から人数を割《さ》き、それらをもとの戦場に返そうとしたときには、歩兵隊はひどい目にあっていた。

エセックスの決断と、老いてはいるが、なお老練のスコットランド出身の将軍サー・ウィリアム・バルフォアの練達さが、議会軍の全面的敗北を免れさせた。国王軍左翼ウィルモットは、ルパートとともに攻撃を始め、相手方の騎兵の大部分を戦場から追い払ったが、策略にたけたバルフォアは、議会軍騎兵の一隊をウィルモットの猛攻撃の圏外におくことに成功し、王党派が逃走者と追撃している間に、生け垣に隠れて丘を登り、中央の国王の小銃隊、歩兵隊に突然襲いかかった。国王小銃隊の沈黙と同時に、議会軍騎兵隊は核心部を衝き、いまや無防備の混乱した王党派中央部を包囲した。彼らは雄々しくも立ち向かってきたが、リンゼイは重傷を負って捕虜となり、国王軍旗の担い手サー・エドマンド・ヴァーニーは殺され、軍旗は奪われた。プリンス・オブ・ウェールズは、彼にとってうれしいことに、敵とつかみ合いにならんばかりになったとき、「わたしは怖くない」と叫び、ピストルの引き金を起こした。もちろん、仰天したお付きの者が彼を後ろへ隠したのであるが。

ルパート騎兵隊のある者は、いまや引き返して来たが、ばらばらであった。ジョン・スミス大尉は一〇〇人ばかりをまとめ、餌食に食いついている敵をそらすために、議会軍に襲いかかった。その白熱の戦いのなかで、彼は数人の敵との白兵戦で、国王軍旗を奪いかえした。疲労と引き返してきた王党派軍の猛攻撃とが、議会軍歩兵隊をして占有した土地を放棄し、早くも降りてきた夜の闇のなかへ後退をよぎなくさせたのであった。双方とも野営したが、相手側に唯一の地盤でも確保することを許すわけにはいかなかったのである。夜中じゅうのきびしい霜のため、彼らは暖を求めたが無駄であった。翌日、エセックスは、公式的に勝利を宣言し、ウォーリックの方へ引き揚げた。

彼の騎兵隊は完全に混乱に陥っていた。彼はほぼ五〇の軍旗を失い、多くの軍事行李と装備を失った。ウォーリックへの退却にあたっても、ルパートの騎兵は反復攻撃をかけ、エセックスをして、数門のカノン砲を放棄し、四台の火薬車輛を爆破することを余儀なくさせた。王党派はいまやエセックスとロンドンの中間、しかも両者を結ぶ道路上にあり、エセックスは、首都防衛のため、集められる限りの部隊をすべて招集するように、ウェストミンスターに急報した。しかし、エセックスが「勝利」を宣言したのもまた正しかった。彼は、バルフォアの貴重な援助と彼自身の冷静さ、不撓不屈さによって、救いがたい悲惨さから軍隊を立て直したのであった。

第七節　国王、後退し、オックスフォードに宮廷を構える

議会軍キャンプの王党派捕虜のなかで、議会側勝利という声明を本当に信じたのは、初めは少数であった。リンゼイ卿は、怒りと苦痛のなかで、自分は二度と戦場で子供たちと戦争はしない、と宣言した。彼はそうしなかった。なぜなら、彼はその日のうちに死んでしまったからである。反対側から、プリンス・ルパートの攻撃を観察した人々は、違った理由で、この二三歳の青年を呪った。彼はもっと重視さるべき軍人だ、そして、彼の部下たちは、もう少し規律があれば、向かうところ敵なしの軍隊になるだろう、と。後年、オリヴァー・クロムウェルは、従兄弟のハムデンとの会話のなかで、当時のことをこう語っている。「お前の部隊員は、大多数、歳をくった、落ちぶれた給仕、酒出し人、それに類した者たちだ。ところが彼らの部隊員ときたら、ジェントルマンの息子たち、若くて、素質のある者たちだ……お前も、ジェントルマンが行動しているかぎりは、彼らと同様な精神をもった者たちを獲得しなければならない、さもなければ、わたしは保証するが、お前は負け続けるだろう」。クロムウェルは、議会軍騎兵の素質やその出身層についての知識において完全に公平さを欠いているが、彼は、騎士党がポーヴィックやまたエッジヒルにおいて、ほとんど無敵というべき地位を築いたことを見て取っているのである。

ロンドンでは、市民たちは、テロから決断へと動いていた。何人かは議会に対して不平の声をあげていたが、他の者は――男も女も――自発的に防衛の作業についていた。杭だとか鎖が道路に張られた。徴兵を促進するため、命令書が急いで発行されたが、徒弟の名前が徴兵のリストにあがったとき、徒弟と親方のあいだに契約違反や権利の喪失が起こらないように配慮したものであった。ギルドホールでの総会で、議会は戦争遂行のための資金を集めるための、感動的な訴えが採択された。「民兵団」には武器が配布された。小守備隊がウィンザーに派遣された。略奪する騎士党という噂――ロンドンではうるさいほど伝えられていた――に刺激されたジョン・ミルトンは、その核心をやや和らげた、ソネット詩を発表した。

大尉、大佐、騎士であろうと、武器をもてば
不用心の戸口に立てば、奪い取るチャンスだ

国王、ロンドン進撃を継続

国王はその機会を失した。彼は暴力と人員喪失を見て、動揺した。彼の年下の従兄弟オービニー卿が致命傷を負い、リンゼイが死に、ヴァーニーが死んだ。彼の護衛兵六〇人は、国王軍旗争奪のあった地面に折り重なって倒れていたのである。彼が顧問会議を開いたとき、ルパートとフォース卿は競って、騎士党でもってロンドンを占拠し、力ずくで議会を解散させるべきであると説いた。しかし、ブリストル伯は穏和派の意見を代弁し、暴力的行動に反対した。チャールズは穏和な意見に譲った。彼は〔平和の政策を取れば〕、臣下たちが自分に反対する愚かしさを自覚するであろうと確信して、力ずくでロンドンへ入ることを取りやめたのである。

ルパートと職業軍人たちが失望のあまりいらいらしている間に、国王はアインホーで元気を取り戻し、一〇月二七日、バンベリーへ進んだ。この地域の最大の領主であるセイ卿によって徴集されていた守備隊は、直ちに解散さ

れ、国王軍に編入された。チャールズは、地域の対抗有力者であるノーザンプトン卿を地域行政担当者に任命し、彼の部下の衣服、靴下、靴、食料を供給する手助けをした。そして、順調な速度でオックスフォードへ進んだのである。国王に忠実で、陽気な大学は、彼に急いで挨拶をおくって、曰く。「われらオックスフォードは、いまや不満の雲をすべて振り払うことができました。そして、入場されてきた国王陛下の光によって明るく、金色に輝いています」と。この公式の歓迎の辞は、マグダレーン・グローヴに流れ込んで来た大規模な軍隊と、この場にふさわしくない大砲の存在によって、いささかかき乱されたのであるが。

ウェストミンスターでは、両院が協約の可能性について論議していた。しかし、彼らは、それほど譲歩について考えていなかったし、また行動を遅らせることもなかった。彼らは国王の幼い二人の子供、プリンセス・エリザベスとプリンス・ヘンリーとを、郊外にある無防備のセント・ジェームズ館から市内の一軒の家屋に移した。それは徹底的に抗戦し、必要とあれば、この貴重な人質を使おうという意図の表れであった。募金への訴えは失望すべきものにおわって、戦争のための募金を拒否した七〇人ばかりの市民を拘留しなければならなかった。両院は、いたたまれなくなって、国王の教皇派的悪意のある軍隊に対抗する助けをスコットランドに求め、同時に、国王に対して協議したいと申し入れた。

チャールズは、協議のための委員会の指名をもとめる要求をリーディングで受け取ったが、ロンドンへの前進をやめなかった。ルパートとそのあわただしい騎兵隊は、ウィンザーを攻撃したが、テームズ河から首都への送水を切断しようとねらったものであった。これは失敗であった。というのも、この城は、野蛮なロンドン首都警察のジョン・ヴェンによって、議会のために占拠されており、彼は、イーガムで国王と再会するまでに、アイレスヴァレー渓谷で食料や飼料をあさりつくしていた。

エセックスは、ルパートの攻撃力の範囲外を保ちつつ、北側の道をとり、その一番東の端でチルターン河を越え、ロンドンへ近付いていった。彼はマークイェート・ストリートから、エッジヒル以来、彼から離れて、ロンドン近辺をうろついている脱走兵へ宛てて、手慣れたやさしい文体で手紙を書いている。「わたしは、多くの者が友人を訪ねるために離れていったとは信じたくない」と、彼はいう。「あれほど華々しく戦ってきた連中が、その連隊旗から離れるはずがない、わたしは確信するものである」。あらゆる公式的記述のなかでも、彼は如才なく、脱走兵の悪しき行動については最小限の記述にとどめ、戦いを問題のない勝利と決めつけているのである。一一月七日、彼がロンドンへ入ったとき、彼は勝利者として迎えられ、信任のしるしとして、議会は彼に五〇〇〇ポンドの特別賞与を贈った。

一一月一二日、国王軍、小都市ブレントフォードを陥れる

数日後、ピムがギルドホールで、ロンドン一般市民協議会に資金提供のための投票を促している間に、議会の代表委員たちは、コーンブロークで国王によって受け入れられた。しかし、会議が始まると、彼らは諸条件について討議せず、休戦に同意するかどうかを決しないまま、単に予備折衝に終始したのであった。字句の意味は不正確のまま放置されたが、一一月一一日、金曜日になると、エセックスとその騎兵隊、フィリップ・スキポンに率いられたロンドン民兵団は、市外へ打って出て、ドラムを打ち鳴らし、軍旗をひるがえし、国王の方へと前進を始めた。チープサイドからハンマースミスにかけては、乙女たちが雄々しい少年たちのための焼き肉の入ったバスケットを下げて小走りに走っていた。

このとき、国王はブレントフォードの外郭にその前衛を進めていた。この小都市は〔議会側に付いていて〕、ブルーク卿とデンジル・ホールズの行政当局によって統治されていたが、「すべての肉屋、染物業者は、ジェントルマンの騎士党を笑いものにしていた」。ルパートは、議会軍の前進が休戦を終わらせ、早くて一一月一二日、土曜日の早朝には攻撃を仕掛けてくるだろうと予測した。彼は守備についた人々を見て驚いた。ホールズの部下たちは戦ってきたが、ブルーク卿の連隊は逃げていた。ただ一人の隊長を除いては、である。彼は、上級の指揮官がいなくなっ

たので、指揮を引き受け、軍旗をつかみ、部下たちを仲間を助けにいくように督励していた。数人の者が命令に従ったが、隊長自身はまもなく捕虜となった。彼の名前はすでに騎士党にも知れ渡っていて、ジョン・リルバーンといったのである。

ブレントフォードで騎士党とホールズの「肉屋、染物業者」とは、猛烈に戦った。よく手入れされた果樹園や庭園を踏みしだき、一、二軒の家屋に火を放ち、窓に弾丸を撃ち込み、河へ下っていく泥道を上下した。騎士党は守備側を壊滅させ、河中へ追い落とした。騎士党は、捕虜たちを、恥ずかしいことに、迷い豚のように家畜小屋に集めた。戦いが終わると、彼らは酒倉や食料貯蔵庫へ踏み込み、リネン布や食料、食器皿をもちだし、ベッドを引き裂き、羽毛を飛び散らかした。彼らは若く、よく飲み、勝利に酔い、しかも統制外にあった。侮辱されたピューリタン側は、ブレントフォードの略奪は、マクデブルクのそれ――ドイツの戦争でもっとも不名誉悲惨事としてよく引用された――よりも、もっと悪いものだと宣言した。しかし、それは比較にならない話で、マクデブルクは人口七万の都市であり、灰燼に帰せられた。ブレントフォードでは、市民は一人として命を失うことはなかったが、しかし、乱暴な破壊や茅葺き小屋の放火、窓の破壊は、プリンス・ルパートの仕業として、ながく記憶されたのである。

エセックス、ロンドン防備を固める

ニュースはすぐに伝わった。同日土曜日午後、攻撃が庶民院で報告されており、国王側の休戦破棄に対する非難の叫びがあげられた。日曜日朝、エセックスは、ブレントフォードの前面になお残っている守備側を助けるため、河を渡って弾薬補給するいくつかの艀《はしけ》を送った。しかし、ルパートの手のものが、シオン家の庭園から、そのあるものを河中に沈め、一隻には火を放った。この爆破が、地域の議会軍を意気阻喪させ、国王軍は前進をつづけたのであった。

しかし、「民兵団」によって補強されたエセックスは、部下をして、ロンドン外郭の村々の果樹園、豆畑、離れ家に二重の塹壕を掘らせ、ターンナム・グリーンに整列させた。重装備をした勝ち誇った者に対して、そして、幾重にも囲い込みの生け垣のある防衛に適した土地で、全面的対決の危険を犯すのは愚かなことであった。加えて、国王側の兵員は長い進軍ののち、いまや疲れ果て、凍え、飢えていたのに対し、議会軍部隊はロンドンから十分に供給を受けていた。

王党派は後退し、ルパートの騎兵が疲れた歩兵たちの退却を護衛したが、この退却を遮断する企てをするには、エセックスは余りにも用心深くなりすぎていた。国王がオートランドの宮殿を通ってレディングにたどりついている間に、ウェストミンスターでは両院が協約の交渉を続けるべきか否かについて議論していた。貴族院は賛成であったが、庶民院は気乗り薄であった。ピムとその保安委員会は、戦争遂行のための方策をゆるめてはいなかった。ロンドンへ入るすべての道路では、車輛が軍用に徴発され、市場従業員や運搬人に大混乱を生んだ。かつては浮ついた詩人で、いまでは真面目な神を畏怖する人間に変わっていた大尉ジョージ・ウィザーは、議会に不平を唱えた人々すべての馬を徴発せよとの命令を受けて、ケントへおもむいている。「ミスター・ディクソン・オブ・ヒルデンは、札付きの悪党であるが、上等な車輛用引き馬をもっていた」と、彼は記録している。庶民院は、海軍の仕事を援助する意味で、国王、あるいはアイルランドへ向けて兵員、あるいは食糧を運んでいる船を奪うように私掠船を奨励している。繰り返し、そして真剣に、彼らは戦争継続のための資金調達のために、どうしたら全般的課税ができないか、討議しているのである。

国王、後退し、オックスフォードで宮廷を構える

国王は、レディングでぐずぐずしていたが、そこで、これまで戦争を大いに楽しんできたプリンス・オブ・ウェールズが「はしか」にかかった。国王は叔父にあたるデンマーク王からの使者を迎えたが、彼が望んでいた以上に、

デンマーク王には彼を助ける意志がないことが明らかになった。国王はまた、来るべき冬に向けての軍隊の規律とその維持についての諸規制を作り上げ、一一月の最後の週には、議会が協約のための基礎として提案してきた諸条項をはねつけた――その条項というのは、彼がウェストミンスターに帰還すること、そして、すべての非行者を裁判にかけること、というものであった。議会からするこのような提案は、国王がそれに乗るとはだれもおもわなかったので、議会内の動揺派に対する戦争派の勝利を意味するものであった。ロンドンからの接近に対処するため、一守備隊をレディングに残して、国王はオックスフォードへ退去し、そこに宮廷を構え、総司令部とした。

同じ週、あるジェントルマンが、国王書記官に宛てられた密書をもって、ロンドンを抜け出ようとしたところを捕らえられた。それは王妃の側近のだれか、おそらくジョージ・ゴーリングのもので、まもなくデンマーク、フランス、ネーデルラントから国王に対して実質ある援軍が送られるであろうという楽観論と確信、戦争はロンドンの占拠によって急速に終わるであろうという王妃とその友人たちの信念を綴ったものであった。議会は、国王の悪しき顧問官たちの破廉恥な方法に対して、自分たちの叡知と勇気を示すまたとない宣伝の機会をもつことになった。この発見に強められて、公衆は、戦争経費のために強制的献金をすべての財産所有者に課するという議会の法令を、提案時よりはより容易に受け入れた。こうして強制的に借り上げられた金は、「公的信用」によって保証された――この用語は、不本意な拠金者たちによって厳しい嘲笑のもとで発せられたものである。これは、これまで臣下に課せられた一般的強制借上金の最大のものであり、議会においてこれに賛成投票した者の多くは、一六二六年、国王チャールズによって要求された強制借款に、そして、その一〇年後、船舶税の延長に、精力的、かつ真剣に抗議した人々であった。一五年にわたって、議会の承認のない国王の課税が、彼らによって繰り返し強調された不満のテーマであった。これから先は、国王の同意なき議会の課税に対して、ウェストミンスターの塀の外では、不平の声がより喧《かまびす》しく、長く、広がることになろう。

第四章　不満の冬　一六四二年一一月―一六四三年四月

第一節　イングランド周辺諸国の動向

諸外国の態度

両党派とも、予想もしなかった展望に直面することになった。双方とも、相手側が速やかに屈服するであろうと確信して、武器に訴えたのであった。どちらも長い戦争を予期してはいなかった。国王とその顧問団はオックスフォードで、議会はロンドンで、いまや漠然と、自分たちの軍隊を維持するための資金調達という深刻な問題、そして、敵対する二つの政府をもつにいたった地域の行政管理の複雑な問題、対外関係の錯雑した形式の問題に取り組むことになった。

国王と議会双方とも、他方がその国から援助を得ることが妨げられるというだけで、その国といい関係を保たねばならなかった。イングランドでの外国人外交官、外国でのイギリス人外交官の状態は非常に複雑なものであった。スペイン、ポルトガル、ヴェネツィア、フランスの代表者たちは、それぞれの国民の事柄を世話するため、ロンドンに駐在し続けていたが、反教皇主義の示威者の次第に高まる横柄さによって苦しめられつつも、議会が王国の主要な港と海軍を支配するかぎり、議会と良好な関係にあった。ただポルトガルの大使アントニオ・スーサは、国王チャールズを親スペイン態度から切り離し、新たに解放されたポルトガルに対する支持を保証するようにと切望していて、チャールズからすれば、彼は内々、継続的に役に立つ存在であった。スペインの大使アロンソ・カルデーニャは、すべての得を無視して、議会と友好関係を樹立しようと振る舞ったが、それは、実際上は、国民の敵（チャールズ）の慎重な援助なしにはなしえなかったことではなかろうか。公衆のあいだでは、かつてチャールズがスペインと結んだ条約――スペインの銀のフランドルへの輸送をイギリス船に委託するという条約で、ピューリタンによって深く嫌われたもの――については、ほとんどなんの言及も聞かれなかったが、議会のための溶鉱炉へ銀を送り込むこの協定を終わらせる措置はなんら取られなかった。

外国では、国王と議会のそれぞれの敵対する大使が、自分たちの要求を通そうと懸命であった。だからパリでは、国王を長らく代表してきたサー・リチャード・ブラウンが、議会によってその利益擁護のために任命された一アンジェー市民で、イギリス・フランス貿易商人によって妨害され、攻撃されているのである。

オランダは議会側を支持

デン・ハーグでは、王妃は、オランダ政府が議会側の大使ウォルター・ストリックランド――彼は絶えず王党派と紛争を起こしていた――に払っている好意に対して抗議したが、効果がなく、過去一五年以上オランダで国王チャールズを代表してきた老いたウィリアム・ロズウェルをうんざりさせていた。同じような争いが、スコットランドの羊毛商業に関してオランダの主要な港カンプヴェレでも起こっていた。すなわち、盟約者側の商人トーマス・カニンガムが、王党派のサー・パトリック・ドラモントを追い出そうと図ったのであるが、このドラモントは、長い間、そこでスコットランド商人を代表し、スコットランドのための借款を起こし、武器を購入するなどでオランダと利害関係を築いてきた男であった。オランダ人の関心もまた分かれていた。オラニエ公（フレデリック・ヘンドリック）は国王に好意をもっていたが、国民の大多数は、「スペインかぶれ」で、教皇派に共鳴するチャールズに反対して、議会を支持した。議会は自分たちの立場を宣伝するパンフレットをたっぷりオランダで印刷させた。われら二つの偉大な国民は、エフライムとマナッセ*のように、お互い兄弟のような密接な関係にあるのではないか、と。あるパンフレットはそのように論じたが、しかし、それほど友好的ムードではなかったにせよ、オランダは、インド貿易における競争へのイギリス人の介入を妨げた意味で、イングランドにおける長引く内戦を喜んで見ていた。

＊　エフライムとマナッセ……ともにイスラエル十二支族の長。

オランダ連邦の好意は、国王・議会双方にとって、きわめて重要なものであった。彼らの海上勢力は、英仏海峡と北海において卓越していた。彼らの援助によって、国王は議会の所有する海軍力を打ち消す期待がもてたし、彼らの助けなしには、ヨーロッパからの武器輸入を望むことはできなかった。第一、王妃との再会を果たせないであろう。王妃と議会は双方とも、アムステルダムの銀行に言い寄っていたし、双方とも同様に、オランダを通じて武器を購入したし、経験を積んだ職業軍人を徴募できたのであった。

国内では、国王チャールズの三つの王国——イングランド、スコットランド、アイルランド——に、三つの政府が精密な複合体の姿を呈していた。イングランドでは、国王は、議会を威嚇によってそれを維持している少数者の支配下にあるものと宣言し、一方、議会は、国王を、主権を行使する能力のない、「悪しき党派」によって虜《とりこ》にされていると宣言していた。それゆえ、双方とも、唯一の正当な、本当の政府であることを要求した。国王は、権標と臣民統治の手段のうち、オックスフォードでもっていたのは大玉璽だけであり、下級裁判所をウェストミンスターから移転させよという命令は履行されず、議会は、チャールズが小心なジョン・ブラムストンに代えて任命した新司法長官卿ロバート・ヒースには注意することさえしなかった。国王は、自分の無条件で、譲渡できない権限を強調するために、エセックスの大逆罪に関する罪状認否のための証拠の収集を命じ、捕らえていたジョン・リルバーンを尋問にかけ、そこから生じた嫌疑にもとづいて告発した。

造幣所の所長は、その鋳貨に本物の刻印を押すことで国王と意見が一致し、ロンドン塔から持ち出された銀地金の多くと、トーマス・ブッシェルがシュルーズベリーから持ってきたそれとが、数カ月にわたって国王に奉仕することになった。国王はまた嬉しいことに、ブッシェルを通じて、メダル制作者で、この種の芸術家としては優れていたトーマス・ローリンス、ニコラス・ブリオットとも知り合い、ここ数年オックスフォード造幣所から生まれてくるものは、気難しい国王の好みにあうものばかりであった。

イングランドの行政に関しては、国王は、自分の個人的統治の間になしたことについての声明を発表した。議会の方は、命令を発した。国王の方の実政治は慣例によって裏付けされていた。議会とは時間的間隔をおいて、王政はつねにこのようにして統治をおこなっていた。議会は、この点では、新規発案者でもあった。しかし、服従は、どちらの側についても、手続きの合法性にもとづくものではなく、地域の権力を占める者たち、治安判事の共感にもとづいておこなわれた。

スコットランド盟約者団、反国王の態度を堅持

スコットランドでは、国王によって一年前に任命された評議会員たちが国王への援助を拒否していただけでなく、（評議会内で）論争する相手党と和解することに抗議し、教会統治に関する長老派規則をブリテン諸島全体に適用すべしという主張を続けていた。一一月に入ると、評議会は、イングランド議会から、教皇主義者と「スペイン党」に好意を寄せている国王を非難し、彼が自分自身の臣民たちに対して外国人部隊を使おうとしていることを告発する書簡を受け取った。六週間のあいだ、評議会は手紙を放置していたが、ハミルトンの弟が「恐しいスキャンダル」に抗議する国王の書簡を持参し、議会側の非難を解消した。ハミルトンの圧力に屈して、評議会は国王側の否定を公表し、議会側の非難を突き返した。

ハミルトン兄弟が意図したことは、結果的には、チャールズにとって悲惨なことになった。「国王の書簡は、眠り込んでいた者たちを揺り起こしてしまった」と、あるエディンバラでの議会の代弁者は書いている。盟約者たちCovenantersは、国王に対してなされた非難がなんであったのか知りたい、（もし伝えられていることが本当なら）自分たちは自らを守らねばならないから、と嘆願してき、評議会は議会からの書簡の内容を明かして、彼らを満足させ

た。

スコットランドの王党派、弱し

「石炭がいまやイングランドで燃え上がっており、この王国はまもなく火炎に包まれるであろう」と、上記の在エディンバラ・議会代弁者は書いている。エディンバラでは一つの叫び声が上がっていた。それは一部は自然発生的、一部は議会との密接な友好関係から触発されたもので、一緒になって、惑わされている国王を悪しき者たち、教皇主義の顧問団から救出しようという叫びであった。スコットランドの王党派は指導者がなく、当惑させられることになった。その一人ハントリー（「気の弱い、女々しい、愚かな無神論者」とコヴェナンターたちがあざ笑った人物）は、北部で孤立していた。モントローズは、公的行動を起こすには、あまりにも疑い深くなっていた。ホーム伯は穏和な嘆願を起草し——のちにハミルトンの擁護者たちは、この嘆願書をホーム伯の手に成るものと断定している——、国王陛下の問題の現在の困難な状態に（文面を）制限することを要求している。しかし、このいわゆる「交差嘆願」——それは、盟約者団の政策と交差していた——は、「教会集会委員会」の現職メンバーによって非難され、エディンバラの説教壇上から否認された。

ハミルトンは、事態の圧迫に抗弁して、評議会から自分を守ろうとしたが、結局、テニスコートで自分のうさを晴らした。他方、アーガイルとラウドゥーンによって支配された評議会の方は、国王に愛する議会に帰って行くように勧告し、彼を説得するためオックスフォードに使節団を派遣した。

カソリック系自立・抵抗組織「アイルランド連合」

スコットランドの政府は、国王自身によって任命されたものであるにもかかわらず、彼の利益を裏切った。アイルランドの政府の場合には、国王が承認を拒否したにもかかわらず、彼の名前において自分たち自身でつくりあげ、しかし、忠誠を拒否していた。アイルランドの叛徒たちは、秋に入って、彼ら自身の議会をキルカニーで開き、新しい国家「アイルランド・カソリック連合」を成立させた。新アイルランド憲法は、有能な法律家パトリック・ダーシー――彼はイギリス議会のメンバーとして経験を積んでいた――によって起草されたが、もちろん、将来国家的リーダーになるであろう領主たち、ジェントリー、カソリックの司教たち、修道院長たちと相談のうえであった。「全体集会」――アイルランドの議会はそう呼ばれた――は、領主、聖職者、平民から構成されたが、一室に集まって協議した。政府は、「全体集会」によって選ばれた二四人から成る「上級委員会」に集中された。ちょうどスコットランドにおいて、「諸身分委員会」が、同国議会によって選ばれたと同様である。「連合」という名称は、アイルランドのそれぞれの地域の統一を強調するためではなくて、古くからのアイルランド人とカソリック系アングロ・アイルランド人のあいだの連合を強調するために選ばれたものであるが、この後者の人々は、大多数がノルマン系で、ウェストミンスターのピューリタン議会に対する闘争、過去二世代にわたって渡来してきた攻撃的なイングランド、スコットランドのプロテスタント移住民との闘争の間に、合同したものである。

「全体集会」においては聖職者が目立ったが、最近の六カ月間は、アイルランド系、アングロ・アイリッシュ系領主、ジェントリーと温かく協議した。パトリック・ダーシー憲法による「連合」は、アイルランド人の宗教的熱望というよりは、政治的、法的熱望を具体化したものであった。それは、アイルランドの立法上の、そして政治的独立を樹立したもので、古くからのアイルランド人、アングロ・アイリッシュ系の人々、聖職者、俗人によって等しく要望されていたところであった。時が経つにつれて、次のことが明らかになる。アングロ・アイリッシュ系の人々が政治的独立で満足したのに対し、古アイルランド人と聖職者たちは、そこで止まらなかったということである。しかし、一六四三年秋、二つの党派のあいだの分裂は、一時的に収まった。復活したアイルランドは、あたかも、鳴り響く憲法、増大する軍隊と知識人指導者、そうしたものによって樹立された自治的国家の外観を呈したのである。

反乱はイギリス議会に対するもので、国王に対するものではなかった。彼らは国王を承認し続けていたのである。「連合」の公的な記章は、王冠を戴いたアイリッシュの竪琴とC．R．の文字を描いたもので、公的印章は「アイルランド人は神、国王、祖国のために連合した Hiberni unanimes pro Deo, Rege et Patria」という文句をもっていた。新政府は、一度設置されると、軍隊を維持し、自分たちの公的文書を印刷し、配布するための課税を計画した。彼らはパリ、マドリード、ヴァティカンへ大使を派遣したが、そこからは戦争継続の資金と軍隊の援助が期待できたからである。彼らはオックスフォードの国王のところへ、すべての義務順守と恭順を誓う手紙を書き、反乱の原因としてイギリス国教会司法長官 Lord Justice Parsons による失政、イングランド・スコットランドのピューリタン移住民の攻撃的態度にありとなじり、彼らの代表を受け入れ、その苦情を聞いてほしいと訴えているのである。

国王は、こうしたどぎまぎさせられる同盟申し入れを、公式的には無視し続けた。もちろん、真の友人でありたいという彼らの要求は、キルカニーだけでなく、外国にいるカソリック托鉢修道士たちによってもなされていたが、彼らはイタリア、フランス、スペイン領ネーデルラントにおいて、解放アイルランドのための広範な外交的ネットワークをつくっていたのである。（これが効果を生んだのか）、王妃は国王に対し、すでに、アイルランドに宗教の自由をゆるし、彼らの精力的軍隊を本国での戦争に用いることができるようになって、スコットランドからする危険に対処するようにと促しているのである。

ピムとその一党は、国王の「連合」に対する共感が得られたとアイルランド人が確信したころ、国王を困惑に追い込む落とし穴を仕掛けた。すなわち、存アイルランドのプロテスタント移住民をしてオックスフォードの国王に訴えを起こさせ、叛徒と国王の関係をなんらか露呈するような反応があれば、その兆候を見張るようにさせたのである。その間にも、ダブリンの政府は迂回的コースをたどっていた。王党派と議会主義者とは、協議会において、絶えず相手側の動向をスパイし、国王と議会の決裂によって、そのどちらからも援助の期待がもてなくなって、ようやく彼らは一致したのであった。

第二節　冬に入り、戦況停滞

ロンドンを眼前にしながら、国王諸勢力がそこから後退したことは、国中に議会の強さを印象付けた。彼らは、そのニュース紙片を自分たちの成功話題でみたし、彼らの友人を通じて、自分たちの無敵の強さを宣伝する労を厭わなかった。スコットランドの北の果てまでも、国中の多くの住民は彼らの勝利を確実なものと信じたのである。

この印象は、続く数週間の悲惨事によってかき消されはじめた。ランカシャーでは、議会側の守備隊とピューリタン村民が、ダービー卿の暴力的で、無秩序な勢力に抵抗できなくなっていた。ヨークーシャーでは、ニューカースル伯が、陰気なサー・マーマデューク・ラングデイルに巧みに補佐されて、国王の問題を新たに取り上げていた。彼はタドカスターで若いフェアファックスの不意をつき、これを破り、セルビーへ後退させた。その間、王党派はウェスト・ライディングに侵入し、フェアファックスがピューリタンの毛織物工業都市から受けていた食料と寄託品の供給を遮断した。地域の王党派が若いフェアファックス支援に立ち上がり、ヨークシャーを戦争から免除しようという休戦を提案したが、これは両派によって拒否された。悩んだすえ、老フェアファックスは議会に訴えた。「敵は多数であるうえに、戦場を支配しており、国王陛下、教皇主義者、悪しき連中から、資金その他必需品をたっぷり供給されている」と。

騎士党、マールバラーを略奪

ミッドランド西部では、議会側の司令官であるスタンフォード伯が、自前の部隊を率いていたが、ヒアフォードで撃退され、グロースターのピューリタンを保護するため、同地に退いた。毛織物工業の中心諸都市は、シュルーズベリーを別として、圧倒的にピューリタンに共感をもっていた。国王派としては、なんとしても、製品配分の中心地への毛織物の輸送、ロンドンへの毛織物の供給を止めたかった。部分的にはこのことを念頭において、また一部にはオックスフォードか南西部への情報伝達路線を開くため、ディグビーはウィルモットに、マールバラーへの攻撃、坊主頭党への「暖かい朝食」をお見舞いしてはどうかと提案した。両人とも、ルパートと栄光を分かちあうことなしに、国王のためにこの大胆不敵な攻撃を敢行する意志をもっていた。

彼らは、一二月五日、月曜日、竜騎兵の一部をもって、短時間攻撃した。都市は一本の広い道路に沿って建てられており、三、四軒の大きな宿屋があり、その広々とした馬小屋はすべて防備が施されていなくて、絶好の侵入点を提供していた。これら宿屋の一軒を通って、騎士党のある者は侵入を敢行し、他の者たちは、本通りの両端を攻撃した。防衛側は、バリケードに守られて戦い、窓から発砲したが、結局圧倒された。勝利した騎士党は、楽しげに納屋、馬小屋、倉庫を略奪し、王の軍隊に着せる布地、「二〇〇ポンドの値打ちのあるチーズ、その他細々したもの」をひっさらっていった。捕虜は一緒に縄でくくって、オックスフォードへ送った。防衛に参加しなかった住民は、非常な恐怖におそわれ、金で平和を贖《あがな》った。ある市民が、一八人の子供を抱えて、貧乏である旨を訴えたが、ある意地の悪い騎士（ディグビー卿自身であったようである）によって説得されて、連れていかれた。ロンドンのパンフレット作成者は、ブレントフォードのそれと同様、マールバラーの略奪について書き立てたが、それは議会側にとって、事柄の深刻な側面を突き付けていた。すなわち、いまや王党派が、ウィルトシャアー・ダウンズの羊毛や毛織物をロンドンから脇にずらして、議会支持者の多くが依存している商業を窒息させることができる、という事実である。

ニュースが憂鬱さを増すにつれて、ロンドン市民の移り気な共感に対するピムの把握は弱まった。シティの王党派の多くは「市民一般委員会」から排除されたが、しかし、ある者は市政府に残り、その多くの者は、徒弟たちの服従を命令し、友人の支持を得ている資産をもった商人であった。アイザック・ペニントンは、王党派のサー・リチャード・ガーニーの解職によって、市長に選ばれていたが、次の年、一六四二年一一月、再選されていた。非常に裕福で、毛織物商業、東インド会社、レヴァント会社に関心をもっていたペニントンは、鷹揚な議会支持者であった。彼は小さいことにはあまり気にしなかったようにおもわれる。しかし、彼は好かれてはいなかった。彼の厳格で、えこ贔屓《ひいき》のない人柄は、王党派の「意地悪な、堕落したシャガムファン」によって、ときに街路で嘲笑されたほどである。

劇場が閉鎖され、宮廷が去ると、シティ内外の商業は厳重な監督下に置かれ、ほとんど一月《ひとつき》おきに課税された。ロンドンは、冷え冷えとし、退屈になり、そして、疑惑に事欠かなかった。食料は、シティに入る道路、水路の混乱から、貴重品であった。商業はのろのろしており、店屋は、秋に国王が前進してきたときには、一〇日間閉められた。石炭は、ニューカースルが封鎖されたため、不足していた。あるパンフレット記者は、ロンドンの女房たちの性格をおもんばかって、「石炭は、ベッドを暖めてくれ、食卓を快適にしてくれる夫ほど必要ではない」と書き、もし男たちが長らく軍隊に留め置かれると、女たちの反乱が起こるに違いないと予言している。八〇〇人以上の市民が王党派としてブラックリストに載せられていたといわれ、その嫌疑者の武装解除と家宅捜索がしばしばおこなわれた。繰り返し市民の慈善への要求がなされたが、傷ついた兵士とその妻、子供を救済するため、略奪の犠牲者を助け、ブレントフォードその他の苦しめられた教区の貧しい人々を助けるためである。一二月八日に発せられた一般的財産評価の命令は、四日間にわたる混乱の合図となった。それは、ハーバーダッシャー・ホールの住宅地区の紛糾からはじまった――この地区は、いまでは一般的に、略奪者ホールと称されているが、ここで議会の資金収集委員会の会合がもたれたからである。ピューリタン商人たちは、そのゆくところで冷やかされ、つつかれた。次に王党派の商人たちは、平和の請願書を作成したが、ロンドン一般委員会によって、庶民院へそれを提出することは禁じられた。(一般委員会への)請願にあたっては、請願者は、以前の他のものと同様、群衆の援助を借りた。熊いじめ公園の見張人とか、最近閉鎖されたブル劇場の道化師といった大衆に激励されながら、請願者たちは、一般委員会が会合を開いているギルド・ホールへと進み、玄関を埋めつくし、門扉をふさぎ、彼らのあいだを押し通ろうとしたスキポン将軍の奉公人を手荒く取り扱うにいたって、結局、警護団によって蹴散らされたのであった。

国王、議会の不法な課税を非難する宣言を発表

この時点、国王チャールズは、オックスフォードから、議会の動揺的な支持者にさらに揺さぶりをかけるに十分な宣言を発していた。エドワード・ハイドの文句が示唆しているように、選び抜かれた用語を使って、王は、臣下の同意なき不法極まりない課税、財産の没収、恣意的な投獄——過去数カ月、ロンドン市民の多くがそれを経験していた——を公然と非難したのであった。国王が正確に述べているこうしたことはすべて、議会によってなされたことではなく、その名前を騙《かた》った下劣な連中——貴族院の五分の一、そして、庶民院の八〇人ばかりの連中——がなしたことであった。ハイドは指摘している。古くからの、誇り高きロンドン市政といえども、このような少数者の手に握られたことはなかった、と。

議会軍、ウィンチェスターを占領

ピムの一党は、世論を転換させる勝利を必要と感じていた。運よく一二月一三日、ウィリアム・ウォーラーに率いられた在ハンプシャーの議会軍竜騎兵が、ウィンチェスターを占拠して、ちょうど騎士党がマールバラーでやったように、同都市に侵入しようとしていた王党派の騎兵の小部隊に襲い掛かった。王党派はオックスフォードに退却することを認められたが、彼らの要求とその乱暴ぶりに激高した市民たちは、出ていく部隊に投石したほどであった。議会軍は、負けた敵よりは世俗財産についてより敬意を払ったが、大聖堂にあった綴れ織、祭服、書物を破り、不動産権利書を引き裂き、オルガンを目茶苦茶に壊して、その勝利を祝ったのであった。そのニュースに接すると、議会は鐘を鳴らし、大かがり火を焚くことを命じた。なんらか勝利を待ち望んでいた彼らにとって、この特殊な成功ほど重要なものはなかったのである。

第三節　オックスフォードの宮廷

オックスフォード、軍事基地に変貌

オックスフォードの国王は、群衆と戦争の明け暮れの中にあって、確信を抱き、晴れ晴れとしていた。市民や学生たちは、市の防塞を強化するため、塹壕や土木作業のなかで一緒に働いていた。火薬製造の水車がオズニーに、サーベル製造所がウォルバーコットに設置された。ニュー・カレッジは中心的倉庫となり、音楽学校と天文台には兵士の衣服とコートが蓄えられ、法律と論理学の学校は馬のための燕麦の蓄蔵所、綱やその他の道具類は古くからの修辞学の学校内に積み重ねられていた。迷子になった、あるいは、略奪された牛は、クライスト・チャーチの大きな四角い建物の中庭に集められ、軍隊の必要に応じて、売却されるか、屠殺された。こうした状況のなかで、都市は繁盛し――市民がそんなに高価に食物や飲物、ベッドなどを売ったことはなかった――、大学は衰えた。こうした乱れた年に、入学してくる生徒は少なく、また書物を手にする学生も少なかった。ある者は、すでに夏のおわりに、バイロンとともに、馬で抜け出していた。一〇月、国王の接近とともに、アンソニー・ウォードは、彼の長兄が「ガウンを町外れに脱ぎ捨てて、エッジヒルに駆けつけた」と、記している。そうしたのは、おそらく彼だけではなかったであろう。一カ月後、国王がオックスフォードに総司令部をおいたとき、居残っていた者のなかで、兵士たちの訓練、飲食、誓約の言葉などに冷静でいられた者は少なかった。学者、あるいは教授であった者さえも、ガウンをもみ革のコートに着替えた。マートン・カレッジのウィリアム・ボゥ（のち、神に仕え、主教となった）は武器を取り上げるとともに、自分の費用で、数人の学生を武装させ、またサルビアン校の幾何学の教授ピーター・ターナーは、五〇歳を超えていたにもかかわらず、軍鼓の響きに従った最初の人であった。

国王に味方するジェントリーら、参集す

その冬を通じて、王党派のジェントリーは王のところへやってきたが、ある者は自分の土地保有農民の部隊、あるいは集団を率いて、ある者は、ただ一人の自発的志願者としてやってきた。ウェールズから来た忠誠な貧しいジェントルマンは、脇にさしたスペイン産の短剣と胸に秘めたウェールズ魂しか、王に捧げるものはなかった。軍隊の人で溢れて、都市はざわざわと喧しかった。果たし合いは気持ちの高ぶった将校たちのあいだでは付き物であり、酔ったあげくの喧嘩は平和な市民たちをかき乱し、衝撃を与えたが、とどの詰まりは、午後九時以後は、酒類の販売を禁止することによって、はた迷惑にある程度の限界が置かれたようである。ある議会側のスパイは、プリンス・ルパート自身が、戦斧の刃のない部分で二人の戦友を断ち割ったと報告している。

これら勇気ある行動に報い、励ますために、国王はトーマス・ブッシェルの示唆を採用し、トーマス・ロウリンスによってデザインされた美しいメダル「フォアローン・ホープ」を、危険な奉仕のために自発的にやってきた者に授けた。銀の卵型をしたこのメダルは、一面に国王、他面にプリンス・オブ・ウェールズを描いていた。おそらくイングランドで作られた最初の軍事用装身具であったとおもわれる。特別な奉仕をした者に授けられた他のメダルは、王妃の頭を描き、とくに手のこんだ一つのメダルの絵は、五年前にファン・ダイクが描いたプリンス・ルパートの肖像画から取られている。すでに騎士党の伝説が広がりはじめていた。金は乏しかったが、将校の多くは自分の部下たちの装備に惜しげもなく金を使った。ブロンド毛の若い、国王の従兄弟バーナード・スチュアート卿に率いられた国王護衛隊は、光輝く甲冑と戦斧でまぶしいくらいであったが、その戦斧は一般に「部隊の見世物」と呼ばれ、それで戦ったあるコルネット奏者は、ただ水平に床をなでればよかった、と述べている。宮廷人イコール兵士たちによってかもし出される雰囲気は、陽気で献身的なものであった。もちろん、ロンドンでは、職業軍人とアマチュア軍人貴族とのあいだの不和が報告されているのではあるが。

国王は、宴会主任を任命し、その主任として軍曹で絵師のウィリアム・ドブスンをオックスフォードに呼び寄せ

た。王は、儀式と豪華さをもったクリスマス・シーズンをクライスト・チャーチ・カレッジで過ごし、以後、ここが彼の宿舎となった。大学の副監督は、彼に新年の贈物として金貨をなみなみと盛ったカップを呈上し、こういった。「これが、尽きることのないインドを示すものでありますように」。

プリンス・ルパートは軍事的天才

プリンス・ルパートは、国王軍隊のなかでも人に知られた天才であった。ポーヴィック・ブリッジでの行動以来、彼の評判は急速に広まった。議会は彼を悪漢に選び、騎士党は英雄に選んだ。彼は、風よりも早く移動し、一度に数カ所に出没し、巧妙に変装してみずから偵察をおこない、悪魔と同盟して、小銃弾も彼を避け、そして食人種であると信じられていた。彼は自分自身のグループでは、第二の「黒太子」といわれたが、どこへでも彼についていく白い犬は、大衆のあいだでは、「特務曹長閣下ボーイ」という軍事的称号が与えられていた。

プリンスは二三歳、背が高く、痩せて、顔色は黒かった。彼の生来の率直な、おおらかな性質には、三年間のオーストリアの要塞での監禁によって培われた厳格さと控え目がかぶさったが、この長い辛酸《しんさん》は彼の生来のせっかちさを強めた。しかし、釈放後のウィーン宮廷では、彼は、ヴェネツィア大使によって「その思想の高潔さ」を謳われている。この観察は正しく、的を射ている。というのも、プリンスは、国王を取り巻く多くの野心的で、浮ついた男たちのなかにあっては、欺瞞や利己主義から自由な、高潔な公正な精神によって際立っていたからである。彼は船乗りになりたかったし、もっと深くは、彼の職業のメカニカルな部分――砲兵隊、築城、包囲戦――に興味をもっていた。彼が直接名声を樹立した騎兵攻撃よりも、である。彼が戦場で決断し、行動するその早さと、顧問会議における老いて、ゆっくりした国王助言者たちに対する苛立たしさとは、彼の知性の迅速さを反映している。なぜなら、彼は、たとえば部下の訓練の場合のように、機会が要求するところに十分に辛抱できたからである（のちに彼は、無限の忍耐と集中力の要求される芸術である彫刻家となり、大きな熟練を要求された）。そうした多くの才能がありながら、し

プリンス・ルパート

かし、彼には普通の社会的地位の贈り物はなく、宮廷人や政治家との折り合いの悪さを、あざけりの機知と軽蔑によって表明するというくせがついた。しかし、彼は、彼の深い、継続的な忠誠を知る人々のあいだでは称賛され、また部隊の好意と尊敬を容易に獲得できた。なぜなら、彼は困難さに耐え、危険を怖れず、有利さを素早く見て取り、自分自身をほめるよりは、他人に褒美を与える寛大さがあったからである。

しかし、彼は同僚の意見にあまりにも耳を傾けすぎず、あまりにも安易に、あまりにも公然と、若者を自分の好き嫌いによって取り扱うという誤りを犯してしまった。最初から彼は、ずるくて野心的な騎兵委員会長官ウィルモットに気を使うことをせず、ジョージ・ディグビーとは前から関係が悪く、彼はディグビーを知らず知らずのうちに、国王側近の筆頭の地位から排除している。しかし、彼は、リッチモンド公という価値ある友人をもち、公の制約的影響力が、彼の性急な、非社会的気分の悪しき結果をある程度和らげたのであった。

軍事問題については、彼は自分の意見に確信を抱いていた。彼は国王に、国王都市に防塞を施し、その攻囲で疲れさせて、叛徒たちに戦争をおわらせるように助言している。もし強力な地点が反対勢力の大部分の動員を余儀なくさせた場合、国王の前哨騎兵部隊は敵の横腹を突き、補給を切断し、敵が無防備のままに残していた地域を荒らすことができる。この計画――この作戦は、スペインに対するオランダの戦争のとき採用されて十分に成功を収めた――の欠陥は、強力な地点に防塞を施す費用にあった。ルパートは、レディングで急造された素人の土木作業について不十分にしか考えていない。防塞建設のための費用が国王の収入を超える場合には、次に望まれたのは歩兵隊の強化であった。そのために、オラニエ公のもとで奉仕しているイギリス人四個連隊を手放すように、公を説得してもいい、と彼は述べている。十分に装備された熟練兵から成る歩兵部隊は、勝利にとって本質的なものである。なぜなら、騎兵だけでは戦争に勝利することはできないからである。

ルパートは、政治的な複雑性についてもあまり考慮を払っていない。オランダに仕えるイギリス兵は、もし解放されれば、議会のために戦う方を選ぶことは十分にありうることであった。国王に提供されるこの職業軍人の大多数が、反対側、ローマ・カソリック、あるいは、フランドルにいるその同調者、つまりスペインに奉仕する者であったら、それはそれで大変であった。長いブリュッセル滞在では記録破りである老練のイギリス人出身の（スペイン軍）司令官サー・ヘンリー・ゲイジは、同国人をスペイン軍から抜き出して、イギリス国王軍に合流させようと努力を払っている。そうなれば、国王は、海陸を通じて、スペイン・フランドル・オーストリアと同盟して、ヨーロッパ――イギリス国王は、これまでヨーロッパに対しては平和を保ってきた――の戦争に巻き込まれることになる。彼の甥のうちで最年長のファルツ選帝侯――プロテスタント君主としての自分の利益を最大限考えていた――は、ルパートとマウリッツの騎士党への合流を公然と非難するのを得策と考え、ボヘミア王妃である彼の母親にもそうするように強制したのであった。

国王、海上支配権への挑戦を始める

昨年のこと、海では、スペインの保護のもとで動いていたダンケルクの私掠船が、武器と兵員をアイルランドの反乱者に送ったが、オランダやイギリス船を餌食にしようとした場合には、基地としてアイルランドの港を自由に使っていた。キルケニーのアイルランド「連合」は、彼ら海賊の一人を、いまや自分たちの公式の副提督にした。これから七年間、ウェクスフォードは、ほとんど九〇隻にもたっしたアイルランド・ダンケルク艦隊の中心的基地となる。彼らはまた、フランス政府の憎しみにもかかわらず、ブルターニュの港をも使用し、英仏海峡の西の関門のところで、ロンドンやオランダの港を目指すすべての船に襲い掛かった。アイルランド・ダンケルク海賊は国王の公然たる同盟者ではなかったが、彼の船を襲うことはなかった。王党派の船乗りや船長などは、共通の敵と対峙しているという理由で、彼らを友と呼んだのである。

この時点にいたって、王党派は、議会の海上支配権に対して挑戦をはじめた。西部地方の王党派は、彼らの船を国王への奉仕に差し出した。ガーンシーとジャーシーの支配者はともに彼の側に就き、住民の反対にもかかわらず、島々の重要な地点を彼のために確保し、港を開放した。ランディ島、シーリー諸島、ダービー卿のマン島、すべて王党派の船の防衛のため、隠れ場を用意し、砲座を据え付けた。サセックスの騎士党は、一時チチェスターを占領し、一二月末には追っ払われたが、そのような企ての危険性はずっと存在した。王党派は、海上支配権に挑戦できなかったが、議会側の港を目指すすべての船にとって不安材料となった。ロンドン商人はもっといい保護を喧しく請求したが、ウォーリック伯とその海軍は、国王のためにニューカースルやコーニッシュ海岸へ武器を運ぼうとする船に対しては、北海と海峡とのパトロールを十分に行っていた。

第四節　庶民院内の諸派とまとめ役ピム

恐怖と不満がロンドンで大きくなり、増大する課税に対する腹立たしい苦情が高まっていた。国王は、自分によって承認されていない関税を払う者は大逆罪に値すると声明した。この禁令は、関税徴収請負人を困惑させ、彼らは一月早々、議会にこれ以上の金を納めることはできないと通告するにいたっていた。圧力を受けて、あるいは、はかない熱意にかられて、過ぐる夏に借金に依存して納税した市民たちは、いまや、紛争の長引きそうな気配にがっかりさせられていた。

庶民院では、憂鬱な空気が支配的であった。エッジヒルとブレントフォードで負傷し、部下の敗北によって憂鬱になっていたデンジル・ホールズは、交渉による平和に対する要求を掲げ、法律家マイナード、ホワイトロック、ジョン・グリンによって支持されていた。こうした気弱な人たちに対し、対峙したのが過激論者たち、すなわち、峻厳な若者ヴェイン、掛け替えのない共和主義者ハリー・マーテン、アレクサンダー・リグビー――ウィガン地区のピューリタンのメンバーで、ランカシャーのダービー卿の行き過ぎに激しく反対した――、その他同様の人々であった。人数の減った庶民院の二〇〇人のメンバーのなかに統一はなく、ピムの指導性だけが諸派の論争のなかでの無政府状態への解体を阻止していた。保安委員会は、庶民院同様、分裂的かつ喧嘩好きで、過激論者の暴力的発言には、ご都合主義で、平和的な貴族院との永続的な分裂を招きかねないものがあった。

もう一度、ジョン・ピムは、辛抱強い明敏さで危険な推移を乗り切った。彼は、ヴェインやマーテンと違って、国王に対してぎりぎりの極端にまで詰め寄る用意はなかった。彼は、エセックス伯に対して発せられた議会委員会の文句を忠実に確信し、議会が適当と考える安全装置のもとで、国王が信頼してきた議会に復帰することを欲していた。しかし、彼は、ホールズその他に明確に否定していたように、そのような復帰がこの冬の平和的交渉によって達成されるとは見ていなかった。国王は、ピムが欲するような、その権力の刈り込みに同意する前には、戦場において敗北を経験しなければならないであろうというのである（ピムは、戦場における敗北が国王の態度になんら違いを生み出さないであろうということを知らなかった。そのような無変貌について、国王は、この年の一二月二日付けの私的書簡のなかで、半ば冗談に、しかし、全体としては真面目に、自分は「栄光ある国王か、辛抱強い殉教者」であり続けるであろう、その他の役割は自分を救いはしない、と書いているのである）。しかし、国王が軍事的敗北の論理的帰結を受け入れることは十分ありうることだと考えたピムにとっては、問題は、国王に対して戦いを続け、勝利を得るということであったのである。

しかし、戦争は、議会が分裂させられては遂行できないことであり、議会を分裂させるもっとも確実な仕方は、戦争派をしてその意志を固めさせ、国王に対する一切の予備交渉を封鎖することであった。この非妥協性は貴族院議員たちを離反させ、途方にくれ、不安に陥った者たちを怖がらせ、平和派に合流するか、あるいは、こぞって議会を脱退させ、シティの忠誠か中立か疑わしい連中――その資金と支持が必要とされた――のあいだに疑惑を生むことになろう。そして、戦争派は、最後には自滅するであろう。ピムは、一年前にそうしたように、今度もまた、過激派によって脅かされた連中、院において不確定な投票をする連中を安堵させ、抱え込むのに必要な唯一の手段を講ずることによって、多数派を自分の支配下におけると考えるにいたった。その冬を通じて、彼は冷静な機敏さをもって、交渉による平和を目指す平和派の要求を支持したが、他方では、紛争の現実の行為――資金調達のための投票、軍隊の組織、スコットランドとの良好な関係の維持――に関わりのあるあらゆる行動には、戦争派への支持を動員したのであった。

彼は、国王が――いまや問題の解決は彼自身の態度如何にかかわるようになっていた――満足できる条件を提出しないし、また受け入れもしない、と強く確信したが、ロンドンのシティの方はすでに、再び戦争が起こるような場合、議会に対する支持を撤回すると通告していた。そこで彼は、シティの友人を促して、国王に協約を結ぶように要求させたが、それは、外見は平和の提案の様相を呈していたが、内実は実体のないジェスチュアにすぎなかった。

宮廷のシティに対する昔からの軽蔑は、戦争という圧迫のもとでも減退しなかった。ロンドン市議会代表団の代表が、クライスト・チャーチ・ホールで、国王に対して、自分たちはただ国王が臣下の自由を保障し、ロンドンに帰還されんことを欲すると述べたとき、周囲の宮廷人たちは、軽蔑のあまり爆笑した。国王自身は、丁寧に答えた。「わたしは、あなたがわたしに打ち明けてくれたことに対して、どうしたらいいか判らない」。しかし、少なくとも、ここにいる人を信じてほしい、と。議会人の正直に対するこの反応をみて、国王は後刻書面で返答すると約束して、代表団を去らせた。彼らは都市を離れると、マグダレン橋のところの歩哨に心付けを渡そうとしたが、彼は、自分は坊主頭党からは一文も受けたくない、とこれを断った。この忠実なしぐさに、国王はのちに褒美を与えた。

第五節　シティ、議会の和平派、国王に働きかける

国王側のニュース紙「メルクリウス・アウリクス」発行さる

シティ代表団の訪問と時を一にして、国王の政策の新しい出発がはじまった。国王の政治的戦略――軍事的なそれではない――を支配していたのはジョージ・ディグビーであったが、彼は、ロンドンから流出する公式、非公式の印刷物、残酷物語や敗北の報告で国王側に侵害を与えている印刷物に対抗して、王党派のニュース紙を発行してはどうかと示唆した。一六四三年一月、騎士党のニュース紙「メルクリウス・アウリクス Mercurius Aulicus」の第一号が現れた。それはその後、毎週、一部一ペニーでオックスフォードで刊行され、規則的にロンドンへひそかに持ち込まれた――その大部分は、おそらく女によるもので、彼女はぶらぶらしている乞食の格好をして、道路をさまよい歩き、禁じられたオックスフォード・パンフレットの包みを拾いあげ、所定の場所に運んだ。ロンドンでそれ以上のコピーが必要とされた場合には、つねにオックスフォードの原型と完全に一致していた訳ではなかったが、ロンドンの王党派によってひそかに印刷され、一八ペンスという高額の値段で同調者に売られた。「アウリクス」は、通常、その値段に見合うものであった。編集者は、オール・ソウルズ校の若い特別研究員ジョン・バーケンヘッドで、彼の賑やかな、こびへつらわない横顔については、ジョン・オーブリーのスケッチがある。「彼ははなはだしく確信的で、機知に富み、その後援者にあまり恩義を感ずることもなく、嫌な奴であった。彼は中くらいの背をしていて、大きなぎょろぎょろした目をし、甘い容貌ではなかった」。ジョージ・ディグビーは、自分がそれから情報を得ていたことを認めているが、バーケンヘッドはすぐに、自分のニュース紙を事件のカレンダー以上のものにした。彼は人をあざ笑うことによどみがなく、急速に議会のゴシップ好きな連中を笑い者にした。「のちにグロースターで虐殺されたサー・ジェイコブ・アストレィは、自分が殺されるのはムスケット銃によるのか、カノン砲に

よるのか、知りたがっていた」。しかし、次のような記事を書いたのは、(彼ではなくて)ロンドンのある彼の模倣者であった。その記事というのは、最近ある説教師が全能の神を呼び出して、「おー、神よ、あなたはいつ貴族院に議席をもつようになられたのですか、そして、おたずねしますが、いつ名誉ある庶民院で投票なさるおつもりですか」と、いったというのである。

騎士党を冷笑するバラード

騎士党に対する冷笑の洪水がはじまった。戦争が進行するにつれて、下らない百のバラード詩のなかで、彼らは相手方のものものしさを途方もなく戯歌化した。かくしてある丸坊主頭党の大佐は、部下をこう励ますことになる。

大義のために戦え、勇敢なる兵士よ、
騎士党を恐れるな
彼らの脅しなど馬鹿げてる
われらの嫉妬と恐怖と同様に。
だから君たちは大事業を完遂しなければならない
そして、悪者どもを皆殺しにし
国王を連れ帰らねばならない
明るいいま来た道を。
カイントン、ブレントフォード、プリマス、ヨーク
そして、その他さまざまな土地で
われらはなんという勝利を挙げたことだろう

それはかつて見たこともなかったほどだ
なんとしばしば、われらはルパートを殺し
勇敢にも勝利をえたことだろう
よこしまな騎士党は去っていった
明るいいま来た道を。

王党派は、けなげにも、かっての口汚い名前「騎士党」を名乗ることになった。国王自身がその名称を肯定し、「騎士という価値がその名前を高めている……」と、彼はいう。「馬上の国王に奉仕するジェントルマン以上に意味のある言葉があろうか」。

それに応えて、議会側の作家たちは、「丸坊主頭」を「健全な頭 Soundhead」に変えようとした。もし頭という語を持ち込まねばならないとすれば、王党派に対しては「おしゃべり頭 Rattlepates」、あるいは「もじゃもじゃ頭 Shagpolls」、あるいは、それに名誉を与えないような、なにか卑小な表現に代えてはどうか、と。「われらは丸坊主頭であろうと、心は空っぽではない」と、あるパンフレット作家は断言している。しかし、彼らの宣伝、残酷な物語は、不思議なことに、強姦される下女、焼き殺される赤ん坊、悪魔との契約、天から下る審判など、平板なものばかりであった。こんな話も語られている。ある騎士が焼け死んだとき、その原因は彼のピストルの炎が彼の長い肩髪に燃え移ったためで、それによって、こうした長髪に対する神意が示されたというのである。

最上のバラード作家が王党派であったことは当然であった。人気のあった滑稽詩人テイラー、よく知られた時事詩の作家マーテン・パーカーは歴《れっき》とした国王の家臣であり、パーカーは、待ち受けているひとに、すぐに公にバラードを与えたが、それは親しみのある曲に乗せられ、「国王が繰り返しそれを楽しんだ」ので、非公式ではあるが、騎士党の聖歌となった。

議会側の情報誌「メルクリウス・ブリタニクス」も出る

議会人も、はじめはうまくいかなかったが、その党派のあいだに、厳かな敬神の歌をはやらせることに成功した。「楽しいことではないか？ 賛美歌を歌わせよう」と、ある作家が助言し、多くの小さな冊子が部隊を気楽にさせるために発行された。「一つの精神的なリュックサック」がある有能な聖職者によって編まれ、ロンドン司令官フィリップ・スキポンは、自分の私的献神ぶりを『あるキリスト教徒の百人隊長』というタイトルで出版した。マーティン・パーカーとジョン・テイラーがその達者な才能を国王への奉仕に捧げている間に、議会とジョージ・ウィザーは、自分たちの勝利をたたえ、自分たちの主張を宣伝していた。しかし、彼らは、「アウリクス」誌に対抗することができず、ロンドンで「メルクリウス・ブリタニクス Mercurius Britanicus」――それは議会により公式的に後援された訳ではなかったが、奨励され、鼓舞された――の出版を開始したとき、ようやく「今週の新鮮な出来事」誌によって「アウリクス」誌をあざ笑うことができたのであった。同誌――誌名の綴りを間違えている――は、議会側では、もっとも長く続いた諷刺的ニュース紙であった。編集長トーマス・オードリー、それに続くマーチャモント・ネッダムは、ビルケンヘッドと同様、すばやく相手方の週間の出来事をつかまえ、その記事で笑い物に転じた。戦争が進行するにつれて、「アウリクス」と「ブリタニクス」のあいだの一騎打ち、挑戦、嘲笑、週毎の勝ち負けが、争いの活気に満ちた同伴物となった。

こうした発展があったが、しかし、戦争のこの最初の冬には、王党派には、時宜に適した、知性ある宣伝のための才能が要求された。一二月、課税という最初の大事業をしようという議会に対する国王の痛罵は、著しい効果をもった。一月に入ると、同じテーマを取り扱った無名氏のパンフレットが、シティの平和提案に対する王側の返答と重なって、ロンドンで広く流布した。

シティから『庶民院に対する苦情』出される

『庶民院に対する苦情』は、平和を要求したロンドン、およびウェストミンスターの人々の作品といわれている。それは、冒頭で、不必要な戦争を起こしたことで、議会を非難する、なぜなら、国王は一年以上前に、司教や星室庁裁判所の専制に終止符を打つ一連の「良き、利益ある法律」を通しているからである。もちろん、専制はなお存在し、臣下の自由の侵害があったが、国王はそれに関与していない。議会はいまや、裁判なしに人を捕らえ、彼らの土地を没収し、財産を差し押さえている。議会は税金、関税を課し、強制的に徴収している。議会は、独占を否定し、国王の友人であった独占業者を排除したのち、議会に資金を提供している独占業者を有利に取り計らい、奨励している。議会でピムやハムデンに反対した者がすべて沈黙させられ、排除されて以後、いまや法律も正義も一人の議会人もいない。あるのは、「お互い援助したり、雇われたりして」権力を売り買いしている派閥があるだけであるが、彼らは、不正な戦争を維持して、市民を略奪し、軍隊で将校になるために、「体系的、乞食的に派閥化を推し進め」、われらの法律と宗教を守るという口実のもとに、権力と詐欺とを微妙に組み合わせることによって……「われらから法律と自由と財産を奪う新しい方法を」見付けだしている。

こうした見せかけの政治的不満の議論がなされている間に、シティの平和の陳情に対する国王チャールズの返答をもたらした伝達者は、ロンドンに集中している危険性の話を広げていた。彼はヴェネツィアの公使に、明らかに繰り返して語られることを予期して、国王軍が春には、同時にエセックスとケントに攻め込み、やっとこのようにシティ下流のテームズ両岸を制圧し、物資供給を切断することによって、ロンドンを手に入れようとしている、と語った。

平和の陳情に対する国王の返答は、一六四三年一月一三日、ギルドホールで正式に読み上げられた。それは、当時の事情からすると、あまりにも攻撃的なものであった。国王は、説得力のある言葉で、すでに不安になっている市民をかき乱すべきであった。そうせずに、彼は市長と三人の長老議員を非難した。ピムは、議会の他の代表者とその場に居合わせたが、この返答を、国王との交渉の危険性を証明するのに用いた。返答は、王党派が営々として築きあげてきたシティでの地位を弱めてしまった。その興奮的作用として、三日後に資金を徴収するために招集された庶民院において、その埋め合わせ的状況を作り出したのではあるが。長老議員ギャラウェイ（彼は一六四〇年、国王を助けるために、市長として決然として努力した男である）が、議会攻撃をリードした。彼は市民を収奪していると議会を非難し、国王を自由と財産の真の保護者であると宣言し、シティを議会の腐敗せる一党派に売り渡した元凶は国王だと難詰した連中を逮捕するように要求した。この攻撃の直後、途方もない騒ぎが起こり、人々は口々に叫んだ。「ノー・マネー、平和、平和」と。評議会は混乱に陥った。

しかし、ギャラウェイは、シティにおける議会の本当の強さを見逃していた。フィリップ・スキポンは議会に対して誠実であり、彼が「警護団」を指揮して、シティにおけるピムの友人たちは確保された。アイザック・ペニントンは市長に留まり、騒動の主要な結果として、反抗的な関税徴収請負人に代わった議会の関心に喜んで奉仕する人間が任命されて、ピムの地位が強化される結末となった。これが、シティを回復しようという王党派の努力のいつも繰り返す型であった。彼らは騒動を起こすだけの力は十分にもっていたが、相手方を圧倒する力はなかった。そして、彼らが助けを求めた中途半端な連中は、つねに最後の場面で信頼できなかった。世論は、つねに危機的な時期に、王党派によって方向転換させられたが、それを支配しようという彼らの新しい企ては、より多くの逮捕と迫害の口実に使われるだけであった。

平和のための両院議員使節団、オックスフォードへ派遣さる

国王の返答はシティにおいて拒絶された。しかし、ピムは用心深く議会の平和党へのつなぎの役割を演じおえた。彼は、ゆるやかな敵意の時期には、失うものはなにもなくとも、得るものは多いことを知っていた。彼は、戦争の財政をもっと規則的な地盤に置くためには時間を必要とすること、軍隊を維持し、拡大するために必要とする命令

を議会を通して出すために、どのような暫定的交渉をするか、を考えた。それゆえ、彼は、国王と協約をいま一度交渉するために、ノーザンバーランド伯を長とする両院議員からなる使節団の編成に快く賛成したのである。

オックスフォードで議会派遣団は、国王顧問団に私的にヒントを与えた。もし許されるならば、ピムの不埒《ふらち》な戦争党を制御し、抑圧し、陛下の気に入るような条項を提起しよう、と。彼らの発言は賢明ではなかった。なぜなら、議院の空気はほとんど毎日のように変化し、ピムは、動揺する人々の恐れと偏見のあいだに立って、巧みに対処していたからである。オックスフォードに使節が派遣されている間に、ヨークシャーのフェアファックスから、ニューカッスル侯が徴集兵を武装し、彼らの中から自由に将校を任命しているという報告が届き、ウェストミンスターに警戒と憤激を呼び起こし、はっきりと平和のための穏和な措置の立場を弱めた。

国王は、国王で、ジョン・ピムと同様、戦争の延引を自分の目的に利用しようとするつもりがあった。彼は議会指導者の究極の意図についてなんら幻想を抱いてはいなかった。「つまらない世界かもしれないが、この世界を作ったわたしの権力よりも少なからざる権力をもつものが、これらの品物から平和を引き出すことができる」と、彼は率直にオーモンドに書いている。ピムのように、彼もまた戦争を計画していた。内密ではあったが、宮廷のぐるりでは、アイルランドの反乱は実はイングランド王のために戦っているのだ、という図式が広がっていた。このきわめて危険な発想は王妃の夫に宛てた書簡に示唆されており、アイルランドの豪族の一人で、ルパートの騎兵隊の一員であるターフェ卿によって印刷に付された。しかし、チャールズがこの計画に同意しなかったかどうかは別として、彼は、アイルランドでの戦闘が止んだとき、そこから多数の政府軍部隊を引き出すことができ、イギリス人部隊に加えることができると考えていた。こうした考えをもって、彼は、ダブリンの彼の委員会に、反乱者となんらかの平和を結ぶように指令している。

オックスフォードでは、時間をたっぷり使って、彼は、穏和な顧問団を促して、議会との協定締結へ向けて、明白にいい信頼をつくる準備行動に入らせた。彼の冒頭の要求は――それが有益な遅れを生み出すことは心得ていた

——協定の期間中の休戦ということであった。彼は強い立場からこの要求をした。というのも、議会の使節団のオックスフォード到着がそれと一致し、王党派の勝利を確かめたかに見えたからである。

第六節　一進一退の戦況

コーンウォールで強力な国王軍、形成さる

いいニュースが、思いがけなく、南西から届いた。ドーセット、サマーセットから追い出されていたハートフォード侯——邪魔なアマチュアの古強者《ふるつわもの》——がマインヘッドで船を分捕り、彼の活動家を南ウェールズへ運び、兵を徴募し、その優先権をめぐってほかのアマチュア貴族、ハーバート・ラグランと争っているというのである。ハートフォード侯は、南西部の王の問題を、よりしっかりした二人の職業軍人サー・ラルフ・ホプトン、サー・ジョン・バークレィに委ねた。彼らは、一握りの騎兵を率いてコーンウォールへ退き、そこで、四人のコーンウォールのジェントリィ、サー・ベヴィリ・グレンヴィル、サー・ニコラス・スラニング、ジョン・トレヴァニオン、ジョン・アランデルと合流したが、彼らはみな勇敢で、裕福であり、その地方の有力者であった。彼らは一五〇〇の兵士を徴募し、デヴォンから自分たちに向けられた議会軍に抵抗する用意を整えていた。コーンウォールの王党派の外観は華々しいものではなかった。地域は忠臣たちのあいだに分割されていた。彼らは、議会軍よりは人数は多かったが、装備は悪かった。彼らのうち、スラニングは、コーンウォールの錫と交換にフランスで武器を購入する計画を立て、そのために船出の用意をしていた。ちょうどそのとき、武器と金を積んだロンドン向けの四隻の船が暴風によって、ファルマウスから遠くない岸辺に吹き寄せられた。スラニングの小人数の者たちは、彼らの困難を利用して積み荷を奪い、ジョン・アランデルが国王のために管理していたペンデニス城の銃列を増やそうと考えた。ほかに安全な場所がなかったので、船はファルマウス港に避難したが、そこでホプトンの者たちが船に乗り込み、貴重な積み荷

を奪った。これによって強化されて、コーンウォールの王党派たちは、議会軍に立ち向かっていったが、議会軍の方は、ロストウィシールを占領したのち、北東に転じ、王党派を切り離すため、高地を越えて、ボドミンへと進んだ。

コーンウォールの議会軍、蹴散らさる

議会軍側では、兵数において圧倒的優位であり、装備においても同様と信じていた。彼らは、有力な議会人で、友好的なローバーツ卿の広大な領地――そのランヒドロックの華やかな邸宅は、彼の財産の巨大さの明白な証拠を示していた――のすぐ近くにいた。ハリエニシダの木立のあいだの、ブニドロック・ダウンのでこぼこした、偽りの頂上から、彼らが向かうべきホプトンのコーンウォール人の哀れな残骸を見て取って、すぐに滑らかな並足で前進に移り、事を片付けるには一撃で足りると確信したのであった。しかし、ホプトンは、彼の戦力の大部分をでこぼこの地面に隠し、いまや所有することになった六門のすぐれた大砲に覆いをかぶせていた。思いがけない砲撃が前進途上の軍隊を立ち止まらせ、躊躇している間に、騎士党がハリエニシダの茂みから蜂起し、議会軍は来た道を逆行しなければならなかった。彼らはあたふたと険しい車両のわだちの跡を逃げて、ロストウィシールまで後退し、彼らの騎兵隊は逃げるにさいして、歩兵隊を踏みにじり、狭い生け垣に追い込む有様であった。都市に入っても彼らは再結集に失敗し、車輛、金、ほとんど一〇〇〇丁のムスケット銃、「四門の選りすぐりの大砲」を残して逃走し、それらは勝利したコーンウォール人によって没収された。

チェスター、ランカシャーでは議会軍優勢

他の地域から国王に届いたニュースは、あまり芳しいものではなかった。チェスター市は、主教のブリッジマンとその息子オルランド――かつての名声嘖々《さくさく》たる弁護士で、いまやその財産を守備隊の支払いと町の防衛に使って

いた——の影響力のおかげで、王に忠実にとどまっていた。しかし、同州の残りの地域は、中立を声明させようとしたが無駄におわって、サー・ウィリアム・ブレルトンによって、反国王に動員されていた。彼はナントウィッチから王党派を一掃して、議会の支配権を樹立していた。ランカシャーでは、ダービー卿の嫌がる兵士の強引な徴募が、若者たちをピューリタン都市の守備に流れさせることになり、そこで彼らはいい装備、いい宿舎を宛てがわれ、人間らしく取り扱われた。骨を折って、ランカシャーのピューリタンはランカスター城を占領して、防備を固め、プレストンを占領し、騎士党の攻撃に対して、どうにかボルトンをもちこたえた。

ヨークシャーでは、貴重な毛織物商業をもっていたウエスト・ライディングの支配をめぐって、執拗な戦いが展開された。王党派は、一六四三年一月一八日、ブラッドフォードを失ったが、そこでは、地元民が大鎌で武装して蜂起し、教会を所有する少数の議会側を助けたのである。小さな都市の街路、そして、隣接する沼地での、八時間にわたる頑強な戦いののち、彼らは王党派を追い払ったが、彼らは人員と多くの武器と金を失った。

ヨークシャーでも、フェアファックス指揮の議会軍が優位

一週間後、若いフェアファックスがリーズを取った。この都市は十分に防衛されていたのであるが、しかし、議会軍は、ブラッドフォードでのように、地方の義勇兵によって強化されており、彼ら義勇兵はその武器〔棍棒〕の特徴からクラブメンと呼ばれていた。彼らは宗教の分野で培われた、一部は地域の対抗から生まれた頑固な熱意をもって戦った。大部分はハリファックス出身で、この古い都市ハリファックスは、毛織物産業におけるリーズの重要性の上昇に恨みを抱いていたのである。「人々によってもっとも愛され、北方における反乱者によって当てにされた男」フェアファックスは、この部下たちの宗教的熱情を理解し、分けもっていた。彼は、勝利の言葉として「エマヌエル」を選び、攻撃を、賛美歌第六八番「神よ、昇り給え、そして、敵を蹴散らし給え」の朗々たる歌唱でもって始めた。午後おそく、都市は内部で混乱が起こったので、もはや抵抗は不可能となった。王党派はポンフレット

の方に逃走し、途中、ウェイクフィールドから来た戦友に出会ったが、彼らも踏みとどまって戦おうとはしなかった。およそ四六〇人がフェアファックスによって捕らえられたが、彼らは釈放にあたって、二度と議会に刃向かわないと誓わせられた。この処置は、チチェスターで捕らえられた捕虜に対しても適用され、それはやがて、王党派の兵士徴募にとって深刻な歯止めとして作用した。ウェストライディングが双方の党派に対してなした衣服、現金、物資の供給は、製造業と商業の維持にかかっており、それはさらに、牧羊業者と毛織物業者の複雑な協働にかかっていた。彼らのあいだには、仲介業者が働いており、彼らは、粗羊毛を買い入れ、それを村々に配分し、そこで洗毛、紡糸、織布がおこなわれ、仲介業者はそれを集め、毛織物に捺印した。彼らは、高地の農家から険しい谷間にへばりついている村々――そこでは水流が縮絨《しゅくじゅう》用の水車を動かしていた――へと曲がりくねった道を巡回し、その駄馬に羊毛の袋荷や毛織物の梱包《こんぽう》を積んで、都市の市場を訪れた。地域全体の経済が、仲介業者の往来に依存していた。しかし、過去数カ月、道路は敵対しあう軍隊のために安全ではなくなり、毛織物が奪われ、羊の群れは散らばらせられた。一方が他方を全面的に制圧するまでは、この地方は双方にとって役に立たなかった。その間にあって、冬は、農家や商人にとって不安をきつくする一つであり、貧民にとっては、怠惰と飢餓の要因であった。ウェストライディングの小屋では、織機は空っぽであり、手回しの紡ぎ車は休んだまま、ぺちゃくちゃしゃべるように、水車は空しく回っていた。

強健で、飢えた人間に対して、双方の軍隊は食料と公認の略奪のチャンスを提供し、そして――侮辱され、怒った人間には――肥え太った大農家やけちん坊な商人に対する復讐の機会を与えた。危険な雰囲気は、サー・ジョン・ホーサムの息子によって記録されている。「全王国の困窮した人々が、現在、膨大な人数で蜂起しようとしている」と、彼は沈鬱《ちんうつ》に予言している。「この御しにくい人々が、一度統御者を投げ捨てたならば、それは次々と野火のようにイングランドの地方全体に燃え広がるであろう」。同じようなことが、他の地方のジェントリーによって報告されている。武器が民衆の手にわたるや、彼らは自分たちの有利のために戦うよう指示されている、と。社会の伝統的な秩序に対して反乱を起こせ、という思想が与えられていたとしても、少しも不思議ではなかった。ある王党派の人間が、彼らの意見としてまとめているところによると、「長い間、ジェントリィが彼らの主人であったが、いまやその主人を変えようとおもっている」というのである。「いまや彼らは自分たちの強さを知るにいたり、それを使おうとおもえば、なんら困難はなかった」。

ホーサム隊長は、軽率にも、ニューカッスル侯宛の手紙で、自分の疑問を表明している。王党派司令官との一致協力しての自分の行動は、国全体に通じるものではないにせよ、少なくともヨークシャーの事態に対応しようとする新しい要望の典型的ものなのであるか、と。それと同じように、サー・ヒュー・チョムリーも、ギスバラーで王党派に敗れたことを議会に報告して、次のように書いている。「わたしは同郷人に対してだけでなく、近しい友人や同盟者に対して剣を抜かなければならなかったのですが、彼らが宗教においていい感情のもち主であり、自由の愛好者であることは承知していました」。

立派な疑問、あまり立派でない恐怖、そして、虫の知らせが双方の陣営をとらえていた。不確かな王党派党員セイヴィル卿は、イングランドに上陸した王妃を捕らえ、王が平和を結ぶまで、彼女を人質として議会に留め置くという陰謀に加わったという疑惑で、北方のニューカッスルで逮捕された。

王妃、帰国を決意

王妃は帰国途上にあった。彼女は王室の宝石を担保に、スペイン領ネーデルラント、北の連邦共和国において、ほぼ一八万ポンドの借款を借り上げることに成功していた。フランドルの金貸し業者は一二パーセントの利子を要求した。アムステルダムは、彼女に少額の自由な贈り物をした。あれやこれや、彼女は、夫のための武器や数人のすぐれた職業軍人を乗せた数隻の船を、トロムプ提督の護衛のもとに、イングランドへ船出をすべく待機させていた。彼女の最初の企ては、議会側の警戒だけでなく、自然の暴威によって失敗した。六日間、彼女の輸送船は嵐と闘わねばならなかった。王妃付きの女官たちは、ベッドにくくりつけられ、狭い、ぞっとするような船室を悲鳴で満たした。彼女自身は英雄的ムードであった。船酔いにかかったが、くじけず、イングランド女王は決して倒れない、と女官たちに保証し、彼女たちが打ち寄せる波や船体のきしむ音毎に悲鳴をあげると、彼女たちの内奥の感情を告白して死の準備をしているように聞こえるといって笑った。波に押し返されて、最後に、彼らは再びオランダに上陸することになった。「薔薇《ばら》やユリの花のような女王」も憔悴《しょうすい》し、病にかかり、やつれたが、しかし、トロムプが称賛したように、損傷した船の修理が成りしだい、再び船出する決心であった。

王妃は、国王と係わりあっている穏和な人々――彼女はそれを嫌っていた――に対して、彼をより強くしようと熱望していた。彼女はこの際は、彼の地位が弱められることも、あえて恐れはしなかった。彼はそのときちょうど、オックスフォードでサー・ロバート・ホルボーンの反逆罪に関する解釈書を出したばかりであったが、それは、大部分、一六〇一年のエセックスの蜂起とそれに含まれた人々の運命にかかわるもので、最近オックスフォードに到着した議会の委員会に対する王の冷たさは、どんな交渉がおこなわれようと、あまり希望のもてないことを示していた。西部からのホプトンと近くのルパートからのいいニュースが、ともに、多くを要求するが、少ししか提供しないという国王の気持ちを励ました。荒涼とした二月の一日、委員会は、半裸で、飢え、凍え、オックスフォードの街路を追い立てられ、セント・ミカエル教会に集められている捕虜の大群を見た。彼らはすべて、シレンスターの議会側守備隊の残存者であった。

ルパート、シレンスターを奪取

ルパートは、二日前に都市シレンスターを奪取していた。その奪取は、王党派にとっては、南西部への連絡路線を開くものとして貴重なものであった。それだけでなく、彼らはロンドンやグロースターへの羊毛の輸送をさえぎり、可能ならば、商業の利益、牧羊業者や毛織物業者の寄付の流れを方向転換させて、国王の鞄に流れ込むようにすることを期待した。さらに大きくなりつつある国王軍が食料、糧秣、衣服を必要とするにいたっていたが、これらは、コッツウールド地方の農家や納屋、倉庫からせっせ、せっせと引き出されていた。ルパートは、一月初め、南ウェールズで徴募されたハートフォード侯爵の戦力と協同して、ある攻撃を計画したが、ハートフォードの到着がおくれて、計画は失敗に終わった。

一月末の猛烈な積雪が議会をして、シレンスターの守備部隊を強化することを妨げた。イングランドの大部分の平和な都市と同様、シレンスターの古い囲壁は近代的戦闘のためにデザインされておらず、庭園、家屋、離れ屋で取り巻かれており、攻撃者に隠れ蓑《みの》を提供していた。ルパートはオックスフォードから騎兵隊と大砲を持ち出し、この度はうまくハートフォードの協力を得て、降雪ものかはであった。一六四三年二月二日朝まだき、共同攻撃を発動した。ルパート自身は、主力を率いて、町の南西から、郊外地のだらしなく連なる道路を通って、メインストリートに入っていった。ルパートは少数の騎馬兵を指揮して、北側からも攻撃をかけたので、守備側は二正面の戦闘に巻き込まれた。とかくする間、彼の大砲は「家々のあいだに恐るべき轟きをつくりだした」。防衛側は頑強に戦い、ムスケット銃手たちは藁葺き屋根の下の小窓から発射し、どの道路も車輛、馬鍬《まぐわ》、その他の妨害物でバリケードが張られていた。しかし、すべては、恐るべき騎士党の人数と精力のまえには役にたたず、二時間足らずのうちに、町は荒らされ、侵入され、占拠された。

チャールズは、この勝利を、議会委員会に対して優位を保持するために利用した。他方で彼はルパートを、大きくなりつつある軍隊に羊毛や亜麻、硫黄、麻布、大麻、鉄、馬具、チーズを供給するために送り出していた。ルパートは、シレンスターへの攻撃にさいして、「庶民を一掃した」として知られる一撃で、騎兵隊に二〇〇〇頭の馬を手に入れていたが、いまや地域のジェントリィや大農民を招集して、彼らから国王軍の維持のために、現金または現物で月四〇〇〇ポンドを支払うという了解を得た。

これらのニュースは、議会の中途半端な連中、とくに貴族院の連中に平和への欲求をかきたてていたが、同時に狂信的反国王派——その中心的な主唱者は若いヴェインであった——のあいだには、もっと激烈な戦争を遂行したいという欲求をうながした。この党派は、二月一一日、庶民院で、貴族たちの要求、あまり気乗りしていない国王の激励をうけての協定締結の要求を、投票によって却下することに成功した。庶民院からのこの侮辱によってむしゃくしゃした貴族院は、各州から戦争のため徴収される金額の査定を確定する法案を通すことを拒否した。ヴェインは貴族院との決裂をせきたてたが、ピムとそのヨークシャーの子分フィリップ・ステイプルトンとは、これを阻止した。庶民院での二回目の投票は、国王との話し合いの継続を保証し、その見返りとして、ピムの友人に説得された貴族院は査定確定法案を承認したのであった。この複雑なやりとりのなかで、貴族たちと近代的な一派とはただイメージ上の利益を得たが、実質的利益を得たのはピムであった。彼らは決して平和へはいたらない交渉へとたずさわることになったが、ピムの方は、戦争を賄うため必要な前進を獲得したのであった。彼はそれを必要としていた。拠出金と軍隊を大きくする要請は差し迫っており、彼はそう考えて、ハルのサー・ジョン・ホーサムに宛てて、金が入ってくるまでは辛抱してほしいと書いているのである。疑わしい献身ぶりの人間が自分たちに支払いのできる側に変身することは、絶えず心配の種であったのである。

査定確定法案の通過は広大な利益をもたらしたが、それだけでなく、議会内外の、強力な戦争政策の前進は、シレンスターの悲惨事を癒す他の動きをもたらした。議会は、サー・ウィリアム・ウォーラー——院のメンバーの一人で、有力な土地所有者であり、若いときは職業軍人であった——をグロースターシャーの大将に任命した。遅くならないうちに、このセヴァーン河の裕福なピューリタンの地位を固め、勝利をあげているオックスフォードの騎士党、出現してきたコーンウォールの勢力、ハーバート卿が南ウェールズで徴募している部隊とのあいだに障壁を立てるためであった。

第七節　オリヴァー・クロムウェルの台頭

王妃、帰国す

二月末の週、王妃は、星占い師が天体の組み合わせが危険な兆候を示しているからと引き留めるのも聞かず、再び海へ出た。彼女は、余儀なくされたオランダでの滞在を、議会側大使によって引き留められていた国王向け武器積載の船をオランダ人から取り返すことに使った。いまや彼女は、彼女の家系の守護聖人であるリースのアヴェ・マリアに、もし無事岸辺にたどりついたら純銀製の船を捧げると誓いを立てた。アヴェ・マリアは、トロンプ提督を通じて、彼女をブライドリングトン湾へと無事渡らせた。炭鉱夫を武装させて、ニューカースルから海上パトロールに出ていた議会の船は、到着がおくれて彼女の上陸を阻止することができず、腹いせに海岸近くの家々を砲撃したが、トロンプが彼らの砲火に報復する構えを取ったとき――恐怖からか、潮の流れが彼らを砲撃範囲外へともたらしたためか――それは止んだ。王妃は危険で動けなかったが、説得されてベッドから離れ、溝の中に避難したが、女官たちが忘れていた愛犬を連れ出すため引き返した。

彼女の希望は、次の日、ホーサム隊長が、捕虜交換という口実でやって来たとき、大いに高まった。議会の問題に対する彼の動揺した忠実ぶり、フェアファックス家に対する彼の嫉妬が、王妃とその助言者たちに明らかに見て取れたので、彼らは彼を味方に引き入れることができると信じた。次の数日間、彼女をヨークの護送する間、ホーサムが彼女を捕らえようというそぶりを示さなかったことは注目に値する。ヨークでは、彼女は、大聖堂近くの、サー・アーサー・イングラムの華やかな宮殿風の家に宿をとった。ここで彼女は、何人かのスコットランドの王党派、すなわち、ハントリィの若い方の息子であるアボイヌ卿、エアリィの息子であるオジルビィ卿によって出迎えられたが、オジルビィ卿はモントローズと一緒に来ていて、アーガイルの抑圧的支配はスコットランドでは不許であると彼女に断言した。王党派は、アーガイルの権威を覆す蜂起をするために、国王からの合図を待つだけである、と。王妃は、数週間前、国王にスコットランドに彼のための軍事的党派をつくる必要性を強く説いていたばかりであったが、このように彼女の希望と計画が保証されたことで、大いに喜んだ。

彼女は平和以外にも考えるところがあり、ヨークでは、戦争が彼女を魅了した優雅さで指導されているのを見た。ニューカースル伯爵によってヨークで保たれている洗練された会話、宮廷風のよき行儀作法は、しかし、どの観察者にとってもいい印象をあたえるとは限らなかった。ある意地悪な批判が彼について書いている。「この甘い将軍は一一時までベッドにおり、一二時まで頭髪のつくろいをし、それから王妃のところへ来、仕事を始める」と。後年、彼の戦争の記録を書いたやさしいフィリップ・ウォーリックさえも、ニューカースルの（戦争への）適性については疑問を呈している。「彼は威厳と寛大さと着実さ、前進する勇気をもったジェントルマンであったが、しかし……幾分ロマンティクな気味があり、残念ながら詩人になり損ねた人物であった。だから、彼は、すぐれた詩人で、忠実なジェントルマンであったサー・ウィリアム・デヴナントを陸軍中将に選んだのであった」と。これらのコメントは、ヨークシャー王党派にすっかり魂を入れあげたニューカースルにとって不公平というものであろう。彼はおのれの知識の欠陥を補うべく職業軍人を雇い、二人の有能な騎兵隊指揮官サー・マーマデューク・ラングデイル、ジョージ・ゴーリングに絶大な支持を与え、スウェーデン軍からは並外れてすぐれた将軍ジェームズ・キング――王妃が連れて来て、彼女の右腕になっていた――を迎えているのである。

こうした気心の知れた環境のなかで、王妃は北方における状況をつぶさに検討することができた。ランカシャーでは、ダービー伯がランカスター市を占領し、乱暴にも焼き払っていたが、彼は、城から叛徒を追い出すことも、都市を長期間保持することもできなかった。彼は、議会側がしばらく保持していたプレストンを再占領し、ブラックバーンを略奪し、ピューリタン系の大農民の牛や馬を追い散らし、彼らの息子たちを彼の無法な軍隊に強制的に入隊させた。ネーデルラントへ部隊や大砲を輸送して来たスペイン船の一隻が、嵐でヴァイル河の河口に流されてきた。ダービーがそれへ到着する前に、議会側が、救援する者のないそれに襲い掛かり、八門の真鍮製の大砲を捕獲した。そこでダービーは猛然とした態度に出た。積み荷を運ぶ手段がなかったので、彼は船を海岸で焼き払い——彼は中途半端にそうした——「スペイン人を解放した」。彼は全部で四〇〇人のスペイン人を、歓迎されざる岸辺に上陸させ、食うのは彼ら自身にまかせた。廃船と化して海にただよう船に残っていた積み荷、大砲、武器は、議会側兵士によって回収された。

ダービー伯は狭量で、虚栄心の強い、愚か者であった。彼の戦争は残忍なものであった。というのも、彼は、ランカシャーの反乱はスタンリー家に対する個人的な侮辱的行為であり、正当な支配者に対する恩知らずの小屋住農民たちの裏切りであると信じていたし、そのように部下に説得していたからである。彼の宣伝戦の仕方は、ランカシャーの賢明な王党派党員たちによって憤慨され、批判された。彼のしていることが王の問題にとってどれほど害になっているか、と。しかし、ヨークでは、それは一連の勝利として報告されていた。

ヨークシャーで、王党派巻き返す

ヨークシャーでは、ジョージ・ゴーリングが、地域のジェントリーによって編成された騎兵隊の長として戦場に臨《のぞ》んでいた。この野心満々の、常軌を逸した軍人は、精々のところ、その器用さ、陽気さと勇気によって、自分の部下に人気のある巧みな司令官であった。彼は、前年の秋、ポーツマスを放棄したのち、ネーデルラントに渡って王妃と合流していたが、彼の行動を説明するにはなんの困難もない。ながらく王妃の寵臣であった彼の父が、疑いなく、息子を彼女の愛顧のもとに連れ戻そうとしたのであり、父と息子二人は、彼女のために借款の交渉をし、武器を購入するために奔走した。一六四三年春の彼の最初の行為は、シークロフト・ムーアでの若いフェアファックスを驚かせた。そのとき、フェアファックスは、ウェストライディングを確保するために彼の父の軍隊をセルビーから撤退させようとしていた。ゴーリングは重大な損害を被りながら、フェアファックスを、リーズへ後退させた。

彼はこれに引き続いて、都市を襲撃しようとしたが、彼の年長者の職業軍人たち、とくにキング将軍は、襲撃によって町が占領できるとは信じなかった。包囲攻撃するには資材も機械もなく、計画は放棄された。

王妃は、スカーバラーの議会側司政官サー・ヒュー・チョームリーとの数カ月の腹の探り合いののち、彼が国王側に付くと声明したとき、無血の成功を収めた大変な価値をもった城塞と港が、こうして騎士党に獲得された。騎士党側が望んだのも無理はなかったが、チョームリーの例が、ホーサムによってハルで模倣された。外観は、王妃にとっては、ピムとその派閥との平和的交渉の不毛の見込みよりは、遥かに輝かしいものに見えた。彼女が、チョームリーの獲得を夫に報告したとき、彼女はこう警告するのを忘れなかった。「この永久的な議会」を解散させることなしには、決して平和を作り出すことはできない、と。彼はそうすべきであり、「わたしは、これらの人民の手中に再び陥るよりは、断固としてフランスへいく決心をしています」。

ミッドランド中部では勢力伯仲

中部地域での王党派の模様は、はなはだ芳しいものではなかった。ブルーク卿指揮下の議会軍は、リッチフィールドを占領したが、絶望的な反撃ののちに、ようやく騎士党の最後の砦カテドラルが陥落した。ブルーク卿は、戦いの合間、開かれた窓に腰掛けていたところを、流れ弾に当たって死んだ。敬虔な王党派の考えるところによれば、それは神の審判であった――なぜなら、その日は、リッチフィールドの守護聖人であるセント・チャドの日に当たっていたからである。議会にとって彼の喪失は、深刻なものの一つであった。というのも、ブルークのエネルギーと影響力は中部地域では卓越したものであったからである。王党派にとっても、それに等しい重大な損失が、二週間後に起こった。リッチフィールドを確保した議会側司令官たちは、チェッシャーのサー・ウィリアム・ブレルトンの戦力と連携し、北部ミッドランドを安定化させる可能性を見て取った。サー・ジョン・ジェルがブレルトンと合流するため、ストラッフォードシャーを横切って前進していたとき、ストラッフォードシャーの王党派はノーザンプトン伯に救援を求めた。伯は急いで救援におもむき、スタッフォードの近くのホプトン・ヒースでブレルトンとジェルに合流した。石炭採掘跡がちらばった危険な、不良の土地であったにもかかわらず、ノーザンプトンの騎兵隊は議会軍を阻止し、彼らをして、ほとんどすべての大砲を捨てて退却することを余儀なくさせた。しかし、ノーザンプトン伯、議会に対するブルーク以上に、国王に対して大きな影響力をもっていた伯は、戦いが始まる途端に戦死していた。ブレルトンとジェルは、王党派が交換に自分たちの大砲を返還しないかぎり、火葬にする伯の遺体を返そうとはしなかった。父の指揮権を引き継いだノーザンプトンの激しい気性の息子は、大砲の引き渡しを拒否し、騎士党は長く、ブレルトンがやろうとした野蛮な取引のことを記憶することになった。

南西部では、ルパートがブリストルに向かって動いていた。もし国王が、この王国第二の港を獲得できれば、彼の地位は、海と陸を通じて大いに改善される。しかし、ブリストルは強力に防備されており、町の門の一つをルパートのために開けようとした市内王党派の陰謀は事前に、守備兵によって発見された。町の八〇人以上の嫌疑者が逮捕され、内部からの助けを得ようという騎士党の希望は終わりを告げた。ルパートは、他の計画を仕上げるべく、引き返した。

議会軍（ウォーラー）、グロースターを確保

このとき、グロースターシャーの議会側大将サー・ウィリアム・ウォーラーは、地域のピューリタン・ヨーマンのあいだから、中核的部隊を作り上げ、ブリストルの司政官、セィ卿の息子ナザニエル・フィンヌを助言と人員で強化するため、そこへ前進した。次に彼は、王党派をマームズベリーから追い出し、さらに、ハーバート卿が王にもたらそうと南ウェールズから徴募した軍隊と対戦すべく、セヴァーン河の方へ向かった。この王党派の大部隊は、五週間のあいだ、活動していなかった。グロースターのところで河を渡ろうとしたが、同市が議会軍によって守られ、河を渡ることができず、ルパートか、だれか経験のある軍人が助けに来るまでは、動こうとはしなかったので

ある。ウォーラーは、職業上の熟練とスピードでもって、即席の船橋を架けて、グロースターのやや下流のところで河を渡り、ディーンの森を通って、三月二四日夜中、ハーバート卿の軍隊と接することになった。ハーバート卿は軍隊と一緒におらず、彼の代理を務める経験ある将校を残してもいなかった。彼らの歩哨は非常に悪かったので、ウォーラーがセヴァーン河を渡ったことも知らず、彼の軍隊が突然河のウェールズ側の岸辺に現れ、彼らに出身地へ退却することを遮ったとき、仰天した。ウォーラーが包囲をして、グロースターの守備隊が鮮やかな突撃をしてみせた。数において少なかった王党派の騎兵隊は、囲みのわなを逃れたが、ウェールズ歩兵部隊の全体が、戦わずして降伏した。国王は一四〇〇人を失い、ウォーラーは貴重な武器、弾薬、大砲の供給にありついた。

オリヴァー・クロムウェルの台頭、イースト・アングリアで活躍

ウォーラーがグロースターにおいて、議会にとって有利な状況を請け戻している間に、オリヴァー・クロムウェルは、一週間以内に、不満を抱いている都市ローヴストフとキングス・リンへ前進することによって、イースト・アングリアの王党派の、まだ明々とした残り火を踏み消した。ローヴストフでは、彼は、国王のためにこの小さな港を確保しようとした騎士党のジェントリのグループを驚かし、彼らを捕虜とすべくケンブリッジに連行した。ここで彼は、教会会議が開催中であるのを見、会議中彼らを取り囲み、長い冷たい夜を通して彼らを捕虜扱いにし、とうとう彼らは議会軍を援助することに踏み切ったのであった。大学の粛正については、すぐそのあとでおこなわれた。

第八節　国王軍、ミッドランドで攻勢に出る

国王と議会使節団の交渉、不調におわる

こうした制約があったにもかかわらず、国王は、自分がなお強力であると感じていた。ルパートの騎兵隊がオッ

クスフォード周辺の地域を支配下においており、その襲撃部隊はチルターンから、はるかアイルズベリーまで、食料、馬、牛をあさり回っていた。オックスフォード自体では、三月初め、国王は、ノーザンバーランド伯に率いられた議会委員会を受け入れていたが、伯は、食糧を大量に持ち込んで、騎士党のあいだに陽気な騒ぎを生んでいた。彼は、国王とその一派が食糧に困っていると誤って信じ込んでいたのである。議会によって前面に提出された協定案というのは次のようなものであった。司教制度の廃止、カソリックに対する罰則の実施、中心的な義務履行怠慢者の処罰——それに該当する者として、彼らは国王の現在の助言者、とくにディグビー卿とプリンス・ルパートを考えていた——である。国王は国王で、問いただした。王国のすべての強力な地点が自分に譲渡されるか、すべての議会軍が解体され、議会がウェストミンスターからどこか中立の土地、暴力の恐れなく会合できる土地に移動させることができるかどうか、と。

協定案は全体として、お互いに相容れないものであり、双方の有識者にとっては、それらが議会によって真面目に提案されたものでもなければ、国王によって真面目に対応されたものでもないことは、明白であった。書記官のニコラスはルパートに宛てた手紙のなかで、ピムの政策をこうまとめている。「真実は、議会が交渉を欲していないということである。彼らは、平和が得られないと民衆が信ずることに喜びを見出しているのです」。国王は、王妃宛の手紙のなかで、自分としては議会の提案が議論に値しないと考えているが、しかし、最終的決裂の責任を議会に投げかけることを熱望している、と。彼女は、その返事のなかで、以前の助言を荒々しく繰り返した。「あなたの軍隊を解体するなど、彼らを苦しめてはなりませんし、この議会が終わるまでは、なんらか平和を結ぶようなことがあってはなりません……あなたが、この議会が解散する以前に、平和に同意されれば、あなたは失われてしまうということを覚えておいて下さい」と。国王も王妃も——そして、広い範囲内で信じられていたことであるが——戦争が、彼らの敵に勝利を轟かせて数カ月以内に勝利で終わるであろう、そして、彼らにより強い地位を与え、以前以上に、王政を疑問視されない、神の賦与した権威のすばらしさに高めるであろうと信じていた。

交渉のあいだの、嫌々ながら四日間毎に継続された休戦期間中、エセックスとルパートの軍隊のあいだには、不安定な静けさが維持された。双方とも、それ以上の武器不使用を命令することを承知しなかったのは、彼らの指揮官の本当の感情を示したものであろう。だから、議会人にとっては、交渉の席上、ルパートがしばしば現れたことは、非常に意味深長におもわれた。彼は、年上で学問のある、文官の国王代理人とともに、黙って座っていたが、過去数週間、国王の最高の信頼者、当面、「宮廷の絶対的愛顧者として」立ち上がってきたことはよく知られていた。

ルパートがなにかしゃべるよりは、その軍事的雰囲気をたたえた存在そのものが、チャールズが真剣に平和を作り出す意図をもっていないという印象を強めた。さらに事柄を駄目にしたのは、議会が国王から王妃に宛てた手紙を途中で略取したことで、その手紙は、彼が協定になんら気を使っていないことを率直に認め、戦争継続のための多くの「立派な構想」を記したものであった。また議会は、ダブリン近辺の友人たちからウェストミンスターへ寄せられてくる報告から、チャールズがアイルランドからの助けを計画していることを知らねばならなかった。オーモンドに宛てた国王の私信は、盗み見られることを免れたが、しかし、彼がダブリンの委員会にアイルランドの叛徒たちと交渉するように委嘱していたことは、公然たる事実であった。だから、オックスフォードから三月に発せられた断固たる命令は、議会の二人の委員を即刻ダブリンから排除せよ、というものであった。

こうしたことすべてにおいて、国王は、ピムの手中で役割を演じていた。国王以上に恒常的平和をつくる意図をもっていなかったピムは、安心して、ウェストミンスターの穏やかだが、動揺しやすい人間を、協定つくりに従事させた。最後には彼らを幻滅させることになったが。その間にも、彼は、新たに発見した国王の裏表のある言動を利用して、戦争遂行に必要な法令の投票を促進した。三月末の直前、彼は、現金を徴収できるもっとも重要な方策、すなわち、すべての王党派の財産を接収する一般的命令を出すことに成功した。各州において、これを見分ける委員会が任命され、彼らの活動費は接収された財産から支出された。結果として、この処置は、すでに臨時に広がっていた現実を公認し、一般化するものとなった。というのも、議会によって支配された地域においては、その指導者たちは、友人たちを苦しめる前に、反対派の倉庫や金を収奪することを当たり前と考えていたからである。この公認された収奪令は、「敵に廻った」土地領主たちの地代を国王の鞄に横流しし、彼らの財産、家畜類を国王の必要を充たすため収奪せよ、という国王によって発せられた処置とさして異なるものではなかった。彼ら双方とも、深く根差した財産権を弛緩《しかん》させることによって、イギリス農村社会の構造をゆるがせるものであった。しかし、双方とも、この時点では、自分たちの行為の後の結果を考える余裕はなかったのである。

ただ一つの事柄において、ピムは、自分の側の一人の穏やかな人間によって、一時裏をかかれたようにおもわれる。ピムも、在オックスフォードの議会側委員会のだれ一人も、仲間の一人が、国王と異なる種類の取引を個人的におこなおうとは推測することができなかった。コーンウォールのセント・イーヴ・バラー選出の議会議員で、詩人、一時廷臣で、フォークランド、ハイドと友人であったエドマンド・ウォーラーは、地元では全く議会党には加わってはいなかった。その彼は、本当に平和を欲し、平和がピムの意図でないことを見て取っていた。彼はロンドンの王党派――彼らはなお希望をもっており、活発であった――と接触し、オックスフォードの交渉に隠れて、国王のためにロンドンを取り戻し、自動的に戦争を終わらせる計画をフォークランドと話し合った。計画の詳しいことは混乱したものであった。ロンドンにおける国王の友人たちは、明らかに、突然、シティ全体並の示威運動を起こすとして、その用意はできている。ルパートとその騎兵隊は、できるかぎりロンドンに近付く。国王はレディングを保持しているので、ロンドンの外壁の近くに来るのにさほど困難はない。時を見計らって、国王の整列命令がシティで読み上げられ、王党派は拍手喝采し、議会は、外からの侵入と内からの反乱に挟まれて、お手上げとなる、というのである。この無血「平和回復」の計画（の欠陥）は、議会に対して献身的であったフィリップ・スキポンとロンドン警護団を不十分にしか注意しておらず、また、冬のあいだ中、ロンドンの外壁のぐるりに張り巡らされた強力な防衛線、市内の防衛線としては、街路の要所々々に仮設の防壁、ムスケット銃兵がたむろする検問所が設けられていたことを勘定には入れていなかったところにあった。

スコットランド使節団、イングランド教会の即刻の改革を要求

国王は、こうしたあれこれのプランに対する愛着を失わず、三月から四月にかけての彼の計画には、スコットランド、アイルランド計画に、このロンドン計画も含めるにいたった。スコットランドの使節団がオックスフォードに到着したのは、このときであった。エディンバラ顧問団の代表として政府官房長のラウドゥーン、スコットランド教会集会の代表としてのヘンダーソンが、イングランド教会の即座の、徹底的改革を要求する請願書を携えて、である。ラウダウンは、もし王がこの要求を受け入れるならば、現在の戦争についてスコットランド顧問団の支持を期待できよう、もし拒否するならば、自分としては、国王と議会を仲介する自分のぴったしの地位を放棄するほかはない、と伝えた。国王は、使節団を丁重に扱うこと、しかし、ロンドンへは行かせないようにする、というハミルトンの助言を受けた。国王は第二の助言を受け入れたが、第一のものについては、そうではなかった。彼は彼らを公的に、しかもはなはだ冷たい態度で受け入れた。彼は、ラウダウンとは異なって、安全護照状をもたなかったヘンダーソンを逮捕しようと考えたほどであった。王の例にならって、騎士党は彼らを街頭で侮辱した。彼らの手紙はすべて開封され、その提案、請願も同様に拒否された。

国王の彼らの扱い方は、彼がスコットランドの盟約者団と袂を分かとう、そして、ヨークの王妃にモントローズ、アボイン、オジルビィが推したスコットランドで王党派を蜂起させるというプランを採用しようという意図をもっていたことを示している。しかし、彼自身は、ハミルトンの助言に従うのがよいと信じていたようで、明らかに矛盾したことに、王妃には、彼女がハミルトンの意見の有利さを理解するまではモントローズの提案を受け入れることを思いとどまらせている。ハミルトンは、エディンバラからヨークに到着したとき、彼女に保証した。自分は、なんらか王党派の蜂起が危機を早めないかぎり、少なくとも夏の終わりまでは、スコットランドの中立を請け合うことができる、と。イングランドの戦争が秋には――大いにありそうなことだが――終われば、モントローズの計画を受け入れることは馬鹿げている、なぜなら、それは、スコットランドの不必要な余分の戦争を含んでいるから

（というのがハミルトンの意見であった）。

そこで、国王はオックスフォードでは盟約者団を失望させておきながら、他方では、王妃に圧力を加えて、ヨークから賛成の意見をおくらせている。スコットランド人が中立を守るであろうというハミルトンの意見を受け入れたが、彼は、戦争が次の年度まで続く場合、あるいは彼がアイルランド人と平和を協定する現在の政策を追及する場合には、より以上に、彼らスコットランド人がいつまでも中立に止まり得ないということを理解できなかった。

盟約者団、もっと特殊には、西方海岸に土地をもっていて、アイルランド人の急襲によって損害を受けやすかったアルギルは、「教皇党・アイルランド人の肉屋ども」が敗北する以外には、アイルランドの反乱者となにかを協定するなど、決して受け入れられるものではなかった。国王がアイルランド人になんらか妥協した場合、それは、アルギルと盟約者団とを議会との密接な友好関係へと追いやるものであった。

一六四三年の春劈頭、議会軍、ロッチデイルで大敗

春は、一六四三年、早くやってきた。柔和な、自由な天候をともなって、「澄んで、静かに、成長しつつ」と、王党派のある地主が日記に書いているが、こう付け加えている。「神はわれらを、これらの困難や困苦から救い、解放し給うであろう」。しかし、軍隊は、ロンドンとオックスフォードのあいだの休戦地帯を除いて、その活動を続けていた。ランカシャーでは、議会軍はウィーガンを占領したが、すぐに失い、マンチェスターの人々が、ウォーリントンで撃退されたのち、防壁のなかへ後退し、ひたすら祈り続けていたのに対し、ダービー卿の手に負えない軍団は、州地域を荒らし回っていた。しかし、突然天罰が下るのは間もなくのことであった。その州選出の議会議員ラルフ・アシュトンは、近隣の人々をロッチデイルに集め、元気をつけ、ムスケット銃兵、適当な武器をもった者、武器の使い方をいくらか知っている者から成るいくつかの連隊によって固められた軍隊を立ちあげた。ダービー卿は、丘の多い地域に押し入って、彼らに挑戦し、滅ぼそうとした。ウォーリー修道院で、彼はカルダー河を渡っ

たが、主力は（河を渡ったところの）低地帯に、カノン砲は渡し船に残し、騎馬と歩兵からなる小さな部隊を先遣して、パディハム村までよじ登らせ、敵を発見しようとした。その地域は急勾配で、丘が屹立しており、そのあいだを通る道路は両側が石積み壁で縁取られていた。アシュトンのムスケット銃兵たちは、見えないように壁に並び、気がつかないで前進してくる騎士党にびっくりするような銃火を浴びせ、彼らの馬をまず逃亡させた。いまやムスケット銃兵は前進を開始し、それに残りのアシュトン部隊が続いた。銃声がすると、地元民は小屋からのぞき見をし、落伍しているダービー卿の兵士を見るや、その武器を奪い、アシュトン軍に加わった。低地にいた騎士党の主力部隊は、大声をあげ怒鳴りながらアシュトン側の兵士や地元民の集団が、自分たちに向かって丘を駆け降りてくるのを、恐怖をもって見、聞いた。無統制の群衆と化した歩兵たちは、めちゃむちゃになって逃げ出し、武器を捨て、河に詰め掛けた。このとき、騎兵隊は止まろうともしなかった。ダービーもかろうじて逃げ延びたが、そのさい自分の数丁の銃と一握りの部隊を救った。以後、彼は国王のために二度と軍を起こそうとはしなかった。

ルパート、バーミンガムとリッチフィールドを制圧

ミッドランドの王党派には幸運がついていた。平和交渉が望みなくよたよたしている間に、ルパートが最初に係わったのは、オックスフォードと北方のあいだの通路を清掃することで、それによって、ニューカースルや王妃ともっと自由に往来できるようにしようという訳である。砲兵隊とよりすぐりのいくつかの騎兵隊の部隊を連れて、彼はまずリッチフィールドの奪回を目指した。四月三日、イースターの月曜日、彼は反抗的な小都市バーミンガムの前面に立った。この都市は、鉄製品と刃物の製造に従事していたが、戦争が始まると、議会側の刀剣類の製造に忙しかった。都市領主に愚かしいほどに信頼をおいて、市民たちはルパートの入市を拒んだ。ルパートは彼の流儀をぶち込み、郊外に火を放ち、抵抗する市民を射った。服従させれば、この地は王党派の武器製造に大いに役立つ。三日後、ルパートはリッチフィールドに降伏を勧めた。ブルーク卿の精力的指導を欠いていた議会側守備隊は、下

町から撤退して、カテドラル・クローズに拠点を移したが、他方、ルパートは、カテドラルの丘の南側の泥んこの沼地の干拓を始め、そこに大砲を据え付け、彼らに移動を余儀なくさせた。

エセックス伯は、動くのが比較的おそく、レディング包囲に着手したのは四月の第二週目であった。平和のはかない希望はいまや立ち消えとなっていた。四月七日、国王はオックスフォードでラウドゥーンと最終的に話し合い、彼と彼のイギリス臣民とのあいだにスコットランド人が介入することを許さないと語った。そこには調停の余地はなかった。四月八日には、議会が国王の提案は受け入れがたいと声明を発した。チャールズは、決裂の責任を彼らにかぶせるべく、かすかに修正した提案をしたが、それはすぐに拒絶された。四月一五日、土曜日、議会は委員会を召還した。次の日、エセックスの銃砲がレディングに向かって轟き、ルパートは、梯子と手榴弾をもったその攻撃隊をリッチフィールドへ放った。

チャールズはオックスフォードから、バーミンガムを焼き打ちすることは議会側パンフレット作成者に新たな材料を提供することになるので、控えるようにとルパートに手紙を書いた。彼はルパートに、流血を避け、誤てる臣下を罰するよりは、彼らを矯正すること、「都市よりは、彼らの共感を得るように」と、促している。しかし、紙のうえで国王は自分を慈愛深い君主として表現したとしても、指導的捕虜のある者の死刑執行やその他の者の運命に対する彼の無関心ぶりは、叛徒に対する彼の感情を反映したものであった。反逆罪で死刑を宣告されたジョン・リルバーンが、絞首刑を免れたのは、ただ議会が報復をもって脅かしたからである。国王にとってだけでなく、少なくとも軍隊の司令官にとっては、戦争捕虜の取り扱いが、もっとも危険な例であったことは明らかである。国王の軍隊に再登録されない通常の捕虜は、オックスフォードの教会かオックスフォードの城に集められ、火の気も敷く麦わらもなく、ほんの僅かの水しか与えられず、そのため、彼らは、強制労働を割り当てられた広い囲い込み地の水たまりで水を飲む有様であった。外科医は彼らには拒否され、彼らを助けようとした市民は遠ざけられた。その一方で、城の司政官は彼らを打ち、虐待し、彼らを国王に合流するように強制した。より効果的な説得の仕方は、都市の防塞強化に働くならば、金と食料を与えようという提案であった。

国王、スコットランド使節団の申し入れを断る

国王は、あらゆる手段を使って、戦争を最後までやり抜こうと心に決めていた。協定の失敗に触れて、彼はスコットランド顧問団に宛てて、イギリスの議会を非難し、議会が彼らに申し出をしたり、申し出のふりをしたりした場合には、警戒するようにと書いた。「われらは、法によって許可することを求められた事柄について、何一つ否定しなかったし、また質問することもしなかった。しかし、既存の法によって、確実であったのは、われら自身ではなかったのか(それがいま問題とされているのだ)」。平和の諸条項は、議会という名を強奪した哀れな少数者によって、「きっぱりと、軽蔑して拒絶された」。スコットランド人よ、ピムとその友人たちが長老派の利益を心に抱いていると、だまされて信ずるな。彼らの高い地位の者は、再洗礼主義者によって占められ、それらはただ、スコットランドの教会に無秩序と破壊、無政府状態をもたらすだけである。彼はまた——同じく無駄に終わるのであるが——エディンバラ市に宛てて書いている。自分が彼らに示した好意を思い出し、いまやロンドンから流れ込みつつある嘘やおべっかに警戒するように、と。

その直後の四月二三日、日曜日、セント・ジョージの日、国王は二度にわたってダブリンのオーモンド伯に手紙を書いている。公式の手紙は、アイルランド叛徒との休戦を再度促したものであり、第二の私信は、休戦が達成されたら、できるだけ多くの部隊を作れるように、イングランド人、アイルランド人を問わず、イングランドで国王に奉仕する者の名簿を作成するように命じたものであった。

致命的な混乱が深まっていた。狭いドーヴァー海峡では、オランダの提督マールテン・トロンプが、ダンケルクの海賊であることを止め、いまやアイルランド連合の、あるいはイングランド王の、ときには両者の権威のもとで合法的に活動することを挑発的に要求するにいたったのである。国王の問題は正当であり、国王が、紙の上におい

てではあるが、擁護しようとしていたのは、プロテスタントの問題であり、憲法擁護の問題であった。しかし、海陸にわたるその防衛のために、彼は、無法な海賊やアイルランドの叛徒を呼び寄せようというのである。これらの事柄について、彼の臣下のなかには、彼を決して許そうとはしない者たちがいた。

第二部　第一次市民戦争　一六四三年四月―一六四五年一〇月

第一章　運命の並衡　一六四三年四月―九月

第一節　レディング市、議会軍に降る

ルパート、リッチフィールドを奪取

協定の崩壊後、ウェストミンスターに届いた最初の重要なニュースは、肝を冷やすようなものであった。無敵のルパートが、リッチフィールド・クローズを取ったというのである。彼は、カテドラルが建っている丘の下の泥んこの沼地に土手道をつくり、クローズの壁に穴をうがった。穴を爆破する前に、彼は、守備隊にもう一度降伏のチャンスを与えた。彼らがそれを拒否したので、一六四三年四月二〇日、ルパートは、イングランド最初の坑道爆破をやってのけ、数トンの煉瓦とスタッフォードシャーの粘土を空中に吹っ飛ばし、爆破の煙のなかで、突撃を開始した。議会側は、終日、破壊口を防いだが、夜に入って、もはや戦うことができないと悟り、開城の条件提示を求めた。ルパートは彼らに戦闘員の名誉を保持したままでの退出を許し、彼らにコヴェントリーへの安全通行を認めたのであった。

レディング市は議会軍に下る

リッチフィールドから、ルパートは急な召還に応えてオックスフォードへ急遽帰ったが、議会軍がレディングに迫って来たというのである。ロンドンからオックスフォードにいたる中心道路、テームズ渓谷、そして、チルターン丘陵群の広い山あいを確保するというのは、国王の戦術において基本的地位を占めるものであり、過ぐる一二月

以来、ルパートはそれをもっと固めようとして失敗に終わっていた。司政官で、自負心の強い職業軍人のサー・アーサー・アストンは、人口が減り、貧困な防塞を施された都市レディングの防衛で、自分の評判を落とそうとは思っていなかった。包囲の初めのころ、落ちてきた屋根瓦で怪我をした彼は、彼にとって幸いなことに、口がきけなくなった。責任は副司令官リチャード・フェイルディングにかかってきた。

国王はオックスフォードから艀《はしけ》で守備隊を補強しようとしたが失敗した。エセックスの砲兵隊が河を見張っていたからである。彼はまた、ケイヴシャム橋を通って補強部隊を送り込もうとして大損害を受け、最後に、リッチフィールドから帰ってきたルパートの助けを得て、町からの籠城兵の出撃とあいまって、もう一度エセックスに攻撃を掛けようと思い立った。フェイルディングに宛てた通信をもって河を泳いでわたっていた斥候が、期待にこたえることに失敗し、ルパートの王党派は、無駄な衝突を試みたのち、撤退した。

次の日、フェイルディングは降伏した。守備隊には戦闘員の名誉が与えられ、オックスフォードへの安全通行が保証されたが、しかし、エセックスは、リッチフィールドのルパートとは違って、部下を統制することができず、彼らは敗れた騎士党員を侮辱し、奪った。騎士党員たちが、まだほとんど口のきけないサー・アーサー・アシュトンとともに、オックスフォードに到着すると、彼らの憤慨はフェイルディングに向けられた。軍事法廷の裁判で、彼は、補強部隊と協力せよという命令遂行の失敗の責任を問われ、死刑を宣告された。その弁明において、彼は、あの時点では、交渉を未決定のまま、エセックスとの休戦に同意しなければならなかった、そして、無警告で戦闘行為を再開するのは恥ずべきことと考えた、と弁明した。寛大なルパートだけが、彼のジレンマが心からのものであったことを認め、プリンス・オブ・ウェールズの仲介によって、国王から恩赦を得てやった。サー・アーサー・アシュトンは、再び口がきけるようになって、まもなく、オックスフォードの司政官職をもって報いられた。

レディングの陥落は大きな痛手であった。国王はアビングトン、ウォーリングフォードを守っていたが、エセックスは、いまや危険なほどオックスフォードに近づいていた。議会は、そのほかにも、あまり重要ではないが、満足すべき成果を得ていた。ウォーラーは、ハイナムで、ハーバート卿のウェールズ軍を捕らえたのち、この地域での王党派の兵士徴募を妨げるため、モンマスとチェプスタウに小さな守備隊をおき、簡単にヒアフォードを占拠し、カトリック教徒が所有するワードア城を取り、背の高い若いピューリタンのエドマンド・ルドロウが命令下においた。

西部のオッカンプトンでの小戦闘

議会の宣伝家たちは、西部の小さい交戦についても、大々的に報じた。たとえば、サー・ラルフ・ホプトンが、オッカンプトンの丘のうえで、暗くて、嵐ぶくみの夜を驚かした出来事がそれである。若いデヴォンシャーのジェントルマンで、すでにアイルランドの戦争に参加したことのあるジェームズ・チャドレィが、わずかな騎馬隊でもって、前進してくる軍隊を待ち伏せしていた。ホプトンの軍隊——歩兵三〇〇〇、騎兵、竜騎兵六〇〇から成っていた——は、真っすぐ歩いて来て、罠にはまり、暗さと嵐と驚愕の入り交じったなかで、チャドレィの手に一千丁のムスケット銃と五バレルの火薬を残して逃走した。残されたもののなかで、なにより重要であったのは、ホプトンの軍隊に寄付をした、国王に忠実なジェントリィの名前を記した紙片の入った旅行鞄であった。ロンドンでは、パンフレット作家たちが、それから西部の驚異物語を作り出し、騎士党がそれを馬鹿げた話と一笑に付するまで続いた。

君は知らないだろう、二週間前までは、
奴らが西部の驚異について自慢していたのを。
百人、十人どころか、なんと五千人が、
稲光と雷鳴に助けられて、やってきたのではなかったのか？
そこでホプトンは殺された、繰り返し、繰り返し、

それとも、作者が嘘をついているのだろうか、
新たな感謝を捧げよう、生きている人々に、
神とその奉仕者チャドレィに。

騎士党員たちは、こうしたささやかな失敗やレディングの喪失にもかかわらず、他方で、陽気になれる理由ももっていた。エセックスは、その勝利を経験したことのない憂鬱さでもって受け取った。冬を通じて、ずっとこっそり抜け出す脱走兵が絶えなかったが、いまや、人数の減りつつある軍隊のなかで病気が発生したのである。ブルーク卿の連隊は、大佐と主計官の死後、消滅した。ブレントフォードでひどい損害を受けたデンジル・ホールズの連隊は、ホールズ――「あばずれ女の女房」について小言をついていたといわれる――が戦場を放棄し、ウェストミンスターに引き揚げたとき、分解した。こうした状況下では、エセックスは、議会が金を送り、戦力を補強してくれるまでは、なんらの行動に出ることはできなかった。

ロンドンは、一六四三年四月の後半、陰気な都市であった。負傷した男たちが、女や子供を連れて、戦争の犠牲者と称して、乞食の数をふくれあがらせた。世帯主たちは、戦争被害者の救済、ロンドン防塞建設の費用、エセックスの兵士、馬、武器の費用を支払わねばならなかった。富裕な市民は、「公的信用」――すでに軽蔑していわれた文句であった――という弱い保証で、融資するように強要された。日曜日には、説教壇から、レントフォードの困窮者、アイルランドからの避難民、病人、負傷者、孤児に施しものを与えるようにと勧告された。食料はなお乏しくはなかったが、家政維持は困難になりつつあった、というのも、近隣地域からの供給物の円滑な輸送が、チルターンやアイレスベリー渓谷における王党派の徴発、破壊の後遺症、とりわけ運輸業務を妨げた馬や車輛の没収によって、少なくされるか、中断されたからである。燃料供給が最悪の問題であった。石炭が封鎖されたニューカースルから来なくなったし、スコットランドの石炭も、いまやロンドンが頼ることを余儀なくされるにいたった。す

ぐに役立つ木材も、需要にたっしなかった。石炭の価格は、通常の家計の手の届くところを越え、議会によって定められた価格をはるかに越えていた。ロンドン市民の忍耐も限界に近付いていていた。

ロンドンでは、カソリックの修道士や説教師、迫害さる

ロンドンの不満のあるものは、宮廷とともに去った裕福なカソリック教徒たちの保護と施し物を失いながら、なお残留している修道士や説教師に、その捌《は》け口を見出していた。暴徒が、サマセット・ハウスにある王妃の小さいカプチン派共同体に侵入し、礼拝堂を破棄し、ルーベンスの祭壇画を破り、「だましの魔法使い」アッシジのフランシスコの聖像を焼いた。修道士のある者はポルトガルの使節に避難先を見出したが、他の者はフランスに追放された。四月一七日、若い伝道説教師のヘンリー・ヒース神父は、タイバーンで絞首刑に処せられ、内臓がさらけ出された。他の説教師たちは牢獄にとどまっていたが、期待されていた義捐金《ぎえんきん》の欠乏にかんがみて、議会が他の犠牲を祭り上げるよう政策を転換する日のくるのを待っていた。

民衆それ自体は、ウェストミンスターのセント・マーガレットの窓――教皇主義の汚れを避けるため、いまや単に「マーガレット」と呼ばれた――を「こなごなに叩きつぶす」ことによって、溜飲を下げた。議会はさらに、「偶像礼拝の記念物」である「チープサイドの十字架」を引きずり降ろさせることによって、彼らを元気付けようとした。その鉛と金属は武器に使う。しかし、このプロテスタントの敬虔は不発に終わった。ロンドン市民のある者が「十字架」を愛好し、その破壊をめぐって起こった紛糾を妨げるため、一騎馬部隊を動員しなければならなかった。

疑惑と中傷がふえつつあった。議会人が自分たちの巣を羽根で飾り、その手を通る金や金銀皿からつまみ食いをする、王党派の馬小屋から奪った最上の馬を自分たちのものにしている、と公然と語られた。それをだれも疑わなかった。公的事柄における忠実さの基準は弾力的であり、徴税請負人、海軍委員会、その他の中央行政の役人たちが、役得の臨時収入から自分たちの失費を支払っていることは、つねに了解されていることであった。

議会平和使節団がオックスフォードから帰ると、貴族院と庶民院のあいだの喧嘩はかろうじて避けられた。私信がヘンリー・マールテンに開けられたという理由で激怒したノーザンバーランド伯は、細身のステッキでこの小男の顔を打った。しかし、ピムは「特権」をめぐる争いを欲せず、厄介な偶発事は滑らかにされた。

第二節　軍隊維持の金の問題

双方ともいまや、長期戦の現実に直面することになった。彼らの軍隊は、無期限に、少なくとも次の年までは、いつでも発動できる状態に保たれていなくてはならず、資金はどこかで、暴力によって、あるいは説得、借款によって見付け出されなければならなかった。

軍隊の組織は、戦争が始まったときには、でたらめなものであった。歩兵隊、あるいは騎兵隊に支払いをし、それを装備したジェントルマンが、自分自身で指揮を執ることを好んだ。熱心で、裕福な者——ブルーク、ハムデン、ホールズ——が、連隊全体を起こしたけれども、戦争の最初の数カ月で、もっとも大きなエセックスの軍隊は、私的に立ち上げられたもので、連隊に組織されていなかった。漸次、彼らが奉仕の要求を理解するにつれて、独立した隊長の多くは、その地位を、用兵の才能のある職業軍人に明け渡した。しばしば兵士たちは、エセックスだけに最悪の徴募兵を残して、その主人とともに出身地に帰ったが、彼ら主人もなく、雇い主もない者たちは、給与がなかったにせよ、平時におけるよりは、暴力に訴えることになった。

地方では、熱狂主義者の行動が守備隊、小さな独立的戦力を数多く作り出した。運のいいことに、多くの機敏な地方の指揮者たちは、まもなく、各地方が孤立して戦争を遂行するならば、貴重なエネルギーを消耗してしまうであろうことを悟った。地方の戦場で活動してきた議会のメンバーたち——貴族院であろうと、庶民院であろうとを問わず——共働のプランをもって、ウェストミンスターにやって来、冬のあいだに、戦争の目的のために、州のいくつかのグループの共働を作りあげた。これらのグループのなかで、東部の組織がもっとも有名なものになった。マンデヴィル卿が、マンチェスター伯が亡くなったいま、東部組織の総師となった。スタンフォード伯の若い息子グレイ・オブ・グロビー卿がミッドランドの総帥に指名されたが、ここでは、ブルーク卿の死によって重大な空白が生まれていたのである。北部では、フェアファックス卿とその息子サー・トーマスとが、議会のために戦争を組織していた。チェッシャーとウェールズの境界地帯では、サー・ウィリアム・ブレルトン、南部では、サー・ウィリアム・ウォーラーがそれに任じていた。

主力部隊はなおエセックスのそれであったが、上述した他の将軍たちに対する彼の権限の大きさは、必然的に漠然としたものにならざるを得なかった。彼とマンチェスターとは、時間を割くことができるときには、ウェストミンスターの保安委員会の席に座っていた。しかし、エセックスが、ノーザンプトンにおいて、元気付けられた数千人の部隊の指揮官になり、その先頭にたって、国王陛下を「悪人たち（王党派）」から解放するために前進し、彼を信頼しうる議会に連れ戻そうとした八月の日以来、状況は完全に変わった。広がった組織はより効果的になり、より広い範囲を包括するようになったが、しかし、それは、エセックスの重要性を減じ、彼の軍隊を深刻に弱めるものであった。彼の最上の将校たちの多くは、その部下とともに、新しい組織体に吸い取られてしまった。たとえば、オリバー・クロムウェルは、いまやマンチェスターの大佐となり、その右腕となった。エセックスがマンチェスターと東部軍に、さらに、それ以上に、南西部のサー・ウィリアム・ウォーラーに憤りを抱いたという噂が飛んだが、嘘ではなかった。

こうした困難な数カ月の間、エセックスと庶民院のあいだの連絡にあたったのはジョン・ハムデンであった。彼はエセックスに大きな信頼をおいていた――十分理解できることであるが、当時、同じような経験、勢力、資力をもった人物を見付けることは困難であったからである。彼の習慣となっている如才なさと善意でもって、彼は、将軍たちの不平の険悪さを滑らかにし、ロンドンを保護し、首都と外部との活発な情報流通を保つために、それにふさわしい軍隊をエセックスに供給するようにと議会を説得していた。

軍隊の維持には金がいる

資金が永遠の問題であった。書記官のニコラスは、議会に金を貸しているシティの人間が、その資金を回収するために、戦争継続の圧力を加えるだろう、と真面目くさって予言している。しかし、もっとも楽観的な者さえも、彼らの投資について、ずっとなんらか見返りを得るチャンスのために、もっと投資する方が賢明だ、と究極的に判断しはじめていた。重い利子率——八％から一二％がいまや普通であった——が彼らの目的を挫折させた。利子を支払うために、より多くの金を借りなければならなかったからである。春に入ると、アムステルダムの大銀行の代表者たちが、シティ、議会と協議に入っている。これらの銀行家のある者は、スコットランドと繋がりをもっていた。戦争の財政の背後には、ピムの、ウェストミンスターの同僚、そして、国王に対する武装同盟を作ろうというスコットランドの友人たちに対する、絶えざる圧力が見て取れるのである。

新しい金が、うめき声のうちに徴収されると、普通の人間は、ほかの場合と同様、訳の分からない真実を学ぶことになった。法廷弁護士ジョン・グリーンは、その日記にこう書いている。「われらはいまや理解しはじめた。王国というものが、人々の論ずるところによれば、容易に滅びないこと、われらが想像するよりは、一般に、はるかに強い根をもって保持されていることを。われらの方は、神が異なった決定をなさっていないならば、この調子でいけば、二、ないし三年しかもたないであろう、しかも、貧しく、貧しくなりながら、である」。

戦争を賄うためには、借款よりも、もっと継続的で信頼のおけるなんらかの方法が見付けられねばならなかった。平和交渉が歓迎すべき戦争の遅滞を生んでいた間に、ピムは、国中の全般的財産評価の実施令、および騎士党の財産接収——それらは、議会軍への恒常的資金流入を保証するものであった——に関する命令に議会の同意を取り付けていた。地方委員会が、各州ごとにウェストミンスターで評価された金額を、毎週徴収する責任を負った。負担を公平に配分するのもこの委員会の責任であり、議会によって把握された王党派地方地主の地代や利益も、家族の生活に要する最小限のものだけを残して、委員会の手に流入した。

財産税導入に成功

財産評価や接収の仕方は、地方ジェントリーの能力とか熱心さによって、異なっていた。ごまかしや言い逃れが、ときには、うまくおこなわれた。「わたしは、いまでも白めの食器で食事をするのが嫌いです」と、サセックス伯夫人は告白している。「でも、わたしは、本当は、金銀の皿の大部分を隠しました、もちろん、売るためです」。悪名高い王党派のウースター侯は、地方の委員会をラグラン城に入らせ、それから一人の召使いをして、息子の喧しい音を出す用水設備を廻させ、見せかけの興奮状態で、「ライオンはみんな放してあるのか」と叫んだ——それを聞いて、委員会のジェントルマンたちは急いで退出した。

いかに容易に国民的広さの課税システムが作動しはじめ、それがいかに速やかに、愛されはしなかったが、地方生活の一部に受け入れられたか、その様子は全体として注目すべきものがある。州の委員会は、名称においては新しかった——名称は一つ、ときには二つ、三つあった。評価委員会、接収委員会、資産評定委員会、のちに調整委員会というのも出てくる——が、その性質においては、新しいものではなかった。議会は、戦争のあいだ中、国王が平和なとき依存したように、地方のジェントリー、士官補、治安判事の善意と知性に依存していた。国王への租税が投票によって決定されていた昔の時代には、これらは地域毎、ハンドレッド毎に金を徴収する責任を負っていた。一六世紀の「三〇年代」には、「船舶税」徴収に責任を負わされていた。いま、彼らは戦争のために徴収すべき税賦課の資産評価の責任を負うことになったのである。しかし、この新しい要求は差し迫った、継続的なものであり、一週間足らずのうちに課税され、絶えずウェストミンスターに払い込まれ、また国民のための失費として、直接、地方司令部へ出ていった。そのためには、責任を負ったジェントリーたちは、定期的に会合する必要があり、なんらかの行政的中心、そして職員をもつ必要が生じた。ケントの委員会は、クノールを引き継ぎ、王党派のサックヴィルには地代を払わず、その大きな家――騎士党はこの家のことを「素敵な後宮」とあざけった――を解放したが、冷静にみたその真実においては、それは役所と宿泊所を兼ねたものであり、そこでは大量の仕事が、多かれ少なかれ、効果的になされていた。行政上の効率とそれにかかった費用――それは資産評価課税収入から差し引かれた――とは、地方によって差があった。サー・ウィリアム・ボトラーは、ベッドフォードシャーの財政のために対数を適用したが、もっと単純な方法が一般的には用いられた。

各州から予想されるものとして報告されてきた週収入の金額は、ウェストミンスターで、各州の想定された財源額に照らし合わせて確定された。裕福な農民を抱えたデヴォンシャーは、週一八〇〇ポンドの評価納税額で他を圧倒していた。遠く離れた、不毛のウェストモアランドは、二七ポンド五シリングで殿《しんがり》をつとめた。ウェールズは全体を一括して、四〇〇ポンド少々と評価された。委員会には、個々の財産所有者から徴収される負担の割合の査定という仕事が残っていた。この週収入の割り当てと徴収のほかに、彼らには、王党派の接収財産の管理という仕事もふりかかったが、この財源は、長い目で見ると、直接税よりも、あまり利益にならない財源であった。

委員会のネットワークは、議会が異議なく、あるいは、異議があったとしても、支配している州すべてにわたって広がっていた。王党派の委員会のある州では、委員会は一般的に効率がよくなく、金を集めるには兵士たちの援助を必要とした。両派の境界線は、多くの地域で不確かで、絶えず変化し、それぞれ他の地域内に飛び地をもち、深く浸透し合っており、ほとんど双方の支配下にある地域では、週収入は州委員会、そして、国王軍隊のための課税として、交互に納められた。しかし、教区の権威は自立するだけ通常しっかりしていて、同じ週に双方の側からの巻き上げに屈するということは、全く知られていない訳ではないが、稀であった。反対者を取り扱う苛酷さ、資産評価の正、不正は、州毎に、委員会を支配する人間の性格に応じて、変化した。「姻戚関係と血縁関係がすべてを台無しにしている」と、ある議員は、同僚のある者の取り立て猶予に憤慨して書いている。しかし、姻戚関係と血縁関係は、しばしば、争いの熾烈化を阻止する救いの恵みであった。ほかのときならば、地方的な私闘や個人的争いが、戦争の悪しき結果を増幅した（であろうに）。「これが議会の特権であり、臣下の自由というのであれば、わたしは神に賛成すると祈ろう」と、課税を巻き上げられたスタッフォードシャーのある王党派員は叫んでいる。「一人の人間の、たった一言の法外な発言で、全家族の財産が没収されるのに十分なのだ」と、悪意のある隣人によって苦しめられたある王党派員が嘆いている。政治的争いのすべての時にそうであるように、嫉妬深い情報通が、数百人の善良な性質の人々をもってしても拭い去ることのできない損害を与えるというのは、痛ましい真実である。委員会において、執念深い男が、中立とか無害な地位とかはありえない、と敵を説得する場合が、往々にしてあるものである。ケント委員会において、年とって怒りっぽくなった、悪意のあるサー・アンソニー・ウェルドンは、残酷にもサー・ロジャー・トゥィスデンに、こういって悩ませた。君の温和な王党主義は、君をして「彼らのおぞましいやり方に従って、気違いになるようなことは、させないだろうね」と。ノーフォークでは、貧しく弱々しい詩人のエドワード・ベンローズが、彼の個人的な敵によってけしかけられた委員会の要求に対して、こう抗議している。「わたしは、これらの事柄が……激情が過剰に働く個人的相違から起こってくるのを恐れる」と。ある州では、最上の有能な人間は絶えず戦いに出ており、委員会の仕事をすべく残されていたのは、欲深で、あまり優雅とはいえないひとたちであった。マンチェスター伯は、欲深な委員マイルズ・コーベットによって引き起こされた固い気持ちを解きほぐすため、パストン嬢——彼女の夫は外国に逃亡していた——に訴えている。「ざらざらした仕方よりは、丁重さによって、わたしを納得させてほしかった」と。

しばしば起こったことであるが、軍事司令官が委員会のメンバーであった場合には、彼が会議に調子を与えた。西ミッドランドでは、ブレルトンが議会のために、バイロンが国王のために、荒々しく、屈することなく働いた。北部では、ニューカースルとフェアファックスは、礼儀ただしさにおいて張り合っていた。彼らの部下はつねに主人を見習った訳ではないが。騎士党のジェントリーのフェアファックスへの訴えかけ——ときに親戚関係を込めての——は、つねにやさしく受け取られ、それらは、「ウッドハウスの貧しく、破壊された家柄」ストラッフィード家の未亡人と娘にとくに配慮して扱われている。ランカシャーでは、サー・ラルフ・アシュトンは、自分の党派が上昇しつつあるとき、彼の隣人の王党派員の家政を略奪から守るために、出来るだけのことをした。戦争の文字通り末期に、議会軍の活動的軍人であったハーバート・モーレィ大佐は、サセックスの隣人に宛てた手紙で、国王軍の中に、安全な自分の妻の出産場所があったと示唆している。

王党派は領主ジェントリーの寄付金による

国王の軍事的、経済的諸問題は、議会のそれと同一であったが、ただ解決はより容易なものではなかった。彼の部隊の多くは、そして、ほとんどすべての騎兵隊は、国王側に付いた領主、ジェントリーの領地において、気前よく、徴募されたものであった。ストラッフォードの古い友人のサー・ウィリアム・ペニマンは、騎兵の一連隊、歩兵一連隊を持ち込み、装備をし、維持費を支払っている。おとぎ話のように物惜しみしないブッシェルは、ライフ・ガード連隊、その他の三連隊に衣服を着せ、二六門のカノン砲を国王に提供し、それには砲弾のための無制限の鉛が添えられていた。しかし、六〇頭の騎馬をもって国王軍に合流したあるアマチュア隊長の熱意は、温和な秋が過ぎて、戦争がクリスマスになっても終わりそうになくなったとき、冷めた。多くの者は、最初の会戦ののち、家郷に帰った。そうでない者も、財産接収令が出て、国元の財産が脅かされるにいたって、退いた。そのさい、自分が軍に止まっているかぎりは、その土地や地代を叛徒の処分に任せてしまい、それが反国王に使われてしまうことになるから、というもっともらしい口実が使われた。しかし、それでもなお多くの者が軍に残留したのは、職業軍人の同僚や軍の上位者によって、自分の社会的地位や国王のために持ち出した物質的援助にふさわしい敬意をもって取り扱われることを期待したからであった。

地方のジェントルマンのある者は、自分の家に防塞を施し、奉公人を武装させたが、それは、彼らの小さな堡塁《ほうるい》の近くのどこからも議会へ現金あるいは現物の援助がおくられないことを見て取ったからであった。同じようなことが、そうでないひとによって議会のためになされたが、そうした敵対する守備隊のあいだの小さな地方的戦いが戦争のちょっとした特徴であった。サー・ロバート・ハーリィのブランプトン・ブライアンは、王党派の優勢なヒアフォードシャーのなかの議会側の堡塁であった。ミッドランドはそうした強固な点によって固められていて、そのなかでも、バーミンガムの近くのラッシャル・ホールは、もっとも有名なものの一つで、長らく王党派によって保持され、そこに根拠をおく盗賊騎士団は絶えず損害を与えていた。その他の王党派の堡塁としては、「森のなかの疫病神」といわれた、ディーン森林のなかのサー・ジョン・ウィンターの家は、グロースターの議会側守備隊の側面に刺さった突き棒であった。それからラドノアシャイヤーのクム・ヒア修道院の可愛らしい館のその一つは、そこらあたりの議会派同調者の動きにとっては脅威となった。こうした独立した守備隊は、戦争が進むにつれて、彼らが支持する側にとってさえも、疫病のような存在になった。というのも、その指揮官が、隣人から通行税を取り立て、その利益を仲間である部隊に分かち合おうとはしなかったからである。北ウェールズでは、ある王党派大佐がこう嘆いている。「彼らは石積みの小屋のなかでエールを飲んでいるが、そこでの軍税徴収を妨げられないようにと、どの部隊にも自分たちの近くに宿営することを許そうとしない」と。

国王側の義勇軍の闘士たちを規律の下におくことは困難であった。というのも、平時において彼らの行動を律してきた階級制をまれには放棄したからである。投獄された「坊主頭」党員のなかに古い友人をもっていたある騎士党員は、夜の半分を、彼らと大酒を飲んで、その憂さを晴らさしたが、囚人たちを預かっていた王党派将校に退去を求められたとし、彼は将校を侮辱しながら部屋から追い出してしまった。ルパートの騎兵隊の隊長たちは、自分たちの司令官に対しては、ひとしく服従したが、歩兵隊の将校に対しては、挑戦的、かつ侮辱的であった。「君のところの部隊の将校は、なにかにつけて服従的でないが、その例にならって、兵士もまたそうだ」と、困惑したアビングドンの司政官がプリンスに書いている。ルパート自身は、規律を維持しようと努めているが、しかし、しばしば、彼の傲慢な、貴族生まれの同僚の悪例によって遮られた。「殿下、どうか話させて下さい。この機会を利用しないと非常に不幸に思われますので」と、ウィルモットは無礼にも、ルパートの命令に不満を述べているのである。

位階をめぐる困難は、議会にとっても、少なからず厄介事であった。「彼はわたしの下で行軍するのを軽蔑し、商人であるわたしの職業に文句を付けてくる」と、ある「丸坊主頭」派の将校が、無礼な少尉について不平を述べているが、しかし、次のように付け加えてもいる。「わたしは彼にいいました。なるほど、わたしは商人ではあるが、わたしはジェントルマンであり、軍服を示すことができる」と。

双方の下級兵士は、規律には無縁であった。戦争の最初の歳月、議会の諸部隊は完全に、無経験で、怖がり屋の将校たちの統制外にあり、「彼らは、手にした帽子以外には、なんら矯正手段を使おうとはしなかった」。エセックスは、レディングを陥落させたのち、部下が打ち負かされた相手を略奪するのを止めることができなかった。国王の兵士たちもいいという訳ではなかった。コーンウォールの歩兵隊――彼らはまもなく、戦争全体を通じて、もっとも有名な存在となる――は、その行動において指導者に十分服従したが、その他のときになると、好き放題であり、これと異なるような部隊は、国王軍の中にはいなかった。ある騎兵将校は、部下を整列させるために払った自分の努力をこう書いている。「わたしは、命令の頻発によって、彼らを半睡状態におこうと思った」と。他の将校もこう宣言している。「わたしの部下は非常に統御しにくいが、彼らのある者が縛り首にされて、なおそうであるとは考えない」と。

フォース伯、プリンス・ルパート、サー・ジェイコブ・アストレィの三人は、規律の高い水準を樹立しようと苦労した。しかし、戦争を通じて国王軍には、余りにも多くの司令官が止まっており、彼らは自分の任務を自身に適したように解釈した。また、職業軍人とアマチュア軍人――その金と称号とが彼に軍の階級の昇進をもたらした――のあいだの悪感情は、継続し、その激しさをました。

北部では、ダービーとニューカースル両伯爵が、独立した司令権を行使していた。南ウェールズでは、ハーバート卿が、父親の大きな財産のおかげで、彼自身の軍隊を立ち上げた——そして、それを失うと、また別の軍を起こした。彼の父、ウースター侯は、いつも彼の財産をそんな風に投げ出すことを認めていた訳ではなく、激しい議論、大騒ぎが起こり、ときにハーバート卿の驚くべき破廉恥な策略が展開された。「国土を助けるために、この父親をだますというのがお前の務めなら、それに従ってやるがいい」と老いた父親は叫んだ。ハーバート卿は、彼の軍事問題処理にあたっていかなる介入にも激しく怒った。しかし、彼の行動は彼の約束を絶えず減らし続けた。彼は弾薬に二万ポンドの支出を約束しながら、届いたのは四〇〇ポンドに過ぎなかった。「わたしは、彼が一〇〇万ポンドをもっていて、それを陛下のために支出するであろうと本当に信じていたが、しかし、彼に金はなかった」と、サー・ヴァヴァソールは書いている。このヴァヴァソールは、ハーバートの徴募兵のなかの中心的人物で、有能な軍人であり、アイルランドで奉公し、まもなく短気なハーバートの嫉妬を招くことになった。

ウィンチェスター侯は、その財産を国王に提供したいま一人の裕福なカソリックの貴族であったが、ベイシング・ハウスにあったその大きな館を、ロンドンからウィルトシャー・ダウンにいたる幹線道路に跨がる要塞に変えた。ベイシングの地理的位置が、彼の大まかで、しかし、独立した経費支出を、ハイナムで失うことになった軍隊に対するハーバート卿の支出ほどには、浪費的にはさせなかった。ベイシングは、ロンドンの羊毛商業を妨げるのに重要な役割を演じた。もちろん、そのために払われた金と努力が、その妨害の値打ち以上のものでなかったかどうかは、問題ではあるが。チャールズにとって不幸であったのは、彼のこのもっとも寛大な支持者が、自分自身の仕方でのみ国王を助けようと決心したことであった。

国王の資金収集の雑多な方法

国王の金の問題は、議会のそれよりも重大であった。国王が大きく依存していた関税収入のうち、彼が集めることのできたのは、国王の手中にある二、三の港で支払われたものであった。彼は、議会がニューカースルを封鎖したため、ニューカースルの石炭にたいする課税収入を失った。しかし、彼は、王権の収入源のうちでもっとも人気のない科目の一つ、後見裁判所からの収入の、少なくともその一部を確保した。議会は、過去二年間、この収入源を廃止しようとはしなかった。というのも、この裁判の長を務めるセイ卿がこの収入を失いたくなかったからである。国王はこの裁判のオックスフォードへの移動を命じたが、議会はその移動を禁じた。結局、裁判所の役人が分割され、オックスフォードとウェストミンスター双方が後見裁判所をもつことになり、彼らは、戦争を通じて、未成年者の財産から引き出せるものを得ていた。国王は平時にこれから得ていたものを、かろうじて確保したが、その名残の後見裁判所は、彼に二年間で二万六〇〇〇ポンドをもたらした。

その他では、彼は手に落ちた敵の財産を接収し、彼はその材木を売り、店舗を利用し、狩猟で得た鳥料理を食べた。彼は議会の評価システムにしたがって、支配下に入った地域、都市、村落の財産を評価し、彼の部隊に自由に宿営させた。オックスフォード市、同州、そして、大学は、このシステムによって、月二七〇〇ポンドを納付した。オックスフォード、マールバラー周辺での作戦、および、アイルズベリー渓谷でのそれ――ここではもっとも継続的であった――によって、馬は盗むほかなくなり、羊、牛も不意を襲って奪うほかはなく、それらは、ロンドンへ供給する予定のものを停止させ、国王の駐屯地に食料と金をもたらした。盗まれた家畜は家畜小屋に留め置かれ、次のクライスト・チャーチの市場で売りに出され、農夫たちは自分のものを買い戻さねばならなかった。理論的には、国王は法を保ち、一般人を保護する建て前であったが、しかし、実際には、そうする余裕はほとんどなかった。

部隊の支払い、宿営にあたっては、さまざまな混乱が生じた。すでに一六四二年から翌年の冬にかけて、靴とコートは着古され、騎兵隊は、支払いの不足から、馬に蹄鉄をつけることができなかった。部隊が、すでに満杯になった村にやってきて、宿営しようとしたときには、お互いに優先権をめぐって争った。連隊とか守備隊には地域が割り当てられ、そこから現金、あるいは現物で物資が供給されたが、しかし、二重の割り当てがよく起こり、大佐同士の激しいやり取りや歩兵隊同士の争いを生んだ。さらにもう一つの紛糾の種があった。王党派の将校は、自分自身の部隊に給料を支払ったが、ときには、払い過ぎて、これ以上支払いができないということが起こった。ノーザンプトン卿は、ルパートに次のように指摘している。彼が国王のために起こした部隊を維持する能力は、彼の領地の繁栄が続くかどうかにかかっている。もし他の大佐たちが自分の保有農民（部下）を血の出るほどしぼったならば、（彼らの労働意欲が失せて）自分にはもう何一つ収入は残らないだろう、と。

ノーザンプトンは、双方の党派によく判るような平易な英語で語っている。相互の略奪、破壊、馬や牛の故意の強奪、羊の略奪、宿営の強要などあったけれども、双方とも、自分自身が滅びないためには、国を荒廃させてはならないということを心得ていた。彼らは、人民の食いぶちの余剰を取ってもいいが、食いぶちそのものを取ることはできなかった。たとえ課税が評価され、支払われるにしても、収穫物は種をまき、刈り取られねばならない。豚は太らされ、子羊は飼育され、市場は開かれねばならない。双方とも、未熟な穀物、耕された土地、果樹をいたわるために、部隊のよき規律のための命令を絶えず発し続けた。双方とも、地方の生活の進行を保とうとした。この点において、彼らは、治安判事や教区の権威者たちの確固さ、経験、常識によって大いに助けられた。

通常の治安判事は、国王についてなんら注意を払ってはいなかった。地方のサー・シャーロウ・エスクワイアーに対して、あるいは都市のオヴァードー裁判に対して、多くのことがいえる。しかし、これらの平凡なひとたちは、応急対策の長い伝統を彼らの背後にもっていた。彼らは、収穫が失敗におわり、家畜の伝染病が牛を滅ぼし、あるいは、火災が納屋を焼き、洪水が小屋住み農を家から追い出してしまったとき、なにをなすべきかを知っていた。困窮者を救い、無秩序を防ぎ、地方の脈拍を維持すること、それが彼らの自然な仕事であった。一方の党派、あるいは他方の党派、あるいは両方の党派との関連において、あるいは、関連がなくても、戦争の重荷が耐え難いものにならないよう、秩序と正義の枠組みが維持されるように配慮するのが、彼らの務めであった。

議会は、王国の主要な港、ロンドンという資産を押さえて、国王よりは大分よかった。彼は、ロンドンと王国のあいだの商取引をふさぎ、森林地帯への道路を広げ、コッツウォールドの羊毛の販路を変更させ、彼の支配する地域とロンドン人との商業を禁止するなどによって、反撃しようと試みた。彼は完全に成功したという訳ではなかった。ロンドン、オックスフォード間の運送業者は、通常、ハイ・ワイコムを通り、多くの者は、オックスフォードからワイコムまでは国王の名前の、ロンドンからワイコムへは議会の名前の、二重の許可証を手に入れていた。この違法な商業の、運送物の交換の地として、ワイコムは異常なほど繁栄した。

武器供給は議会の方がはるかに有利

金よりももっといいことに、議会は、国王よりも武器の供給においては、はるかに良好であったが、国王はといえば、中心的な倉庫や武器庫をすべて失ってから、戦争を始めねばならなかったからである。最大の鉄工業地帯であるサセックスは、議会の手中にあり、ハウンスロウ刀剣鍛冶が彼らのために働いていた。国王は、サー・ジョン・ウィンターが彼のためにカノン砲を鋳造したディーンの森を所有していた。彼はウェールズに鉛の鉱山をもち、鋳物工場がストラットフォードシャー、シュロップシャーで彼のために働いていた。しかし、彼はバーミンガムを保持することはできず、そこの主要な刀剣鍛冶屋はその製品を議会軍に供給していた。コーンウォールの錫は、国王の手中にあり、ニコラス・スランニング、ジャージーの司政官であるジョージ・カートレットの機転のおかげで、定期的にノルマンディー、ブルターニュで売られ、そこでの加工過程が武器のうえにしるされた。チャールズが収入を期待していたニューカースルは、海軍による封鎖によって、閉ざされたままであった。

一方の側、あるいは他方の側への加担の決定は、もはや少数者に限られることではなくなっていた。地域全体が紛争に巻き込まれることになった。彼らの大部分にとって、いままで党派の選択を喜んで避けて来たのは、それが歓迎できない紛糾事であったからである。自然発生的な蜂起というのは、どこにもなかった。議会のメンバー五人の逮捕の企てののち、ジョン・ハムデンを支持するため、バッキンガムシャーから騎馬にまたがった人々というのは、大部分、ハムデンが取ってきた政策に同意していたからであり、さらに彼ジョン・ハムデンが隣人のなかでも偉大な、影響力のある、愛される人物であったがゆえに、蜂起したのであった。公的祈祷文に好意をよせたケントの請願者は、たしかに親国王的、反議会的なものであった。しかし、その猛烈さと人数の多さと一緒に彼らにもたらされたのは、イングランドの他の地方からやって来て、一つの議会を構成している人々によって命令されることであり、彼らは無論それを嫌がった。それと同じ、コーンウォールの軍隊が国王のために生まれてきたとき、それを指導したジェントリは、確かに王党派ではあったが、しかし、その部下たちはなによりもコーンウォール人であり、自分たちの地方の価値をひけらかし、その名誉を立証しようと決心していたのであった。彼らは、彼らが戦うことになった敵よりも、同僚の王党派を少なからず嫌い、蔑《さげす》んだ。戦争の初期の最上の兵士というのは、こうした地方の誇りとそれへの忠誠によって鼓舞された連中であり、自分たちを食わしてくれている土地の名誉のために、なにかをなそうと決意したヨーマンの息子たちであり、古き家系、良き領主に対する義務感、もっといえば献身感を抱いている土地保有農たちであった。このような封建的影響は、双方の側において強かった。レスターシャーのヘンリー・ヘイスティングス、コーンウォールのベヴィル・グレンヴィルのような王党派に匹敵して、議会派のヨークシャーのフェアファックス、ランカシヤーのラルフ・アシュトン、チェッシャーのブレルトンがそうであった。

しかし、ピューリタニズムが深く人々を捉え、その選択に指示を与えた地域もあった。海岸地帯、とくに南東部、羊毛地帯、そして、北部、そこではカソリックがなお深く根差しており、それゆえ怖れられた。騎士党に対してマンチェスターやボルトンでおこなわれた民衆の抵抗は、宗教的確信から奮い立たされたものであり、シレンスターで捕らえられ、投獄された者の多くは、彼らが耐え忍ばねばならぬ残酷さにもかかわらず、国王のために戦い、働くことを拒否した。他方において、エセックスの軍隊出身者で捕らえられ、投獄された者たちは、一般的に、国王の軍隊に加わることに同意し、バンベリーの守備隊は、エッジヒルの戦いののち、立場を変えた。それは、偶然そうなったのであって、それを促したセー卿は、彼自身の強力な政治的信念をもって部下を鼓舞した訳ではなかったのである。

戦争の初期には、宗教的・政治的確信は、主として将校たちのあいだに見受けられた。王党派の連中は、しばしば、自分の部下たちに、指導者に対する忠誠、もっと遠くの、しかし、印象的な国王という者に対する忠誠を吹き込んだ。この点で、議会派は初めは難しい仕事を抱え込んだ。なぜなら、国王・議会という理念は、単純には説明できないし、教育のない者に大いなる熱狂を鼓舞するには、あまりにも厄介な概念であった。しかし、彼らの強さは、少数者の宗教的熱情、多数者のプロテスタント偏愛、ピューリタン説教師の兵士に対する積み上げられた影響にあった。読むことのできる人間は、聖書とフォックスの『殉教の書』その他の知識をもっていた。聖書は正義の戦争の記事をふんだんに含んでおり、それは読む人自身を納得させた。フォックスの『殉教の書』は、彼らにプロテスタント先駆者の英雄的苦闘について語りかけるだけでなく、アンチ・キリストと戦うイングランドの使命を明快に説いていた。これらの人々の心の材料は乏しかったかもしれないが、それは首尾一貫したものであり、正しい、十字軍的信念へと発展していったのである。

王党派の勢力を統一するのに、それほど強固で、単純なものはなかった。戦争の初期に役に立った個人的忠誠心は、結局のところ、分解的要素となり、イングランド教会は、下級兵士よりは、むしろ知的階級に呼びかけるようになった。そのうえ、礼拝堂付き牧師は、しばしば偉い人の取り巻きであり、ときには将校たちの書記官であって、ほとんど常にその従属者であった。そこからして、議会付き牧師には、しばしば、できるだけ多くの人々と意見を交わし、それに影響を与えようとする偉大な説教師（すべてピューリタン）がなった。すべてこれらは、漸次、反国王を語るようになった。

教育と地位のある人々も、ひとしく両派に分かれていた。ごくわずかな例外をのぞいて、宮廷とその取り巻き連中は、国王に従い、このことが、この派に貴族的な見せかけ、表面的な優雅さを与えていたが、それはまた、国王が王国の貴族階級を大部分自分の側にもっているという誤った印象を与えた。しかし、そうではなかった。彼は「役人」の大多数を引き連れていたが、彼らは、王権の下で利益のある地位を保持しており、それへの感謝の気持ちと利己主義とが、彼のところにとどまることを促した。しかし、ここにおいてさえも、意見の相違があって、そのもっとも顕著な例が、ヴェイン家のそれである。同家は職業上宮廷と結び付いてはいたが、それによって父親の利己主義と息子の熱狂主義を覆い隠すことはできなかった。サー・ハンフリー・ミルドメイもまた、国王の宝石を保管する家柄であったが、議会に対して支持を与えた（いくつか国王の宝石を手渡している）。

領主のなかでは、ごく少数だけがウェストミンスターにとどまった。しかし、議会側から抜け出した者のうち、積極的に国王に合流したものは少なかった。双方に分かれた貴族たちの性質や関心を一般化することはできないようにおもわれる。

イングランドに残った二人のもっとも強力な貴族のうち、ダービー伯は国王の側に、ノーザンバーランド伯は議会側に付いた。過ぐる数世代の、修道院の解体、商業の発展など、経済革命のあいだにその地位を築いた大貴族たちも、決してすべてが同一の陣営にいた訳ではない。ノーザンプトンとクレイヴンは国王側、クレアは疑わしいが中立的立場、ペンブローク、ソールズベリー、マンチェスターは議会側の立場を取った。大都市の指導的市民たちも同様に分かれていたが、ロンドンはそうではなかった。そこでは、議会がその支持者を鍵となる地位に付けていたからであり、著名な王党派市民は絶えず圧迫され、ときには危険に陥ることがあったのである。宗教的・政治的信念のほかに、他の要素も働いた。東インド会社の商人たちは、王を憎む原因をもっていた。というのも、彼は、自分が権力をにぎっていた時期、自分自身の利益から、競争会社をつくり、その会社から一六四一年、一〇万ポンド借り受けていたからである。議会は債務を引き受けることを拒否し、競争会社に国王の勝利に大きな期待を寄せさせることになった。

各軍隊は、はっきりとした人口の断面図を示し、分割の線——線と呼ぶには区分はあまりにも変化に富んでおり、入り乱れていたが——は、グループ、分隊の忠誠心のそれであった。戦争における州の顔は、関心と忠誠心の組み合わせ、あるいは絡み合いの複雑さにおいて、平和時における州の顔を反映していた。組織、財政、物資供給の諸問題は、戦う両当事者の思惑を越えて、はるかに伸びていたが、しかし、国王の目論みは、海外から実質的援助を得ることができないかぎり、議会のそれよりも暗かった。もし彼が一年以内に戦争に勝利しなかったら、少しでも勝利を得ることはできそうになかった。それに対して、議会は持久力をもっていたのである。

第三節　一進一退続く、クロムウェルの最初の戦勝

国王は、海上よりするデンマークの援助を期待し、デンマーク艦隊の奉仕に対してはオークニー諸島を譲渡すると提案していた。彼はまたポルトガルの使節と接触したが、使節は、オランダで表向きはポルトガル王のために武器を購入すると称していたが、実はイングランド王のためであった。しかし、彼のより直接的期待は、アイルランドに固着しており、彼のために使える部隊を解放することになるそこでの休戦の知らせを待ち望んでいた。王妃はまだヨークにいたが、アントリム伯に大いにけしかけられて、彼女自身の頬に血の気がさすような計画を追求していた。アントリム伯は、生まれ故郷のウルスターで捕らえられていたが、脱走に成功し、いまやヨークに現れ、アイルランドのすべての党派間に平和を実現し、そこから転用できる二万の軍隊をスコットランド盟約者団に差し向けようと画策していたのである。その計画を大幅に取り上げた王妃は、ただちにそれを実行する権限を彼に委託し、自身はヨークにあって、モントローズ、アボイヌ、その他のスコットランド人王党派を促して、蜂起の準備をさせた。彼らの計画は、公式的には、ハミルトンの助言にあって、否決されていた。しかし、彼女は、その内密の継続に反対しなかった。彼らのある者はそれを了承したが、そのような不明朗なやり方の嫌いなモントローズは、国王によって承認されていないそのような計画に乗ることを拒否し、王妃の不興、同僚との不和をうけて、ヨークを離

れた。こうした失望事があったにもかかわらず、王妃はなお希望に燃えていた。「わたしが、これほど喜び、満足していることは、ここしばらくなかったことです」と、彼女は一六四三年五月一七日、国王に宛てて書いている。

一六四三年五月二〇日、トーマス・フェアファックス、ウェイクフィールドを占領

三日後のホワイトサンデーに、北部の王党派にとって軍事情勢が急に悪い方に転じた。ウェストライディングの毛織物工業地帯の村々出身の若いピューリタンの義勇兵によってその軍隊を膨れ上がらせたサー・トーマス・フェアファックスが、ウェイクフィールドで突然攻撃を開始したのである。彼は、貧民の不満によって、行動を余儀なくされていた。一カ月前の彼の敗戦にさいして、騎士党は、その捕虜を身代金に対して釈放した。何人かは自由を買い取ったが、多くは捕らわれたままであり、哀れにおもっての身代金をひったくろうとする捕獲者によって飢餓に追いやられ、ひどい取り扱いを受けていた。捕虜の哀れな妻たちは、フェアファックスのぐるりにまつわりついて助けを求め、ウェイクフィールドの攻撃は、交換する捕虜をつくるために主として企てられたものであった。ウェイクフィールド市は、ジョージ・ゴーリング指揮下に強力に守られていたが、フェアファックスは防衛の弱点を突いて侵入し、猛烈な粘り強さでその優位を維持し、兵士を曲がりくねった街路へ分散して入り込ませ、王党派の連中をして、現実にそうなる前に都市は占領されていたと言わしめた程であった。王党派は確信を失い、一、二時間の孤独な戦いののち、降伏した。「それは勝利というよりは、奇跡に近かった」と、フェアファックスは述べている。

豊富な銃、武器、貯蔵品が彼の手に入り、彼が欲していた多くの捕虜も得たが、その中には、北部の王党派騎兵将校のなかでももっとも有能といわれたジョージ・ゴーリングも含まれていた。しかし、ウェイクフィールドそれ自体を確保するのはフェアファックス一家の意図にはなく、彼らは、重い獲物をもって——長男はリーズへ、次男はブラッドフォードへと——後退した。

王妃は、ウェイクフィールドの敗北によっても、またまもなくロンドンから来たニュース——庶民院が公式に彼

女を反逆罪で告発した――によっても、うろたえなかった。数週間前、彼女は、国王を平和へ動かすために彼女の影響力を行使してほしいという、ピム、ハムデン、その他の署名入りの書簡を受け取って、驚かされたばかりであったからである。そのときには、それは彼ら議会側の弱さを示したものと受け取られたが、おそらく、それは、彼女の告発の前に、彼女に最後のチャンスを与えようという予備的動きであったようにおもわれる。勇敢で、しかもおべっかを使う兵士からなる従者に囲まれて、安全感に満ちた彼女は、嘆願される場合も、脅迫の場合と同様、笑顔を見せる一方で、ウェストミンスターにいる現在のピム派閥（ジュントー）に対して、一刻も早く、いまの議会は真実の、あるいは自由の議会ではない旨《むね》の宣言をするように促しているのである。

国王軍、ストラットンの戦に勝利し、デボンシャーへ進出

西部では、チャドレィによって課せられていた制約から解放されたホプトンが、その率いるコーンウォール人を導いて、デボンシャーの州境を越えようとしていた。一六四三年五月一六日、議会の西部軍の司令官であるスタンフォードを、ストラットンの丘と海岸のあいだで捉えた。激しい戦闘ののち、コーンウォール人はスタンフォードを一掃し、彼の軍隊を重い損害を与えて分散させ、若いチャドレィ自身を捕虜にした。スタンフォードはウェストミンスターに急いでおもむき、チャドレィが戦闘の最中、彼を援助するのに失敗したと告発したが、この非難は、チャドレィが国王の軍隊の指揮を引き受けたとき、絶対的確認を受け取った。このとき、デヴォンの指導的土地所有者であった彼の父親も、議会軍から退き、ホプトンのコーンウォール勢は、遮られることなく、分割されたデヴォンシャーを前進――市場の日に当たっていたトートンを荒らし、必要としていた馬すべてをさらった――し、他方、オックスフォードからは、国王はハートフォード侯とプリンス・モーリスを、彼らに合流するように派遣した。南西部全体はまもなく国王に固く確保されるかのような姿を呈するにいたった。

ホプトン前進のニュースは、ミッドランド西部で成功裡に戦争を展開していたサー・ウィリアム・ウォーラーの

もとに届いた。部隊を守備に就けることなく、ウォーラーはヒアフォードを空っぽにして、多くの試練を受けたウースター――王党派が一度ならず占領していた――の前面に現れた。町は固い防衛を敷いていたが、その固有の強さよりは、西方からのホプトン前進のニュースに、むしろほっとしていた。ウォーラーは、奪回のための包囲攻撃を断念し、ホプトンとハートフォードの合流を妨げる方針を取ることにした。

ベルトン村の戦いでクロムウェル最初の勝利を収める、彼の性格

ストラットンでの議会軍の惨敗は、同じ週、イングランドの他のところでおこなわれた小さな会戦から注意を引き離してしまった。その会戦とは、両党派が支配権をめぐって争っていたリンカーンシャーの田舎で、大北道路(Great North Road)の地域をパトロール中のオリヴァー・クロムウェルが、グランザムの北の丘陵地帯、ベルトン村の近くで、優勢な国王軍に襲われて起こったものであった。彼の評価によれば、国王軍は騎馬の二一部隊、竜騎兵三、ないし四部隊から成っていた。彼は、主として彼自身に所属するイースト・アングリア人から成る騎兵隊一二部隊を率いていた。彼らは、春の夕方の青白い光線のなかで、お互い顔も識別しがたいほどであった。双方のムスケット銃隊が二、三発交換したのち、騎士党は、有効な戦闘をするには遅すぎると考えたようである。まさに日没の直前に、クロムウェルは攻撃を仕掛けた。彼は兵士を「快い速歩」で、ゆるんだ王党派軍に襲い掛からせ、それを壊走させ、軍旗を四、五本取った。騎士党にとって、損害を与えられたという話よりも、もっと屈辱的であったのは、クロムウェルが、自分の徴募した素人の人間を頼りになる兵士に変えたということであった。

クロムウェルは、庶民院でのピム党の傑出したメンバーというよりは、信頼される人物であったが、イースト・アングリアのジェントリーの中では、そのエネルギーと主導性において際立っていた。彼は四四歳、大柄で、骨張った、やせた男であった。その恐るべき知性と精神の力は、この地方のジェントルマンの生活、差配する母親、つつましやかな女房、成長期にある子供たちを抱えた小さな家のなかでは、捌《は》け口を見出すことができなかった。その

初期には、彼の現実的、組織的な能力は、地方政治と小さい領地の管理に限られており、彼の考え込む知性は、彼自身の条件、神の言葉を除いては、それを養うものを少しももっていなかった。彼の本来の能力を押さえてきた生活の思想上の、暗い不幸が、彼を憂鬱にし、心気性にし、時には妄想へとうながした。三〇代に入って、彼は苦悶《くもん》、そして宗教的回心の解放を経験した。彼は、彼自身の言葉によれば、「暗闇のなかで生き、それを愛し」、信仰の陽光への道を求めて苦闘した。彼は、厳しい精神の格闘によって神を見出し、彼の強烈な存在に内在する情熱から、どの人間も神への自分の道を見付ける権利と義務があると確信するにいたった。

戦争が彼に、ついに彼の能力にふさわしい出口を与えた。数カ月のうちに、彼は東部州におけるもっとも活動的な人物として一般的に認められるようになった。戦争の経験はなんらなかったが、彼はたちまちのうちに、彼の仕事に必要な技術的知識を修得し、ベルトンにおける彼の最初の小さな勝利が、彼の信念の正しさを立証した――神を恐れ、自分がなんのために戦っているかを知っている人間は、「ジェントルマンが進むかぎり」進み、騎士党を打ち倒すことができる、というのである。

クロムウェルは、慎み深くもなければ、虚栄心の強い人間でもなかったが、彼を選んでくれた神の手を感じ、彼の勝利を大々的に宣伝することによって、神に栄光をもたらそうとした。これを個人的虚栄心ととった敵は、彼を誤って理解したことになる。彼は単純でも、偽善者でも、自己欺瞞者でもなかった。彼は厳格な真面目さでもって、創造主との純粋な、直接的関係を求め、彼が書いたどの書簡も、彼が組織したどの部隊も、彼が強化したどの守備隊も、彼が占領したどの村も、彼が勝ち得た前哨も、彼にとっては、行為に現れた賛美歌の一部であり、不断の神の栄光化にほかならなかった。

クロムウェルの諸部隊の神的性格、良き規律は、まもなく注目を集めた。「彼らが出掛けて行った地方は、小躍りして喜んだ」と、ロンドンのジャーナリストの一人が書いている。しかし、例外もあった。クロムウェルは最初から、平の兵士よりは、むしろ彼直属の指揮官に価値をおいていた。彼の部下は大部分「良心の問題として、この紛争に従事してきた自由土地保有者とその息子たち」であり、彼の隊長たちは、彼自身の親戚でないかぎり、常にジェントリィではなかった。社会秩序のこの無視は、若いホーサムを怒らせたが、彼の部隊は時折、リンカーンシャーの境界のところで、クロムウェルの馬の飼料収集隊と接触することがあったのである。クロムウェル部隊との接触で喜びを爆発させるどころか、ホーサムは、彼らが自分の領域内に入るなら、発砲するぞと脅しているのである。

五月半ば、エセックス伯は、荒廃した、病気に悩まされた部隊を抜け出して、ウェストミンスターにやってきて、議会とシティに対して、ただちに一〇万ポンドの金を用立ててほしいという要求を突き付けた。彼が必要とした金の三分の一は、どうにか調達された。緊急措置が図られることになった。オランダ語アッキス accijs、英語で「excise（物品税）」と呼ばれる課税が、いまや繰り返し庶民院で論争されることになった。それは物品購入税を意味し、初めは議会で否決されたが、いまや委員会で審議されることになった。

ワラーの反議会陰謀発覚

春の訪れとともに、ロンドンは、表面的には、他のどの月よりも、快い季節となった。義勇兵の諸隊は、長くなった夕方、店舗が閉まったのち、肩にシャベルをかつぎ、戦いの楽の音に合わせて、防塞補強の作業に付いていった。少女たちも合流するように促されたが、多分、少女たちのできる作業量からではなく、彼女らの存在が男たちにとって魅力があったからであろう。その間にも、エドマンド・ウォラーは、オックスフォードで平和交渉の覆いのもとで計画されていた陰謀を成熟させるのに忙しかった。五月一九日、エッジヒルで殺された国王の従兄弟の陽気な未亡人レディ・ドービニィが、表向きは個人的用事ということでロンドンへやってきた。彼女は、その身体に国王の閲兵（動員）命令書を隠しもっていた。これは、シティのさまざまな有力な王党派の連中と調整したのち、国王がロンドンへの前進を宣言するや否や、発表されるはずであった。またロンドン塔が占拠され、議会指導者の何人かが人質として確保されるはずであった。ウォラーは、無関心にとどまったノーザンバーランド伯、打ち明けられると、すぐにそそっかしく計画に加わりそうなポートランド伯、コンウェイ卿を計画に加えようと試みた。ウォラーは、非常に裕福なサー・ニコラス・クリスプ——王党派の商人で、関税請負人であり、冬にはオックスフォードへ逃げて来ていたが、ロンドンの国王の友人との接触を保っていた——によって推進されている同様な計画のあることを知っていた。陰謀者たちがなにを意図していたにせよ、そこからなにも生じなかった。なぜなら、その他の同じような陰謀と同様、この軽はずみの社会では、漏れやすかったからである。一六四三年五月三一日、ウォラーと他の嫌疑者たちは逮捕された。

レディ・ドービニィは、フランス大使館に駆け込み、保護を求めた（彼女の夫も、フランスではサー・ドービニィとして、フランスの臣下に組み入れられるように要求したものであった）。議会は意に介せず、血気盛んに憤慨している彼女を連れ戻し、ロンドン塔にぶちこんだ。彼女の性と地位とがそれ以上の危険から彼女を護った。エドマンド・ウォラーの方は、共犯者の名前をすべて明かすことによって、さらに卑劣にも、自分に課せられた嫌疑を証拠立てることを彼らに懇願して、その不名誉な生命を買い取った。彼の供述はきわめて詳細なものであったので、ヴェネツィアの代表は、王党派の嫌疑者の逮捕を免れさすために、彼と議会のあいだで調整された捏造物《ねつぞう》ではないかと信じたほどであった。三人のロンドン市民が絞首刑に処せられたが、ウォラーの方は一五カ月の投獄ののち、一万ポンドを支払い、追放された。

この発育不全におわった陰謀の実体はあまり重要ではなく、重要なのは、それが利用された使われ方であった。ウェーヴァラーや穏健な人々、平和交渉に望みを託していた人々は、内部からする裏切りの脅威によって震え上がった。国王と同意するというのも一つの解決であったが、彼らの同僚の裏切りによる国王の勝利というのは、また別の問題であった。議会に対する忠誠の新しい誓約が作られ、信頼しうる場所で、すべての議会のメンバーのうえに課せられた。ピムは、彼の同僚たちにスコットランドとの密接な了解の必要性を説得し、そのメンバーのある者に降りかかった嫌疑によって困惑した貴族院は、議会の代表としてエディンバラに派遣される委員を、庶民院との合同会議で選出することを余儀なくされた。

もっと重要であったのは、教会を神の言葉とのより密接した調和へもたらそうという欲求を示す決定が、いまや議会によって取られたということであった。これにしたがって、彼らは、スコットランド、他のプロテスタント諸国の例にならって、教会の改革を検討する「聖職者集会」の法令を出した。

「集会」の出現は、ロンドンの新聞では、ロンドン塔に寂しく捕らわれている大主教ロードに対する嘲笑の爆発として祝われた。ロードに向けられるべき責任追及の準備をするという、彼の性格に見合った仕事を課せられていたウィリアム・プリンヌは、最近塔の彼の部屋をおとずれ、おりに触れて自分の夢を書き記した日記を含んだ個人的な紙片を持ち込んだ。これらの親密な文字上の接触は、のちに、適切なコメントを付けて、公に暴露されたが、ロードの運命を握った主人公のはずのプリンヌに首枷《かせ》がはめられることになって、バートン博士が教会会議の充足を説いた。国王と高等聖職者がその反対者を懲罰してきた星室庁裁判所、高等法院裁判所といった機関はすでになくなっていた。その反対者たちが作り出す危険な自由をなんらか制限する必要性が、いまや議会に感じられるようになった。訴えられるかもしれないという恐怖にもめげず、パンフレット作者たちは、いまや、カルヴァン主義の考え方では、神を恐れる大衆は等しく社会の安定性と道義を脅かすものである、という見解を印刷に付した。「集会」が招集された次の日、議会は、その許可なしには将来なにものも出版してはならない、という検閲機関設立の法令を出した。過去二年間、自由に陶酔してきた出版業者、パンフレット作者たちは、それにほとんど注意を払わなかった。

内部からの裏切りの危険性はなお終わってはいなかった。ロンドンで陰謀が発覚してから二週間後、ヨークのニューカッスル侯とハルのホーサムのあいだの秘密の交渉が、そのクライマックスにたっしていた。フェアファックスを妬み、クロムウェルの態度にひどく怒った、父の方のホーサムは、ハルを譲渡する準備ができ、国王派に合流した。彼の息子は、父よりも自分の信用を失いたくなかったが、さまざまな疑惑で難儀を起こしてしまった。すなわち、彼は、あまりにも多くの国王側の将校が暴力を働いていると、そのような気難しい者たちとは一緒になって奉公することはできない、とニューカースルに抗議した。息子のホーサムがためらっているうちに、彼の同僚たちの疑惑が高まった。六月一八日、ノッチンガムで、司政官で、大佐のハッチンソンは、隊長ホーサムを逮捕した。彼はリンカーンへ逃亡したが、再逮捕された。彼の父は、機敏に、逃げようとしたが、落馬してそれもできず、悪しき心と黒い目をした怒れる囚人として、ロンドンへ送られたのであった。

悲惨事は狭くハルで抑えられたが、テームズ渓谷、チルターンの丘、そして、西部から来たニュースというのは、議会にとって悪いものであった。サー・ウィリアム・ウォーラーは、ハートフォード、プリンス・モーリス、オックスフォードの騎兵隊とホプトン、コーンウォールの軍隊との合流を妨げるのがあまりにも遅かったため、みずからウェルスに入り、サマーセットの部隊に合流するように呼びかけた。しかし、コーンウォールの部隊は着実にやってき、地元の部隊がタウントンのところで彼らに道を譲ってやったので、彼らは妨げられることなく、アヴァロン渓谷を通り、ウェルスへやってきた。うろたえたウォーラーは、ウェルスを引き払って彼らの前に現れた。しかし、プリンス・モーリス、カーナーヴォン卿は騎兵隊を率いて、ウォーラーのくびすに接してメンディップ丘に上り、続けざまに戦いを仕掛け――この戦いのなかで、モーリスは捕らえられ、奪回された――、ウォーラーをびっくりさせ、いらだたせ、悔しがらせた。

西部州からのニュースは、それだけで、ロンドンにおける漠然とした不安をかきたてるには、あまりにも遠く隔たりすぎていた。テームズ渓谷とチルターン丘陵からのニュースは異なっていた。エセックスは、もっと金を、もっと兵員をと訴え続けていたが、私信ではあったにせよ、ハムデンからの手紙によって支援されていた。六月半ば、クロムウェルからは、王妃がまもなく、騎馬一二〇〇頭、三〇〇〇の歩兵を伴って、ヨークを出立する模様であり、それを遮るには全力を尽くさねばならないと報告してきた。エセックスは行動に移り、オックスフォードを四方から包囲しようと試み、五マイル離れたウィートリに到着したが、イスリップでテームズ河を渡河しようとして撃退された。彼のその後の行動は、プリンス・ルパートの反撃——彼は突如の夜襲によって、エセックス陣の心臓部に切り付けさえした——にあって、機能麻痺状態におちいった。

ルパート、エセックスのオックスフォード包囲計画を挫折さす

議会軍からの傑出した脱走兵——ハリー大佐——によってもたらされた情報にもとづいて、ルパートは、六月一七日午後、約一〇〇〇のより抜きの騎兵、八〇〇の竜騎兵、歩兵を率いて、オックスフォードを離れ、チゼルハンプトンでテームズ河を渡り、夜の闇に隠れて、エセックスによって占領されている地域をこっそりと通り抜け、チルターン分水嶺の高み、ストッケンチャーチにいたサー・サムエル・ルーケの宿営地に襲いかかり、夜明けには、エセックスがベッドフォードから来た新来の部隊を宿営させていたチノア村を驚かした。騎兵隊は彼らを脅し、四散させたが、惜しくも、部隊に金を運ぶ運搬隊を取り逃がした。彼らはエセックスの司令部に駆け込み、警報を発し、司令部の宿営地全体をうろたえさせた。これを成し遂げて、ルパートは整然とオックスフォードへ帰還したが、前進の前に、橋を確保するために一隊をチーゼルハンプトンへおくり、撤退の線を開放しておいたのである。エセックスの留守のあいだ、テームズ河確保をまかされていたサー・フィリップ・スティプルトンは、彼の部隊に活を入れ、ジョン・ハムデンの援助も得て、近隣の哨戒地からかき集めたすべての兵を繰り出し、騎士党の後を追わせた。ルパートは退却しつつ彼らを引き付け、彼らがチャルグローヴの穀物畑で不利な状況に陥るや否や、全騎兵隊をあげて攻撃し、彼らを敗走させた。ルパートは、六月一八日午後早く、オックスフォードに帰還したが、この間、エセックスの軍隊を混乱させ、オックスフォードを封鎖しようという彼の企てを放棄させるという戦闘の目的を見事に達成していたのである。

ハムデン、死す

その混乱した、荒れた戦闘の初期に、ジョン・ハムデンは肩に負傷した。彼は痛みをこらえてテイムに引き揚げたが、六日後に死んだ。「哀れなハムデンは死んだ」と、ピムの甥で、その右腕になっていた男が書いている。「わたしはなんと書いていいか、判らない。王国はこの一人の臣下に、これほどの損失を受けたことはなかった。これほどの真の、信頼しうる友人というのもなかった」と。彼は、ピムへの忠誠において、また国王は戦争において負けねばならない、という確信において、揺らぐことはなかった。他のだれよりも彼は、完全な如才なさとたゆまないエネルギーでもって、エセックスと議会のあいだの困難な関係を滑らかにし、将軍への信頼を維持し、彼の金に対する要求を支持し、エセックスの手紙の怒りっぽい調子を弁解し、説明した。彼とともに、もっとも説得力のある、もっとも大衆に人気のある議会の代表者、そのもっとも高貴な代表者と広く感じられていた人物が亡くなった。自分自身の問題、議会の問題の処理に巧みな、偉大な政治的敏腕家としての彼が、エドワード・ハイドのような人々によって憎まれたのはごく自然なことであった。ハイドの考えによれば、自分たちは、ハムデンの甘い口調にだまされて、のちに後悔することになる政策の支持者にされた、というのである。しかし、ハムデンは、大いに広く愛され、船舶税に関して国王に抵抗した間に彼が獲得した、汚れのない愛国主義の名声は、最後まで彼のうえにとどまった。彼の場合、誠実な信念が知的計算と結び合わさり、高貴な物の見方が政治の日常的闘争における抜け目のなさと合い容れあっていた。ジョン・ハムデンは、政治的意味において、よき議会人であったが、しかし、それだけでなく、もっとも広い意味において、よき議会人であったのである。

彼の純粋な思考は、あらゆる腐敗から
自由であった、その意味で、彼は友達を評価しなかった
かなりの資産、それこそ、自分で定めた目標、

なんらかの昇進、それには、上へ昇らねばならない
（彼固有のもの）静かな良心、そして、国民愛

ロンドンでこの悲歌を書いたある無名の詩人の言は正しかった。数日後、同僚の兵士、同僚の議員たちは、遺体に付き添って彼の家にいたり、ブナの木のあいだの静かな奥津城にそれを埋めた。彼らは失った彼らの指導者の価値を知っていたのである。

ハリーから得た知識を使って、ルパートは、チルターン、およびロンドンへの道路上での襲撃を強めた。彼の部隊は、バッキンガムシャーやバークシャーで、陽気に馬の飼い葉をあさり、アイルズベリー渓谷では牛や鉛の標識を付けた羊を追い散らし、議会軍の前哨をさっと通り抜け、ロンドンに物資を供給している村々を略奪した。チャルグローヴの一週間後、ハリー大佐指揮下の一隊は、まさしくチルターンを横切る行動に出、西ワイコンブを襲撃した。その間、パニックに陥ったロンドン市民は武装して終夜、待機しなければならなかった。彼らを抑えるハムデンを欠いたいま、庶民院はロンドン市民の叫喚《きょうかん》に応えて、素早くエセックスを呼び、ルパートと取引するように要請した。騎士党によって、また軍中の病人続出によって苦しめられていたエセックスは、ほとんど軍の秩序を保つことができず、また兵士の脱走と絶えざる資金の欠乏から、弱まっていて、気持ちが折れ、辞職の脅迫で彼らに返事した。自分自身の重荷に加えて、ハムデンのそれをも背負うことになったピムは、庶民院を抑制し、エセックスを慰留し、さしあたって平静を回復した。

（老）フェアファックス、ウェストライディング（ヨークシャー）を国王軍に奪わる

彼がそのような措置を取るか取らないかのうちに、最悪の悲惨事がヨークシャーから報告されてきた。フェアファックス卿とその息子は、騎士党に対してウェストライディングをいま一度、そして、ずっと確保しようとして、

リーズ、ハリファックスから集められる兵力を全部集め、ブラッドフォードに向かった。そこへは、ニューカースルの極めて大きいが、劣悪な装備の軍もまた接近していた。サー・トーマス・フェアファックスは、戦闘の指令については父親に優先権を与え、自身は騎兵隊だけを指揮していた。六月三〇日、彼らは王党派の主力――およそ歩兵一万五〇〇〇、騎兵四〇〇〇から成っていた――と、まさにブラッドフォードを越えたアドワルトン沼地で遭遇することになった。騎士党は、沼地の縁《ふち》に点在する生け垣や小屋を占拠したが、議会軍の断固とした攻撃によって撃退された。前進は悲しいほど案に相違したものであった。なぜなら、王党派は兵員数が二倍であり、なお沼地の高地を支配していたからであるが、ニューカースルは騎兵の一隊を出撃させ、彼らは生け垣、垣根、小丘を迂回し、突然、議会軍の後衛に襲い掛かった。自分自身が包囲されたと勘違いした議会軍兵士は、疲れてもいて、パニック状態に陥った。若いフェアファックスは、騎兵隊のいくらかをハリファックスに連れ出すことができたが、歩兵隊は四方に散らばった。大砲の多くは失われ、老フェアファックスは、大変な難儀をしたが、幸運に恵まれ、どうにかリーズに退くことができたのである。

ウェストライディングを喪失したものとして放棄し、老フェアファックスは、その兵力が大きくなるまで、ハルに退いていようと決心した。サー・トーマス・フェアファックスの方は、機敏に王党派の勢力のなかに侵入し、彼の妻や子供と一緒に、そこに残してきた部隊を取り戻すことを期待して、ブラッドフォードへ取って返した。町は、その弾薬のほとんどすべてを撃ち尽くしていたが、すぐに王党派によって包囲され、「王妃のポケットのピストル」――王党派は自分たちのカノン砲をそう呼んでいた――が防衛側に弾丸を降り注いだ。包囲突破が綿密に計画され、大胆に実行されたが、優劣の差はあまりにも大きく、少数の部隊が通り抜けただけで、フェアファックスの妻は夫の目の前で捕らえられた。彼の少女と乳母は逃れたが。ハリファックスとリーズから来た部隊と合流して、フェアファックスは、セルビーのところでオウーズ河を渡ったが、王党派によって遮られ、ハンバー河のリンカーンシャー側の岸辺へと追い立てられた。歩兵をそこの宿営地に残して、彼は騎兵の乏しい残存部隊を運ぶ船を手に入れて、ハルに運んだが、疲労の極、血みどろになって到着した。彼は四〇時間、馬に乗り詰めであり、セルビーで腕に負傷し、彼の娘も疲れ果てて、彼の目の前で死ぬのではないかと思われた。ハルで、彼は一時的休息とホーザムの貴重品金庫を見付け、そこから彼の部隊に支払いをすることができた。レディ・フェアファックスは、礼儀正しいニューカースルの至急便派遣の意志によって、彼の馬車で夫のところへ送り返された。そして、一夜の眠りから覚めた子供との面会は、彼女に冒険のしがいがあったことを悟らせた。

休息の時間は短かった。ニューカースルは、いまやほとんど異論なく、ヨークを支配し、ハンバー河入江の低い方の岸辺を海から遮ってきた水門を開き、ハル周辺部を水浸しにした。フェアファックスの騎兵には、飼い葉も水もなかった。彼には、自力で町を退去する以外に選択肢はなく、クロムウェルと協議して、(ハンバー河を渡って)彼の部隊をリンカーンシャーへと横切らせた。

折から王妃、「女王陛下」は、快活な装いをして、ヨークから国王に合流する途上にあったが、三万の歩兵、騎兵隊三〇部隊、カノン砲六門を伴っていた。彼女の軍隊が南へ向かうと、フェアファックスの敗北によって呆然としていた議会軍は、議論をしたが、ためらい、結局、彼女を遮ることはできなかった。

第四節　国王軍、要衝ブリストルを陥れる

南西部では、サー・ウィリアム・ウォーラーが、バースに退いていた。ここで彼は、個人的な会見のために彼と会いたい、というホプトンからの要求を受け取った。二〇年前、ドイツの戦争で、彼らは軍隊で一緒であった。ホプトンにすれば、他の多くの者と同様、ウォーラーも、尊敬する友人によって真面目にうながされた話し合いに応ずるであろうと考えたのは、ごく自然なことであった。しかし、ウォーラーは、双方の側に列席する多くの真摯な者たちに、気高い心痛を伴うような会見を断った。

「確かに、わたしの貴殿に対する好意は変わりません。現在の敵対的状況も、貴殿個人に対するわたしの友情を壊すことはできないでしょう。しかし、わたしは、いな奉仕している問題に忠実であらねばなりません。古き制約は、死ぬまで usque ad aras 保ち続けられるでしょうが、いまわたしの良心が関心を抱いているところでは、他のすべての義務は飲み込まねばなりません。わたしとしては、貴殿の要望に応じて、喜んで貴殿をお待ちしたいのですが、貴殿もまた、見たところ、後退の可能性のない党派に属していらっしゃる……わたしの心の探り手である偉大な神は、わたしが、どんな悲しい思いでこの奉仕におもむいているか、どんな憎しみをもって、敵でない者とのこの戦争を嫌っているかを、ご存じでいらっしゃる……わたしたちは二人とも、舞台の上にあがって、この悲劇に与えられている役割を演じています。それを、名誉ある仕方で果たしましょう。事態がどのようになろうとも、個人的憎しみなく……」。

数日後、彼はせきたてるように、議会に送金を要求した。そのほかの援助――「異常なほど武装した馬」から成る五〇〇騎の一連隊、サー・アーサー・ハスレーリッグが要求していた「ロブスター」――は届いたが、送金はなく、彼は、これで果たして軍隊の秩序が保てるかどうか疑問に思わざるをえなかった。その間、王党派は接近し、ウォーラーは、できれば、彼らをバースの近くの地形の険しい地帯で食い止めようと準備した。王党派の方は、

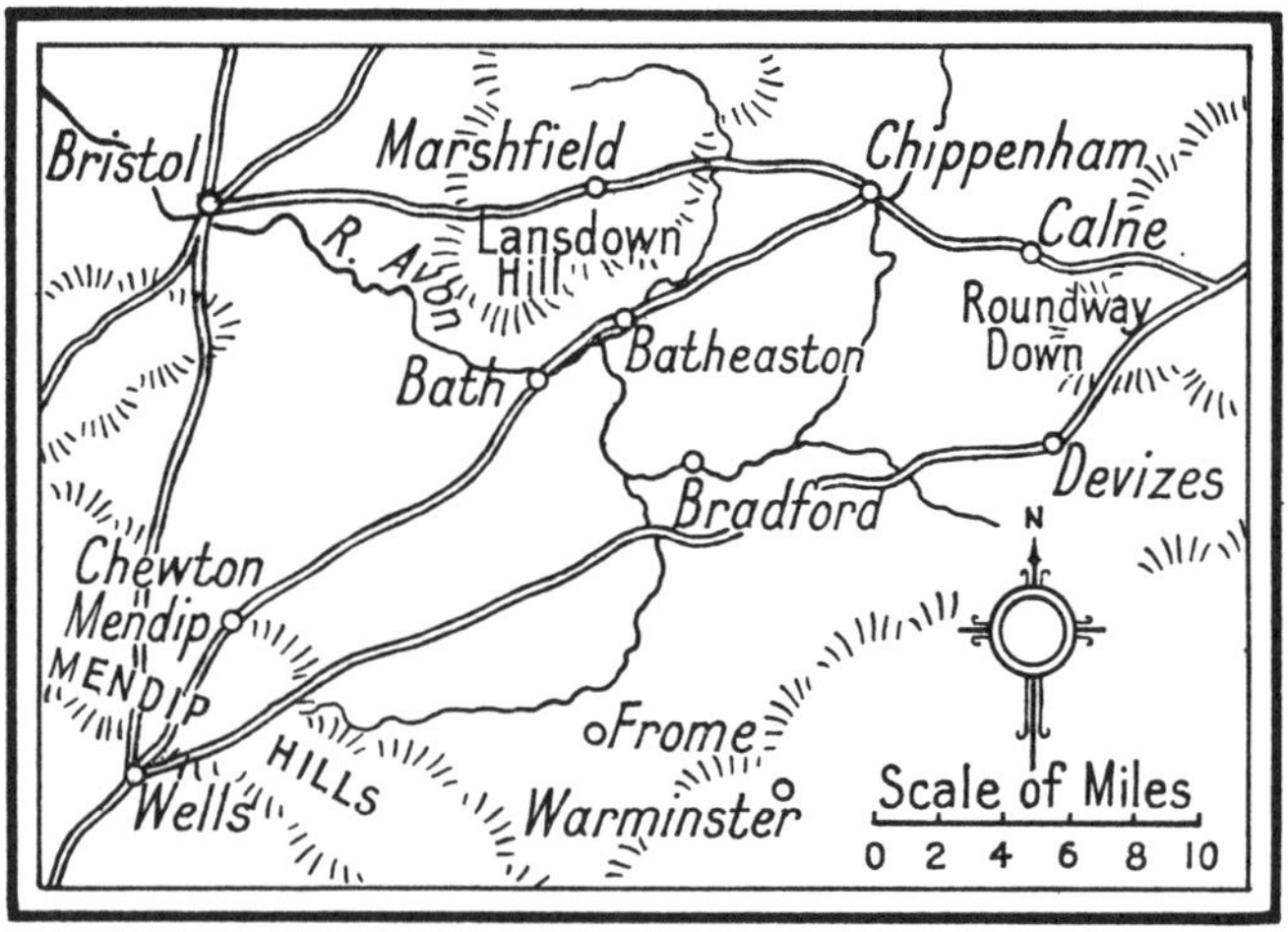

ブリストル攻略図

ブラッドフォード・オン・エイヴォンのところでエイヴォン河を越え、北西に転じて、ロンドンとの連絡を絶つ形でバースに向かった。ウォーラーは、一隊をして河を渡らせ、七月三日、モンクトン・ファーレイのところで前進してくる敵を待ち伏せした。しかし、王党派軍はそれを撃ち返した。ウォーラーの主力が河を渡り、バースの南に出たことを知った王党派は、町の北側に回り込み、ランスダウン丘陵の支配的な尾根を占拠しようと考えた。しかし、日中の努力で疲れ果て、彼らはバジアストーンで夜のキャンプを張った。夜のあいだにウォーラーは移動し、七月四日の早暁、ランスダウンの尾根を占拠した。王党派は、その北の、ブリストルへの街道を支配するマルスフィールドへ司令部を移して、彼を引き付けようと試みた。

ランスダウンの戦い、王党軍の勝利

ランスダウンとマルスフィールドのあいだの土地は、低樹林の茂みや曲がりくねった小道をともなって、泥の底まで険しく落ち込み、また険しく上昇するといった土地であったが、ウォーラーは、低樹林と小道のあいだにムスケット銃兵を配置し、七月五日、王党派の騎兵隊が彼らの位置へ前進してきたとき、はじめて発砲し、敵が後退しはじめたところを、騎兵隊の攻撃を掛けて、混乱に陥れた。しかし、コーンウォール歩兵は踏みとどまって、騎兵隊を再結集させ、王党派は再び前進に移った。このとき、コーンウォール兵は、生け垣から生け垣へと粘り強く前進し、ムスケット銃兵に後退を余儀なくさせた。他方、王党派の騎兵隊もしだいに疲れ果てて、散りぢりになり、抵抗する馬を無理やり後退させた。ウォーラー軍は、低い斜面を失ったが、その恐るべき大砲とかなりの騎兵隊とによって、なおランスダウンの尾根を確保していた。ある職業軍人は、自分たちの位置は難攻不落であると見なしていたが、職業軍人でないコーンウォールの歩兵たちは、「これらのカノン砲を生け贄《にえ》にしよう」と叫んでいた。サー・ベヴィル・グレンヴィルは、槍兵の先頭に立ち、左手に一団のムスケット銃兵を従えて、軍を進め、陽光も見分けられないほどの厚い暗黒の雲を三度突き破って、コーンウォール歩兵隊を尾根の頂へと導いた。二度、カノン砲の

砲撃とウォーラー騎兵の突撃によって撃退されたが、三度目にはひるむことなく、グレンヴィルはなお指揮を執っていた。今度は、コーンウォールの槍兵が尾根に取り付き、一画を確保したが、「絶壁のため横穴のうえに立っている案配であったが、恐るべき突撃を前にしても、不動の巌のようであった」。

射撃の騒音と黒い煙のなかで、グレンヴィルは戦死した。しかし、彼の部下たちは、断固として戦い続けた。

これは普通の勇気ではなかった、これは
時と理由によって、出される勇猛と呼ばれるものでもなかった
神の怒り、激しさ、気高さであり
それが勇猛を神がかりの行為に変えたのだ

のちに、オックスフォードで、詩人たちはこの英雄的登攀を称えた。さらに、後世、ロマンティックで敬虔な世代は、グレンヴィルが死んだ険しい高地に記念碑を建てて、栄冠を与えた。コーンウォールの槍兵の攻撃と耐久力は、不可能事を達成したが、王党派の騎兵隊は四散し、混乱し、彼らに援助を与えるのに失敗した。しかし、ムスケット銃兵がいまや再びたどりついて、その止むことのない射撃によって、ウォーラーの疲れた騎兵隊を駆逐し、尾根のうえで戦友の傍らに陣を形成した。不機嫌になったウォーラーは、防衛的位置を取るため、石の壁の背後に退いたが、まもなく、ランスダウンの高みの平地でお互いの顔を突き合わせている両軍に、夜の暗闇がおりた。

夜を通じて、王党派はときたま発砲して、油断のないところを示した。ウォーラーが設けたキャンプでは、火がちらちらと燃えるのが見られた。しかし、少し経って、王党派の斥候の報告によれば、彼がすでに退却し、後には、そこここに敵をあざむくための火縄の燃え滓が壁や生け垣に掛かっているだけだ、ということであった。戦場とキャンプに、勝利者は、五〇〇丁のムスケット銃、四〇〇バレルの火薬、補給用の槍の鋳造鋳型一基が遺棄されている

スフォードの「メルクリウス・アウリクス」紙は、正当にも、勝利を主張している。騎士党は「いまや経験によって、われわれの与える土地があまりにも大き過ぎて、持て余すことになるのを学ぶことになった」と。しかし、オックのを発見した。ロンドンの新聞は、幾分巧妙にではあるが、こう報告している。

グレンヴィルの死によって曇らされた彼らの勝利は長続きしなかった。ウォーラーは抑制されたが、負けた訳ではなかった。彼はブリストルからもたらされた兵員と武器によって損失を補い、七月七日、騎士党に向かって前進を開始した。彼らは再度戦う条件になかった。騎兵隊の多くは四散した。彼らのムスケット銃、大砲には、文字通り火薬が不足していた。ホプトンは、戦いの後日、火薬運搬車の爆発によって、深刻な怪我をしていた。この災難で落胆し、ランスダウンの喪失によって気弱になった彼らは、地域の敵意を買い、住民から食料も情報もわずかしかえられなくなった。デヴィーズから三マイルのところで、七月九日、日曜日の午後、ウォーラーの前衛の騎兵隊は、騎士党部隊の後衛に襲い掛かった。プリンス・モーリスは、いくらか困難であったが、王党派の騎兵隊を結集し、やや遅れた行動によって、歩兵隊にデヴィーズへ後退する時間を与えた。ウォーラーはただちに、あたりを威圧している白亜の名所ラウンドウェイ・ダウンを占領した。そこから彼の砲兵隊は、下に位置している、囲壁のない町を見下ろすことになったが、そこに王党派の軍隊がいた。

彼らの位置は絶望的のようにみえたが、ホプトン——半ば盲目となり、眼帯で覆っていた——は、明晰な頭脳を保っていた。その晩の軍会議で、彼は歩兵隊で町を掌握することに同意を取り付け、その間、プリンス・モーリスはハートフォード侯、カーナーヴォン伯とともに、救援を求めてオックスフォードへと進むことになった。彼らは、あたかもソールズベリーへ後退するかのように、騎兵隊を連れて出発した。しかし、ひとたびウォーラーの前哨から離れるや否や、この選抜隊は急に速度をあげ、駆け足でオックスフォードへ向かった。ここへは彼らは、七月一一日、火曜日午後早く、到着したが、町からは騎兵隊は半ばいなくなっていた。というのも、ルパートは、危険なミッドランドを横切ろうとしている王妃を迎えに出掛けていたからである。かき集められた騎馬は一八〇〇頭にすぎなかったが、ウィルモットとサー・ジョン・バイロンが指揮を執ることになった。ハートフォードは、驚くべきことに、昨夜一晩中、鞍上にあったからであり、プリス・モーリスは義勇兵としてこの戦いに参加していたからである。彼らは火曜日夜遅く、オックスフォードを離れたが、木曜日の午後三時、ウォーラーがデヴィーズのうえの丘陵にいることが望見された。

彼らは、まさに間に合った。町の王党派は二日間、持ちこたえ、二晩戦った。その間、ホプトンが交渉して、短い休戦を取り、疲れ果てた兵士を眠らせたのであるが。はるかに大きな勢力を抱えたウォーラーは、ほとんど継続的に攻撃を持続させることができた。町では、弾丸のために雨樋を溶かし、火縄にベッドの紐を使っていたが、火薬はほとんど尽きようとしていた。ウォーラーの兵士たちは町の外郭まで侵入してきたが、ひどい雨のため、大砲を有効に使うことができなかった。自信過剰になったウォーラーは、時を見計らって、激励の意味で、隣接した宿屋からビール、サック（白ブドウ酒）、ブランデーを取り寄せるように命じた。オックスフォードから派遣される救援軍はエセックスによって阻止されると信じ込んでいたのである。

斥候から王党派の接近の報告を受けたのは、ウォーラーがまさにその軍隊をラウンドウェイ・ダウンズに上がらせようとしていたときであった。しかし、ウィルモットは、彼の側面部隊の方向を転じさせたようで、その小さいが、すばやい兵力で、攻撃の当初から、議会軍を混乱に陥れた。剛直なハスレーリッグのロブスター軍も、一度は激しく撃ち合ったが、バイロンがウィルモットの攻撃を補強したとき、崩壊し、目茶めちゃになって、切り立ったチョークの斜面の下へ逃げていった。サー・アーサー・ハスレーリッグ自身は、ある王党派隊長によってほとんど捕らえられんばかりであった――隊長はピストルと剣で彼の背中を刺そうと、ずっと追及したが無駄であった――。この華々しいエピソードは、のちに国王をして、彼には珍しいジョークを言わしめた。きっとアーサーは「長い包囲に耐えられるように、十分な食事で固められていたのだよ」と。*騎兵隊という覆いをはがされたウォーラーの歩兵隊は、王党派の騎兵の襲撃にさらされて、武器を捨て、デヴィーズから出撃してきたコーンウォール歩兵が後衛部隊の攻撃を開始したとき、四散した。ウォーラーの打倒は突然のことであり、かつ完全なものであった。彼は三五本の軍旗を失い、一四〇〇人の兵士を死なせるか、捕虜にされ、カノン砲のすべて、弾薬のすべて、軍事行李のすべてを失った。このことは彼の兵力を半減させたが、その兵力というのは全部、騎兵隊から成り、その多くは戦闘の開始以前、オックスフォードから四〇マイルのところを騎行していたもので、襲撃を免れたものであった。「その日ほど、うまく攻撃した者はかつてなかった」と、プリンス・モーリス揮下のある隊長は、正当な安心と誇りをもって報告している。「われわれはこれを、われわれに反対する神の全能の手として見なければならない」と、困惑したある議会派将校は書いている。「なぜなら、われわれを飛び上がって逃亡させることのできるのは、彼だけであるからだ」と。それほど哲学的でない者たちは、お互いに責め合いをはじめ、怒ったウォーラーは、王党派騎兵を通過させたエセックスをとがめた。だれの所為《せい》にせよ、議会側西部軍にとって悲惨さは完全なものであった。

＊　ハスレーリッグが、救援物資にロブスターを注文していたことに引っかけたものである（前出二二五頁）。ロブスターを食べて、背中の甲羅が厚くなり、剣が刺さらなかったとの意味に解したのである。

国王、王妃に再会す

彼の騎兵隊が破られた午後、ウォーラーがウィルトシャーの白亜尾根にいたとき、国王チャールズは、初期の大騎兵隊が攻撃をおこなった場所、エッジヒルで王妃に再会した。彼女は、ストラットフォード・オン・エイヴォンでプリンス・ルパートによって迎えられたが、彼女はそこで、シェイクスピアの孫娘の客人としてニュー・プレースで一夜を過ごした。彼女は大いに夏の旅行、非公式の旅行の仕方、勇ましい護衛兵たちの食べる「さわやかなal fresco」オートミールを楽しんだ。しかし、彼女が貴族への昇格を求めたのは、ただの兵士ではなく、彼女のプラトニックな礼讃者、書記官、侍従、馬や長官を兼ねた彼女の右腕、ハリー・ジャーミンであった。国王は陽気に同意し、この喜びに満ちた騎馬行進は、七月一四日、オックスフォードへ入っていったが、そこでラウンズウェイ尾根の戦勝のニュースと、大学らしい機知に富んだ祝辞によって迎えられた。多くのなかで一人の若い詩人が、気の利いた、繊細な形像のなかで、忠節と美の勝利を称えて、歌っている。

二重の光に照らされて、反乱は
暗闇に眠り込むか、この勝利を見るかする
そして、反乱は止み、命令者の魅力によって余儀なくされる
あなたの手にキスするか、あなたの腕（軍隊）を恐れるかを。

王妃によってもたらされた歓迎すべき物資は、国王の地位を強め、早い勝利がほとんど確実にみえた。にもかかわらず、チャールズはなおも、彼のため戦おうという兵士をアイルランドから徴集し、それを政府軍にしようという計画を追求していた。しかし、彼はここ数週間のうちに、ダブリンの協議会がイングランド議会と親しいメンバーによって構成されているかぎり、自分の計画がすすまないことを理解した。協議会の反対にあって、オーモンドは、アイルランド連合と休戦することも、その配下の兵力を王党派に合流するためにイングランドへ送ることもできなかった。そこで、王妃と再会する数日前、国王はオーモンドへ手紙を書き、彼の同僚の協議員四人の逮捕を命令し、それによって、ダブリン政府の自分への忠誠、そして、将来の計画への協調を確保しようとしたのであった。

すべてが、いまや国王の有利に動きつつあるようにみえた間、敗れたウォーラーはブリストルへと退き、さらにおずおずとグロースターへと移動した。ウィルモットをオックスフォードに残して、ルパートは最上の騎兵隊、一四個連隊の歩兵、恐るべき大砲の砲列を率いて、追撃に移った。彼が近付くと、ウォーラーは、彼の軍の残り、「一五のちっぽけな騎兵部隊」を引き連れて、イーヴシャムへ逃げた。そして、そこから、指揮権を一時代理人に預けて、ロンドンへ急行し、エセックスを非難し、救援を要請した。

七月二六日、ブリストル、王軍の手に帰す

七月二三日、日曜日、ルパートは、ブリストルから二マイルのところで西部軍と合流し、その日没前には、町の北側に位置を占め、クリフトン教会に砲台を置いた。他方、西部軍の方は、南に移り、エイヴォン河の向こう岸に陣を敷いた。ブリストルの防衛はよく考えられていて、非常に強く、とくに南側がそうであった。「完全五マイル」にたっする囲壁と壕が町を守り、カノン砲を搭載した砦が星のように配置されていた。しかし、守備隊の方は、ウォーラーがランスダウンの戦いののち、手持ちの軍隊を補強したとき、著しく減らされ、この広い範囲に配置するのに、わずか一八〇〇人が残されただけであった。司政官ナザニエル・フィエンヌ――セー卿の寵愛した息子――は人気がなく、憂鬱《ゆううつ》にも、彼はこの町を維持できないだろうと考えられた。にもかかわらず、彼はルパートの降伏の勧めを断り、七月二四日、王党派の砲撃が始まり、防衛側を疲れさせるため、それは手慣らしに終日続いた。町の反対側の河に八隻の船が浮かんでおり、ブリストル商人の金の延べ板や貴重品を積んでいたが、船長たちはコーンウォールの将校たちの説得に屈して、国王側に付くことを宣言した。

その間に、西部軍の司令部のあったノウルで、ルパートは軍会議を開いた。プリンス・モーリスやコーンウォールの指導者たちは、都市をより密接に包囲し、飢餓によって降伏に追い込むために、都市により接近するためのトンネルを掘ることを提案した。これは確かに、賢明な、かつ経済的な攻撃方法であった。しかし、都市の北側では、地質がトンネルを掘るのに適しておらず、それにルパートとオックスフォードから来た指揮官たちは、ひどい欠員の生じている防衛側に対して、容易に襲撃できると信じていた。この意見が勝ちを占め、七月二六日、日の出前、短い夏の夜の薄明のなかで、ブリストルへの猛襲が開始された。

防衛側は、その弱い北側においてさえも、死に物狂いの砲火で攻撃を迎え撃ち、一時は、ルパートの存在で、ようやく退却を阻止することができたほどであった。しかし、最後に、ワシントン大佐が突破口を開き、騎兵隊に突入の道を開いた。いまや王党派は、北側の外郭防衛陣内に入ったが、フロム河と古い町の囲壁によって構成されている内部の線は保たれていた。これを越えたところにフィエンヌの司令部があった。この短い防衛線で、守備側は倍加された精力で戦い、ルパートはモーリスにこういわなければならなかった。自分は外郭を破ったけれど、勝利を得るためには、なお一〇〇〇のコーンウォール兵の援助がほしい、と。しかし、南側では、西部軍が英雄的に攻撃したが、成功せず、ぞっとするような損失を出していた。モーリスは一〇〇〇人も割くことができず、五〇〇人でもって駆けつけた。そのとき、ルパートの部隊は、防衛軍をフロム河の後ろに後退することを余儀なくさせ、フィエンヌは休戦の使者を送り、交渉させた。彼にはもう、城のなかに貯蔵していた弾薬が尽きており、市民たちは、町を滅ぼしかねないこれ以上の抵抗に同意ではなかった。降伏条件がその夜調印された。弾薬、武器、六〇門のカノン砲を征服者に残して、フィエンヌと意気阻喪した兵士たちは、翌朝、出て行った。「主イエスはどこにおられる?」と、騎士党は神をののしって叫び、ピューリタン説教師の真似をして、鼻歌を歌った。「おー、主よ、あなたはラナウェイの何処にいらしたのか、そして、いまどこに」と。オックスフォード軍の人々は、レディングの降伏のとき議会軍から受けたひどい扱いを覚えていて、列を乱して、敗北者の略奪にかかり、それは、この無規律に憤激したルパートが彼らを叩き出すまで続いた。

ブリストルは高く付いた。ルパートが指揮した北側での損失は大きかったが、南側のそれはもっと重いものであった。そこでは、数時間、防衛側の砲火にさらされながら、コーンウォール兵は、空しく、梯子を掛けて壁をよじ登ろうとしたのであった。コーンウォール兵力が大幅に減ったばかりでなく、彼らの優れた将校の大多数が殺されるか、回復の望みのないほどの負傷を受けていた。このように大きく、地方の指導者の影響力と性格に依存した戦争においては、そのような人間の消失は悲惨そのものであった。二月早々、コーンウォールはシドニー・ゴドルフィンを失ったが、チャグフォードで、流れ弾に当たって死んだのである。ランスダウンでは、比類のないグレンヴィルが死んだ。ブリストルの襲撃では、サー・ニコラス・スランニングとその友ジョン・トレヴァニオンが致命的な傷を負った。国王のための、西部諸州での船の手配師としてのスランニングの地位は、サー・フランシス・バセットによって取って替わられた。他の地方ジェントルマンも勇敢に戦ったが、しかし、コーンウォール人は、これら最初の英雄的年月において自分たちを指揮した指導者のチームを二度と経験することはなかったのである。

チャールズの荷馬車の四輪はなくなってしまった
グレンヴィル、ゴドルフィン、スランニング、トレヴァニオンは、殺されたのだ

ブリストルの取得は、国王の中心的指揮官の不満を危機的状況へと追いやった。ゆっくりとした、中年過ぎの、威厳のあるハートフォードは、二人のプリンスによって軽蔑されていると感じた。職業軍人であるこの兄弟は、ハートフォードの感情を推察する時間も、そういう気質ももたず、彼に問い合わせることなく――この点がハートフォードの不満であった――彼ら自身の流儀で作戦を指揮したのであった。ブリストルの占領に当たっては、彼は、司政官に、サー・ラルフ・ホプトンを、なんら諮《はか》ることなく、直接任命することによって、彼の危険にさらされていた権威を再び主張した。しかし、ルパートは、すでに国王に手紙を書いて、その名誉ある地位を自分にと要求していた。司令官たちのあいだの緊張に気が付いていたチャールズは、もう一度、機転のきいた解決を図った。わたしの側から、君のような賢明な顧問をもはや欠くことができない、とハートフォードに保証して、彼をオックスフォードへ呼び戻したのである。ホプトンは、ルパートの代理人として、ブリストルの有能な司政官に留まり、モーリスは、西部軍の指揮官に進んだ。

国王は、甥の武勇に示された家族の誇りに燃えて、いまやブリストルを訪れたが、市民たちは、ひと月前に、ウォーラーを励ましたように、大かがり火と歓声でもって彼を歓迎した。市民は分裂していたが、全体的にみれば、議会よりは国王に好意的であった。双方の議会代表者で、大きな富と影響力をもった商人の君主たちは追放されたが、彼らの議会派に対する忠誠を疑っていなかったら、ピムはとてもそのような処置を許さなかったであろう。

戦争前の数日、ブリストル商人たちは、国王の介入、彼らの石鹸製造業をつぶそうとした彼の情容赦のない企てに対して、憤慨していた。しかし、彼らはまたロンドンを嫉妬しており、戦争の困難な時期に、ロンドンの商業を滅ぼそうという国王の欲求を都合がいいと喜び、国王を自分たちのものと思い込んでいた。これを達成するため、まもなく国王は、ロンドンに代わって、ブリストルを、レヴァント会社、イーストランド会社、ロシア会社、ロンドン冒険商人組合の基地港とするという特許状を発布した。もちろん、このことは、ロンドンの強力なメンバーであるこれら会社の人間にとっては、なんの影響もなかったが、しかし、王党派商人にとっては新しい可能性を開くものであり、彼らのある者はこれから利益を得た。突然、そして、故意にロンドンに居住し、議会の強じられた利益は、初めは著しいものがあった。しかし、ブリストルは、国王とその軍隊を支えるのが高くつくのに気が付いた。協同の始まりに当たって、彼の機嫌を取り結ぼうと大きな贈り物がなされたが、それを皮切りとして、町は、守備隊に対してだけでも、週四〇〇ポンド支払うように査定されたからである。

第五節　グロースター攻略は失敗

ブリストルの喪失は、議会のぐらつく運動にとって、重大な打撃を意味した。それから二、三週間のうちに、プーレ、ドーチェスター、ポートランド、ワイマウス、メルコンブの降伏が続いた。大都市が落ちると、「小守備隊は国王の服従下へ転がり込んだ」。すでにウォーリック伯指揮下の海軍は、西部海岸へ接近する船について、不均等に見張らねばならなかった。アイルランド・ダンケルクの海賊、コーンウォールの船長たちは、港や島々から英仏海峡の西の入り口をさっと突っ切った。ジャーシーとグェネシーの司政官は国王側に付いていた。シーリー諸島は、国王の船にとって避難地となった。ランディー島（この島は、どこにでもいる金融業者トーマス・ブッシェルに所属していた）の廃城を再建し、島を使い道のある基地にしようという計画ももちあがった。フランス政府は、国王の船にノルマンディーやブルターニュ海岸の港を使うことを許した。議会側の港から出た漁船や商人の小船は、国王側の海賊によって繰り返し略奪され、曳き去られた。こうしたすべてに加えて、国王はいまや、王国の第二の海港を、そのすべての富、物資供給力、広くひろがった商業関心とともに、支配するにいたり、ブリストルの停泊地で、四隻の軍艦を捕らえた。国王は、戦争の開始時、艦隊を失い、チャールズは外国政府の尊敬を失っていた。ブリストルの占拠と海軍力の復活によって、彼は物の数に入るようになった。彼は、プロテスタント宗教に対する彼の献身、臣下の自由、敵によって誤りへと導かれているすべての人々への宥和《ゆうわ》の提供、そうしたすべてをふくめた全般的宣言を発するチャンスを見計らっていた。一カ月前、オックスフォードで発したこの宣言で、彼は、ウェストミンスターの残存者を自由な議会ではないと非難し、議会の権威を掘りくずそうと意図し、事実そうしたのである。

怒りに満ちた不機嫌さがロンドンとウェストミンスターに広がった。主要道路における国王の前哨は、首府への食料や物資の流れを抑制した。スミスフィールドの市場からは牛肉が、ブラックウェル・ホールでは衣類が乏しくなり、穀物、チーズ、野菜類も不足するようになった。七月一八日から一週間、ケントの一王党派の蜂起が、テームズ河口やロンドン港自体を脅かした。すなわち、怒った民衆が武装して、トンブリッジやセブンオークスを占拠し、富裕な議会人の家屋を略奪し、彼らを説得しようとしたサー・ハリー・ヴェインを捕虜に取り、どっと河へ押し寄せ、議会の船から数門の大砲を奪った。そう、過去数世紀溯ったところで、無法なケントからの集団が、ワット・タイラーやジャック・ケイドに率いられて、ロンドンに進軍してきたことがあった。彼らの伝説がよみがえり、取り乱した都市は震え上がった。蜂起は、国王のためのものであると称していたが、まもなく略奪がその主要な目的となった。「われらは坊主頭党以外からは、なにものも取ってはならない」と、ある良心的な叛徒がいったといわれるが、それに対して、他の者が答えている。「われらは、どの人間からも、失うべきなにかをもった坊主頭党員として取るのだ」と。

これらの心配事の頂点で、議会は一つの措置、長らく気をもみながら討議してきた消費税法を発布した。陸軍と海軍の継続的維持の費用は、ほとんど年三五〇万ポンドと評価されていた。この耐え難い負担に対応するために、ワイン、砂糖、ビール、麻布、皮革、その他の品物――それらは、一般的に必要とされるが、生活に必要不可欠なものでないものから選ばれた――の購入にさいして、消費税が課せられることになったのである。戦争が進むにつれて、消費税の範囲は拡大されることになるが、初めは、この緊急措置は避けられると期待されたのであった。

消費税の賦課が始まったその直後に、東部ミッドランドのマンチェスター伯とオリヴァー・クロムウェルの強い圧力のもとに、議会は、数千頭の馬をただちに徴発するという、さらなる法令を出した。それは、フェアファックスとウォーラーの騎兵隊が壊滅し、エセックスのそれが病気と貧困によって士気が落ちる、という重大な時に当たっていた。ブリストルの悲惨なニュースに接して、ピムは、さらに戦争指導の態勢を引き締めた。保安委員会は、決定を下すのにあまりにものろく、かつ議論が多すぎた。八月二日、ピムは、議会の小グループから成る戦争遂行委員会を設置させることに成功し、戦争継続に関するあらゆる決定をそこに集中し、その委員会には、追加的な実際上の助言のために、何人かの商人、軍人が加えられた。

争いと嫉妬が議会を分裂させ、軍隊をも麻痺させた。過去数週間の恐怖と激高のなかで、ピムは、戦争のコースを危険とみなす見解に対するエセックスの一般的な批判と意見の一致をみた。エセックスは、辞職すると脅したのち、七月初め、議会議長に宛てた苦情書の中では、自分は、国王との交渉を再開するのが賢明と考えるという意見を示唆した。この意見は、貴族院――エセックスの従兄弟で、ウォーリックの義兄弟にあたるホランド伯によって指導されていた――の平和派を大いに元気付けた。それはまた反対の方向で、庶民院のなかの過激戦争派を刺激したが、彼らはハーリー・マーテンの無責任な指導のもとで、ピムから離れ、ウォーラーを唯一可能な救い主、英雄と宣言した。ウォーラーが、「ラナウェイ・ヒル」で軍隊を失わなかったかのように、きびきびと快活にロンドンに入ってきたとき、声高にマーテンは彼をほめたたえた。マーテンはこういった。エセックスが敗北の張本人なのだ、なぜなら、彼は国王の騎兵隊がオックスフォードを出るところを阻止しなかったからだ、と。間違った熱狂の高まりのなかで、マーテンは、自分が長となった委員会によって、ロンドンで、エセックスとは別の独立した軍隊を起こすことを提案し、投票にかけた。

エセックスと西部軍ウォーラーの不和

そのことで我慢の限界にたっしたエセックスは、すでに敗北してしまった将軍のための軍を起こす投票をするまえに、西部の悲惨事の調査を要求した。彼は、飢えて疫病におそわれている自分の部隊に送金してほしいと求めた。彼への攻撃によって道徳的に腐敗した部下たちは、彼を見捨て、将校たちは無視するようになっている、とも付け加えた。なぜエセックスは、他人の過ちのために非難されねばならないのか、と彼の友人たちは問いただした。王妃とその供給物資とが、なんら妨げられることなくヨークからオックスフォードへ行こうとしていたとき、フェアファックスはどこにいたのか、クロムウェルはどこにいたのか？ 全騎兵、歩兵、火砲をもったウォーラーが、一握りの国王の騎兵隊によって、完膚《かんぷ》なきまでに圧倒されるという事態はどうして起こったのか。

ジョン・ピムは、ほとんど状況の把握を失いかかっていた。マーテンと庶民院の過激派とは、より穏和派の同僚たちを脅かした、いまや貴族院で支配的となりつつあった平和党へ追い込もうとしていた。混乱した宮廷政治家ホラント伯は、戦争が始まったときには、議会の防衛派の側にあっていくらか立ち往生していた感があったが、いまやこのグループを指導し、エセックスをして自分たちを支持させるようにすると約束していた。彼らが支持していた条件とは、降伏に等しいものであった。すなわち、チャールズに、軍事力の支配権――ここに、国王と議会のあいだの論争全体の要点があった――を返還するというのである。彼らの恐怖は分からない訳ではないが、ほめたものではなかった。国王はどこでも勝っていた。エセックスとウォーラーのあいだの喧嘩、そして、ウォーラーの頭にカッときた高ぶりが、王党派に対し自分たちの勢力を安定化させ固めようという議会側の努力を絶望的に混乱させた。喧嘩と混乱と責めぎ合いの真っ最中に、ブリストルの陥落という唖然とするニュースが入ってきたのである。

戦争は終わった感があり、どっちつかずの連中にとっては、平和へのささやかな嘆願が悲惨からの脱出の最上の道とおもわれた。他方、頭の熱した連中の方は、そのエネルギーを雄弁な演説や派手な喧嘩に発揮したが、無駄終わり、新しい軍の徴募は失敗に終わった。

一六四三年七月末、スコットランドから議会に対し同盟の提案なされる

このもっとも絶望的なとき、ピムはその頭脳をしっかり保ち、庶民院を賢明で強力なコースへと導いていったのであった。彼は考えた。争論はやめさせねばならない、エセックスには信頼が回復されねばならない、エセックスを、新たな寛大な支持によって、神経質な従兄弟のホラント伯や貴族院平和派の説得に屈することから脱却させねばならない、と。ピムはまた、北部におけるフェアファックスの敗退以来、彼の同僚たちがしばしば促していたことであるが、スコットランドとの同盟が緊急の必要事と考えたのであった。

同じとき、スコットランドの盟約者団も同じ結論にたっし、七月の最後の嵐に満ちた日々に、正式同盟の提案がエディンバラからウェストミンスターに届いた。ラウドゥーンとヘンダーソンとは敵意をもったオックスフォードから帰って以来ずっと、アーガイル侯は、まごうことなき接近の危険性の兆候を見て取っていた。アントリム伯は、不運なことに、ヨークの王妃の許《もと》を去って、アイルランド海を横切ろうとしたときに、スコットランドの哨戒船によって捕らえられた。捕獲した彼個人宛て、ならびに召使いの一人のもっていた入国許可証から、彼の捕獲者は、アントリムの一族の、ウルスターのマクドネルを蜂起させて、スコットランドへ侵入させるという計画を読み取った。国王によるアイルランド人買収のこの証拠は、すぐにロンドンへ通報され、危機的な夏の日々に、間違いなく効果を発揮した。彼らはまた、この計画にかかわったスコットランドの王党派領主たちの名前を知ったが、そのなかでモントローズが加担することを拒否したことを知った。

秘密の王党派の会合がもたれたという噂は、スコットランドの夏、しばしば聞かれた。モントローズはハントリー

と三日間を過ごしたが、王党派の行動に参加することについて、彼と合意にはたっしなかった。モントローズは、怒って、引退すると彼にいってきている。アーガイルは、すでに軽率に走り、話を信じ込み、個人的にその感情を高鳴らせた。アレクサンダー・ヘンダーソンは、国王の政策に幻滅して、オックスフォードから帰って、スターリングの近くの水辺を二時間散歩しながら、モントローズと論じ合ったが、そのさい、彼は次の点を明確にした。アイルランドと悪しき勢力を鎮めるために起こされる軍——それは、必要とあれば、イングランドにも侵入する——の最高指揮官にはモントローズがなるべきである、と。モントローズは返事を留保し、二、三日後、エディンバラで、彼がこの土地から逃げ出したという事実が明らかになった。このニュースは人々を仰天させた。彼を獲得しようとして、彼に余りにも多くのことを知らしめたからである。モントローズが、その危険な知識を王にもたらすための道をたどっていることはほぼ確実とされた。

これらの心配事に隠れて、官房長ラウドゥーンは、身分制会議の招集を思いついた。国王によって議会の招集は禁じられていたのである。彼はその件で尊敬に値したが、悪賢い守護卿、サー・トーマス・ホープと相談した。ホープは、緊急時には、資金調達について投票する身分制会議の招集は、主権者の同意を待つまでもなく、可能であると述べた。ハミルトン兄弟は、いつものように、困り果てて、単に彼らの出席を控えただけであった。しかし、会議が会合したとき、彼らにとって残念なことに、イギリス人の兄弟たちが自分たちのあいだの紛争に忙殺されて、身分制会議に協議代理人を派遣して来なかった。そのことが、スコットランド人に、自分たちがあまり遅くならないうちに、イギリス人と共同の事を構える転換点に立っていることを悟らせた。イングランドの北部では、国王の軍隊が勝利していた。アイルランド人を使ってのスコットランド侵入は、明らかに計画されていた。モントローズの、その危険な知識をたずさえての国王宿舎への到着は、チャールズがスコットランドへ方向を転じてくるきざしと見ることは容易であった。こうした恐怖が、彼らスコットランド人をして、議会に同盟の正式提案をなさしめた、その底流にあるものであった。そして、その同盟提案は、七月末、議会の騒動の渦中にあったジョン・ピムによって、生涯二度とないチャンスとして捉えられた。彼は若いヴェインを長とする代表団をエディンバラにおくった。それは当を得た選択であった。なぜなら、ヴェインの真面目で熱心な性格は、スコットランド人とうまくいくとおもわれたからである。その彼はまた、エセックスの猛烈な批判者であった。もし彼が議会に残っていたら、それだけで、ピムが試みている総司令官への信頼回復の工作にとって邪魔になったであろう。

ヴェインとその同僚とが、アンテロープ号に登乗して、ライタへ向けて出航した——陸上の通行は国王軍によって遮断されていた——間に、北部の王党派がリンカーンシャーへ前進してきた。東部連合にいたクロムウェルの部隊は、ゲーンズボローの議会側守備隊を救うことができなかった。ニューカッスル侯の砲兵隊は都市を砲撃し、地域の王党派は人員と金をもって彼のもとに群がり、ゲーンズボローは降伏し、議会軍の残余の者たちはリンカーンシャーから撤退した。恐慌状態が地域に広がり、部隊は逃亡した。クロムウェルは、動揺した指導者たちに勧告と命令を叩きつけて、こういった。「もはや議論のときではなく、できるだけ速やかにやめよ。君たちの集団のすべてを集めろ。彼らをハンチンドンへ送れ。義勇兵たちを立ち上がらせよ。君たちの騎兵を急いでいかせろ。われらの歩兵はほとんどすべてスタンフォードを離れてしまっている。だから、敵を遮るにはわれらの騎兵しかいないのだ」と。そして、もう一度こういっている。「確かに君は二千の歩兵を送っている。けれど、彼らは来るやいなや、帰ってしまう。こんなことで、王国を救うことができるだろうか……できるだけ急いでくれ……敵は、大いに有り得ることだが、一〇日後には、われらの内臓にまでたっしているだろう」と。

クロムウェルが、ぼろぼろになった戦線を安定化させようと努力している間に、ピムはウェストミンスターにおける支配権を回復した。ウォーラーのために課税を徴収しようというハリー・マールテンの誤った方策は、過激派を不評に追い込んだ。エセックスに対する騒々しい批判も止んだ。彼の軍隊に供給をしようという新たな提案は、庶民院で共感をもって受け入れられ、彼の行動を弁護する文書が、正式に貴族院によって公にされた。フィックルの意見は、ウォーラーから掛け離れたものであった。元気付けられたエセックスは、彼が貴族院の平和派に与えていた激励を引っ込め、その平和派の（国王との）協定を結ぼうという、ほとんどやる気のない提案は、一六四三年八月七日、数の減った庶民院の多数によって否決された。ロンドン市のお偉方たちは戦争の必要性を説いた。王党派の嫌疑者たちは、敵意の示威のなかで、一時的ではあったが、より孤独に陥れる意味で、牢獄からテームズ河の船のハッチの下に移された。彼らを西インドのバルバドス島の奴隷に売ってはどうか、という衝撃的な提案は、恐怖と怒りの興奮のなかで、打ち出されたものである。市長は、国王との協定に反対する請願団を組織し、一群の群衆がウェストミンスターを取り巻いて叫んだ。「ノー・ピース！ ノー・ピース！」と。彼らの支持は単に口先だけのものであった。というのも、彼らの後続の補充はうまくいっていないからである。彼らのうち「強固な連中は、実際には一五人を超えないであろう」と、メルクリウス・アウリクス誌はあざ笑っているのである。

ピムは、自分が一度既存の命令体系に確信を回復させ、他がそうする前に、ウォーラーをしてエセックスの軍隊を滅ぼすべく立ち上がらせようとした過激派を沈黙させ、議会の問題をだれにも委ねるのではなく、自分に委ねるようにすれば、軍隊の強化が引き続いて起こる、ということをよく心得ていた。

その後に、悲劇的エピローグが続いた。平和の諸条項が否決され、巨大なやじ馬どもが解散すると、そこへ一団の貧しい女たちが現れて、遅まきながら、平和を求めて、議会に向かってわめいたのである。彼女らが立ち去ろうとしないので、守衛たちは殴打と情け容赦のない発砲によって彼女らを蹴散らした。そして、ごく普通のことであったが、彼女らのなかに、デモに加わっていなかった若い女の子がいて、彼女は泥水の中に滑って転んだ。

国王側でロンドン進撃案起こる

国王の陣営では、ロンドンを目指した前進が、ブリストル占領の前後から論議されていた。ロンドン陥落の機は熟しており、ケントの蜂起が強力に支持されるべきであると論じたのは、主として文官側の顧問たちであった。しかし、軍人たちは、国王の軍隊がそのような試みをするだけの強さをもっているかどうかに疑問を抱いており、ロンドンへの長い前進を始める前に、グロースターを取って地歩を固め、ハーバート卿によって南ウェールズで徴募された新しい兵士たちを軍隊に加えてはどうか、と進言した。コッツウォールドの羊毛取引の中心である、この反抗的なピューリタン都市は、セヴァーン河を支配する位置にあった。すなわち、王党派の支配するシュルーズベリー、ウースターからブリストルの河口にいたる貴重な水路をひっくるめて支配し、国王の主力部隊がディーンの森の鉄鍛冶地域や南ウェールズ――そこでは、ウースター侯爵とその息子たちがなお味方につけようと誘われていた――へいく最短の道を遮る位置にあった。しかし、それへ向けての前進の決定は全員一致という訳にはいかず、国王の軍隊は、動き始めるのに数日間を失った。この遅れは、のちにあるピューリタン作家が断言しているように、ロンドンで争っている党派に「彼らの不満を静め」、彼らの問題をもう一度調節する時間を与えた。しかし、グロースターの包囲は、時間以上のなにかをもたらした。それは彼らにインスピレーションを与えたのである。

グロースターの司政官、エドワード・マッセイ大佐は、プリンス・ルパート同様、二三歳の若さであった。チェッシャーのジェントルマンの年下の息子として、しばらくオランダで奉公し、それから一六四〇年のスコットランド戦争では、先遣隊の隊長として国王軍をまとめる役目をした。そのさい、ローマ・カソリック教徒、ないし良いとは考えられない人々の示した好意が災いして、彼は一六四二年夏、国王への奉公から退き、議会から奉公の依頼を受けたのである。彼の経歴のどこにも、彼が議会のために、ナット・フィエンヌがブリストルでした以上のことをするであろうと議会の主人たちを予想させるものはなにもなかった。そして、ブリストルが陥落したのち、しばらくして、マッセイが試みに降伏者たちのために交渉することを提案してきたとき、彼は、チョムレーやホーサムと同じように、命令に背くことになるであろうと広く信じられた。事実、国王はそのように確信し、マッセイは、救援と情報から遮断されて、時間稼ぎをしているにすぎず、いっぺんで降伏させられるであろうと信じて、グロースターへの前進を決定したのであった。八月一〇日、国王が都市のまえに姿を現したとき、彼は若い司令官が、都市住民に支持されて、彼に対して抵抗する決意をしているのを発見した。その市民たちは、過去数日の間、守備兵たちと肩を並べて都市防衛の強化のために働いてきたのであった。

ときとして、戦争の一連の敗北が、ほとんど一国、あるいは一党派を滅ぼそうというとき、その新しい脅威が英雄的努力を呼び覚まし、ほとんど崩壊寸前の事柄を復活させるということが起きるものである。この種の努力の一つが、一五七四年、ライデンの有名な包囲戦において、対スペイン戦争におけるオランダ人の絶望的運命を救った。グロースターの包囲戦も、イギリスにおける市民戦争において同様な役割を演ずることになろう。

王軍、グロースター攻略失敗

グロースターは国王に対して毅然として立っていた。そして、突然、怒りと陰鬱の穴の中から、ロンドンはこの姉妹都市を救援すべく奮起した。自警団が整列させられ、新しい連隊が立ち揚げられ、エセックス伯がグロースター救済のために彼らを指揮することになった。ウォーラーの友人たちは、徒弟たちが連隊旗のもとに群がり集まるのを、黙って、じっと、見守っていた。一カ月前、ヘンリー・マーテンの委員会は、ロンドンを「一人前の人間として」立ち上がらせようと要請して、一人前以下しか立ち上がらせることができなかった。いまや、「この雄々しい都市は、グロースターが置かれている苦悩に思いをいたし、閣下（エセックス）をして、新しい歩兵五連隊、少なくとも馬一千頭、それに、すべてに着せる昔からの軍装、彼らに支払う給金三万ポンドをたずさえて、前進することを可能にした」。既存の市の連隊が強化され、加えて三つの新しい連隊が存在することになり、騎兵一個連隊も形成された。ヘンリー・マーテンは、庶民院内の追随者たちによって見捨てられ、突如、彼の軽率な共和主義的発言のひとつによって逮捕され、国王の人格に敬意を表すると公言してきた議会の意図を攻撃したために、ロンドン塔へと追い込まれてしまった。それはピムにとって、幸いなことにいい厄介払いであった。

大騒ぎと兵士徴募の最中に、アイルランドからニュースがウェストミンスターに届いた。注意深く時を見計らっていたオーモンドが、国王の命令で行動を開始し、突然の襲撃によって、サー・ウィリアム・パーソンズと議会の同調者とをダブリンの委員会議場から追い出したというのである。軍隊における彼の個人的影響力――それなしには、ダブリン政府は存在しえなかった――が彼をして一撃を遂行することを可能にし、彼の権力はいまや最高頂にたっした。彼がおこなったこのことは、アイルランド人との休戦を推進するという国王の要求にもとづくものだったので、彼はその部隊をイングランドへ向かわせることができた。二、三週間前ならば庶民院を狼狽《ろうばい》させたであろうこのニュースが、いまでは、国王と悪人、そして、教皇の政策に対抗する彼らの努力を促進し、強める作用を発揮することになったのである。

八月二二日、エセックスはハウンスロウ・ヒースでロンドン諸連隊と顔合わせをし、彼は「騎上で帽子を脱ぎ、彼らにお辞儀をした」。彼らのナップザックには一週間分のパンとチーズが入っており、彼らが通過する地域では「沢山の」ビールが供給された。上機嫌で彼らはグロースターへの道を取った。しかし、包囲はすでに始まって一二日経っており、ナット・フィエンヌは、ブリストルでの降伏を正当化するかのように、グロースターは、救援がやってくるまで持ちこたえないであろうと予言していた。

グロースターの南北に据えられた砲列は、防衛側を少しも休ませなかった。ルパートは、ブリストルでそうしたように、突撃によって町を取ろうと欲したが、生命の重大な喪失が繰り返されるという恐怖から却下された。その代わりとして、トンネルを掘ってグロースターの市壁を破壊することが決定された。ただし、ルパートはその結果に責任を負うことを拒否した。成功するには、土壌が余りにも湿潤でありすぎるとおもわれたからである。ディーン森林の坑夫たちが、手助けに急に呼び寄せられることになったが、その間に、国王の先遣隊は、まず市民に水を供給してきたパイプラインを切断し、次いで市民の粉挽き水車を回してきた水路の向きを変えた。

マッセイは飲料水はセヴァーン河からポンプで汲み上げ、穀物のためには踏み車粉挽き機を設置した。彼は穏やかな、いいユーモアをたたえて町を巡回し、彼の確信にうたれた市民たちは喜んで町の防衛に付いた。ミルク搾りの少女たちは、敵の銃撃にもかかわらず、牛を放牧に出し、水汲み桶を手にした主婦は、王党派の手榴弾の火を消すために走った。市壁は、国王の大砲に対して土と芝土によって強化され、もっとも露出した点への砲撃の衝撃は、羊毛の入った袋によって効果がそがれた。

都市の外では、国王は、夕方、メイトソン・ハウスで正式の宮廷をもち、日中は作業の進捗ぶりを見て回り、二人の息子をなにかに縛り付けることをしなかったので、彼らはパネルに自分の名前を彫る以外にすることがなかった。プリンス・ルパートは、寝るときは、プリンクナッシュで眠ったが、夜昼を問わず、坑夫たちと一緒に坑道で働き、そこでは、ときにはチリングワース博士の数学上の熟練が要求された。ときには、嘘のような静けさの時が訪れ、チリングワースは、一夕《いっせき》、フォークランドを誘って兵舎でない宿舎で、スペンサー卿と食事をともにした。三人は、銃声のしない静けさのなかで、悩み事をすっかり忘れ、夜の更けるまで、幸せな時代にグレート・ティウでしたように、神学上の議論をしたのであった。

八月二四日、国王はマッセイに、坑道が爆破され、市壁が粉砕され、町が征服する騎士党にさらされる前に、降伏する最後のチャンスを与えた。マッセイは、神と議会、そして、自分たちが市の防衛のために築いた施設に信頼をおいていた。その夜、のろしが北方のワインロード・ヒルにあがり、彼に救援軍が途上にあることを合図した。朝になる前に、その夏で一番長く続いた、二週間の明るい天候が土砂降りの雨で終わりを告げた。国王の坑道は水浸しになり、爆破はできなかった。一四日間が無駄におわり、また一から始めなければならなかった。

しかし、救援軍の動きはのろく、町はしっかりと包囲されたままであった。国王軍は連続射撃と悪いニュースを書いた矢文でもって市民を悩まし続けた。「神とウォーラーは君たちを見捨てた。エセックスはぶたれ続けている。国王の慈悲にすがりなさい」と。その他のニュースから遮断された市民の考えることは、合図のあった救援軍――しかし、決して来ない――を待つことではなかっただろうか？　マッセイは冷静で、しっかりと、確信をもって、毎日、軍隊の接近を知らせる合図がないものかと、空白の東の丘を見つめていた。グロースターのキャンプの前では、モントローズとその従兄弟オジルビーとが、盟約者団たちが反乱者と合流するために武装しつつあるという話をもって、スコットランドから駆けつけていた。国王は、オックスフォードの訪問客に会うために、ルパートと一緒に出掛けることに気をとられていて――モントローズはルパートとずっと道中を同行したのであるが――彼らの話をほとんど聞いていなかった。チャールズは、スコットランドにおける王党派の蜂起について聞こうとはしなかった。ハミルトンが、戦争が終わる冬まで、ないし冬が過ぎるまで、スコットランド人をして中立を保つようにすると約束していたからである。

二日かかって到着したオックスフォードで、国王は、ベッドード、ホランド、クレア各伯爵が新たにウェストミンスターからやってきているのを見た。彼には、これらの悔い改めた背教者をゆるすべきかどうか、確かではなかったが、王妃の方は、ルパートが彼らを激励してもなにも損をするものはないと考えて、王の面前へつれていったとき、激しい不快感を表明した。しかし、彼らを受け入れることによって失うものはなにもなかったにしても、得るものもまたなにもなかった。一カ月以前、彼らの党派は、貴族院において、エセックスの支持を受けながら、庶民院を平和へと強制することができたが、いまや、すべてが変わっていた。三人の貴族は、国王を助けるような影響力も情報ももってはいなかった。そして、国王の方は、彼らの援助がなくても、次の二、三週間中には勝利するはずであった。二八日、国王とルパートとは、グロースターに帰った。その間にも、救援軍はその途中にあり、九月一日、ロンドンの諸連隊はブラックレイでエセックスとその主力と合流した。それから彼らは、およそ六〇マイル、コッツウォールド丘陵を越えねばならなかったが、そこでは、悪魔の国王騎兵隊に対して肩を隠していなければならなかった。天候は、この時期としては、寒かった。彼らの食糧は尽きていた。そして、彼らは、敵の偵察に自分たちの位置が悟られないように、夜間灯火をともさなかった。しかし、彼らの精神はしっかりとしていた。オックスフォードから騎兵隊を連れてきていたウィルモットは、彼らの前進を遮ろうとして失敗した。ルパートは、グロースターでもっていた馬を集めて、まさしく、ウォールドのストウの下のところで、彼らに襲い掛かったが、彼らは人数において彼を抜きん出ていた。槍兵たちは退くしかなかった。そして、ムスケット銃兵たちの射撃がルパートの攻撃力を破った。彼はチェルテナムの方へ引き、彼らは前進を続けた。

九月五日の暗い夕方、プレスベリー・ヒルの上端から、彼らはついに広いセヴァーン河——そのちらちらと光る河面、そして、大きなグロースター大聖堂の塔を見た。エセックスは礼砲を放ち、それに応える都市の遠い射撃を聞いた。降りようとしている夕闇と降雨の中で、彼は前進しようと考えたが、しかし、車輛が立ち往生し、あるのは急な下り坂でひっくりかえってしまった。かれは前進を朝まで待つことにしたが、グロースターの前面で煙があがり、守備隊が出撃し、国王軍と交戦しつつあると認めたからである。しかし、救援軍が、降りしきる霧雨のなかを近付いてみると、国王軍は夜のあいだに撤退しているのを見出した。残されているのは水浸しの坑道と燃やしきれなかった物凄いごみの山であった。

第六節　ニューベリーの攻略に失敗し、王軍のロンドン進撃挫折す

グロースターは救われた。しかし、その価格はいくらについたのであろうか？　エセックスは、戦うことをためらった。彼が越えて来た丘陵に避難し、隠れて、国王の軍隊、騎兵、歩兵、銃砲が、帰りの彼を滅ぼそうと待ち受けていた。グロースターを解放するのが彼の仕事の最初の部分であった。ロンドンへ帰りつくというのが、第二の、より困難な部分であった。「エセックスはここでは窮屈であり、再びロンドンに帰りたいとおもっている」と、鋭い観察眼をもったある王党員が報告している。ウォーラーの軍隊が絶滅されたように、彼の軍隊が絶滅されれば、ロンドンはほとんどすべての防衛を失うことになり、騎士党にとって容易な餌食となるであろう。

事実、これが、グロースターを去るにあたって、国王とフォース卿とが合意した計画であった。彼らはルパートに宛てて、「できるだけ速やかに」エセックスと戦うための共同作戦に参加するように指示を送った。ルパートは大いに乗り気になったのであったが、計画は中止になった。というのも、国王が沈鬱な気分に陥ったからである。

グロースターを離れたとき、伝統にしたがって、町から一マイルの里程標のところで休んだが、息子の一人が「家には帰らないのか」と尋ねたところ、王は答えてこういった。「わしたちに家はないのだ」と。グロースターでの失望が、彼の目を曇らせ、もし彼がエセックスの遮断のために決然と動いていたならば、なお勝利が得られるかもしれないという真の希望へのまなざしを閉ざしたのである。ルパートが斥候のため騎兵隊を出し、本隊の遅れにいらだっている間、国王は作戦の見込みについて陰鬱に考え込んでいた。

ブリストルの陥落後、勇敢なコーンウォールの軍隊は最優秀の指導者を奪われ、重大な損失によって弱められて、作戦から退いていたが、チャールズは、いまや、彼らに優雅な感謝の手紙――フォークランドの作品である――を書いて、それを復活させようと試み、その手紙はコーンウォール中で読まれた。西部の安定性は続いていた。国王軍の主力がグロースターの前面にあった間、プリンス・モーリスはイグゼターの包囲に従事していた。議会はウォーリック伯をおくって、海から町を強化しようとしたが、イグゼターは狭い入り江の奥に位置しており、救援の船は包囲軍によって両岸から砲撃される恐れがあった。ウォーリック伯は孤立無援に陥り、町は九月四日、騎士党に降伏した。王党派によるイグゼターの占領は、グロースターにおける頓挫を埋め合わせるものではなかったが、しかし、それは、王党派に西部の首府、影響力と栄誉のある都市を与えることになり、当然の経過として、国王はそこに造幣所を設置し、ときとして、彼は、戦争の統制について有効に指揮することができたのであった。とかくする間、デヴォンの北海岸では、バーンステイプル、バイデフォードが降伏した。

西部の安定化は、もし国王のアイルランド計画が成熟させられる場合には、疑いなく重要な意味をもつものであった。グロースターからの撤退後の日々、彼は繰り返し、オーモンドに手紙を書いて、アイルランド人との休戦を急がせ、イングランドの彼を救う軍隊の徴募ができるようにと促しているのである。

アイルランドから援助部隊を徴募しようという国王の企ては、スコットランドと同盟しようというピムの計画よりも、もっとのろく進んだ。ヴェインを長とする使節団は八月七日、エディンバラに到着した。教会集会において疑問を抱いていた一パーティは、イングランドへの介入は、戦闘員のあいだの厳格な中立の精神においてのみ行われるべきであると論じていたが、ウォリスタウンは、熱心でかつ実際的な議論でもって「そうした観念の空しさと不可能性を示した」。次の障害は、スコットランド人とイギリス人のあいだの展望の相違によってつくられた。イギリス人が便宜的な政治的同盟を求めたのに対し、スコットランド人を満足させたのは宗教的誓約以外にはなかった。両国民は、相互ではなくて、神に対する盟約者団であることを誓わなくてはならないというのである。

アーガイルとヴェインは、いい組み合わせであった。二人とも、その信念において熱狂的であったが、冷静で、明晰であり、政治的行動において巧妙であった。その最初から、彼らはお互いを理解し、尊敬していた。双方とも自分たちの状況の差し迫った危険性を悟っていた。数日のうちに、両国民によって誓われるべき厳粛な同盟・盟約の条文が書き上げられ、一四日以内——チャールズはまだグロースターの前面にいた——に、スコットランド身分制会議は、すべての強壮な男たちに二四時間の警戒奉仕に従事する用意をするように命令し、盟約者団の条文をウェストミンスターにおくった。議会は、彼らの軍隊がコッツウォールドを越えてグロースターに進軍している間に、審議し、チャールズは、グロースターから撤退して数日後、勢いよく、それの無効を通告し、臣下たちにそれに署名することを禁じた。

エセックス、シレンスターを奪取

とかくする間、エセックスはグロースターからテュークスベリーへと後退し、ロンドンへ帰る時期を見計らっていた。九月一五日、彼はウースターに奇襲をかけ、それから、薄暗がりを利用して、思いがけないことであったが、南方へと向かい、夜通し進軍し、九月一六日午前三時、シレンスターを占領していた王党派を襲って、これを蹴散らし、オックスフォードへの補給部隊の道を遮断した。この成功に元気付けられ、エセックスの部下たちは、クリックレイド経由の道をとおって、ロンドン帰着へと急いだのであった。ルパートは、この危機的な時期に、彼エセックスとの接触を失っており、国王とフォース卿のために、しばらく彼をコッツウォールド一帯で探し回っていた。ルパートが彼らを発見したとき、彼らは座ってピケット・ゲームをしていた。エセックスは、もちろん、消えていなくなったが、ゲームをしている連中は中断することなく、続けた。ルパートは、騎兵隊を無理強いして先を急ぎ、後退する敵を捕捉した。歩兵と大砲を率いたチャールズとフォース卿も、エセックスと戦えるかもしれないと期待して、全速力でその後を追った。吹きすさぶ風、猛烈な雨のなかを、国王の軍隊は急速に前進した。九月一七日夜、ルパートの騎兵はファリンドンを越えてスタンフォード・イン・ザ・ヴェイルにあり、国王とその歩兵は、数マイル遅れて、アルスコットにあった。飢餓と足の疲れで立っているのがやっとであり、湿気によって「ピクルス状」になっていた。

王軍、ニューベリーの攻略にも失敗し、エセックスのロンドン防衛を可能にす

エセックスは、スウィドンにいた。彼の部隊は、いまやシレンスターで奪った補給品の大部分を消費し、配給の食料に加えて、その道中に生《は》えているナッツ、ブラックベリー、低木に生《な》っているリンゴをもいで食べたが、多くはがっかりさせられた。泥にまみれ、雨に濡れた中で、前進は遅くなり、略奪し連れて来た羊や牛の群れによって、遅れはさらに加重された。ルパートは、さらに南に向かうことによって、敵の騎兵隊を他の部隊から切り離し、退却を遅れさせることができると考えた。九月一八日、月曜日、朝早く、彼は、アルドバーン・チェーズの緑の高地——昔、ジョン王が狩りをした森林であった——を越えようとしている議会軍騎兵隊に襲い掛かった。騎兵隊は仰天したが、彼らは後退して歩兵隊との良好な協力関係を保ち、ルパートは、彼らのムスケット銃兵の連続射撃に抗して、大きな危険を冒すことはできなかった。しかし、彼は、彼らの前進を緩慢にし、いまやエセックスをニューベリーへ追い込み、ロンドンへの道を封鎖することに集中した。彼の友人、ピッチモンド卿は、国王に味方していたが、王の弱まった精神を奮い立たせ、そのため王党派歩兵は前進すべく最後の努力をはらった。九月一九日夕刻、

エセックスとその軍隊は、ずぶ濡れになり、疲れ果て、食糧も乏しくなる中で、ニューベリーに近付いていったが、そこで彼らが期待していたのは乾いた地面と豊かな食糧とであった。しかし、彼らが見出したのは、二時間も前に、王党派がこの町の前面で待ち受けていたということであった。

国王は、オックスフォードからの新手の騎兵隊と、プリンス・モーリス指揮下の西部からのなにほどかの兵士の合流をえた。国王は、その騎兵と銃砲の数において、エセックスとその歩兵の優勢に対してそれほど劣るものではなかったが、弾薬においては危険なほど劣っており、新しい補給はオックスフォードからは来なかった。その夜、ニューベリーの戦争委員会では、ルパートは、次の日に戦うことに反対した。エセックスは動けないし、弾薬の到着を待って攻撃しても、不都合はないというのである。

ルパートの意見は却下された。翌朝、王党派は、町のちょうど南西にあたるウォシュ・コモンと呼ばれる高台を占拠した。エンボーンに司令部を置いたエセックスは、ハムデンの老練部隊を前進させて、ビッグス・ヒルを占拠したが、この有利な地点から、王党派の騎兵の一隊と交戦し、それを捉えることができると考えたのである。とかくする間に、エセックスの歩兵隊は町とコモンのあいだの平地へと前進したが、野菜畑を囲い込んだ垣根を巧みに利用して、敵の陣地内へ潜入したのである。王党派のムスケット銃兵——彼らもまた相手側と同様、ずぶ濡れで、疲れていた——はこれに応戦したが、すぐさま弾薬の欠乏が明らかになり、もはやなんの抵抗もできなくなった。その地形はムスケット銃発射にとって有利そのものであったが、騎兵隊が活動するには、あまりにも狭く囲い込まれており、また槍兵の行動も不可能であった。ルパートは、騎兵隊を救出し、敵の裏をかいて、歩兵隊を大喚声とともに後方へと突っ込ませた。この新たな危険にはじめてさらされることになったロンドン自警団部隊は動揺したが、おりよくエセックスが駆けつけ、槍兵を集合させ、ムスケット銃兵を励ました。囲い込まれた土地のなかで、王党派は、広い戦線にわたっての攻撃をおこなうことができず、議会軍ムスケット銃兵隊は、ルパートの囲い込みのなかの小部隊に恐るべき殺戮《さつりく》をもたらした。

時が経つうちに、弾薬の欠乏から無力化した国王軍はその陣地を放棄した。彼らは、コモンから降りてきたが、激しい銃火のまえに、旧陣地へ引き返すことができず、夜のとばりにまぎれて、町の中へと退却した。彼らの損害には恐るべきものがあった。夜っぴて、手押車が死者、あるいは死に瀕しているものを、垣根からニューベリーに運び込んだ。明け方から夕刻まで馬に乗り詰めであったルパートは、もし敵が明け方ロンドンへ動き出したら、攻撃しようと騎兵隊を再呼集していた。落ち着かないこの夜の一刻を利用して、彼は短い手紙をエセックスに書いている。副伯フォークランド卿が彼の手に捕らわれているのか、それとも死体となっているのか知りたい、と。

ムスケットの銃弾が、フォークランドの生命を終えていた。分裂した忠誠と消えうせた希望によって、荒涼と化したその生命を断っていたのである。この最後の日々、彼が考え、あるいは感じたことは、貧しく、悩みの多かったエドワード・ハイドとの結合に負うものであり、ハイドはその後二度とこのような友人をもつことはなかった。交渉による平和のチャンスは四月にすべて過ぎてしまい、最後の幻想的な希望も、議会における平和党が最終的に崩壊して夏、放棄されねばならなかった。それからの数週間、フォークランドは、ずっと熟しつつあったアイルランドからの救援を得るという国王の計画に注目していた。彼はスコットランドからのニュースも聞いていた。彼はエセックスの気違いじみた追跡に参加したが、その間、ルパートとその血の気の多い兵士たちは国王の側近たちを支配し、優雅なリッチモンドさえもが激しい追跡の興奮に駆られていたのである。こうしたことすべてが、文字通り、フォークランドにとっては、近寄り難いことであった。彼は、戦争が国王の支配地全体に広がり、諸党派間の調整がきかなくなり、無秩序と破壊が際限もなく続くのをみた。たとえ戦争の運が向いてきて、国王がニューベリーで勝利し、ロンドンで敵方を一掃したとしても、彼が信頼している合法的で、穏和な政府を滅ぼすような、過度の勝利になるのではないかを怖れていた。こうした気持ちのなかで、彼はニューベリーで、国王騎兵隊の一義勇兵として戦い、死へと乗り込んだのである。

もう二人の貴族が死体の中にあった。サンダーランド伯とカーナーヴォン伯がそれで、二人とも国王によく知られた人物であった。国王は、カーナーヴォンの遺体が置かれている宿屋へやってきて、「生の望みがないのを見極めるまで、遺体の側から離れなかった」と、のちにいわれている。調子のいい若者で、黄色い巻き毛のもじゃもじゃ髭をもったカーナーヴォンは、国王がとくに寵愛した者ではなかった。国王は、彼にあって、それらの日々に、湿った路地や、ブリストルの市壁の下で、あるいはエッジヒルの斜面で、空しく死んでいった多くの勇敢な、有名、無名の若者を悼《いた》んだのである。

次の日、エセックス伯は、国王陣営の物音を聞こうとしたが、無駄であった。まもなく、正午まえに、彼はロンドンへの前進を再開したが、国王のムスケット銃兵、砲兵が活動できないでいると確信したからである。唯一の危険は騎兵隊からするものであったが、エセックスは、疲れた歩兵隊を縦列の真ん中に置き、前後を騎兵隊で守った。町を離れて三マイル、生け垣の狭い道路の「ヒース草の終わり」地点に来たとき、ルパートの騎兵隊が背後から襲いかかり、後退する部隊を一時混乱させた。議会側の騎馬がパニックに陥り、歩兵隊を道路から離れさせたが、しかし、ムスケット銃兵隊が生け垣に配置され、その射撃が王党派の攻撃を制約した。前哨隊に小さな混乱が起こったが、多くは相接して戦った。勇気をもっているが、ひょろっとした小男サー・フィリップ・ステイプルトンが、ルパートに近寄って、正面から撃った。ピストルははずれ、死なずにすんだルパートの狼狽《ろうばい》から、ステイプルトンは車裂きに処せられた。乱打されたが、深刻な損害を受けなかったエセックスは、彼の軍隊をレディングへ連れていき、この町を占拠していても利益がないと判断し、守備隊を引きあげさせ、一路ロンドンへ向かうことにした。彼はストランドの大きな自分の家で、ロンドン市長、市議会議長、そして、ロンドン市や庶民院の代表者たちによって、熱狂と祝福のうちに迎えられた。彼の部下たちは、帽子に月桂樹の葉っぱをつけて、喜び溢れる群衆とともに、街路を行進したのであった。

国王はニューベリーの上手のドニングトン・カッスルに守備隊を置いたが、「西部の商業がロンドンへ通過していく大道路」を封鎖するためであった。彼はまた、ニューベリーの負傷した捕虜の手当についての配慮をすることによって、新しい寛大な叡知ぶりを示した。それからオックスフォードへ帰ったが、そこでは王の勝利を祝して大篝火《かがりび》が焚かれた。しかし、彼は、戦争開始後一三カ月経っても、自分が勝利に近付いていないことを知っていた。議会はなお自分の軍隊を戦場におくり、首府を保持している。ロンドンでは、勝利の行進は、これからも続くにちがいない心配事から、ごく一時的な注意を引いただけであった。グロースターは救われたが、ブリストルとイグゼターは失われ、レディングは放棄されていた。戦争の終わりは遠く、予見できなかった。「すべてはイギリス人であった」と、バルストローデ・ホワイトロックは、ニューベリーの戦いについて書いている。「そして、哀れなことに、このような勇気が各人の血の中で消耗されているのである」と。しかし、これから後は、イギリス人だけではない。双方とも同盟者を呼び寄せていた。アイルランド人の救援を呼ぶ国王の計画、スコットランドの救援に対するピムの計画は、同時に熟していた。これ以後は、アイルランド、スコットランドの政治が流れを変え、闘争対象を変え、戦争の継続を長引かせることになるのである。

第二章　スコットランド人の到来　一六四三年九月—一六四四年三月

第一節　「厳粛なる盟約同盟」結ばる

「厳粛なる盟約同盟」結ばれる

一六四三年九月二五日、ロンドンがニューベリーのニュースによって沸き返っていたとき、議会両院のメンバーたちは、スコットランドからの使節団と、いまやマーガレット・ウェストミンスターと呼ばれるようになった教会で、「厳粛なる盟約同盟」に署名していた。これは通常の世俗的同盟ではないが、折に触れて、説教したフィリップ・ナイの言葉によれば、「王の中の王キリストの下での忠誠と誠実」の誓いであった。

スコットランド人との協定は、両立しがたい二つの観念の妥協であり、必要から生まれ、幻覚的な希望によって養われた条約であった。国王の勝利への接近が、イングランドの議会人たちよりも、スコットランドの盟約者団を、より少なからず脅かしたのである。彼らは共通の危険に直面して隊列を組むことになったが、共通のものは少なかった。

スコットランド人は、あとになって、自分たちを欺いたとイギリス人を非難したが、条約締結のときには、双方とも目を見開いていた。交渉を指導したサー・ハリー・ヴェインは、長老派ではなかったし、そのように称してもいなかった。熱狂的ではあったが、彼は政治的条約に、宗教的企てをするという全精神力を傾けるという考えを嫌っていた。彼は主張している。「同盟」という用語が「盟約者」という聖書の用語に並行して置かれ、それによって条約の真の性格が隠されることはなかった、と。スコットランド人は、この点で譲歩したのである。だから彼らも、長ったらしい議論ののち、自分たちの宗教的条項の修正に譲歩したのである。まず第一に彼らは、イングランドにおける主教制の廃止を要求し（これには、ヴェインも喜んで同意した）、長老制の原則の採用を要求したが、これにはヴェインは異議を唱えた。交渉のこの点にきたとき、スターリングの大臣であるヘンリー・ガスリー――彼は王党派の同調者として知られていた――は、自分たちの宗教的意図のあいまいさをイギリス人が熱心に告発したとして、同盟を破棄しようと試みた。イギリス人は長老派よりは分派の方を好むというヒントは、ほとんど必要なかった。ガスリーの同僚の多くはこのことに気が付いていたが、彼らは彼の動機を疑い、同盟に対する彼の反対は、同僚たちに同盟に対する必要性を確信させるのに大いに寄与することになった。長いあいだ掛かって、彼らは、三王国における神の教会を一致したものにするという条項をイギリス人に飲ませた。それらは、スコットランド教会との一致を考えていたが、しかし、ヴェインは、これら合一の宗教改革は「神の言葉に応じたもの」でなければならない、という一句を付け加えることを主張している。

サー・ハリー・ヴェイン、あるいは他の議会人によって解釈された神の言葉というのは、長老派政府による解釈とは、非常に異なったものであった。スコットランド人は、（聖書の言葉の）改竄《かいざん》の目的を完全に理解していたが、しかし、彼らは、神学的論証――その神学的論証において、彼ら自身の大部分は、ほかでもなく長老派的原則こそが神の言葉に従ったものであると確信していた――を提供することによって、また、一部には、無敵のスコットランド兵士が戦争に勝った場合にイギリス問題に行使できる圧倒的な影響力によって、その改竄を部分的に無害なものにできると信じていた。心を満たすすばらしいことに、「摂理」の配分の仕方によって、「野蛮で、凶暴な人間の世代――その残酷さの下で、われわれは血を流している……そう哀願は続けている……もし現在の神の慈悲が介入しなければ、われわれは死んでいただろう――」に対抗して、自分たちを援助してほしいと、イギリス人をして哀願させるにいたっている。こうした事柄を流通させていられる神が、彼らスコットランド人の業績を祝福されるであろうことをだれが疑えるであろうか。宗教的であると同時に実際的でもあるこうした確信において、盟約者団はヴェインに少数の点で譲歩し、実際的な詳細が合意されれば、ただちに軍事的にイギリス人を支援することに同意したのであった。

制服を着用し、四〇日分の食糧を供給されて、前進に参加するようにと、一六歳から六〇歳にいたるすべての男子に召集命令がおくられた。ハミルトン兄弟の弟の方、ラナーク卿は国家書記として、国王の名において、命令を発している。その年の収穫は早くおこなわれていたため、新しい課税が急速に入ってくることが確実と考えられた。レーヴェン卿は総司令官に就任することに同意した。彼は、二年前、国王に対して刃を抜くことをしないと誓っていたが、現在の緊急事態を誓約の枠外にあることと見なした。スコットランド教会集会――イングランドにおける議会と同様、特別なのだが――は、国王に通知をおくり、スコットランド人は、文字通り国王の利益自体のために戦争に入ったのだと保証した。身分制会議は、軍隊の支出のための徴税の投票をした。アーガイルは、一万二〇〇〇ポンドの寄付を目的とした個人的借款のリストを提出して、先頭を切った。エディンバラは、都市の費用で一二〇〇人の徴募兵を召集し、着飾らせる一例を提供したが、彼らは「ドラムの響きとともに最上の甲冑で」現れた。さらに二つの国民の連帯性を示すため、サー・ハリー・ヴェインを市民にしたのであった。

しかし、双方とも、現在統一していても、その基底では分かれた存在であることを認識していた。彼らを合一させている問題の危険性は、刻々と深刻さを増していた。エディンバラでアーガイルが、ウェストミンスターでピムが、一六四三年九月末の前頃、オーモンド侯爵が国王の名においてアイルランド人と休戦を結んだことを知った。チャールズは、たとえ「偶像崇拝者の肉屋たち」と手を結ぼうと欲したとしても、他方では、彼は、真面目で善良な臣下に戦争を挑んでおり、そのことは、どの盟約者団員たちの計算によっても、「すべての誠実なスコットランド人にして、善良な愛国者にとって……武器を取る、いまが絶好のチャンスである」ことを意味していた。

オーモンド、アイルランド人と一時休戦

オーモンドは、ローマ・カソリックで王党派のクランリカードの援助を得て、連盟者アイルランド人――休戦条約において、アイルランド人は一般的にそう呼ばれていた――と、一六四三年九月一五日、休戦を結んだ。オーモンドの部隊をイングランドで雇いたいという国王の差し迫った必要性は別としても、アイルランド戦争の休戦については語るべきことが多い。それは、当てもない、血みどろのデッドロックに乗り上げていて、双方とも永続的優位を獲得したとはおもえなかった。春にオーモンドは、ニュー・ロスを奪取することによって、ダブリンとミュンスターの王党派とのあいだの意志疎通を再開させようと試みたが、彼の成功は一時的なものに過ぎず、連盟者側の将軍トーマス・プレットソンによって仕返しをされた。プレットソンは、スペインで訓練を受けた職業軍人で、オーモンドの妻の親戚の者であったが、周辺地域を荒らし廻り、ホームレスの住民たちを、そうでなくても人口過剰気味のダブリンへと追い込んだのであった。

アイルランド人の戦争の仕方

アイルランド人は、堂々の会戦において勝利することは稀であったが、国の広範な地域を意のままに徘徊し、都市や村を開かせて略奪し、それらを孤立した防御地点におとしめたりした。ダブリン周辺のオーモンドの軍も、ミュンスターのインチキンの部隊、ウルスターのモンロー指揮下のスコットランド兵たちも、アイルランド人をその砦から追っ払うことも、彼らの襲撃を押さえることもできなかったが、しかし、彼らは、最初ありそうに思われたこと、連盟者による全アイルランドの制圧を阻止するだけの強さをもっていた。（たとえば連盟派の）マスカリー卿は、コーク市の防衛を指揮した、怒れる、前主教であったコーク伯によって追放され、オーウェン・ロー・オニールは、ウルスターのスコットランド軍をわなに掛けようとして、モンローによって打ち負かされているのである。いまや職業軍人によってアイルランドの軍の群れの大部分は指揮されることになったが、にもかかわらず、連盟者の軍隊

を効果的に組織することはほとんど不可能であった。襲撃・略奪は、これらの部隊の一種の戦闘様式であった。北部においてオニールは、彼の軍の大部分を自然の氏族的編成のままにとどめること、そして、彼らが自分たちのクリート、すなわち、彼らが放牧してきた牛と一緒に進軍するのを許した。連盟者の司令部にあってさえも、冬のゆるんだ月間、泡立つように興奮したアイルランド人を一つの軍隊にまとめて維持することは不可能であった。彼らは、自分たちの馬を使い切る「友人」を見付けるため、あちらこちらと駆け回るのが習いであった。

アイルランド人の戦争の仕方は、恐るべきほど型にはまらないものであったが、ときには喜劇的な様相を呈した。その例がバリーマーター・カッスルに置かれた政府の小さな守備隊の経験が示しているが、彼らは、「白いシャツを着た生き物のような」いたずら好きの妖精によって死ぬほど悩まされた。その妖精は、彼らのベッドから衣服をひっさらっていったり、その他のことで彼らをいらいらさせ、最後に守備隊のひとりが酒蔵に入ってみると、大きな悪魔が、灯火のついた酒樽の上に座り、煙草を手にしているのが見られた。それ以後、バリーマーターに滞在する者はだれもいなかったという。しかし、そうした軽い動機は別として、イギリス人やスコットランド人は、アイルランド人には神秘的な力があるのでないかと疑う傾向があり、それに対する暗い恐怖が、ときに、捕虜の虐待という結果になって現れた。

もし部隊と金とがイングランドから注入されていたら、アイルランド戦争は数カ月で終わらされていたろう（それが、究極的には終わらされたように）。しかし、今となっては、それは不可能であった。政府軍は給与が支払われておらず、装備は悪く、反抗的で、よく脱走した。戦争は、どちらかに最終的な優位をもたらすことなく、幾年にもわたって引きずられた。このことは、少なくとも、休戦を歓迎する司令官たちのある者にとっては明白なことであった。しかし、アイルランドの説教師たちは違った風に考えていた。彼らは、国がすでに事実上解放されたと信じており、アイルランドの宗教としてのカソリック信仰を回復しようとしないオーモンドとは、いかなる話し合いにも応じようとはしなかった。この点において彼らは、ヴァティカンからの使節ピエール・フランチェスコ・スカランピー——彼は一六四三年夏、アイルランドに到着していた——によって強く支持されていた。すでに休戦に先立った交渉において、連盟者のあいだに分裂の線が現れ始めていた。人民大衆によって支持された説教師たちは、絶対的なカソリック信仰復活論者であった。法律家と職業軍人（アイルランドの中では小人数であったが、影響力をもっていた）をふくめた貴族の大多数は、妥協的立場を取っていた。関心の分裂線は、古アイルランド人とノルマン人、ないしアングロ・アイリッシュ人とのあいだの民族的分離線と非常に密接に一致していた。反乱の初めのころ、イギリス議会の毒々しい政策が、ペイル（アイルランドの英領地、ダブリン周辺）の領主たち、ノルマン人、アングロ・アイリッシュ人のカソリック教徒たちを、反乱者たちと同盟させたが、いまでは、長引く無秩序、行き過ぎたアイルランド人の要求、とりわけ、彼らの土地の教会への没収が、アングロ・アイリッシュ人たちを、オーモンド支配下のダブリン政府との妥協的解決の考えに引き戻していた。そして、その政府の性格は、結局、サー・ウィリアム・パーソンとピューリタン協議員の排除によって、急進的な方向へ変化しつつあったのである。

これらアングロ・アイリッシュ人、オーモンド派——のちに彼らはそう呼ばれた——に対して、アイルランド人として、キリスト教徒として、どんなことがいわれようと、彼らは正気であり、自分の国が直面している問題について世間並の理解をもっていた。彼らは、説教師たちが希望していることが、オーモンド、あるいは他の上級副官たちによって、決して承認されるものでないことを知っており、妥協をすることによって得られる利益——それは、戦争が終わったとき、場合によっては、イングランドでも受け入れられるかもしれない——をつかみ、確実なものにすることが賢明であると考えた。彼らの影響力は停戦を確実なものにした。しかし、アイルランド人のあいだの鋭い分裂と宗教における非妥協性とが、結果的には、海陸における一年間の休戦、捕虜の交換以上のことはなにも生み出さなかった。その休戦期間中、双方は自制し、自分たちが占めている地域を、自分たちの考えで統治する。平和の諸条件は示されず、またそうした議論の根拠も提示されなかった。

アイルランド人のあいだの分裂は、オーモンドにとって、ときには、住民間の分裂よりは厄介なものではなかった。たとえアイルランド人の説教師が休戦に反対したとしても、住民の多くはそれに従った。イングランドでは、議会が公然とそれを非難した。議会同調者で、政府から追放された者たちから成るダブリンの協議会が、彼らの戦闘を継続するには、ウェストミンスターからあまりにも僅かなものしか送られてこなかったと反論したのは十分理由のあることであった。しかし、住民がまもなく一般的に認めたことは、連盟派の指導者たちが、アイルランド人の略奪派を統制できないこと、指導者たちが、停戦のために、「これら無慈悲に血を流さざるをえない村民」を無防備のまま放置していることであった。ウルスターでは、スコットランド人と協定を結んだ政府軍のあいだで、休戦は「悪魔の傑作」と呼ばれた。この部隊に対しオーモンドは支払いを停止したが、連盟派は――彼らの役割として――オニールに戦闘へ出掛けていくことを承認した。国王が単に休戦だけを欲したのではなく、アイルランド人との同盟を欲していたのではないかという住民たちの嫌疑は正しかった。当初、国王の公式の政策は、彼のために戦う政府部隊だけを引き渡させることにあったが、連盟派アイルランド人は、停戦の直後に、主として現物と牛から成る三万ポンドのものを彼に提供することを決めている。休戦から一カ月も経たないとき、ターフェ卿は、自分は四〇〇〇人のアイルランド兵士を国王に送る用意があるが、その条件として、ウルスターの小うるさいスコットランド人を「滅ぼす自由」が認められることであった。国王自身は、この問題になんら良心のとがめを感じてはいなかった。彼は冷笑的に、ウルスターのスコットランド人が停戦を拒否し、アイルランド人の餌食《えじき》に陥ること、彼らが休戦を受け入れるよりは、むしろ、盟約者団の軍隊をふくらませるために帰国することを欲していた。

王党派と反乱者、カソリックとプロテスタント、イギリス人とアイルランド人のあいだの、このような濃厚な混乱とともに、恨みのさざめきが、そこここで暴動へと燃え上がったのは驚くべきことではない。それは、新しい援軍がアイルランドから到着しはじめたとき、国王のイギリス人部隊のあいだに広がった。最初にやって来たのはオーモンドの政府軍で、ほとんどすべてがプロテスタント、イギリス人、ないしイギリス人の子孫から成っていた。彼らは不可避的に、イギリス海峡の諸港、あるいはチェスターで上陸したが、この地域は、二年間のあいだ、大きな心痛を抱いた亡命住民のボート乗客を受け入れていた。さらにチェッシャーは、過去二世代の間に、多くの植民者をアイルランドに送り出した土地であり、この地域のジェントリ層は、停戦を住民に対する裏切りとして、異常なほど激しく憤慨したのであった。紛糾が一時に始まった。新しい部隊は、ずっと変わらず「アイルランド人」という習わせられ、チェスターの亡命者たちは、彼らの中に、自分たちの夫や息子の殺害者がいると信じていた。どこでも住民たちは、新来者に対して敵意をもち、彼らを泊めたり、食事を出したりしようとはしなかった。西部地域では、ブリッジウォーターの王党派部隊は反抗し、彼らと一緒に奉仕しようとはしなかった。ときには、事態をさらに混乱させたことに、ダブリンから来た政府軍は、これまでローマ・カソリック・アイルランド人との困難な戦いを戦ってきただけに、国王のイギリス人軍隊のなかにカソリックの将校がいるのを見て、怒った。ある部隊は、プロテスタントの守備隊が議会のために保持していた家屋を、その元の所有者であるウォードア・カッスルの所有者――教皇派であった――のために取り返す、その援助をすることに強く反対した。

アイルランドでは、オーモンドが彼の将校のある者と紛争に陥っていた。ミカエル・ジョーンズ大佐が、休戦に反対する請願を提出後、その任務を放棄したのである。オーモンドはまた、スコットランド出身の職業軍人ローレンス・クロフォードを拘留することを余儀なくされたが、彼は、自分の部隊がイングランドへ送られ、教皇派部隊と並んで戦うことになったことに、ひどく恨みを抱いたのである。一時、ダブリンの司政官を務めたことがあり、よく知られ、「真面目人間として」軍隊のすべての階級の人々によって愛されたジョージ・モンクは、イングランドへ渡るすべての将校に提出するように義務付けられた国王に対する特別な忠誠誓約を拒否した。国王が大きな価値のある職業軍人を失うのではないかと心配したオーモンドは、モンクを国王陛下と個人的に会見させて、疑惑を晴らすという名誉ある措置を約束して、イングランドへ送り出している。

第二節　東部諸州では議会側が優勢

一六四三年秋の議会にとっての情勢は、グロースターの救済、エセックスの無事帰還によって大きく気楽なものになっていたが、なお心配事の種はあった。レディングは放棄されていたし、ルパートの騎兵隊は、自由にチルターンを荒らし回っていたし、ロンドンへ接近する危険性を示していた。国王が、スコットランド人が救援にくる前に、その首府の降伏を余儀なくさせるということもありうることであった。サリー、サセックス州において軍隊を徴募する使命を委託されたホプトンが、ロンドンの南側に進出しようと試みている間、ルパートは、ミッドランドからする彼らへの物資補給を遮断しようとした。一〇月六日、サー・ルイス・ダイヴ指揮下の王党派の一部隊が、ニューポート・パグネルを占領した。エセックスは、葦の茂ったベッドフォードシャイアーの平地の心地よい、この小さな都市に、疲れた兵士たちのための冬の期間中の「暖かい巣」を作ろうと計画していた。しかし、ニューポートは、冬の宿営地の便利な中心以上の意義をもっていた。東部諸州の寄贈品とか生産物がロンドンへ入ってくる道路・河川の集約点であった。この都市を保持することによって、王党派は、首府が生活する主要な活路の一つを止めることになった。議会は、なおその資金に対する要求、とりわけ通常の財産評価を強めていた。商業の弛緩によって、消費税はほんの僅かしか入って来なくなっていた。それらは、陸海軍の正規の需要に見合うものではなく、スコットランド人の準備を急がせる必要があった。ほとんど七万ポンドにたっする強制借款が課せられた。冒険商人組合は、さらに三万ポンドを供出したが、ロンドン市の財源はぎりぎりにまで張り詰めており、一方、王党派の海賊は、公海上で、ロンドン向けのあらゆる商品に襲い掛かり、さらにブリストルの競争がいまや感じられはじめた。燃料の不足が住民に重くのしかかり、寒い季節の到来とともに、深刻な問題となった。ロンドンの燃料確保のため、ロイヤル・パークを起点として、周囲六〇マイルの樹木を切り倒す命令が出された。そして、議会側に就くことになったスコットランド同盟は、フィフスシャイアーの鉱夫をして、長時間働き、その大量の石炭をロンドンへ供給するようにうながした。来るべき冬に、より難儀をする自国の住民の要求を無視してである。

キングス・リン、議会側に降伏

ウェールズの境界領域からは、ブレルトンが、シュロップシャイアーが王党派によって「汚らしく荒らされた」と憂鬱そうに報告してきたし、グロースターからは、マッセイが、支払いの欠如から、部下たちが反対派に脱走していると苦情を述べている。その夏のケントの反乱は、さらに今後困難が起こるかもしれない、とくにホプトンがロンドンの南に進出した場合そうである、という恐怖を残していた。王党派の代言者の警告も、それに作用していた。東部連合の核心部においても、重大な困難が起こっていた。すなわち、キングス・リンの住民が財産査定割り当て税の支払いを拒否し、そして、突然、国王に味方すると宣言し、（議会軍に対して）ノーフォークの王党派、サー・ハモン・レストレインジの指揮下に、ほとんど一カ月間、断固たる決意で都市を保持した。王党派は、ニューカッスル侯の援助を期待していたが、彼は、八月中、問題なく北部の主人公であった。彼は彼ら王党派の救援に直接駆けつける前に、ゲインズボローを奪取したが、クロムウェルが防衛部隊を配置する前であったので、東部連合を蹴散らすことができたのである。弱められたハル市を見たいというヨークシャーの王党派の嘆願を無視して、ニューカッスルは彼の部隊をキングス・リンの包囲解除にクギ付けにする道を選んだが、この都市は小さいが、海を支配しないかぎり難攻不落の町であった。キングス・リンの英雄的蜂起は、九月一六日の（議会軍への）降伏によって終わりを告げ、戦争の最大のポイントの一つが失われたのである。

（若）フェアファックスとクロムウェル、協力して東部諸州を議会側に確保

ニューカッスルが支配できなかったハンバー河を越えて、クロムウェルはハル市に入り、二人のフェアファック

スと協議した。フェアファックス卿はそこの司政官であったが、彼の息子サー・トーマスは、クロムウェルとともにハンバー河口を渡って、リンカーンシャイアーに帰り、クロムウェルに騎兵と竜騎兵の残存部隊を供給した。昨年の夏の危機のとき、マンチェスター伯は、若くて無能なグレイ卿に代わって、東部ミッドランドの総大将にして、東部連合州のそれになっていたが、この緊急の数週間、彼は、きわめて活動的で、有能なクロムウェルと一緒に仕事をし、軍隊の信頼性と強さを回復し、ハルの究極的救済と東部ミッドランドの安全性はそれに依存することになった。

フェアファックス、ウィンスビーの戦いで勝利

一〇月の第二週、国王のためにニューアークを統治していた、スコットランド出身の職業軍人サー・ジョン・ヘンダーソンが、騎兵、竜騎兵八〇隊を率いて、ホーンカッスル付近に宿営していた、新たに編成されたマンチェスター伯の軍に向かって進んできた。マンチェスター伯は、フェアファックスとクロムウェルを同伴していたが、彼の騎兵隊を補助するものとして、いくらかの歩兵と大砲をもっていた。彼の全兵力はヘンダーソンのそれの半ばにも満たなかったが、伯は指揮を執るのに最善の大きさと考えていた。彼はリンカーンシャイアー・ウォールドの端にあるウィンスビーで彼を迎え撃った。よく訓練された騎兵隊という確信をもって、最初の攻撃を加えたのはクロムウェルであった。彼の訓練がいかに徹底的なものであったかは、彼の乗馬が乗りつぶされたことからも判るが、その訓練を受けた彼の部下の突撃は勇敢そのもの――彼らのリーダーの乗馬の偶発事、あるいは騎士党の発砲ぶりも同様であったが――であり、国王軍は彼らの前に破れた。この戦いにおいて、フェアファックスは、その騎兵隊を側面に配置し、国王軍の敗走を完全なものとした。この第二の攻撃ののち、マンチェスター伯は報告している。「われらの部下は、逃げる敵を数マイルにわたって追跡する以外になにもすることがなかった」と。彼らは八〇〇人以上の捕虜、馬、武器、そして、二六本の軍旗をとらえた。ウィンスビーの戦いは、片一方の側によって得られ

た、もっとも素早く、かつ簡単な勝利であった。そして、王党派は、少数者の側における責められるべき臆病さが自分たちの崩壊を生み出したのだ、と言い張ったが、しかし、彼らも、議会側の騎兵隊がいまや、予想以上に、よく訓練されており、よく装備されていることを認めない訳にはいかなかった。クロムウェルの方法がものをいう、その語り始めであったのである。

リンカーン市、議会側に降伏

同じとき、老練兵メルドラムがハルを救済していた。王党派が包囲攻撃のため築いた堰堤を流出させてしまった高潮と都市守備隊の出撃とが、ニューカッスル侯をして撤退を余儀なくさせ、彼は数門の大砲を守備隊の手に残し、数門を泥のなかに遺棄した。マンチェスター伯は、リンカーンシャイアーの王党派の全般的混乱を利用して、リンカーン市に降伏を勧め、同市はたちどころに、豊富な武器を添えて、降伏した。

ニューポート・パグネルも議会側に降る

クロムウェルとマンチェスター伯の共同作業であった東部連合勢力の著しい回復も、しかし、議会の直面する問題にあまり奉仕することにはならなかった。王党派がニューポート・パグネルを依然確保し、それをロンドンから切り離していたからである。しかし、すべてはサー・ルイス・ダイヴ（王党派）とその守備隊への弾薬の輸送のスピードにかかっていたが、オックスフォードには、使える車輛がなかった。ルパートは嵐のようなせかさせる督促状を送ったが、国王の最高司令部では、だれもそのために尽力しようとはしなかった。彼らが必要とする車輛を見付けたときには、遅すぎた。ある者は、供給物が輸送の途上にあることをダイヴに知らせることを怠った。一〇月二七日、彼は、前進してきた議会軍にニューポートを明け渡したが、もはや抵抗する手段がなにもなかったのと、彼に悪しき命令が送られたからであった。ルパートは、言葉数の少ない男であるが、彼の秘書によって書き留められた、ちょっとしたメモが彼の気持ちを反映している。曰く。「ニューポート・パグネルの過ちは、すべてを毒している」と。

ニューポート・パグネルの失敗の重要性は、直ちには国王には明白ではなかった。だから彼は、次の月、ニューポートの北に当たるトウセスターを確保し、ニューポートの場合と同様、それを、ロンドンへの物資供給の河川をにぎるために利用しようというルパートの執拗な努力にほとんど支持を与えなかった。オックスフォードでは、彼らは南方からの嬉しいニュースに慰められていた。ホプトンがサリーに向かって進出し、ウォーラーが、ベイジング・ハウス――南西部の羊毛供給地からロンドンへいたる道路を遮断する重要な王党派の前進基地――で、他の制約によって苦しんでいた。ウォーラーの部下たちは、同都市の守備隊の猛烈な抵抗によって気落ちしていたが、寒さと烈風の気候によって意気阻喪《そそう》し、離隊しはじめた。ロンドンで徴募された全部隊が「帰ろう、帰ろう」という叫びをあげ、脱走していった。ウォーラーは、叩きつける雨の中、残った部隊をファーナムへと引きずっていき、雨宿りに彼らを収容すると、弾薬と衣服と給与を送るようにと議会にせきたてる手紙を書いているのである。

しかし、ウォーラーの希望打破が満足のいくものであったにもかかわらず、王党派の指導者たちは、彼らの敵のウェールズ境界地域での突然の、そして、うまくいった動きによって不安にさらされることになった。ここでは一六四三年一一月九日、ブレルトンがレクサムの主人公になっていたが、王党派は、彼が、ダブリンから来ると予想されるアイルランド部隊が、北ウェールズの最短の道を取ったときに、レクサムから遮断の行動に出るのではないかを恐れたのである。

フランス使節、調停に乗り出すが失敗

戦争の第二の冬が終わろうとしていたとき、闘争者たちは、お互いに、希望と恐怖が等しくバランスを取っている気持ちで顔を見合わせていた。だれも勝利を確信できなかったが、絶望する必要はなく、しかし、平和的交渉に

よって、なにかが得られるとは、だれも信じなかった。フランスの使節、コント・ダルクールは、その秋は、戦闘者間の調停という仕事で過ごし、時間を浪費してしまった。フランスの政府は、イギリスにおける戦争の勃発以来、国王の名前こそ変われ、性質においては変化はなかった。枢機卿リシュリューは一六四二年一二月に死に、その主人ルイ十三世も、五カ月後、彼の軍隊がロクロワの戦いでスペイン軍に最初の決定的勝利をあげたちょうどそのときに、死んでいた。こうした変化から、国王チャールズとその王妃は多くのことを期待していたが、リシュリューの弟子で、その後継者である枢機卿マザランは、まもなく、新しい支配者に対して、前国王ルイ十三世に対したリシュリューの場合よりも、もっと確実で、より親密な支配を要求した。新しい支配者は、子供のルイ十四世の名において統治した、凛々しいが、情にもろい母后のアンヌ・ド・オートリッシュであった。賢明で、世慣れた、雄々しいマザランは、彼女の献身的な、敬意をもった賛仰者の役割を演じ、彼女の情の深い信頼によって報われた。それゆえ、二人の統治者のあいだの政治にはなんらの変化も生じなかった。なぜなら、その政治においてリシュリューの訓練を受けたからである。リシュリューは、驚くべきことに、この敬虔なカソリック信者に、ハプスブルク出身の女帝（アンヌ）には彼女の夫がしたと同じことをさせる、すなわち、フランスのヨーロッパに対する影響力行使と自国の発展のために、カソリックのスペインとオーストリアに対抗するためプロテスタントのスウェーデン、オランダと同盟するという政策を説得していたのである。

マザランにとって、そして、彼がまもなくイングランドへ派遣した使節にとって重要なことは、イギリスでの戦争の結果が、フランスのヨーロッパにおける政治に不利なものであってはならないということであった。コント・ダルクールは、悩んだが、イギリスの戦時政治の無礼な手ほどきをあえてした。彼はロンドンの群衆によって歓迎されたが、彼は、自分の宿舎に当てられた、旧王妃の宮殿、サマセット・ハウスから議会によってすべての家具が運びだされているのを見出した。さらに彼は、給料未払いの兵士たちが家宅侵入し、食器類を盗んでいくのに悩まねばならなかった。彼の従者の中には――偽装していたが――王妃の寵臣で、カソリック信者のウォット・モンタギュ――ピューリタンのマンチェスター伯の兄弟で、改宗していた――がいたが、彼はオックスフォードの宮廷で再会することを望んでいた。議会はウォットを捜しだし、外交官特権をあざ笑い、彼をロンドン塔へ送り込んだ。しかし、ダルクールは、幾多の無作法にもかかわらず、フランスの利益が議会との関係を保つことによって、最善に保たれることを理解していたのである。

彼がオックスフォードへ着いたとき、国王は気さくに迎え、彼の到来に多くの重要性を付与していた王妃は、アンヌ・ドートリッシュに暖かいメッセージをおくった。しかし、ダルクールは、宮廷がスペインの友人たちの群がるところとなっている、と報告している。国王軍の司令官の多くは、フランドルのスペイン軍から来ていた。フランドルの陸軍とダンケルクの艦船は、海陸から国王の問題を支えていた。疑いなく、フランス人は、そうする価値があると知れば、その間、チャールズに十分な支持を与えて、スペイン人、あるいはフランドル人から独立させることができたであろう。しかし、ダルクールは、そのようなことは考えもしなかった。そのような仕事には、あまりにも費用がかかり過ぎるであろうし、第一、議会が海軍を掌握しているときに、その議会を不必要な敵に廻すというのは、愚かなことに、フランスの困難を増すばかりに終わるであろう。平和の調停に関しては、国王は、そうしたヒントだけで、もう怒っていた。プリンス・ルパートへ宛てた手紙で、国王は、自分は将来、個人的にエセックスと交渉する以外は、他の「主要な反乱者たち」と交渉する道を考えてはいない、と宣言している。その態度は、この夏、ウェストミンスターに残留している者たち、つまり、議会を認めないと宣言した、その論理的結末であった。チャールズはフランスの使節と分かれたが、お互いに敬意と不満を抱いての別れであった。

その他の国々も調停には気乗り薄

国王の、ポルトガルの代表者アントニオ・ドゥ・スーサに対する関係は、より心を込めたものであった。議会は、この秘密主義の、勤勉な男に疑惑を抱いていたが、彼は、同僚のだれよりも、双方の側に、有用であるとの印象を植え付けるのに成功した人物である。彼は、国王がロンドンの友人と意志疎通するさいの主要なチャンネルの一つであったが、しかし、ポルトガルは、過去三年間、スペインに対して反乱状態にあり、議会は、そうした自身の伝統的な敵と戦っている国の代表者に対してなにか仕掛けることは到底できないことであり、それに、ポルトガルとの商業関係は彼らにとってきわめて重要なものであったからである。スーサは、そこで、パスポートをうまく利用してオックスフォードに入り、友好的な話し合いののち、国王チャールズの好意を得て、彼に、オランダにあるポルトガルの金で購入した武器をフォルムース港に運び込むという手筈を整えた。これら入念に整えられた計画に、一つだけ彼の計算外のことがあった。武器が最終的にオランダの一船舶に船積みされたとき、（反スペインの）船長――彼は、国王チャールズのスペインと憎むべきダンケルク人に対する好意を疑わなかった――は、フォルムースに向かうことを拒否し、その代わりに、積荷をリスボンへ運んでしまったのであった。

国王の計画した外国の援助は、一般的に、その冬、不運に終わった。オランダの身分制議会もオラニエ公も、平和を調停する以上のことをする気配りはなかった。国王は、プリンス・オブ・ウェールズとオラニエ公の娘との結婚を示唆したのではあるが。これらのヒントは、唯一使いものになる対象としてのフランスの王女、オルレアン公の娘を目標とした、別の試験的な動きを妨げるものではなかった。これらの計画のどちらも全面的に放棄された訳ではなかったのに、第三の花嫁候補、五歳のポルトガル王女がそれらに付け加えられた。しかし、国王にとって不幸なことに、デンマークとスウェーデンのあいだに戦争が再燃した。デンマーク王クリスティアン四世は、海軍の援助の重要な提供者であったが、いまやそれらは引っ込められた。クリスティアンは、スウェーデンとの不時の衝突に備えて艦隊を必要としたからである。

秋になって、国王の陣営に憂鬱なことが起こった。夏のあいだ、テームズ渓谷にいたエセックスの軍隊を悩ました病気が、八月に入って、国王の部隊とオックスフォード市に広がったのである。夏は湿っぽくて暑く、人口過剰の都市にとって不健康な天候であった。そこでは兵士たちは街路にマットレスを敷いて眠り、ジェントリは息の詰まりそうな、風通しの悪い屋根裏部屋で眠った。全体的に、十分な洗濯女も家内労働者もいなかった。排水路も水道も臓物で詰まっていた。疫病は、激しいというよりは、むしろ広く拡大したところに特徴があった。罹病《りびょう》者の何人かは死亡し、その中には、詩人のウィリアム・カートライト、オックスフォード司政官サー・ウィリアム・ペニマンが含まれていた。プリンス・モーリスは、プリマス前のキャンプで危険な病に倒れたが、国王が急いで、有名なウィリアム・ハーヴェイを送り、彼はまもなく回復した。

騎士党内部に鬩《せめ》ぎ合い起こる

勝利の続いた夏を失望させるような終末は、騎士党のなかでの鬩《せめ》ぎ合いという収穫物をもたらした。国王の軍隊は、議会側におけるエセックスとウォーラーのあいだのような、明確な競争相手によって分割されてはいなかったが、しかし、それは嫉妬によって繋ぎ合わされ、陰謀で侵食されていた。王妃の帰還以来、昔のささやきを交わす陰謀、反陰謀が、隅々で再び発生していた。ほとんど帰還と同時に、王妃は、国王に対するルパートの優越した指導に嫉妬を抱いた。フォークランドの死後、ジョージ・ディグビーが国務大臣になったが、彼はいまや、王妃の助けを得て、ルパートの到来以後失っていた国王顧問会議における支配権を回復したのである。

疲れを知らぬプリンス・ルパートは、トウセスターの強化、ウェールズ境界地域での徴兵、アイルランドから来た軍隊の受け入れとその配分、チルターンやテームズ渓谷地域における途切れることのない、ロンドン子の神経を責めさいなむ一連の襲撃の組織化に従事していた。折々オックスフォードにいるときには、王妃が催す昼食会やダンスに出席し、国王や二人の若い王子とテニスを楽しんだ。しかし、これらはあわただしい訪問であり、軍隊における任務遂行中の短い幕間劇にすぎなかった。彼は宮廷における地位を確立する時間もなかったし、気質的に、宮廷人、あるいは外交官としてのディグビーに競争を挑む人ではなかった。彼のひたすらなる、戦争の義務とその必要性への集中、他人の敏感さの無視、それらが彼を敵にした。昨年中、宮廷と彼のぎくしゃくした関係を解きほぐすことに努力したリッチモンド公爵が、国王によって使節としてパリへ派遣されたとき、そして、ルパートがあまりにも真面目に宮廷の陰謀に反応し、対抗しようとしたとき、彼は、危機的な二、三カ月のあいだ、一人の友人もなく、王宮の寝室にとどまっていなければならなかったのである。

彼は、エセックスとその救援部隊をグロースターへ通してしまったことについて、ウィルモットを、またニューポート・パグネルへの物資供給に失敗したことでハリー・パーシーを咎《とが》めることをためらわなかった。こうして、王妃の友人のなかに、二人の厳しい、油断のできない敵をつくってしまった。軍事的無能力をめぐっての諍《いさか》いで、若い宮廷人たちは、彼を、特権的地位の安全性から切り離した。エンディミオン・ポーターの息子は、(軍事的失敗について)「女王陛下はわたしを罵るのを喜びとされている」と嘆いているが、しかし、王妃は、これら寵愛する廷臣たちの横柄な服従ぶりを抑えるようなことはなにもしなかった。また、プリンスが、彼らの好みからすると、あまりにも率直で、強情であると感じた他の者たちは、彼から逃れるために、守備隊に就いた。それはそうとして、夏の襲撃行ののち、騎兵隊は彼の支配下から離れ、彼は苦情でもって攻め立てられることになった。ニューベリーに基地をおいた騎兵隊は、近隣のドニングトン・カッスルの司令官であるボイス大佐を無視し、彼らの将校たちは、隊員に歩兵隊を悩ますようにけしかけた。さまざまな連隊間には、宿営地の配分をめぐって紛糾が起こっていた。宿泊所の割り当てや飼料をめぐっての衝突は、しょっちゅう起こっていた。ある企業心に富んだ下士官は、個人的な利益のために、部下を引き連れて、馬泥棒、公路上での強盗を働いているが、権威の全般的混乱の中で、ある大佐——彼自身、介入できるところから遥かに遠かった——の指揮下にあると申し立てて、懲罰を免れているのである。ルパートは、いくらか信頼しうる支持を得て、保ち得る秩序を維持したが、しかし、問題は個人で解決するには余りにも大きすぎた。

司令官のあいだの優先順位をめぐる紛糾と論争は絶えなかった。南ウェールズとそれに付属する辺境地域では、サー・ウィリアム・ヴァヴァソールが、概してもっとも有能、効果をあげた軍人であった。彼は初めウースター侯を助けていたが、ハイナムで最初の部隊を喪失したのちは、より多人数の徴募兵からなる部隊を率いて、ハーバート卿を助けた。まもなく、ハーバート卿を大いに立腹させたことに、オックスフォードの戦争委員会は、直接、ヴァヴァソールに命令をおくった。これから、ヴァヴァソールがハーバート――彼は、ハーバートが不人気であるとヒントを与えたようである――から独立して行動するようになるのは、ほんの一歩であった。そして、彼は、ウェールズではないにしても、少なくとも辺境のイギリス側で指揮を執らねばならないとほのめかしているのである。他のもう二人の人物が、不運なことに、その同じ命令権を希望していた。北ウェールズでは、旧ヨーク大主教のウィリアムズが、ヨークを離れたのち、コンウェイ・カッスルの要塞を固め、みずから国王の任命の司令官に就任したが、それを要求していたサー・アーサー・カペルによって深く恨まれることになった。国王はカペルをこれらの地域の総監に任命した。ウイリアムズといえば、彼の計画は常に地域のジェントリーたちと衝突したため、より活発な王党派のジェントリーには人気がなかった。司令官をめぐる論争は、国王の勝利とともに複雑化し、陰謀渦巻く宮廷から外へ向かって拡大した。男爵位、騎士身分の授与といった報酬のシャワーは、金、あるいは価値ある贈り物と引き換えに、国王の手からふりまかれた。しかし、沢山振り撒けばふりまくほど、ただ不満を抱く者をふやすだけであった。ニューベリー後、貴族の地位に上げられたバイロンは、プリンス・オブ・ウェールズの指導権者になろうとおもい、ルパートの援助を得ようと試みた。もっと合理的であったのは、彼が、金持ちのチェスターの長老ではなくて、自分こそチェスターの司政官になるべきだと不満を述べたときであった。名誉あるうちに軍事的義務から解放されたハートフォードは、なお確信的に政治に介入し、彼がワイマスの司政官に推したこの地方の有力な若いジェントルマン、アンソニー・アシュレィ・クーパーは、行政官よりは軍人になる道を選び、プリンス・モーリスはそれを奨励したほどであった。六カ月経たないうちに、クーパーは議会派に移ったが、その後後悔した。遅すぎたのであるが。

第三節　ピムの死

議会軍指導者内部の反目

国王の陣営における分裂は、議会側におけるそれよりも、それほど重大なものではなかった。エセックスとウォーラーとは公然たる敵対者であった。たとえば、（ウォーラーの部下であった）セイ卿の息子ナット・フィエンヌは臆病者という非難に激怒して、ブリストルの降伏に関する尋問を要求し、厳しい審査ののち、死刑を宣告された。議会の指導者たちが、彼らの財産を船でオランダへ、あるいはニュー・イングランドへおくったという噂は広く、繰り返し流布されていた。そして、事柄に対する友人、敵双方とも、競って「自分たちの最後の望みは、スコットランド人との幸せな兄弟になることにある」と信じ込んだのに対し、スコットランド人の方は、ロンドンや軍隊の中に一杯いる分派たちを用心深く眺めていた。

クロムウェルは、進んだ再洗礼派であると非難された。「彼らは再洗礼派ではなく、真面目な、落ち着いたキリスト教徒である」と、クロムウェルは書いている。しかし、クロムウェルのいう「真面目で落ち着いたキリスト教徒が、最後には危険な存在になる」ことを疑ったのは、スコットランド人のほかに、多くの人がそうであった。彼は、下賤なイースト・アングリア人から、素晴らしい兵士を作り上げた。彼は二度、王党派騎兵隊を破り、またほとんど単独で、王党派が前進してきた危機的な夏の諸週間、東部ミッドランドが全体的な災害に陥るのを防いだ。一兵士としては、彼は、議会の事柄についての欠くべからざる堡塁であった。しかし、戦争が勝利したとき、彼は危険な存在となるのであろうか？　質問はもう、尋ね尽くされている。差し当たっては、彼の指導は受け入れられたのである。彼が盟約者団を受け入れたのは、その教会改革思想が長老派のそれと似ても似つかぬような他の多くの人が受け入れたのと同様である。彼らのある者は、ジョン・セルデンの皮肉な精神で受け入れたが、セルデンは、

（その受け入れを）よく噛《か》むことなく、丸薬のようにカラス麦を呑み込む方がまだましだ、と皮肉っているのである。

ピムは、協定の諸点を強調することによって、スコットランド人への批判を制御しようとした。秋と冬には、「高位聖職者」党の迫害が一層強化された。盟約者団受け入れの必要性から、一連の人事異動と排除が起こったのである。ケンブリッジ大学の講師のおよそ三分の一が引退するか、罷免を余儀なくされ、大学は徹底的な改革にさらされることになった。聖歌隊歌手はカレッジの礼拝室から消えた。ただ不思議なことに、トリニティ・カレッジでは、「オルガンを鳴らさないのに」オルガン奏者に、年四〇シリングの支払いを続けている。サフォークでは、議会からの訪問者ウィリアム・ダウシングが、精力的に教区の教会を巡回し、聖画像、彫刻された天使、その他忌むべきものの破壊を命じている。エリィ修道院の大聖堂では、オリヴァー・クロムウェルが、信じらるべき古典的話であるが、説教師に、「そんな愚かなことを止めて、降りてきなさい」といって、礼拝執行を中止させ、それによって『祈祷書』の使用に終止符を打った。大主教ロードに対する弾劾は、証拠の欠如のため、ながらく延び延びになっていたが、再び取り上げられた。スコットランド人は、この作為を自分たちを宥《なだ》めるために取られたものと解したのであるが。「彼はいまでは卑しむべき人物であるので、われらは彼の裁判について注釈すべきことはなにもない」と、グラスゴーの主任報道官のベイリー博士は書いている。彼は、スコットランドおよび盟約者団とイングランドの同盟者とのあいだの利益の調整のために派遣されていた聖職者たちと一緒にイングランドへ来ていたものであるが、これ以後の年月、彼の生き生きとした、率直な書簡は、経過する情景を鮮明に描き出してくれるであろう。

スコットランドの聖職者たちは、次に、ウェストミンスター集会に参加するように招かれた。その集会は、少なくとも、本来は良質の石炭（スコットランド石炭）を焚いて暖められて開かれるはずであったが、居心地のよさは別として、盟約者団の批判に照らして、あまり彼らに薦められることではなかった。イングランドの宗教は、率直にいって、「無政府と混乱の悲しむべき状態」にあり、それは、イギリスの聖職者の多くによって展開された長ったらしい、空論的な議論によって、増大されたようにおもわれる。カソリック制度の根絶が議論されているとき、聖職者の一人は、次の文句、「カソリックの制度がなんであり、その根絶がなにを意味するかを知ることは、きわめて有用な仕事である」の意味についての議論に一時間を費やしているのである。俗人のメンバーの一人、ジョン・セルデンは、聖書を引用してのこの議論に対して、それを挫《くじ》くような皮肉さで字句の読み方を批判し、こういった。「金箔の花びら付きの、君のポケットの小さな聖書でそう読めるかもしれないが、ヘブライ人もそう読んだのだよ」と。スコットランド人は、「イングランドの大偶像、礼拝手引書」が放棄され、取り替えられるのを見たがったが、学問、あるいは弁舌のさわやかさのひけらかしにあって、楽しい気持ちにはなれなかった。彼らは、この集会が教会改革を発議する権限をもたず、議会の指示するままに議論する権限しかもたないことを発見して驚かされた。この制度は、教会改革の段取りを立案するにあたって、集会と議会双方からのメンバーからなる混合委員会をつくることによって、それを包括的に扱おうという典型的なイギリス的エラストゥス的[*]制度であった。

＊　エラストゥス Thomas Erastus（一五二四―八三）…「教会は国家に従属すべきである」と説いたスイス人。ここではその信奉者を意味する。

世俗的政治においては、彼らは、多くの記事に富むロンドンの新聞に、自分たちの新聞『スコットランドの鳩 The Scottish Dove』を加えることによって活動を開始していた。この箱舟から週刊でおくられてくる情報伝達誌は、表紙に一本のオリーブの枝と巻物をくわえた鳩を描き、その巻物には、「聖なる無垢の者は幸いなるかな」と記されていた。ニュース誌は盟約者団の観点から小売りされたが、しかし、イギリスの政治を支配する彼らの力は、第一に、そして、とりわけその軍事的強力さにかかっていた。

軍事的合意の詳細がウェストミンスターで締結されている間、エディンバラの政府は、スコットランド内部での王党派の動きを阻止する処置を取っていた。厳粛連盟と盟約者団が国土全体を通じて結ばれ、男たちは署名し、文字の書けない女たちは厳かに口頭で誓約した。困難が予想されたスターリングでは、騎兵隊三部隊が盟約書に同伴した。目立った抗議は、アバディーン周辺のゴードン地区だけで起こった。当惑し、破産したゴードン地区の首長であるハントリーはなにもしなかったが、しかし、サー・ジョン・ゴードン・オブ・ハッドーは、国王による新盟約者団の失効宣言を公にし、同族者たちに署名を拒否するようにうながした。しかし、アーガイルは、ハントリーの人気のある長男、ゴードン卿を味方につけることによって、致命的なことにゴードン一族を分裂させた。この若者は、アーガイルの妹の息子で、父親とは仲が悪かったが、盟約者団にみずから署名し、一〇〇騎ばかりの騎兵を連れてアバディーンに入った。活発で、親切であり、傲慢な父親よりも一族によって愛された彼は、近隣のジェントリの大多数を盟約者団に加盟させたのであった。

ハミルトンは、国王の友人たちを糾合させようと最後の努力をしたが、王党派の連中は、彼の忠誠心、その判断に確信をおいていなかった。彼らが愛顧した指導者、モントローズとオジルヴィはすでにオックスフォードへ行ってしまっていた。ハントリーは、盟約者団の息子に対して、無力であった。王党派の人々は、事態が今のままである限り、蜂起しないと決めた。著しく狼狽《ろうばい》したハミルトンは、オックスフォードへ自分の失敗を報告したが、抑さえきれない長老派の婦人、彼の母親は、彼の領地から盟約者団のための軍隊を徴発した。あるフランスの使節――彼は、戦争の拡大を防ぐことができるかどうかを判断するために、ダルクールによって急遽スコットランドへ派遣されたものである――は、憂鬱な便りをもって帰ってきた。スコットランド人は、もはや伝統的なフランスとの友好関係には興味をもってはいない。彼らは頑固に、しかし、悪意をもって、フランスが国王を助けようとしていると信じている。そして、老練兵のプロテスタント、レーヴェン卿は、プロテスタント十字軍の見込みに夢中になり、イングランドで教皇主義者と一戦を交えてのちには、フランスのユグノーと合流し、教皇を倒すという話をしていた、と。

ピムの死

この舞い上がるような熱狂主義と現実的細部に対する注意とを結び付けているのが、盟約者団の心性の特徴であった。将来の計画は空想的なものであったが、直接的準備は水晶のように透明であった。一一月末、軍事的協定が締結された。スコットランド側はイングランドに対し、一万八〇〇〇人の歩兵、二〇〇〇の騎兵隊、それに見合った数の砲列を供給する。イギリス側はこれらの軍隊に対し、戦争の続くかぎり、支払いをし、スコットランド人を含めない平和はありえない、というのである。これらの交渉のおこなわれている間、ジョン・ピムは重病にかかっていた。食べることのできなくなった彼はほとんど衰弱し、僅かしか眠らず、疲れ切って、しばしばぼんやりとした。それでもなお彼は議会に出席し、失われつつある気力を傾けて、スコットランドとの同盟の締結とその強化のために働いたが、その同盟は一一月二三日、エディンバラで最終的に結ばれた。同日、一隻のイギリス船が約束された第一回分の支払い——金を積んで、レイテに入港してきたが、その金こそは、ピムのたゆまざる手捌《さば》きによって獲得された以外のなにものでもなかった。その二週間後、一二月八日、夕刻七時、彼は死んだ。

騎士党は一斉に、ヘロデ王のように、彼は「蛆《うじ》虫によって食われたのだ」と言い立てたが、議会人は、もっとまことしやかに、彼は過労から死んだのだと主張した。しかし、ロンドンでもっとも高名な医者セオドア・ドゥ・マヤーヌとそのほか六人の署名した検視記録によると、彼の病気が大腸癌であったことは明白である。彼は二日間、正装して展示され、それから火葬に付され、厳粛にウェストミンスター修道院に埋葬された。教皇制の名残である埋葬のさいの説教を非難したスコットランド人は、参列することを拒否した。打ち萎《しお》れた議会人を前にして、シュテファン・マーシャルが、悲しみにみちた雄弁さで、「われらの壊れかかった家を再建するために働いた、この巨匠」の過ぎ越しを語った。マーシャルはいう。ピムの生活は、公の奉仕に費やされた。「彼の食べた肉、飲み物、彼の働き、運動、彼の娯楽、楽しみ、彼の遠望、彼のすべて、彼の存在は、ただ公共の善を促進するためにあった。このなかで、このために彼は生き、このなかで、これによって、彼は死んだのだ」と。

ジョン・ピムは、その生きた如くに、目立たぬように死んだ。そして、シュテファン・マーシャルの説教は、彼の全人格的事績を後世に残した。彼の生涯の最後の三年間、彼は議会における政治によって、憲法上の変化を実現したが、それこそ、永久的に特権階級に手綱を付け、イギリスの歴史のコースを変えるものであった。その生涯の最後の一八カ月間には、議会の指導、戦争をまかなう財政への注目、スコットランド人を取り込む彼の決意によって、彼は、国王の究極的な敗退のための諸条件を作り出したのであった。しかし、この人、議会政治上の偉大な建築家の一人であるこの人は、われわれにとっては個人的にほとんど知られていないままである。彼の書簡は、彼の性質を知らせるには、あまりにも乏しい。ある無名の画家が、油断のない、少ししゃべっている彼の笑顔を描いている。銅版画家は、彼にずるそうな流し目を付与している。それは、芸術家の下手さから生じたことで、そこに表現されているのは、到底ありそうにないことであった。彼の経歴の示すところによれば、彼は素晴らしいエネルギー、持続力、政治的洞察力をもち、素早い事務処理能力、異常なまでの説得力、指導性をもった人物であった。彼は自分の政治的天性をイギリス史の実体のなかに書き込んだ。それこそ、われわれが確実に彼について知りうるすべてなのである。

ピムの後継者、セント・ジョンとヴェイン

ピムが死んだとき、議会が戦場で敗れておれば、彼が作り出した憲法上の変化は滅ぼされたことであろう。彼は、勝利を可能にする財政的、軍事的、議会政治的処置を施したが、それによって勝利を確保するという仕事を後継者に残した。彼らのうち三人が、引き続く危機の年月に、彼の仕事を遂行した。オリヴァー・セント・ジョン、ハリー・ヴェイン、オリヴァー・クロムウェルである。

法務次官のセント・ジョンは、一般的には庶民院におけるピムの後継者と見なされてきた。彼はまたオリヴァー・クロムウェルの友人であり、クロムウェルが戦争というより切羽詰まった仕事で必然的にウェストミンスターを離

れなければならないときの、代弁者であった。この有能な法律家――彼が初めて公衆の注目を浴びたのは、船舶税問題でハムデンを弁護したときであった――は、三年間、議会でジョン・ピムと一緒に忙しく働いたが、それ以前は、プロヴィデンス会社の役員であった。彼の関心と家族のつながりとが、彼を一つのグループに結び付けたが、そのグループというのは、スペインの脅威におびえながらイギリスの植民地を拡大しようという野望をもったピューリタンたちが結成したもので、そのメンバーのうち、いまその頭《かしら》となっているのがウォーリックとセィである。ピムが死ぬ数週間前、戦争のごたごたのなかで、西インド、とくにカリブ海におけるイギリス人の利益を守るために新しい委員会が設置された。その西インドで、プロヴィデンス会社がもっとも早く冒険事業をしていたが、最近、悲惨な結末を迎え、また、このとき、キャプテン・ジャクソンが三隻の船でもって、ウォーリック伯の認可のもとに、スペイン人に対して戦いを挑んでいた。ヴェインとクロムウェルもまた、イギリス海上冒険のための委員会に入っていた。意見の相違がジョン・ピムの後継者たちを究極的に分裂させることになったが、しかし、すべては、スペインに対抗しての植民地の拡大の正当性とその価値を信ずる強さにおいて、ピムも含め、お互い共通していたのである。

法的知識と鋭い議論能力とによって、セント・ジョンは自分の党派に寄与するところが大きかったが、一般的には彼は好まれなかった。「浅黒い、曇りがちな顔付き、非常に自尊心が強く、少数のことには精通し、そして、彼なりのユーモア、好みをもった」この男は、ジョン・ピムの説得力をもった指導性を引き受けることのできる人物ではなかった。彼と非常に異なっていたのは、庶民院において彼の主要な友人、若いサー・ハリー・ヴェインであった。彼は、自分の父親、老サー・ハリーから区別するため、多年にわたって「若い」と呼ばれてきた。しかし、この時点、彼はまだ三〇歳の若さであった。宮廷官吏の息子として、優雅で、目配せの交わされる社会で育ったヴェインは、生涯を通じて、若いときに学んだ優美な生活作法を保ち続け、事が心に深く触れなかった場合でも、機転をきかせて処理する人間に見せかける巧妙さをもっていた。しかし、彼の宗教的感受性に触れるところになると、熱狂的にまで非妥協的であり、そして、到達すべき貴重な目標が見えたとき、あるいは、それを見出したとおもったとき、彼の取った手段は無茶苦茶であった。子供のとき、彼は陽気であり、彼が述べているところによると、良き友人に恵まれたが、一五歳のとき、宗教とその改革とが彼に襲い掛かり、その後は、世俗的な彼の家族をうろたえさせたことに、彼は、いかなる困難のなかで身を削るようになるにせよ、自分を導く精神の内なる光に従うことにしたのである。「神のお恵みによって」と、彼は初期の困難なとき父親に書いている。「わたしは、名誉と良き良心によって正当化できないような、あるいは、喜んで苦しみに身を投ずるほど満足できないようなことを、しようとはおもわない」。彼はその人生の残りを、こうした心の枠のなかで持続した。しかし、彼はより思弁的であり、より知性的であり、多くの場合、ピューリタン一般よりも寛容であった。休みなく探求する心をもって読書し、疑問で心を苦しめ、新しい考えに心を開いた人間として、彼は、自分に対する批判に応じて変化し、そして、ごまかした。しかし、彼の友人は、彼が、永久に逃げやすい真実の真面目な探求者であったことを知っていた。議会の指導者としては、彼は、素っ気ないクロムウェルや近付き難いセント・ジョンに欠けていた社会的な魅力と説得の技法を備えており、素晴らしい、冷静で、明快で、合理的な演説家であった。彼の不規則な容貌、大きな鼻、青白く突き出た目は魅力あるものではなかったが、演説しているときの彼の顔は、真剣な生気によって変容し、彼の美しい、流行に応じてカールされた髪と十分に身ずくろいした容姿とは、彼に際立って楽しい風采を与えたのであった。

ヴェインは、スコットランド人との同盟を確保した。盟約者団は、彼の宗教的同調が必ずしも彼らのそれと一致するものでないことを承知していたが。彼らはまた、セント・ジョンとクロムウェルが彼らの心のほんの一部しかもっていないことも知っていた。しかし、この時点で肝心なことは、盟約者にとっても、議会にとっても、戦争に勝つということであった。

第四節　スコットランド兵、南下す

勝利は、ほど遠いように見えた。西部諸州の王党派、そして、ダンケルク人たちの作戦によって諸方面へと展開された艦隊は、ロンドン商人の海運業を保護するものではなかったが、アイルランドからの部隊の輸送を妨げるものでなかったことはいうまでもない。ミッドランドの議会軍はあまりにも弱く、オックスフォードへ向かうアイルランド兵のための道を確保するためにチェッシャーに進軍するバイロン卿を止めることができなかった。少しのちに、敵側の分裂と気落ちに意気揚がったニューカッスル侯は、ハッチンソン大佐に賄賂をおくって、ノッチンガム・カッスルを降伏させようと試みた。「貴殿によりふさわしい物の使い方は、こうではないでしょうか」と、ハッチンソンは答えている。「一人の真面目な心を攻め落とすために、軽蔑すべき金貨を多く使うよりは、われらの堅固な城壁を襲撃するために一万人の兵士で攻めかかることです」。返答はその雄々しい気高さにおいて立派なものがあるが、しかし、この提供者がしたことは、議会軍側の弱さを突くものであった。

アルトンの戦い

一二月初め、ホプトンは、大砲が滑り、のめりこむような泥んこの道を、困窮しながら前進し、ウォーラーを出し抜き、サセックスに到着した。このことは重大事を意味した。なぜなら、ロンドンが直接、脅威下におかれたばかりでなく、議会がその甲冑の大部分をサセックス・ウィールドの鋳鉄工場から得ていたからである。ピムの死とその葬式の間に、ホプトンは、有力な要塞アルンデルの主人公に収まった。彼は、アルトンのウォーラーを見張るために、クラウフォード卿の下に一部隊を残していた。リキュール酒の不足した――それは、どうやら思慮分別の不足を意味したようである――クラウフォードは、ワイン一樽を送るように頼み、その代償には肥えた牡《お》牛を送ると約束した。ウォーラーはワインを送ったが、クラウフォードは牡牛を送るのを拒否し、欲しいなら、牛を連れ出しに来いと挑戦した。ウォーラーは、この悪ふざけの交換を、クラウフォードの状態の小手調べに利用し、ただちに攻撃した。クラウフォードは、度し難いことに備えをしておらず、騎兵隊とともに脱出し、後に自分たちを守らせるために歩兵隊を残した。一人の若い将校、キャプテン・ボウルズとともにその兵士は、英雄的にアルトン教会に踏みとどまり、教会内陣にバリケードを築いて戦ったが、それもボウルズが内陣アーチの下で倒れるまで、生き残った者たちは降伏した。しかし、町とその中の者は易々と餌食にされ、ウォーラーは五〇〇人以上を捕虜にし、その中の、少なくとも一〇〇人はウォーラーの軍隊に再登録された。残りの者はロンドンへ送られ、もっと多く必要とされ、もっと宣伝されるべき勝利のしるしとして、市中を行進させられた。

サセックスへの道はいまや平らにされた。ウォーラーを止めるために、ウィルモットはオックスフォードの騎兵隊のいくつかを連れて派遣されたが、彼はウォーラーを引き留めるのに失敗した。成功と略奪品で心暖まった議会軍は、ホプトンの足跡を追って、サセックスへさっと入り込んだ。泥の海と豪雨の中で、彼らは騎士党派をアランデル市から追っ払い、キャッスルの中へ閉じ込めた。

アランデル港では、彼らはスペイン行きを予定されていたフランドルの一隻の船を抑留したが、その積荷の中に、セヴィーリアの教会に寄進されることになっていた一枚の絵画、「聖ウルズラの結婚」図が入っていた。この絵は、より知性的な議会人の抗議にもかかわらず、国王チャールズと王妃アンリエッタが教皇へのイングランドからの贈り物として作らせたものとして、しばらくロンドンで展示された。

オックスフォードでは、国王の政策は鋭さを加えていった。一二月の第三週にスコットランドから、ハミルトン兄弟が到着したが、彼らが驚いたことに、ただちに逮捕されることになった。スコットランド問題の助言者としては、国王はいまやモントローズ、オジルヴィー、そして、ハントリーの若くて、王党派である息子のアボイーヌを登用するにいたっていた。彼らは国王に、ハミルトンから得られた自信を撤去するように頼み込み、そして、調査がおこなわれて、ハミルトン逮捕を正当化する証拠が十分に得られた。チャールズはハミルトンを見ることとさえ拒んだが、彼の公爵位昇格を撤回することができたのは、不幸中の幸いであった。その名誉ある地位というのは、昨年の夏初めに、ハミルトンがスコットランド人が戦争に入ることを阻止できると確信して、与えることにしていたものであった。ハミルトンは身の安全のため急いでブリストルへと離れたが、彼の弟の方は、変装して逃亡し、ロンドンへ逃れ、公然と盟約者団に合流した。「神は彼を敵の権力から救い給うたばかりでなく、あまりにも長く歩き続けた道からも救い給うたのである」と、新しい敬虔な友人は述べている。

アイルランドから到着したアントリム伯は、ハミルトン兄弟が喜んで到着したその同じ週にオックスフォードに到着し、熱狂的に歓迎された。いつものような巧妙さと幸運さでもって、彼はウルスターのスコットランド人の逮捕者から逃れ、キルケニーのアイルランド連合を覗《のぞ》いて見、イングランドへ送られる部隊全体の司令官を買って出、いまやオックスフォードではアイルランド軍の総司令官とみずから称するにいたっていた。数カ月後までは、連合が彼をそのような地位に任命していなかったことが明らかにならなかった。どのような権限が加えられたにせよ、彼は総司令官職を所有していると信じ、問題なくアイルランド・マクドナルドの首長であった。そして、この冬の数週間、国王の激励を受けて、モントローズとともに、自分たちの兵士と、スコットランドの島嶼《とうしょ》とハイランド地方の苦しめられてきた氏族民たちとを、アルジル、キャンベル、盟約者団に対する全般的蜂起に立ち上がらせるために、結合させようと懸命であった。こうした動きの中で、モントローズは、スコットランドの他の地域の気落ちした王党派も、究極的には合流するかもしれない、ひょっとすると、ハントリー、ゴードンの一派も加わるかもしれない、と期待するようになった。

国王の戦争計画は、ますます公然と、教皇主義者やアイルランド人、暴力を事とする人たちを雇っているという反対派の非難を正当化するものになったようにおもわれる。しかし、内政においては、彼は国民的統合と法の守護者としての姿を前面に押し出していた。

国王、オックスフォードに議会招集を企画

彼は、自分の側で、法の枠組みを保つことにはあまり成功しなかった。彼は、王国の玉璽とその保管者エドワード・リットルトンとを帯同していたけれども、法の有効条件をオックスフォード発布へと延長することに失敗した。一六四三年一一月、ちょうどピムの死ぬ直前、議会は、長い議論の末、最後に、議会自身の名において行使される玉璽をもつことを決定し、「秘密のうちに、不正に運び去られた」他の印璽によるあらゆる委任を無効とした。しかし、国王は、一二月に入って、それを叩き落とすような返事をした。ピムの死と、国王の本来の支持者の多くがスコットランドとの同盟、新しい盟約に感じている嫌悪とに乗じて、彼は声明を発表し——もちろん、政治家エドワード・ハイドに示唆されて——スコットランドとの同盟を否認し、議会の全メンバーに、イングランドをスコットランド人に売り渡そうとしているウェストミンスターの悪しきジュントー（徒党）を放棄し、オックスフォードの自由な議会に合流するようにと呼びかけた。彼を怒らせた者みなに、彼は「自由な、全般的な許しを与えるであろう……そして、われらが、われらに加えられた不正と侮辱を忘れ、イギリス人の心の統一によって、この外国人の侵入によってこの王国にもたらされるにちがいない永続的な悲惨事を阻止すること、このことを全世界がどれほど見たがり、欲していることがあろうか」。追放、逃亡、欠席によって、すでに庶民院は薄くなり、平均的議席数は、本来の六〇〇名の議席数から二〇〇名以下となっている。貴族院は、一五人、ないし二〇人の出席しかなく、もっと哀れな有様にある。国王である自分は、自分の従者からより良い貴族院を招集できるし、ウェストミンスターのそれよりも下回らないような庶民院を立ちあげるため、いろいろ処置を取るであろう、と。このようなオックスフォードの議会は、ウェストミンスターのそれに対して重大な競争者となるであろう。かくすれば、理論的には、少なくとも、国王は、国王、貴族、庶民院に細分化された主権を今一度統合へもたらすことができるはずであった。

オーグルの陰謀

オックスフォードで議会の開催が準備されている間に、国王は、いま一度、陰謀の考えにとらえられた。それは、一人のトーマス・オーグルという人物の着想に始まり、ディグビーの父親、ブリストル伯によって作りあげられたものであるが、彼は、スコットランド人と長老派に対する恐怖の故に、独立派が国王に勝利するであろうと示唆していた。彼は、フィリップ・ネイのような人物や影響力のある説教師トーマス・グッドウィンが主教の復帰に同意するであろう、そして、教会の勝利だけが、分派が許されるための、なんらかの寛容の処置を取るであろう、と信じていた。強情なロンドンは、と彼はさらに論ずる。ただ平和だけを欲している、そして、数多くの有力な都市市民は、こうした方向への強力な動きを支持するであろう。熱烈な王党派で、ローマ・カソリック教徒であるサー・ベイシル・ブルークが手助けするであろう。彼は牢獄につながれているので、その援助は限られたものであろうが。金鍛冶屋のヴィオレット――宮廷がこれまで老仲介者としてよく使った――が、国王の書簡を友人たちに運ぶであろう。新しく選ばれたロンドン市長、サー・ジョン・ウォッリスタウンの支持も期待できる。アイルズベリーの司政官、モズレイ大佐は、時が熟せばすぐに、アイルズベリーを降伏させるよう働きかけるであろうし、リレイは陰謀者と協力して、議会軍における脱走を拡大させるという期待を提供してきている、と。表面的にみれば、この陰謀は、過ぐる六月のウォーラーの陰謀よりは、よりよい成功を約束しているかに見えた。表面の下では、すべては糠《ぬか》喜びのものであった。なぜなら、モズリーは、国王をだましていたにしても、議会をだましてはおらず、彼の手中にはいった情報はすべてウェストミンスターへ報告されていたからである。

ロンドンは、陰気な意気消沈に沈み、またもや紛糾が起きる気分が熟していた。公衆演劇もなく、熊いじめもなく、ほとんど人形芝居さえもなく、あるのは、時折りの憂鬱な囚人たちの行列があるだけ、宮廷もなく、ほとんど貴族という者もいなくなっていた。一方でカソリックの説教師ベル神父の絞首刑があるとおもえば、他方で王党派のスパイの一人の処刑があり、さらに泥棒たちに対する減食処罰があった。経済的理由から、「市長の生活公開」も、ただ夕食風景を除いて、とりやめとなった。議会によって課せられた毎週の断食は、水曜日に限られ、他の断食は、善良なアングリカン国教会派、挑戦的な王党派によって、毎週、金曜日ごとにもたれた。あげくの果てに、軍隊からの脱走兵を探して、家から家へと家宅捜索がおこなわれた。この点では、新ロンドン市長が介入し、自分としては、この無意味な抑圧がやめられない限り、ロンドン市の良き秩序に責任を負いかねる、ロンドンでのウォーラーの部隊からの脱走兵には、彼らにとって有益な市民生活を再開することが許されるべきである、と抗議した。

議会と盟約者団のあいだの最初の意見の衝突

ロンドンのこの不幸な風潮の中で、議会とスコットランド使節団とのあいだに最初の論争がもちあがった。使節団は、イングランドの同盟者がクリスマスの日に仕事を休むことを提案したことにびっくりしたのである。議会の指導者たちは、良好な関係を維持することに気を使って、すぐに撤回し、クリスマスは、長老派の風習のように、普段と変わらぬ労働日とみなされるべきであると声明した。しかし、ウェストミンスター教会集会のイギリス人聖職者たちは威圧されなかった。彼らは、スコットランドの同僚たちが、クリスマス集会を閉じて、ロンドン内外の群衆に説教をしている――敬虔なカルヴィニスト宗教改革者もおこなわなかったようなこと――のを深く悲しんだ。

一六四四年一月三日、盟約者団員たちは、数多くの独立派聖職者たちの行動によって、心底、不穏にさせられた。トーマス・グッドウィンとフィリップ・ネイに指導されて、彼らは『護教論 Apologetical Narration』を発表し、議会に提出したのであるが、その中で彼らは、野蛮な分派主義者の行き過ぎを優しく否認し、自分たちの組合教会が初期の教会の実際により近いこと、長老派教区体制よりは時代の変化に対応しやすいことを論じた。独立派は、ウェストミンスター教会集会の中では少数派であり、この出版物は、彼らの観点を議会と公衆のまえに提示しようと巧妙に意図されたものであった。彼らの議論が無視され、また人数においても劣った教会集会で論争を吹っかけられたり、投票に付される危険にさらされない巧妙な方法であった。

彼らにとって不幸なことに、彼らの懇願の公表が、議会打倒のためにロンドン市の独立派と王党派を合流させようという国王の新しい策謀の露見と時期を一にしたことであった。陰謀は、危険な時点になって、内側から裏切られた。

オリヴァー・セント・ジョンは、陰謀を、「平和というもっともらしい口実のもとに、議会をロンドン市から、ロンドン市を議会から裂こう……それによって、議会とロンドン市双方を敵の企てに引き渡そう、という扇動的で、ジェスイット的策動、企てである」と告発した。「そこでは、スコットランドの兄弟たちの助言と同意なしに、われわれをして平和条約を結ばせるような、現在の議会の破壊と破棄とが意図されている」。陰謀のより平凡な部分では、王党派のそれは、以前のウォーラーの試みの内容を受け継いでいる。すなわち、ロンドンにおける平和の要求と同時に、国王がオックスフォードに議会を招集する、独立派との合意というオーグルの計画が成熟する、そして、ルパートがアイルズベリーを経てロンドンへ進軍する、というのである。

この陰謀は、一般的には「ブルークの陰謀」――サー・ベイジル・ブルークはほとんどその立案者ではなかったにもかかわらず――と呼ばれているが、主要人物の逮捕でもって終わった。そして、その立案の濃厚な嫌疑は、主として独立派に帰せられた。ごく少数者が個人的にそれにふくまれている。国王は、オーグルの助言で、フィリップ・ネイに王宮付き牧師職を提供し、オーグル自身はトーマス・グッドウィンに接近していたのであるが。だから、この二人（ネイとグッドウィン）が『護教論』を議会に提出したとき、盟約者たちが、彼らの行動を、高位聖職者団と独立派とのあいだの了解のもとに、戦争を終わらせようというサー・ベイズル・ブルークの「非常によこしまな陰謀」の重要な部分と見なしたのも、なんら驚くべきことではなかったのである。

ヴェインとセント・ジョンは、疑惑を静め、スコットランド使節団との友好関係を持続するのに大騒ぎをしたが、その間、ロンドン市長サー・ジョン・ウォラストンは、簡素だが、威厳のある宴会を、議会ならびにスコットランド使節団に提供することによって、彼自身の行動によって巻き起こした疑惑をもみ消すのに懸命であった。そのさい、客人の娯楽のために、偶像崇拝めいた絵画、書籍、ロザリオをチープサイドで大篝火《かがりび》で燃やすという催しも付け加えられた。ロンドン市民は、再び戦争という費用のかかる圧力に屈することになった。シュテファン・マーシャルは、なされるべきことを称揚して、さらなる努力へと市民を励まそうとした。「主はあなた方に大きな富と財産を与えられた。それを、主の問題に投ずることを恨んではならない。たとえ、ポンドに次ぐポンド、千ポンドに次ぐ千ポンドを、連隊に次ぐ連隊へと、投ずるにしても、である」と。

スコットランド軍、発進す

このとき、厳粛同盟、および盟約者団の軍隊は、前進の用意ができていた。司令官は老レーヴェン卿であった。彼の下で、騎兵隊の指揮官となったのはデイヴィッド・レスリーであり、他の兵士たちはスウェーデンへの奉仕において訓練されていた。砲兵隊――カノン砲六六門から成っていた――はアレクサンダー・ハミルトンの指揮をうけたが、彼は普通には「愛すべきサンディ」と呼ばれ、実験的に軽野砲隊を率いて、かの偉大なるグスターフ王に奉仕して有名になった男であった。聖職者と各連隊から一人選出される俗人の年長者から成る委員会がつくられ、部隊の精神的安泰、病人の看護に当たった。誓約、略奪、売春婦の同行は禁止された。これらが国王から出たものかどうかをいちいち確かめるというのは、不敬であり、また見当ちがいであろう（なぜなら、これらの部隊は叛徒ではなくて、国王のためによかれと行動する国王陛下の真の臣下であったからである）。軍隊全体は「友人、兄弟として共同の生活をすべきであり、恥辱、軽蔑、叱責を生むような発言、嘘をつくこと、言葉、あるいは身振りによる挑発のすべてをさし控えねばならない」。盟約者の熱望の高貴さとその目的の統一性が賞揚されるように強制された。

雪の凍結した道を越えて、スコットランド軍はダンバーからバーヴィックへと進んだが、ニューカッスル侯は、これに対する自衛の処置をなんら取らなかった。バーヴィックで、アーガイルは、自分の連隊の大佐として、これに合流し、北部のイギリス人王党派に宣言を発して、「教皇主義者、高位聖職者の分派」に向かって、いまや来たりつつあるスコットランド軍に合流するよう、そして、「その終末が教皇主義者や暴君のそれとほとんど変わりはないような連中の助言に不幸にも惑わされている国王陛下のお人や名誉」を救う行動にでるように促した。呼びかけは冷笑をもって受け取られたが、それ自体は真面目に作られたものであった。アーガイルと彼と行動をともにした人の多くは、自分たちが迷わされた国王を誤りから救い出そうとしているのだ、と信じて疑わなかった。法的にはまた、彼らの地位は議会側の人々のそれよりは強いものであった。同盟を承認したエディンバラの評議委員会は、酔狂ではなく、本当に国王によって指名された人々であり、軍隊招集の書き付けは、ラナークの非凡な行動のお陰で、国王の公的サインのもとで発せられたものであった。チャールズは、イギリス人の臣下に反乱を起こす権利を認めなかった。しかし、彼は、ときたまには、同じことをスコットランド人にも適用しているのである。

オックスフォードから、プリンス・ルパートはただちに、彼が割くことのできる最上の騎兵隊将校サー・チャールズ・ルーカスを、二〇〇〇の兵を率いさせて、北部防衛に当たるニューカッスル侯を助けるために派遣した。しかし、ニューカッスル侯は、バイロンが彼に合流することを欲していたのであり、かくも多くのミッドランドの部隊が、チェスターを強化し、アイルランドからの新しい補助部隊を出迎える代わりに、北部に派遣されてきたことに怒っていた。

南部では、サセックスへの王党派の前進は、降雨と泥道のためアランデルで終わってしまった。十分な食糧も水もなく、切り離されたカッスルの王党派は、ウォーラーの部下たちによる激しい襲撃を撃退したが、数日後に降伏した。ウォーラーは、彼らの武器全部を取り上げ、彼らの多くをウォーラーの兵士として再登録した。

寛容の思想家チリングワース

ウォーラーの捕虜の中にウィリアム・チリングワースがいた。彼は優しく、賢明で、『プロテスタントの宗教』の著者であるが、これは、平和の穏やかな時期に、国王を喜ばせたイングランドの教会の寛容ぶりを擁護した書物であった。彼は包囲攻撃で受けた辛苦から、ほとんど死に瀕した人間であり、ピューリタンの聖職者であるフランシス・チェイネルは、チチェスターで彼を看護する許可を求め、認められて、彼にロンドンへの長い、冷たい旅行を免れさせた。チェイネルは、この捕虜の肉体的要望に良心的に応えたが、死ぬ前に彼の魂を救おうと決心していた。日に日を継いで、彼は、トルコ人も教皇主義者も救いから除外されてはいない、というウィリアムの書物に書かれている邪《よこしま》な記述を否定するように病人に迫った。チリングワースは疲れ果ててはいたが、しっかりとその寛大な信念にとどまった。彼は言っている。自分の同僚を赦免したり、有罪を宣告するのは、自分向きではない、と。死がこの容赦のない教理問答に終止符を打った。チェイネルは、死者にふさわしい葬儀を出し、その費用を支払い、会葬者にケーキとワイン、ローズマリーの小枝を、柩《ひつぎ》覆いをもつ人には新しい手袋を提供した。しかし、彼は、チチェスターの大聖堂に葬ってほしいというチリングワースの要望に敬意を払うことを拒否し、彼が「生涯を通じて良き意見をもらったという老いた坊主、修道士、説教師が眠る中庭の真っ只中」に葬った。彼は、遺体に対するアングリカン国教会の追悼文を読むことを中断させ、柩が墓穴に降ろされると、『プロテスタントの宗教』からの一節のコピーをその中に投げ入れながら、こういった。「汝をして、行かしめよ。汝、腐りし者、腐敗せる書物、地の物は地のなかへ、塵《ちり》は塵へ、帰せしめよ。汝をして、腐敗の場所へ行かしめよ。この大いなる腐敗物よ、その著者とその腐敗せる中身とともに」。こうしたのち、彼は大聖堂の中へ入り、次の一節をテーマにして、説教をおこなった。その一節とは、「死者をしてみずからの死を葬りさせ給え、そして、汝、主のところへいき、神の王国について説教させ給え」。

アルトンでは食い止められ、アルンデルは議会軍によって奪い返されて、南西部への国王軍の進出は終わりを告げ、サセックスの鋳鉄工房を議会側に使わせることになった。ホプトンはウィンチェスターへ退き、そこで、食糧と軍需品の割り当てをめぐって、ルパートの騎兵隊と難しい論争におちいった。しかし、いまや厳しく、猛烈な長い冬が訪れてきていた。一月半ば、一週間ばかり、雪が継続的にイングランド全体に降り積もった。スコットランド兵は国境を越えられず、アイルランドからウェールズの境界へ進みつつあった国王の援軍を遮るためにヨークシャーから出撃していたフェアファックスは、マンチェスターで足止めを食った。

一六四四年一月、オックスフォードに議会招集さる

悪天候とオックスフォードで適当な部屋を見付けることができないという耐え難い困難とが、国王チャールズの議会のメンバーを、予定していたよりも減らすことになった。しかし、彼は、一六四四年一月二二日、正式にクライスト・チャーチの大広間で議会を開いた。彼ははじめには、庶民院には百人余のメンバーを、貴族院については、新規に任命された者を含めて、三〇人の議員を確保していた。新規の議員には、カンバーランド公に任命されたプリンス・ルパートをはじめとして、数人の軍司令官が任命されていた。国王は厳かに訓辞した。自分は、部隊における不可避的な無秩序について遺憾におもっている、と。さらに彼は、ウェストミンスターの議会が「外国軍を招いて王国に侵入させている」と非難した。その外には、彼は彼らに対してこう呼びかけた。真の宗教を「擁護し、保持するように」、また「わたしの名誉と諸権利を回復し」、君たち自身の利益と不可分の関係にある、それなくしては国王とはいえない、わたしの自由、財産、諸特権を保全し、確保するように努めよ、と。

国王がオックスフォードで開かれた議会で訓辞している間に、ウェストミンスターの議会の方は、自分たちの議会から脱走した同僚に対して正式除名を決議していた。オックスフォードの議会は、チャールズがやりたいと思っていたことをすべて、やりはじめた。彼らはエセックス伯に、武器を置いて、貴族の義務に忠実に、貴族院に出席するよう叱責の通知をおくり、スコットランド人を侵入者であると声明した。この点では、声明は、モントローズやオックスフォードに滞在するスコットランド人貴族によって署名された「反逆者的同国人」による雄弁な（入ってくるなという）拒絶声明によって支持された。

バイロン卿率いる王軍、ナントウィッチで敗れる

こうした成功裡にすすんだ政治的施策の真っ只中で、国王は悪いニュースを受け取った。バイロン卿は、アイルランドから送られてきた歩兵隊の迎えに出たが、これを利用して、国王の敵が占拠するチェッシャーから敵を一掃しようと企て、バーソムレー村で民間人を煙で家からいぶしだし、教会で殺すという、言い訳のしようのない凶暴を犯した。それからナントウィッチを包囲した。霜で固くなった土地を利用して、凍りついたウィーヴァー河の両岸からナントウィッチを包囲したが、フェアファックス接近のニュースと解氷の恐れとから、彼は一月二三日夜、分散していた部隊の再結集をはじめた。フェアファックスと解氷は、一月二四日早朝、同時にやってきた。バイロンは、分裂した部隊の一部しか把握していないことに気付いたが、折から、壊れかかっていた橋が突然の河の増水によって流されてしまった。進退窮したバイロンの部隊が最も近い渡河地点を求めて六マイルばかり移動している間に、フェアファックスは、地元のブレルトンの部隊と合流し、有利な位置を占めるだけの時間的余裕を得た。バイロンは、騎兵隊がほとんど使えない囲い込み地のなかで戦うことを余儀なくされた。彼の歩兵隊は人数が減ったうえに、背後から町の攻撃をうけ、一兵にいたるまで降伏した。バイロン自身は、騎兵隊ともども、チェスターの安全圏へと逃れた。捕らえられた歩兵たち、アイルランドから来た政府軍は、議会軍に合流した。ごく少数だけが抵抗し、そのなかにジョージ・モンク大佐がいた。彼はオックスフォードで国王に会い、彼に奉公するときめていたので、立場を変えることが、名誉と誠意とに両立しうるとは感じていなかった。彼は囚人としてロンドンへおくられ、そこで二年間余りの窮乏の捕虜生活をおくり、軍人の義務と忠誠の問題について熟考することになるのである。

勝利したフェアファックスも、手放しに喜んでいたわけではない。彼が妻におくった勝利の報告（「愛しいわたしのハートへ、親展」と裏書きされている）は、彼自身の成功よりも、議会側将校たちのあいだの争いについての憂慮の念に満ちている。彼は自分の私財の大部分を、戦いに向かう彼の部隊の装備と衣服に費やしていた。彼は寒さと心

配事で病気になり、哀れなくらい将来について確信をもっていなかった。勝利によっても意気軒昂《けんこう》とならないし、敗北によっても頑として投げ出されることを拒否する、その態度こそ、フェアファックスの最大の強みであった。確かに、彼は、アイルランドから来た歩兵隊の大部隊を捕らえたが、より多くの後続がその途上にあり、議会の艦隊はいつもそれを阻止できていた訳ではなかった。フェアファックスは王党派の強さを過小評価していなかったが、また、自分の側におけるスコットランド兵の援助をあまりにも期待できるものと評価しすぎていた。しかし、彼らは、いまやっと、吹雪の国境を越えたばかりであり、それに対して、北部において王党派が強いということを、フェアファックスは、前年の経験から身にしみて知っていた。スコットランド兵は、議会が期待したほど急速には前進しないであろう。また、彼らは、背後で困窮が起こった場合には、自国に召還されるかもしれなかった。

モントローズ、スコットランド侵攻を企てる

事実、オックスフォードでは国王は、アントリム、モントローズとともに、スコットランドで紛糾を起こさせようと計画していた。一月末、彼らの計画は相当にすすんだ。モントローズは、イングランドの北部で、国境を越えられるだけ十分な強さをもった部隊を徴集することに成功した。アントリムはキルカニーに赴いて、一万人のアイルランド兵（これは彼の誇張した評価による）を、モントローズにおくった。これらは、モントローズが徴集しようと期待しているスコットランド高地地帯の兵士、ならびに同低地地帯の王党派と合流し、スコットランドに全体的な蜂火をもたらすはずであった。

この元気な計画は、アイルランド連合が部隊をおくってくれることに対する国王の期待のますますの増大とあいまって、彼をして、ナントウィッチの惨敗を平静に受け入れさせた。しかし、彼は自分の政策が首尾一貫していないことに気付いていた。そして、彼が法に対する敬意とプロテスタント宗教に対する敬虔に関する誓言を繰り返したということは、スコットランドとイングランドに対すると同様、（独立のため）戦っているアイルランド部族民の

できるだけ大多数を解体させようという彼の意図と適応していなかった。彼は、自分の計画の半分を顧問官たち――彼らはその計画に賛成していた訳ではなかった――から隠すことによって、自己満足にすぎなかったが、矛盾を解消した。国王の民事政策とオックスフォードの議会の運営にかかわりをもっていたエドワード・ハイドは、アイルランド人を味方に引き入れる計画については、ただ間接的、部分的、かつ不安な知識しかもっていなかった。「その取引においては……君やわたしは、相談に値するほど十分に賢明であるとは考えられていなかったことは確かである」と、彼はのちに書記官のニコラスに嘆いている。注意深いニコラスは、毎日、国務大臣の仕事に列席していたが、アイルランド問題を取り扱ったのは同僚のディグビー卿であった。アイルランド計画の他のもう一つのつまずきの塊を、国王は撤去した。議会はストラッフォードの後任として、アイルランドの上級副官卿としてレスター伯を任命していたが、チャールズは、ちょうどそのとき、それはオーモンドであるべきだ、と主張するだけの強さをもっていなかった。心配で、生彩のない男、レスターは、国王の命令にしたがってアイルランドへは行かず、過去の年、オックスフォードに在って、国王への忠誠と国王の政策に対する鋭い不賛成とのあいだに引き裂かれていたが、チャールズはいまや、彼を上級副官卿職から罷免し、オーモンドを任命したのであった。

オックスフォード、議員であふれかえる

とかくする間に、オックスフォード議会メンバーの数は危機的なまでにふくれあがった。人口過剰になった町では、宿泊所は窮屈、かつ費用がかかりすぎるものになり、通常の生活様式はざらざらした、不愉快なものになった。議員の多くは暴力の雰囲気と戦争によって生み出された無鉄砲な陽気さを嫌った。彼らは、誓約、侮辱、自分たちが見、聞いたりした酔っ払い――国王お気に入りの説教師がそれを抑えるよう説教したが、無駄であった――を、余りにも真面目に取り過ぎた。彼らは、「この戦争は二〇年続くように仕組まれているのだ」と機嫌よく予言する職業軍人の根もない話を信じ込んだ。当時、ドイツの内戦（ドイツ三十年戦争）は、彼らもよく知っているように、

このときまで二五年続いていた。前世紀のフランスの内戦は、もっと長かった。ネーデルラントの対スペイン戦争は八〇年続いた。オックスフォードの議会のメンバーたちは、イングランドの戦争が風土病になるかもしれないという、ぞっとするような可能性に身震いした。オックスフォードの苦情の一つを、少なくとも、彼らは取り除いた。オックスフォード・カッスルの牢獄の野蛮な管理官、学寮長のマーシャル・スミスが、彼らの要求によって、更迭された。しかし、議員の一人、エドワード・デーリングは、耐え忍ばれるかぎりの一四日間、オックスフォードに滞在したのち、ウェストミンスターへ逃亡した。そのさい、彼は、後悔し、当惑しつつ、国王のぐるりはアイルランド人と教皇主義者で一杯だ、といい続けているのである。

エドワード・デーリングの苦い感情を分けもった者に、その夏オックスフォードを訪ねた一人のアイルランド人がいた。インチキン卿のムッロウ・オブリエンがそれで、彼は、反乱の勃発以来、確固として、かつ積極的にイギリス人を支持してきた唯一の重要なアイルランド首長であった。彼の義父、ミュンスター代表卿であるサー・ウィリアム・セント・レジャーの死後、彼は、居住民の保護を引きうけ、過去一八カ月間、戦争において、効率ある手厳しさで自分の配下である地元民を指揮した。代表選出は、セント・レジャー没後ただちに行われ、その結果、インチキンがミュンスターの代表職に挙げられた。彼は若かったが、野心に富み、高い気分をもち、少なからざる報酬を望んでいた。

しかし、彼は、オックスフォードでは、冷たくあしらわれた。彼は、プロテスタントであり、イギリス議会に忠誠であることが、国王の愛顧を得るパスポートでないことを発見した。アイルランド連合の委嘱を受けて、キルカニーからくることを要請されたアントリム卿は、宮廷の寵児であった。しかるに、インチキンは、欠乏、危険、努力を傾けて忠誠を尽くしたにもかかわらず、その返報は期待されなかった。ミュンスター代表職は、ほかのところでも約束されていた。彼は、あるオックスフォードの観察者のあまりにも高揚した報告によれば、ボタンが耐え切れる、ぎりぎり限度の怒りに満ちて、アイルランドへ帰ったのであった。

第五節　ルパート、ニューアークで大勝利

戦争指導の最高機関「両王国委員会」組織さる

冬を通じて、議会陣営では、ウォーラーとエセックスの間の対抗が心配事の源泉であった。ハムデン、ピムが亡くなったいま、エセックスは庶民院の中に、積極的な友人よりは、より多くの積極的な敵をもつことになった。彼のもっとも確実な支持者はデンジル・ホールズであったが、ホールズは、議会の一ダースのもっとも傑出した人間の一人であったが、すべての人が知り、観察したところでは、彼は、ピムが死んだとき、非公式の指導権を受け継がなかった。彼はあまりにもしばしば、そして、あまりにも深く平和交渉のさまざまな動きと関わりをもちすぎていたのである。ヴェインやセント・ジョンが、協力して、庶民院を運営し、政策を指導した。クロムウェルとハスレーリッグとは、自分たちの部隊を使っただけではなかったが、彼らを強力に支持した。これらすべての人は、エセックスに批判的、ないし敵対的であった。しかし、ウォーラーの方は、サセックスの鋳鉄工房を議会のために救って以来、その動揺していた評価が高揚したにもかかわらず、総司令官に迎え入れられず、エセックスには、退任を促すヒントは聞こえないままであった。

ヴェインとセント・ジョンにとって、最初の仕事は、戦争の指揮に関して、スコットランドとの共同作戦を展開するもっとも効果的な手段を作り出すことにあった。最上の手段は、スコットランド使節団も出席できる議会内の一委員会であることは明白であった。両王国のこの新しい委員会の構成と権限については、スコットランド側はヴェインに信頼をおいていた。彼らが心配したのは、とりわけ、エセックスの友人たち――その中では、ホールズがなおもっとも影響ある人物であった――が支配下におかれているということであった。なぜなら、彼らは、エセックスとその一党が国王との調節に関して無能である点を恐れていたからである。エセックスは、スコットランド人

に対して、あまり友好的でないことで知られていた。昔の保安委員会において、ホールズは傑出していたが、しかし、過去の数カ月間において、戦争遂行という差し迫った仕事は、昨年夏の危機のときに組織された戦争委員会によって引き取られていた。この委員会は、議会の常設委員会ではなかった。なぜなら、それには、両議院のメンバーである必要のない軍の代表者が入っていたからである。同様な仕方で、両王国の新しい委員会は、戦争指揮を組織するため、スコットランド使節団と議会のメンバーから構成されることになった。戦争委員会と同様、この新しい委員会は、執行機関であり、助言機関であった。それは、戦場にある将軍に命令を与えることができた。議会は、事実上、それに責任を賦与したのである。

かくも大きな権限を賦与し、委員会のメンバーを指名した法令は、サー・ハーリー・ヴェインの巧みな策略なくしては、議会から出されなかったであろう。それはまず、貴族院に上程され、通過したが、ノーザンバーランドが強力な支持を与えた。北部における彼の領地は、なお大部分スコットランド人によって占拠されていたので、彼が彼らといい関係をつくろうとしたのは自然なことであった。貴族院は、さらにヴェイン、セント・ジョン、クロムウェルその他一一人を委員に任命した。彼らは、意味深くも、デンジル・ホールズをはぶいたが、彼は、庶民院の指導者たちの中では、エセックス伯に残された唯一の有力な友人であり、平和交渉になおいくらかの好みを示していたのである。

しかし、庶民院では、ヴェインとその友人たちは、彼らの以前のピムのように、ただ変動する支持をもつだけであった。法案は否決された。一部は、貴族院から回されてきたという理由で、一部は、委員会の構成に関する純粋の疑問からであった。ヴェインとセント・ジョンは、そこで、説得と討議ののちに、否決されたものとほとんど変わらない、同じ目的のための新しい法案を上程することによって、庶民院の気持ちをなだめた。その間に、エセックスは、任命される新しい委員会が彼に対して敵対的であることを見て取り、それに反対するように貴族院の一部に働きかけた。しかし、貴族院が数日前に作成したと同じ法案に反対することは、彼らにとってはあまりにも非論理的であった。彼らはそれを通し、両王国の委員会は成立した。ただし、そのメンバーの中にデンジル・ホールズは入っていなかったのであるが。

新しい委員会に入ったスコットランド委員のうち、最強の人物は、断然、メイトランド卿のジョンであった。彼は二八歳であったが、その身体つきはほとんど中年にさしかかったといわんばかりの重たい図体をしていた。彼の思考の回転の早さ、十分な法的知識、良好な判断力は、彼をして、イングランドにおいてもっとも必要とした盟約者団の代弁者たらしめ、彼のスコットランド人の同僚たちも、周到な敬意をもって彼を見ていた。

ダービー・ハウスが、新しい委員会の事務所に選ばれ、空き家になった国王の宮廷の一室から壁掛け絨毯を借りてきて、会合の準備が整えられた。戦争の手配に関するいざこざが、早速はじまった。ウォーラーは、国王がサセックスを奪取するのをさえぎり、フェアファックスはアイルランドからの大勢の兵士の侵入を防いでいたが、しかし、その他の問題、過去二年間の危険な戦いを経験した、戦い慣れした部隊の問題が押し寄せていた。バイロンによってチェスターで受け入れられた彼らは、ルパートがウェールズで集めて、そこへため込んだ税金の防備を固めるためシュルーズベリーへと送られた。フェアファックスは、ナントウィッチでの最初の勝利後、もはや彼らを制御できなくなっていた。彼は、ヨークシャーにおいて、侵入してくるスコットランド兵に対して作戦を展開しているニューカッスル侯を遮る必要があった。両王国委員会は、ランカシャーにおいて騎士党に対して態勢を整えるため、帰郷するように命令した。リヴァプールの信心深い守備隊は、北アイルランド海を警戒する王党派の船隊に気付いていた。ダービー伯爵夫人――その夫は、反乱のきざしの見えたマン島へいってしまっていた――はローソム・ハウスに家族用の要塞をつくったが、それは、周辺地域に対するテロの拠点になった。その守備隊は、襲撃し、恐喝し、身代金目当てで、忠誠の疑わしい地域の連中を連れ去った。フェアファックスは彼女に降伏するように勧告したが、しかし、二重の防壁に囲まれた要塞の背後に隠れて、備蓄品、武器、献身的守備隊に支えられた彼女は、彼を無視した。フェアファックスは、今後の作戦をアレクサンダー・リグビー――ウィーガンの議会派メンバー――

に委ねて、ヨークシャーへ移動したが、一方、このどっしりとした、不屈の女性は、今後、数カ月にわたって、大部分ランカシャーから動員された部隊を自分のものとしてもつことになるのである。

スコットランド兵、ニューカッスルの包囲にかかる

高い希望にみちた一月ののち、二月、三月になると、議会にとって、悲惨なニュースが駆け巡りはじめる。一月の降雪に続くぬかるみと河の氾濫の中を、スコットランド兵は、容易に占領できると信じて、ニューカッスルに着いたが、追っ払われた。彼らの部隊の大部分は、これ以後、この城の包囲に縛り付けられることになるが、周辺の地域からは、ほんの僅かの援助しかなく、あるいは援助皆無で、海上からするスコットランドからの補給に依存するほかはなく、馬の糧秣の乏しさに苦しんだ。コーブリッジの彼らの宿営地は、サー・マーマドューク・ラングデイルによって、巧みに襲撃され、多くの捕虜を出した。この痩せてはいるが、しっかりとした、恐るべきヨークシャーの王党派の迅速な騎兵隊は、次には、ポンフリートで老フェアファックスを攻撃し、フェアファックスが盟約者団と合流しようと集めた部隊を敗走させてしまった。二月の終わり、スコットランド部隊が停止状態になったことは明白であり、ロンドン市民は、その冬、ニューカッスルの石炭を入手することができなくなった。

議会軍（メルドラム）、ニューアーク市を包囲す

ミッドランドでは、サー・ジョン・メルドラムが議会のために地方の兵士を集め、王党派を追っ払い、この地の王党派と北部の王党派勢力との連絡線を遮断しようと、十分な準備をもって、ニューアークに向かって前進した。ニューアークの王党派司令官はサー・リチャード・バイロン――バイロン卿の弟――であったが、すでに、自分が信頼に値し、行動的で、有能な軍人であることを実証してきていた。しかし、彼は、守備隊を安心させ、市民に確信をもたせるという、自分の前に置かれた仕事に不安を感じていた。メルドラムの方は、自分の指揮下の地方ジェ

ントリーの争いと不服従によって悩まされていたが、周辺地域から十分な補給を受け、その間、両王国委員会は、スコットランド兵を満足させようと、メルドラムの計画を支持し、他の司令官たちに対してもそうするように指示をあたえているのである。

ウェストミンスターでは、スコットランド人に対する不満のささやきが次第に喧しくなっていた。宣伝され、多くの補助金を受けた彼らの軍隊が、国境をこえて二カ月経ったいまでも、ニューカッスルは国王の手中にあり、王党派が北部ではなお支配的であった。「われらの友人は嘆かわしい状態にあり、われらの敵は軽蔑するように語り、書いている」と、ベイリー博士は書いているが、「われらの目は主に向けられている」と付け加えている。ウェストミンスター議会での長ったらしい論争は、博士を退屈させ、怒らせ、独立派神父の行動は、敵のそれと同じくらい彼を不安にした。長老制体制を賦課されることを恐れて、議会は、一致可能な点でも、一々おくらせて合意した。彼らの中の一グループ――ほとんど、すべてがニュー・イングランド出身者であったが、彼らの大胆な精神は同僚議員の大多数のそれよりもはるかに進んでいた――は、あらゆる決定に、議論の障壁を立てて、反対した。ヒュー・ピーターが示したような「図々《ずうずう》しい向こう見ずさ」は、ベーリー博士が感じたように、民事問題でも、宗教問題においても、有害であった。フィリップ・ナイは、大胆不敵にも、国民的教会集会というスコットランド人の計画は、市民の権力にとって危険である、と宣言したのであった。彼は狂っていると宣告されたが、しかし、攻撃は加えられ、それも、主としてナイの発言にかかわってであった。独立派はジョン・セルデンに格好な同盟者を見付けたが、彼は彼らの見解にそれほど興味があった訳ではなかったが、長老派の「神の法 jure divino-ship」理論の鼻を折る法的根拠を引き出せることを喜んだ。彼は、スコットランド人が改革をしようとしている一定の現実は、イギリスの法律ではなお廃止されていない部分であり、「われらは、この王国の法を守ることを誓ってきた」と冷たく言い放って、彼らを激怒させた。

スコットランド人とイギリス人双方が承知していたように、亀裂は政治的なものであり、また宗教的なものであった。盟約者団は、一枚岩のような国家においては、市民権力も教会権力も堂々と一体のものとして動く、と信じていた。それに対して独立派――その考え方は、教会集会の内外、議会の内外に次第に人気を博していた――は、ゆるやかに話し合える国家において、人は宗教においても自分の選択に従う自由をもち、組織された教会なしでも、敬神へ向かって努力することになると信じていた。スコットランド人は、機敏なヴェネツィアの書記官が本国に報告しているように、この新しい「彼らに常に敵意を抱いている、国民の民主主義的力」に重大な危険を見出すにいたった。イングランドにおける独立派の勝利は、スコットランドにおける長老制体制を容易に掘り崩しかねないものがあったからである。

メルドラム、ルパートによって逆包囲さる

しかし、一六四四年三月二四日、日曜日、同盟者のあいだの論争は、ニュー・アークの城壁の前で勝利したメルドラムがプリンス・ルパートに和平の条件について懇願したというぞっとするようなニュースに、肝をつぶしたような沈黙へと追いやられた。彼はすべての火器、四〇〇〇のムスケット銃、同数のピストル、弾薬のすべて、三〇門のカノン砲を放棄した。彼の兵士の多くは王党派に合流した。彼自身は、二〇〇〇人の裸で、「裸足」の兵士とともに、ハル市へ退却することが許された。かくしてニューアークを確保しようという議会側の計画は終わりを告げた。彼らの武器や金が失われ、彼らの軍隊は武装解除され、減らされ、面食らい、その行動から、支持者は意気阻喪《そそう》し、地位を固め、意気揚がった王党派は、北方への道を越えていった。

　両王国委員会は、安息日に会合をもった。信心深く、ためらっている時間はなかった。部隊と武器が南部のウォーラーからエセックスへ分遣されたが、エセックスだけが、ロンドンへの北方からの接近に道を明けておくことができたのである。ロンドン市長は物資を貯蔵し、配給制度を準備するように命じた。物資の不足はすぐに疫病を発生させ、包囲攻撃を可能にしてしまう。「神に近付くにつれて、多くの人は心を弱めるものである」という考えで、

哀れなベイリー博士は自らを慰めたが、自分と同僚とを取り巻いている怒り、目覚めから起こった囂々《ごうごう》たる非難に気が付いたのである。

ルパートの赫々《かっかく》たる勝利

ニューアークを救え、という国王からの訴えかけがチェスターのルパートのところへ届いたとき、彼はそこで、アイルランド人を迎え入れ、ウェールズで兵士を徴募するという仕事に交互に従事していた。叔父からの、さらに混乱した、矛盾した通信に促されて、彼は三月一二日、チェスター市を離れた。アイルランドから新たに来た、選りすぐりのムスケット銃隊をシュルーズベリーから引きずり出し、さらに途中で、ミッドランドと北部からの補強部隊を合わせ、ニューアークの南八マイル、ビンガムに着いたのは三月二〇日のことであった。この時間の間隔の短さは、メルドラムをして、ルパートの接近の報告を信頼に値しないものとして散開させていた大部隊を集めることを不可能にした。そして、情報を得たときは、適切な処置をとるには、あまりにも遅すぎた。

ニューアークを救うにさいして、メルドラムを傷付けることになりはしないか、と憂慮しつつ、ルパートは月明かりを頼りに、前衛部隊は速度を二倍にして前進したが、そのとき、斥候は、メルドラムが後退しつつあると報告してきた。しかし、メルドラムは、実際にはその歩兵と大砲を町の北側にある焼け落ちた、シュピタールと呼ばれる館の強力な外被のなかに移していただけであった。シュピタールの後ろには、トレント河に船橋が架かっていて、シュピタールと、北西部で町と接している大きな平たい島とをつないでいた。ルパートは町の南部を確保し、それからビルダートン村のところで急に北に転じて、町とメルドラムの予想されるリンカーンシャーへの退路とのあいだに、身を置いたのであった。

まさに一六四四年三月二一日、午前九時前、ビーコン・ヒルズの突出部から、ルパートとその前衛部隊とはニューアークを見下ろしたが、そこではメルドラムの大砲と歩兵隊がシュピタールの中におり、その前面に騎兵隊が群がっていた。ルパートは、自分のもっている優秀な騎兵隊が、後援部隊がくるまで、敵と十分に渡り合えると確信して、一度に攻めかかった。メルドラムの騎兵隊は、恐るべき元気さで反撃してきたが、ルパートが部下に寄せた信頼は正しかった。まもなくメルドラムの敗れた馬はシュピタールの後ろにある船橋を渡って、島の中へと逃げていった。メルドラムはいまやシュピタールの三方を囲まれた。なお船橋によって島へ逃れることができたが、メルドラムは、外部世界との連絡を保つために、島の向こう側のマスカム橋に守備隊を配置した。しかし、この接合点では、ニューアークの守備隊が島へと出撃してきて、橋を奪い、マスカム橋の守備隊に打ち勝ち、それらを蹴散らした。夕刻九時、メルドラムは完全に包囲され、策動する余地もなく、食糧も精々に二日、ないし三日しかなかった。スピード、驚異、そして、あらゆる有利な点を即刻つかまえることによって、ルパートは輝かしい勝利を挙げたのであった。

しかし、彼はそこでぐずぐずしている余裕はなかった。というのも、彼の軍隊のさまざまな構成部隊が急いで一緒に引き上げてしまい、長くは助けてくれなかったからである。そして、メルドラムが交渉しようと提案してきたとき、彼はメルドラムに、武器と大砲を背後に残して立ち去ることを認めた。それ以上の厳格な条件は、敵をしてだらだらとした抵抗へと赴かせ、ルパートはそれに対処する余裕がなかったからである。

条件は十分に守られた訳ではなかった。王党派の騎兵隊は、武装解除され、後退しつつある敵から略奪するために、好きなように敵の隊列に割って入り、駆け抜けた。ルパートがいるところでは、少なくとも秩序は守られた。ブリストルでしたように、彼は、始末におえない部下を平手打ちし、自分の手で、不当に奪った軍旗を、奪われた議会軍の将校の一人に返却した。

勝利の騒がしい評判は地域を通じて広がった。メルドラムの兵士たちがだらだらとハル市へと近付くにつれて、議会軍の司令官たちは、急速にリンカーン、ゲーンズボロー、スレアフォードから撤退した。ノッチンガムでは、厳格なハッチンソン大佐が防衛を強化し、最後まで都市を防衛するという決意を示した。

オックスフォードでは、鐘が鳴らされ、プリンス・ルパートの勝利を称える大焚火がたかれた。「宮廷人、学者、性別を問わず、学部を問わず、あらゆる年齢の人が君の幸せな成功を祝っている」と、都市の彼の代理人の一人が書いている。国王、宮廷、「こちらの側の偶像崇拝者のすべて」が、声を一つにして、彼の業績を賞揚し、彼が北部を救い、スコットランド人を挫《くじ》き、彼の叔父の問題を最後には輝かしい勝利へと導くであろうと予言した。ニューアークの救済は、彼がかつて成し遂げた武勲のうち、もっとも印象的なものであった。海陸での、三〇年にわたる骨の折れる奉公の中で、彼は二度と、かくもすばしっこく、経済的で、いいタイミングをえた一撃を達成することはできなかった。それは彼にとって最高の時であり、幸せであった。なぜなら、彼はそのことを知らなかったからである。

第三章　北部と西部　一六四四年三月―一〇月

第一節　アルレスフォードの戦いで議会軍（ウォーラー）勝利す

アルレスフォードの戦い、ウォーラー勝利す

オックスフォードでは、希望が舞い上がった。もし騎士党が、メルドラムがミッドランドで破られたように、南部でウォーラーを破ることができれば、残るのはただ北部であり、戦争全体としては勝利したも同然になるはずであった。

ウォーラーの軍は、ウィンチェスター―ロンドン間の道路の南の地域、ハムプシャーの大部分に駐屯していた。王党派は、ウィンチェスターとベイジング・ハウスの守備隊によって道路自体を支配していたが、いまや、ウォーラーの方向に脅すかのようににじり寄ってきた。一六四四年三月二七日、フォース卿は、オックスフォードからの増援部隊を引き連れて、アルレスフォードの近くでホプトンと合流した。前年のラウンドウェイ・ダウンの勝利者であるウィルモット指揮下の騎兵隊を加えて、彼らはほぼ歩兵隊五〇〇〇、騎兵隊三〇〇〇を数えた。

過去の数週間のウォーラーの心配は、彼の中心的将校の一人、サー・リチャード・グレンビルの脱走によって、増大した。彼は、サー・ベヴィルの弟で、アイルランドから送られてきたオーモンドの部隊の第一陣の中に入っていたが、リバプールで捕らえられ、彼の剣を議会に差し出していた。彼は経験を積んだ職業軍人であったので、彼らは彼を採用した。彼が野蛮な兵士として記録され、彼の妻は離婚し、彼は名誉棄損と故殺の嫌疑で法律上のトラブルに陥っており、信仰深さについてだれも推薦した訳ではなかったのであるが。グレンヴィル自身は、彼のアイ

ルランドでの奉公について未払いの給料を保証する以外には、これといった推挙する理由をもっていなかった。冬を通じて、ハンプシャーおよびサセックスでウォーラーと共同の作戦に従事したのち、彼は、三月初め、三〇人の兵士、六〇〇ポンドの議会の金、一台の馬車、それを引く六頭の馬ともども、オックスフォードの国王の許に走ったのである。彼はウォーラーの兵力について、またベイジング・ハウスをだまし取る計画の詳細について情報をもたらした。オックスフォードから彼は、自分が裏切った主人たちを、皮肉たっぷりに否認する声明を発表した。ロンドン市民は、彼の肖像画を絞首刑に処してそれに答えた。

ウォーラーは、ベイジング・ハウスを奪取することをあきらめねばならなかったし、アルレスフォード尾根に沿ったホプトン、フォース、ウイルモットの挑発的行動をただ見守るほかはなかった。彼の困難は、エセックスの軍を強化し、ロンドンへの北からの通路を確保するために、老練のバルフォアのもとへ大多数の騎兵隊を送れ、という命令を受け取ったとき、三倍化した。三月二七日、水曜日の夜、彼はヒントン・アンプナー村の近くに陣を敷いたが、この村は、湿地の底地を流れる小川に沿った村であり、アルレスフォードの長い尾根から見下ろされる位置にあった。アルレスフォードにいた王党派は、尾根にいる兵士とその前哨隊に、垣根や散らばった雑木林に隠れて、谷底の村へ、場所によっては、ウォーラー側の歩哨の話し声が聞こえる近さまで、降りるように命令した。

三月二九日、金曜日の朝、ロンドンの連隊は、捨て鉢の希望を抱いて、王党派の前哨部隊へと前進したが、猛烈な砲火のために後退を余儀なくされた。彼らが退却すると、王党派の騎兵隊の一部は、命令を待たずに、彼らへの攻撃に移った。ハスレーリッグ――彼はラウンドウェイ・ダウンの王党派騎兵の攻撃を目の当たりにして、その印象を生涯語り草にした人物であるが――は、一瞬ためらったが、しかし、大胆なバーチ大佐が、ボーリングのグリーンからの会話の一節を引用して、励ました。「閣下、こいつはひとこすり（難儀）にすぎません。われわれは運試しにきっと勝ちますよ」と。この言葉に励まされて、ハスレーリッグは部下を指揮し、王党派陣の横腹へ突っ込んでいった。ハスレーリッグの部下たちとの戦闘で困難に陥った友人を見て、王党派騎兵隊の残余の部隊は救援に駆けつけたが、すぐに狭い生け垣の小道に巻き込まれ、身動きできない危険な状態に入りこんだ。騎兵隊が混乱している間に、ウォーラーの歩兵隊は、当然の決断として、アルレスフォード尾根へ向かって、丘を登りながら、戦いを展開し、国王軍を生け垣から生け垣へと後退させていった。アルレスフォードにある備蓄が気に懸《かか》ったが、フォース卿はこの小さな町からの撤退を命令し、そのだらだらと伸びた大通りの両端から火を放った。

バルフォアは、いまや騎兵隊の攻撃によってウォーラーの行動を支援したが、最後には立ち向かってくる騎兵隊を総崩れに破り、彼らを退却しつつある歩兵隊の中へ追い込んだ。騎士党の混乱は完全なものであった。軍馬は四方に向かって散らばり、ただ老練なホプトンとフォースだけが、そのうち何頭かの馬をとらえて、軍事用行李の列をウィンチェスターへ向かわせることができたのであった。残されたウォーラーは、アルレスフォードの火を消し、夜のくる前に、町を占領した。サー・ウィリアム・バルフォアの文句ではないが、「敵に対する大勝利は、文字通り、望外のものであった」のである。

アルレスフォードでの王党派の悲惨ぶりは、ニューアークでメルドラムが苦しんだほどには、物質的には大したことはなかった。武器や軍事行李はほとんどすべて救われ、散らばった軍馬は再び集められた。ただし、二人の最上の指揮官が致命傷を負った。国王の若い従兄弟のジョン・スチュアート卿とエッジヒルで軍旗を救ったサー・ジョン・スミスがそれであった。

アルレスフォードの戦いは、しかし、議会側にとっては、軍事的獲得、あるいは、捕虜や武器の捕獲物では単純に計算できない重要性をもつものであった。戦争の開始以来、わずかな獲得物と征服があったにしても、議会軍はずっと防衛を強いられてきた。国王は戦争そのものに勝った訳ではなかったが、大きな戦闘ではみな勝ってきた。ウォーラーはラウンドウェイで、フェアファックスはアドウォルトン・ムーアで打ち負かされた。クロムウェルとマンチェスターは、前年の夏、国王軍の前進を食い止め、エセックスはニューベリーにおいて、国王のロンドンへの前進を阻止した。しかし、これらは、敗北あるいは惨敗をかろうじて免れたにすぎなかった。これらは、戦場において議会の優位を確立した勝利ではなかった。その点、アルレスフォードは、疑問の余地なく、戦争における最初の、議会軍にとっての大勝利であった。王党派は戦いを求め、全体的に、まがうことなく敗退した。この出来事は、庶民院の動揺分子を戦争協力へと励まし、最終的に平和党を壊滅させ、議会をして、歓喜と感謝の祈りののち、いま一度、ロンドン市民からより多くの金と支援を乞い取るべく訴える正当性を確信させたのであった。

ウォーラーの評判は再び上昇し、彼の軍隊のために歩兵三〇〇〇、一七〇〇の騎兵、ならびに竜騎兵を徴募するという命令が出された。このため、エセックスは、バルフォアに約束していた騎兵隊の増強をはばまれて、抗議の怒りを爆発させた。もし彼が適切に支持されていたなら、自分は、マンチェスターその他の議会人が愛好した東部連合のどの司令官がやったよりも、よりうまくルパートのニューアークへの進軍をさまたげたであろう、と彼はいった。バルフォアとウォーラー――エセックスは、指名のこの順序を注意深く守っている――の勝利は確かにすばらしい、しかし、もし負けていたら、どうなっていただろうか？ 彼の哀れな、骸骨と化した軍隊だけが、議会の「大義」を救うものとして見られることになろう。敵は、遮られることなく、「西から北へと（占領するところを）漁《あさ》りまわり、ニューアークが取られなくとも、リンカーンシャーが失われていたであろうし、グロースターは物資の供給が止まっていたであろう。先週は、われわれと死、（もっと悪いことには）奴隷制とのあいだには、ほんの一歩しかなかったのである」と、彼は書いている。もし自分が、アルレスフォードの勝利から利益を引きだし、それが回復される前に、オックスフォード周辺の王党派を攻撃するだけの強さをもっていなかったならば、その勝利は無価値であっただろう、と彼は主張している。彼は同僚を妬《ねた》んでいたのであるが、エセックスのいっていることの一部は正しい。贈り物と自発的出征への新しい訴えかけが、ロンドンでは、エセックスによって、ギルド・ホールで始められた。そこでは、市民たちは、「彼らの財布、人員、彼らの説教師を」最後の一つの努力、アルレスフォードの勝利後に期待される戦争の勝利に結集するように勧告されたのであった。

議会側、ペンブローク海岸の諸港を確保

エセックスは、こうした新鮮な努力を刺激したその苦情の中で、別の暗い警告を発していた。曰く「海が、アイルランドから、なお彼らに開かれている」と。しかし、過去数週間に、かつてエセックスの近侍であったある若い男が、ウェールズの最南西端で、アイルランド海に突き出たペンブローク州の鍵となるいくつかの地点を議会のために、すばしっこく獲得するという事件が起こっていた。ペンブロークは、国王のアイルランド計画が、それを支配することが自分にとって至上命令であるとするまでは、そして、議会にとっては、アイルランドの対岸を国王が支配するのを妨げることが至上命令となるまでは、ごく小さな重要性しかもっていなかった。最初に動いたのは王党派であった。それに隣接するカーマーゼン地方の知事サー・ヘンリー・ヴォーガンは国王側であった。彼の親戚のカーベリー卿と一緒に、彼はテンバイとハーファーフォードウェストを占領し、ブリストルのいくつかの国王の船に助けられつつ、ペンブローク、ミルフォード・ハーフェンを脅かした。カーベリーは乱暴な男で、また大変な話し手であったが、あらゆる反乱者（議会側）を火と剣で脅し、議会側に立っているペンブローク市長を酒樽に詰め込んで、海に転がり落としてみせると誓ったといわれる。

議会派の軍事的リーダーは、この時点では、エセックスのかつての近侍であったロウランド・ローグハーンであったが、彼は、ネーデルラントでいくらか訓練を受けていた。冷静で、経験があり、かつ勇敢なローグハーンは、初めから、国王の口うるさい代理人よりもはるかにまさっており、そして、彼の陸上での作戦は、小艦隊を率いた船長スワンリーによって海上から有効に支援され、ローグハーンは、テンバイの主な大きな家を占領し、漸次、町を包囲すべく動いていった。スワンリーの方は、初めミルフォード・ハーフェンから王党派に砲撃を加え、次いで国王の船をテンバイの近くの入江に閉じ込めてしまい、海上からこの小さな港を脅かした。カーベリーは、閉じられたわなからうまく逃れ、サー・ヘンリー・ヴォーガンもおびえて、ハーファーフォードウェストを手放した。テンバイだけは、しっかりした指揮官ジョン・グヴィンヌのもとで、海陸からする三日間の砲撃で、ローグハーンが道

路を目茶々につぶすまで、支えられた。「もしテンバイが救われていたら、この州は騎馬で容易に支配されていたろう」と、ある王党派の一員が怒って書いている。「だが、いまや彼らはペンブローク、テンバイ、ハーファーフォードすべてを保持している」。しかし、その中でもミルフォード・ハーフェンはもっとも重要な獲物であった。なぜなら、この価値ある港の所有は、スワンリーとその議会側小艦隊に、ブリストルやアイルランド海へ接近しようという動きを監視する絶好の基地を提供してくれたからである。三月末、ローグハーンは地域全体を確保し、スワンリーはアイルランド人の輸送を妨害する用意ができたのである。

国王のアイルランド計画は、ますますより複雑なものになった。彼の部隊がアルレスフォードで戦っている間に、オックスフォードのチャールズは、マスカリー卿に率いられたアイルランド連合からの代表団を受け入れていた。その軍事的援助の見返りとして、彼らは、自分たちの宗教を礼拝する自由、不寛容なポイニング法の執行延期を求めたが、この法によって、ウェストミンスターで通過した議会の法律がアイルランドへも適用されるとしたものであった。

連合体指導者の訪問は、チャールズの心の中に、オーモンドに対するいらだたしさを促進したが、アントリムが約束していた部隊の徴募をオーモンドによって阻止されたという報告が届いて、国王のオーモンドに対する信頼は不信に転じていたのである。オーモンドは国王に急使を派遣して、アントリムの能力の疑わしさを指摘し、アントリムに自由に振る舞う権利を与えることによって、結局、国王がアルスターにおけるイギリス人の支持を失うことになる、その怖れを説得した。

スコットランド兵、ニューカッスルを通過して南下す

国王には、すぐに、いかなる犠牲を払ってでも、アイルランド人がほしい理由があった。というのも、三月には希望に燃えていたイギリスでの彼の運が、四月に入って、急速に傾いてきたからである。春は、北方ではおそく訪

れた。重い積雪がレーヴェン卿とスコットランド兵を、三月半ばまで動けなくした。しかし、冬の足止めが緩むにつれて、彼らは、軍の一部をニューカッスルの包囲に残して、南方へ進出した。三月二四日、二五日の激しい前哨戦で、彼らは王党派の小部隊をウィアー河を渡って後退することを余儀なくさせた。ニューカッスル侯は、ダーラムからプリンス・ルパートに急報したが、彼の誇張した文面も彼の本当の心配を隠すことができなかった。

「第一に、貴君の巨大にして、大いなる勝利にお祝いを申しあげたい、それこそ、閣下以外のだれにもふさわしいものではありません。……ただ閣下にこのことだけは保証しなければなりませんが、スコットランド兵はわたしのと同じくらいの大きさです。彼らの騎兵隊がわれらよりすぐれているかどうかは疑わしいですが、もし閣下がこちらへ、それもすぐに、いらっしゃらなければ、貴君の叔父上のゲームは、失われないまでも、危険に陥るでしょう。閣下が近付くというだけで、もう勝つことは確実です。閣下が、すぐにでも来られることを、わたしは疑いません。閣下のもっとも熱烈な崇拝者、W．ニューカッスル」

閣下の「もっとも熱烈な崇拝者」は、この危険にみちた日々にあってさえ、オックスフォードからのある通信に腹を立て、辞職を申し入れているが、王妃のたらしこむような手紙によって思い止まることは、事前に見え透いていた。腹立ちが収まると、彼は、職業軍人のジェイムズ・キング――最近、エイシン卿に任命された――の助けをえて、精力的に来襲するスコットランド兵に対してよく持ちこたえた。しかし、四月八日、スコットランド兵はダーラムから二マイル内におり、彼の退路の遮断に着手しはじめた。一二日、彼は、彼が南ヨークシャーの指揮官として残してきたサー・ジョン・ベラシスが、セルビーで二人のフェアファックスによって攻撃を受けているという、がっかりするようなニュースを受け取った。ベラシスの大砲、弾薬、歩兵の大部分は議会側の手に落ち、いまやフェアファックスがヨークシャーの南部と南方への主要道路を支配するにいたった。

セルビーの陥落と、ヨークシャー軍と東部連合軍とがヨークを攻撃するかもしれない差し迫った危険性が、ニューカッスル侯をして、ただちに、前進してくるスコットランド兵の前から撤退し、北の首府の防衛に就くことを余儀なくさせた。四月一三日、短時間のうちにダーラムを去り、ビショップ・オークランドの道を通って、歩兵隊と大砲をヨークの堅固な市壁の背後に避難させた。サー・チャールズ・ルーカスとその騎兵隊も、損害を受けることなく、ニューアークへの道を取り、そこで他の王党派騎兵隊と合流したが、彼らがしようとしたのは、南方に対してこの州に磨きをかけ、ヨークに対する圧力を緩和しようというところにあった。

スコットランド兵、フェアファックス軍と合流し、ヨークを包囲す

ニューカッスルの後を辛うじて追跡してきたスコットランド兵と、セルビーからウーズ河を遡《さかのぼ》ってきたフェアファックス軍は、四月二〇日、ウェザビーの近くで合流した。次の数日間に、彼らはウーズ河の両岸からヨーク市を囲んだ。彼らの二つの宿営地は市壁から一マイルも離れておらず、その市壁に対して、彼らの「大いなる打撃物」は照準を合わせていた。二つの包囲軍の人数は、およそ歩兵一万六〇〇〇、騎兵四〇〇〇を数えたが、もっとも楽観的な評価でも、ヨークを開城させようとおもえば、少なくとも一万の兵力は必要とされていた。

ニューカッスル侯、あるいは、もっと事実にふさわしくいえば、エイシン卿は、防衛を組織し、模範的な注意深さで食料の配給制度を敷いた。民間人は一日につき、一食の実質的食事に制限され、兵士たちには、バター一オンス、一ペニー分のパンの塊、豆一マチュキンが供給され、それに供給が許すならば、エール、肉、チーズが付け加えられた。この体制に、さらに適当な弾薬、良好な大砲があれば、ヨークは、古代からの素晴らしい市壁に囲まれて、長い包囲に耐えられるはずであった。

ルパート、各方面からお呼びがかかる

ニューカッスルからプリンス・ルパートのところへ訴えが届いたのは、ルパートが、ウェールズ、アイルランド兵を熱心に訓練するためシュルーズベリーの彼の位置に帰り着いたときであった。ヨークの救済が、これ以後、彼

の主要な目標となる。これまでしばしば軍事上の助言を提供することを引き受けてきたディグビーは、ニューアークの救済後、ルパートにミッドランドに止まるように促してきたのであったが、（そのルパートをシュルーズベリーへ移すことによって）、脅威の焦点は南方からヨークへ移ることになった。このディグビーの助言は、国王が同時に他の必要とされるところへ派遣できるだけの十分な兵力をもっていた場合には、よかったであろうが、しかし、ルパートは、西ミッドランド、ウェールズ境界地域――この地域が、ウェールズ、アイルランド兵の割り当て地域であった――を離れて数日以内に、折角彼がニューアークへの前進のために集めた軍隊をもはや保持してはいなかった。もし彼がニューアークにもっと滞在していたならば、彼はセルビーの惨敗を防げたであろう。しかし、彼がほかのところで関わりあうことになったかもしれない諸困難については、ここでは触れないことにしよう。単純な真実は、戦争が危険なまでに広がり、国王側のもっとも活動的な司令官としてルパートが、あまりにも多くの場所で要求されたということであった。彼は、アルレスフォードの戦いののち、攻撃される可能性のあるこの町の防衛について論議するためにオックスフォードへ召還された。彼はまた、妊娠したためバースへ引きこもろうとした王妃に付き添うために、呼び戻された。彼が命令に従うまえに、この馬鹿げた命令は撤回された。しかし、オックスフォードで起こる脅威は、来たるべき会戦に対する彼の計画の中で、警戒しなければならない要素であり続けたのである。

王妃、出産のため国王と別れる

アルレスフォードで四散し、恥をかかされた軍隊は、再び集められ、国王は四月一一日、歩兵六〇〇〇と騎兵四〇〇〇の軍勢をアルドボーヌで査閲した。オックスフォードへ帰ると、彼は、議会を閉会した。すでに人口過剰になっている都市で食べている余分な人員を減らすためである。四月一七日、聖木曜日、二人の息子とともに、バースへ赴く王妃の旅行に付き添って、アビングドンまで出掛け、そこで別れた。王妃は、来るべき出産のときは死ぬのではないかという恐怖に付きまとわれていた。しかし、もっと長く尾を引いたのは、夫と別れて、二度と会えないのではないかという悩みであった。

国王は、外観からすれば、その精神をきちっと保っていた。オックスフォードへ帰ると、むしろ冷淡に、オーモンドが、アイルランドの複雑な状況を説明するために送ってよこしたダブリンからの使者を迎えいれた。彼らは、彼に次のことを明瞭にした。すなわち、アイルランドの国王に忠誠を誓っているプロテスタント臣下たちは、アイルランド連合との最終条約を受け取ろうとはしていない、なぜなら、その条約によれば、プロテスタントの財産の返還、プロテスタント宗教の再建を十分にはおこなわず、反乱者の中心人物を裁判にかけるとしているからである、と。

復活祭日、彼は、二人の活発な少年とともに、クライスト・チャーチの庭園を散策したが、たまたま写本を探してオックスフォードに来ていたバラッド作詞家ジャジョン・テイラーに見られ、称賛を浴びた。

クライスト・チャーチの庭園には、喜ばしき光景が見られた
陛下と多くの貴族や騎士たち
希望あふれる王太子とエボラセンシス公ジェームズ
神が、叛徒たちの誤れる言い掛かりから、彼らを守り給らんことを。

しかし、同日、国王はニューカッスルのヨークへの後退という情報を受け取った。その間、エセックスは、アイレスベリーでの全軍集合を呼びかけていた。つまり、国王反対勢力によってオックスフォードの周辺を封鎖しようという訳である。国王側の司令官たちは、攻撃をもって脅威に対処し、アルレスフォードの屈辱を晴らそうとおもった。彼らは、そうする自分たちの能力を信じて疑わなかった。しかし、ルパートは、戦争委員会に出席するためシュルーズベリーからの途上にあったが、警戒するように助言した。北方の問題がなお未確定であるのに、南方において大きな交戦をするという危険を犯すことは馬鹿げている、オックスフォードの軍は、ただ防衛に徹すべきである、

というのである。外回り――レディング、バンベリー、アビングドン、ウォーリングフォード――の守備隊は、割愛されるかぎりの全歩兵でもって強化されねばならない。オックスフォードの近くをパトロールするには、騎兵の小部隊で十分であろう。そして、残りの全部隊は、プリンス・モーリス――彼は、去る冬以来、西部の残っている要塞を抑えるために動いていた――の軍に合流させるべきである。もし国王が思い切って戦線を縮小するならば、彼は決定的に防衛に徹することができるであろうし、そのさいには、ルパート自身がヨークの救済に進撃していくであろう。いまはまだ年初である。もし北方の事態がうまくいけば、攻撃を再開する時間は十分にあり、夏の終わりの前には、エセックス、ウォーラーと決着を付けることができるであろう、とも付け加えた。

この計画は受け入れられた。ただし、ルパートが恐れねばならなかったように、それが遂行されるという保証はなかったのであるが。なぜなら、戦争委員会は分裂した、信頼できない組織であったからである。ルパートは、その場にいるかぎりでは、だれであろうと、黙らせることができた。通常は彼に反対し、ほとんど騒々しいまでに大声を発するウィルモットさえもである。フォース卿は、その耳の遠いことを外交的に使って、だれとも争わなかった。サー・ジェイコブ・アストレーは、なんらか議論するとき、常にその背後にいくつかの動機をもっていた。国王は、その時点で気に入った彼の助言者の発言であれば、その助言を採用した。ディグビー卿は、不都合な決定であれば、後程彼にふさわしいように変更した。このような混乱した状況にあっては、ルパートが期待できる最上のことは、フランスから帰国したばかりの友人、リッチモンド公が、自分のいなくなったあと、計画の変更を阻止してくれることであった。ともかく、彼は、シュルーズベリーへ帰ることにしたが、そこでは、彼が作り上げた新軍は北方へ進軍できるばかりに出来上がっていたのである。

第二節　スコットランドの王党派

スコットランド人にひそむ反盟約的心性

「スコットランド人は卓越した悪魔である」と、ディグビー卿は書いたが、ルパートが北方への進撃の用意をしていたとき、スコットランドの王党派は盟約者団に対して蜂起していた。彼らは、絶好のチャンスと信じていた。軍の演習にともなう負担、軍を支持するための課税の人民に対する押し付け、そういうものに対する苦情が蔓延《まんえん》していた。「むしり取られ、財産を差し押さえられる pluckit and poyndit」ことに対する不満がもっとも強かったのは、盟約者団が決して人気を得なかった地方、とりわけアバディーンにおいて、そうであったが、しかし、国全体としても無理強いを感じていた。

常設の教会常務委員会によって実施される政府の厳格な宗教政策は、地域的教会会議、年長者と神父からなる長老会を通じて、生活のあらゆる面に降ろされた。最小の罪でも、公けの叱責、悔い改め——安息日にキャベツを洗い、衣服を漂白し、さらには説教時間中「地上にひれ伏している」といった罰が課された。伝統的な祭りや迷信的信仰は、道徳律に反する罪として人の眉をひそめさせ、宗教改革の偶像破壊運動を生き延びた道標や、粗野な彫刻、古い石の十字架などは倒された。家族内の争いとか個人的な喧嘩は、ときに脇に押しやられ、ときに長老制規律の賦課を強めることになった。とくに貴族、ジェントリーは、彼らの特権、あるいはその個人的生活と（長老制と）の衝突を辛うじて受け入れるか、時としては反抗へとおもむいた。「貴方は犬に比較されて、どうしてここで吠えないのですか」と、説教壇へいこうとする不人気な神父を遮りながら、デイム・グリゼル・ハミルトンはいっている。情報提供者は栄え、魔女迫害はとくに増大した。しかし、スコットランドの大部分では、この苛酷な規律の長所は承認された。ただし、その実施はしばしば歓迎されなかったのであるが。たとえ、風笛の演奏や良き同僚意識が一般的に賛成されなかったのは嫌になるにしても、過度の飲酒、姦淫、口論を制圧したことはいいことであったし、ジェームズ・バルフォアに仕えていた女従者ヒーランド・メアリーのようなだらしのない女が譴責《けんせき》され、国元へ帰されたのもいいことであったが、彼女は暇なときには、スターリングで兵士たちと「猥褻《わいせつ》な会話」をして過ごすのが常であったのである。スコットランドの低地地方では、住民のごく少数だけが、宗教、政治、あるいは個人的関心事について、教会の規律に深く反対であった。しかし、政府に批判的な者でも、精々隣人から隠れた共感をえたにとどまった。なぜなら、はっきりとした基準を設けて生活を実行することができたのは、厳格な少数者以外には不可能であったからである。盟約に反対している者も、神父たちの権威が広く憎まれているという指摘に消極的な、ときたまの共感をおぼえたとしても、本心において失望をおぼえたのであろうか。そうではなかった。他人の苦情を聞き、彼ら自身の苦情を一杯のエールで発散させてきた多くの人々は、厳粛な心情においては、新しい宗規の正しさ、少なくともその有用性を確信していたのである。

盟約者団に対する反対は、高地地方の一定の地域に集中していた。古いケルト族の風習となお頑固に消えようとしないローマ教会の宗教とを一掃するために、政府は、ゲール語を話す大学生に神父になるように促したが、この政策が有効となるには多くの年月を必要とした。その間にも、ケルト系の高地とサクソン系の低地の古くからの敵対関係は、山岳地帯では、自然の成り行きとして、盟約者政府に対する憤慨を呼び起こした。とくに、地域教会会議が、破門という武器を使って部族の無法を抑えようと試みた場合、そうであった。しかし、政治と信仰の分離は、しばしば、個々の族長の敵対関係、あるいは利害関係によって、より紛糾したものとなった。

スコットランドの部族とその族長

西部高地を支配したキャンベル家は、断固たる献身をもって、族長アーガイルを背後から支えていた。しかし、この男は、キャンベル家と敵対関係にある多くの部族——島嶼《とうしょ》と本土のマクドナルド家、アードゴアとデュアートのマクリーン家、またマッグレゴール家とかマックナブ家といった無法の部族——を、盟約者団への反対へとけしかける働きしかしなかった。キャンベル家に対するキャメロン家の敵意は、その若い首長が、インベラリーで教育を受けるようにとアーガイルによって連れて行かれたという事実によって、制約されたものになった。しかし、アトホールのスチュアート家は、一六四〇年アーガイルの子孫が彼らに恨みを抱き、脅迫するに及んで、精々のところ、政府の不確かな支持者になってしまった。

もっと北方、マッケンジー家の首長であるシーフォース伯は、もっとも早い時期、活動的な盟約者の一人であったが、しかし、後になると、アーガイルを失脚させようという試みで、モントローズに巻き込まれた。彼の現在の立場は疑問に満ちているが、地域の支配をめぐって競争することになったサザーランド伯は、一六三八年の盟約者団について最初の署名をした人物であり、そこから離れることはなかった。彼の影響力は、政府に忠実なもっとも北の地域の大部分を抑えていることに拠るものであった。しかし、そこでも、ストラスネイヴァーのリアイ卿が王党派であり、また「悪性の」アシントのマックレーオードの不安な噂があった。最大の可能性のある危険人物は、ゴードン家のそれであった。彼らの首長、ハントレーは、たとえ効果はなかったにしても、国王に対し、忠誠を尽くしてぐらつかなかった。彼の部族民の多くはローマ・カソリックであり、主教制の抱く教えにより大きな共感をよせており、その中心的神学のセンターは、アバディーン大学の近くにあった。盟約者団に友好的になれなかった都市住民は、重い課税にぶつぶつ文句をいい、彼らの中心的神父、恐るべきアンドリュー・カントに対して怒っていたが、彼は、彼らのところへやって来てから二年間というもの、彼らを主の聖餐にあずからせなかった。自分は、この少ない期間に、彼らをそれに値するほどに教育しなかった、といいつつである。

スコットランド部族の中の王党派

この世紀の初頭、最大の部族の利害関係を和解させる一環として、ハントリーはアーガイルの妹と結婚し、アーガイルはここ数年のうちに、彼の最年長の甥で、ハントリーの相続人（ゴードン）に大きな影響力を獲得するにいたった。父ハントリーと息子ゴードンとのあいだの緊張関係は、若いゴードン卿が、ハントリーが借りた借金（その最大のものはアーガイルに対するものであった）を逃れる計画――彼の土地の大部分を彼の相続人に譲る――の中に加えられたとき爆発した。（ゴードンが計画を拒否し）合意にたっすることはできず、ハントリーはゴードンから、非常に不愉快であったが、別れた。しかし、ハントリーの借金は、彼をして奮起することを困難にし、ゴードン卿は、部族の著しい部分の支持を受けて、この地域を盟約者団のために支配することになった。ただし、一月の身分制委員会によってなされた父の逮捕という命令を実施しようとはしなかったのであるが。

ハントリーが国王のために動こうとはしなかったので、その仕事は、ゴードン家のもう一人の人物に委ねられた。一九四四年三月九日、午前七時、サー・ジョン・ゴードン・オブ・ハッドーは、一団の同僚とともに、アバディーンへ乗り入れ、彼が個人的に敵対していた市長、その他三人の盟約者団支持者を捕らえ、一〇時にはさっと町から去っていったが、そのさい、市長とともに、学校から彼の息子二人を拉致するのを忘れなかった。アバディーンの人々は、憂慮と愉快さの入り交じった気持ちで眺めていたが、ハッドーの突然の行動は、ハントリーに立ち上がることを余儀なくさせた。ゴードン卿が盟約者団を防衛するために隣人たちを蜂起させようとしている間に、ハントリーは、トランペットを吹奏させつつ、背後に二〇〇人の騎馬隊を率いて、アバディーンを占拠した。盟約者団の指導者たちは逃亡した。ハントリーは国王の名前において声明を発表し、見付けることのできた武器をすべて押収し、徴兵に応ずるように呼びかけた。これらが、美男子のナザニエル・ゴードン――かつては最良の職業軍人で、部族のドン・ファンであった――によって訓練されている間に、ハントリーは、自分たちの上に国王をあらわす獅子を描いた軍旗と、自分たちは死ぬために戦っているのだ、ということを示す黒琥珀織りの帽子記章の製作を命じた。

王党派の最大の活動家モントローズ

このニュースに接して、アーガイルは、本国の反乱を静めるため、突然、イングランドにいるスコットランド人のもとを離れた。スターリングでは、王党派領主やジェントリーらが、イングランドのオーモンド、あるいは、アイルランドのアントリムから聞こえてくると予想されることについて、すでに内密に協議していた。四月半ば、モントローズは、カンバーランドで徴集した一三〇〇の騎兵と歩兵を連れて、グレットナ・グリーンのところで国境を越え、ダムフリーズで、束の間の熱狂の歓迎を受けた。もしモントローズがスターリングに到着していたら、あるいは、ハントリーがアバディーンから前進を続けていたら、数日中にも、王党派の反乱がスコットランド中に広がるようにおもわれた。しかし、政府は素早く行動した。アーガイルは、ペルスでゴードンたちを警戒し、二〇〇〇人の兵力が急遽、モントローズに向かって派遣された。

スコットランド王党派潰《つい》える

モントローズは、「真のプロテスタントの宗教、陛下の正当にして神聖な権威、議会の基本的な法と特権、抑圧され、束縛されている臣下の平和と自由」を守るために、彼に合流するように人々に呼びかける宣言を発表した。彼の直接的希望は、四月初めにアントリムがスコットランドへ派遣すると約束していた部隊におかれていた。しかし、それについてのニュースはなにもなかった。それどころか、彼が聞いたのは、盟約者団の軍隊が彼に向かって前進しつつあるというニュースであった。さらに、彼の在イギリス部隊が、様子の判らない、明らかに敵意を抱いた地域で、ただ独りであった。前進しなければならないのであれば、反乱を起こすほかはないと脅迫している、とも聞いた。南部にいる彼のスコットランドの友人は、彼を支持することに失敗していた。彼とスターリングのあいだには、八〇マイルの荒地と沼沢地が横たわっており、すでに前進の最初の日に、彼の前哨部隊は盟約者団の警戒部隊と衝突していた。彼の指導に不信を抱かれ、兵士全員が逃亡するかもしれないという可能性に直面して、彼はカーライルへ後退した。

スターリングの王党派は、失望して、国元へ帰った。ハントリーもまた失望した。というのも、彼の部族が分裂して、希望したようには蜂起しなかったからであり、アバディーンの市民は、嫌々ながらの支持しか与えなかったし、ナット・ゴードンは、時期外れの争いののち、彼から離れていったからである。ハントリーの兵士たちは南に向かって略奪行をこころみ、政治的行為でも、友好的行為でもなかったが、モントローズの小さい港町を略奪した。アーガイルが急速に接近してきたことにともない、ハントリーは、ヘッドーと彼の指揮下の王党派部族民たちを彼らの運命にゆだねて、彼らから離れ、家から金と衣服を集め、彼の鍵と「立派な乗馬の鞍」とを——降伏の格好を付けて——盟約者団員である長男に送り付け、海を渡ってシュトラスネイヴァーへ逃げた。

アーガイルは、和解させる目的で、義務怠慢者、あるいは、それとおぼしき者をアバディーンとエルジンへ召喚した。「すべての者がやってきたが、だれも、ごまかしなしに、審問を勝ち抜くことはできなかった」。ただし、罪の軽い者は盟約者団に対して気前のいい寄付をすることによって自由を買い取ることができた。アバディーン市はアーガイルに市民権の自由を与えた。アーガイルは、ハントリーを抑えるのがあまりにも遅い点で、神父たちを叱り付け、すべての過ちのある教区民の名簿を手渡すように命じた。いまや部族の名目的支配者に過ぎなくなったゴードン卿は、取るに足りない者以外の何者でもなくなった。彼の父親が公的に破門を宣言されたとき、彼は都市から退去したが、破門言い渡しの儀式が終わると、彼はおとなしく帰ってきた。彼は少なくともヘッドーを救おうと試みたが、ヘッドーは、それを軽蔑するかのように、彼の介入を断り、家に立て籠もっていたが、しばらくして、彼の臣従者たちの赦免の願いの代償として、彼らの手によって身柄がアーガイルに引き渡された。

モントローズ——国王はいまや彼を侯爵に叙した——は、カーライルに帰ったが、そこで見出した市民は、侵入してきた盟約者団の略奪にひどく怒って、政治がどうであろうと、スコットランド人を受け入れようとはしない人たちであった。彼は、その大変な説得能力を発揮して、ボーダーにいる盟約者党員たちに、もし彼らが自分に説得されるならば、自分に従ってはどうか、と提案した。彼の言葉はいい効果を発揮した。彼はさらに、小さな部隊でもって、ニューカッスルを包囲している盟約者団を悩まし、モルペス、サウス・シールドから彼らを追い出し、包囲されていた人々に、アルンウィックから運んできた物資を時期に適して供給することによって、彼の方針を浸透させた。しかし、スコットランドでの王党派の蜂起は、盟約者団の呼び戻しを図るはずのものであったのが、大体においては、わびしくも失敗に終わってしまった。ヘッドーは、エディンバラで処刑された。モントローズに市門を開いた不運なダムフリーズの市長も処刑された。アーガイルはさらに、インヴァネス、エルジンの義勇兵の団体を組織することによって、今後の高地地方における蜂起に対して、北部の盟約者団を強めることができた。政府は以前よりは、より強力となり、恐れられ、また敬意を払われた。他方において、アルニムと、彼が国王のためにスコットランドに上陸させるはずであった一万人のアイルランド兵については、だれも聞かずじまいであった。

第三節　グラモーガン、アイルランド反乱者と国王の同盟を画策

アイルランドの部隊は、国王にとってもっとも致命的な幻想であった。彼を助けるために彼らをもたらそうという仕事が難しければ、難しいほど、彼のそれに対する欲望はいや増した。国王の気短な判断によれば、あまりにもその行動に入念すぎたオーモンドは、アイルランド連合体とはかつて協定を結んだことはなかった。チャールズは、野望に満ちているが、無能な召使いが彼の前においた、秘密だが、乱暴な企てを考えに入れはじめた。その召使い、ハーバート卿――すでに南ウェールズから軍隊を集め、失ってしまったウースター侯の息子［グラモーガン］――が、個人的用事を口実にキルケニーに出掛けて行って、オーモンドの知ることなしに、アイルランド連合と交渉にはいってはどうか、といいだしたのである。信心深いローマ・カソリック派で、アイルランド人の妻をもつ彼は、相手側の信用をえられると信じていたが、しかし、彼の政治的計画は、彼が娯楽時間をすごした発明と同様の、巧

妙だが、途方のなさをもっていた。その発明というのは、潜水船のポケット・エンジン、浮かぶ庭園、水時計と泉水の組み合わせ、というものであった。彼はアイルランドから一万人、南ウェールズの自分と父の領地から一万人以上の徴募兵を約束した。さらに彼は教皇と他のローマ・カソリック君主から月三万ポンドの支援金を調達し、その金でもって、イースト・アングリアに侵入する部隊をスペイン領ネーデルラントで組織する、とも述べている。アントリムの約束は、ハーバート卿の明るい幻想と比較すると、真面目な感覚のものであったが、ハーバートは、過熱した脳の中で浮かれて、彼の支配が高く聳えるウェールズ・アイルランド帝国の未来像をもっていたようにおもわれる。

もし彼の使命が、成功するまえに発見された場合、国王が一切関知を否定し、ハーバートをその運命に委ねるにいたることは、彼は十分心得ていた。例外的な危険に向かって彼は走っているのであるから、その報酬も例外的なものが約束された。彼が、自分が徴集したすべての部隊の司令官になることは問題ないとされた。また、随時奉仕したアイルランド人のあいだに、手一杯の貴族位、男爵位をばらまくこともできるとされた。さらに、彼の父親は公爵位に叙せられ、彼の息子は国王の娘の妹の方と結婚する。彼自身は直ちにグラモーガン伯に叙せられる。国王は、このように非公式にアイルランド、教皇、スペイン領ネーデルラントとの同盟を推進しながら、彼のプロテスタントの臣下、ならびにヨーロッパのプロテスタント権力者に対して、三カ国語からなる公式見解を発表して、次のことを保障した。すなわち、自分はローマ・カソリックの宗教を完全に拒否し、イングランド教会のプロテスタント信仰に、ぐらつくことなく、忠実にとどまるつもりである、と。

グラモーガンのアイルランド連合とのぶつかり合いが、必然的にオーモンドの成功をおとしめる、という事態が国王にとって起こらなかったのは明白である。他の、もっと開放された仕方で、国王は不幸なアイルランドの総代官職を苦境に追い込んだ。オックスフォードにおける代官職の密使は、アイルランド連合からやってきた人々にとって有利になるように、首尾一貫して、隅に追いやられていた。宮廷ならびに諸委員会も、国王にならって、オーモンドの代理人をおろそかにし、批判し、アイルランドの指導者たちをなだめ、おべっかをつかい、そのためダブリンから派遣されて来た代理人は、怒って我を忘れ、教皇主義者に対する国王の優遇を非難するにいたったほどであった。この点で、オーモンドの使者は丸坊主頭党派よりもよくないと見なされたという報告がオーモンドへおくられた。アイルランド人とカソリック派の獲得を急ぐあまり、チャールズは、アイルランドにいるイギリス人とプロテスタントをずっと自分から遠ざける危険性を犯していたのである。

アイルランドの王党派は、二重の仕方で不当に扱われた。というのも、プロテスタントは、そこから派遣されてくるすべての部隊を「血に飢えた、偶像崇拝の反乱者」と書き続けたからである。実は、そのときまでに出て来た兵士の大部分は政府所属の者たちであり、そのうち少なくとも五〇〇人は、かつてイギリス戦争においてプロテスタント側とみなされるところへ合流するため、脱走した経験の持ち主であった。ペンブローク海岸を巡航していた船長スワンリーが、ダブリンからの渡航者を捕まえたとき、彼は捕らえた兵士たちをロープで数珠つなぎにし、彼らを海に投げ込んだ。スワンリーが「アイルランドの叛徒」の撃滅者として称賛されていたとき、オーモンドは自分の部下たちの損失を嘆き悲しみ、抗議し、そのような危険の待ち受けているところへは、二度と船出させられないと説得に応じなかったのである。

第四節　議会軍のヨーク包囲始まる

シュルーズベリーに在ったルパートは、アイルランド兵輸送の問題を心に抱え、ランカシャーを通って――途中、リヴァプールを占拠して――ヨークへ進軍する計画を練っていた。アイルランド海峡の北の部分は、マン島の王党派によって守られて通行は安全であった。しかし、週を追うごとに、ヨークの救済は難しくなるようにみえた。五月六日、二日間の奔流のような降雨ののち、マンチェスターに率いられた東部連合体の軍は、リンカーンの険しい砦を襲い、これを占領し、そして、都市を略奪した。その先月、王党派はリンカーンシャーの支配権を失っており、歩兵六〇〇〇、騎兵一〇〇〇、カノン砲一二門をもったマンチェスターは、妨げられることなく前進し、ヨーク包囲軍に合流した。ルパートは、ヨークに到着したとき、三つの軍と対決しなければならなかった。すなわち、スコットランド軍、フェアファックスの軍、そして、マンチェスターの軍とである。一六四四年五月一六日、彼は騎兵二〇〇〇、歩兵六〇〇〇を率いて、シュルーズベリーを出立した。チェスターから、バイロンの軍が合流した。だから、その兵力はいまや一万四〇〇〇にたっしていた。双方の戦場に在る将軍たちのうちで、もっとも評判の高かったのはルパートであったが、それは、敵味方共通していた。「彼の名前を聞いただけで、半ば勝ったも同然であった」と、ある王党派の隊長が書いている。そして、プリンスは、過去数カ月、国王の戦争のあらゆる方面からの呼び声に応じなければならなかった。ニューアークから、ランカシャーから、ヨークから、そして、ペンブロークからさえも声が掛かった。彼の存在へ絶えず訴えたいという衝動の現れであり、彼だけがなしうるという信頼の繰り返しの現れであった。彼が北方での会戦を設定したのは、自分自身の能力に対する揺るぎない確信にもとづくものであり、彼の主たる憂慮は、自分自身の計画が失敗するということよりも、オックスフォードの国王が誤った行動を取りはしないか、ということにあった。

彼の恐れは的中した。国王は、はじめは、オックスフォード周辺の守備を強化し、防衛に徹せよというルパートの忠告を受け入れていた。しかし、彼は、主人面した甥が退くや否や、第二の考えをもつにいたった。混乱した戦争委員会の立て続きの会議の後、レディングとアビングトンからの撤退によって、オックスフォードの軍を戦場においてもっと「機敏なもの」にするという決定がなされた。彼らが軍の移動性の増強によって利益をえる前に、敵（議会側）はこの二つの都市へと動き、国王の騎兵隊全体をバークシャーから追い出し、オックスフォードの南側は裸にされて、攻撃にさらされることになった。

エセックス、ウォーラー、オックスフォードの包囲に向かう

エセックスは、ウォーラーとの友好的共同作戦をせよ、といわんばかりのこの行動に驚いて、急いで東側に動き、五月末、彼の司令部をイスリップに、その前衛をコウリーとヘディングトンにおいた。国王は、彼の頭をすっきりさせ、友人たちの精神を立て直すため、一日、ウッドストックで狩りを催した。彼がうまく二頭の肥えた雄鹿を殺しているあいだに、ウォーラーはアビングトンから周辺へと動きだし、部下をしてニューブリッジ――オックスフォードの南西にある船橋――でテームズ河を渡らせ、みずからは西へ向かって前進を開始した。都市はいまや、三方から脅かされることになり、ウォーラーの軍はすぐに国王と西部の連絡線を断った。いまや危険と化した状態にあって、国王は、おそらく老いたフォース卿の助言をうけたのであろう、巧妙、かつ大胆不敵に行動した。騎兵隊の大半を率いて、オックスフォードを離れ、あたかもアビングトンへ前進するかのような姿勢を示した。そこの国王の守備隊への攻撃を先送りにして、ウォーラーは、西方への道路を開けはなしたまま、後退した。国王とその一党は、透き間を縫って行動し、はじめはバーフォードへ、次いでウスターに向かって進んだ。彼らは、ルパートが帰ってくるまで、戦場でおのれを維持し、その間、オックスフォードは包囲に対して持ちこたえることを希望したのであった。

その途中のイーヴシャムで、国王たちは、グロースターにいた議会軍が、チュークスベリーの不意を突いて、それを占領したことを聞いた。パースフォアで、国王軍は橋を破壊したが、その不器用なせっかちさの中で、味方の部隊のある者たちを溺死させてしまった。六月七日、ウースターから国王は、なされてきたことについて幾分弁解する手紙をルパート宛てに書いた。「君の助言に従うのが最上であったと、わたしは告白する。チュークスベリーの喪失は、われらを大きな危険におくことになった。しかし、われらは、君がスコットランド人に対して打撃を与えるまでは、持ちこたえられると信じて疑わない。しかし、君があまりにも長くそれにかかわっているならば、わたしは、なにか大きな不都合が起こるであろうと感じている」と。同じとき、ディグビーは、一種明るさをともなっ

た絶望の中で、こう書いている。「エセックスは一路われらの方へ向かっており、ウォーラーも同様に、グロースターを経てウェールズ方面から進んできている。マッセイとデンビー卿も、キダミンスターに向かっているが、両者とも相当な兵力をもっている……オックスフォードは、ほとんど一カ月というもの、ほとんど食料の供給が途絶えている……救いの希望のすべては、陛下の幸運と時宜をえた成功にかかっている」と。リッチモンド公は、国王の状態を簡潔に次のように要約した。「われらは金、人、指導、勤勉、蓄え、時間、そして、よき助言を必要としている」と。

ルパートはランカシャー北部への進出に成功

国王とその助言者たちが、司令部において自分たちの状態に危惧を抱いていた間に、プリンス・ルパートは、北方への進軍の最初の部分を達成していた。彼はランカシャー州に突入し、ストックポートを取り、厳重に防備されたマンチェスターだけを取り残して、五月二八日には、ボルトンを襲撃した。その峻厳な宗教を誇りにしていたボルトン市は、お世辞を交えて、「北のジュネーヴ」と呼ばれ、周囲の農村から一五〇〇人の男たちが守備隊を助けるために集まっていた。都市は火のように熱烈に防衛されたが、囲壁がなかったため、よく準備された攻撃には耐えきれそうになかった。絶え間のない戦いの二時間後、びしょぬれの雨がボルトンの運命にとっては十分であった。騎士党は狭い街路に入り込み、市民や兵士を踏みにじり、「甘くて、神々しい町」を、「ふくろうの巣、悪竜の穴」に変えた。ランカシャー軍の司令官アレクサンダー・リグビーは、ほとんど総崩れに圧倒されながらも、王党派を愚弄《ぐろう》し、「都市はわれわれのものだ」と叫びつつ、意気消沈した混乱の中へ逃亡しようと図った。勝ち誇った兵士たちは、彼らを励ますために略奪が認められていたが、与えられた機会を十分に活用したのであった。

一年あまりの捕虜生活ののち、捕虜交換で釈放されたジョージ・ゴーリングは、過去一カ月、荒っぽい騎兵隊を率いてランカシャーで活動していたが、ボルトン陥落後数日して、五〇〇〇人を率いてルパートに合流した。彼らは「期待されたほど整備されてはいなかったが」、盗んだ牛の群れを連れていた。マン島から帰ってきたダービー伯も、前進途上のルパートに合流したが、大部分訓練を積んでおらず、また武装してもいなかったが、相当な数の歩兵を自分の領地から徴集していた。ランカシャーのピューリタンは、襲われる前から気落ちし、プレストン市では、市民はおずおずと歓迎の宴会を開きたいとプリンスに申し出た。「宴会は兵士たちにとってふさわしくない」と、ルパートはいい、代わりに市長を逮捕した。

六月五日、ルパートは、ウィーガンという小さな都市に入った。ここでは、王党派であった市民が、ピューリタンの隣人にふりかかった運命を喜び、花と緑の小枝をルパートの前に撒《ま》いた。ラーソム・ハウスでは、包囲されていた市民はルパートを待ち切れなかった。そして、二カ月以上にわたって市民を統御していたダービー伯夫人は、その豊かな胸に、常勝軍のプリンスを抱き締めた。彼は奪ってきた軍旗を彼女に残し、ランカシャーの仕事を完成すべく、リヴァプール占領へと向かった。

平地だが、湿地帯の海岸にあるリヴァプールは、ルパートの砲列に対して長く持ちこたえられそうにはなかったが、その守備隊は、暇な時間に「聖書を読み、いいことについて協議し、一緒に祈る」ために集まってきた人々から成っていたが、彼らは武器と弾薬の多くを船で運び去るまで都市を持ちこたえようと決意した。五日間、ルパートの砲列は多量の火薬を費消して、彼らの上に雷鳴を轟かした。峻厳なムーア大佐とその部下は、備蓄品が港の船に積み終えられるまで、持ちこたえた。五日目、物資と主だった将校たちが去ると、ルパートは都市に入った。数門のカノン砲は残されていたが、減少した蓄えを補給しようと期待された火薬類はすべて運び去られていた。

ルパートは、にもかかわらず、なすべきことと設定していた第一部をなし終えていた。ランカシャーにおける王党派の支配権の回復とアイルランドに面した港の獲得である。そのかぎりでは、彼は進行中、不快になりようがなかった。しかし、もっとも困難な仕事がいまややってくると、彼には、ヨークへの前進を成功させるためには、当初予想していたよりも、より多くの時間を必要とすることが判った。彼は倉庫から火薬の供給を得るため一旦オックスフォードへもどることにし、ヨークへ進むまえに、その背後の州を固める意味で、ランカシャーの従属化を完成するという彼の意図を宣言した。この仕事が遅れれば、遅れるほど、ダービー卿のみすぼらしい徴集兵をよりよい形にするためには、また、北部諸州すべてから、散らばっている王党派兵力――カンバーランドにいるクラーヴェリング指揮下の者、国境にいるモントローズのそれ――を集めるには、もっともっと時間を必要とするにいたるであろう。これらの兵力を十分に集め、装備させて、はじめて自分は、ヨークを封鎖している三個軍団の敵に対して確信をもって挑戦できる、と。彼の国王への急便は、自分たちの不運を訴える国王とその助言者たちの手紙の流れと交錯した。

国王は、悲惨な事態の責任をウィルモットに負わせがちであった。遠くランカシャーにあったルパートは、国王周辺の顧問たち全体に対して怒った。彼はウィルモットが怠惰で、傲慢であることを知っていたし、また彼が装備、あるいは補給を欲したとき、ハリー・パーシーの妨害によって苦しめられた。民間人の助言者では、彼はクルペッパーを嫌い、ディグビーを信用していなかった。リッチモンドのふさぎこんだ言葉（われらは物資の補給、時間、そして、よき助言を欲している）と、国王の心をうつ嘆願（主な希望は、神の下では、君からしか出て来ない）ののち、彼は、いずれにせよ国元に呼ばれていることを理解した。国王の指示を手紙にしたためたディグビーは、北方における事柄を「急速な決着」へもたらすことを遅らせてはならない、「決着」が早ければ早いほど、君は南方におけるわれらの救援に駆けつける自由を得るのだから、と書いている。

しかし、事柄に「急速な決着」を付けるのは容易なことではなかった。ルパートはリヴァプールでためらった。一部は怒りから、一部は火薬の欠乏から、そして、一部には、心の中の板挟みからであったが、国王の救済のために突然放棄しなければならなくなった作戦に、北方の全部隊を招集していいものかどうか、わからなくなったのである。

第五節　クロプレディ・ブリッジの戦い

ルパートが、帰着を遅らせている間に、南方の状況が変わった。エセックスはチッピング・ノートンでウォーラーと会い、国王の敗走を完全なものにする最上の道について討議した。エセックスは嫌がるウォーラーをしてミッドランドに止まり、後退する国王を追尾する、その間、自分は、包囲されているライム市を解放するために南西に向かって進撃し、できるならば、イグゼターに産室を設けたいと予期している王妃を捕らえるという方針を打ち出した。彼らのいつもの役割のこの逆転、これまでウォーラーに割り当てられてきた西部地区へのエセックスの侵入は、ロンドンにいるウォーラーの友人から見れば、彼の権威を掘り崩そうという陰謀におもえた。しかし、エセックス伯はそれほど狡猾《こうかつ》ではなかった。ライムの解放とイグゼターの王妃の捕虜化ができると彼に信じさせるには、ウォーラーの意見はあまりにも低すぎると、単に彼は信じたにすぎなかったのである。エセックスの古い友人のウォーリック伯は、ライム解放を助ける小艦隊をもっていたが、彼と協力できる陸上部隊なしには、なにもできないと考えていた。個人的なこの呼びかけにエセックスが応えよう、そして、自分と従兄弟のウォーリックとの水陸両面からする作戦で西方の国王軍を罠に陥れようという計画を立てようとおもったのは、ごく自然なことであった。

ライム市、国王軍の長期包囲に耐える

ライムは、ほとんど二カ月のあいだ、プリンス・モーリスの包囲軍に対して抵抗していた。三〇〇〇の市民と五〇〇の守備隊は、市長、司政官と一致して、小さな港町を守っていたが、防衛の有能な組織者ロバート・ブレイク大佐は、ブリッジウォーターの商人であったが、中年には軍隊生活をおくり、ブリストルでは苛酷な勤務についていた。町は、急傾斜で海に落ち込んでいる粘土質の高い斜面のあいだの割れ目にしっかりと突き刺さっていた。こうして町は三方を壁で囲まれ、一方だけが海に開かれていた。急遽作られた防壁は、芝土でできている堅固なブロックハウスをところどころに挟んで強化された芝土から成る壁、ないし障害物であった。それらの見栄えはあまりよくなかったが、数週間後、事がすべて終わってから、ウォーリック伯はそれについて、こう意見を述べている。「将校と兵士たちの勇気と忠実さは、ある意味において、それら防衛物によって守られた」と。

プリンス・モーリスによって発動された最初の大きな襲撃に対し、防衛側はその乏しい火薬の備蓄をほとんど使い尽くした。しかし、砲火の音は遠く離れたポートランドにいた三隻の議会側の船によって聞き取られ、それらは一団となって航行し、町に到着して、時宜を得て物資を供給した。次の二週間に、ライムは再び、ポーツマスから援助を受けて、強化された。切り立った絶壁にさえぎられて、モーリスは、港全体を大砲の射程内におくことができなかった。五月一六日になって、やっと彼は、船荷の大部分が降ろされる長くて堅固な突堤コッブを砲撃することを思いついた。次の週、彼の砲はコッブを砲撃し、二度、彼は夜間、襲撃隊をおくりこみ、一時コッブを占領し、港にいた小船舶をすべて焼くか、沈めた。しかし、彼と協力する戦闘艦なしには、彼はウォーリック伯指揮下の防衛陣に対してなにもできなかった。伯は五月二三日、ライムに現れており、被包囲側に物資を補給した。モーリスは無鉄砲になっていた。なにしろ、この不運な包囲攻撃のために、一カ月以上にわたって、王党派西部軍の最上の部分を縛り付けてきたのであり、その人間と努力の失費は法外な成功なしには正当化されえないものであった。五月二七日と二九日のあいだ、三度にわたって、モーリスは町を襲撃したが、防衛側はその抵抗を弱めることなく、女たちはそれぞれの部署で男たちを助けた。三〇日、モーリスは、灼熱の火矢を放って町を焼こうとしたが、無駄であった。彼は、かくも大きな努力がかくも長く続けられるならば、こんなちっぽけな町はとても支え切れないであろうと信じて、なおも包囲を切り上げようとはしなかった。ウォーリックは、手持ちの八隻の船のうち、六隻を別の仕事のため、他方面に送らねばならなかった。火薬、弾丸、マッチが、流れるように減少し、病気が発生し、ウォーリックの残された船は欠員のまま放置された。なぜなら、彼は、防衛陣を助けるため、割くことの許される範囲以上の海員を上陸させたからである。六月五日、物資はあと数日分しかなくなり、町は陥落するかにおもわれた。しかも、救助のニュースはなお来なかった。

激動の現場からはるかに離れた両王国委員会は、政治的諸条件について考慮している。エセックスはライムへ出発するに当たって、ウォーラーから来た怒りの手紙よりほかに前面に押し出すものがなかった。ウォーラーは書いている。自分は、エセックスの援助を得て、国王と勝利の問題を決着するつもりである、しかし、いまは、とくに、グロースターのマッセイ大佐が自分の部下たちに宿営を拒否し、周辺地区からの補給を拒否しているが故に、なにもできないでいる、と。一度は、委員会はエセックスを召還した。彼は六月一四日、ブランドフォードで召還命令を受け取ったが、服従することを拒否し、ライムへの前進を続けた。同夜、彼の接近を知らされたプリンス・モーリスは、イグゼターへ引き上げた。包囲攻撃における彼の判断のミス、それを遂行するさいのしつこさによって、彼は貴重な八週間を無駄に過ごし、一〇〇〇人の生命、巨大な火薬、そして、彼自身の評判以上のものを失ったのである。エセックスは、なおも命令に頑固に背いて、王党派が急いで撤退したワイマウスへ進んだ。次いで、北と西へ再びクリューカーヌとチャードと連絡がついたが、彼は王妃のいるイグゼターへと動いた。六月一六日、彼女は女児を生んだが、フランス王妃と王妃自身の主治医セオドア・ド・マヤーヌが送って寄越した助産婦によって付き添われていた。マヤーヌは、国王による個人的なお声掛り――「マヤーヌは、わたしに対する愛情から、わたしの妻を診ることになったMayerne, pour l'amour de moi, allez trouver ma femme」――によってロンドンの繁盛していた診療から引き抜かれていたものである。心配と苦痛から憔悴した哀れな王妃は、自分の肉体的苦しみだけを考えたが、彼女の四肢は痙攣《けいれん》し、心臓にかかる重しはほとんど彼女を窒息させせんばかりであった。彼女の身体は大きく曲がり、片手の感覚と一眼の視力を失った。彼女は夫に対して哀れを誘うように呼びかけているが、マヤーヌが、彼女のヒステリーの兆候として憂慮したのはあながち当たっていないことはなかったのである。

不機嫌なウォーラーによって、ぴったりと追尾されてきた国王は、なおためらいながら、ウースターシャーの周辺を移動していた。六月一四日、ビュードリーでの戦争委員会ののち、彼は再びルパートに書いている。「しかし、いまや、事柄の実情について君に知らせなければならない……それは、わたしがそうしたいと思う以上に、君にうむを言わせぬ命令を与えることをわたしに強いている……もしヨークが失われるならば、わたしは自分の王冠に対してさほど敬意を払わなくなるだろう……しかし、ヨークが救われ、それ以前に、君が両王国の反乱軍を打ち破ってくれていたならば、その場合には（ほかにありようがない）、わたしは、君が助けにくるまで、時間を稼ぐため、（防衛について）やり繰りするであろう。それゆえに、わたしは君に、その義務と君がわたしに対してもっている好意とにかけて、命令し、懇願する。新しい一切の企てを脇において、君の最初の意図に沿って、全兵力を挙げてヨークの救済のために直行せよ、と。しかし、もしそれが失われ、あるいは、みずから降伏して、包囲者から自由になった場合、あるいは、火薬の不足によって、君が仕事を成し遂げることができない場合には、君の全兵力を挙げて、わたしとわたしの軍隊を救うために、直接ウースターへ直行されたし」。

国王の手紙は、その本来の計画にしたがってヨーク救済に従事すべきか、それとも、ヨークをその運命に委ねて、国王救出に帰るべきか、その判断をルパートに委ねた。この手紙の言葉遣いについて相談を受けなかったカルペッパーは、それが発信されて取り返しがつかなくなったとき、国王に次のようにいったと自慢している。「神の前で、陛下はもうおしまいです。なぜなら、彼はこの断固とした命令にもとづいて、なにが起ころうと、戦いに走るでしょうから」。この話は、のちにでっちあげられた響きがする。手紙が書かれたとき、もしルパートが戦っていたら、結果は必然的に悲惨なものに終わっていたにちがいない、と推定されるような根拠はなかったからである。

手紙が発信されるか、されないうち、国王とその助言者たちは気を取り直した。彼らは突然、二週間以前からオックスフォードを取り囲んでいた二つの大きな軍団が遠く引き上げていっているのに気付いた。エセックスとウォーラーは、いまや一〇〇マイルも離れたところにいた。だから、国王はウォーラーを逃れることになったが、彼はストアブリッジで、東方、オックスフォードの方向に向きを変え、ブロードウェイ・ダウンのところでコッツウォールドを越え、進んだ。彼らはその渡った橋を全部壊したが、いまや王党派は、途中の守備隊から新鮮な歩兵徴募兵を引き入れ、六月二一日、ウッドストックでは、騎兵五〇〇〇、歩兵六〇〇〇を数え、それにオックスフォードからの大砲を保持していた。国王は、こうした向上した位置から、娘の誕生という嬉しいニュースに、王妃に対し祝意を表し、彼女がこの喜びに満ちた機会に、夫の名前で、エセックス伯に対して、もし彼が武器を置き、国王の同盟者に帰るならば、特赦するであろうという提案をしてもよいと示唆している。

国王が帰ってくるという楽観主義は根拠のないものではなかった。彼の議会支配領域への突然の侵入、うろたえた後退から攻撃的前進への変身、これらがロンドンに警戒を呼び起こした。そこでは、市当局が、マンチェスターとクロムウェルが遠くヨークにいる間に、東部諸州のなかに亀裂が起こるのではないかを恐れていた。これを恐れた彼らは、急遽、ロンドンの北側をその騎兵隊によって警戒に当たっていたブラウン大将に、ウォーラーと協力して、国王の前進をその途中で阻止するように命じた。

クロプレディ・ブリッジ（バンベリー）の戦い、ウォーラー敗れる

二方面からの砲火のあいだに捕らえられることのなくなった国王は、ロンドンへ進軍すべきだという乱暴なウールモットの示唆をはねのけて、ウォーラーと対決する方向へ転じた。六月二八日、王党派はバンベリーの近く、町からさらに数マイル離れたところにいるウォーラー軍と対峙することになった。国王はグリンムスベリーのヨーマンの家で眠った。そして、翌日、北の方デイヴントリーに向かって前進を開始したが、チェアウェルという小川の左岸に沿って進み、ウォーラーを不利な戦いに引き込もうと意図していた。

いまや敵が視野の中に入ってきた。「性交の配役のあいだでのように」、彼らのあいだの、柳の木のあいだを滑っている、陽気な小さい流れに沿って、同じ道をたどってである。ウォーラーが馬の補充を意図していると信じて、国王軍の先遣部隊は、予想される敵の援軍を途中で遮るために先駆したが、この先駆部隊と車輛や大砲をもった後

衛部隊とのあいだの強さの差は歴然たるものがあった。クロプレディ・ブリッジで、彼らはウォーラーが河を渡るのを阻止するため、橋の守備隊を置いたが、彼の方は遠くの岸辺から、王党派の部隊が危険なくらい分裂していること、橋の妨害物としては守備隊があまりにも小さく、ウォーラーの渡河を遮ることができないことを明瞭に見て取ることができた。王党派の前衛部隊が道からずれるのを待って、ウォーラーは攻撃し、橋を占領し、その上に彼の部隊の大半、一五〇〇の騎兵、二〇〇〇の歩兵、軽カノン砲の砲列を配置した。彼は一マイル、ないし、それ以下の下流のところで徒歩で渡河するのを妨げるため小部隊を派遣し、また小部隊をして王党派の後衛部隊に襲い掛からせた。国王軍の後衛の到着を遅らせることをこの小部隊に任せて、またカノン砲と小守備隊を橋に残して、彼はもっぱら王党派前衛の追撃に掛かった。彼らは向き直ったが、ちょうどそこに他の狭い橋がかかっていて、道路と屈曲した小川とが交錯していた。車輛を使って橋のぐるりのバリケードを築き、彼らは狭い道路上をやってくるウォーラー軍を迎え撃ち、破裂するようなムスケット銃の銃撃によって成功した。

王党派の前衛がウォーラー軍を支えている間に、後衛の国王騎兵隊を指揮していたクリーヴランド卿は、敵が河を渡っているのを見て、命令を待たずに、騎兵旅団に前進の拍車を入れさせ、クロプレディ橋の前面に屯《たむ》ろしていた部隊に襲いかかり、それを完全に蹴散らした。ウォーラーはいまや、国王軍の二つの部分のあいだに陥っている自分を見出した。しかも、彼は、彼と橋のあいだに入り込んだクリーヴランドの騎兵隊によって、退却を切断されていた。彼のもっとも勇猛な将校の一人、バーチ大佐によって、なお橋自体は確保されていた。さもなければ、彼の状態は絶望的なものであったろう。彼の騎兵隊の一連の側面攻撃によって、ようやく橋から王党派を離れさすことに成功した。荒れ狂い、混乱した前衛戦の午後に、彼は、軍の主力をクロプレディ橋のところに引き戻すことができた。そして、バーチの確固不動さのおかげで、河の対岸に渡ることができたが、しかし、彼の損失は重く、それには価値ある軽砲全部がふくまれていた。白熱した戦いの中で、国王の前衛を指揮していたウィルモットは軽傷を負い、捕らえられたが、のち救出された。ウォーラーの将校の一人は、もっと幸運であった。彼は馬を失い、包囲されたが、突然、砂ぼこりと混乱の中で、ある騎士党部隊の一員によって新鮮な馬が提供され、「急いで、丸坊主頭党を殺せ」と促されたというのである。長い夏の日の残り、そして、次の日を通じて、両軍は河を挟んで対峙した。国王は、数人の勇敢な騎士党員を騎士に叙し、全軍の前に出て、野外での感謝の祈りを捧げ、一人の丸坊主頭党のスパイを絞首刑に処した。そして、「わたしのもっとも若くて、可愛らしい娘の洗礼」をイグゼターの大聖堂で執り行うと王妃に手紙を書いている。

彼はまた、ウォーラーに武器を置くように促した。後年、サー・ウィリアム・ウォーラーは主張している。国王の通信文には、彼が国王の提案を受け取ったその「柔らかい文章」とともに、彼の昔の愛人――ウォーラーは、当時、陽気な伊達男であった――の告訴からの一節が添えられていた、と。しかし、彼の記憶は間違っているようにおもわれる。というのも、このとき、彼は、国王の通信文も、それを持参して来た者も、両方とも受け取ることを拒否しているからである。チャールズがアインホーへ引き上げていったとき、ウォーラーは、彼を追尾するのに心を砕いているが、両王国委員会に勝利を得たという感じで、自分は、国王がプリンス・ルパートに合流するために北進することを確実に阻止した、と書いているのである。

国王の考えというのは、西部にいる妻の考えと共通していた。裏をかかれたウォーラーを、はるか離れた後衛部隊にまかせることができるようになったいま、彼は、今度は邪道に入ったエセックス伯に交渉をもちかけた。エセックスは、二週間前、ウォーラーを助けることを拒否した。今度は、ウォーラーがエセックスを助けることを拒否する順番である。七月初め、エセックスはサマーセットのホニトンに在り、ウォーラーはノーザンプトンシャーのトウセスターにいた。その夏、彼らの軍の合流は、たとえそうする了解によってなされたとしても、もし国王とその西部軍とが合理的な熟練さをもって行動していたならば、はなはだ頼りないものであった。ウォーラーの部下たちはひっきりなしに脱走し、彼らが宿営した地域の住民は無愛想で、不親切であった。ハートフォードシャイアーの住民は、彼ら自身の地域課税の支払いに反対する請願をしていたし、ベッドフォードシャイアーの住民は、彼らの騎兵隊がウォーラーの隊長によって命令されることに激しく不平を述べていた。ウォーラーの個人的人気というのは、弱々しいものであった。彼の年上のもう一人の同僚エセックスは、彼を嫌い、彼に憤慨していた。ウォーラーは、エセックスに合流せよとの議会の命令に服従してはいたが、ブラウンが明瞭にしているように、ウォーラーは彼から命令を受けようとはしなかった。グロースターで、セヴァーン河のもっとも重要な渡河地点を確保していたマッセイ大佐は、ウォーラーが彼の部下の半分を連れ去ったため、彼の困難さを大いに増し、また捕虜の大多数の世話をさせることで負担をかけていると、議会に訴えている。同時に彼はまた、彼の部下たちが、あまりに長く家郷から離れているため、脱走しやすいとも報告している。

全般的な喧嘩や反抗的な地方の徴募兵では、戦争は決して勝てない。ウォーラーは、問題点をまとめて、両王国委員会に宛てた書簡で次のように書いている。「貴方がたが、単に自分の命令できる軍隊を持とうとするかぎり、重要ななにかをすることは不可能でありましょう」。彼は七月二日、そう書きながら、他方で、騎士党を追跡するために、近隣に馬を捜し回っているのである。しかし、彼はその機会を逸していた。西方への国王の道は開かれていたのである。

第六節　マーストン・ムーアの戦い

六月のしばらくのあいだは、ランカシャーにおけるプリンスの勝利の進軍は、ヨーク前面の一つの軍を脇にそらさせた。両王国委員会は援軍を送ると示唆したが、ヨークの前にいた将軍たちは、賢明にも意見を変えることを拒否した。まもなく国王のオックスフォードからの脱出のニュースがとどき、ルパートがヨークに接近することなく、再び南に転ずるであろうという、ヨーク市の防衛者をがっかりさせるような噂が広がって、将軍たちを喜ばせた。

ルパートは、六月一八日、リヴァプールで国王の命令を受け取った。まさに同じとき、ヨークの外側にいる王党

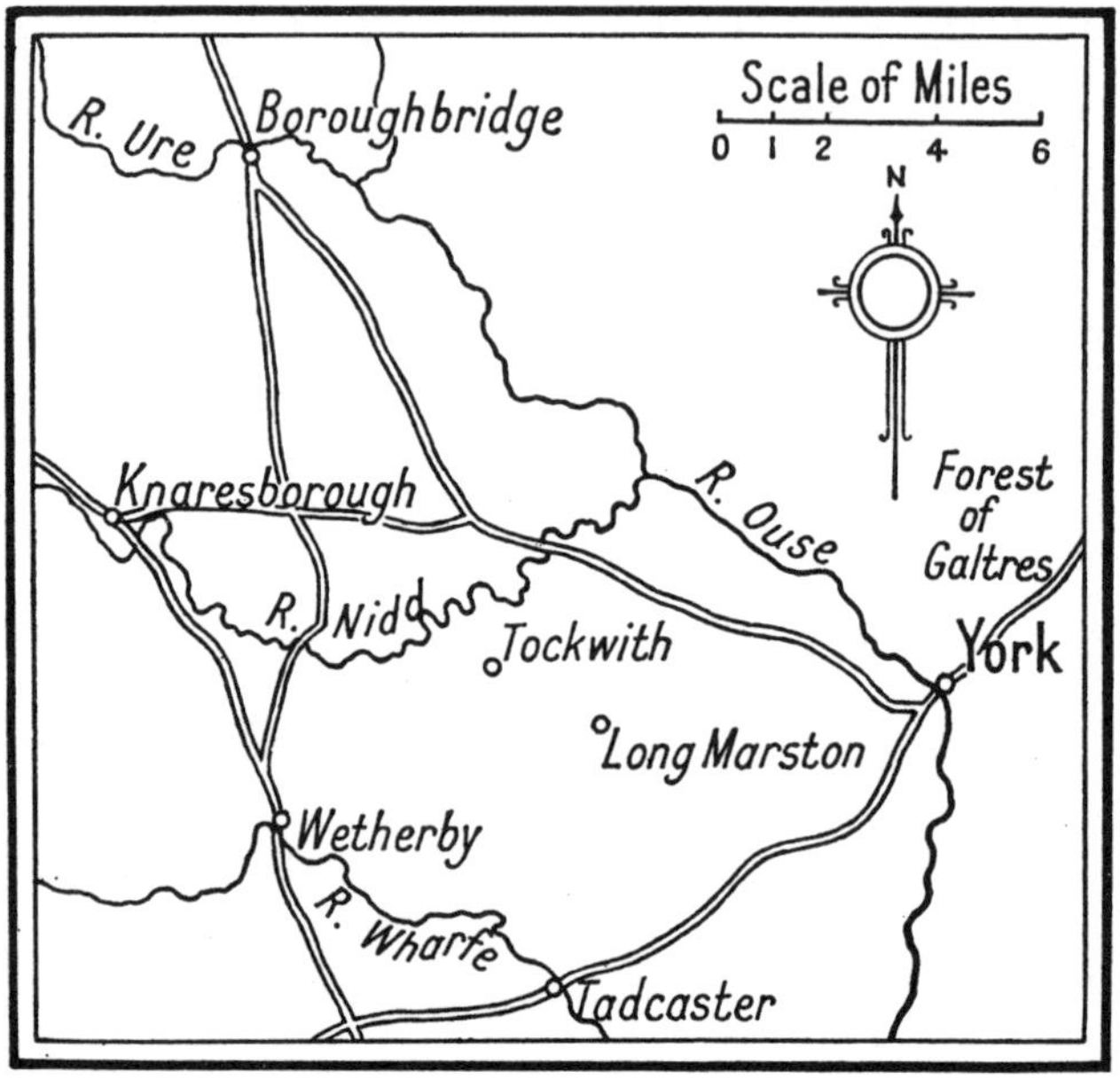

マーストン・ムーア会戦図

派指揮官から、さらにヨーク自体から訴えが届いた（九人の義勇兵が敵の線を抜けるようにと、別々に派遣されたが、たった一人だけが抜け出ることに成功した）。プリンスは、ゴーリングを送ってカンバーランドからの騎兵の来援を急がせるとともに、ヨークへの前進を開始した。

ヨークの包囲つづく

北方の首府、ロンドンに次いで、王国のもっとも光輝ある都市で、その美しさにおいて比べもののない都市ヨークは、二カ月あまり、外部世界から切り離されていた。周囲四マイルの厚くて、堅固な市壁が、庭園や果樹園、密集し、屋根の張り出した、狭い街路に並ぶ中世の家屋、堂々とした大聖堂を囲んでいる広々とした近代的邸館を取り囲んでいた。六月の初めの日々まで、包囲される側は、外側の郊外地、堡塁とブロック・ハウスが入念に建てられた近代的体系の内部にある外回りの野原などを保持していた。しかし、六月三日、マンチェスターの軍隊が新しい弾薬の補給を受けて到着し、六月五日から、三日間、包囲側は市の南西部と北部において同時に砲撃を開始した。ニューカッスルは、郊外地を放棄、あるいは建物を破壊することによって、戦線の縮小を余儀なくされた。彼の司令部があった北側では、包囲側は敵の発砲の炎を黙らせ、半ば燃えた空き家を隠れ蓑《みの》にして、市壁にトンネルを掘る作業をするのに十分近付いたのである。防衛側は断固とした意志をもち続け、街路にカノン砲を据え付け、家屋を一軒一軒守る方策を立てた。彼らはなお古代の市壁を元の状態のまま保持していたが、それには、国王の荘園の小さな建物、北部の司政官の邸館としてストラッフォードによって完成された大きな建物が付属していた。ウーズとフォッセという二つの河がヨーク市を貫流していたが、たとえ市壁が維持できなくなっても、大聖堂、城をふくめた三角形の旧市街は、二つの河によって形成された自然の防砦によって、なお防戦することができた。ニューカッスルは河に架かった橋を破壊し、最後の段階での防衛に備え、六月一四日、あらゆる降伏条件の提案を拒絶した。一六日、包囲側はブーサム・バー、すなわち、弱点のある北側の門とマナー壁の一部にトンネルを掘ることに成功したが、防衛側は破口を押さえ、反撃し、包囲側に退却を余儀なくさせた。しかし、防衛側も、長い見張りと激しい戦い、それにパン、豆、ビールの配給の乏しさに、すっかり疲れ切ったのであった。

ヨーク前面の三つの軍団――レーヴェン指揮下のスコットランド軍、フェアファックス指揮下の北部軍団、マンチェスター指揮下の東部連合軍――は、実力のある兵士二万五〇〇〇人を数えたが、ルパートの方は、前進途上、カムバーランドのおよそ一〇〇〇の騎兵隊の合流を受けていた。そして、彼はモントローズに使者を送って、ボルダーの彼の部隊を合流させるように要請した。しかし、この追加的兵力がヨーク救済の時に間に合って来れるとはおもわれなかった。彼らなくしては、前進しつつある王党派軍は一万五〇〇〇人を少し切れる人数であった。

ルパート、ヨークを救う

ヨークの外にいる議会軍の将軍たちは協議し、十分な確信を得た。老いたレーヴェンは愉快そうに書いている。自分たちはプリンスの来訪を予期しており、「彼を歓迎する準備をした」と。六月三〇日、将軍たちは、ルパートが市の西方一四マイルのクナールズバラーにきていると聞いた。そこで彼らは軍を北方へ後退させ、船橋でウーズ河を渡り、そこの平地、ロング・マーストンの近くのヒースの生い茂った土地で、クラールズバラーからヨークにいたる道路を遮った。彼らがクナールズバラーの道路上に固まっている間に、ルパートは、目にもとまらぬ早さで北方へ迂回し、早くも七月一日には、バラーブリッジのところで河を渡り、彼と敵との間を流れる河のところに設けられているヨークの無防備な北門を目指して進んだ。ルパートは、一隊を船橋へ残し、それを奪回しようとするいかなる試みをも阻止しようとした。しかし、その橋は、ルパートとヨークの守備隊双方からの攻撃という脅威のもとで、急いで大軍を渡らせられるほど堅固なものではなかった。ニューアークでは、ルパートは、そのスピードで議会軍を驚かせた。ヨークでは、彼は予期せざる方角から接近することによって彼らを出し抜いた。重大な屈辱を感じながら、スコットランド人、イギリス人の司令官たちは、ヨークを目指して行くきらめくルパートの軍旗、進軍している縦隊列を見守ったのであった。

長い包囲は、ニューアークの救済の場合よりは、もっと大胆不敵とおもわれる戦術によって打破された。ヨークの解放された部隊員たちは、放棄された議会軍のキャンプから取れるものを取ろうと都市から溢れでたが、彼らがそこで見出したのは膨大な弾薬と四〇〇〇足の揃いのブーツであった。ニューカッスル侯は、プリンスに宛てて、優雅な祝賀の書簡を編んだ。

「卿よ、わたしの算術を越えた多くのさまざまな仕方において、貴殿を歓迎します。しかし、いまわたしの知っていることは、貴殿が北部の回復者であり、王冠の救済者ということです。卿よ、貴殿の名前は、三人の大将軍を恐ろしがらせ、彼らはその前に逃亡しました。彼らの目論みは、貴殿と相対することではなかったようにおもわれます。なぜなら、わたしの信ずるところによれば、貴殿と彼らのあいだには河があったからです。しかし、彼らのだれ一人にも、またその意図にも確信がもてなくなって、彼らは新たに動いたのです。わたしは貴殿の赫々《かっかく》たる命令に感謝と服従以外のなにものもなしえないと決心するほかはありませんでした」。

プリンスは、軍事的情報に関するこのお世辞たらたらの手紙を受け取って、ここから、ニューカッスルが敵の動向について語るべきなにものももってはおらず、自分自身をルパートの処置に無条件でゆだねるつもりであることを察した。彼はその夜はガルトルの森で宿営し、ゴーリングをヨークに送って、明朝四時に、彼とともに敵に向かって前進する用意をするように伝えた。しかし、翌朝四時、ニューカッスルの部隊はどこにも姿が見えなかった。しかし、ルパートの動きによって面食らっている敵を攻撃するチャンスを逸したくなかったので、ルパートは、船橋でウーズ河を渡って、ヨークからの出兵を待たずに、ロング・マーストンにいる敵に向かって進撃した。国王の状態がなお絶望的であると信じて――彼はまだクロプレディの戦いについてはなにも知らなかった――即座に打撃を与えることを意図し、北方での会戦を決意したのであった。

議会軍、国王と合流するルパート軍をマーストン・ムーアで迎え撃つ

十分な情報を得ていた議会側司令官たちは、国王が回復されていたことを知っており、ルパートが、叔父の部隊と合流するため、リンカーンシヤーを通って南へ進むのではないかを恐れた。彼らの恐怖は、自分の進路について敵方を混乱させるため、市の南方へ騎兵隊の一部を派遣するというルパートの戦術によって確証された。七月二日の午前一時すぎ、マーストン・ムーアに集まった将軍たちは、南方への道を遮るため、タドカスターへの前進を決定した。議会側の巡視隊がマーストンへ向かう道路を前進してくるルパートの騎兵隊と衝突したのは、議会側の歩兵隊がすでに出発したあとであった。捕らえられ、のち釈放された東部連合軍の一部隊員の報告によれば、ルパートは、クロムウェルが在るかどうかを頻《しき》りに尋ね、敵の最前線にいる彼と戦いたがっていたといわれる。「神のお恵みがあれば、彼は十分に戦えたであろう」と、クロムウェルはいい、自分の発言について考えている。しかし、日が高くなると、ルパートの接近は冗談ではすまされなくなった。急いで議会軍側は、歩兵を再び後戻りさせたが、彼らの兵力を再結集させるためには数時間を要することは承知のうえであった。その間にもルパートは攻撃できたかもしれなかった。

彼はそうすることができなかった。彼は、ニューカッスルとヨークからの三〇〇〇人の歩兵隊を待っていたので

ある。彼は、ニューカッスルという貴族の取り扱いにおいて誤りを犯し、究極的な結果において、彼がヨークの救済において成し遂げたことをすべて駄目にしてしまったことに気が付かなかった。彼が侯爵のお世辞の書信にふさわしく反応しなかったのはまだ許せる。彼が、過去二年間、北方において絶対的権威を行使してきた、彼の二倍の年を食った司令官の感覚を斟酌《しんしゃく》することなく、年寄りの職業柄身につけたリップ・サーヴィスを額面通りの価値において受け取ったのは、許されるものではないであろう。さらに、職業的にいまや経験を積んだ司令官として、長くおこなってきた、ときには英雄的ともいうべき奉公ののちに、ヨークの軍隊がどういう状態にあるかを考慮に入れなかったというのも、許しがたいことである。ニューカッスル、彼の幕僚たち、彼の部下たちは、二、三日の休養と慰安を望んでいた。彼らはまさに、祝福と称賛と、できれば報酬を望んでいた。彼らは、休養と慰安が与えられていたならば、感謝がなくても、行動に出ていただろう。彼らは、称賛の言葉によって励まされ、報酬の期待でもって元気づけられていたら、休養がなくても行動していただろう。そうする代わりに、彼らは、都市にその姿を現すこともなく、いまや全軍に対する権威を掌握するにいたった一外国人から、断固たる前進命令を受けたのである。そうであったとしても、ニューカッスルとその右腕となったエイシン卿とが、虚栄心の前に義務を優先し、プリンスの判断の誤りを増すよりは、むしろ訂正するように努めていたならば、最悪の結果は避けられたであろう。彼らは、だれ一人として、そのような犠牲を払う気はなかったのである。

ニューカッスルは、ルパートの命令を受けると、常々自分を取るに足らない人間と考えていたがゆえに、辞職の意図を表明した。スコットランド出身の職業軍人であるエイシン卿は、個人的にルパートを嫌う理由をもっていた。六年前、プリンスが、ウェーザー河のフロートでの前哨戦で捕虜として捕らえられたとき、エイシンはルパートをその運命に放置することを命令し、批判を浴びた。年が経つにつれて、この批判に対する彼の恨みは大きくなっていたのである。彼はニューカッスルの怒りに力を貸し、不埒《ふらち》な無責任さをもって、職務上和らぐべきヨークの兵士たちの苛立ちをあふりたてた。多くの人が聞いたところによると、彼はこういったといわれる。兵士たちは少なくともその給料の未払い分をすべて受け取るまでは、進軍させられるとは予期していない、と自分は考える、と。その意見は、たちまちキャンプ内の全体的不平の声となった。兵士の多くは、エイシンが積極的に、彼らに前進しないように命令したと信じた。午前二時、全体的暴動が起き、彼らは一歩も動こうとはしなくなったのである。

エイシンに、彼らを服従に復帰させることをまかせて、ニューカッスルは、やっとマーストン・ムーアへ出発し、午前九時、ヨークにいたジェントリーすべてを従えて、ルパートに合流した。「卿よ、わたしは貴方が軍を率いてもう少し早くいらっしゃることを願っていました」と、ルパートはいった。「しかし、わたしは、われわれが輝かしき勝利を得るであろうと期待しています」。ニューカッスルは彼に告げた。自分の部下たちは敵が遺棄したキャンプの略奪に夢中であるが、エイシン卿がまもなく彼らを連れてくることは間違いない、と。ルパートは、相手方陣営の現在の弱さに着目して、味方の到着を待つことなく、ただちに攻撃することを提案した。ニューカッスルは反対し、プリンスも彼の判断に従い、彼の第二の不幸な誤りを犯すことになった。議会軍は、威力を発揮する現状にはなかった。彼らは穀物と生け垣に妨げられて、戦術を展開する余地がなく、それに夏の重たい雨の繰り返しによって移動をはばまれていた。エイシンと歩兵隊がヨークから、午後四時ムーアに到着したとき、相対する両軍は完全に再結集し、展開し、午後の湿っぽい熱さの中、賛美歌を歌う声が聞かれた。

マーストン・ムーアの戦い

王党派は広く開けた沼地の前面におり、議会軍はやや高みの土地にいたが、さほど有利な土地とはいえなかった。その一部は生け垣で囲まれた畑に、そして、もう一部はハリエニシダの茂みの中にいた。両軍のあいだには、まばらな生け垣によって縁取られた水路が走っていた。議会軍の戦線は、最右翼のマーストン村から、左翼のトックウイズまで、一マイル半にわたって展開していた。オリヴァー・クロムウェルは、東部連合軍の、およそ三〇〇〇の騎兵隊とともに、左翼におり、サー・トーマス・フェアファックスは、およそ二〇〇〇の北部軍騎兵隊とともに、右翼、窪地で、難しい土地にいた。スコットランド人は、彼らの騎兵を分割するのに同意し、それぞれおよそ八〇〇の予備軍として、イギリス軍の両翼のうしろについた。スコットランド騎兵隊の将軍デーヴィッド・レスリーは、クロムウェルと共にいる方を選んだ。「ヨーロッパで、これほど良い騎兵隊はいない」と、彼は、このイギリスのアマチュアの達成物についてスコットランド職業軍人からみた驚嘆の声をあげている。彼もクロムウェルも、ルパートと渡り合うことと心得ており、クロムウェルの方法の大いなる試しの時がきたのである。スコットランド人、イギリス人から成る歩兵隊は、フェアファックス卿とレーヴェン伯の下で、中央に密集していた。

王党派の戦線は、相手側よりは幾分長かった。ルパートは、クロムウェルがどこにいるかを知りたがったが、この騎兵隊の疑うべからざる指導者と対決しうる兵力配置をしようとしたのである。ルパートが、クロムウェルと直面する右翼への配置を取ったということは、彼がこの問題に大きな意義を与えていたことを示唆している。彼はムスケット銃隊を騎兵大隊のあいだに置いたので、クロムウェルの攻撃力はムスケット銃の銃撃によって打破されるはずであった――スウェーデンのグスターフ・アードルフによって考えられ、効果的に施行されたスタイルであった。ルパートは、その部下たちを両軍を分ける水路に密着して配置していたため、クロムウェルは、攻撃にさいして、この障害物を越えるときに起こるかもしれない混乱を立て直すに十分な余分な平地をもたないということになった。ルパートの配置は、自分は有利な地形にとどまって、両軍のあいだの生け垣の中にいるムスケット銃隊の前衛隊による悩ましい銃撃によってか、あるいは、側面でのなんらかの動きによって、クロムウェルの最初の攻撃を誘発しようと意図していたことを強く示唆している。両者にとって、ルパートの評判、そして、クロムウェルの将来の戦争指揮ぶりが、ひとしく決定的にかかっており、両者ともそれを心得ていた。

ルパートは、中央の、一番重要な位置に最上の歩兵隊を置き、その背後にランカシャー出身のやや弱い兵士を配置した。彼は、ヨークから馳せ着けた老練な歩兵隊を、戦場への到着が遅れたみせしめに後衛に置いた。最後尾には、彼は自分の護衛隊、そして、少数の騎兵隊を配した。フェアファックスに相対した王党派の左翼には、ジョージ・ゴーリング、サー・チャールズ・ルーカスと北部騎兵隊がいた。

エイシン卿は、戦闘配置の草案を見て、怒ってそれを却下した。「神掛けて、殿下よ、それは紙の上では非常に立派だが、戦場ではそんなことはありえないのだよ」。彼のおもな反論は、ルパートの戦力が敵にあまりにも近すぎるというところにあったようだ（議会軍の方でもこのことを考え、「われらの鼻先で」騎士党とすれすれのところで戦線を張ることは困難と考えた。しかし、それは、エイシンが反対したことではなかった）。ルパートは戦線の修正を示唆したが、エイシンは協力しなかった。いまは午前四時半過ぎであり、ルパートは、日没前三時間まえには、作戦を開始すると告げた。エイシンは、ニューカッスルの支持を受けながら、戦闘を惹起するようないかなる行動にも反対すると表明した。「殿下よ」と、六歳年長の男は、つばを吐きながら苦情を述べた。「君のでしゃばりがドイツで、われらの勝利を失わせ、君自身は捕虜になったのではないかね」。ルパートはまたもや譲歩した。

午後七時半過ぎ、日没後一時間ほどして、ルパートは、その日、双方からなにもなされないであろうと判断して、部下たちに昼食のため隊伍を離れ、後衛の宿営地に戻ることを許した。専門の立場からすると、大きな戦闘を始めるにはあまりにも遅すぎた。常に用心深く、疲れを知らぬプリンスとしては、この決定は説明し難いのではあるが。これまでの四八時間の緊張に疲れ、同僚の敵意によって意気阻喪したルパートは、突然判断に動揺をきたし、彼をして、挑発はしないものの、なお敵方が戦闘の主導権を握っていることに盲目たらしめ、致命的にも、ニューカッスルとエイシンの戦闘不承知を許してしまったのである。

はじめ国王軍優位

彼が指揮した以前のどの主な戦闘でも、真っ先に攻撃したのはルパートであった。マーストン・ムーアで、あたかも自分の戦わないという決定が敵の戦闘開始を阻止するかのように信じて、彼をそのように動かしたのはおごり、あるいは疲労であったのだろうか？ 彼は、その戦闘配置から判断して、クロムウェルにまず最初の攻撃を仕掛けさせ、後者が水路を渡るところで不利に追い込もうと意図したようである。しかし、なにが彼をして、クロムウェルが前触れもなしに攻撃してくる可能性に対して、盲目たらしめたのであろうか？ クロムウェルがしたことは、まさしくそうしたことであった。王党派がその隊伍を解いたとき、彼は、傾きかけている太陽の水平の光線のなかで、水路を渡りきり、敵を不利に追い込む唯一のチャンスを見て取った。彼は攻撃した。

ルパートの最前線を指揮していたバイロンは、おどろくべきスピードで兵士たちを行動させ、彼を迎え撃つ努力を払った。しかし、クロムウェルはすでに水路を越えており、バイロンをして最前線を攻撃の外へ連れ出すことに気を取られて、ムスケット銃隊にその役割を果たすことを妨げた。ムスケット銃隊は、クロムウェルの騎兵隊の前進を阻止することができなかった。なぜなら、自分たち自身の戦友たちが銃撃の真っ只中にいたからである。ルパートは、後衛から急いで駆けつけたが、すでに混乱している自分の騎兵隊に出会っただけであった。「気でも違って、お前たちは逃げる気か？ わたしに続け」と、彼は叫んで、彼の第二戦線を行動へと動かした。しかし、彼の騎兵隊の自由な動きは、いまや無用となったムスケット銃隊によって妨げられた。ディヴィッド・レスリーは、そのスコットランド兵とともに、急いでクロムウェルの左翼へと動き、ルパートの戦線の向こう側まで水路を渡りきり、その側面に猛烈に襲い掛かった。この新しい攻撃は、危機的なときに起こった。というのも、クロムウェルが、首の後ろへの打撃によってボーとなって、一時行動から外れていたからである。彼の騎兵隊を気落ちさせる偶然事であったが、スコットランド兵の救援を得て、彼らはルパート騎兵隊の最上の部隊と丁々発止の戦いに取り組むことになった。

スコットランド兵は新手であったが、ルパートはもはや持ち出すべき予備軍をもたず、彼の騎兵隊は圧力のまえに崩壊し、ヨークへ向けて逃亡しはじめ、恐慌の情報は恐るべき早さで軍団から軍団へと伝わった。ルパートは男らしく、サー・ジョン・ハリーに助けられつつ、軍団を集めようとしたが、塵《ちり》を集めるように無駄であった。ヨークへの途上で、逃亡者の中でハリーに出会ったあるヨークシャー出身の将校が、彼に戦場へ連れ戻してくれと懇願したが、一度破られた騎兵隊というものを再び戦闘へと立て直すことは容易ではない、という老練兵の断言を得ただけであった。

クロムウェルの攻撃中、中央では、残りの騎兵隊と東部連合軍の歩兵すべてが、王党派の歩兵隊に向かって進撃し、ランカシャーの若者を手早く始末し、彼らは、自分たちは戦うつもりのない、強制された人間なのだと叫んで、武器を投げ出した。ただ頑固なランカシャー人――すべての紛争の原因であった――だけは、断固とした態度を取ったが、人数も少なく、まもなく包囲された。東部連合軍の人たちにとっては、勝利は完全なものにおもわれた。しかし、戦場の次の場面では、悲惨が、(若)サー・トーマス・フェアファックス指揮下の議会軍騎兵隊に起こった。ゴーリングと北部騎兵隊の攻撃を受けて、フェアファックスの部下たちは、自分たちが立っている荒れた、囲い込まれた土地で、攻撃をはね返すことができなかった。フェアファックス自身と彼が糾合した小部隊を除いては、完全な総崩れであり、イギリス人もスコットランド人も、逃亡する騎兵たちはばらばらにされ、手近にいる自軍の歩兵隊のあいだに警報をばらまいた。ここでは将軍たちは、あまりにも早く、「負けた」とすべてを放棄した。フェアファックス卿はハルへ、老いたレーヴェン卿はリーズへの道をたどったが、それが南へ向かう道路上に彼らの敗北の噂を立てさせ、王党派の大勝利という鐘をニューアークで鳴らさせることになるのである。

戦場のこの局面で、王党派騎兵隊は、気楽に、勝利の気分で、戦いが始まる時点でフェアファックスが占めていた地面で、再結集をしたが、まさしくそれがおこなわれている間に、バイイー将軍指揮下のスコットランド兵たちは、彼らに対して最後の攻撃を仕掛ける準備をしていたのである。

クロムウェルの奮闘により、勝利を取り戻す

このときにいたって、東部連合軍の兵士たちは、戦場のぐるり一杯にやってきて、かつてゴーリングと王党派左翼軍によって占められていた土地に在った。最後に彼ら北部騎兵隊とスコットランド歩兵隊の数少ない残余の危険

について知らされて、彼らは最終的攻撃の隊形を取った。そして、疲れていた王党派騎兵は、数も大幅に減っていたが、不利な土地での襲撃に驚かされて、突撃を受ける以前に崩壊した。ある者は逃げ、それ以上の者が殺され、多くが捕らえられ、その中にサー・チャールズ・ルーカスがいた。昇る月の光の下で、ただヨークシャーの歩兵だけが、いまや戦場の左翼にあった。ある者はヨークシャーの頑固魂で戦ったが、他方、(老)フェアファックスは剣で首の後ろを切られ、出血したので、部下たちのあいだに割り込んで、彼らの武器を叩き、しわがれた声で叫んだ。「お前たち、地元民は助けてやる」と。しかし、最後の射撃がマーストン・ムーアで発射されたのは真夜中直前のことであり、最後の王党派員が降伏した。

ニューカッスルとエイシンは、すべてが失われるのを見届けるまで、その陣地を確保したけれども、その宿命を宣告された彼らの歩兵隊をもって戦おうとはしなかった。彼らはそれからヨークへと退いた。ルパートは、彼の騎兵隊の通路を遮ろうとする混乱した戦闘の中で包囲され、一度はほとんど捕まりそうになった。彼は血路を切り開き、その夜の一一時頃ヨークに到着したが、そこへは、彼の将校たちが、「一人また一人と、こぼれ落ちてきていた」。その夜の何時かに、ヨークで騒動が起こり、ルパート、ニューカッスル、エイシンが突然顔を合わせることになった。「君はなにをしようとおもっているのか」と、エイシンが問うた。「わたしは部下を立ち直らせようとおもう」と、ルパートは短く答えた。しかし、ニューカッスルは言った。「オランダへいくつもりだ。わたしは宮廷の嘲笑に耐えられそうにない」と。二日後、スカーバラーで、エイシンと一緒で、彼は、政府の者にきっぱりと語った。すべては失われ、自分はハンブルクへいくつもりである、と。政府の者の見るところによると、彼は「真面目な人間、ジェントルマン、そして、王に忠実な臣下」のように振る舞っていた。彼の良心は明瞭であり、彼の自尊心は損なわれてはいなかった。

クロムウェルは、荒れ果てた戦場の中の一軒の農家から、戦いの夜、妹の夫に宛てて書いている。「まことにイングランドと神の教会は、神から大きなお恵みを受け、戦争が始まって以来、かつてなかったような大勝利がわれらに与えられた……われらは決して攻撃はしなかったが、しかし、敵を敗走させた。わたしが指揮し、各自自前の馬に乗った左翼は、後衛にいた少数のスコットランド兵を救い、プリンスのすべての馬を撃ち、神は彼らをわれらの剣の切り株になさった……残念ながら、神は君の長男をカノン砲の砲撃によって取り上げられた。それは彼の足を砕いたのである。われらはその足を切断しようとしたのであるが、そのさなかに彼は死んだ。君の貴重な子供は栄光に満ちており、もはや罪も悲しみも知ることはない。彼は陽気で、愛想のいい若者であった。神が君に慰めを下さいますよう」。

議会側の損失は軽かったが、国王の人間はおよそ四〇〇〇人が死んだ。彼らは経験を積んだ王党派軍隊の将校たちであり、王党派ジェントリーに従って、夏を通じて国王のために北の首府を防衛した頑健なヨークシャー・メンであった。彼らは大部分、無名墓地に埋められることになり、近隣の村人によって浅い穴に投げ落とされ、最後は、平坦な農村地域の憂愁に満ちた伝説と化した。戦いの後日、サー・チャールズ・ルーカスは、監視人と一緒に、死者の名前を口にしながら、沼地の周囲をさまよったが、その苦痛を隠すことができず、流れ落ちる涙で頬をぬらしながら、叫ぶようにつぶやいた。「不幸な国王チャールズ」。

ヨーク市の降伏は時間の問題

ヨークの降伏はいまや時間の問題であった。ニューカッスル侯の変節は、用心深い、あるいは頼みにならない北部の王党派党員たちをして、すべてその武器を置かせることになった。もう少し確固とした指導者は、そうするのに数カ月かかった。ポンテクラフトのリチャード・ロウザー、スカーバラーのヒュー・チョムレーがそうであった。ニューカッスル・オン・タインの市民と守備隊は、なおもその長い防衛を続けたが、スコットランド軍と議会軍に対して抵抗するだけの大きさをもった北部軍はなかった。ルパートは、サー・トーマス・グレンハムを北部軍の中心的指揮官に格上げし、必要な場合にはゴーリングを助け、徹底的な軍の再編に着手した。サー・マーマデューク・

ラングディルは、巧妙に北部騎兵隊の散らばった軍団を統合し、彼の厳しい権威の重みすべてを挙げてルパートを支持した。七月四日、彼らは六〇〇〇騎の密集を組んでヨークを出ていき、次の夜、カムバーランドの兵を引き連れたリッチモンド・バイ・クラーヴェリング、そして、ボーダーから来たモントローズと合流した。これら真新しく、負けを知らない部隊が、ルパートのランカシャーへの退却にさいして後衛を形成したが、一方、ジョージ・ゴーリングは、敗れた騎兵隊の残りをどこに連れていくか、州を捜し回っていた。少なくとも数においては、王党派はなお相当なものであったが、彼らは装備を要求し、手に負えない、信用のおけない存在となっていた。ゴーリングは、当時としては最上の規律主義者ではなかったので、部下に鵞鳥や雌鳥を持ち去り、納屋の中を荒らしたり、彼らや「彼らの同盟者である淑女（彼女たちは多かった）」にミルクや肉を供給するために牛の群れを連れ去ることを許した。

彼らはリヴァプールを目指して落ちていったが、彼らが、地方のピューリタン・ジェントリーの生き返った勢力に対して、ランカシャーを持ちこたえられないことはすでに明白であった。ルパートは、七月二二日、ラーソム・ハウスに到達し、ガービー伯がマン島へ退いたことを知った。そこでは、伯の権威に対する反乱が再発し、アイルランド海にあるこの貴重な基地を議会側の手中に引き渡す危険性が生じていたのである。彼の留守中、ラーソム・ハウスと彼の所有するいくつかの小さな館は、ピューリタン・ランカシャーの中の、国王のための孤立した前哨基地の役割を果たした。

ラングデイルの騎兵隊と一ダースの国王に忠実な守備隊とは、まもなく、北部で国王の側にとどまった勢力のすべてとなった。四八流の軍旗、その深紅色、黄色、青色、柳緑色から成る垂れ下がった折り畳み部分はもぎ取られ、兵士たちによって好きなように細片に裂かれ、ぼろぼろにされていたが、それが庶民院のバーの上に置かれた。それらのなかで目立ったのはルパート自身の大きな旗で、「ほとんど五ヤード（四・五メートル）の長さがあり」、彼の家門の武器、ファルツ辺境伯の黒と金、バイエルンの青と銀色に染め出されて、炎のように輝いていた。オランダ共和国から新しく赴任してきた大使は、議会から正式に見る機会を与えられ、そこに積み重ねられ、泥にまみれた国王軍のトロフィーを見出し、納得したのであった。フェアファックスからの最初の正式なニュースがロンドンへ届いたのは、七月五日夕刻、庶民院が大主教ロードを弾劾する証言を聞いた、長い無益な一日を過ごした直後のことであった。スコットランド委員会はそこに、神の手を認めた。そして、ベイリー博士は、よこしまな奴がその報いに苦しんでいる、と記録している。「プリンス・ルパートは嚇々たる奉公をした」と、彼は書いている。「しかし、ボルトンの血は、彼が得た栄光がすべて一瞬にして失われるまで、彼を休ませることはないであろう」。スコットランド委員会の感謝の起因となったのは、この大きな紛争のなかで演じて来た彼ら自身の力――彼らの評判の正しさを立証し、春の失望ののち、戦場にある彼らの軍隊の価値を証明したとする――に因るものではなかった。彼らはオリヴァー・クロムウェルのことをすっかり忘れてしまっているのである。

第七節　ヨークの降伏

クロムウェルの思想は、自分の部下とその行動――いまやこの男たちは鉄騎兵と呼ばれ始めていた、というのも、ルパートが、転覆させられたとき、彼らをこの名称で呼んだからである――の上に注がれていた。「われら自身の馬が後衛にいた何人かのスコットランド兵を救い、プリンスの馬全部を打ち倒しました」と、彼は息子を失った義兄弟に書いたが、それは、スコットランド兵の奉公ぶりを過小評価することを意図したものではなく、彼自身が見たこと、彼自身が属するイースト・アングリア人の断固とした攻撃を言おうとしたものに過ぎない。彼は部下を誇りにおもい、彼自身と彼ら、その身体と魂、とくに魂の一体性を感じていた。過去の年月を通して、彼は、議会や他の司令官からする怒りの不満を叩き返していた。彼らは、彼の部下たちが再洗礼派であり、その将校たちは「庶民出身で、貧しく、卑しい家柄の者」たちだ、と非難してきたのである。これらの再洗礼派、これら庶民出身の仲間が大勝利を挙げたのである。文字通り誠実に、クロムウェルは、彼の「信心深い貴重な男たちを信頼しよう」と決意した。「栄光を、すべての栄光を神に与え給え」と、彼は書いているが、しかし、そのさい彼が考えていたのは、神と鉄騎兵へ、ということであった。

彼はロンドンへ彼らの勝利を報告する通信員を派遣したが、その男、トーマス・ハリソン隊長は黒いきらめくような目をした若者で、かつて法律家の事務員を務めたことのあるスタッフォードシャーのヨーマンの息子であった。ハリソンは、地上における神の王国のために戦い、聖者の一千年支配がまもなくおとずれると信じていた。だから彼は、神と独立派がマーストン・ムーアの戦いにおいて勝利したと信じたのであり、会う人毎に、熱情と魅力を込めてそう語り、あるいは、バイイー博士が苦情を述べているように、自分の分派と彼らの司令官クロムウェルを称えて、都市中をラッパを吹いて回ったのである。

スコットランド委員会は、仰天して、あんなにまで待ち望み、やっと手にした勝利の成果が独立派によって自分たちからひっくられるのを見た。危険で、軽蔑されてきた分派が、時の英雄であった。人々の口の端にのぼったのは、「なんという勇気をもって、不屈のクロムウェルは戦ったことであろう、そして、彼の真面目なすべての若者たちが」という言葉であった。独立派は常々燃えていたが、たちまち、評判においても強くなった。

過去三週間のあいだ、ウェストミンスターの「聖職者集会」で論争されていた新しい「礼拝規定集」の進行は、フィリップ・ナイとその同僚の分派によって遮られていた。彼は、聖餐にあずかろうとする者は彼らの場所で聖餐《せいさん》を受けるべきであり、長老派流にテーブルのぐるりに集まってうけるべきではない、と主張したのである。独立派の考えが礼拝の形式について、その以前の段階でとどまるならば、協定の見込みはおおいにありうることであった。しかし、各人が神の言葉と意志について自分の解釈の権利をもつという彼らの信念は、カルヴィニスト全体の教義とは対照的であり、ちょっと考えても、その正当性の基礎を掘り崩すものであった。

ロジャー・ウィリアムズ、独立派の見解を表明

マーストン・ムーアの戦いの二週間後、一冊の書物が出版認可者のかたわらを滑り抜け、独立派を恐れるすべての人を仰天させ、うろたえさせた。著者名も印刷人の名前ももたないその書物は、『良心のゆえに迫害された血みどろの住民』と題するものであったが、それはロジャー・ウィリアムズの作品であった。彼はニュー・イングランド出身の穏やかな急進主義者であったが、その撹乱的見解のゆえにマサチューセッツのカルヴィニスト植民地から追放され、仲間の一団とロード・アイランドの居住地を開拓した人物であった。彼は前年の冬、彼の植民地のための特許状をえるためにイングランドへきていた者であるが、特許状を得ると、彼の書物が出版されるのを待たずに、アメリカへ帰っていった。そのびっしりと印刷されたページの中に、憤慨させられた長老派の人々は、「良心のゆえに迫害されるという教義が、平和の君主であるイエス・キリストの教えと対立することはきわめて明瞭であり、嘆かわしいことである」と読んだ。ウィリアムズは、こうした信念を吐露した最初の人ではなかった。それは、これも無名で、数カ月前に、ロンドン市民ヘンリー・ロビンソンによって表明されていた。しかし、彼の説は、この二番目の、同様な弁論ほど注意を引き付けなかった。ロジャー・ウィリアムズは「すべての人が、たとえ教会がなくても、自分一人ででも神に奉仕することを欲している」と、バイイー博士は、怒りよりもむしろ呆れ果てて、注釈を加えている。なぜなら、その意見の誤りは自明のことのように思われたからである。

宗教の権威と世俗社会の権威とのあいだに繋がりのあることは、教育のある人間の多くにとっては自明のことであった。イギリス国教会派と長老派の体系は、それぞれ固有の道をたどって来たが、一つの社会秩序の形態を樹立し、支えてきた。しかし、再洗礼派――彼らは一世紀前、ドイツで誕生して以来、最大の分派と考えられているが――は、平等と無政府と財産の共有を説いていた。英語による説教とかお祈り、悔い改めへの呼びかけ、そして、ハクニー・マーシュでの公開の洗礼、それらは、しかし、それほど恐ろしいものでも、社会の階層制や私有財産の神聖性を脅かすものではなかった。しかし、もし、各人が自分の宗教を選び、実行する自由をもつとすれば、また

もし、すべての教義が許されるとすれば、しまいには、確実に現れてくる預言者や救世主に対抗して、財産や階層制を擁護するのに、いかなる手段もなくなることは確かであった。

ウェストミンスター集会の聖職者のあいだの相違は、そして、スコットランドとの同盟に置かれた明白な緊張は、社会の根底を貫いている裂け目の表面的な現れにすぎなかった。若いホーサムは、戦争の初期に、もし現在の無秩序が、一般庶民をして、「自分たちの上に乗っかっている者を投げ出す」原因であるとすれば、起こっている出来事についてなんらいうべきことはない、と予言していた。独立派のふくれあがりつつある力が、日々一般庶民を強情にしたのに対し、彼らを抑制しようとするジェントリーの力は日々衰えつつあった。

「教会分派のお気に入り」オリヴァー・クロムウェルは、自身、社会秩序を破壊しようという意図などもっていなかった。主として、戦いに勝利する必要性だけを考えて、彼は、この時点では、他の分野への影響など考慮していなかった。彼は、スコットランド人の軍事的援助が大切であったがゆえに、厳粛同盟、盟約者団を受け入れた。彼はまた、分派であろうと、信心深い人間を昇進させた。なぜなら、彼らを昇進させることが戦争の勝利にとって基本的なことと考えたからである。しかし、彼は、上からの抑圧に抗し、下からの転覆に反対していると考えられ、評価される、そうした伝統的な社会を維持するために戦ったのであり、彼の利用した宗教や軍事的手段の爆発力を考慮した訳ではなかった。

ヨークの降伏

一六四四年七月一六日、ヨークは降伏した。大聖堂、多くの教会、そして、比類のないステンドグラスの維持のために特別な条項が定められた。フェアファックスは、栄光の過去の記念物にヨークシャー人らしい誇りを分けもっていた。王党派は、戦闘員の名誉を与えられて都市から出て行き、都市に関する申し合わせは細心に守られた。もちろん、敗者の軍用行李の車輛が略奪されることが起こってはいるが。大聖堂の虹色をしたステンドグラスの窓の輝きの下で、レーヴェンの主任牧師であるロバート・ダグラスは、「不信心の、あらゆる方向への歩み。それがほめたたえられると、人の子は叱責される」というテーマで説教をおこなった。

二日後、七月一八日、フェアファックス、マンチェスター、レーヴェンは、この地域全体を通じて改革宗教のすみやかな施行を要求する手紙を議会におくった。この要求は、軍隊のところで、長老派支部がスコットランド人の希望と一致して、挙げたもののようである。しかし、ヨークシャーに究極的に長老派の支部が設置され、意見の相違がすべての人に明らかになったときでも、クロムウェルを彼らの計算外におくことは、議会にとっても将軍たちにとっても、難しいことであった。協議の一致、一致した行動が、戦争の勝利のためにはなお必要であった。数日後、フェリーブリッジで、統一してルパートを破り、ヨークを奪取した三軍が、それぞれに分かれた。スコットランド軍はニューカッスル・オン・タインを従わせるために北方へ、フェアファックスはヨークシャーの王党派の最後の砦に対処するため、マンチェスターとクロムウェルとは、州の南部を清掃するため、それぞれの方向に向かった。

マンチェスターとクロムウェル間の対立、顕在化す

ほとんど一度に、マンチェスターとクロムウェルとのあいだに相違が現れ始めた。マンチェスターは、一六四二年一月、国王が五人の議員とともに彼を逮捕しようと試みて以来、議会の側に強く付いていたが、いまや疑惑に襲われていた。クロムウェルの方は、ほんの一年前、マンチェスターを将軍に任命するように議会に要請したばかりであったが、いまや週を追うごとに、彼の命令を不当なものと厳しく思うようになっていた。彼らは気質のうえでも合ってはいなかった。マンチェスターは、熱心な信者ではあったが、穏やかで、形式を重んずる、十分礼儀を心得た人物であった。だが、大変な貴族主義者で、気難しく、服装においても優雅で、食物の好みや食事の作法においても、無骨で、御しがたいクロムウェルとは大きく異なっていた。しかし、マンチェスターは、ヨークの包囲が

終わったとき、彼を襲った疑惑、無気力の本当の理由をもっていた。彼は、若いヴェインが六月に包囲軍側のキャンプをさっと訪問したが、それによって揺り動かされたようにおもわれる。ヴェインは、ヨークの前面に便宜的に集まってもらったスコットランド人、イギリス人双方の司令官たちと高度な政治的問題を協議するために来たのであるが、その問題とは、国王の廃位以外のなにものでもなかった。ルパートの長兄、（ドイツの）ファルツ選帝侯の名前が後継者として挙げられたのは、大いにありうることであった。そのころプリンス・ルパートはオランダに在って、ヴェインと私的に通信していたが、ヴェインの弟、さらに義兄弟は、デン・ハーグにあるルパートの母親の実家と直接するサークルにいた。ヴェインは、議会とスコットランド人との彼の連帯を誇示するという手段で、デルフトでもたれた宗教的集まりで、最近、盟約者団を味方に付けたばかりであった。しかし、ヴェイン――その個人的指向は共和制にあった――は、新しい国王を示唆する点にまでは達しなかった。というのも、レーヴェン卿、フェアファックス、マンチェスターとも、満場一致で、チャールズの廃位の考えを受け入れることを、なんとしても拒否したからである。もしクロムウェルがこの協議にふくまれていたら、彼は、軍事的優位の維持という一致した観点から、かろうじて自分の考えを変えていたかもしれない。しかし、彼がヴェインと親しい関係にあり、その極端な政治的見解の多くを分けもっていたことはよく知られていた。マンチェスターが、国王の将来の地位について憂慮し――それがクロムウェルの感づくところとなった――、戦争遂行に熱が入らなくなったのが、ヴェインのヨーク訪問からそう遠くのことではなかったことは確かである。

彼は一〇日ばかりドンカスターでぶらぶら過ごし、リンカーンにはほとんど一月《ひとつき》滞在した。彼は、明白な目標であったにもかかわらず、ニューアークの弱体化を試みようとはしなかった。彼は困難な説得の末、ウェルベックを降伏させることを引き受けたが、そこには、ニューカッスル侯の放棄された家庭と子供たちが、じっと降伏条項の成るのを見守っているだけであった。ジョン・リルバーンが、クロムウェルの特別の友人の一人、ヘンリー・アイアトンに助けられて、ティックヒルの小さな要塞を奪取したとき、マンチェスターは、彼の業績をののしりまくり、多くの人の見ている前で、彼を「卑劣な男」と呼んだ。東部連合軍の中で、すべてが離れていった。マンチェスターの支持者たちは、クロムウェルが自分自身の部隊を形成しつつあるのに気が付いたが、それによって、かつて統一していた勢力がいまや二つの敵対的部隊へと分裂したのであった。

第八節　アイルランド兵のスコットランド上陸

レヴェンとデイヴィッド・レスリー指揮下のスコットランド軍は、彼らとして、自国の国境のより近くに活動を移すことを大いに歓迎したが、そこでは、彼らは断続的に困難に配慮すればよかった。六月、彼らは、短期間ではあったが、ルパート自身がヨークへ進軍する代わりに、方向転換をしてスコットランドへ侵入するかもしれないことを恐れねばならなかった。その恐怖は杞憂《きゆう》に終わったが、なおモントローズが行動していた。国王によって一六四一年一一月に開会が認められたスコットランド身分制会議は、一六四四年六月閉会するはずであったが、三年会期の決定によって、変化した状況を心地よく無視して再び会し、それは国王に対する新たな反乱の開始を意味していた。会合の議長はメイトランド卿であったが、その死によって、いまやその子のローダーデイル卿に代わっていた。イギリス議会との協同における中心的委員、そして、彼ら固有の会合の議長という二重の性格からして、この会合の目的が同盟を強化し、国王に対する戦争を遂行するところにあったことは明白であろう。彼らの最初の行動が、ボーダーにいるモントローズの勢力と交渉する委員として、カランダー伯を任命したことであった。

状況は全体としては静かであったが、彼らの前に置かれた主な仕事は、春に捕らえられた王党派を処刑台におくることであった。しかし、兆候と前兆は見当違いで、不安な噂であった。一頭の鯨は他の鯨をモレィ・ファースまで追っかけて、タッラデールの浜で、自分自身を打ち上げた。そこここで、春には、血がほとばしるに違いない、そして、その血のしたたりは井戸のなかの水のうえに浮かぶのが見られるといわれた。その場合、少なくとも、「なんらか滑稽な人間が水の中にそうした物を投げ込むことも推測される」のではあるが。

アレクサンダー・マクドナルド率いるアイルランド兵、スコットランドに上陸

七月の第二週に、西部海岸からニュースが届いた。アイルランド兵の一隊がアードナムアーチャンに上陸したというのである。同軍を率いたアントリム伯は、少しも幻想を抱く人物ではなかった。彼が国王に約束していた一万人の兵士は、およそ一一〇〇人に過ぎず、ある者はムスケット銃をもっていたが、ほとんどすべては短剣ともろ刃の短剣をもっているに過ぎなかった。しかも彼らは、女房、子供、牛を連れており、つまり、移動中の一部族の観を呈した。そのような者たちの侵入を奨励した国王の知恵に完全に疑問を抱き、彼らが国王の兵士として現れたときに北部の住民たちに及ぼす効果を恐れたオーモンドは、彼らがウルスターの港を使うことを拒否した。彼らは、一部遅れて到着することも考慮に入れて、ウォーターフォードで上陸させられた。彼らの指導者は、アルスター・マッコル・ケイタッチといい、かつてアーガイル城の囚人であった左手のコルの息子であった。単純化して、サクソン系の同時代人は彼のことを、アレクサンダー・マクドナルドと呼んだ。彼は二五歳であったが、穴飾りの靴をはいた背丈六フィート六インチ（一九五センチメートル）の男で、アイルランドの戦いではすでに頭角を現していた。人気のある隊長、勇敢な闘士として、彼は女房、子供とお付きの説教師を連れていた。戦いにおいて容赦はなかったが、彼は、必要な間隔をおいて行儀よく振る舞い、ラテン語による神の恵みの説教を聞くことなしには、食事のために座ることをせず、聖餐を敬虔に受けることなくして戦いに出掛けることをしなかった。

侵入者は、無防備の地域を横切って、バーデノッチへ進み、人質として信心深い二人の神父を捕らえ、住居付属農地を略奪し、行く先ざきで牛を解き放った。一週間経たないうちに噂が広がり、彼ら四〇〇〇人は自分たちの前にある物をすべて持ち去るといわれた。エディンバラで、アーガイルは彼らを抑えようと試みた。この点で、彼も、在イングランドのスコットランド人将軍たちも、このアイルランド人の乱入を一時的な迷惑行為以上のものとは考

えてはいなかった。身分制会議は会合して、王党派捕虜を死刑判決に付すと決議し、モントローズの城の一つの破壊を宣言し、安息日の鮭の漁獲を禁止し（これが最初ではなかった）、夜一〇時以後の酒の提供を禁止し、そして、ルードゥーンが、「頼もしく、かつ雄弁な演説」の中で、「全世界の燃焼」からスコットランドを免れさせたことを神に感謝したのち、散会した。

ボーダー地方の南のカーリールでも、モントローズはアイルランド人上陸のニュースを得ていたが、しかし、彼には、それに合流させるべき部隊がなかった。なぜなら、彼が徴集した兵士のすべてはイングランドのルパートによって必要とされていたからである。彼は二人の友人、オジルヴィ卿とウィリアム・ロロを秘密裡にスコットランドへおくったが、彼らは、王党派が希望を失い、再び蜂起するつもりはない、という言葉を持ち帰っただけであった。アイルランド人は、三カ月遅く来すぎたのである、と。モントローズは問題を熟考した。スコットランドの人民は「馬鹿か、盟約者団に服従を強制されているのだ」と頑固に信じて、彼は、独りでスコットランドへ帰り、ハイランドを蜂起させ、アイルランド人を指導しようと思い始めたのである。

第九節　エセックス軍の敗退

ウォーラー、オックスフォードを攻めあぐむ

北方において悲惨が王党派を圧倒している間に、南方では、幸運が彼らを見捨ててはいなかった。ウォーラーはなおオックスフォードの周辺をさまよっていたが、一六四四年七月二〇日に両王国委員会に報告しているように、彼はいまや、この都市の力をそぐ機会をほとんどもってはいなかった。過去六週間のあいだに、この都市は見事に要塞化され、適切な補給物を蓄え、新しく任命された、精力的な司政官代理サー・ヘンリー・ゲイジによって防衛の状態におかれるにいたっていた。ゲイジは、スペイン軍に奉仕したイギリス人司令官の中ではもっとも傑出した

人物であり、さきごろネーデルラントから帰って来たばかりであった。六週間前にはほとんど奪取されんばかりであったオックスフォードは、もはや補給の悪い、防備不十分の都市ではなくなっていた。

ウォーラーは、機嫌を悪くしてファーナムの古い根拠地に後退し、議会に対して新しい装備を求める通信を出した。ただ少なからず落胆したブラウン将軍だけは、レディングとアビングトンの防御を強化する一方、うやうやしく両王国委員会に通知した。自分はウォーラーからの命令を受け取るつもりはない、そして、自分の部隊はほとんどあらゆるものを欲しがっており、その結果、バークシャーではきわめて不人気である、なぜなら、同地の住民は、ほとんど二年近く、双方の宿営地として苦しめられてきたからである、と。

王妃、イグゼターを脱出し、フランスへの亡命に成功

二、三週間ばかり、エセックス伯は西部で独立した作戦を続けていた。彼は、ライムの包囲を切り上げたのち、ウォーラー救援に戻ることを拒否した。彼は七月初旬、王党派将校の弱さに乗じて、タウントンを取った。戦争はますます執念深いものになっていった。ドーチェスターでは、議会軍は七人のアイルランド兵を絞首刑に処したが、そのお返しとして、王党派はウィルトシアーで最近捕らえた一二人の囚人の首を絞めた。エセックスは、議会勢力から脱走を企てたと申し立てられた捕虜の将校を即決で絞首したが、プリンス・モーリスは、最近彼の手に落ちた議会側船長を絞首して報復した。仕返しという地獄に落ちる仕事は終わりそうになかった。

しかし、エセックスは、王妃を捕らえるという主要な目的において失敗した。彼が前進してきたとき、彼女は危険性を認め、絶望的な病気にかかっていたけれど、人質として敵の手中に陥るのを逃れるべきだという判断にたった。新生児を残したまま、彼女はイグゼターをのがれ、フランスへ行こうと考えた。ウォーリック伯は海岸を警戒し、彼女の渡航をとめようとした。しかし、彼の注意はしばしばダンケルク人、そして、西部海岸に群がってくるアイルランドの私掠船によって紛らわされ、彼女は、ファルマウスから出港する一隻のオランダ船に乗る手配を

した。一隻の議会側の船が追跡し、彼女に向かって砲火を浴びせた。王妃は、悪臭を発する船倉に身をかがめることを余儀なくされていたが、彼女の昔の精神がきらめき、船長に降伏するよりは船を沈めるように命じた。反乱側がついに追跡をあきらめたとき、彼女は甲板にあがり、歯ぎしりしながら、その船を見送った。彼女はブレストに到着したが、フランスの娘として親切と名誉をつくして歓迎されたのに対し、それに応えるには、病み、疲れ、意気阻喪していた。そして、二、三週間のうちに、フランスの宮廷は、彼女を満足させるために、ありとあらゆることをしても、彼女の夫の問題のために人ひとりも、一ペニーも出すつもりのないことを悟らせたのであった。

エセックス、デヴォンからコーンウォールへと追い詰めらる

しかし、彼女の夫の問題は、絶望すべきところから遥かに遠かった。王妃を捕らえ損なったエセックスは、デヴォンシアーで凝視《ぎょうし》していた。彼の前には、王党派が保持する狭い西部諸州の半島が横たわっていた。彼の背後には、彼をウォーラーから、そして、ロンドンへの道から切り離している国王の前衛部隊がいた。彼は、戦うことなしには、来た道を引き返すことができなかった。彼は、本拠を遠く離れ、敵地のなかにあって、人数が減っていた。彼の計画は、その狭い海につながった地域において、艦隊からの援助によって、国王の西部軍を切り離すことであった。しかし、ウォーラーはその作戦において失敗した。エセックスは、国王とその勢力をして、西方へ追尾させてしまったのである。彼のいまの唯一の希望は、海将ウォーリックが失敗しないということでしかなかった。

王妃は七月一四日に逃げた。その一週間後、彼女の夫はデヴォンシャーにいた。ロバート・ハーリックは、ディーン・プライアーにあるダートモア牧師館から、彼（国王）の到来を祝福している。

歓迎す、われらの誓いへ、そして、われらのところへ来ませることを、歓迎す
偉大にして、普遍的なる天才人よ

西部はこれまで頭を垂れ
未亡人風に嘆き悲しんでいた
見よ、いまや来ませる花婿を、花のベッドを
この二つは、太陽と雨によって、新たにみずみずしくなった
以前は恐るべきものであった戦争が、いま現れつつある
愛すべきは、汝、騎士党の勇敢なる君主

国王は、ダートムーアに大集合するように指名した。彼と一緒にプリンス・オブ・ウェールズがいた。「もしわたしが生きて諸君に報いることができなかったならば」と、彼は約束した。「この若者、わが息子、その同僚である兵士たちが、そうすることを希望している」と。国王は熱狂的に受け入れられたが、兵籍に入ったのは少数であった。二四日に国王はチャードに、二五日にはホニトンにあり、二六日、イグセターに到着した。ここで彼は誕生した娘を見、プリンス・モーリスの部隊を閲兵《えっぺい》し、都市からの少額の献金を受け取った。他方、エセックスの方は半島を西の方へ後退し、タマル河を越えて、コーンウォールへ入った。二九日、国王はボウに進み、エール酒場で眠った。八月一日、彼はコーンウォールへ入ったが、エセックスの側面迂回の動きを阻止するため、タマル河を渡るすべての橋を破壊させたのであった。

たとえ失うことがあったにせよ、ともかくウォーリックの艦隊との接触を保とうと試みながら、エセックスは、広いフォーウェイ河口に沿ってロストウィシールまで引き返し、十分防衛できる地点に位置を占めた。防衛はできたが、あまりにも狭く、いまやあらゆる陸地伝いの出口を遮断した国王軍に対して作戦を展開することはできなかった。そこで八月四日、彼は両王国委員会に怒りをぶっつけるような手紙を書き、海陸どちらかにせよ、即座の救援を懇願した。彼の意見によれば、西部への国王の進撃をとめることができなかったウォーラーが、現在の困難の責

任を問われるべきであるとされた。夏を通じて、国王の軍隊は、陰謀と疑惑によって分裂させられていたが、敵に面したいま、またもや危機に陥った。オックスフォード騎兵隊を指揮していたハーリー・ウィルモットは、ラウンドウェイ・ダウンでいい奉公をしたが、最近、クロップレディでそれ以上のことをした。彼は春には、貴族に挙げられ、アッダーベリーのウィルモット卿と称した。この報酬は、彼の野心を和らげるものではなかったが、戦争についての計算間違いをしたことについて彼を慰めるものであった。彼は急いで、金と権力のあるところに帰ろうと希望した。このことに失敗すると、彼は最近になって、反対派の親戚にあたる金持ちの未亡人と結婚した。彼の気分は、夏を通じて陰気で、気難しいものであった。そして、慎重さというのは彼の徳目のひとつではなかったので、プリンス・ルパートが危険なほど叔父（国王）に優越していること、必要とあらば、プリンス・オブ・ウェールズを次の国王に挙げて、平和をはかるのが得策であるという持論を公然と語った。チャールズが彼の解任を考えたのは、状況からして驚くべきことではなかった。

軍需品部の将軍であったハーリー・パーシーは、ウィルモットを支持した。ノーザンバーランド伯の兄弟である彼は、ロンドンに友人をもっており、一六四一年、国王軍の陰謀の詳細を暴露したのは彼であった。彼は、ウィルモットのルパート嫌悪にすっかり与《くみ》したが、ルパートは、軍隊の武器と軍需品の維持という仕事における彼の手抜かりや遅れをしばしば非難していたものであった。ウィルモットら二人は、夏の過程のなかで、意見を身軽に移して、いまやルパート側の人間となったディグビーと敵対するようになった。

ディグビーの見解は、彼の主人である国王の考えを反映していた。チャールズは常に、失敗があったからといって、その寵愛している人物を非難する気にならないという寛大さを示してきたが、マーストン・ムーアの敗戦は、彼の甥に対する彼の感情の暖かさを増やしこそすれ、減らすことはなかった。敗北の評判が高まったのに対し、彼は、過去の数多くの成功を列挙して挙げたが、王はまた、プリンスが、救うことのできるものをかろうじて救うべく働いてきたことを知っていた。おそらく彼は、ルパートが近々、「希望に満ちていない訳ではない平和条項の討論を更新する」であろうという信念を、楽観主義者ディグビーと共にしていたものとおもわれる。宮廷におけるルパートの最上の友人、穏やかなリッチモンドは再び国王と一緒になり、嫉妬から彼に反対した王妃は、いまや外国にいることになった。こうした理由から、ルパートは、宮廷におらず、敗北していても、彼の叔父に対して、昨年、宮廷に在り、勝利をかさねていたときよりも、もっと大きな影響力を行使することができたのであった。「ある人々は、プリンス・ルパート、その成功と偉《えら》さに恐怖を覚えた」と、観察の鋭い密告者は書いているのである。

危機は八月にやってきた。そのとき、国王軍は、エセックス伯のわなにはまった軍隊の上手にあたるボノックにキャンプを張っていた。八月六日、チャールズはエセックスに対し、もしエセックスが彼との意志疎通下に入るならば、苦しんでいる部下に平和を与えるであろう、という高貴にして、幾分漠然とした提案をした。ウィルモットは、それに秘密の私信を付け加える工夫をした。すなわち、エセックスが国王の提案を受け入れるならば、自分としては国王軍の中にエセックスが指揮する部隊を編制し、両方によってディグビーならびに戦争を好む輩を打倒することができるというのである。ウィルモットをよく知る人たちは、エセックスと合流して、国王をこれらの「保護」の下におき、ロンドンへ進もうという彼の発想を理解していた。

国王が行動を起こすべきときであることは、はっきりしていた。八月七日、ジョージ・ゴーリングは、ルパートの同意をえて、北方から駆け足で到着し、翌日、ウィルモットの軍指揮官としての職務を停止し、ゴーリングがその地位に就くことを宣言した。ウィルモットは、一般的に部下たちに人気があり、彼は彼らに対して愛想がよく、自由に楽しみを共にしていた。だから、彼らの幾人かは、その直後に、彼の司令官更迭に対して抗議した。国王は、エセックスに宛てた私信をはじめとするウィルモットの無分別の数々をあげて返答することができた。ウィルモットの唯一の弁解は、彼があまりにも熱心に平和を希求していたが、なんら反逆を意図するものではなかった、という哀訴であった。彼は、同僚たちにそれ以上の失望を与えない賢明さをもっており、まもなくフランスへ追放されることで満足した。そして、そこで、彼は王妃の愛顧を得て、新しい地位を築きあげたのであった。

その間、エセックスは、国王の申し出を拒絶し、国王の発想による、あるいは、ウィルモットの実際的策略にもとづく平和のすべての思想には、ひとしく終止符が打たれた。大胆で、陽気で、しかも気前のいいジョージ・ゴーリングは、急速に、騎兵隊に気に入られた。ウィルモットの支持を奪われたハーリー・パーシーが辞任する一方、ホプトン卿が軍需部の長官に就いた。こうしたすべては、一つの終わりに向かっているようにみえた。北方から帰ってきたルパートが、総司令官に就任するかもしれない、という結末である。八月一五日、ディグビーは彼に書いている。最近、ブレントフォード伯に昇格させられたフォース卿に、辞任のためのなんらか名誉ある表装が与えられれば、変化はただちに実現するであろう、と。

ルパートは、帰路の途上にあった。八月の初めの二週間、彼はチェスターに在り、そこへ七月末、軍隊の残りを連れて、後退してきていたのである。彼は滞在期間を軍の徴集で過ごしたが、兵士の不足で邪魔されはしたが、大成功であった。兵士の供給をふやすために、彼はサー・ジョン・ハリーをデンマーク国王に派遣することを思いついた。サー・トーマス・グレンハムは、再募集で北部で活動する兵士およそ三〇〇〇人を集めていた。バイロン卿は、少なくとも二〇〇〇余人をランカシャーで集めたが、しかし、その多くは、オームスカーク――この町は、ラングデイルの良き奉公によってのみ、辛うじて敗北を免れた――の近くの衝突で、いつもの早さで失われていった。ルパートは、およそ二〇〇〇人を獲得できるものと信じ、ディーのウェールズ側に駐屯した。彼はただちに北ウェールズで募集に掛り、あたらしい砲列を作り上げた。八月半ば、彼はすでに、騎兵・歩兵の新しい徴募兵を訓練すべくシュルーズベリーに送っているのである。非常に早い噂によって、五〇〇〇人が彼を信用して付いてきた。ロンドンでは、両王国委員会は、彼がバイロン、ラングデイルと合流するため北方に動き出すか、あるいは、ミッドランドを越える道を取るかをあれこれ推測して、不安の念をもって彼の動きを注視していた。彼はそのどちらもせず、小さな騎馬護衛隊を連れて、ウェールズの国境を抜け出し、八月二六日にはブリストルに在った。ここで彼は、彼をぼろぼろにしてしまうニュースに出会った。彼の長兄、ファルツ選帝侯がロンドンで国王の敵と会見したというニュースである。

噂は数週間前から選帝侯の訪英を予告していたが、八月一八日、彼は上陸し首府に直行した。議会は、彼が予想していたよりも少なめの熱狂ぶりで迎えた。しかし、彼が使用する部屋はホワイト・ホールに用意されており、ウエストミンスターの「聖職者集会」に出席したいという要望も喜んで認められた。広く信じられているところでは、議会の一部のものは、スコットランド人との合意のうえで、彼を彼の伯父チャールズの王位の後継者に推《お》そうという考えに好意を寄せているという。チャールズ自身は、邪険に、「君はなんの招きで来たのかね」と尋ねる手紙を書いている。これに対し、選帝侯はへりくだって、国王と議会のあいだの「幸福な共存」以外にはなにも欲するものではなく、それをもたらすために最善を尽くすつもりである、と答えた。国王は再度、書くことはなかった。おそらく選帝侯を失望させたとおもわれるが、だれも彼に叔父の王冠を差し出さなかった。スコットランド人はそうした事柄に全く反対であったし、フェアファックスやマンチェスターもこうした考えを拒絶したので、選帝侯の滞在は困惑以外のなにものでもなかった。しかし、彼は厚かましい青年であったので、議会が自由な賄いつきの宿舎を与えるまで、ホワイト・ホールに居座り続けた。

ルパートの総司令官への任命、見送られる

選帝侯の訪英は、ルパートを総司令官に任命しようという国王の計画にただちに待ったをかけた。八月三〇日、彼はルパートに彼の信頼を断言する手紙を書いた。「君の高邁さ、わたしに対する特別の忠実さ、友情について、わたしは君を絶対的ともいうべき信頼をおいている」と。このような突然の宣告をうながした理由について、チャールズは、甥に対して、手紙の持参人の話すことを聞いてほしいといっている。口頭によってルパートに伝えられたが通知がなんであったか、についてはほとんど疑う余地はない。国王は、このように慎重に、彼に伝えた。反乱者の一部がルパートの長兄を国王に据えようとしている時点で、彼を「総司令官」に任命することは難しい、選帝侯の目論みが確立されるか、あるいは、粉砕されるか、それが決まるまでは、軍の再編成は待たねばならない、と。

ルパートは、精一杯、失望をこらえた。彼はほかに心配事を抱えていた。ウェールズの状態が不安になってきたのである。オスウェストリーが六月に失われており、北ウェールズは不満が充満していて、ルパートの将校と老いた大主教ウィリアム・アト・コンウェイとのあいだに争いが絶えなかった。大主教は、住民はその羊毛と牛の商業が分断されたままであるならば、国王に背く側に走るであろう、と真面目くさって論じたてた。ルパートは抗議したが、無駄であった。すでに住民、とくに家畜飼育業者の憎しみは大きくなっていた。南ウェールズでは、ルパートお気に入りの騎兵隊指揮官であるサー・チャールズ・ジェラードが非常にうまくやって、地域全体を国王のために固め、ロウランド・ローグハーヌとその議会軍とをペンブロークシャイアーに閉じ込めてしまっていた。しかし、ルパートがとくに関心をもったのはモンゴメリー・カッスルで、それを所有するか否かが、彼の北ウェールズ辺境地帯の支配にとって、またダブリンから部隊――彼らはなお時々チェスターに上陸した――を中心基地であるシュルーズベリーに送るに際しての、死活問題であった。その所有者であるハーバート・オブ・チャーベリー卿はそれを守備隊に渡すことを拒否し、ルパートが使者を送ったとき、「新しい物理学の実験に入っている」という下らない口実をつけて、現れようともしなかった。九月七日、学問のある風変わりなこの領主は、議会軍の守備隊に城を引き渡すことに同意し、そのさい、兵士たちに図書室の敷居を越えることを禁じただけであった。それを再度占領しようとした一王党派党員の努力は、損害を出しただけで、撃退された。ルパートは、ヨーク喪失のとき以上の苦悩を覚えたといわれているが、彼はそこに、北ウェールズの兵士徴集地域とシュルーズベリーの部隊訓練地とのあいだに横たわる重大な障害物を見出したのであった。

エセックス、単身脱走、残された議会軍降伏

しかし、コーンウォールのボコノックにいる国王は、ウェールズ辺境の潜在的危険を理解するには、自分自身の

幸運をあまりにも喜び過ぎていた。新しい指揮官たちの下に入った国王軍は、挫折させられたエセックス伯を閉じ込め、コーンウォール半島のさらに奥にあるフォーウェーへ後退を余儀なくさせていた。逆風がウォーリック伯の海からの接近をさまたげ、たとえ接岸できても、王党派軍がフォーウェーの上手《かみて》にある外郭部を占領していたため、彼は従兄弟を助けるため上陸することはできなかった。八月二〇日、ゴーリングの騎兵隊がセント・ブレジーとセント・アンシュテルの外郭の村を占領する一方、国王の歩兵隊のあるものが敵のキャンプのなかに忍び寄り、火薬の貯蔵品を爆破した。二七日、エセックスは再度、議会に遅くならないうちに救援を送るように要請した。両王国委員会は、この苦難に直面して、速やかに行動した。彼らはマンチェスター伯に南西に向かって進撃するように命令し、また三〇〇〇ポンドの食料をフォーウェーへ船で輸送するように手配した。しかし、エセックスは待てなかった。八月三一日、彼は熟練のバルフォア指揮下の騎兵隊に、夜陰にまぎれて、王党派の輪の中に血路を切り開くことを許した。でこぼこした地形をうまく利用して、彼らは王党派を出し抜き、滑り出ることに成功したが、他方、エセックスは、その歩兵隊と大砲を放棄し、ウォーリックの一隻の船に櫓《ろ》船でこぎつけ、海上を通って脱出した。

歩兵隊と大砲は残され、フォーウェーに閉じ込められたままであった。エセックスが去ったいま、ロンドン出身の老練将校フィリップ・スキポンが指揮を執ることになった。戦争委員会で、彼は、自分たちは少なくとも血路を開く戦いを挑むことができると頑強に主張したが、しかし、将校や兵士たちは去月の出来事によって落胆させられ、エセックスが彼らを放棄して以来、元気をなくしていた。打ち負かされたスキポンは、降伏条件を懇願する以外になく、九月一日、日曜日、すべての武器、弾薬、カノン砲を放棄したのち、歩兵隊は離脱行進を許された。王党派は軍需倉庫を必要としたほどであった。すなわち、三六門のカノン砲、一万挺のムスケット銃とピストル、数台の車輛に積載された火薬と導火線が鹵獲《ろかく》されたのである。彼らは捕虜を取って足手まといになるのをきらった。脱走の気配を示した者を兵籍に入れることには十分賛成であったが。負けた軍隊は、虚勢を張ったり、威厳を保ったりすることなく、国王軍の隊列のあいだを通り抜けていった――ある騎士党員が軽蔑して書いているように、「皆、羊のように体を押し合い、へしあいし、無邪気ではないが、見るに耐えないくらい汚れ、元気をなくしていた」。王党派は嘲笑し、すぐに略奪に襲いかかった。ただ独り悲しみに満ちた威厳を保っていたフィリップ・スキポンは、国王のところへ馬で乗り付けて、国王の部下が降伏条項を破っていると告げた。チャールズは冷たく彼の言葉を受け取ったが、まもなく秩序を回復した。

第一〇節　独立派の風潮、広がる

ロジャー・ウィリアムズやミルトンの主張、非難さる

うろたえが議会の指導者たちのあいだにひろがった。「ピムが死んで以来」と、バイイー博士は嘆いている。「彼ら議員のなかで、賢い棟梁はひとりもいない。多くは善良で、有能な精神の持ち主であるが、ピムほど偉大で、包括力のある指導者はいない……もし神が彼らの舵に座っていなかったならば、ずっと以前に彼らは没落していただろう」。しかし、多分、神はもはや舵に座っていないのではなかろうか？ ウェストミンスターの「聖職者集会」で、長老派の連中は、エセックスとその軍隊が追い詰められていた八月を通じて、神の怒りの兆候を読み取り、その教壇上から、神を怒らせ、人民にその処罰をもたらしているような「危険で、放埒《ほうらつ》な」教義を告発していた。議会の前での説教において（つまり、バイイー博士は注意深く聞いていたのである）、トーマス・ヒルとハーバート・パーマーは、「その教義に則って、罪の背後に公的な議会の罪があると厳しく攻撃して」はばからなかった。彼らの意見によれば、有罪なのはロジャー・ウィリアムズであり、彼は「良心の自由という口実のもとで」、その著書『迫害された血みどろの住民』の中で、ユダヤ人、トルコ人、教皇主義者を擁護したというのである。彼らはいう。この書物は、公的に燃やされるべきである、と。さらに、『離婚の教義とその規則』を書いたジョン・ミルトン、霊魂の不死を論じた『人間の死の宿命について』の無名の著者も有罪である。八月二六日、神の怒り、あるいは、説教者の怒りを

静めるため庶民院は、印刷物を監視してきた委員会を強化し、委員会は、『離婚の教義とその規則』と『人間の死の宿命』の著者を糾明するという、あまり効果の期待できない命令を発した。一週間後、彼らはロンドンで、エセックスの逃亡とフォーウェーでの歩兵隊の降伏を聞いた。

独立派の風潮、広がる

二人のローマ・カソリックの布教説教師、ラルフ・コルビーとジョン・ダッカートの、九月七日、タイバーンでの絞首刑執行は、人々の注意を、敗北の流れからかろうじて他へ転じた。しかし、いまや急速に発展しつつあった宗教的状況の中では、独立派が、教皇主義者や高位聖職者会よりも面倒を起こしていた。長老派の説教師は、議会前の説教で独立派に対する非難を倍化した。しかし、この分派のもっとも雄弁で、人気のあるジョン・グッドウィンは、コールマン街に「集まった」群衆を前にして、「神から来たものかどうか、彼ら（長老派）自身もよく知らないことに関して、教義、あるいは、現実を、あらゆる仕方を使って、伏せておこうとする、そのど厚かましさ」を公然と非難した。彼の意見によれば、エセックスの敗退は、長老派の判断であって、自分たち独立派の判断ではない、というのである。彼の説教は直後に『テオマキア Theomachia』の表題で印刷され、独立派の教義の再構築の基点となった。そして、ジョン・グッドウィンの姿は、長老派の見解の中では、にこやかな人気のある神父から、「コールマン街の大きな赤竜」に膨れあがったのである。

戦争の遂行は、神が長老派のものか否かを牧師たちが解決するのを待たなかった。コーンウォールにおける敗北のニュースに、ダービー・ハウス委員会は再度、使者をマンチェスターに送り、ウォーラーと合流して、南西へ進むように促した。この命令は、彼をいまにも怒りだしそうなユーモアの状態にしたが、彼はニューアークの攻撃を拒否した。ルパートが、占領以来、それを強化するために、騎兵隊の補充部隊を送っていたからである。プリンス・ルパートの兵士徴募作戦を抑制するために、チェスターの力をそぐようにせきたてられて、彼はこういった。そのような都市の包囲は、「夏の後半の一カ月」で企てられるべきことではない、まして、弱まっていないニューアーク市が後衛として控えているにおいておやである、と。彼の将校の大多数は、投票によって、この計画をクロムウェルにたらい回しし、彼を悩ませることになった。初めエセックス苦戦のニュースが届いたとき、クロムウェルは急いで南西へ進撃しようとしたが、マンチェスターは公然と彼を侮辱した。ハンチンドンで敗北の全ニュースを聞いたとき、彼は進撃を全面的にストップし、そこへ行こうとする者を絞首刑にするといって脅し、戦争は始めるよりは終わりにするのが難しい、この戦争は決して宗教に奉仕するものではない、と腹立たしげにつぶやいた。この宗教問題が、じつは彼の悩みの一原因であった。決して彼が欲した訳ではなかったが、独立派という分派が彼の軍隊の背骨となっていた。

マンチェスターとクロムウェルの対立、両王国委員会に提訴さる

マーストン・ムーアの勝利がクロムウェルを大物に仕立て上げていたが、マンチェスターは、敗北の見込みよりは、勝利の見込みに、彼にぞっとする思いをさせられていた。クロムウェルとその一団は、西部における敗北を一気に取り戻すために、彼に進撃するようにせまったが、しかし、ロンドンと議会の安全に対する彼らの心配がどのようなものであったにせよ、エセックスがいまや信用を失い、移動させられて、彼らの意向に沿った将軍を立てる余地を生んだことに対する彼らの喜びを隠すことができなかった。マンチェスターとクロムウェルの不和は非常に激しいものであったので、二人の将軍はともにロンドンへ赴いたが、マンチェスターは、ロウレンス・クラウファードに支持され、彼らの争いを困惑した両王国委員会の前に置くことにした。

「彼らを和解させようというわれらの努力は無駄に終わった」と、バイイー博士は書いている。「クロムウェルは、わが王国が明らかに危険に瀕し、わが国民が明らかに不快におもっているにもかかわらず、断固としていた」。しかし、スコットランドの委員たちと議会のその友人たちは、コーンウォールの敗北後、数日も経たないうちに、そ

れ以上の心配事を抱えるにいたっており、クロムウェルがロンドンへ来たときには、彼らの悪評ははるかに衰え、「彼らの与える不快」はそれほど重いものではなくなっていた。新しい、恐るべき嵐が、スコットランドの核心部で起こっていたのである。

第一一節　モントローズのゲリラ活動始まる

アーガイルは、静かに、七月のアイルランド人上陸のニュースを受け取っていた。彼は、やって来た侵入者と迅速に交渉する方策と経験のある人間をもっていたが、脅して従わせられるスコットランドの王党派のあいだに支持を見出すには遅すぎると確信した。春の蜂起の指導者たちは死んでしまっていた。ハントリーは、遥か北方に逃げていた。ハントリーの長男、ゴードン卿は、一門の人、近隣の者たちを盟約者団の名前において抑え付けることが困難とみたとき、アーガイルは、ゴードンの領域の中心のタリフに、キャンベルの部隊を駐屯させていた。モントローズははるか離れてイングランドにいたが、人間も金もなく、北方諸州の敗れた王党派からこのスコットランド人の冒険に対する支持を期待するのは無理であった。八月の半ば、アラスター・マクドナルドとそのアイルランド人たちに、探しても無駄な王党派の同盟を求めて、ハイランドの核心部へ押し出すチャンスを与えたものがいたとしたら、それは馬鹿であった。

モントローズ、スコットランド侵入のアイルランド兵の指揮者となる

アイルランド人上陸の噂は、カーリールに滞在していた、見捨てられたが強情なモントローズのもとにもたっしており、彼のスコットランドへの帰国の目的を強めた。三人の人間で、軍隊の通過できないロウランドをすり抜けた。モントローズは二人の同伴者を選び、馬の鞍の裏に、彼をスコットランドの将軍に任命するという国王の指令

書、軍旗をひそかに隠し、平和の機会に旅行する二人のジェントルマンの馬丁に変装して、国境を越えたのであった。一度は発見されそうになるが、敵に引き渡されることはなく、彼は、ハイランドの端っこ、ツッリベルトンにある親戚の家にたどり着くことができた。ここで彼は隠れており、その間、彼の同伴者はマクドナルドのニュースを求めて地域をあさり歩いた。彼らは、アイルランド人がアトホールの山腹をこちらへ向かって接近しつつあるのを発見した。エディンバラ政府は、地域の氏族スチュアート家とロバートソン家に対し、侵入者に抵抗するように呼びかけた。そして、アイルランド人が平地――そこでティルト川がブレア・アトホールでガッリー河に注いでいた――に出て来たとき、八〇〇人が彼らと戦おうと待ち構えていた。このとき、しかも、きわどいこのとき、モントローズはアイルランド兵のキャンプへ歩いて入った。マクドナルドのムスケット銃隊は、典型的な物惜しみしない身振りで、国王の将軍に敬礼するため、彼らの最後の火薬を使い果たしたのであった。

　モントローズは、指導能力以外、彼らの提供するものはなにも――金も武器も従者も――もってはいなかった。あるのは怜悧《れいり》な頭脳、説得力ある弁舌、スコットランドの王党派に対するある程度の影響力、丘陵に関する狩人の知識であり、裏返していえば、当時驚嘆の的となるはずのゲリラ戦の天分をもっていた。彼の最初の仕事は、スチュアート家、ロバートソン家を説得して、身分制会議ではなく、自分を、アイルランド人が奉仕すべきスコットランドの合法的主権者の代理人に仕立てたことであった。さらに、これまで彼らが戦ってきたマクドナルドと彼らを友人にした。モントローズ自身は、ほぼ二〇〇〇人の兵士を指揮することになった。ブレア・カッスル

モントローズ伯

——そこで、小さな盟約者団の守備隊が頼りない苛立ちのなかで彼を見張っていた——からおよそ一マイル半のところにある、ティルト河を見下ろす放牧場で、彼は正式に国王の軍旗を掲げた。

それは八月初めのことであった。晩夏、そして、秋は、その黄金の気候で、会戦のための絶好のチャンスであった。その小部隊をもって彼は、タイ渓谷へ急進し、次いでパース、彼がもっとも多くの友人をもっていた地域へと進んだ。彼が平地に現れると、彼は、アイルランド人と戦うべく招集された他の部隊を見出したが、彼らは彼自身に属していた人々、大部分、グラハム家の人々であり、説得によって、容易に彼に合流することになった。

モントローズ、パースの戦いでスコットランド軍を破る

パースの外側三マイルのところ、タイバーモアの風通しのいい高原で、モントローズとその軍隊は、パースから出撃してきた盟約者団の部隊を発見した。兵力は、ロウランドから送られてきた七〇〇〇の職業軍人から成る騎兵隊、そして、六〇〇〇の歩兵隊であった。後者は「戦闘訓練を受ける以前の未熟な兵士たちであったが、訓練を経た一連隊によって補強されていた」。モントローズの兵士は、粗野な服装をし、不十分な武器しかもたず、弾薬も少量、しかも騎兵隊をもたなかったが、兵数において——勝利を確信しすぎていた盟約者団側の指揮官エルチョー卿が、ちょっと見て勘定したところでは——少なくとも二対一の割合で多かった。この度は、スチュアート家、ロバートソン家、グラハム家の協力を得て、無血の勝利を繰り返すことに大きな自信をもてなかったモントローズは、エルチョーに使いを送ってこういわせた。自分は、スコットランドの総司政官の任務を国王から委託されており、それに従ってほしい、少なくとも日曜日から始める予定の討議まで、休戦を結びたい、と。国王による任命云々を認めるところから遥かに遠かったエルチョーは、モントローズの群衆に通常の交戦権を認めなかった。彼は使者を捕らえ、戦いが終わったら彼を絞首刑にすると誓い、次の言葉を言いに帰させた。主の勝利が、主の仕事を成し遂げるためには最適である、というのがエルチョーの意見である、と。それから彼は、部隊に勝利のための言葉「イエス

にかけて、容赦をするな」を与え、敵を全滅する用意をした。

モントローズは、わずかに隆起した地形の有利さをもっていた。彼の少数の部隊にとっての最大の危険は、敵に側面に回り込まれ、包囲されることであった。彼はそこで、エルチョーよりは遥かに長い戦線を張り、そこに三つの深い陣地を設けた。中央には、マクドナルドとアイルランド兵、右翼はアトホールの徴集兵で、「勇猛で、強く、背の高い男たち」で、総勢八〇〇、左翼はグラハム勢であった。

エルチョーは、アイルランド兵に対して騎兵隊を発進することによって戦闘を開始した。即座にマクドナルド軍は、身の毛もよだつような叫び声をあげ、武器を振り回し、小さなみすぼらしいムスケット銃を発射しながら突進し、エルチョーの騎兵隊を立ち止まらせた。モントローズは、敵が困惑したこの時点を利用して、進軍した。アイルランド兵は、スピードと喚声でもってロウランドの歩兵隊に襲いかかり、これら地方徴募兵は身をひるがえして逃げ、職業兵士たちも動揺した。エルチョーの騎兵隊は側面攻撃によってアイルランド兵を混乱させようとしたが無駄であった。ただ、アトホールの部下たちは、火薬がなくなり、石を投げていたが、ついにはぐるぐる追い回され、味方の歩兵隊をはるかに越えて逃げた。このとき、モントローズの兵士たちは、エルチョーのカノン砲を捕獲したが、それを使う必要はなかった。道はすでに付いており、日没前に、モントローズは勝利のうちにパースへ入った。パースにあった備蓄品、武器、馬が取得された。絶望的な冒険のために、一二人の同伴者をともなって国境を越えてちょうど二週間目に、彼は響きわたる勝利をえ、征服者としてスコットランド第三位の都市に入ったのであった。

アーガイルは、急いで活動の場面に駆けつけた、蜂起の連中との交渉する包括的処置を取った。国境の部隊は、即座に北方への移動を命じられた。ニューカッスルでは、スコットランドの指導者たちが協議した。レーヴェン卿は、緊急の助言を書いた。あらゆる犠牲を払ってでも、モントローズとアイルランド兵が、ハイランドで拠点を獲得することを妨げねばならない、と。なぜなら、彼ら、「国民の心の中に固定観念としてある野蛮な敵として彼らは、ふりまくことのできるかぎりの不幸を」スコットランド中にばらまくであろうからである。

彼は、後にも書いている。四方八方から王党派は、合流するためにモントローズのところへやって来た。パースの南の地方から、エアリー伯とその息子たち、オジルヴィー、グラハムが、はるか北方からはナサニエル・ゴードンが騎兵三〇騎を率いて駆けつけてきた。このように強化されたモントローズが、アバディーンに向かって進撃しつつある間に、アーガイルは追跡のための兵力を集める一方、イングランドの宰相ラウドゥーンに使者を送り、ロンドンにおける盟約者団の信用を落としつつあるモントローズの勝利の粗野な噂を打ち消そうとした。タイバーモアでの「悲しむべき敗北」の話は、ラウドゥーンの前にもあり、周囲すべての憂鬱な表情のなかで、スコットランド人は気落ちした同盟者からの挨拶を受けた。

第一二節　議会軍の形勢、悪し

イングランド教会に長老派浸透、反面、教会分派（独立派）も伸張

この暗いニュースを背景にして、スコットランド人委員会とそのイギリス人の同僚たちは、ダービー・ハウスで、クロムウェルとマンチェスターのあいだの争いを、つぎはぎで解決しようとした。スコットランド人は、この年の初めから、両国の同盟に失望していた。同盟軍は六カ月も包囲しながら、ニューカッスルを取ることに失敗していた。マーストン・ムーアの戦いの栄光は、クロムウェルによって横取りされた。そして、いま、彼らは本国で深刻な危機を抱えることになったのである。彼らの信用が落ちれば、彼らのイギリス人友人たちの信用もまた落ちる。ウェストミンスターの「聖職者集会」は別として、どこでも教会分派が優勢になりつつあった。同「集会」では、聖職者たちは、多数派によって計画された長老派改革の全般的受容を、遅らせはしたが、妨げることはできなかった。しかし、「集会」がそれを庶民院に提出したとき、提出はしたが、それ以上のことはできなかった。一六四四年九月一三日、オリヴァー・セント・ジョンが動議を出した。「すべての事柄を一般的な規則、聖書の言葉にした

がって生まれ、樹立されるべき規則に従属させることのできない、柔軟さを欠いた良心のために、なんらかの道を見出す努力を払う」委員会が任命されるべきである、と。この合理的提案は、賛否への分裂なしに、通過した。しかし、スコットランド人委員会がそれを聞いたとき、彼らはぞっとした。なぜなら、彼らは、この無邪気に見える動議に、包み込まれている恐るべき寛容思想を見出したからである。彼らの規則によれば、いかなる良心も、長老派の提案に反対するほどに柔軟であってはならなかった。そのようなためらいのふりをする者は、神の意志を愚弄《ぐろう》するものであり、それゆえに罪深く、また他人の罪の原因となるものである。

彼らは、おそらく正しい指摘であったろうが、セント・ジョンの動議の中に、クロムウェルの手を感付いていた。クロムウェルは、マンチェスターとの争いの解決を待って、ロンドンにいた。彼らは、しかし、三頭政治の第三の男が彼らの友人のハーリー・ヴェインであったことに気が付いていなかった。彼の市民風の口調、熱烈な敬虔さ、スコットランド人とイギリス人とのあいだの同盟と理解を強化するために去年以来払ってきた数多くの努力によって喜ばれて、彼らは、ヴェインが、盟約者団の草案に修正を加えることをしたにせよ、教会分派に対しては自分たちの側にあると信じて疑わなかった。その安全とおもわれたヴェインが、いまや、雄弁をもって、柔軟な良心に対していくらかの寛容が許されるべきであると説くのを聞いたとき、彼らは傷付き、調子を狂わされ、だまされていたと感じたのであった。

柔軟な良心への「順応」――通常、このように呼ばれている――の動議は、一六四四年九月一三日、通過し、同日、庶民院は、ヨークでプリンス・ルパート、ニューカッスル侯に対してあげた大勝利に関して、オリヴァー・クロムウェルに感謝の投票をした。このような投票がなにを意味するかは、痛いほどスコットランド委員会には判っていた。彼らは、ふさぎ込んで、恩知らずで、不実なウェストミンスターの同盟者、オックスフォードの悪意をもった国王、人殺しのアイルランド人の餌食になっている自分自身の国のことを、じっと見詰めていた。このように多くの悪事に取り巻かれて、彼らにできることといえば、ただ神にすがり、いい結果を祈るばかりであった。

一六四四年夏の終わり、議会軍の形勢悪し

夏の会戦はなお完全には終わってはいなかった。国王は、プリマス包囲にプリンス・モーリスを残して、自分は東方へ進んだ。エセックスは、自分の残された軍隊――武器もなく、ぼろぼろの服を着た歩兵隊、フォーウェイからの撤退で消耗し尽くし、馬の数も減った騎兵隊――を立て直すため、サザンプトンに上陸した。ファーナムのウォーラーの部隊は、ぼろの服を着、装備も悪く、いまにも暴動を起こしそうであった。アビングドンのブラウンの部隊は、地域からの供給がなく、将校たちを無視して、略奪に走っていた。議会軍は、ベイジング・ハウスを取りなかったし、彼らがロンドンへ送ったファイフシャイアーの石炭は、都市の需要に合っておらず、第三の火の気のない冬が予想された。マンチェスターとクロムウェルは、彼らの苦情を棚上げするように、困難ではあったが、説得されていた。スコットランドからは、恐るべき噂が南へと流れ出ていた。

ヨークの戦いが勝利した七月に立ち昇った輝かしい希望は、心配事と疑惑の雲でおおわれることになった。独立派と長老派のあいだの裂け目は、国王との戦いが終わる以前に、ウェストミンスターに第二の、より恐ろしい争いを生みだしそうであった。一六四四年秋の初め、議会の勝利はなお不確かであり、国王の勝利がなお可能であった。議会党の多くにはそのように見えた。ディグビー卿にも、そう見えたのである。夏に起こった興奮事――オックスフォードからの逃走、ヨークでの敗北、クロプレディでの勝利、フォーウェーでの大勝利、スコットランドにおける王党派の蜂起、そして、ウェストミンスターから報じられている争い――を振り返って、彼は彼の精神が高揚するのを感じた。「神は、国王陛下の事柄を、奇跡といえるまで、嘉《よみ》せられている」と、彼はオーモンドに書いている。「われらは、いまや勝利の確信をもって、力強く、東方に向かって前進しつつある……だから、君も陛下の事柄を最良の状態――この不幸な戦争が始まって以来、いつでもそうであったが――にあるものと信じてほしい」。

第四章　軍隊の改革　一六四四年一〇月―一六四五年四月

第一節　国王軍、ニューベリーを解放

ディグビー卿が国王に愛されるようになるこの楽観主義は、王党派の強さによってではなく、議会とスコットランド人の困惑によって裏打ちされるものであった。国王はなお、北部、ミッドランド東部にいくつかの守備隊、前衛の役割を果たすいくつかの騎兵隊をもっていたが、しかし、彼の王国の中で、有効な支配をしていたのはウェールズ、ミッドランドの南西部、南西部イングランドに限られていた。コーンウォールで勝利を挙げた軍隊さえも、人数が減り、夏の努力によって消耗し、深刻な馬の不足に陥っていた。国王は、兵士を徴募し、外国からの武器、人、金の援助――彼は王妃からのそれらの送致を期待していた――を確保し、彼がなお信頼をおいていたアイルランドからの援軍に行動を起こさせるための冬の到来を待ち望んでいた。

昨年、オーモンド伯が、国王の命令で、アイルランド人と休戦を結んで以来、オーモンド政府所属の軍隊から数千人のアイルランド人がイングランドへ送られていた。しかし、マクドナルドによるスコットランドへの侵入は別として、アイルランドの叛徒の階層からは、国王を援助するためには、一兵たりとも送られてはこなかった。そして、オーモンドとアイルランド連合とのキルケニーでの交渉は、実を結ぶことはなかったが、それは主として次の理由による。すなわち、彼らが信じ続けてきたところによると、国王は、総司政官として住民の利益を代表するのが義務であり――したがって、住民たちと交渉するなどはありえない――、統一カソリック・アイルランドの指導者としてその先頭に立つべきであったのである。そして、キルケニーの交渉後、アイルランド人はアルスターから

スコットランド人を追い出し始めた。オーモンドがこのことをおこなうことを拒否したことが、いくらか行き詰まりをつくりだしたようにおもわれる。とかくするうち、国王の密使グラモーガン伯は、一六四四年春の初め、王の寝室で密命を受けたのち、その使命を果たして帰ってきていたが、国王は彼を再度派遣するのが賢明と考えた。彼は秋にはまだオックスフォードに滞在していた。

アイルランド指導者の一人インチキン卿（プロテスタント系）、議会側に接近

自分を助けるためにアイルランド人を動員しようという国王の実りのない企ては、彼が理解している以上に、骨の折れる仕事であった。老練の兵士で、三年前に、アルスター蜂起ニュースをダブリンにもたらした老ブラニー卿は、アイルランド人との休戦は、「イギリス人の心、プロテスタントの顔、キリスト教徒の良心」をもった人々にとって非難すべきことであったと宣言したが、これは、アルスター住民の大多数の意見を代弁したものであった。ミュンスターにおけるイギリス人の中心的堡塁であったインチキン卿は、アイルランド人との休戦という考えすべてを憎悪し、国王のプロテスタント臣下に敵対してアイルランド人との同盟をつくるという政策を公然と非難した。

インチキン自身はアイルランド人であり、オブライエン家の家長であった。アイルランド人指導者の一人として、紛争の勃発以来、プロテスタント、イングランドからの移住民と同盟を組んでおり、その忠実さに対してなんら報酬を受け取っていない。春にオックスフォードを訪ねたとき、彼は、国王がアイルランド人の反乱を鎮圧しよう――たとえ、そう欲していたとしても――という考えをもっていないことを見抜いた。マーストン・ムーアでの王党派の敗北は、ミュンスターの指導的プロテスタントすべてとともに、彼を国王からの離反へと陥れた。それは不忠ということではなく、こののち、助けを求めて議会に彼らを向かわせる全くの必要から起こったことであった。インチキンが最初に取った行動は、コーク市内にあるすべての店舗を押収することであり、すべてのローマ・カソリックの市民を追放することであった。彼の離反は、南アイルランドの貴重な港を議会に与えることになり、議会

はただちに、コーク、ユーガル、キンセイルを強化する武器を船便で送っているのである。議会の能率のよさと好意の示威に元気付けられて、インチキンは、すべての人の願いとして、アイルランド連合との交渉を一切断ち切ること、インチキン自身をアイルランド・プロテスタントの筆頭に置くように懇願した。国王党員であるオーモンドを説得したのは余分のことであった。なぜなら、彼は絶えず、あれこれのアイルランド反乱党派を指導すべく依頼される人物であったからである。

オーモンドは、インチキンを拒否

困惑したオーモンドは、インチキンの言うことを聞き入れなかった。アルスターが大部分、盟約者団の支配下に入り、ミュンスターがイギリスの議会と同盟したため、ダブリン政府の収入はひどく落ち込んだ。輸入税と最近導入された消費税が即座に入る収入源であった。そして、海陸両方の貿易はほとんど停滞していたので、それらは遠方から、空っぽの金庫にごくわずかなものしかもたらさなかった。だから総司政長官 Lord Lieutnant〔オーモンド〕も、アントリムから来た、スコットランドの彼の一族の、勇敢な信条をもった者たちの訪問を受けても、あまり大して元気付けられず、彼の関心はもっぱら、焦げ茶色の馬車牽引用のつがいの馬に自分を似合わせることにあった。しかし、彼は、国王に忠実にとどまること、そして、それにふさわしい威厳と信頼の空気を帯びて、彼の代理を務めることを自分の義務であると信じていた。彼の財産の衰微について、フランス人のある旅行者は、感嘆の声をあげて、日曜日に護衛兵の先頭に立って、バルバリ産の白馬に跨って、教会へ参詣する総司政長官の姿を描いている。彼の表向きの平静さにもかかわらず、彼は、自分の置かれている「絶望的で、冷酷な状態」を国王に隠そうとはしなかった。「欲しいものを食べ尽くしてはいるが、ほとんど救済のくる希望はなく、海に囲まれ、強力な敵に包囲され……非常に小さな、極貧で、不満を抱いている軍隊、防備不十分な都市、信用できない住民……これらすべての悲惨事に加えて、わたしは、陛下の楽しみがなんであるかを全く知らないのです」。彼が確かなこととして知っているのは、国王がもっと、もっとアイルランドからの援軍を欲しがっているということであった。そこで彼は、一二月まで、連合体との休戦を延長することにしたのである。秋の初め、連合体の代表者たちは、チャールズが待っている同盟をつくるという期待のうちに、ダブリンに迎え入れられた。

国王は、アイルランドとの関係を強めることによって、自分の問題にもたらした損害を頑固に過小評価し続けた。しかし、彼は、イングランドでその証拠を眼前にしていた。過去の年月における国王側軍隊からの脱走の滴《したた》りは、兵士たちの怒り、不承知を暴露したものであり、それは、アイルランド人の係わりあいの支持者たちのある者によっても感じられるところであった。プールの司政官のアンソニー・アシュレィ・クーパーはその同盟関係を、国王から議会へと移し、ドーセット州のウェアハムの司政官であったインチキンの弟は、小さな港を議会派に手渡し、自分の部隊を連れて、ミュンスターへ船で移動した。

しかし、国王の心は、一六四四年一〇月、デヴォンシャーからドーセットへ進むにつれて――ディグビーの詩句に「勝利に満ちた、力強い進軍」と謳われた――、またもや、イングランド南部の残存議会勢力の破壊に、確信をもって向かっていた。ルパートは、ごく短く協議するため彼に会ったのち、新たに徴集された部隊とシェアボーンで出会い、それを指導するためにブリストルに帰っていった。彼が去っていったか、いかなかったとき、彼の再来を待つことなく、国王は、包囲されているベージング・ハウスとドンニングトン・キャッスルの守備隊の救出を急ぎ決断した。彼は、湿っぽい、風の吹きすさぶ天候の中、ときには彼自身、終日徒歩で歩いて、兵士たちを励ました。他方では、フランス人駐在員であるサブラン侯――国王に友好的で、情報通であり、新鮮味のある人物であった――のロンドンからの来訪を受けて、元気付けられた。サブランは、議会側が国王よりもより大きな資力をもっていることを認めていたが、この時点では国王の味方であると保証していた。なぜなら、議会側は、まもまく彼ら自身の内部の争いによって、完全につぶれると予想されるから、と。このように心暖められて、国王は、一六四四年一〇月一五日、ソールズベリーに入った。

ウォーラー率いる議会軍、気乗り薄に南イングランドの国王軍へ向かう

ウォーラーは、新たな闘志に燃えて、彼に向かって進んでいった。「この軍隊を滅ぼせば、仕事はお仕舞いだ」と、彼は両王国委員会に保証している。しかし、彼は、彼独りだけで国王に挑戦することはできなかった。エセックスとマンチェスターに、彼に合流するように命令されねばならなかった。フランス人使節の意見は真実をついているように見えた。マンチェスターは、道中、一マイル毎に、クロムウェルには怒りを、ウォーラーにたいしては妬《ねた》みをぶっつけて抗議し、セント・アルバンに着くのに一週間かかり、それからとぼとぼと歩いてレディングに向かった。そして、そこから先へ進もうとはしなかった。ロンドンからは、郵便に次ぐ郵便で、前進することを促したのであるが。「彼らはわたしを西方へ前進させたがっている。西方へ、だと！　しかし、彼らは場所を特定しないのだ。これでは、西インドかも知れないし、セント・マイケル山かも知れないではないか」と。彼は不平をいい、平和を作るのが一番だ、とぼやいているのである。ハムプシャーにいたエセックスは、ただ貧弱な、打ちのめされた数百の騎兵隊、フォーウェーからやってきた元気のない、武器をもたない歩兵千人たらずを再組織しただけであった。彼は普段よりもっと、ウォーラーに合流する気がなかった。

ソールズベリーへ、ルパートは補充部隊をつれて現れず、自分の新しい部隊は出発するのになお数日を要するという通信を送ってきただけであったが、国王は彼や「大いなる陽気」をもったゴーリングを信頼し続けた。そのゴーリングは、えり抜きの部下二〇〇人の集団でもってウォーラーをアンドヴァーの基地から追い出していた。「われらの意図は彼らと一戦を交えることであったが」と、ある騎士党員は書いている。「彼らはその逃げ足の速さでわれらを失望させた」。騎士党員たちは、敵が鞭打つような秋雨のもとでつまずき、彼らのまえから四散するのを楽しんで眺めた。ついに動くことを承知したマンチェスターがベイジングストークでウォーラーと合流したのは一〇月一九日のことであったが、その直後、そこへバルフォア指揮下のコーンウォールからの貧弱な騎兵隊が加わり、四八時間後には、エセックス伯とその歩兵隊がその例にならった。マンチェスターとクロムウェルは、新たに公然

と争うことになったし、エセックスは病気であると苦情を述べた。合体はおそくなって成立したが、司令官同士のあいだの争い、ずぶぬれになった彼らの部隊の貧しい精神は、その前途の多難を占わせたのであった。

国王、議会軍総力を排除して、ニューベリーを解放

ニューベリーの真北にある古くからの要塞地ドンニングトン・キャッスルは、ロンドンへ向かう道路上にある王党派の前哨拠点で、ほぼ一カ月包囲されていた。ウォーラーの部下がアンドーヴァーから逃げ出したとき、国王はドンニングトンの被包囲者たちをその任務から解放し、その指揮官ジョン・ボーイズ大佐は、困難に耐えたその栄誉、成功した抵抗を称えて、チャールズによって一〇月二一日、騎士に叙任された。遠近から勝利の情報が届いた。ウィンチェスター侯のでかい、よく防備された館であるベイジング・ハウスは、四カ月以上包囲されていたが、王党派は、ウォーラー、エセックス、マンチェスターの合同攻撃をよく跳ね返し、その間に、国王は、西方からのプリンス・ルパートの部隊の到着を待つことなく、ニューベリーを占領したのであった。

第二節　モントローズ、アヴァディーンで勝利

モントローズ、アバディーンで大勝利

国王の人間たちがこのようにイングランドで雇われている間、彼は、スコットランドのモントローズから直接、最初の福音の知らせを受け取った。パース外での勝利ののち、モントローズはダンディーへ前進したが、これを取ることはせず、北方のアバディーンの方に転じた。ゴードン卿は、盟約者団を防衛するために一族の者を動員するのに失敗し、自分の領民の土地へのこの新しい侵入を、悲しみに満ちて、遠くからただ眺めるだけであった。モントローズはディー河を溯って西へ転じ、行く先々で兵士を徴募し、ドゥラムで河を渡り、河の左岸に沿って攻め下

り、彼を阻止するために送られてきたストーンハーヴェンからの部隊をうまくすり抜け、九月一三日、アバディーンの前面に現れた。

有名な神父アンドリュー・カントの二年間にわたる熱烈な説教にもかかわらず、アバディーンの人々は盟約者団を受け入れなかったが、一人の盟約者に属する牧師をもっており、同都市は春以来、厳重に守備されるにいたっていた。モントローズは警告を与え、もし自分の入市を拒否するならば、彼は町を襲撃するであろう、そして、お前たちは、女房子供の安全を図るのが精々であろう、と。彼らは彼の入市を拒否し、彼の使者が帰ろうとしたとき、無名の一兵士がふざけて彼に火をつけ、使者に付いてきていた鼓笛手の少年を殺してしまった。このいわれのない蛮行は、「モントローズを狂気へと追いやった」。彼は、彼らが彼をものともしないというのならば、彼らを待ち受けている運命について警告し、事態はいまやそのコースをたどるほかはなかった。守備隊は、過去数カ月武装を帯び、教練を受けてきた市民によって補強され、彼らは、彼を撃退できると信じて、都市の前面に陣を敷いた。彼らは歩兵およそ二〇〇〇、騎兵五〇〇から成っていた。モントローズはタイバーモアのときよりも良い装備をしていたが、およそ五〇の騎兵、ムスケット銃、短剣、弓で武装した一五〇〇の歩兵をもっていたが、槍兵はもっていなかった。騎兵隊に対しては槍兵がもっとも効果的に抵抗できるというのが軍事学の常識であった。モントローズは部隊を三つに分け、中央には、タイバーモアと同様に、敵の歩兵を攻撃すべく短剣と双刃の剣で武装した歩兵を配置した。両翼は、周囲に相当数の騎馬兵をちりばめ、敵の騎兵が攻めてきたときには、それを妨げ、脇へそらすため、ムスケット銃が使いやすいように仕組まれていた。

彼らの騎兵隊の優位を信じていた盟約者団は、モントローズの部隊を出し抜いて、彼らを包囲しようとしたが、モントローズの両翼のムスケット銃兵隊は冷静に、彼らを通り抜けさせたのちに、面と向かい合って銃火を開いた。モントローズの部隊を包囲するどころか、逆に盟約者団の騎兵隊は味方の歩兵隊から切り離されてしまい、彼らとアバディーンのあいだにモントローズの部隊が入り込む格好になった。その間にも、中央のアイルランド人は盟約者団の歩兵隊に突撃していき、彼らを町の門の方向に後退させた。盟約者団の騎兵隊は、ムスケットの銃火によって悩まされ、混乱に陥り、町から切り離され、野外へと逃げ出し、盟約者団の指導者の大半がそれと行をともにした。敗れた歩兵隊も市門を通って逃走を余儀なくされ、そのあとをモントローズ兵が追尾した。アイルランド人は手にしうるものをみな取った。その都市の富のすべてが、「われら騎士党の兵士のものになった」と、マクドナルドのある将校が満足げに報告している。モントローズは、略奪——彼は脅しによって遮ろうとしたが、できなかった——の惨状から目を逸らし、次の日まで都市の外にとどまっていた。入市すると、彼は盟約者団を非難する国王の声明を読み上げ、自分の部隊を抑えようとしたが無駄であった。市民たちは王党派の主張に抗議し、モントローズの寓意像、つまりカラスムギの葉っぱを家の扉の上に打ち付けたが、むなしいことであった。略奪されなかった家は一軒もなかった。一〇〇人以上が、アバディーンでの捕虜と略奪のなかで殺された。そして、三日後、モントローズとその軍隊が退去したとき、都市は裸同然であり、ひどい打撃を受けていた。

彼は都市守備のために兵士を割くことはできなかった。彼の計画は、最初は、襲撃によってエディンバラ政府をびっくりさせ、部隊をハイランドへ連れていき、ローランドは荒廃化させ、人々を弱気のままにしておくことにあった。アーガイルがすでに多数の兵を率いて、彼を追跡し始めていた。アバディーンに入ると、アーガイルは、新しい守備隊を設け、アバディーン市民をその訓練に集めた。さらに生きているか、死んでいるか、どちらでもモントローズをゴードン卿のもとに連れてきた者には、二万ポンドの褒賞金を出すと宣言した。そして、黙って従う若い隊長（ゴードン卿のことか）を傍らに従えて、アーガイルは、だれもモントローズの助けに行けないように、ゴードン家の領地を荒らした。彼は収穫前の穀物を荒らし、羊や牛を追い散らし、軍用行李車輌のために馬を徴発し、そのため「燃やすための泥炭を運ぶ」馬がほとんど一頭も見当たらない有様であった。

アーガイル、モントローズを追跡すれど、捕らえられず

アーガイルが前進するにつれて、モントローズは丘陵地帯に退き、それを越えてスパイ河を渡り、南方のアトホールへ進んだが、それは彼を追跡しているアーガイルにとって歓迎すべき動きであった。このとき、はるか南イングランドの遠きにあった国王チャールズは、モントローズから新しい会戦勝利のニュースを得た。モントローズは、アーガイルとその部隊を、どう見ても二〇〇マイル以上を引きずり回したというのである。すなわち、スパイ溪谷を出発点として、ロシーマークスの森を通り、バーデノッチの沼地を越え、アトホール山地を越え、タンメル、ティ溪谷へ降り、かくして「ぐるっと一周してアングス、メアーン」にたどりついたというのである。この長ったらしい、荒々しい、消耗的な行軍を通じて、アーガイルはモントローズに戦いを挑むことができず、彼の姿を見付けることもできなかった。エディンバラの委員会は、アーガイルの遅さをとがめたが、彼の軍隊は危険な、道路のない丘陵地帯の困難な行軍で不平たらたらであった。モントローズは、軽やかに、遮られずに行軍し、彼の部下たちは食料として鹿狩りをした。厚かましい王党派の兵士たちは、盟約者団をからかう気持ちをもちはじめ、この間に、アーガイルとその大部隊がなにをしていたのか、不思議に思うと話し合った。

このスコットランドからの嬉しいニュースは、ニューベリーの周辺でキャンプを張っていた王党派軍隊に新しい喜びをもたらした。過去数週間、ロンドンでは、不運なスコットランド委員会は、自分たちの困窮の広がりをイギリス人友人に隠そうと試みたが、しかし、彼ら自身は、それについてなんら幻想を抱いてはいなかった。モントローズの攻撃は、「過去八〇年間でわれら貧しい国が受けた最大の傷であった」と、バイイー博士は書いている。そして、彼はまた、悲しみをもって、イングランドで、独立派が民衆の評価において上昇し、長老派の評価が、そのスコットランド人同盟者の評判の凋落に応じて、低下していくのを見詰めたのであった。

スコットランド遠征軍、ニューカッスル・オン・タインを奪取

この陰気なとき、そして、まさにこのとき、ベイジングストークの議会軍の精神を高揚させた、一つの長い展望を秘めた勝利が起こっていた。スコットランド軍が、ニューカッスル・オン・タインを取ったのである。この町は、春の初めから包囲され、北部における王党派の崩壊以来、あらゆる救援に希望から遮断されていた。司政官のサー・ジョ・マーレーは、市長でもあったが、最後まで頑強で、レスリーが市壁にトンネルを掘り終わった一〇月一七日、彼に提案された降伏条項の受理を拒否した。スコットランド兵は坑道に火を放ち、防塞を爆破し、全面的襲撃に乗り出した。守備隊は、勝ち目がないにもかかわらず、勇敢に戦った。街路にバリケードを張り、家屋一軒々々で戦ったが、しかし、町は一〇月一九日、夜のとばりが下りる直前、占領された。マーレーは、生き残った兵士を連れて城へ退いたが、三日後、無条件降伏をした。

ニュースは、時宜《じぎ》を得たものではなかった。夏は寒く、湿っぽく、秋は早くから凍り、厳しい風が吹いた。ロンドン市民は、石炭なくしては来るべき冬を越せそうになかったが、ニューカッスルの陥落は、彼らに、炉床で再び火を燃やす希望をもたらした。スコットランド兵の評判が回復し、彼らに、かつての批判に対する価値ある償いをもたらした。ロンドンへの燃料供給を速めるか、遅くするかは、いまや彼らにかかることになったのである。

第三節　ニューベリー第二の戦い

ニューベリーの騎士党は、ベイジングストークの議会軍よりもいい気持ちであったが、しかし、彼らは人数において少なかった。プリンス・ルパートはまだ来ていなかったが、国王は、彼を待たずに、過去三カ月包囲されたままのバンベリー救援のため軍を派遣する決心をした。敵方は二度、閉ざされた市壁に侵入しようとし、二度とも撃退されていた。しかし、弾薬は目に見えて減り、水が不足してきた。馬はすべて、二頭をのぞいて、食べられ、芝

土と泥土で穴をふさいだ市壁は防衛不可能なものになっていた。国王は、一八歳の司政官ウィリアム・コンプトンとその英雄的な守備隊の訴えに、急いで応えない訳にはいかなかったのである。

国王騎士党の騎兵一五〇〇の出発は、サー・ジョン・ハーリーの（国王側からの）脱走が起こらなければ、おそらく議会軍司令官たちには知られなかったであろう。彼は一五カ月前、価値ある情報をもって議会軍を抜け、国王側に走った。ところが彼は、いまやコートをひるがえして、議会側に帰っており、彼から、国王の現在の強さ、供給状態に関する正確な情報が得られていた。彼から、王党派の人数が彼らの予想よりは少ないことを知って、議会軍の将軍たちは、ベイジングストークからニューベリーへ向かって用心深く動いた。国王をオックスフォードへの道路から遮断し、バンベリーへ出向いていたルパートとその部隊が彼に合流する前に、彼に戦いを強いようという考えからであった。

彼らは一〇月二五日正午過ぎに、ザッチャムに到着した。そこで、ニューベリーのちょうど北西部、「有利な地点」に国王軍の一部が一団となって陣を敷いているのが見られた。王党派は用心深く、自分たちへの攻撃を跳ね返したのち、暗くなってから後退し、都市に接近する道路を横切って防衛陣地を構築し、市の北東のショウ・ハウスに強力な分遣隊を配置し、主力をニューベリーの北西、スピーン・ハウスに置き、彼らは一部、ドンニングトン・カッスルからする大砲の砲撃の保護のもとに置かれていた。彼らは、ルパートが駆けつけるまで、あるいは、大部隊の維持ができなくて議会軍が撤退するまで、防衛を維持しようと考えていた。

次の日、一六四四年一〇月二六日、土曜日、議会軍司令官たちは状況の検討を行った。彼らは自分たちと都市のあいだの防御が攻撃するにはあまりにも堅いことを見て取ったが、スピーン・ハウスで攻撃することによって国王に戦闘を強いようと決断した。エセックス、ウォーラー、そして、クロムウェルは、東部連合体の騎兵の大部分を率いて、ウィンターブーンとボクスフォードから北に向かって大きな輪を描いて前進し、西からスピーン・ハウスを襲うことにし、他方、マンチェスターは連合体騎兵の残余を率いて、同時に、ショウ・ハウスの国王の前哨基地を攻撃する手筈を整えた。国王軍は、劣った兵力で二正面の戦闘を強いられ、ほとんど敗北を免れがたいようにおもわれた。

計画は十分に練られていたように見えたが、その実施は杜撰《ずさん》であった。マンチェスターは、多分、同僚の長ったらしい作戦協議から注意をそらされたのであろう、一〇月二七日、日の出前にショウ・ハウスを攻撃し、損害を受けて後退を余儀なくされた。そのときであった。彼がしめし合わせた信号、大砲の発射音を聞いたのは。それによって、彼の同僚は、原野の遠くの側から、自分たちの攻撃の開始を彼に伝えようとしたものであったが、そのとき彼の兵士はすでに意気消沈していた。

エセックス、ウォーラー、クロムウェルは長い行軍をし、スピーンの攻撃を開始したのは、ほとんど午後四時過ぎのことであった。狭い泥道で、彼らの騎兵隊は十分な効果を発揮せず、スピーン村で最初の突撃を敢行したとき、彼らは、生け垣からするムスケット銃の猛烈な射撃、ドンニングトン城からの砲撃にされされていることを知った。彼らはまた、国王の前衛騎兵隊によって悩まされた。こうしたことにもかかわらず、エセックスの歩兵隊、とくにかつてハムデンのものであった連隊は、フォーウェーで失った名誉を取り戻すために頑強に戦い、嬉しいことに、自分たちのもので、コーンウォールでの降伏のときに失った大砲を取り戻したのであった。しかし、多くの期待をかけられたクロムウェルの騎兵隊は、あまり前進せず、その少し前に、マンチェスターは、原野の遠くの側で、もう一度、ショウ・ハウスの内外にいる国王軍を攻撃して、王党派を退却させようと試みた。このとき、秋の夕べは暮れかけようとしており、その薄暗がりの中で、彼自身の歩兵の二連隊は、王党派がすでに退却していたのにもかかわらず、同志撃ちで時間と生命を浪費した。そのほかの地点では、王党派は死に物狂いで、よく計画されたショウ・ハウスの拠点を保持したが、彼らの指導者サー・ジョージ・リースルは、淡黄色のコートを脱ぎ捨て、彼のシャツのちらちらする白さが、深まる薄明の中で、彼の部下たちにはっきり識別されたのであった。

満足のいかない、終わりのない戦いは、日没後一時間ほどして終わった。国王はドンニングトン城に退いたが、彼はそこで、どこからか分からないが、ムスケット銃の発射されるきらめきを見、暗い沼地からの偶発的なその発射音を聞いた。一時間半の協議ののち、彼は、プリンス・オブ・ウェールズと護衛兵を伴って、西方からやって来るルパートの補強軍に合流するために、同地を離れた。軍の主力は、ドンニングトンにカノン砲を据えつけたのち、ウォーリングフォードの道を通って、オックスフォードへ引き上げて行った。作戦は危険なものであった。なぜなら、月が昇り、敵は非常に近くにいて、国王軍の動きをしっかりと見ることができたからである。しかし、疲れからか、怠慢からか、その夜、追跡はおこなわれなかった。積極的なバーチ大佐はマンチェスターを励まし――哀れなマンチェスターは、精力的な配下によって悩まされていた――、敵を追撃しようとしたが、将軍はあくびをし、遅すぎるといっただけであった。バーチは一握りの義勇兵を連れて出掛けて行ったが、彼が褒美目当てにつかまえたのは、高貴なドイツ人の女男爵で、フォース伯の妻が乗った馬車であった。

夜明けとともに、ウォーラーとクロムウェルは追跡に移ったが、マンチェスターは、圧力に屈して、追随することに同意した。しかし、彼らはあまりにも遅れ過ぎていた。オックスフォードの途上にあった王党派は、すでにウォーリングフォードのところで、十分に守備された河を越えた。大きな軍隊の支持がはっきりとは期待されない地域での長い一日の追跡ののち、マンチェスターは撤退を主張した。憂鬱になった彼らは、ドンニングトン・カッスルを降伏させよう――できたらの話であったが――という企てに対して後ずさりをする有様であった。

休みなく五〇マイルの行軍をした国王は、一〇月二八日午後、バースでルパートと合流した。それから彼らはオックスフォードへ帰り、その途中、サー・チャールズ・ジェラードによって連れて来られたウェールズ兵の査閲《さえつ》をおこなった。オックスフォードで、国王はその夏の英雄数人を騎士に叙任した。ベイジング・ハウスを救ったというのでヘンリー・ゲイジ、バンベリーで持ちこたえた功績に対しウィリアム・コンプトンがそれであった。一一月六日、ブッリングドン・グリーンで、彼は再び再結集された騎兵・歩兵あわせて一万五〇〇〇を査閲し、最後の最後に、プリンス・ルパートを将軍と宣言し、同時に彼を王室家政のもっとも重要な地位の一つ、厩舎長官に任命したが、この地位は、ハミルトンが不興で免職されたのち、空席になっていたものである。ファルツ選帝侯が王冠を要求する厚かましさをもっておらず、ロンドンでだれも彼をそうする意図をもっていないことが明らかになったからである。にもかかわらず、プリンス・ルパートは、彼がもっと大きな権力を要求するほど傲慢であったという噂を打ち消すために気を使わねばならなかった。それゆえ、彼は国王を説得して、プリンス・オブ・ウェールズを軍総司令官に任命させ、自分は総司令官補佐 Lieutenant general の称号にとどまった。

国王の貴重な砲兵隊の多くはドンニングトン・カッスルに残されており、指揮官サー・ジョン・ボーイズは、意気阻喪した議会軍に対して、ものともせず対峙していた。国王とルパートは、一一月九日、新たにされた軍隊を城を救うために配置し、ドンニングトンにある大砲をオックスフォードに持ち帰る決意をした。彼らの接近を知らされたマンチェスターは、戦争委員会の招集を呼びかけたが、クロムウェルは、この段階で国王を阻止するいかなる試みにも反対すると強く主張した。なぜなら、騎兵隊を急遽集めることはできないいし、それに彼らは戦うにはあまりに疲れているからである、と。中途半端な試みがなされ、ドンニングトンの前面の生け垣にムスケット銃隊を一列に配置し、カノン砲で国王の接近を阻止しようという訳である。しかし、これは十分な阻止材料とはならなかった。国王の乗馬自体は、連隊の戦闘に立って進撃中に足を撃たれたのであるが、国王軍のその他の連中は、「ドラムを打ち鳴らし、軍旗をひるがえし、トランペットの合いの手を入れながら」大胆な進撃を続け、邪魔されずにドンニングトンに入った。次の朝、一一月一〇日、彼らは再び救出した砲兵隊を伴って城を離れ、敵が見ている前で、ラムボーンへと進んだ。中途半端な騎兵隊による後衛に対する攻撃以外には、これといった妨害はなく、その後衛への攻撃もルパートによって容易に追い散らされた。

第四節　辞退条例、出さる

マンチェスターとクロムウェルの不和、頂点に達す

議会軍の司令官たちは、怒気をふくみつつ集まって議論した。クロムウェルは、最初の戦争委員会では、自分の騎兵隊だけで国王軍に挑戦することを拒否したが、国王が残したドンニングトンの前でもたれた第二回の会議のときには、クロムウェルは論調を変え、共同の努力で、またもや彼らからこっそり抜け出そうとする国王を阻止すべきであると主張した。最後にいたって、マンチェスターは、マーストン・ムーアの勝利以来、彼の心に滞《とどこお》っていたことを公然と口にした。「ジェントルメン」と、彼は口を切った。「わたしは君たちに、われわれがなにをして来たかを考えることをお願いしたい。国王は、いくたび戦おうと、心配することは一つもない。しかし、われわれにとっては訳が違う。われわれが危険をおかしている戦いは、すべてが無に帰する危険性があるからである。われわれが一〇〇回戦って、九九回勝っても、彼は国王でいられる。しかし、彼が一度だけでも、あるいは最後の戦いに勝ったならば、われわれは首をくくられ、財産を失い、われわれの子孫は破滅させられるであろう」。「上司よ、もしそうであるならば」と、クロムウェルが答えた。「何故われわれははじめに武器を取ったのですか? 貴方のおっしゃることは、これからずっと後の戦いにも反対するものです。たとえ平和を結んだとしても、かく卑しくあってはなりません」と。しかし、クロムウェルが平和を欲していなかったことは確かである。というのも、彼は同僚のことを思い浮かべていたからである。すなわち、王妃がフランスにいて、海峡越しに支援物資を送ってくるまでは、彼ら同僚たちは、賢明にも、国王に行動を起こさせなかったのである。外国の事情に詳しいマンチェスターは、国王はフランスからはいかなる援助も受けられないであろう、ときっぱりといっていた。彼の助言が的を射ていたら、カノン砲を引きずって、オックスフォードへ帰ろうとする国王を阻止するために、ニューベリーで新たに戦う必要

など起こらなかったであろう。

ねたみ合い、反目しあっている将軍たちに率いられた議会軍は、いまや、憂鬱な苦境にあった。クロムウェルさえも、夏の進撃や行動によって幽霊のようにさまよい歩くことを余儀なくされた人間から期待される以上の努力は可能ではなかった。ウォーラーは、自分の部隊はニューベリーの戦い以来、一年以上、休みのない奉公を余儀なくされ、厳しい冬、湿っぽい春、嵐の夏を通じて戦い、いまや冬に直面しているが、休みも報酬もなく、その給与支払いは滞りがちの状態にある、と宣言した。

議会軍の疲弊重くなる

悪いニュースが、他の地域から両王国委員会のもとに入ってきた。ウィンザーの守備隊における暴動が、ロンドンを回復しようという王党派の新たな企てを発動させることになった。ノッチンガムからは、議会側の司政官と地元のジェントリーとのあいだの争いの余韻がウェストミンスターにまで広がってきた。そして、多くの深刻な難問の中にあって、委員会は、ノッチンガムシャーにおける支持者を分裂させるほどの脅威をもった司政官の食事の調理の論争について考慮しなければならなかった。グロースターシャーからは、マッセイ大佐が彼の部隊を統率できないと苦情をいってきた。これら地方の部隊は「地方連合体」に登録されていたが、彼ら部隊員は、いい支払い、いい展望が誘惑するところへは、どこへでも移動してもよいと考えていた。こうした分裂した軍隊を再組織するために、なにかがなされなければならないのは明白であった。

スコットランド人との分裂の脅威は、陰惨な全局面にわたって現れており、それにもう一つ、火の気のない冬が付け加わった。同盟の条項はイギリス側から破られた。議会は、スコットランド兵士に支払うべき給与を用意するのに失敗し、またスコットランド兵に対して、その宿営する地域の住民によって食料、飼料の供給が拒否されるということが再々にわたって起こった。ニューカッスル占領後、彼らはついに取引条件を獲得した。彼らは、石炭売却の収入が彼らの部隊の支払いに保証されないかぎりは、ロンドンへの石炭供給を拒否したのである。その夏を通じて、ぐるりの地域からの泥炭や燃料木材をロンドンで溜め込もうという大きな努力がなされたが、議会の指導者たちは、石炭なしには、来るべき冬、ロンドンの支配を確保することの難しいことをよく知っていた。スコットランド人は、この新しい強さを十分に利用して、長老派の型にしたがった教会の直接的改組への圧力をかけてきたのである。

大主教ロードの裁判決着、処刑と決まる

とかくする間に、長く引きずってきた大主教ロードに対する裁判が、彼に多くの恨みを抱く敵を満足させ、適切であったとはいえないが、長老派と教会分派がひとしく主教教会を忌み嫌っているということを公衆の前に知らしめることになった。しかし、いま一度、ストラッフォードの場合と同様、検察官は、厳密に解釈された法律が主教の罪を発見するところまで広げられないということを発見した。彼らは、彼の職務執行にあたって犯された「軽罪」と好んで呼ぶところのものを多数発見したが、反逆罪を構成するところのものはなに一つ発見できなかった。検察当局は、へどもどしながら、軽罪を多数積み上げれば反逆罪にたっすることを示そうとしたが、大主教の弁護士はその試みを笑いものにした。「いまのいままで、二〇〇匹の兎の番《つがい》が一頭の黒馬を作るということを、わたしは知らなかったなー」と。一一月に、検察官たちは、ストラッフォードの場合と同様、ロードに対しても重罪宣告法Bill of Attainderを適用すること、そして、その特別な法令によって彼を死罪にすることにを決定した。この法案は、第一読会において、なんら異論なく、庶民院を通過した。

ふさぎこんだ議会軍は、こうした事態の間に、ニューベリーから撤退した。彼らはベイジング・ハウス周辺の彼らの仕事を放棄し、ハムプシャーから冬の宿営地を探して地元というべき州へ退いた。空に虹が逆さにかかり、三つの太陽が見られたのは、そうした霧深い、湿っぽい秋の一日、国王の誕生日である一一月一九日のことであった。

だれも知り得ないなにかが起こる前兆であるかのように。同じ日、議会は東部連合体から、いくらか正当な請願を受けたが、それは、彼らが装備と支払いに多くを費やしてきた軍隊が、いまや恒常的にイングランドの他の地域で奉仕するようになったと抗議したものであった。自分たちは、いままで負わされてきた費用をもはや支えきれないというのである。両王国委員会は東部連合体の訴えを、他の告訴人に対してなされなかったほどに、聞き入れ、軍隊を国民的基盤の上に新たに構築しなければならない、と決意したのであった。

議会、国王に代表団をおくり、新しい協約案を提案

同じ週、議会は新しい協約案を提案するため、国王に代表団をおくった。その霊感は貴族院からきたものであったが、庶民院においてセント・ジョンやヴェインによって抑制されなかった。彼らとしては、オリーヴの小枝を差し出しても別に困らないし、国王が究極的には拒否することを知っていたからである。ともかく、二年前のときそうであったように、交渉は、彼らに、軍隊を再組織するという主要な仕事を推進する時間的余裕を与えることになった。この点で、セント・ジョンらは、彼らの同僚で、長老派の共鳴者であるデンジル・ホールよりは賢《かしこ》かった。ホールは、スコットランドの官房長ルードゥーン、移り気のホランド卿、陰謀家のカーリール嬢の秘密の支援を受けて、フランス人の居留民サブランと接触したが、彼の信ずるところによれば、サブランは国王に協約案を考慮させる影響力をもっているようにおもわれた。条項の検討が始まれば、スコットランド人と長老派とは、危険な独立派を倒すために国王と合体する手段を見出すであろうと、これら野心満々の陰謀家たちは計算した。ただ一つ、譲歩が必要であった。国王がイギリス国教会を放棄するという譲歩である。二、三週間後、カーリール嬢やホールよりもチャールズをよく知るようになったフランス人居留民は、生涯の終わりに、自分たちは不可能を求められていたと彼らに語ったといわれる。

議会の代表団は、オックスフォードにおいて手厳しい出迎えを受けた。市門の歩哨は、開門を二時間も遅らせ、

彼らは市内のみすぼらしい、騒々しい小屋に迎え入れられ、クライスト・チャーチの庭園で食事したのち彼らを迎えた国王の態度は、明らかに粗暴であった。彼らが伝言人として来たのであって、なんら条項について論議する権限をもっていないことを聞くや、彼は単なる馬丁頭と時間を浪費することを拒否した。しかし、彼らにウェストミンスターに持ち帰るようにと捺印した返答文を与えた。その会見で、居合わせた者たち――プリンス・ルパートとモーリスが使者を馬鹿にしたように、国王の傍らに立っていた――にはみな、国王が勝利を確信しているのが目に見えた。

議会の馬丁頭が国王の手紙を持ち帰るまえに、ウェストミンスターでは、次第に近付いてくる嵐が吹き始めていた。両王国委員会は、将軍たちの喧嘩によってかき乱されており、ニューベリーの戦いの夕べに軍隊を訪ねた委員のある者は、不和がいかに激しいものであるかを直《じか》に知ったのであった。委員会は、そこで、ドンニングトンで国王の進撃を止めることに失敗したその説明を求めた。一一月二五日、月曜日の答弁で、クロムウェルは、庶民院を前にして、去る七月以来の諸会戦の決算報告をした。その中で彼は、マンチェスターの、「あらゆる行動における消極性、交戦に対する嫌悪、あるいは、それへの傾向、絶好のチャンスの逸機、敵に対して優位を占めること、および、それへの追求を断念する傾向」を非難した。もしマンチェスターが、委員会によって命令されたように、スピードを上げてウォーラーとエセックスに合流していたならば、とクロムウェルは自説を展開した。「このとき国王は、オックスフォード、ウィンチェスター・カッスル、ウォーリングフォードを除いて、こちら側、ソールズベリーに足を踏み入れることはなかったでありましょう」。

議会の内外では、教会分派の反対者たちが、ただちにマンチェスター支持のために結集した。バイイー博士は、クロムウェル打倒の機が熟した、マンチェスターを非難する彼の軽卒さが「有力な分派」独立派を滅ぼす機会をつくった、と信じた。「これがいまのわれわれの難しい仕事です」と、彼は郷里のスコットランドに書き送っている。「どうかわれわれのために祈って下さい」。

一二月二日、マンチェスターは、これらの攻撃に対して文書で返答を寄せたが、それは、反抗的な下僚で、かつ危険な思想の持ち主であるクロムウェルへの反撃を意味していた。クロムウェルは、「イングランドでは、一人の貴族も見ることなしに、暮らしたものだ」と希望を述べている。また彼は、長老主義を押し付けるならば、騎士党に対するのと同様に、スコットランド人とも戦うであろう、と言っていた。さらにクロムウェルは、「ウェストミンスター聖職者集会」が、「彼らよりもはるかに真面目な人間」を迫害していると非難している、そして、彼は故意に軍隊を分派で満たし、そのためいかなる平和も可能ではない、また彼らに都合のよくないことはなにひとつできない、と。

クロムウェルをめぐる党派抗争の激化

争いはいまや、完全に政治の海に送り出されることになった。クロムウェルは、ほとんど国家を「覆す」ような、そして、貴族院だけでなく、穏和な人々をも仰天させるような考え方すべての擁護者として表示された。他の証言は、クロムウェルの敵方の唇に軽蔑の歯音を発せさせた。すなわち、「クロムウェルの将校たち、あるいは、彼が贔屓《ひいき》にした者たちは、庶民で、貧しく、卑しい家系の出身者であるばかりでなく」、非常にしばしば、ニュー・イングランド出身者、そこから帰ってきた渡り者、生まれ故郷に棒杭一本ももたない者たちである、というのである。さらに、クロムウェルは、訓練も免許もなくして、聖書を説明するところの、時には神の顕示を見ると称する俗人、「説教する将校、部隊兵士の群れ」を奨励している。エリー島では、兵士たちが替わり番こに説教壇上から説教し、そこのクロムウェルの代理司政官であるヘンリー・アイアトンは、より大きな賦課金に加えて、その地域だけで、一万五〇〇〇ポンドの募金を集め、それを防衛のために一文《いちもん》も使っていないというのである。

エセックス伯、デンジル・ホールズ、いまや公認の長老派の指導者、もっと正確には反独立派の指導者となったフィリップ・ステイプルトンは、スコットランドの委員たちと協議した。委員たちは、委員たちで、エディンバラから、スコットランド人とその友人たちを中傷し、同盟を危険にさらしているが故に、煽動者としてのクロムウェルに反対する行動を起こすようにとの指示を受けていた。しかし、彼らはその行動をあきらめた。というのも、法律の専門家が、賦課金が効果的に持続されるかどうかに疑問を呈したからであるが、ヴェインやセント・ジョンによって組織されている庶民院議員によるクロムウェル支持は、いまや強力となり、下手に行動を起こせば、悲惨な事態に終わりかねなかったからでもあった。また都市において教会分派が騒動を起こすという恐怖が大きくなっていた。が、その騒動は、貴族院議員たちが大主教ロードを絞首刑台から救おうと考えた、まさにその時点で起こったのである。この危険の腹立たしい再燃は、エセックス伯をして、怒りの声を上げさせた。「われらが血を流して擁護しようとしているのはこの自由ではないのか。（この自由が失われれば）われらの子孫はいうだろう。国王の軛《くびき》から自分たちを解放したのは、自分たちを庶民の軛に従属させるためであったのか」と。

議会諸勢力がそのために戦ってきた、その自由とは一体なんであったのか？　エセックスとマンチェスターが戦ってきたのは、国王権力に対する貴族院、庶民院の自由であった。しかし、いまや、より声高にさえ、一般庶民からの要求があがってきた。そして、それは、長老派からの独立派の反乱と不可避的に結び付いていた。庶民、あるいは、そう呼ばれることを要求する人々は、彼らがなお「議会」と呼んでいるところのものに希望を託していたが、しかし、そのさい彼らが考えていたのは庶民院であり、とくにその中の独立派であった。

突如、印刷者の署名のない小さな一枚の紙片が、夜のあいだに街頭にばらまかれた。「悲しいかな、哀れな議会よ」と、それは始まっていた。「君たちはなんとだまされていることか！」、そして、強い語調で、エセックス伯、マンチェスターを手厳しくやっつけ、クロムウェル流の戦争の仕方を要求していた。貴族院は、その尊厳と議会の評判を守るため、最近、無許可の印刷物を禁止する法令をだし、それに違反した著者、印刷者は処罰されると命令を出したばかりであった。だれであるかは跡付けられなかったが、犯人はおそらくジョン・リルバーンではなかったかとおもわれるが、彼はロンドンで成長しつつあった秘密出版の一つを利用したのである。

同日、一二月九日、クロムウェルは庶民院でその要求の性質を変えた。彼は同僚議員たちに「ほとんど死に近い流血の状態から国民を救う」ことを懇願し、その手段を提示した。「わたしが思慮ある貴方がたに推奨するのは、なんらか機会をとらえて、なんらか総司令官に対して不満を述べたり、監督を要求することではありません。監督の有害さについてわたし自身認識したように、彼らが軍事的問題においてそれを免れ難いことをわたしはよく知っているからです。それゆえ、こうした事柄の原因について、厳密な調査を指図するとともに、(軍隊に)治療を施すことを要求するものです。それこそ、もっとも必要なことではないでしょうか。そして、わたしは、われわれが母国の全般的安寧にむけての真のイギリス人らしい心と熱烈な愛情をもつことを希望するものです。両院のどちらのメンバーも、それについて否定なさらないでしょうし、それは、彼ら自身の個人的利益にもなるのです。公共の善、この重たい問題について議会が議員諸君に対しどのような決議をするにせよ、彼らにとって不名誉なことがなされるはずはないでありましょう」。

辞退条例、提案さる

この後、ノーザンプトン出身議員ズーチ・テイトが、戦争が続くかぎり、貴族院、庶民院どちらの議員も、海陸いずれの司令職を帯びてはならないという動議を出した。見たところ、それは、政治的・宗教的争いから現実の軍事問題を切り離し、司令官クラスの最重要な将校たちをそれから救済することによって、泥仕合に終止符を打つという真面目な試みのように見えた。エセックス、マンチェスター、クロムウェルは、みな議員を辞職することになる。だれかになにかを quid pro quo 提供して、海軍財務官であったヴェイン、その他、軍隊の利益のある職務を帯びていた連中は、議会にとどまる代償としてこれらの職務を放棄することに同意した。軍隊が、一気に、そして、すっかり、政治的党派を追放した観があった。

「辞退条例 Self-Denying Ordinance」と呼ばれてきた、この陰険で、意味深長な法令の真の目的は、表面的な目的とは異なっていた。議会は、とりわけ、その内規によって例外を認めていた。庶民院における多数派がセント・ジョンやヴェインによって統制されているあいだは、彼らは、クロムウェルが、（議員の資格をもちながら）軍務を続ける手段を見付けるなどたやすいことであった。とりわけ、フランス人居留民が感知したように、庶民院のメンバーは、だれであろうと、軍の司令官職を持続するか否かを選ぶことができた。なぜなら、彼は法的にそうせよと命じられたときにのみ、議席を放棄しなければならなかったからである。そのような行動は貴族院では可能ではなかった。エセックスやマンチェスターについては、「辞退条例」はそのような抜け穴を残してはいなかった。ほとんど議論の余地のない公平の外観のもとで、新しい措置は、マンチェスターとの争いをあっさりと打ち切り、マンチェスター、エセックスの引退を確実にし、クロムウェルの支配のための道を、一つの道か、あるいはそうでない道かはわからないが、開くものであった。

この究極の目的は、ただちにはスコットランド人、あるいは、その友人たちによってはつかまえられなかった。「庶民院は、あっというまに、マンチェスターとクロムウェエルのあいだにあった争いを終わりにした」と、バイイー博士は書いている。「突然、一会期だけで、満場一致でなされたこの条例は、ある人々によって、もっとも賢明で、必要であり、かつ英雄的行為であったと称賛されている。ただし、他の人々によると、もっとも軽卒で、危ない、不正な行為であったと評価されている」とも。彼は正しい予感をもって、こう付け加えている。「そのボタンはまだ掛けられていない」。

このはるか彼方をにらんだ処置の背後にいたのはだれであったろうか？　だれの脳髄がこの天才的なはかりごとを前面に押し出したのであろうか？　クロムウェルはその演説のなかでそれを予告しており、ズーチ・テイトはそれを導入した。しかし、そのはかりごとの鋭さ、表向きの無邪気さ、実際上の巧妙さは、それが、クロムウェルよりはもっと政治的な頭脳で生まれ、成熟させられたことを示唆している。クロムウェルは、なお党派の手ではあっても、頭脳ではなかった。「辞退条例」はその頭脳をもっており、それは、議会操縦に熟達し、人を惑わすに長《た》けた、柔らかい物腰のハリー・ヴェインを示唆しているようにおもわれる。

第五節　モントローズの活動続く

オックスフォードでは、そのボタンは、どちらも理解されていなかった。しかし、それは、国王とその友人たちの楽観主義を増大させた。彼ら自身の軍隊は、意気揚々と、去る夏と同じ危機を乗り切っていた。しかし、議会で喧嘩をし、兵士のあいだで暴動が起こっている彼らの敵は、国王が八月にボコノックでウィルモットを免職したとき、また一一月にオックスフォードでルパートに中心的指揮権を与えたときに遂行した作戦よりも、もっと猛烈な会戦に出会ったときには、ひとたまりもないようにおもわれた。

希望に満ちて、国王は、リッチモンド公とサザムプトン伯とをウェストミンスターに派遣して、議会が試みに提示してきた協約条項について考えるところを長々と述べた回答書を持参させた。彼らの使命の表向きの部分は、国王が条項について論議するその限定された枠組みを提示するところにあったが、彼らの隠された、もっと意味深長な仕事は、相手側の分裂について探査し、さらに、独立派をその他の党派から分離させるところにあった。その分離を促す意味で、残りの党派が平和に向かって動くならば、国王は大幅な寛容を与えてもよいと示唆していた。しかし、長老派の同調者によってなされたヒント、提案は、カーリール嬢の魅力によって援助されていたが、国王の使者たちを憮然《ぶぜん》とさせた。敵は分裂したとしても、国王が勝利しなければならないのは、憎むべき、かつ攻撃的な長老派ではなくて、独立派であることが明らかになったからである。（それはともかく、国王側では）条約交渉がどのようになろうと、議会の分解と崩壊は、血に飢えた騎士党の攻撃によって、数週間後に予想されていたのである。

モントローズの活動続く

オックスフォードは、国王の帰還する少し前、破壊的火事に見舞われ苦しんだが、宮廷がクリスマスを準備するその雰囲気は活気に満ちたものであった。このシーズンの大きなニュースは、スコットランドにおける数々の勝利であった。クリスマスの数日前に国王の陣営に到着した使者は、モントローズがアバディーンの略奪後、アーガイルの追跡を受けて、ハイランドで消息を絶って以来、起こったさまざまな出来事を伝えた。盟約者団の軍隊は彼を追跡して、「スパイからアゾールにかけて」一周し、疲れ果て、彼の動きを中止させたと信じて、友軍の援助を受けて、アバディーンに駐留することにしたが、モントローズが海岸部に現れたのは、ちょうどその頃であった。彼はその秋、再びメアーンズを通って進撃し、盟約者たちの納屋を焼き、牛を解き放ち、またもやアーガイルの軍が警戒を怠っていた箇所でディー河を渡った。

一〇月一五日、北部で最初の降雪があり、両軍の動きは緩慢になった。月の終わる前、モントローズは冬のくる前に追跡者と一戦を交え、その追跡をやめさせようと決心した。彼は、険しい果樹園の中に頑丈に建てられたフィヴィー・カッスルで彼らを待ち受けた。弾丸に不足が生じたので、彼は家屋内で見付かる弾丸に適した金属、湯沸かし、平鍋、金属製まな板、燈明台、大ジョッキーなどすべてを溶かした。そうすることで、攻撃側が予想していたよりもはるかに良好な軍需物資を備えることになった。盟約者団は、その前進の最後の日に、前哨戦で悩まされることになった。フィーヴィーの塹壕に三度無益な攻撃をしたのち、彼らは攻撃を断念した。モントローズは山中に退いたが、途中、ハントリー村を通ったとき、最後の中途半端な攻撃を跳ね返し、無敗のまま、山中に姿を消したが、新しい会戦に備えて兵力を徴募するためであった。

かく多くのことをモントローズの使者は国王に報告したが、彼が彼の話を物語り、その報酬として、オックスフォードの祭日の燈明のなかで騎士に叙せられている間に、スコットランドの事態はもっと進んでいた。モントローズは、ハントリー侯からいくぶんかの支援を期待していたが、彼は、国王の歩兵軍が目の前に現れたいま、極北の隠れ家から決起するかとおもわれた人物であった。しかし、ハントリーは立ち上がらなかった。国王から命令を受けるならば、立ち上がると、かねてモントローズに伝言し続けてきたにもかかわらず、である。モントローズはそうした委託された命令権をもっており、これを彼に伝えたが、それでもハントリーは動こうとはしなかった。そして、ハントリー家の老主人が出て来ようとしないので、国王のために同家の若主人を獲得できないかを探るため、ずるいナザニエル・ゴードンがモントローズの陣営から出て行った。

ゴードン卿はアバディーンで、彼の伯父アーガイルと一緒にいたが、ナット・ゴードンはその町に馬で入ると、モントローズに合流したことを後悔しているとまことしやかに公言し、姦通と神父を意地悪くののしったことに対する改悛《かいしゅん》をした。数日後、ゴードン卿にアバディーンの指揮権をゆだねて、アーガイルが自分の領地に帰ったとき、ナットは若主人の住居に滞在し、その影響力を他の目的のために使った。

モントローズ、冬のさ中にスコットランド西部、湖水地帯を荒らし回る

モントローズは、再度ブレア・アトホールへ向かうべく、山中へ退いた。一一月の重い積雪が峠を閉ざし、そうした山に慣れないアイルランド兵は、彼らの女房・子供によって悩まされ、道案内人のスコットランド人に疑惑を抱き、次第に反抗的になっていった。モントローズは、どうにか彼らを前へ推し進めることに成功し、最後にブレアのうれしい避難宿舎に到着した。ここへは、大小の集団が毎日入り込んできていたが、蜂起のニュースがスコットランド中に広がっていたからである。国王の旗のもとに、いまや、ギャロウェー、ボーダー、オークニー、ヘブリデス出身の男たちが勢揃いした。広く散らばっていたマクドナルド一門の人々も、アイルランド系氏族民と合流するため、グレンガリー、ロチャバー、スカイ島からやってきた。マクドナルド一門が、いまやモントローズ軍の大きな部分を占めるにいたった。そして、厳しい一一月の気候に温和な一二月が続いてきたとき、彼らは宿敵キャンベル家の領地をただちに攻撃するといってきかなくなった。モントローズとその冷静な同僚たちは、冬のさ中、

高くて危険な峠を越えてやっと到達できる、そうした地域――そこで彼らは最近人員を失ったばかりであった――での会戦の危険性を説いたが無駄であった。彼らがキャンベル地方にいるとき、天候が変われば、彼らは二度と抜けだすことはできないであろう、と。しかし、マクドナルドの人々は否定されず、不可能事への挑戦に安易に応じたモントローズも、それを却下するほど、気が進まない訳ではなかったのである。

決定は、聖フランシスコ・ザヴィエルの日に下された。アイルランド人の説教師は、天にましますこの偉大な使徒が、異端的キャンベルに対する十字軍に守護者として立っているうれしい前兆であると述べた。この度は、アイルランド人は女房・子供を残しておいた。柔らかな天候の日を選んで、ロキ・テイ湖の南端にあるキリンに向けて進撃を開始したが、そこでマックナブが合流した。それからグレン・ドチャート河を溯り、ベン・モアのごつごつした横腹を通り、ティンドルム、グレノールチー湖の南端で北西へ転じ、ロキ・エイヴに到着した。それ以前に、一年の季節はずれのときに、キャンベルは彼らの到来に気付いていた。ロキ・エイヴの小村の驚いた逃亡民が、丘を越えて逃げ、荒れ果てた、ロキ・ファイン湖畔にある険しいグレン・アレーに降りた。この湖の中には孤島があって、そこにアーガイルの中心的居城インヴェラレーが建っていた。

この場所は、長い間、敵にとっては接近不可能と考えられていた。アーガイルは、初めモントローズが彼に襲いかかっているとは信じなかった。その誤りがわかると、彼はいつもの判断で行動した。彼が死ぬか、捕らえられるかすれば、それは盟約者団にとって大きな損害となる、利己的な個人的名誉を考える前に、事柄に対する彼の義務を優先させて、彼はすぐに湖を渡って島を離れた。彼の一族の者が丘陵の中、あるいは、砲兵隊をもたないモントローズも取ろうとはしないであろう城の壁の中に、避難所を用意した。しかし、モントローズの部下は、周囲の村々や地域の農場を焼き、略奪した。「われわれは、家屋や砦を残らず焼き払う、穀物、牛、その他キャンベルの名前のつくものをなに一つ残さなかった」と、マクドナルド派の一将校が勝ち誇っている。時折、彼らの説教師がその神聖な職業に彼らを呼び集めた。略奪された納屋から取られた麦藁の束が積み重ねられて、祭壇の支えとなり、人々は風に対する風よけとして彼らの肩掛けを広げてもち、五〇年の中断ののち、キャンベル地方に再びミサが祝われたのである。

アーガイルの要塞が侵入され、その人々が、守り手もなく、襲撃者に襲われたというニュースが、スコットランドの他の地方、さらにイングランドに伝わるのに、そう長くはかからなかった。穀物や貯蔵物、家屋の破壊、牛の略取は、数年間にわたって氏族を窮乏化させるであろうし、家長に追加的負担を課することになろう。アーガイルの評判に対する傷は、時とともに癒されるであろうが、しかし、モントローズは、これまで無敵の勝者といわれた盟約者団の評価を大きく揺るがしたのであった。

ロンドンでは、スコットランド人委員会は、北方からくる噂を打ち消すのに最大限の努力を払った。しかし、彼らは、友人からくる苦情によって猛攻撃をうけることになった。「野蛮な反乱者の呪うべき連中に国土が蹂躙されている」というのである。委員会の成功さえも祝福されなかった、なぜなら、ニューカッスルの降伏のニュースとともに、「ペストがエディンバラにやって来」、冬とともに、猛威を振るい始めたからである。ウェストミンスターでは、議会は、若いスウェーデン女王の大使を受け入れ、スコットランド人委員会を苛立たせたことに、スウェーデンから援助がえられないかどうか議論を始めた。スコットランド人委員会は、議会が新しい、競争的な同盟者をえたとしても、怖がる必要はなかった。なぜなら、スウェーデンの真の目的は、デンマークとの戦争にさいしてイギリスの艦隊の援助を確保することにあったからである。スウェーデン人は、このことがうまくいきそうにないことを知ると、同盟に興味を失った。

第六節　辞退条例、通過す

スコットランドにおける困窮にもかかわらず、また自身内部の議員間の分裂にもかかわらず、議会の指導者たちは、冬の到来とともに、自信を回復したようにおもわれる。サブランは、彼らの楽天的気分を驚きをもって記している。彼は、ヨーロッパの征服――「広い海外計画」――について大ざっぱに語られるのを聞いた――、しかも、その話の出たのが、彼らが国内問題で完全に手を取られていたときのことであった。オランダ船とイギリスの海上警戒船のあいだに衝突が起こっていた。イギリス側は最悪の結果に終わったが、投げ出された訳ではなかった。まもなく、彼らは、海上における影響力を再主張しようという意図をもつにいたったようにおもわれる。その時期は、サブランが予想したよりも早くやってきた。内戦の初め、ウォーリック伯はウィリアム・ジャクソン船長に西インドの略奪航海をする権限を賦与した。二年半経ったいま、彼は帰国の途につき、まもなく、彼に特命を与えた人々に、彼の襲撃隊が達成した成功について報告することになるのである。彼の信ずるところによると、スペインの権力は終末にあった。「ヴェイルはいまや剥ぎ取られ、彼らの弱さは、一握りの人間によって見破られている……この男たちは、彼ら自身の扉のところで彼らに挑み、彼らを多くの要塞から叩き出したのである」。内戦によって、スペインとの紛争の再発は、数年にわたって妨げられたが、偵察は続けられ、究極的意図は忘れられることはなかったのである。

それはともかく、ウェストミンスターの分裂した議会は戦争に勝たなければならなかった。庶民院の指導権はハーリー・ヴェインとデンジル・ホールズのあいだに分裂していた。後者は、貴族院の一部、「ウェストミンスター聖職者集会」の長老派メンバーのすべて、庶民院内の増加しつつある穏和な議員たち、そして、もちろん、スコットランド人を味方につけていた。このときの彼の主要な弱さは、両王国委員会に席をもっていなかったことで、この委員会こそは、国民の差し迫った事柄を実際に取り扱っていたのである。ヴェインとホールズは、宗教や戦争政策について、はなはだしく不一致であったが、共通した一つの考え方をもっていた。両者とも、自分たちの国の偉大さとその使命についてである。この時代の現象として指摘しておかなければならないのは、分裂、つまずき、分解の危険性にもかかわらず、多くのピューリタン議会人、指導的ピューリタン軍人の究極の目標がイングランドの偉大さの樹立にあったことで、彼らは、チャールズ王の自国への引っ込みに終始した中立政策の年月のあいだ、あざむかれてきたと感じていた。その年の秋、ジョ・ミルトンは、彼の離婚に関するパンフレットに対する攻撃的説教に触発されて、出版の自由に関する重大な訴え、『アエロパギティカ Aeropagitica』を書いたが、あまり注目を浴びなかった。しかし、それは、イングランドについて素晴らしい未来像をふくんでいた。「わたしの心で思い描くイングランドの高貴な力強い国民は、眠りから覚め、目に見えない鎖をふるい落とした巨人のように、立ち上がろうとしている。わたしが見る彼らは、その力強い若さを鳴き叫び、真昼の陽光の中でその澄んだ目を燃え立たせている鷲である」と。こうした漠然としてはいるが、しかし、深く、力強い思想は、議会支持者、ピューリタンに共通したものであった。国王側についた者で、このような霊感によって奮い立たせられた者はだれもいなかった。

「辞退条例」は、いまや庶民院の前に掛けられており、また『説教者手引書』に代わる新しい『礼拝指示書』が、「ウェストミンスター聖職者集会」によって議会に提出されていた。ダービー・ハウスの両王国委員会は、その間、「新しい型」による軍隊の再組織について論議し、兵士の徴募、物資供給、給与支払いに関する改革、再組織の法案を議会に上程していた。次の週、議会と軍隊における独立派は、その賭けに勝つか、負けるかであった。ヴェインは、庶民院において、心の狭い、あまり信頼のおけない多数派をもっていた。貴族院では、セイ卿によって指導された、取るに足りないその二、三のメンバーが独立派を支持していたが、院全体としては、彼らに反対であった。しかし、ヴェインが知っておかねばならないことが一つあった。もし独立派が軍隊の支配権を握るならば、すべてはそれに従うということであった。宗教問題における敗北は取り返しがつく。軍隊の新型化、あるいは「辞退条例」における敗北は、それでおしまいである。

辞退条例、通過す

一六四四年一二月一九日、「辞退条例」は庶民院を通過した。議会がクリスマス――その日はなお断食日として保たれていた――後に再び集まったとき、彼らは、「ウェストミンスター聖職者集会」によって合意された新しい『礼拝指示書』を、高位聖職者教会で用いられていた「無益な、負担だけがまさる儀式」をともなう『説教者手引書』に代わって、一般的に採用されるべきであるという命令を出した。これまでの『指示書』は、ピューリタンが重きをおいていた事柄であったが、なんの準備もない説教師のための、室内での教会礼拝儀礼の単純な枠組みを含むものであった。それはカルヴァン派の方法であったが、新しい『指示書』はそれをほとんど含んでおらず、「国教会の兄弟たち」の使用には適していなかった。彼らにとっては、問題の要点は、教区の制度としての礼拝の仕方にあるのではなかった。教区制度こそ、牧師の群れに対して人為的境界を作り出し、人々をして、自分の選んだ司牧のもとに自由に身を置くことを妨げるものであった。自分たちの神父を指名する発言権を人々に与えた長老派の選挙の方法は、一つの会衆から他の会衆への移動の自由を許さず、教区という権威付けられた境界内で会衆を厳格に維持するものであり、それは、古い改革以前の教会がやったことと同じであった。そのうえ、秋の議会の指令にもとづいて、彼らはなお十分の一税を支払わねばならなかった。これは、教区の聖職者の維持のための課税であったが、通常、教区牧師とは別の、自分たちの神父に支払いをしている独立派信者にとっては、大いに怒るべきことであった。「聖職者集会」の中で少数者であった独立派は、自分たちの苦情はつねに棚上げされるか、あるいは、票決で否定されることに気付いており、庶民院の前で、教区制度に対する彼らの反対を提示してきた。議会は、彼らの意見を一定数印刷し、配布することを認めたが、問題がそこどまりで終わることは見え透いていた。議会両院のメンバーたちが教会改革の適用について考慮をめぐらしている間に、「辞退条例」は貴族院に火を付けた。全速力で審議するように下から繰り返し要請されたにもかかわらず、である。議員の大多数にとって、この法案の目的が、議員の二人、エセックスとマンチェスターから司令官職を剥奪し、さらに、そうでなくても減らされている貴族院の権力をさらに減少させることにあることは明白であった。たとえ、クロムウェルもまた辞職を余儀なくされ、その代償は高くについたにしても、である。彼らは、クロムウェルに対するマンチェスターの主張に対して、ほかの対処の仕方がなかったかどうかを辛辣《しんらつ》に追及して庶民院に仕返しをした。一六四五年一月一三日、三週間の遅れののち、彼らは「条例」を否決した。

これは、貴族院にとって、また長老派にとって勝利のようにみえたが、しかし、ヴェインはそう簡単には引き下がらなかった。彼は、貴族院議員たちの苦情を逆手にとって、貴族院を押さえる手段を作りだした。すなわち、一委員会を設けて、クロムウェルに対するマンチェスターの非難をさらに調査せよ、との要求を取り上げたものかどうかをその委員会に検討を付託し、委員会から、問題から憲法上の争いが生ずるという報告を出させた。庶民院はこう指摘する。庶民院の一議員に向けられた非難はその特権を剥奪するものであるが、問題のそれ以上の取り扱いは許されない、と。

この抜け目のない策動は、貴族院議員たちに対して、軍の将校が議席をもっていて、それゆえ叱責できないようなときに生ずる不都合さを如実に示した。軍の規律と議会の特権双方をいかにして維持するか？ 明らかに、「辞退条例」に具体化されている例、両方の機能の分離以外に方法はなかった。それゆえ、貴族院にとっては、この行き詰まりからの唯一の抜け道は、一つの道、彼らが否決した「条例」を再考するほかはなかったのである。

政治的戦術のこの巧妙なやり方ののち、勝利は再び独立派の手に握られることになった。数日後の一月二三日、教会統治の教区制は庶民院で満場一致で可決された。長老派にこの空しい勝利を得させたのは、独立派側の政策であったが、彼らは、疑いなく、スコットランド人を満足させ、同盟を維持するためのものであった。しかし、ニュー・モデル軍と「辞退条例」が彼らの期待通りに作動した場合、議会で票決されたいかなる宗教的解決も、武装した非国教徒の実際の力に対して自己主張することはできなかったのである。

第七節　大主教ロードの処刑

ウェストミンスターで無血の争いが展開している間に、ロンドン市民は、流血の教訓によって啓発されていた。議会問題に関する三人の反逆者が、年の変わり目に処刑されたのである。西部州の男爵で、プリマス守備隊の副司令であったサー・アレクサンダー・カルーが、プリンス・モーリスにそれを引き渡そうとしたのである。悪しき動機というよりは、政治を混乱させたという罪で、敢然と威厳を保ちながら、タワー・ヒルで死に付いた。彼の後を追って、一六四五年一月の最初の二日間に、不運なホーサム家の当主、はじめは息子、次は父親が、ハル市を国王に引き渡そうと試みたと有罪判決された。彼らの罪は長らく疑われていたが、マーストン・ムーアの戦いののち、ニューカッスル侯に宛てた書簡が押収され、のっぴきならず証明されたのである。だれも、サー・ジョン・ホーサムがニューカッスルと交わした書簡の論議が、困難に陥っている守備隊のための時間稼ぎ――ドイツの職業軍人のあいだで一般的におこなわれているごまかしであると彼は申し立てた――であったなどとは信じなかった。実際、そのようなごまかしは、グロースターの司政官エドワード・マッセーによっておこなわれた。しかし、ホーサムの過去には、彼の潔白という抗議と矛盾することが余りにも多かった。彼は、不運な息子の処刑の次の日、タワー・ヒルで死んだ。

第三の故意に仕向けられた犠牲者は、ロジャー・レストレインジであったが、彼はキングス・リン市を王党派のために立ちあがらそうと試みて失敗した人物であった。しかし、ルパートは個人的にエセックスに手紙を書き、レストレインジが国王から使命を委託された歴《れっき》とした王党派党員であり、戦争の捕虜とみなされるべきであり、反逆罪あるいはスパイとしての裁判を免除されるべきである、と指摘した。軍事的取り扱いが功を奏した。エセックスが抗議し、レストレインジは釈放された。

大主教ロードの処刑

第四の犠牲者は、一六四五年一月一〇日、処刑台に上った（「わたしはいまだかって、これほどの血を見たことはなかった Je ne vis jamais tant de sang」と、サブラン侯は書いている）。大主教ロードに対して、「重罪告発法案」が貴族院を通ったのは一月四日であったが、その日は、「説教者手引書」が廃止され、新しい「礼拝指示書」が発効した日であった。国王は、夏のあいだ中、あらゆるありそうな非難に対して庇《かば》おうとした特赦状をおくったが、それこそ、彼が古い彼の奉仕者に対してなしうるぎりぎりのことであった。しかし、ロードがこれを示すと、貴族院も庶民院も、議会の決定に対してなんの効力もないものとして、それを脇にどけてしまった。

老いたロードはくくられ、長老派の祝日となる彼の裁判において散々痛め付けられた。ウィリアム・プリンヌが刑執行を指導したが、際限のない利己心でもって、ロードがかつて星室庁裁判所において彼を苦しめたことに対する支払いを求め、それをせしめた。衰弱した大司教は彼のノートをまさぐり出し——書物や彼が学者らしい方法でつねに付けていた書き付けは奪い去られていた——、なおも首尾一貫性と熟練をもって自己を弁護しようとした。一つのことに彼は完全にしがみついていた。なぜなら、それは単純な真実であったからである。すなわち、かつて彼は、ことさらヴァティカンを援助したこともなかったし、イングランド教会とローマ教会の再統一を考えたこともなかった。さらに、彼は、若いプロテスタントがローマ教会のスマートな魔力に陥るのを阻止するため、繰り返し自分の強力な努力を払い、しばしば成功を収めた、と。「わたしはこの地位に就いて以来ずっと」と、彼はいう。「神の外的な公的礼拝が保持され、できるだけ上品さと統一性をもって執行される以外のことなど、なんらおこなわなかった。もちろん、統一性が教会の扉のところで締め出されている場合には、統一は教会内では長く継続しえないという意見があることはある。そして、わたしも明らかに、その外面的様相における神への奉仕が公的にはゆるがせにされており、また奉仕に当てられている多くの場所が湿っぽいところにあって、真の内面的礼拝に湿気を投げかけているのを見てきた。われわれは肉体的に生きているあいだ、外的な援助が必要であるが、その援助は、なんらかの体力を維持するについては、わずかで足りるのである」と。

一六四五年一月一〇日正午頃、ウィリアム・ロードはロンドン塔から群衆のあいだを歩いてタワー・ヒルへと移った。彼は最後の説教のためのノートの束を手にたずさえていた。「わたしは老いた人間であり、わたしのメモは短い」と、彼は処刑台から人々に語りかけ、皮肉っぽい単純さでこう付け加えた。「ここは説教するにはとても不愉快な場所だね」。彼は暴力によって死におもむく五番目のキャンタベリー大司教であった。しかし、イングランド全体の首座教会で殉教をとげた先任者のうち、彼が触れたのは、デーン人によって殺された聖アルページとシモン・サドベリーだけであり、後者はワット・タイラーの農民暴徒によってタワーからヒルに移され、そこで首を刎《は》ねられた人である。彼は、ローマの権力を維持するために死んだベケット、ローマを否認したがゆえに焼き殺されたクランマーについては一言も触れてはいない。彼は、自分の死は、「この王国のいかなる周知の法によって」それに値するとされた死ではない、と宣言した。そして、こう付け加える。「わたしは、わたしの問題が天国においては、ここで付けられた色合いとは違った色合いを帯びることを希望する」と。しかし、彼の主要な関心事は、教皇の中傷に対して、自分の主人と彼自身の正しさを擁護することにあった。彼は宣言する。国王は「王国のどの人間とも同じ健全なプロテスタントである」と。そして、自身については、「わたしはつねにプロテスタントの信仰に生き、いま、そこにおいて死ぬのである」。彼は言い終わると、ノート類を礼拝堂付き牧師に与えたが、しかし、かたわらのピューリタン神父が忙しくしており、ロードの言葉がいかに速やかに変えられ、ねじ曲げられるかを知って、彼は抗議した。「わたしを、そんなに粗末に扱うなよ」と。

彼が死刑台に向かうと、彼を見たいという群衆によって道を遮られた。「わたしは……死に場所をもちたいとおもっていたのだよ」といいながら、彼らを押し分けてすすみ、到達すると、彼がひざまずいている木の板を通して、好奇心から処刑台の下にうずくまって、仰向いている人々の顔が見えた。突然、彼のかたわらに、悪名高き、いばりやで、アイルランドの土地投機業者のサー・ジョン・クロトウォーシーが現れた。彼は、ロードの友人で、彼の苦しんだ同僚であるストラッフォード伯に対する、庶民院における最初の、よこしまな扇動的告発者であった。クロトウォーシーは、最後の瞬間にロードから教皇派への是認が聞けるかもしれないと期待して、質問攻めにしたが、ロードは彼から離れて、二人の死刑執行吏のうちの、やさしい方に向きを変えた。彼だけが議論に終止符を打つことができるようにおもわれたからである。

敵方の失望が隠せなかったことだが、ロードは、ローマ教会に対する彼の嫌悪を表明して死んだ。彼の演説は、意地の悪い注釈と書き込みを付けて報告されているが、一つの中傷的説教以上のものであった。老いたバートン博士は、人気のある説教壇上で復讐的な戦争ダンスを踊った男であるが、大主教は「悪魔の第二の子供であり」、生きながら袋に縫い込めて、テームズ河に投げ込めばよかったのだ、と大声で叫んでいた。

オックスフォードの宮廷では、戦争の非常呼集のあいまに、大主教は、彼の過去の偉大さよりは劣る敬意を受け、彼の死の性質が正当化された。国王は、ディグビーとの会話で、議会による大主教の殺人は、天国においては、ストラッフォードの死に同意した彼自身の罪を拭い去るものとみなされるであろう、という結論にたっした。彼の哀れな老いた召使いの法的殺人に対する、なんとも不思議な、自分勝手な注釈ではあった。しかし、何人かの大学の詩人たちは、悲歌におのれの悲しみをもらした。ロードのもっとも永続的な記念碑は、ペルシアおよびギリシアの古文書で、ロードの代理人はこれを精勤に捜しだし、オスマン・トルコの支配から救いだしてきたものであった。

これらアテネの古文書類、稀な一品

それらはトルコ人に語りかける、君たちはギリシアを征服しなかった、と。

恩義を感じた学者たちによって思い出されたように、ロードは、教会の聖職者たちのあいだに擁護者を見出したが、しかし、彼は全般的には愛されていた訳ではなかった。たとえ彼の方法が誤っていたとしても、イギリス国教会の病弊に関する彼の診断は正しく、その改善に関する彼の理想像は高尚なものであった。裁判におけるその弁護の中で、自分はイングランドの教会における礼拝儀式をより上品なものにしたに過ぎない、と論じた。実際は、彼は、聖職者の礼儀作法を改革し、神父にすぐれた人物を集め、ほとんど一世紀にわたって次々と略奪され、没収されていた教会の財政を立て直すために、実に多くのことをしたのであった。彼が成功をおさめようと考えたものがあったとすれば、それは建築であり、彼はイギリス教会の偉大な建築家の一人になったであろう。彼は失敗し、その失敗を血でもって刻印した。彼は、大司教クランマーとともに、不完全で、多くの批判を受ける人間であったが、しかし、その最終的記録では、信頼できる奉仕者、殉教者として記され、その血は教会の種となったのである。

ロンドンの諸教会の説教壇――そこは教会分派の集会場所であった――で追及された長老派と独立派の論争の熾烈さは、公認、非公認のロンドンの新聞記事からこぼれ落ちたが、精神的問題に余りに多くの自由を許すことに対して、老大主教ロードがしばしば発した警告を十分裏付けるものであった。権力の座にあるときの人間は、良心を癒すために友人、痛みをともにする同僚をもつものであるが、いまや彼らは、容赦なく、お互いかきむしっていた。しかし、ヘンリー・バートンは独立派を擁護し、ウィリアム・プリンヌは、とてつもない長い記事で長老派を支持した。しかし、ジョン・リルバーンは、彼に宛てた公開の書簡で、神に戦争を挑んでいる彼を非難して、こう書いている。「貴下にいわせて下さい。イエス・キリストだけを、使徒たちの王であり、教会と人々の立法者であり、彼の選んだ人々の魂と良心を支配するひととするのは、独断的特権ではないでしょうか」と。

過去一〇年間の殉教者たちは、いまやお互いの論争から解放され、さしあたっては、各自のさまざまな教理を説教し、実践することができた。現在の政府は、ほかの場所でも殉教者を発見したが、ロードの死後二週間経って、あるカソリックの説教師が、公衆に対する罪の重荷を背負って、絞首刑台に上った。ヘンリー・モーゼは、地方的には知られた説教師で、長年イングランドで働いてきたジェスイット教団員であったが、一六三六年の恐るべき疫病にさいしての、病人への献身的付き添いによって有名であった。彼のいくつかの会話が、ロンドン市近郊に怒りの苦情を引き起こした。彼は、五、六台の馬車に乗った信者とともに、フランスおよびポルトガルの公使に付き添われて、タイバーンに出頭し、そこで、毅然とした死によって、その忍耐強い献身と自己犠牲の生涯を終えたのであった。

刑執行に同席したフランス人サブランは、その高まりゆく容赦のなさ、議会政府の確信に衝撃を受けた。国王の使者がウェストミンスターにいたとき、彼は、率直にリッチモンド卿に助言した。議会からはなんら緩和も弱体化も期待できない、国王は、そうすることに同意するならば、平和を求める間にも、歯を隠さず、戦争を再開する用意をしなければならない、と。

第八節　アックスブリッジ会談

国王には、話をする必要はなかった。総司令官補佐のルパートは、春の攻撃に関して精力的に準備をしていた。彼は、グロースターをコッツウォールドの羊毛取引から遮断するためにチッピング・キャムデンに守備隊を置き、ロンドンとの羊毛商業を遮るためベイジング・ハウスにも同様の措置を取った。議会のためなおグロースターを保持していたマッセイ大佐は、いまや近隣に配置された三つの守備隊によって悩まされることになった訳である。ウースター、シレンスターの騎士たちは、自分の部隊が必要としている貯蔵物資を食べつくしてしまい、キャムデンの新しい前哨部隊は市民たちの家畜をにぎりつぶした。

ルパートのアビングトン奪回の企て失敗

ルパートは次に、先年の夏、愚かなウィルモットによって失われたアビングトンの奪回を計画した議会側の司政官は、騎士党があざけっていう「薪商ブラウン」であったが、彼はテームズ河を下る艀《はしけ》でロンドンへ燃料木材を供給していたのである。彼が難儀な状態にあることは知られていた。彼の部下たちは、支払いの不足から反乱気味であり、競争相手である議会側守備隊へ、主としてアイルズベリーのそれへ逃亡しつつあったのである。ディグビーは、いつもの楽観主義から、議会への忠誠から彼を誘惑しようと試みた。彼がこれに失敗すると、ルパートは、ヘンリー・ゲイジの有能な助けを得て、急襲を試みた。それは、一六四五年一月一一日夜半過ぎ、町の南側、クーラム橋のところからおこなわれた。前衛部隊が廃墟と化した修道院の道を通ってアビングトンに入ったところで発見された。ブラウン将軍は、〔河を渡りきらない〕本隊に対して、河の対岸から反撃した。厳しい寒さもものかわ、彼の部下たちは凍りついた水面を徒歩で歩いて、露出した王党派前衛へ襲い掛かった。思いがけない襲撃によって混乱した騎士党は、都市内に入った部隊を支援することができず、夜明けとともに、重大な損失を出しながら、退却しなければならなかった。老練のサ・ヘンリー・ゲイジは瀕死の重傷を負った。

ブラウンが捕らえた捕虜の中には、アイルランドで奉公していた五人の将校がいた。素早く、しかし、十分な素早さとはいいがたく行動するルパートは、彼らの釈放の合意が成立するまで、捕虜交換を先送りしたが、しかし、ブラウンの方は、それまでに彼らをアビングトンの市場広場で絞首刑に処したのであった。

国王はその他の頓挫でも苦しんでいた。秋以来プリマスを封鎖していたサー・リチャード・グレンヴィルが、襲撃によってそれをひっさらおうとした試みに失敗し、重大な損害とともに跳ね返された。というのも、同地の守備隊は海から強力に補強されていたからである。ハンプシャー、サセックス、サリー、ケントの総大将補佐官として幾分空想的使命を受けたジョージ・ゴーリングは、南部諸州を押し通り、議会を一瞬うろたえさせたことに、一月九日にファーナムに到着した。彼はこの前進した位置に自分を保つことができなかった。そして、ハンプシャーのクライストチャーチへの不成功に終わった攻撃ののち、ソールズベリーへ退いた。彼が通過した沿道の諸州に非常に悪い評判を残しつつ、であったが。彼とグレンヴィルがその企てに手一杯である間、サマーセットにおける主要なピューリタンの堡塁であるタウントンへの接近を意図した見張りのために部隊を割く余裕はなかったが、この都市こそは、若い盛りにあって〔議会派へ〕変節したアンソニー・アシュレー・クーパーによって、あらゆる種類の物資をたっぷりと蓄積していた。

こうした失敗にもかかわらず、国王は、敗北については全く考えてはいなかった。彼は平和交渉を、ほとんど公然と冬を過ごす単なる手段と考え、王妃に書いているように、主として、彼が乱暴にも「混血の議会」と呼んでいるもののメンバーたち――不愉快な第二次会期のためにオックスフォードへ帰って来た哀れなメンバーたち――を静めるために、その審議に従事したのであった。議員たちがいたにもかかわらず、オックスフォードの顔は全体的に戦争に向けたものに変わっていった。民間の所帯主には六カ月の食料を蓄えるようにか、さもなければ町を去るように説得された。すべての壮健な市民は、防衛の仕事のため呼びだされ、国王自身、週に二回、防衛施設を見て回った。彼の部下は、イシス川で筏に乗せて重砲を運ぶ訓練をさせられた。

ルパートは、有能で、彼自身の理念に忠実な人物を登用する彼の政策を継続していた。ヘンリー・ゲイジの後任として、オックスフォードの司政官としてウィリアム・レッグを推し、彼の頼りとする中心的技術屋ベルナール・ド・ゴッムを宿営地総監督に任じた。両者とも、能力から判断したかぎり、いい人事であった。しかし、ゴッムは若すぎ、外国人であり、ルパートの従者であり、レッグはルパートの友人であった。それは私的な派閥を作ろうとしているかに見えた。サー・アーサー・アシュトン、彼は、「さる貴夫人の前で、馬上にあって馬の両足を跳ね上げさせようとした」とき、落馬して、足の骨を折ったため、オックスフォードの司政官職を棒に振った男であるが、彼の後継者サー・ヘンリー・ゲイジを掘り崩すために力の限りを尽くした。そして、ゲイジが死んだいま、再び司政官に戻れるのは確実と希望をもつにいたった。このことは、軍隊の中に、意地悪い敵をもつことを意味していた。宮廷サークルのなかでは、彼はまた、サーザンプトン伯の憤慨を計算に入れねばならなかった。なぜなら、伯は、国王が甥に授けた厩舎《きゅうしゃ》長を希望していたからである。

プリンスは、他の批判によっても悩まされた。たとえば、西部で、エドマンド・ワインダムが「わたしに従おうとしない」ホプトンの下で奉公しようとはしなかった。またニューワークでのもめごと、そこでは、サー・リチャード・バイロンが母親の助言をうけて、都市の行政にあたって一人のロードス出身の成り上がり者に協力することを拒んでいた。その他、正しい、あるいは正しくない、深刻なもの、取るに足らぬものなど、苦情が寄せられたのである。もし国王軍の再編成が勝利をもたらすとすれば、これらの憤懣《ふんまん》はすべて沈黙させられねばならなかった。しかし、ルパートは、彼が再び敗退すれば、彼を指弾する敵の数が著しく増加していることを感じないではおられなかった。王妃は離れて長くなるが、いまや、パリで二人の厳しい敵、ニューカッスル侯とウィルモット卿を側近にもっており、彼らは一時は、ハートフォード侯とグラモーガン卿を通じてオックスフォードの議会に圧力を加え、ルパートに攻撃を掛けようと企てたが、ルパートは、この二人の軍事的能力を著しく評価し損なっていたのである。この企てからはなにも起こらなかったが、国王軍を再組織しようというプリンスの努力の背後には、こうした容易ならざる事情があったのである。

時折、国王は、王妃に知らせているように、ディグビーを除く彼の親友たちが、「不思議なほど平和に対して気短である」のを発見した。しかし、ウィルモットの友人であるハーリー・パーシーに指導された一団を、彼は危険視し、逮捕した。信用できる報告によれば、彼らはプリンス・オブ・ウェールズをかどわかし、ロンドンへ連れていく陰謀をたくらみ、またプリンス・ルパートのアビングトン攻撃をブラウン将軍に事前にもらしたというのである。しかし、疑えない理由というのは、パーシーの妹のカーリール嬢によってロンドンからささやかれてきた、国王は長老派とスコットランド人と平和を結び、教会分派を滅ぼすべきだ、という計画――デンジル・ホールズには筒抜けであった――に彼らが関心をもったということであった。チャールズはそんな計画について聞いたこともなかった。「信じてほしい」と彼は王妃に書いている。「わたしは、主教制度も神がわたしの手中に与えた剣も手放す気はない」と。

アンリエッタ・マリアは、数週間重病を患ったのち、再び立ち直り、一《ひと》流れのいとしいが、叱り付けるような手紙を書いた。なぜあなたは、叛徒に対する最近の通告で、彼らに「議会風の形を取る」ことを許しているのですか、と詰問している。彼がしていることにはみな優柔不断ぶりがあり、目的がはっきりしないという彼の評判が、外国で援助を得ようとするさいに、大きな障害になっている、とも。反乱者〔議会〕にとって、彼が、彼らがすべてにおいて勝利を収めていると宣伝してくれるほど、上首尾なことはないであろう。そのうえで、彼女は、彼の問題に外国の援助を誘い込んでいる姿を次のように描いている。野心をもった軍人で、約束を守るのに十分な能力をもったロレーニ大公は、輸送手段を見付ける困難さがなければ、いつでも一万人を提供するつもりでいる。彼女は、イギリス人の牧師シュテファン・ゴフを通じて、オラニエ公に直接接触し、ロレーヌ部隊の輸送を求め、付け加えて、公がイギリスの反乱者に対して宣戦布告をし、三〇〇〇人のオランダ歩兵を派遣するように求めた。もし彼がこれらの要求に応じるならば、報酬として、プリンス・オブ・ウェールズと彼の娘を結婚させると約束した。もちろん、公は彼女に十分な嫁資《かし》を用意するであろう、と。ロレーヌの部隊が空想的なものに過ぎないと考え、自分の子供をスチュアート家へ嫁入りさせることにあまり気乗りのしないオラニエ公は、丁重に答えを保留した。

オックスフォードで国王は、自分の息子に対するポルトガルからするより高い値つけを期待していたし、ポルトガルの居留民アントニオ・デ・スーサはロンドンからオックスフォードへ来たとき、再三ならず喜んで迎えられた。プリンス・オブ・ウェールズへのポルトガル王女カザリン・オブ・ブラガンサの結婚にさいしては、一〇〇万ドゥカーテンの持参金がもたらされると伝えられたという。

彼は王妃の数多くの計画に同意したけれども、外国からの金と部隊の供給という国王の期待は満たされようとはしなかったが、アイルランド連合が荒々しく、勇敢な兵士数千人を送ることに同意するであろうという、彼がずっと抱いてきた見込みもまた同様であった。月を追ってアイルランドとの交渉は熱を加えたが、それというのも、連合は、チャールズが公然と与えることができると感じているものよりも、はるかに多くを要求してきたからである。一定期間の休戦を定めた、一六四三年秋に調印された停戦協定は、数度にわたって延長されたが、永続的協定はまだ締結されるにいたってはいなかった。その間、オーモンドと彼の支配下にある部隊は、休戦協定を尊重したが、盟約者スコットランド人は戦争を続けており、インチキンに指導されたイギリス人、アングロ・アイリッシュ系の司令官たちはミュンスターで、国王、オーモンド、そして、停戦協定を否認し、いまでは議会の名において、アイルランド人と戦っていた。キルケニーにあるアイルランド連合政府は、オーモンドの弱さと国王の絶望的ともいえる救援への必要性に気が付いていて、もうちょっと待てば、自分たちを喜ばせる条件で命令されることになろうと信じていた。王妃自身が彼らに手紙を書いて、オーモンドの限定された寛容の条件を受け入れるように、同僚の一カソリック教徒として懇願したが、無駄であった。すでに連合集会の大部分のメンバーは、教皇特使スカランピによって激励されて、アイルランド全体を通じてのカソリック教会の復活以外は考えなくなっていたのである。

オーモンドは、国王がなにを欲しているか、彼からもっとはっきりした助言を引き出すようにディグビーに頼んだが、無駄であった。「もっと明瞭な指示を受け取ることが必要です」と、彼は書いている。「わたしの無知のゆえに、あるいは、突然の変化によって、思いもかけず、わたしが致命的な誤りに陥るというのは、なんとも奇妙なことです」。一六四四年秋、彼は総司政長官の職責から解放してほしいと求めた。国王の欲するところを達成することが出来そうにない、という理由からである。チャールズは、彼の信頼がゆらいでいないと彼を安堵《あんど》させ、議会側の海上の警戒が比較的手薄になる冬の期間中に、イングランドへ軍を送れるような条件で条約を結ぶようにと命令した。同時に彼は、グラモーガンにその使命を再確認し、オーモンドが失敗した場合、アイルランド人とひそかに交渉するように、彼を送り出す用意をした。

アックスブリッジ会談

心中にこうした希望を抱きながら、国王は、リッチモンド公を団長とする使節団を、議会およびスコットランド人からなる同様の使節団と会合するため、アックスブリッジへと派遣した。交渉の見通しは非常に暗かった。国王は、彼の反対者たちを「議会」という名前をつけて呼ぶことを極度に嫌っており、彼の顧問団がこの用語の使用を決めたというだけの理由で、これを使っていたにすぎない。議会の方は、その方でまた、国王側使節団のある者の称号を認めるについて大きな困難を覚えていた、というのも、それらは、議会が自分の大玉璽を制定したのち、国王の大玉璽によって賦与されたものであったからである。議会の使節団のなかでは、ヴェインとセント・ジョンは一般的に、王党派とあまり親しくならないように、温和な同僚を見張る番犬であると信じられていた。議会派の牧師の一人、クリストファー・ラヴが、国王側使節団を侮辱し、平和を作ろうとするいかなる真剣な企てをも落胆させることを計算に入れて、交渉の劈頭《へきとう》、説教をおこなった。国王はまた、この方で、モントローズと相談することなしに、スコットランドと結びついたいかなる議論もすまいと決心していた。モントローズは遠く離れていたが、その名前はスコットランドの代表にとっては禁句であった。彼はそこで、彼の代議員に、機会を失せず、私的でいいから議会側代議員に、「彼らは札つきの叛徒であり、彼らの終末が呪いと破滅と醜名に終わり、悔いてもはじまらない」ことをいうように指示した。「この種の話は効き目があるはずだ」と、彼は信じていた。宮廷や議会の政治に関する私的ならざる情報をめぐっての話題をみても、アックスブリッジの会合からはなにごとも起こりそうになかった。「平和は」と、ロンドンの法廷弁護士ジョン・グリーンは書いている。「望まれているにしては、驚くほどありそうにないし、影が薄い」。

使節団は、三つの主要な争点をめぐって、順番に三日ずつの討論の日を当てるという決定をした。三つとは、教会の改革、軍隊の統率権、そして、アイルランドの将来の解決である。宗教問題について、王党派党員に明白なことは、議会側使節団員の多くがスコットランド人と食い違っているということであった。スコットランド使節団の指導者である政府官房長ルードゥーンは、私的にエドワード・ハイドのところへやってきて、国王を長老派に入信させるようにと、かれに非常な説得力を行使した。ルードゥーンの試みは、次にホールズやカーリール嬢によってひそかに推し進められている平和の計画に入っていく前触れであったが、この計画は、まもなく盟約者団の政策――チャールズを長老派に獲得し、スコットランド人に対してイギリス人を分裂させ、独立派を粉砕するという政策――の導きの星となるはずであった。彼は完全に誤っていた。次の数日間の言葉のやり取りで、王党派は彼らの敵の分裂を利用することができなかった。なぜなら、彼らは、主教制教会を全体として保持するという彼らの主人の決心を弱めることができなかったからである。最大のものを得ようとして、最大のものを失ったスコットランド人は、終始、最大のおしゃべりであった。「上品な発音をもたず、しかも情熱にあふれた」ローダーデイルが、とハイドは書いている。「あらゆる事柄を、以前あったよりも、より困難なものにした」。予想もしなかった強情さに失望したルードゥーンは、激しくハイドを攻撃し、また激しく返答され、使節団は最後の日の真夜中に、おそるべき暗礁に乗り上げた。これでもって、教会問題に関する討議を締めくくった。

軍隊の統率について論議した数日も、同様に成果がなかった。国王、議会双方が軍隊に対する有効な権力を行使することを主張し、どちらもその要求を少しも引き下げようとはしなかったからである。アイルランド問題の解決に関する議論も、同様の長ったらしい、役に立たない経過をたどった。ただ公式の会合の合間に、議会側の諸卿の何人かが、国王の使節団に対し、沈んだ発言をした。もしアックスブリッジで平和が結ばれなければ、と彼らは論じている。議会において過激派を止めるものはなにもないであろう、と。ニュー・モデル軍とその他の企画、計画でもって、彼らはエセックスを追っ払い、貴族制度を打ち倒し、多分、共和制を樹立するであろう――だれが語ったのであろうか？ペンブローク伯その他のこの種の発言は真面目なものであった。議会側に引き込まれてきた古い貴族制度が、このとき一瞬、深く揺り動かされた。彼らの中のもっとも賢明な人であったノーザンバーランド伯は、表面的には平静な権威を保ち、自分の権力と威厳を維持しようと注意を払っていた。しかし、彼らのうちだれ一人として、将来がどうなるかという明白な予想理念によって困惑していない者はいなかった。フランスの外交使節は、「庶民院が貴族院から奉仕を受けるだろう」と書いている。それは誇張ではなかった。ほとんど手品といっていいような熟練した術策によって、庶民院の指導者たちは、過去三年間、あらゆる不合意の問題において、貴族院を出し抜いてきた。国の全政府がいまや両王国委員会の手中に集中され、その委員会が庶民院を支配していた。ジョン・セルデンは、貴族たちを食い物にして冗談を言い放っている。「庶民院は、議会の二〇の法案において下院と呼ばれているが、友人同士の中での、議会の二〇の法案はなにを意味するのか?」。一六四五年には、実際どちらが上院で、どちらが下院であるか、問題にはならなかったのである。

もしペンブローク伯その他が、彼らの悩みが国王を平和へと動かすかもしれないと考えて、エドワード・ハイドの耳にその心配事を吐露したとしたら、彼らは彼をとんでもなく誤解していたことになる。叛徒のあいだの恐怖と分裂だけが国王の生まれついての楽観主義を元気づけ、彼に、彼ら全部を滅ぼす力をもったという自信を与えたからである。

第九節　インヴァーロキーの戦い

アックスブリッジの交渉が気の滅入るような経過をたどっている間に、スコットランドを通じて、国王の敏感な精神を高揚させる以外のなにものでもない噂――スコットランドの使節団は「でたらめで、確実でない」ことを期待していた――が流布していた。すでにウィリアム・バイイー――オランダで訓練を受け、スウェーデンで奉公してきた評判の将校――指揮下の在イングランドのスコットランド軍の一部隊が本国に引き上げたというのである。彼はアーガイルと盟約者団の諸卿とにダンバートンで深い陰鬱のなかで会った。なぜなら、モントローズがキャンベル地方の核心部にいたからである。バイイーは貴族出身の将軍の軽い楽観主義を隠そうとはしなかったが、彼は過去六カ月のあいだにモントローズと一握りのアイルランド人によって裏をかかれていた。彼はアーガイルの命令から独立していない限りは奉公することを拒否した。アーガイルは、憤慨を隠さなかったが、ともかく、そういう処置に同意した。彼らの一致した計画は、インバーラレイから脱出しようとしているモントローズを彼ら二つの軍のあいだの罠に陥れることであった。バイイーは、低地地方の部隊を率いて、パースまで進み、東方の側から高地地方を見張る。他方、アーガイルはカノン砲と少数の部下を海路によって運び、ロコ・リンネの北端にあるインヴァーロキーを占拠し、グレート・グレンを哨戒し、かくしてモントローズの出口を北と西で封鎖しようというのである。

一月中旬、モントローズとその部隊は、キャンベル地方から撤退し、ロキ・アウェの北端（湖頭）をかすめ、右側に黒岩が盛り上がり、左手に黒い川の流れの中を通るバンダーの真っすぐな峠を引き返した。ダンスタフネイジの近くの、ロキ・エチーヴの岸辺で、彼らは一隻の大きな、三隻の小さなボートを見付けた。日中の陽光、月光、星の光を頼りに、ボートでの往復を繰り返して、モントローズは部下全部を対岸に渡らせ、グレンコエ河に沿って北方へ、次いで西方へ進んだ。天候は、この時期としては暖かく、湿っぽかった。丘のうえではひどい雨が降り、陽光が輝き、流れは増水していた。ロキ・レーヴェンの岸辺で、モントローズははじめて不安の震えを示した。彼の斥候からは、アーガイルの軍がインヴァーロキーに集結していると報告してきたが、その一部は海上を通って到着したものである。彼らが、グレンコエ河から現れたところで彼を阻止しようとすれば、彼は、後退する場所もないという不利な情勢のなかで戦わねばならない。彼は、ロキ・レーヴェンを越えて、ロカーバーの不毛の高地へ到達するまでは、安全ではない。しかし、暗い冬の夜、彼はボート類を発見することはできなかった。アーガイルはこのチャンスを捉え損なった。夜明けとともに、ボートらしきものが見付けだされ、中断することなく渡河がおこなわれた。二、三の落伍者は見捨てられ、アーガイルの巡視隊によって殺された。しかし、軍の本体は山の中に消えてしまった。一月二五日、モントローズは、「ネス湖とロカーバーとのあいだの、どこかにいる」と信じられた。

バイイーは、パースの司令部から、モントローズ消失のニュースを受けて、怒った。だれも、冬のさ中、モントローズが恐るべき、人跡まれなロカーバーの高地に死にに行くとは考えられなかった。バイイーは、海岸沿いの道路をアバディーンへ進み、それから西方へ転じて、山中に入ろうと考えた。しかし、そうした冒険をする時節ではなかったので、最後に、パースにとどまったままであった。モントローズが現在いるとおもわれる場所に止まっているならば、彼の部下たちは寒さと飢餓のために滅ぶことは確実であった。もし彼がインヴァネスの近くに出て来たならば、マッケンジーとフレイザー一族によって補強されたそこの守備隊は、彼と十分に渡り合える。もしモレー平野に出て来たら、そこはゴードン家の地域であり、その若い当主ゴードン卿は、アーガイルやバイイーはうすうすその反対であることを知ってはいたが、なお盟約者に忠実であった。アーガイルはインヴァーロキーで待ち受け、もしモントローズがグレート・グレンに降り立ったならば、その背後を衝き、インヴァネスの守備隊がその前面を攻撃する手筈であった。

こうしたことは何一つ起こらなかった。モントローズはいまや、ネス湖の北端近く、グレート・グレン地方の中心であるキルクムミンにいた。彼とその部下はおどろくほど幸せな気分にあった。その前進期間を通じて、彼は高地地方の主長たちに優雅な手紙を書いて、国王の名前において武器を取るように呼びかけた。彼はいまや、マクリーン・オブ・デュアート、マクリーン・オブ・ロックブイ、さらにマクドナルド・オブ・ケポック、グレンガリー、クランラナルド、スチュアート・オブ・アピン、マクファーソン、無法者のマックグレゴール、カメロン、ロバートソン各家の首長、ないし実際上の首長を味方に付けた。国王の問題、ならびに各人のあいだの問題に対する忠誠を強め、確実にするため――私闘によって分裂した地方にあっては必要な予防措置であった――モントローズは、キルクムミンで一つの盟約状を書き上げたが、彼らは厳かに「われらの聖なる、地元出身の主権者の権力と権威を維持することを誓って署名した。その主権者に対する怒りにおいて絶望的となった叛徒の現在の頑迷にして、不名誉な一派に対抗するためである」。そして、「そのなかで、われらが欲したとき、あるいは、機会が生じたとき、相互に援助し合おう」。

人跡まれなところで消滅した、と彼の敵たちは考えた。しかし、モントローズは、自分がなにをしようとしているかを十分に心得ていて、反対勢力に対して次になにをするかを考える前に、極めて巧みに、高地地方の部族を統合したのであった。もし彼がインヴァネスに前進すれば、前面からはインヴァネスの守備隊によって、背後からはアーガイルによって同時に攻撃されるであろう。それゆえ、まずアーガイルと一戦を交えるのが賢明である。モントローズはすぐに国王に報告した。「わたしは、アーガイルが高地人が信じているような人間でないことを世界中に見せてやりたいとおもいます。彼を彼自身の地元で叩くことは可能です」。そこで彼は、アーガイルがほとんど予想していないことをやってのけた。彼は来た道を引き返し、グレン河の警戒にあたっていたアーガイルの斥候が、インヴァネスに進軍中と報告している間に、彼はロカバーの山を再び横切った。その引き返しは厳しい寒さのなかでの行動で、もっとも頑強な部隊だけが耐え得るものであった。時には山中で、彼らは「ひざまで達する雪の中を」前進し、時には「腰帯まで水につかって、小川、河を」徒歩で渡ったが、彼らをガイドした羊飼いも、いつもよく知った道という訳ではなかった。彼らは夜を日に次いで進軍し、そして、二日目、夜の闇に包まれようとしているとき、彼らはベン・ネビスの肩のあたりに到着し、眼下にインヴァーロキー、そして、長くて冷たいロキ・リンネの枝湖を望んだ。彼らの最前線の者は、アーガイルの哨戒隊と衝突したが、彼らは警報を発すべく、たそがれの中へと逃走した。

インヴァーロキーの戦い

山麓のインヴァーロキーでは、アーガイルが会議を開いていた。軍の実質的司令官はダンカン・キャンベル・オブ・オーチンブレックであったが、彼はアルスターで傑出した存在であり、その上司によってここへ派遣されてきた若者であった。アーガイルは一五〇〇人ほどの低地地方出身者から成る歩兵をもっていたが、バイイーは、それに渋々、自分のキャンベル出身兵二〇〇〇人に、同行することを許した。彼はまた一、ないし二門のカノン砲をもっており、海上では船で運び、湖では自分の大型ボートで運んだ。彼は、頭上の山側にいる軍はただ少数の残軍にすぎないと考えていた節があり、モントローズの部隊は凍りついた丘陵から生きて現れることはできないと信じていた。この確信に、脱臼した肩の痛みが加わり、おそらくそういう理由から、彼は湖上の大型ボートへ退き、司令権をオーチンブレックに委ねようと決心したものであろう。

しかし、オーチンブレックは、丘のうえの軍勢を相当なものと考え、自分の部隊を注意深く展開した。すなわち、中央にカノン砲を備えたキャンベル兵を、両側に低地出身兵を配置したのである。少数の高地出身兵を予備として置いたインヴァーロキー城は、彼らのすぐ後ろにあった。彼の部下たちは、月光とでこぼこした土地を利用して接近したり退いたりする、移動するアイルランド兵の発するムスケット銃の時たまの発射音のため、終夜目覚めていた。モントローズ部隊の主力は、冬の長夜を、武装したまま立っており、彼も彼らも、雪のなかで半ば凍ったオートミールを短剣の刃先で砕いて食べる以外はなにも食べなかった。山を下る前に――その日は一六四五年二月二日、日曜日、聖燭節の日であった――アイルランド人は、秘跡を受け、彼らの運命を聖パトリックと聖ブリジットの守護に委ねた。

モントローズは、スコットランド高地出身兵――スチュアート・オブ・アピン・エンド・アソル、マクドナルド・オブ・グレンコエ、クランラナルド、グレンガリー、マクリーンなど、大部分、少数グループから成っていた――を中央に集めたが、全部で五、ないし六〇〇人であった。彼はアイルランド兵士を分割し、マクドナルド指揮下の者を右翼に、非常に有能な副官マグヌス・オカーハン指揮下の者を左翼に配置した。彼はグラハム、オジルヴィーの親戚の者の所有する馬二〇頭あまりをもっていたが、機会が来たら使おうと後方に留置しておいた。

すべては暗闇のなかでおこなわれたが、最初の陽光がさしてきたとき、待ち受けていたキャンベルの兵士たちは、山側から進撃のラッパが鳴り響くのを聞いた。オーチンブレックが陽の光で状況を検討する前に、アイルランド兵は攻撃を仕掛けてきた。彼らは盟約者軍の両翼の低地人に襲いかかり、「彼らのあいだを躍り上がるように剣を振り回し」、彼らをただちに混乱に投げ込んだ。オーチンブレックはキャンベル一党に、モントローズの中央への攻撃を命じたが、しかし、同じときモントローズの高地人兵士は攻撃を開始しており、両軍の全面衝突となった。オジルヴィーはその騎馬部隊をもって、ともかくキャンベル部隊の側面に回り、その予備兵を蹴散らし、彼らの城への後退の道をさえぎった。前面、側面、そして後方と同時に攻撃され、キャンベル党は勇敢に戦ったが無駄であった。ある者は湖中へ追いやられ、少数の者は丘へと逃れ、瀕死の重傷を受けたオーチンブレックは、その他の名のあるジェントリーとともに、捕らえられた。しかし、キャンベル党の一五〇〇人は殺された。来るべき数年にわたって同部族の戦闘力を殺《そ》いだ敗北であった。彼らの首長は部隊の最後を見るのを待てなかった。彼の大型ボートは、自分の部族員の最後の一人が倒れる前に、湖をはるかに下っていた。

その夜のモントローズの陣営では、インヴァーロキー城のごつごつした壁に沿って、アイルランド兵たちは「テ・デウム〔汝、神を称える〕」を歌っていた。そして、勝利によって得意となったモントローズは、戦争が勝利するまではいかなる平和の計画にも反対する、と熱烈に国王に書いている。「スコットランドにおけるあなたの軍隊の成功は、それほどわたしの心を喜ばせるものではありません、なぜなら、イングランドからのニュース（アックスブリッジの交渉のこと）がその喜びを破りそうですから……陛下が授けられるのが多ければ多いほど、より多くが求められます。そして、彼らが陛下をくだらない国王にするだけで満足しない理由を十分に知っております……聖なる主権者よ、陛下に次のようなわたしの貧しい意見を言うことを、お許しください。反乱者である臣下と交渉するのは、国王にふさわしいことではありません。彼らは一方では剣を手にしているのです。神は禁じられていますが、わたしは陛下のお慈悲を制限したい。わたしは、陛下と彼らが軍隊をもって戦場で対峙しながら、そして、彼らが集団を解体し、陛下の善意とお許しに完全に服することなく、交渉に臨んでいることを考えると、戦慄を覚えざるを得ません……神の祝福によって、この王国を陛下の服従のもとへかえすことが、わたしの切なる願いです。もしわたしが陛下の他の忠実なる臣下とともにおこなった行動が誤っていないならば、この夏の終わり、勇敢な兵士をもって陛下のお助けにかけつけることができると信じて疑いません」と。

モントローズは、いまや軍旗をひるがえし、モレー平野の北西方向へと進んだが、その間ぐるりの山岳地帯から族長たちが彼のもとに馳せ参じてきていた。グラント族の長は三〇〇人をもたらし、マッケンジーの長シーフォースは、最初に彼の前から逃亡したのに、いまや転じて、彼に合流した。なによりもいいことは、ナザニエル・ゴードンがやって来たことで、彼と一緒にゴードン卿がついてきた。この若い卿は、伯父のアーガイルに遅まきながら反抗して立ち上がり、「急遽、馬に飛び乗り」、モントローズに合流してきたのであるが、「モントローズは心から歓迎し、喜んで一緒にスープを飲んだ」。のちほど彼は、ゴードン族の五〇〇の歩兵と一六〇騎の騎兵をもたらし、勝利の部隊を膨れ上がらせた。

エディンバラでは、アーガイルは、なお投げ付けられた状態で混乱した軍隊を連れていたが、身分制会議に、モントローズを北方へ追い詰めたが、小さな前哨戦で、残念ながら数人の兵士を失ったと報告した。会議は彼のよき奉公に対して感謝し、モントローズを反逆者と決めつけ、彼を貴族から除籍し、捕らえた暁には絞首、そして、四つ裂きの刑に処し、彼の領地の一部はアーガイルの失費の償いに当てると決議した。教会会議は、国王に対し、彼らのうえにアイルランド人を解き放ったことを後悔するように厳しく呼びかけた。現実性のいささかの感触をもって、彼らはまた、捕虜との交換において、札付きの反逆者であるジェイムズ・グラハム〔モントローズ〕と交渉を開始することに同意している。いかなる実際上の動きも、空粗な身振りも、過去数週間にわたってハイランドを脅かしてきた危険に対してなんの効用もなかったし、その危険は、しばらくしないうちに、ロウランド、すなわち、盟約者団の中心部にも勃発するにちがいなかったからである。

第一〇節　ニュー・モデル軍の誕生

アックスブリッジ平和交渉、挫折す

こうした間に、はるか南のアックスブリッジでは、平和交渉はゆっくりと静止状態に入っていた。平和が、敵方の中の過激派よりも、国王によってもっと歓迎されていないことは明白であった。「国王にとって大きな誘惑となったのは」と、バイイー博士は書いている。「スコットランドにおけるモントローズの不運な成功であった」。しかし、国王は、モントローズの血まみれの手紙を受け取るずっと以前から、究極の勝利という信念を完全に回復していた。交渉が継続している間に、議会側代表は、サー・ルイス・ダイヴが国王のためにワイマウスを取ったというニュースによって顔色を失った。また最近、スペインの金銀地金を積んだ船が、海賊と嵐を避けて、ブリストルに入り、降伏した。二〇万ポンドの価値ある積み荷は、国王にとって歓迎すべきことに、軍隊の支払いと装備の費用に当てられることになった。モントローズからの使者は一六四五年二月、オックスフォードに到着したが、それはアックスブリッジの委員会がすべての議題において行き詰まりに達した時に当たっていた。交渉のあいだ保証されていた休戦期間は、二二日の真夜中に終わった。それを延長しようという動きはなんらなされなかった。委員たちはお互いに不満を抱きながら分かれたが、双方とも、相手方が平和を結ぶ真の意図をもつものではなかったと信じたのであった。

苦しんだのは、庶民院と貴族院の穏和派であった。彼らが王党派委員たちにもらしたヒントは、明らかに彼らの独立派に対する恐怖であったが、軍隊の改組と戦争の継続が不可避的に彼らに権力をもたらしていた。ロンドンへ帰った彼らは、ニュー・モデル軍の計画がすすめられているという恐怖を十分に見ることになった。スコットランド人もまた、もし国王が長老派型の教会政府を受け入れていたら、十分平和を樹立することを喜んだことであろう。しかし、彼らは、長老派イギリス人とは異なって、イギリス軍隊における変化によって影響を受けない自分たちの軍隊をもっており、そこでは、たとえ独立派がとどのつまり支配権を得たとしても、それが抑制されるのは通例であった。しかし、教会分派に対するイギリス人反対派にとっては、議会内であるにせよ、軍隊内であるにせよ、平和交渉が失敗したのは、暗黒の日であった。国王の非妥協性は、彼らに、戦争継続の計画に支持を与える以外のいかなる選択の余地も与えなかったのである。

その日は、国王にとってもまた暗黒の日ではなかったろうか？　のちの多くの人々はそう考えている。すなわち、国王は平和を創出する機会をもちながら、それを拒絶したのである。というのも、彼がスコットランド人と長老派の計画に同意しても、追い詰められた独立派がそれを破棄するように働きかけたのである、と。しかし、彼が、諸条項を受け入れようと熟考もせずに、拒絶したというのは正しくないであろう。彼は、王妃にも書いているように、神が彼の手に与えた主教制、あるいは、剣をなだめ落ち着かせることができなかった。二つを守ろうとして、二つとも失った。なぜなら、アクスブリッジは、降伏ではない条約を結ぶ最後のチャンスであったのである。

ニュー・モデル軍、法案通る

ニュー・モデル軍の法令は、平和交渉が進行中に、通過した。平和条約の崩壊に引き続いて、他の会合がギルド・ホールでもたれたが、その会議でヴェインは、落ち着いた、しかし燃えるような言葉で、平和交渉の失敗を説明し、ロンドン市当局に、戦争遂行のため、借款――この度は八万ポンド――の供与を訴えた。新法令に盛り込まれている包括的計画は、議会軍を国民的基盤のうえに建設することであった。それを支持する資金は、なお州委員会によって徴収されたが、その計算書を議会に提出しなければならない。委員会はもはや地方的に徴発される部隊にのみ責任を負うものではないのである。納付の率は標準化され、指揮官は、高い報酬で他の部隊から誘われ、移籍されることがない。すべてこうしたことには準備金が必要であり、州による課税評価は非常に敏速におこなわれる訳ではなかったので、もし軍の新型化を円滑に進めようとすれば、ロンドンの援助が必然的に必要であった。既存の連隊は、ニュー・モデルに改組され、新たに徴兵し、二万二〇〇〇の統一的国民軍を一一の騎兵連隊、一二の歩兵連隊、一〇の竜騎兵連隊に編成する仕事が着手された。将校の任命に関して貴族院との論争が起こった。貴族たちは、総司令官によって選ばれた者が、その承認のために議会に出頭しなければならないという条項を要求し、最後にそれを貫いた。

トーマス・フェアファックス、議会軍総司令官に任命さる

フィリップ・スキポンは、新しい軍の大将軍として満場一致で承認された。総司令官の選出は少し難しかった。貴族院はなお、差し当たっては、エセックス、マンチェスターにこだわったが、決定にはいたらなかった。そういうとき、庶民院がサー・トーマス・フェアファックスを送り込んだ。彼に対してはなんら深刻な反対は起こらなかった。彼は非の打ちどころのない育ちの職業軍人であった。彼の宗教観は控え目なものであり、また彼は議会政治においてなんらか役割を演じたこともなかった。難しい同盟者間に平和を保とうとした彼の手際は、ヨークの包囲のとき明瞭に示され、彼は、戦争を通じて、勇気、辛抱強さ、全体を考慮した軍事的判断力を示した。一六四五年二月一九日、彼は庶民院に出頭した。新しいアガメムノンとしての議長レントホールに指名されて、彼は慎み深く答えた（彼は軽い吃音で、けっして雄弁家ではなかった）。議会に敬意を表して、彼は椅子を断り、やせこけた、最近受けた肩の傷から一つの腕をつり包帯で吊るした、直立した姿勢で、立ったままであった。

貴族院、庶民院、長老派、独立派は、なお共通した希望と憎しみをもっていた。彼らはなお、アイルランド人の叛徒たちを彼らの敵の最悪の害毒と見なし、アイルランドの反乱が制圧されず、国王がアイルランド連合との平和と同盟を求めるかぎり、国王に反対するイギリス人全体は、彼らの手に落ちたアイルランド人に対して復讐を果すべく統一した。ロンドンの騒々しい冬全体を通じて、アルスター蜂起の指導者と目される二人のアイルランド首長の裁判と運命が、折々に、ウェストミンスターの諸党派間に一定の憎しみの連帯を作り出したのも偶然ではなかったのである。

二人のアイルランド反乱者処刑の風景

ユーグ・マクマホンとコンナー・マッギーアは、一六四一年一〇月、アルスターの蜂起にさいして、ダブリンで逮捕され、数カ月後にロンドンへおくられてきた。一六四四年秋の、彼らの示し合わせたロンドン塔からの脱走は、

彼らの逮捕者たちに、ほとんど忘れ去られていた彼らの存在を思い起こさせた。ロンドンの一家屋に隠れながら、マッギーアは愚かにも窓から身を乗り出した、街頭の売り子から牡蛎《かき》を購入し、むき出しのアイルランドなまりで彼女に住所を知らせたのであった。再逮捕された二人の不運な若者は、とどのつまり、叛逆罪の裁判にかけられることになった。マクマホンは一一月、急遽、処刑された。マッギーアの方は、アックスブリッジ交渉の間、審理が続けられ、知性と自尊心をもって自己弁護をした。もちろん、無駄に終わり、彼は、自分たちの宗教が迫害され、土地が奪われたと称して、政府に対して人民の反乱をそそのかした廉《かど》で、叛逆罪の死刑判決がいいわたされた。貴族院は、貴族に留保された、もう少し慈悲ある死刑を彼に与えてほしいというアイルランド行政当局の要求を拒否し、峻厳な非人間性が工夫しうるかぎりの努力でもって、彼がカソリックの説教師から赦免を得る、あるいは、秘跡を受けることを阻止したのであった。これは、部分的には裏をかかれた。というのも、タイバーンの群衆のなかに紛れ込んでいたある説教師が、犠牲者からの、受ける用意ができたという合図とともに、黙って赦免授与を執行したからである。タイバーンへいく道中、ロンドンの保安官の一人が彼に付き添って馬で同行し、アイルランド蜂起の詳細、仲間の氏名を聞き出そうとした。マッギーアは、少なくとも静かにお祈りできたらと考えたようだが、しかし、ロープが彼の首に巻き付けられる瞬間まで、保安官の声が彼の献身の気持ちを遮り、もっとも記憶されている文句を唱えるあいだも彼を混乱させた。「イエス・イエス・イエス」と最後に彼は繰り返し、その身受け人（イエス・キリスト）の名前の連呼を断ち切って、吊るされた。彼を運んで来た荷馬車がはずされ、彼はぶら下がったままであった。野蛮な判決文の後半を執行するために、保安官は即座にロープを切り、まだ完全に意識のある犠牲者の喉笛を切り裂くことによって、自分に箔をつけた。

戦争のニュースはさまざまであり、そのあるものは意気消沈させるものであった。ウォーラーは、部下の武器、リュックサック、靴下の不足のため、ワイマウスの救援におもむくことに遅れた。西部の辺境区でウォーラーを支持するために送られたクロムウェルの連隊は、ポーツマスで反乱を起こし、そのうち七〇〇人が昔の宿営地へ引き上げてきたので、クロムウェルは急遽ウェストミンスターを離れ、一〇〇〇ポンドの支払いで秩序を回復するように命じられた。グロースターからは、マッセー大佐が、ディーンの森からする王党派の抑制できない略奪について苦情をいってき、また教会分派を軍の指揮官に昇格させることに対して猛烈に抗議してきた。ロンドンにより近いヘンレーでは、部隊のあいだに反抗が起こった。

二つの主要な勝利が二月の終わりを締めくくった。王党派はワイマウスを取ったが、湾の反対側にあるメルコンブから議会軍を排除することができず、そのため港は使えないままであった。王党派の一隊が、騎士党に加担した何人かの市民の裏切りに支持されて、メルコンブの夜襲にほとんど成功したかに見えたが、しかし、議会側守備隊は雄々しく抵抗し、結局、侵入者に損害を負わせて、これを撃退した。彼らの地位は、バットン船長が水兵の一隊を上陸させることによって強化され、失望した王党派はドーチェスターへ後退した。

国王、シュリューズベリーを喪失

国王にとって、もっと深刻であったのはシュリューズベリーの喪失であった。それは、つねにウェールズの徴兵の中心地であり、一六四四年の春を通じてルパートによって利用され、いまやモーリスによって同じ目的に使われていたところであった。「わたしは、貴方の兄弟（モーリス）が経験豊かな指揮官を得ることを願っています」と、ルパートの率直な友人が、シュリューズベリーの状態の悪化を憂いて書いている。司政官サー・マイケル・アーンレは病人であり、その義務を怠っていた。部隊の秩序は乱れ、市民たちはこの度は彼らに敵対的であった。市壁の見張りはだらけており、偵察は不十分にしかおこなわれなかった。そのため、モーリスが協議のためチェスターへ呼ばれたとき、シュロップシャーの議会側司令官ミットン大佐は、なんの警報もなく、暗闇にまぎれて、一二〇〇の兵士を出動させた。小部隊を先発させた彼はセヴァーン河を舟で漕《こ》ぎわたり、二人の内応者に導かれて、防御の弱点箇所に到着し、少数の者が内部に侵入した。これらが橋の警備兵を驚かし、制圧した。その橋のところで、ミットンの残余の者は待機し、同僚の合図次第、突入しようと待ち構えていた。シュリューズベリーへの侵入は、王党派の指揮官が何が起こったか気が付く前に、敢行された。それは、二月の午前四時の時刻、真っ暗闇の中においてであった。司政官は病床からよろよろと立ち上がったが、兵士のところへ行こうとして殺された。数人の将校たちも同様であった。日の出前、ごく小規模のばらばらな市街戦ののち、王党派は城の中に閉じ込められてしまった。彼らは、不利な条件にもすぐに飛びついて、降伏した。ウェールズ人とイギリス人は、武器をもってリュドロウへ退却したが、後に兵器庫のもの、備蓄品の全部、カノン砲一五門、アイルランドから来た兵士全部を残していた。ミットン大佐は、アイルランド兵のうち一三人を次の日、絞首刑に処した。

この暴行に刺激されて、ルパートは、野蛮な行為に抗議する手紙を個人的にエセックスに出したが、その文面はエドワード・ハイドによってしるされたものであった。「わたしは、陛下に武器を向けた者たちを捕虜にしているが、彼らはイギリス人、スコットランド人、アイルランド人、フランス人、オランダ人、ワロン人などあるゆる国民、キリスト教徒と称する、あらゆる宗教、宗派から成っております」と、彼は書いている。「そして、彼らには、四対一捕虜交換が許されていますし……今後もそうされるでしょう」。議会から同様な処置が取られると期待するには、〔この交換比率は〕余りにも多すぎはしないか? 確かに多すぎた。議会は、前年秋、自分たちに武器を向けた、アイルランド生まれの者は、アイルランド人、ローマ・カソリック教徒のイギリス人を問わず、死刑に処するという法令を出していた。ルパートの抗議と、そして、二週間後に、仕返しとして、当然のこととして執行された絞首刑とは、あらゆるアイルランド捕虜に対する復讐的取り扱いを止めさせるには、ひとしく無力なものであった。議会人はいまや自分たち自身の宣伝の犠牲者になっており、アイルランド人に対するあらゆる残虐行為をいいと信じ、仕返しに自分たちに同じことがなされるのを受ける用意があった。彼らは、恐るべき悲惨なコースに入り込んでいたのであり、いまや、なにものも、それから彼らを脇へそらすものはなかったのである。

国王は、数日のあいだ、シュリューズベリーの敗退によって深く投げ出された。しかし、彼は、どうしたら戦争における彼の運命を改善できるかを考え、平和交渉を再開しようとはおもわなかった。二月の最後から二番目の日、彼は私的にオーモンドに手紙を書き、ローマ・カソリックに対する刑法を一時見合わせ、どんな犠牲を払ってでも、アイルランド連合と平和を締結するように、自分に提案せよと命令している。

国王顧問ジョージ・ディグビーとルパートの反目起こる

数週間のあいだ、争いが議会軍を分裂させ、貴族院と庶民院とが反目し、スコットランドの同盟者が緊張のもとにきしみ、独立派の神父たちがウェストミンスターの「聖職者集会」を崩壊させている間、戦争に勝利しつつあるという見通しは合理性をもっていたようにおもわれる。これらの週間のあいだ、プリンス・ルパートとジョージ・ディグビーとは、国王の愛顧は平等であり、戦争の遂行に一緒に働いていた。シュリューズベリーの陥落が変化をもたらした。その喪失は、ルパートが長期にわたって、ウェールズ辺境に依存していた戦争準備の中心、訓練地を移動させることになった。そのことは、オックスフォードとチェスターのあいだの情報交換ライン――アイルランド兵入国のための重要な港、北ウェールズからの物資供給のための集積地とのつながり――を著しく脅かすものであった。それはまた、ヒアフォードとウースターを攻撃にさらすことになった。王党派によるウェールズ辺境地区の保持はもはや絶対的なものではなくなった。しかし、ルパートとモーリスとは、遊撃騎兵隊を駆使して、南北ウェールズの徴兵地方と国王の本営との道を開放しておくように努めた。いまや、状況はきわめて憂慮すべきものになった。そのうえ、マッセーが突然、グロースターで頭をもたげてきて、ディーンの森へと突撃し、鋭い小競り合いでサー・ジョン・ウィンターを敗北させ、彼の部下を四散させた。かくして彼は、少なくとも厄介な敵から解放されたのである。

ルパートは、リュドロウにあって、脅威を子細にわたって検討し、ウェールズからの物資供給の途絶、ウェールズの核心部からの徴募兵で、国王に不満を抱く分子の蜂起の可能性をもっとも恐れるにいたった。この地方は貧しく、戦争による邪魔が牛取引をほとんど停止させていた。大主教ウィリアムズは、コンウェーから、人民を守ろうと努め、「われらのもっているささやかな銀をこちらへもたらしてくれた北ウェールズのスペイン艦隊に、これらの貧しい牛追いたちに」いま少しの配慮をするように訴願しているのである。しかし、現地の守備隊の指揮官たちは、地域を上がったり降りたりしながら、食料と飼料に対する要求を押し付け、ときに無差別的に横奪してまわったので、最近、ルパートは、支払いをおろそかにした連中から、代金を徴収する権限を巡回騎兵隊に認めたほどであった。これに加えて、対抗しあう指揮官のあいだの争いがあった。イギリス人によるウェールズの感覚の蔑視、ウェールズ人によるイギリス人に対する敵愾心《てきがい》、そして、地域の私闘の錯雑がそれである。「国王の歩兵隊の育児所」は、いまや分裂と争いと貧困の温床となった。

オックスフォードでは、国王の地位にもっと大きな凝集点をあたえるために、宮廷をイグゼター、あるいはブリストルに移動すべきだという意見が出されていた。それは宮廷内では決して議論されることはなかった――ハイドの信ずるところによれば、婦人方が反対であったから――しかし、そんな目立った後退は、本国だけでなく、外国における国王の支持者みなを落胆させたであろう。

勝利の見込みについて心の沈みがちなルパートは、次第にディグビーと対立するようになったが、ディグビーの楽観的な性質は敗北を認めず、平和交渉を再開しようという意見にきっぱりと反対した。チャールズは、最近、コッティングトン卿に対する寵愛を取り戻していたが、彼はかつての安易な財務長官で、一六三九年、スコットランドとの戦争に国王を引っ張り出し、その部隊に一文も支払いをしなかった人物である。これら二人が国王の楽観主義を回復させたので、フランスの使者サブランが三月、オックスフォードに国王を訪ねたとき、彼は、国王があらゆる和解に対して拒絶的であるのを見て取った。イギリスの軍隊に対する彼の信頼は以前ほどのものではなくなっていたが、その代わり、彼はスコットランドのモントローズを信頼し、ウェストミンスターの敵方内部の紛糾と分裂に多くを期待していた。

「彼らのあいだの反乱の動揺は、非常に大きく、日々ましています」と、ディグビーは満足げにオーモンドに書いている。しかし、彼は、国王の司令官たちのあいだの動揺については心配を払っておらず、その点、片手落ちであった。サブランは国王に、敵方の混乱と論争を利用して、部隊をロンドンに向け、これを脅かすべきであると進言した。しかし、王党派の軍隊は、ただ西部、ウェールズの辺境部、そして、北部ミッドランドにおいてのみ活動していた。国王の軍隊の再組織が失敗に終わったことはすでに明らかであった。ルパートは、そのエネルギー、知性、献身にもかかわらず、この種の仕事には経験もなかったし、気質も向いてはいなかった。一六四五年三月、軍隊を統一し、調整する仕事において、彼が失敗したことは明らかになった。レスターシャーのローバラー卿から、ニューアークのサ・リチャード・バイロンから、チェスターのバイロン卿から、その他西部から、がやがやと文句がオックスフォードに殺到した。ゴーリングは二月遅くやってきて、ルパートと激論したのち去った。続いてバイロンが三月に来て、チェスターで自分が必要とされていることにもっと注意が払われなければ、辞任すると脅した。

プリンス・オブ・ウェールズ、ブリストルに別の宮廷を構える

最悪の紛糾は西部で起こった。その地に、国王は、プリンス・オブ・ウェールズを据え、自分の顧問会議、自分の宮廷をもたそうとおもった。彼はまだ一五歳にも達せず、看板にすぎなかったので、名目的総司令官として、父親とは別の宮廷や顧問会議をもてば、必ずや紛糾が起こるに違いないとルパートは予見した。そのような配置は、野心的な将校たちのあいだに陰謀を企てる機会を継続的に提供することになり、彼らは一方の宮廷を他の宮廷にけしかけ、二つの宮廷をルパートにけしかけたのである。チャールズは、甥の憂鬱さになんら注意を払わなかった。彼は一方の手で権力を与えながら、他方の手でそれを取り上げるという昔からのやり方に忠実に、おそらく、西部の新しい宮廷、そして、そこから発生する混迷がルパートの権力に対する有用な歯止めになると考えたものであろう。

プリンス・オブ・ウェールズは、サー・エドワード・ハイドとカルペッパー卿に付き添われて、一六四五年三月二四日、オックスフォードを離れ、ブリストルに宿舎を構えた。冬のあいだに、多くのことが西部のジェントリーによって約束され、多くのことが西部の将軍たちによって自慢されていたが、プリンスとその宮廷は到着してみて、乱雑以外のなにものも見出せなかった。ジェントリーは、春の準備のための金も兵員も供出しておらず、わびを入れ、お互いに悪口をいうばかりであった。プリマスを包囲するため秋に（ブリストルを）去っていたグレンヴィルは、妻――彼女はずっと以前から彼とは別居していた――の隣人の領地を奪い、高級な暮らしをし、裕福な市民を捕らえ、ジェントリーを牢獄に入れ、彼を不愉快にした人間を手ずから絞首刑にかけるなど、地元住民にあらゆるテロを働いたが、それは彼がアイルランドで身につけた習慣であった。彼はプリマスを落とせなかった。この失敗について、彼は、イグゼターの司政官であったジョン・バークレーのせいにしたが、彼の言い分によれば、バークレーは嫉妬から、策略をめぐらして宿営を困難にし、サマーセットに移動を余儀なくさせたというのである。グレンヴィルもバークレーも、他から命令を受け取ろうとはしなかった。両者ともゴーリングから独立した存在であると主張し、それによって自分たちの行為を正当化した。そもそもゴーリングは西部では命令権をもっておらず、彼の使命は、ハンプシャー以東に限られていた。しかし、彼は一月九日に敢行したサリー州ファーナムへの驚異的進撃ののち、この前進した位置を保持することに失敗し、彼の部隊を連れて西部へ退却していた。彼はいまやタウントンの包囲に着手したが、うまくゆかず、自分に賦与された命令は、彼に西部全体に対する優先的地位を与えていると称して、グレンヴィルをひどく怒らせた訳である。

この三人の将軍の部隊は無規律で、なかでもゴーリングの部隊の評判は最悪であった。ゴーリングの酒宴は悪名高いものがあり、「将軍、暴飲に気をつけよう」と、ジョージ・ディグビーは書いている。しかし、ゴーリングは、飲んで、酔っ払ってはいたが、軍人としてはそれに値する高い評判をもち、敵方にも、その能力と性格について、西部の他のどの将軍よりも強い印象を与えていた。「神の祝福が貴下の心にあらんことを。貴下は、わたしが会ったひとのなかでは、もっとも陽気な方です」と、ウォーラーは彼に書いている。が、そのかたわら、ウォーラーは、ウィルトシャー、サマーセットの州境にあるゴーリングの宿営地に、軽い嫌がらせの襲撃を数回にわたって試みているのである。二人の快活な将軍は、華やかさとお互いの良き同輩感情をふりまきながら、捕虜交換について論議するためシャフツベリーで会見したが、地元の住民は、その親密さが戦争を終わらせる平和交渉以外のなにものでもないと考えたほどであった。しかし、ゴーリングは、プリンス・オブ・ウェールズの顧問たちをあざけり、彼らの命令を無視し、彼らの暗号を誤読し、自分の語ることについては、すべてにわたって危なっかしく、軽率であった。しかし、時々、なお熟練をもって行動し、彼の友人たちは、飲酒と病気が彼の勇気と判断力を滅ぼし、果てしなく、空っぽの野心だけを残したとは信じ難いほどであった。「閣下」と、サ・アーサー・カペルは、楽しそうに彼に乞い求めている。「貴方が叛徒にびしゃっと打撃を与えたら、わたしは、ピケット・ゲームで一カ月分の支払いを失っても惜しくはありません」。

クロムウェル、軍事活動を再開

騎士党にとって悪いときに、クロムウェルはウェストミンスターの議会の義務から解放され、彼の反抗的な連隊に復帰し、秩序を回復し、西部に向かって前進を開始した。ウォーラーと合流し、彼はデヴィーズでウィルトシャーの王党派保安官の不意を襲い、部下三〇〇人とともに、彼を捕虜にした。それから彼は、物資供給と西部の国王軍への徴兵を阻止するためドーセットへと進出した。ゴーリングは、彼のエネルギーを爆発させて、ニュー・モデル軍をドーチェスターから追い出したが、西部諸州における王党派の地位は重大な脅威を受けることになった。

国王軍の分裂、深まる

「わたしは、西部からは凶報以外はなにも期待していません」と、ルパートは、三月二〇日、オックスフォードにいる信頼する部下レッジェに書いているが、数日後、彼の不満を繰り返している。すなわち、西部の将軍たちは、プリンス・オブ・ウェールズの到来を、疑いなく、ルパートの命令への従属から自分たちを解放するものと受け取っている、と。国王の利益のために、プリンス・オブ・ウェールズを自分の監督下におき、高圧的な行動によって、命令権分裂の危険性を阻止すべきかどうか、彼は迷っている。あれこれ考えるのは無用のことであった。彼は、そのような打撃を遂行するには、心底から国王に対して忠実でありすぎたのである。しかし、彼の手紙は、単一の命令権のもとへの国王軍の統合という試みが完全に失敗に終わったことを示している。

彼の努力にもかかわらず、王党派の軍隊は、陰謀と敵愾心《てきがい》によって、以前あったよりももっと分裂した。このことは、折々の成功が、王党派の精神と器用さがなおなくなっていないことを示しているだけに、惜しまれてならない。たとえば、サー・マーメイデューク・ラングデイルとその騎兵隊は、ヨークシャーに再侵入し、ポンフレートの長い包囲を解かせることに成功していた。この成功は、フェアファックスをして、北部における王党派の復活のきっかけとして警戒させることになり、またロンドンを一瞬驚かせた。ウェールズ辺境では、ルパートとモーリスとが、レドベリーでマッセイを破り、彼の進撃にストップを掛け、ヒアフォードの王党派守備隊の地位を強化したが、この守備隊は、国王のため、南部辺境部をなお成功裡に確保したのであった。

第一一節　ニュー・モデル軍、姿を現す

地域住民の組織「棍《こん》棒組」の出現

ウースター、ヒアフォード、ドーセットの諸州では、最後の数カ月が戦争に新しい要素をもたらした。軍隊による強制取り立て金、臨時分担金の賦課、部隊による糧秣《りょうまつ》徴収・宿舎割り当てによって苦しめられて、地域住民――大部分はヨーマンとその息子たち、いくらかの下層ジェントリー、数人の聖職者から成っていた――が、両党

派に対して集団を組んだのである。これら「棍《こん》棒組 Clubmen」――彼らは一般的にこう呼ばれた、というのも、下級兵士たちはろくな武装をしていなかったからである――は、王党派、議会側に対して等しく、警告の合図を出した。〔実のところ〕暴力、略奪、不規則にもかかわらず、両党派の政策は、地域住民を威嚇するよりは、懐柔するところにあった。現金、あるいは、現物による課税徴収は、人が耕し、種子をまき、収穫し、家畜の世話をし、できるだけ邪魔されずに生産物を売ることができる場合にのみ、徴収されるとされた。農村の荒廃は、必然的に軍隊の荒廃をもたらす。ほとんどすべての州から、司令官たちは、納付金が不足している、なぜなら、節約しようにも、すべきものをなにも持たない住民からは現金、現物の徴収物を得ることはできないから、と苦情を述べている。北ウェールズの牛市場やウェスト・ライディングの織物産業の混乱は、ただちに軍隊に反作用した。ほとんどすべての州を通じて、多かれ少なかれ、両方とも同じ問題に直面していた。両方とも、軍隊における秩序維持に失敗し、州の通常の血液循環は完全に停止することはなかったが、脈拍は不規則になり、かつ弱まっていた。「棍《こん》棒組」は、彼らの失敗の結果を背負って、軍隊に対峙したのである。力には力で対抗しよう、そして、部隊のこれ以上の生計補助を拒否しようという運動は、広がり、高まっていった。

グロースターのマッセイ大佐は、ヒアフォードの騎士党に対して「棍棒組」の支持を獲得しようと試みたが、彼は、騎士党を真の抑圧者であると説明していた。しかし、口のうまい一司令官が一時的に、自分の目的のため、「棍棒組」を味方に引き入れたとしても、そのような策略は長くは危険を中和することはできなかった。唯一の答えは、軍隊に新しい、効果的な規律を課することであった。それこそが、激高してはいるが、押しつぶされはしそうにない住民に、歯止めのきかない強奪に対する保障、彼らの収穫物を刈り取り、乳牛からミルクを取り、牛の群れを放牧し、羊毛を刈り取り、穀物、チーズ、肉、獣皮、羊毛を理にかなった便利さで市場で売る、そうしたことの手段を与えるものであった。

議会が計画した、改革された組織と規律をもったニュー・モデル軍は、問題に対する議会流の解決であった。国王はなんら解決をもってはいなかった。彼の軍隊の規律は、彼がかつて定めた理想から離れて久しく、彼のもっとも経験ある司令官たちも、給料がとどこおり、宿舎と物資が適合的でなかった場合、規律を保つことはできなかった。そして、中心的将校の多くは、自分の権力、楽しみ、利益になんらか制限が課せられることに腹を立てていた。

ウェストミンスターでは、二つの党派、二つの国民、すなわち、長老派と独立派、スコットランド人とイギリス人とも、軍隊の新組織を効率的に作り上げる絶対的必要性を認めていた。彼らはすでに、州ごとに課せられる資産税の徴収のために任命された地方ジェントリーの委員会の中に、国民的組織の枠組みをもっていた。議会のメンバーたちが、彼らが代表する都市や州に対する庶民院の心配や要望について、つねに情報を交換することに気づかっていた一方、彼らの友人たちは、地元の困難さや不満について彼らの情報を送っていた。一六四五年二月に通過した、改善された軍隊の確保と維持に関する法令は、すでに存在していた体制を強化するものであり、より活発に利用されるためにのみ必要とされるものであった。

国王はそのような枠組みをもっていなかった。彼もまた州委員会を任命していたが、それは中央からの支配の手段としてであって、たまたま任命されたものであり、無能力であった。彼がオックスフォードに招集した、そして、いまや第二会期に入っていた議会は、一般的には、蔑《さげす》まれた団体であり、そのため、そのメンバーが実際に、自分の州、あるいは都市において接した紛糾事を取り上げたとしても、彼の発言や助言はなんの効果ももたないものであった。国王の顧問会議は、平時においては、州の地方行政との接触の維持という仕事において、比類ないものであったが、戦時においてはそうする能力はなかった。ウェストミンスターの議会は、いまや両王国委員会を通じて主として活動していたが、行政というはっきりとした仕事を果たし、国民の民事、経済、外交を支配する諸法令によって戦争を維持した。彼らが行政の一形態――内閣――を考え出したのは、ほとんど偶然からであったが、それは、庶民院と密接につながり、国民的広さをもつにいたった地方行政の執行権のうえに立脚したものであり、のちの世代はこれを基本的に変更することなく、採用し、発展させたのであった。

国王は行政を放棄していたが、議会は維持していた

国王は、戦争勃発以来、行政の仕事をすっかり放棄していた。彼と彼の顧問たち、将軍たちは、戦争を成功裡に遂行しようという努力の中で、行政の諸問題――長い目で見れば、戦争の勝利はそれにかかっていたのであるが――の解決にはほとんど努力を払わなかった。ルパートは、解決は正しい人間を昇格させればできると信じて、他の国王の助言者と共通の過ちを犯していた。それも一理のあることであったが、それは表面的な解決にすぎなかった。もっと深い、もっと徹底した種類の業務の集中化、調整が必要であった。そして、このことは王党派によって企てられなかったし、必要であるとさえ考えられなかった。国王を戦争へと突き落とすことになった政治的見識の欠如は、彼の戦争経営の仕方に反映している。彼は――二、三の顧問が見抜いていたようには――政治理論の有効性は行政の実際の中に吸収されるその手際の良さにかかっている、ということを見抜けなかった。彼は平和において失敗したように、戦争においても失敗した。なぜなら、彼は、書記官の一人がかつていった言葉を十分に理解していなかったからである。彼曰く。「それをするように頼むよりは、自分でそれにもっと近づきなさい」。国王にとっては、事柄を要求するというのは、事柄を頼むことであり、それが事柄をするということであった。しかし、依頼することと為すこととのあいだのギャップを埋めるのが行政の手際というものであった。この手際を、神の恩寵と神の権利によって国王となったチャールズは、決して自分のものにしなかったし、それが必要であるとは考えもしなかったのである。

フェアファックス、総指揮官として好評

ウェストミンスターでは、その行政がしっかりした基盤のうえに作られていた。そこには組織があった。それらを動かすには、頂点に正しい人間をおくだけでよかった。新しい総司令官フェアファックスは、独立派ではなかったが、賢明な職業軍人として、クロムウェルなしに、宗教を問わず、騎兵隊や他の優秀な将校たちを指揮して、戦

争を遂行する意図などなかった。彼の将校任命のリストは、異論なく庶民院を通過したが、貴族院は四〇名以上の名前に反対し、彼らを削除しようとした。独立派の変わらぬ友人であったセイ卿は、油断していなかった。投票が同数と判明したとき、彼は、マルグレイヴ卿の代理委任状をもっており、この投票をリスト賛成に使いたい、と宣言した。その立場を守ろうと、エセックス伯は、異母兄弟クランリカードの代理委任状をもっていると異論を唱えた。クランリカード卿はローマ・カソリックで、アイルランドで生活しており、彼の投票は許されなかった。エセックスは、この敗北の瞬間、四年前の出来事、彼とその同僚の何人かが、議会で「教皇派の枢機卿はいらない」と群衆が叫び、ストラッフォードを死刑にする多数派の決議を応援したときに、喜んで聞いたその叫びを思い出さなかったであろうか？　数日後、庶民院はフェアファックスに戦争遂行の新しい命令をおくった。保守的な貴族院は、以前彼らがエセックスに対してなした命令の内容を含んでいない、と抗議した。すなわち、王個人の保全という条項が入っていない、というのである。この欠落は、彼らが正しく見たように、戦争の性格を変えた。主権者の安全と名誉のための戦争という口実はもはやなかったのである。実力による廃位という脅威から彼を守るものは、もはや、なにもなかった。またもや、一回の投票で、穏和な貴族院は威圧され、命令法案は、庶民院が作成したとおりに、通過したのであった。

貴族院は一月、両院どちらのメンバーも、陸軍、海軍において、職務を受領できないという処置を拒絶した。それ以後、彼らは、自分たちの拒絶が欠陥をもっていることを見て取ることになる。なぜなら、いかなる軍隊も、その将校が行動について問題視されたとき、議会人の特権で抗弁するならば、適切に組織されることはないからである。わずかな手直しが加わって、この危険な法案は再度、決定の前に置かれた。あらゆる闘志が彼らから去っていた。四月二日、将校の新しいリストが通過した次の日、エセックスとマンチェスターは軍の地位を辞任した。四月三日、貴族院は、歓迎できない処置、四月四日付けの新聞によって「辞退条例」——歴史はこの名称でこの法案を知っている——と名付けられた法案を通した。議会軍にとって唯一不幸な喪失は、提督ウォーリック伯が去ったことであった。エセックス、マンチェスターと同じわなにはまって、彼はその権限をウィエイアム・バッテンに手渡したが、ウォーリックは海軍で費やしたエネルギーを、東部諸州における魔女の烙印を押して回るという疑わしい仕事に注いで、気をまぎらわしたのであった。

クロムウェルは、活発に活動しており、ただちに解職されないのは明らかであった。なぜなら、とくにフェアファックスが手元に置いておこうと決心していたからである。クロムウェルは、はじめは一時的に、次には永続的に軍隊にいることになり、数週間のうちに厩舎長官に任ぜられた。

ニュー・モデル軍、姿を現す

直接的な問題は、エセックス、マンチェスターの部隊、とくに歩兵隊に関するものであった。彼らは、ためらうことなく司令官の変更、自分たちが従属させられることになる思い切った再組織化を受け取るであろうか？　連隊の数はほとんど半数に減らされ、不可避的に、多くの者にとっては、歓迎すべからざる変化、すなわち、面子《めんつ》の喪失、理論的には給料の喪失を伴っていた。しかし、最近の無秩序、給料の欠配がひどかったので、大多数にとっては、より大きな安定への希望が、権力と地位の縮小をしのいだ。

一六四五年四月五日、土曜日、ロンドン訓練団体の広く尊敬をうけた司令で、いまやフェアファックスの下で大将となったフィリップ・スキポンは、レディングで歩兵隊の査閲をおこなった。「ジェントルメン、そして、同僚の兵士諸君」と、彼は切り出し、指揮官の交替と軍隊のより良い組織化について、彼らに知らせた。その新しい軍隊のもとでは、彼らは食料、衣服、恒常的支払いが保証されるが、絶対的に略奪を控えねばならず、さもなければ、死の苦痛を味わわねばならなかった。彼らは、議会の良き信念と真面目さを信ずるとすれば、ただちに、一四日毎の給料、靴、衣服の供与を受けることになる。一人残らず、彼らは、新しい配分のリストに再登録されることに同意した。セント・アルバンでは、四月六日、復活祭の日、フェアファックスは騎兵隊員——古参兵と新参兵から成っていた――に演説し、同様の成功を収めた。ニュー・モデル軍は存在するにいたったのである。
この軍隊ならば、戦争において勝利を得るであろう。それが作られる数カ月のあいだ、公然、あるいは秘密裡の争いがあり、庶民院のずるい策略、両王国委員会での議論があった。国王との無駄な交渉の一カ月、議会側使節団は相手方について探索し、長老派はアックスブリッジで独立派の裏をかこうとした。ちょうど、独立派がウェストミンスターで長老派を出し抜こうとしたように。しかし、反国王派の中で亀裂、すなわち、スコットランド人とイギリス人、長老派と独立派のあいだの亀裂がますます広がっていったにもかかわらず、彼らは勝利が近付きつつあることを信じて疑わなかったのである。

形勢傾く

サブランはこの攻勢的確信に注目したが、それが根拠のあることを知っていた。なぜなら、彼は注意深い観察者であったからである。ロンドンと海上を支配し、平地においては大きなより良く組織された軍隊をもっていて、それで戦争に負けるとすれば、それはよほどの不幸の所為《せい》としなければならないであろう。ロンドンにおける不満、軍隊における反抗は表面的な心配事にすぎず、国王のかき消されない楽観主義の高揚にふさわしいものであったが、彼に希望の真の根拠を与えるものではなかった。

国王ははっきりとした敗北に直面していた訳ではなかった。しかし、彼がアイルランド、あるいは外国から実質的援助を得ないかぎり、敗北は予想された。しかし、冬の諸事件は、またもや、国王が、成功の見込みを無視して、目標を追求していることを明らかにした。戦争においては、戦闘員たちの野心を修正することは、戦闘の過程では異常でもなんでもなかった。ほぼこのとき、ドイツでは、二六年間の戦闘ののち、フランス、スペイン、スウェーデン、デンマーク、ドイツの外交官たちがミュンスターに集まり、平和について交渉していたが、それは、ドイツの戦争の本来の原因であるボヘミアにおけるプロテスタントの反乱については、ほとんど注意を払ってはいない。

戦闘の経過が、徐々に紛争の性質を変えていったのである。このことはイングランドでは起こらなかったし、起こらなかったとされている。一六四三年オックスフォード、一六四五年アックスブリッジで起こった気落ちさせるような行き詰まりは、国王が、自分が教会を維持し、軍隊に対する自分の権限になんら制限を加えさせないという基本的要求を踏まえて立っていた不動の態度に負うものであった。議会は議会で、自分たちの要求、すなわち、国王は教会と軍隊に対する指導権を彼らに放棄すべきだ、という要求に関して、同等の固執ぶりでもって対峙したのである。

国王が戦場において勝利を得たならば、両派の非妥協性はなんら問題にならない。なぜなら、一度国王が好きなようにする権力をもてば、だれも、彼がそうする権限を効果的に問題にすることはできないからである。彼は教会を再建し、議会の解散を強行し、危険な敵を反逆者として裁判に掛け、処刑し、必要な場合には、力を行使して、将来にわたってその特権を維持するであろう。しかし、議会が勝った場合には、彼らは全く新しい問題に直面することになる。彼らは、国王が敗れた場合には、彼らの要求に同意するであろうという暗黙の確信のもとで戦ってきた。しかし、国王が、その事情がなんであれ、そうすることを拒否した場合には、彼らは彼を強制するいかなる手段ももってはいなかった。それゆえ、彼らはその目標を達成するためには、彼を廃位する以外に方法はなかった。彼らが自分たちの行為に合憲的様相を与え、イギリス人の大多数、あるいは外国の諸国民にそうおもわせるには、それしか手段はなかった。勝利はほとんど彼らの掌中《しょうちゅう》にあったが、しかし、その勝利の性質がいかなるものであり、その結末がどうなるかは、ただ時だけが答えを与える問題であった。

第五章　騎士党の最後　一六四五年四月―一〇月

第一節　国王、諸外国に資金援助を求めて失敗

一六四五年四月八日、復活祭の火曜日、プリンス・ルパートは一時、ウェールズ辺境を離れ、急な協議のためにオックスフォードに現れた。彼は彼のまえにおかれている見込みについて、なんら幻想を抱いていなかった。彼はトーマス・フェアファックスの司令能力を尊敬していたし、議会軍における不安という噂を信じず、彼の叔父がアイルランド、あるいは外国から招こうとしている軍隊になんら信用をおいていなかった。彼の意見によれば、国王は平和交渉に勝利するだけの強さをまだ十分にもってはいたが、戦争に勝利するほどの強さはほとんどなかった。はじめて、彼は、老齢でなんら幻想を抱いていない顧問官ヒアフォード侯やサザンプトン伯と意見の一致を見たが、彼らは用心深く、できるだけ早い機会に交渉を再開するように説得していたが、無駄であった。ルパートに対しても、国王の寵愛ににんまりとした、確信的ディグビー卿が反対した。

国王の楽観主義には、絶対的に根拠が欠けていた訳ではなかった。彼はシュリューズベリーを失った。グロースターを取ることもできなかった。ウェイマウスを保持することにも、プリマスを取ることにも失敗した。タウントンは彼を拒んだ。しかし、全体的には、彼は南西部を支配していた。彼は、ブリストル、イグゼター、そのほかコーンウォールの諸都市において、貿易と情報流通のための貴重な諸港をもっていた。北ウェールズにおける紛争にもかかわらず、彼は、ウェールズのハイランドで軍隊を徴募することができた。彼は、コーンウォールのディーンの森で錫と鉄を採取することができた。彼は、ロンドン・グロスター間の木材取引を有効に確保しているのである。

これだけあれば、彼は好きなように交渉することができた。しかし、これだけでは、彼は、よほどの幸運がないかぎり、戦争に勝つことはできなかった。ルパート、その他の助言者たちはこのことを明白に見て取っていたが、チャールズ自身は、神が彼を見放したと信ずることができなかった。彼の将校の一人が、ちょうどこの頃、最悪の事態を恐れて、こう書いている。「われらは、まさしく一つの問題をかかえていますが、その問題に死にもの狂いで恋しているひとは、それを最後の一人にいたるまで守ろうと決心しています」。国王は、死にもの狂いの恋人に比定されない訳でもなかった。とはいえ、記憶されていいことは、いかなる恋人もいつも死にもの狂いであった訳ではなく、恋人の性質として、奇跡を期待するのがつねであるということである。だから彼は、いまや顧問たちの警告に耳を傾けることをせず、自分の必要としている物質的援助が――だれからか、またどこからか――遅くならないうちに、到着するに違いないと信じるようになったのである。

彼はヴェネツィアに一〇〇万デュカート、そのうち四分の一は現金の借款を申し込んだが、ヴェネツィア政府はこれを謝絶した。彼はサー・ケネルム・ディグビーに権限を与えて、慎重裡にヴァティカンに援助を求めた。王妃は、夫に部隊を送るようにと、ロレーヌ公に圧力を加え続けていたが、他方では、モントローズに物資をおくるようにとクールランド公に接近していた。

彼女は、武器や火薬を国王に売り、議会にはそれを拒否するようにオランダに働き掛け、夫の商人の乗った船を彼らの海軍の保護下におくように、また国王の使命を受けた者をオランダの港で自由に戦利品や船荷を売ることを許すように訴えている。すべてのこうした便宜に対して、彼女が唯一提供できるのは、オラニエ公の息女に対する花婿としてのプリンス・オブ・ウェールズであった。しかし、これは、オラニエ家の影響に反抗しがちな、抜け目のないオランダの議会を動かす議論とは考え難く、またオラニエ公自身、自分の娘については、ドイツ諸侯の若君との、栄誉はそれほどないが、危険性の少ない縁組をよりよいものと考えていた。

オックスフォードでの急な協議をすました三日後、一六四五年四月一一日、ルパートは、プリンス・オブ・ウェールズとその顧問たちと、西部において戦争委員会を開いていた。彼らは、手に負えないゴーリングに命令した。ゴーリングは、ウィルトシアーにあったウォーラーの宿営地を襲って成功を収めていたが、その勢いを駆《か》って、騎兵隊を率いて、ソールズベリーへと突っ込み、タウントンを包囲しているグレンヴィルに大砲と歩兵を送り込んで、同市の頑強な敵を弱めるのを助けるようにという命令である。ゴーリングは第二の命令の部分については承諾したが、第一の部分については、ウォーラーを追跡する代わりに、騎兵隊に暇を与え、自分は健康を害したと称して、その回復のためバースへ温泉に浸《つか》りにいった。

国王自身は、驚くべき静けさではじまった議会のニュー・モデル軍の中で、新たに混乱が起こったということで、元気づけられていた。徴集兵の多くは、疑いなく、戦うことを強制された人々であった。ケント出身の連中は反抗的で、彼らは、ハートフォードシャーで、あっというまに略奪を始めた。エセックスの軍の熟練兵士たちは、フェアファックスによって任命された新しい将校たちに怒りをあげた。アビングドンでは、独立派であったピッケリング大佐が、部隊に説教をして暴動を引き起こしてしまった。

ロンドンでは、アイルランドとスコットランドからのニュースが憂鬱さを広げていた。アイルランド連合が、北部アイルランド南の重要な要塞で港でもあるダンカノンを取ったというのである。そこのムンスターのプロテスタントへ、議会は軍隊を送った――あるいは、送ろうとした――にもかかわらず、である。また、オーモンド伯が、国王に援軍を送るように、近くアイルランドと交渉を締結するであろう、とも報告されてきた。両王国委員会では、サー・ハリー・ヴェインが公然と、スコットランドの委員たちを、彼らの自慢する軍隊の貧しい成果と同盟にかかる費用について、罵《ののし》っていた。スコットランドの委員たちは、委員たちで、モントローズの消滅を報告できず、彼の戦闘の成果を隠すこともできなかったが、ダンディーで被った彼の敗北について、ロンドンで感謝されることになった。しかし、国王の友人たちは、ダンディーの出来事を、さしあたって敗北という光のなかで考えなかったし、その後もそうであった。

第二節　モントローズ、ダンディーを荒らす

モントローズは、彼を戦いに誘い込もうとした盟約者団の努力を巧みに裏をかいて挫《くじ》いたが、しかし、彼は、ゴードン家の友情の不確かさから、ロウランド（低地方）へ降りることを妨げられた。ゴードン家の若い首長はこの新しい友人に対して忠実であったが、しかし、氏族員たちは、ハントリー自身から出たとおもわれる命令によって混乱させられ、ハイランドの端にあるダンケルトで、突如モントローズを見放したが、それは、まさに彼がフォースへ進み、ロウランドへ侵入しようと意図したときであった。この苦境の中で、モントローズは後退するほかはなかった。しかし、この必然的退却に違った色合いを与えたのが彼の計画で、彼は、山中への後退の前に、選《え》りすぐりの六〇〇のムスケット銃兵士と少数の騎兵でもってダンディーの町を荒らそうと考えたのである。

彼は真夜中にダンケルトを出発し、一六四五年四月四日正午、ダンディーを制圧した。バイイー将軍が三〇〇〇の歩兵、八〇〇の騎兵を率いて、町から一マイル余りに接近してきたと報告があったときには、モントローズの部下たちは略奪に忙しかった。彼の隊長たちは、煽動、あるいは絶望とさまざまに違った助言をしたが、彼は、十分に平静さを装って、彼ら各人にその義務を果たし、事柄を神に、事態の収拾を彼に委ねるように求めた。驚くべきスピードで、彼は混乱した部隊をまとめ、歩兵の後衛に騎兵を配置すると、町を東方へと抜け出ていったが、ちょうど、そのとき、バイイーは西方から町に近付いていた。バイイーはモントローズに唯一の道、アーブロースへの海岸道路を明けて残しておいたが、逃走の一歩ごとに、逃走者と安全な山とのあいだの間隔が広がるからであった。バイイーは内陸部を突っ切り、夜を徹して前進し、モントローズがアーブロースから山へ反転した――彼はそうしなければならなかった――とき、これを分断しようとおもった。

モントローズは、バイイーが正確にこの道を動くと考え、思いがけないことをすることによって彼をうまく逃れ

た。モントローズの斥候が、バイイーが内陸部に転じ、モントローズの側面に回り込み、彼の後退を遮ろうとしていると報告するや否や、彼は疲れた部隊を反転させ、もと来た道を引き返した。その夜を徹して、両軍は行進し、追う者と追われる者とは、お互い二、三マイルの距離をおいてすれちがった。バイイーは、ブレチンを目処にして、モントローズの兵士が山へ向かって突き進んだとおもわれる内陸部のすべての道の警戒を怠らなかった。彼らは実際、内陸部を山へとつっ切ったが、バイイーの軍の後衛の背後を、であって、その間、バイイーは先頭のところで彼らを探していたのである。夜が明けて、モントローズの六〇〇の兵士は、二晩続けて進撃し、一つの都市を襲い、占領しただけに、もはや歩くことができなかった。山への登り口に着いて、彼らは小休止を取り、崩折れたところで眠った。バイイーの前衛は再び匂いをかぎとり、あやうく彼らを驚かすところであったが、しかし、モントローズの将校が頃合いを見計らって警報を発し、疲れた彼らを歩かせ始め、バイイーが到着する以前に、山の避難所への最後の三マイルをよろめきながら登ったのであった。

これがロンドンで祝われた勝利であり、ダンディーにおけるモントローズに対するバイイー将軍の凱歌であった。しかし、スコットランドではだれでも、そして、ロンドンでは公平に物を見る人々が、事柄を違ったふうに見ていた。モントローズは全く被害を受けることなくダンディーを荒らしたのだ。もし彼が、バイイーをものともせず、ダンディーでこのことを成し遂げ、無傷で離れることができたとすれば、スコットランドの都市で、今後、彼に対して安全であるものはないであろう、と。

第三節　ネイズビーの戦い

ウェストミンスターでは、両王国委員会はイギリス人の戦争にかかりきりであった。一六四五年四月二〇日、ニュー・モデル軍が再組織されて二週間後、彼らはオリヴァー・クロムウェルに、オックスフォードの西へ進出し、できるならば、国王とウェールズ辺境にいるルパートの連絡線を切断するように命じた。

四月二三日、クロムウェルはワトリングトンにいた。二四日には、北へ向かい、イスリップでチェアウェル河を渡る道を取り、王妃の連隊を撃退し、フランスの黄金色の百合をちりばめた、愛らしい軍旗を取った。その夜、彼はオックスフォード周辺の守備隊をブレッチングドンに集めた。その指揮官はウィリアム・ウィンデルバンクであったが、彼は若くて、勇敢、かつおしゃれな若者であった。しかし、用心に欠けていた。攻撃のおそれなしと考えて、彼は女房に、彼女の友人たちを招くのを許した。夜中の一～三時に目を覚ましたが、怖がる少女たちに取り囲まれて、彼はキャンプよりは応接室の作法を思い出し、嵐の恐怖から客人たちを守るため、ただちに家を放棄した。翌日午後、彼がオックスフォードへ帰ると、軍法会議にかけられ、銃殺刑を宣せられた。

クロムウェル、オックスフォード周辺で活動

クロムウェルは、独自の道を続けていた。オックスフォードから南へ離れ、それから西へ転じた。コッツウォールドの端にあたるバンプトンで、彼は、ウェールズから国王の司令部へ向かっていた、サー・リチャード・ヴォーガンに率いられた小部隊を遮った。彼はこれらを四散させたが、何人かの捕虜をえた。「敵は極度に怖がっている」と、彼はウェストミンスターに報告している。「神が彼らを怖がらせているのだ」。彼はウィンデルバンクの引き渡しを思いつき、バンプトンで捕らえた捕虜たちに臆病な陳述書を作成させた。しかし、クロムウェルがオックスフォード地区の曳《ひ》き馬の大部分を蹴散らしていたので、ルパートと会う計画を先送りにした国王は、少しも怖がってはいなかった。ディグビーはルパートを招いたが、オックスフォードに直行するのではなく、途中、必要な曳き馬を全部回収することを依頼した。また、ゴーリングは、もてる部隊を引き連れて西部から馳せ着けるように命じられた。その間、クロムウェルはファリングドンで彼を制約する事態にぶつかっていた。彼は四月二九日、断固として守備隊を招集し、もし彼らが降伏しないならば、みな剣に掛けるであろうと脅したのである。しかし、彼らは

威張りちらした招集を拒否し、続く攻撃に反撃した。

ロンドンでは、スコットランドの委員たちが、フェアファックスに北方へ帰るように促していた。なぜなら、そこでは王党派の騎兵隊がますます活発になり、危険になっていたからである。しかし、西部出身の議会メンバーたちは、彼はまずタウントンを救済することをしなければならないと主張していた。タウントンでは、ブレイク大佐が、素晴らしい決断力をもって、食料の不足、飼料の不足にもかかわらず、なお国王の西部軍をこばみ続けていたのである。西部諸州のジェントリーたちはそれぞれの道をとり、フェアファックスは、長距離の行軍を設定し、ニューベリーで会って相談したいとクロムウェルに招集をかけた。クロムウェルは、ファリングドンの攻撃を放棄し、オックスフォードへ向かっていたゴーリングとの衝突をかろうじて避けて、フェアファックスに会うべく急いだ。

突如、国王軍が、「高い恐怖」――クロムウェルは国王軍のことをこう特徴付けていた――に駆られたのでもないのに、動き始めた。五月三日、ルパートとモーリスとは、ブロードウェイからストウ・オン・ザ・ウォルドを経て、オックスフォードへ進んだが、二人は五日夕刻、オックスフォードに着いた。二日後、国王は二人とともに、夏の会戦へ向けてオックスフォードを離れ、彼は、徒歩あるいは騎乗して、夜を日に次いで部隊の先頭に立って進んだ。五月八日、ストウ・オン・ザ・ウォルドで、彼は東西の軍を合流させることになった。彼自身の軍隊は五〇〇〇の歩兵、六〇〇〇の騎兵から成っていた。この軍隊は、すでに西部で徴集されていた、あるいは、そこで徴集されるはずの部隊とともに、印象的な兵士たちであった。二つの軍隊はと、ディグビー――彼は一つの軍しか見ていないが――は、書いている。「このときのどの反乱軍にも匹敵するものであった」と。そして、こう付け加える。「われらの一致した意見によれば、反乱者たちは動揺させられるであろう」。

国王軍内の意見の相違

ディグビーは普段通りの楽観主義で書いているが、ストウ・オン・ザ・ウォルドにおける国王の戦争委員会の将軍たちは、会戦の計画に厳しく反対した。大多数は、西部への進軍を欲し、西部の部隊の援助を受けながら、タウントンへの途上にあるフェアファックスを切り離す——ちょうど前年の夏、ライムの救援にきたエセックスを切り離したように——ことを望んだ。ルパートはこれに反対した。最初に彼が論じたのは、チェッシャーと北ウェールズの議会軍によってひどい圧迫を受けているチェスターの救済が本質的であり、それは、国王が救援を期待したとき、アイルランドへの中心的海路を開いておくことになるからだ、と述べた。しかし、彼が北方への進軍を主張したのには、もっと別の、はるかに重要な理由があった。スコットランド軍は、支払いがなく、物資の供給もなく、イギリス人と争っており、本国の難儀について絶えず心配でならないが故に、北イングランドを支配できる状態にない。ラングディルは最近、年長のフェアファックスに深刻な敗北を負わせ、彼の部下たちは地元でもっと会戦をやりたいと意気込んでいるが、不案内な西部への進軍については不同意であり、いうことを聞かなかった。スコットランドへの道の重要な支持地点であるポムフレートとカーリールは、なお国王側に確保されているが、そのカーリールに対しては、五月より遅くならないうちに救援すると約束されていた。スコットランド自体では、モントローズが活躍している。国王がその道を進めば、北部を再び獲得することになろう。スコットランド自体では、モントローズが活躍している。国王がその道を進めば、北部を再び獲得することになろう。国王が、ひどく必要としている騎兵隊をモントローズに送ることができれば、盟約者団はイングランド、スコットランド双方において敗れ、彼らは戦争外へ追いやられ、いま一度、しっかりした位置から議会軍と対戦することができる、なにしろ、国王軍の背後に敵がいないのだから。

ルパートは点数を稼いだが、反対側から文句が出ない訳ではなかった。プリンス・オブ・ウェールズは、過去数カ月のあいだに大きく成長し、西部の見込みについては完全に不信を抱いていた。西部の将軍たちのあいだの論争は、有効な統一的軍隊の創出を不可能にした。イグゼターのバークレーは、デヴォンシャーから引き出していた物資をグレンヴィルに、いかほどでも分けることを拒否した。そのお返しとして、グレンヴィルはコーンウォールから得られるものを全部自分のものにし、機会があれば、バークレーの土地を侵害しようとした。彼らはタウントンの包囲に共同作戦を組むことに同意したが、グレンヴィルが負傷によって、それができなくなると、彼は将校たちにバークレーに服従することを拒否するように勧めているのである。その間、ゴーリングは、南部諸州に対する制圧命令を受けたことを理由に、西部総司令官と自称していたが、それは、事実上、西部を含めようと意図されたものではなかった——権限のでしゃばりはホプトンによって激しく恨まれたのである。

来るべき会戦については、北方の騎兵と自分自身の軍に依存することにして、ルパートはゴーリングが西部へ帰ることに同意し、おそらく、権限の優位性をめぐる論争を静めるなんらかの考え、より包括的な使命を与えたともわれる。この結果はただちには感じられなかった。というのも、五月八日、ストウ・オン・ザ・ウォルドで開かれた国王の戦争委員会が結論を出す前に、状況がすでに変わっていたからである。西部に進軍したフェアファックスが、ブランドフォードで、後を追って出された議会からの断固たる命令を受け取ったのである。すなわち、王党派軍隊がオックスフォードから動き出したと聞いた議会は、ミッドランドの危険性が最大限に達しつつあると考え、フェアファックスに引き返して国王の動きを見張るように命じたのである。彼はタウントンに救援の小部隊を分遣し、柔順にオックスフォードの方に転向した。

小都市タウントン、王軍の急襲をはねのける

タウントン周辺の果樹園、その花咲く果樹のあいだで、六〇〇〇から成る王党派は、急襲によって町を獲得しようと考えた。市内では、ロバート・ブレイクが、守備隊のやせこけた馬に食わせるため家屋の藁屋根から藁をはがし、ムスケット銃兵のためには、ベッドの紐から火縄を作りだしていた。五月六日、王党派は東側から攻撃を仕掛け、防衛側を東門の外側の前哨から後退させたが、門それ自体を通ることには失敗した。二四時間後、五月八日、夕刻七時、彼らは東門を襲撃し、今度は門を通ることができたが、門から上向きに走っている長い東通りは、少数者によっても多数をくい止められるほど狭く、彼らはそれ以上前進することができなかった。次の日の午後、彼ら

は再度町の両側から襲撃を掛けた。兵員の多さ、重々しい大砲、使いきっていない火薬、そうしたものが、いまや疲れきったブレイクの部下たちにとっては余りにも重く、このたびは王党派は、木造小屋に火を掛け、東通りにいたる道路に乱入し、それを席捲《せっけん》した（その小屋の左手に、一六三五年ロバート・グレイによって建てられた、頑丈な煉瓦建ての瀟洒《しょうしゃ》な私立養老院があったが、火災を免れた）。ブレイクの兵士たちは、いまや外郭の防衛線から撤退し、タウントンを囲む三角形をした堡塁《ほるい》の内側にある堂々として、優雅な教会の塔、頑丈な城の中へ立て籠もった。夕刻になっても、ブレイクとその守備隊とは、煙の出ている郊外から逃げてきた家を失った人々に取り巻かれながら、なおそこを持ちこたえていた。明け方、降伏の勧めに対して、ブレイクは、俺はまず自分の長靴を食うさ、と短い返答を返しただけであった。王党派は疲れ、怒ってはいたが、未征服の城砦、煙がくすぶっている町以外には、彼らの努力を示すなにものも持ち合わせてはいなかった。彼らは再び攻撃したが、救援軍が近くに来ているというニュースに飛び上がって驚いた。彼らは、その部隊を、ゴーリングが送ってくれた予備隊と考えて、それを阻止しようとはしていなかった。さらに彼らは二度目の過ちを犯した。新来の軍隊を実際よりはより大きなものと評価したのである。彼らは急いで果樹を切り倒して、タウントンへの接近を防ごうとしたが、後衛を保護する邪魔になっただけであり、彼らはできるだけ速やかに引き上げたのであった。タウントンの兵士と市民たちは彼らの友人たちを喜んで迎え入れ、またもやロバート・ブレイクは、西部における議会の事柄にかかわる、神に嘉《よみ》せられた英雄とたたえられたのである。

ルパートは、北方への途上、フェアファックスがミッドランドへの道を後戻りしつつあるのを聞いた。彼は、西部軍もゴーリングもフェアファックスを引き留めようとしなかったことに失望した。なぜなら、フェアファックスの後戻りは事態を一変させたからである。ルパートはゴーリングに使者を送って、マーケット・ハーバラーで合流できるように、全速力で騎兵隊を送るようにと要請した。他のニュースは良好なものであった。南ウェールズで、サー・チャールズ・ジェラードが、遊撃騎兵隊でもってこの地方を荒らしまわり、ニューカッスル・エムリンでロウランド・ローハーンに襲いかかり、真っ逆さまにペムブロークへと退却を余儀なくさせた。彼はハーヴァーフォードウェスト、カーディガンからも撤退させ、議会側に残るのはわずかにペムブロークとテンビーに過ぎなくなった。このことによって、ジェラード軍の大部分は、自由にミッドランドの国王軍に合流することが可能になったのである。

フェアファックスは新たな仕事に就いたばかりであったが、それでもなお、ウェストミンスターの主人たちのさまざまな命令によって、混乱させられていた。もし彼が戦いを起こす気になって、クロムウェルとの合流を果たす以前に、ルパート、ゴーリング、ジェラードの統一軍と対戦したならば、彼の敗北は確実であった。フェアファックスが負ければ、北部での会戦は容易な仕事になるであろう。ルパートとディグビーは、さしあたっては、一体であった。「わたしの良心にかけて」と、ディグビーはゴーリングに書いている。「こんどこそは、われらの戦いの最後の一撃となるであろう」。

ルパート、レスター市を攻略す

嬉しいニュースが、チェスターからやってきた。そこを包囲していた議会側の指揮官サー・ウィリアム・ブレルトンが包囲を断念したのである。しかし、オックスフォードからは、国王の友人が心配して報告してきた。フェアファックスとクロムウェルが、一万三〇〇〇の兵と一六門のカノン砲をたずさえて、この都市を目指している、と。オックスフォードの司政官、経験豊かなレッグ大佐に絶対的信頼をおいていたルパートは、不安にかられることはなかった。彼は国王に、速力をあげて東部ミッドランドへ進出し、議会側のもっとも繁栄した地方を脅かすことによって、敵をオックスフォードから遠ざけようと助言した。全速力で国王軍はレスターシヤーへと向かった。

ラングデイと北部騎兵隊は、アシュビー・ド・ラ・ズーチで彼らと合流した。しかし、ジェラードとウェールズ人とは、そんなに早くは来れなかったし、マーケット・ハーバラーで合流するように命令されたゴーリングの三〇

○○については、なんのニュースもなかった。ゴーリングは一つの悪い病をもっていて、西部から引き返そうとするフェアファックスを遮る試みにおいてへまをやってしまった。彼の血気盛んな兵士たちは、敵の退却する反対の方角から攻撃を仕掛けたが、同士討ちをするという過ちが明らかになるのに二時間もかかってしまった。「戦争が始まって以来、想像を絶する偶然事」と、ゴーリングはどもりながら報告している。二、三日後、彼は贔屓《ひいき》のバースにまた温泉につかりにいったが、その間にプリンス・オブ・ウェールズの顧問たちは、彼らの最近の襲撃の失敗をブリストルの疫病の流行のせいにしているのである。ここではゴーリングは、カルペッパー卿の支持を受けて、ルパートの命令の適用外とされていた。顧問たちは論じた。国王はオックフォードへ帰るべきであり、彼らと西部の部隊がオックフォードで国王に合流し、早急にフェアファックスと「新未熟軍」を始末する、というのである。ルパートに対する手際のいい身振りで、彼らは自分たちの計画と前年度ニューアークの前のメルドラムにおけるルパートの華々しい敗北とを比較した。しかし、それは事実上は、北の会戦という方針をくつがえし、戦争の基軸を南西部へ戻そうという厚顔無恥な試みに過ぎなかったのである。

彼らの時期に合わぬ反対が国王陣営に届くずっと以前に、ルパートの新しい計画が成果を生み始めていた。議会は東部連合を防衛するためクロムウェルを召喚していた。オックスフォードは司政官によって裏切られるであろうという茶目っ気のある、しかし、根拠のない報告によってだまされた訳であるが、ともかく、フェアファックスだけがオックスフォード包囲に残っただけであった。サー・エドワード・ニコラスは、心配そうに包囲されている都市から国王に手紙を書いているが、包囲の窮迫に辛抱し、耐え抜くように懇願されている。たとえ、ヨーク大公は、食料が不足して出て行かねばならなかったにせよ、である。「なぜなら、われらには神の救いが終始与えられているからです」と、ディグビーは張り裂けそうな気持ちで書いている。国王は、まもなく「みんなのための、みんなの戦い」を戦うために、全軍を集められることでしょう。「事がうまく運ばないようだったら、戦争が始まって以来、神に感謝してきた事柄はもはやなくなるでしょう」。

国王勢力は、ロウバラー卿指揮下の地方部隊によって強化されたが、この男は名をヘンリー・ヘイスティングスといい、戦争勃発以来、精力的かつ猛烈に、レスターシヤーにおいて王党派の問題を支持してきた人物であった。ルパートの食料徴発隊は、遠く離れたノッチンガムシャイアーのピューリタン農村までもあさり回り、人や家畜のための物資を供出させ、応じなければ、「飢えた兵士たちの略奪にさらされるぞ」と脅した。

五月二九日、国王軍はレスターに前進した。議会側の守備隊によって十分に守られ、頑丈な中世の市壁に囲まれて、快適かつ嘘のように安全な都市であった。王党派は守備隊に完全に奇襲をかけた。日頃、市門から三、ないし四マイルまで偵察隊が出されたが、敵に出会う見込みはなく、連れていたグレイハウンド犬に一、二匹の兎を追っかけ回させることで、軍事的義務に変化を付けていた。それが奇襲をうけて、仰天したが、うろたえることなく、彼らは整然とレスター市内に後退した。

次の朝、ルパートは軍を引き連れて都市の外郭まで近寄り、住民に警告を発する意味で、二門の大砲をぶっ放し、それから伝令官を送り込んで、もし国王のために門を開けるならば、市民には許しが出ると告げさせた。彼らは提案を拒否し、伝令官を拘束した。ルパートは、前夜を通じて、都市の南側に砲列を設定するように技術者を指揮していたが、午後三時に砲撃を開始し、三時には市壁に広い破壊口をつくりだした。防衛側はひるまず、壁のうしろ五ヤードのところにカノン砲を引っ張ってきて、裂け目をふさいだ。真夜中、注意深く配置を整えたルパートは、総攻撃の合図を出した。王党派は一度に三方から都市に殺到した。主力は南側の破壊口から、他の二つの小部隊は長梯子を使って、都市の北側と東側から猛攻撃に出た。その間、騎兵隊の方は、歩兵隊が都市に侵入し、門を開けるや否や、すぐに戦力になるべく用意していた。防衛側は勇敢に戦ったが、無駄であった。一時間経たないうちに、プリンスの「大きな黒い軍旗」が、壁の内側の沈黙を余儀なくされた砲列のうえに意気揚々と掲げられた。五月三一日午前一時、王党派の歩兵隊は市門の守備隊を制圧し、「都市の垢をごしごし洗い落とす」騎兵隊を導き入れたのであった。

レスターは、国王に対する頑強な抵抗に対して非常に高い代償を払った。兵士たちの暴力を抑えようという試みはチャールズによっても、将校たちによっても、なされなかった。慈悲深くも、殺戮《さつりく》欲は略奪の貪欲さに席を譲った。国王の歩兵隊――その大部分は、不毛な山地から新たにやってきたウェールズ・ボーイたちであった――は喜んでレスターの上等の物品に襲いかかり、家々や小屋、店舗、酒蔵をひっかきまわし、身の回り品をナップザックに詰め込み、良質のイギリス貨幣でポケットを一杯にした。夜の明けるころには、「略奪を受けない小屋」は一軒もなかったし、略奪品を積みすぎた車の曳き手はよろめいたが、彼らは、もちろん、国王への奉公に満足したのである。

都市の占領後にもたれた戦争委員会では、国王の助言者たちのあいだの一時的な合意は破れ、ルパートはまたもや反対された。ニュースは、フェアファックスがオックスフォードから退いたということをなんら指示していなかった。そして、国王の顧問たちは、彼らの財産の多くが置かれている本拠地のことを心配して、引き返すことを欲していた。ルパートは、北方への進撃を続ければ、フェアファックスから離れることになるだろう、となお信じていた。クロムウェルが、国王の軍隊が東に向かったとき、もっと東へ引き上げさせられたように、ヨークシャーの将軍であるフェアファックスも、彼らが北へ向かったならば、もっと北へ引き上げるであろう。この北方への進撃は、三週間前のストウ・オン・ザ・ウォルドの委員会で彼が示したように、なお多くの利点をもっていた。最近受け取った急信文によれば、モントローズは、国王に対して、一カ月間だけだが、五〇〇〇頭の馬を割いてほしいと嘆願してきていた。これによって、夏の終わり以前に、スコットランド兵の一部隊をイングランドに送り込めるであろう、というのである。これは、北方への進撃を継続するもう一つの有力な論拠であった。たとえフェアファックスが追尾してきたとしても、自分たちは反転して、彼が不利と見たときに、戦えばよい。

ルパートは、もっとやむをえない理由をもっていた。北部の騎兵隊は、南方へ進軍することを欲していなかった。彼らの不同意は決定的なものがあった。そこで、ルパートが軍事委員会で説得され、すべてがオックスフォードへの帰還の隊列に組まれていたにもかかわらず、北部の騎兵隊は、ラングデイル、あるいは国王が彼らになにを話したかは判らないが、強情にも転向し、彼らの昔の基地ニューアークへの道を取り始めた。このことは、国王の計画をしばらく停止させた。しかし、ルパートは、その恐怖においてそうであったが、その希望においても賢明であった。ラングデイルの騎兵隊の反乱の次の日、フェアファックスはオックスフォードの包囲を解いた。国王はそのニュースをダヴェントリーで喜びをもって聞いた。「わたしの問題がそんなに順当に、希望に満ちた仕方で進むとはおもわなかった」と、彼は王妃に書いている。そして、書記官ニコラスに、陽気に予言している。「もし、われら、さまよえる者たちが、君たちオックスフォード人がこの夏経験したよりもひどい災難に会わなければ、われらみんなは、おそらく楽しい冬を過ごすことになろうよ」。

国王の精神は高揚し、ルパートは沈んだ。彼は、叔父が他の助言者たちの考えに優先権を与えていること、軍を急行させてくるようにという命令にもかかわらず、依然としてやって来ないゴーリングに、不安を覚えていた。フェアファックスの軍の中で紛争がおこっているという、根も葉もない噂が他の人々をだましていたが、ルパートはそうではなかった。国王と彼を護衛する陽気な若者たちは、フェアファックスがブラウン将軍の耳にビンタを張ったと信じていたが、プリンス・ルパートは、敵の強さ、あるいはその統一性を過小評価していなかった。彼は、ただ不断の油断なさと熟達だけがフェアファックスを不利な条件のもとでの戦いに誘い出すことができることを知っていた。国王がデイヴントリーの近くのフォーズリー・パークで狩猟し、全軍が六月一二日、木曜日を気楽に楽しむなど、彼の会戦計画の部分をなすものではなかった。そして、その日、フェアファックスが五マイルに接近しているという報告がきた。彼はニューポート・パグネル、ストニー・ストラトフォードの道を通ってきたが、兵力はおよそ八〇〇〇で、議会の命令を受けたクロムウェルが合流したときに行動を起こそうと望んでいた。彼は、捕虜から聞いた、ゴーリング兵がまもなく王軍に加わるという情報に恐れを抱いていた。彼の最上の願いは、合同がなされる以前に国王に戦いを強いることであった。

レスターからオックスフォードに帰る国王軍をフェアファックス、ネイズビーで捉える

その夜、国王軍は、とくに急いでという訳でもなく、デーヴェトリーを立ち退き、ハーバラーへ撤収した。ここで軍会議を開き、ルパートはいま一度、北方への進撃継続の彼の計画を前面に押し出した。フェアファックスの出発には長い時間がかかり、その間に、ニューアークへ静かに抜け出すことが可能である、それに、今の時点は、ディグビーのいう「みんなのための、みんなの」戦いにとってはいい時期とはいえない、と。ゴーリングとその騎兵隊はまだ到着していない、ジェラードもまだ合流していない。フェアファックスは、駆けつける途上にあるクロムウェルがいなくとも、その兵力は国王軍にまさっている。ルパートは、フェアファックスが明らかに挑もうとしている戦闘を受け入れる気持ちにはなかった。彼はこの重大な、おそらく最終といえる戦闘を、敵が明らかにもっと不利な条件にあるとき、国王が時と土地のいいところを選んでするときまで、先延ばししたいとおもっていた。しかし、いまやディグビーの元気のいい声に、国王の寝室長で、寵臣のジェントルマン、ジョン・アッシュバーナムの声が加わった。二人の希望あふれる、しかし、未経験の民間人の反対論が、一つの運動へと結び付いていき、ルパートの妨害的な軍事理論に辛抱しきれなくなったのである。彼らは、途中にフェアファックスがいようとも、オックスフォードへ帰ることを欲した。それこそ、彼らすべてが欲する大勝利をえる天の与えたチャンスではないか、そして、勝ってオックスフォードへ帰ろう。それに、と彼らは論じた。フェアファックスを足の踵《かかと》に従えての北方への進軍は恥ずべきことであり、退却のように見えるではないか、と。追跡される者よりは、追跡する者の方がよく見える。彼らの無知な議論が、軍の最高司令官の議論に対して、今一度、勝ちを占めるにいたった。六月の短い夜、いまや戦いのベストを尽くさねばならないルパートは、もはや助言はせず、敵の配置を偵察するために一隊を連れて出て行き、他方、国王軍は、戦争の終わりとなるはずの戦闘を求めて、ハーバラーから南へと進軍を開始したのであった。

クロムウェル軍、フェアファックスに合流

同夜早く、クロムウェルとその兵士たちはフェアファックスに合流した。議会軍は「彼の到着を喜ぶ大歓声をあげた」。フェアファックスは、いまや、過去三年間、豊富な機会にその能力を証明してきた将校たちに率いられた、およそ一万四〇〇〇の兵をもつことになった。フィリップ・スキポンは歩兵隊を、クロムウェルは騎兵隊を指揮し、彼の下に、むっつりしているが、断固たるヘンリー・アイアトンがいた。フェアファックスは、この危機をはらんだ夜に、ゴーリングからルパートに宛てた手紙を略取したが、その内容は、ゴーリングが受けた招集命令に反対であることを表明したものであった。ゴーリングは来ず、したがって近くのどこにもいない。フェアファックスはチャンスと見、それをつかんだ。彼は用心深く国王軍へ向かって進み、短時間で、マーケット・ハーバラーの南六マイル、グィルスバラーでそれを捉えた。

マーケット・ハーバラーの南には、エイヴォン河とウェルランド河の分水嶺をなす急峻な山の尾根が隆起し、その頂上にネイズビー村があった。ネイズビーとハーバラーとのあいだでは、土地はゆるやかな斜面をなし、そのなかに一連のより低い尾根があり、小さな丘、渓谷が断続し、その間、無数の細流が流れていた。一カ所、水源地があり、その周囲の土地は湿地状であった。両軍の将軍たちは、暗闇の中で、乾いた、敵を望めるような高地を探した。早い夏の日が明けると、偵察隊は相手側を観察した。そして、各司令官たちは、その能力をあげて、相手がなしうることを計算すると、それにしたがって移動し、彼らは午前七時から八時のあいだに、浅瀬をはさんだ二つの相対峙した、草の生えた丘のうえに整列した。吹きつける北西の風が、王党派よりは、ほとんど真北を向いている議会軍にとっていくらかうるさく感じられたが、しかし、どちらかの側が、土地、風、あるいは太陽の利益をえていたとはいい難かった。

風の強い夏の朝の国王軍は、さまざまな色と思い切った意匠の、明るくはためく軍旗、磨き上げられた胸甲から照り映える光、綾織りの軍旗、ビロードの外套などで、壮観を呈していた。クロムウェルは祈る気持ちにさせられ

た。「わたしは、敵が堂々とした隊形でわれらに向かって整列し、進軍を開始するのを見た。そして、われらは、哀れな無知な人間の集まりにすぎない。わたし——将軍はすべての騎兵隊を指揮するようにわたしに命じた——は、われらの戦闘をいかに指揮するかを求めて、勝利を保証するよう、神にほほえみかけ、称える以外になすすべがなかった。なぜなら、神は、かつてなかったことによって、現にあることを無に帰し給うからである。神はそれをなし給うと、わたしは信じて疑わない」。信心深い竜騎兵の大佐、ジョン・オーケイーも同じ考えで、全能の主に呼びかけて、「彼らが自分たちの前で飲み込もうとしている、哀れな一握りの卑しい者たち」を思い起こしてほしいと願っている。「哀れで一握りの」「かつてなかった」議会軍は、「現にある」国王兵士に対し、人数においてまさっていた。その比率は、経験を積んだ兵士による綿密な計算によって、クロムウェルもよく承知していたように、二対一であった。優位は騎兵隊において最大であり、勝利を確実にしたのは、これであった。

サー・トーマス・フェアファックス

オリヴァー・クロムウェルは右翼にあった。彼の相手方、国王の左翼にあったのは、やせたサー・マーマデューク・ラングディルとその強情な北部騎兵隊であった。中央では、フィリップ・スキポンが歩兵隊を指揮し、この平民兵士たちに対峙したのは、陽気で派手な宮廷兵士の一団であり、彼らは国王を取り囲んでいたが、その国王は全身金メッキした甲冑を着、美しいフランドルの馬に乗って、軍の先頭にたって騎行していた。議会側の左翼はヘンリー・アイアトンであったが、彼はその朝、兵站《へいたん》部将軍に昇格したばかりで、恐るべきルパートと相対峙することになった。教区の境界線をなす長い二重の垣根が、ここで直角にアイアトンの戦

オリヴァー・クロムウェル

列に向かって走ってきており、それは当然はるか彼方のルパートの陣にまでたっしていた。この側面は強化する必要があると悟ったクロムウェルは、オーケイ大佐の竜騎兵連隊を垣根に沿って配置し、ルパートが攻撃してきたとき、その兵士たちに斜めからの砲火を注ぐ備えをした。双方とも、同時刻、午前一一時頃、その配置を完了した。フェアファックスは兵士たちに勝利の言葉、「神はわれらの強さだ」を与えた。栄光の出来事をいつでも愛する妻に結び付けたがる国王の与えた言葉は、こうだ。「クイーン・メアリー」。

議会軍、ネイズビーの戦いに勝利す

ルパートは、マーストン・ムーアの敗戦となった時期を失するという危険を踏むことなく、戦闘を開始した。彼の騎兵隊は斜面を一気に駆け降り、勢いを駆って、また駆け上がり、アイアトンの戦線に突っ込んでいった。垣根からするムスケット銃の射撃は彼らの勢いを挫《くじ》くことに失敗した。アイアトンは、自身負傷したが、部下たちを糾合することができなかった。歩兵隊のもっとも近くに位置していた二連隊が完全に打破された。少なくない人数の者が「明白にノーザンプトンへ逃げて行き、決して止めることはできなかった」。国王の歩兵隊は、ほとんど、ただちに前進を開始し、両戦線のあいだにある浅瀬の流れを渡り、議会軍歩兵隊を封じ込めた。彼らの一部はすでに、

自分たちの身近にいた騎兵隊の分散と逃亡によって、混乱の中に追い込まれた。最初の衝突で、フィリップ・スキポンは、右側からあばら骨を撃たれ、弾丸は外套と甲冑を貫いた。彼は自分の馬を制御し、なおも部下の指揮を続けたが、彼が傷付いたというニュースは失望を広げ、議会軍歩兵隊を退かせた。

このときクロムウェルは、騎兵隊の第一線を指揮して、国王陣の左翼、ラングデイルの北部騎兵隊に対峙していた。ラングデイルの騎兵隊は敗れもせず、四散することもなかったが、しかし、彼らは後退し、彼らの後退が中央の歩兵隊の若干の者たちをひるませた。国王は、いつもの勇気といつもより以上の沈着さをもって、歩兵隊の中に身をおき、彼らを励まそうとしたが、彼が前進しようとしたとき、彼の付き添いの中にいた、あるスコットランド職業軍人が、馬勒《ばろく》を押さえて、叫んだ。「お前は死にに行くのか！」。そして、馬首を返した。国王のこの行動は司令官としては誤りであった。ある者が「右（国王）にならって進め」と叫ぶと、王党派歩兵隊の一部は、彼らと一緒に行こうとする国王を運ぶため、車輪をはずした〔方向転換をした〕。それによって起こった全般的な混乱のなかで、彼らは、国王が彼らを立て直すまでに、いくらかの距離を後退していたのである。

このときにいたって、議会軍騎兵の多さが物をいいはじめていた。議会側右翼では、クロムウェルが彼の兵力の半分弱で攻撃していたが、残りはなお生き生きとしていた。議会軍の混乱した左翼で、ルパートの騎兵隊は、ただアイアトンの騎兵の半分と直接接触していたにすぎなかった。残りは後退し、彼らの同僚たちが騎士党の出現に驚いて逃亡したにつれて、うろたえてはいたが、傷付いてはおらず、なお秩序を保っており、行動に引き返させることができた。ルパートは、勝利をえた部隊を率いて歩兵隊支援のために引き返してきたが、もはやはつらつさを失っており、彼の部隊は、無傷の敵の騎兵隊による側面攻撃にさらされることになった。

戦闘のその後の経過では、ラングデイルの不確かな勢力は、クロムウェル騎兵隊の繰り返しての攻撃によって連打されて、退却を繰り返し、最後に打破された。彼らのある者はレスターまで速足で逃れ、またある者ははるか遠くにある、彼らの昔の根拠地ニューアークにまで避難地を求めた。国王の歩兵は、いまや左翼を制圧した騎兵隊に

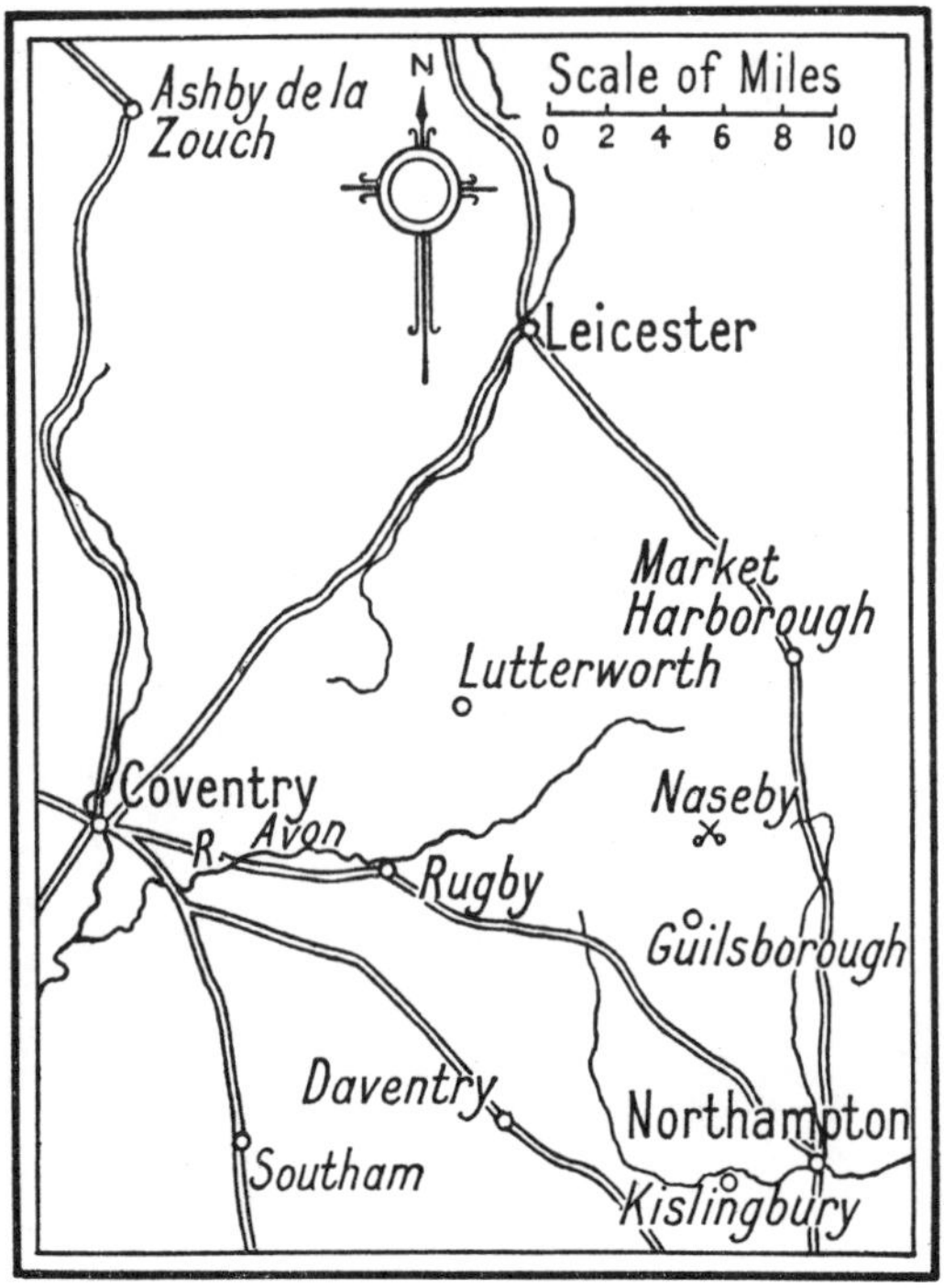

ネイズビー会戦図

よって裸にされ、クロムウェルの鉄騎兵の懲罰的猛攻にさらされることになった。ウェールズの招集兵は、大部分はじめての戦争であったが、雄々しく戦い、勝利の望みが見えなくなったとき、彼らは将校たちに従うことを拒否し、自分たちが奪った略奪品に心を残しながら、団体全体として降伏した。その団体に、彼らはその略奪品を保管するように委託していたのである。将校たちは、ゲームが失われたと見るや、大部分、保身のため逃亡した。ルパートの騎兵隊にとっては、敗れた戦場からの国王の退却を守る以外に、なにも残されてはいなかった。午後一時、「捕虜を除いて、国王軍の馬一頭、兵員一人も見られなくなった」。

レスターを経てアシュビー・ド・ラ・ゾウチ――そこへ国王は真夜中に到着した――へいたる国王騎兵隊の絶望的逃亡において、軍隊に同伴していた車輌や馬車については、ほとんど注意が払われなかった。ジョージ・ディグビーは、自分の馬車や所有物を保持しようという知恵を十分に保っていたが、国務大臣としての自分を祝福する理由を少しももてなかった。なぜなら、国王の全書簡が敵の手中に落ちたからである。多くの馬車では、貴夫人や将校たちが捕らえられ、「金をふんだんにもち、派手な服装をした」女性も捕らえられたが、これは貴夫人でも妻でもなかった。これら裕福な軍事キャンプの随行者たちは、勝利者からお慈悲を買い取っている。その日の略奪品は、金、銀、宝石だけで一〇万ポンドと評価されている。しかし、一般人でキャンプの随行者、売春婦、下働きに対しては、慈悲は認められなかった。その多くを兵士たちは殺した。のちになって、この女たちの大量殺戮を恥ずかしくおもって、彼らは、殺された者たちが、長いナイフで武装した「残酷な顔付きのアイルランド女であったから」と弁解している。しかし、彼らはウェールズ女であったようにおもわれる。彼女らは異国語風の発声をし、護身のため衣服に刃物を隠しもち、男たちのために肉を料理しているからである。

国王はネイズビーの戦場において、その歩兵すべて、大砲のすべて、軍事行李運搬車の大部分を失った。三日後、レスターの国王側守備隊が降伏したとき、彼らはフェアファックスに残存している武器庫と五〇〇頭の馬を差し出した。敗北は全体的なものであったのである。

第四節　長老派と独立派の対立、燃え上がる

フェアファックスは、簡潔な急報文で、神が大義のために賜った最大の勝利について両院議会に報告した。クロムウェルはもっと雄弁に、全能なる神と自分自身の兵士たち両方を称えた。戦闘の記述ののち、彼は、フェアファックスよりはもう少し明白に、こう結論を下している。「この勝利は、神の技以外のなにものでもない。ただ神にのみ栄光は帰するものであり、なにものもそれに寄与するものはない……真面目な者たちは、この行為において、貴方がたに忠実きわまりなく奉仕した。彼らは信頼できます。わたしは、神の名において、彼らを失望させないようにお願いしたい……この国の自由のためにその生命を捧げようとした者たちは、良心の自由について神に、自分たちが戦ってきた自由については貴方がたに、全幅の信頼をおいているのです」。庶民院は、この手紙を、最後の文章は注意深く除いて、印刷に付した。この最後の文章は、スコットランド人や教会分派の手に渡ると、激しい論争を呼び、司令官補佐のクロムウェルの良心の自由観を付け加えなくとも、騒動を起こすには十分な紛糾を含むもの

であったからである。しかし、貴族院は、不注意にも、全文章を印刷業者に渡してしまい、隠蔽工作を露呈し、長老派、教会分派をともに怒らせたのであった。

マーストン・ムーアのときには、クロムウェルは大胆に、勝利を自分の部隊が得たものと主張した。彼がネイズビーのときにそうしたのも、もっと正しかった。マーストンのあと、彼は、彼の部下たちが教会分派に属し、下層生まれの者たちだと蔑視した人々に対して、かれらを誇らしげに賞揚した。ネイズビーのあとの彼の書簡は一つの脅迫を含むものであった。自分の部下は、良心の自由のために戦ったのだ、心の狭いスコットランド人神父やおせっかい屋にそれを否定させないぞ、と。

それは、二重の意味で適切であった。その週、ジョン・リルバーンはウィリアム・プリンヌの提議で、審査委員会に呼び出され、プリンヌの宗教観、長老派制における「エジプト人的隷従」に対する彼の最近の攻撃について叱責された。委員会は、彼の雄弁を止めはしなかったが、警告を与えて放免し、一方、怒ったプリンヌは、自由言論人に対する悪意に満ちたパンフレットを書くべく、本国へ帰った。

長老派と独立派の対立、燃え上がる

長老派と独立派のあいだにくすぶっていた憎しみは、再び炎となって燃え上がった。ロバート・バイイーは、分別を失ったときに、一般的な問題に対する独立派の忠誠を公然と疑ったが、理由がない訳ではなかった。というのも、国王が、長老派に対抗した独立派を支援する意向を以前よりはもっと強く示唆し、この目的のために放ったセイヴィル卿によって企てられた陰謀が新たに明るみに出てきたからである。バイイーの判断をあやまった言葉が庶民院の耳にたっしたのは、ほとんどネイズビーのニュースがロンドンへもたらされるのと同時であった。そのニュースをもたらした一人のニュー・モデル軍の将校を、バイイー自身と長老派は、「恐るべき反三位一体論者！」と非難しているのである。しかし、「恐るべき反三位一体論者」は、最近大勝利を挙げた者たちの中にもいた。いまは、不忠な教会分派を非難すべき時点ではなかった。哀れなバイイーは、院のバーで、反独立派へののめり込みについて、弁明しなければならなかった。

ロンドンの雰囲気は、国王のレスター奪取のあとに続いた憂鬱さから、全般的な祝賀気分へと変わった。これまでの議会軍の苦悩を示す病人や負傷兵を運ぶ陰気な車の列に取って替わったのは、いまや勝利の新鮮な便りとともに、毎日のようにやってくるニュー・モデル軍の信心深くて、有能な若い騎兵隊の列であった。一月《ひと》前まではひどく落胆的な予言がおこなわれた軍隊が、いまや国家の救済者と歓呼されたのである。軍隊の人気上昇とともに、議会内外の独立派の地位は、次第に堅固なものになっていった。六月二一日、ネイズビーから四〇〇〇人以上の捕虜が、五〇本以上の捕獲された軍旗を先頭に立てて、ロンドンへ入ってきた。窓から彼らを見下ろしたフランスの駐在官はびっくりさせられた。彼ら捕虜は、少数の負傷者もいたが、丈夫で、頑丈で、とても戦いに大義を感じ、そのために最後まで戦った兵士には見えなかった。彼らがキャンプを張ったトートヒル・フィールドでは、ウェールズ語で説教がおこなわれている。ある者たちは議会軍に再登録し、さもない者は二度と戦わないことを誓約して、国に帰された。しかし、スペインの駐在官アランソ・デ・カルデーニャは、フランスの競争相手と同様、男たちの善良な性質を認めて、ある者たちを後に残らせて、自分の主人のために奉公するようにと求めた。答えはもちろんイエスであったが、その様相は、同じことをする許可を与えていたサブランに警戒心を抱かせる程のものであった。ポルトガルの駐在官はさほど幸運ではなかった。というのも、ネイズビーで押収された国王の書簡から、彼が外交上の特権を悪用して、国王の本営から王妃に宛てた手紙を運んでいたことが明らかになったからである。

王書簡、あばかれる

いまや議会が手中にすることになった国王の書簡は、二年以上遡るものであった。それは大部分、王妃とのやりとりから成っていた。これらは、デンマーク王、フランス王、オラニエ公、ロレーヌ大公から金と兵員を得ようという国王の試みを暴露している。それらはまた、アイルランド連合体の兵士をイングランドへもたらそうという国王の意図を、疑いなく示していた。彼に対して使うべく、議会のために鍛えられた武器のうち、これほど損害をあたえる武器はなかった。彼らはそれを使うのに躊躇しなかった。ネイズビーの勝利後、一カ月も経たないうちに、『暴かれた国王の内閣』が公刊され、衝撃を受け、興奮した読者の前に、国王と王妃のあいだの内密な、しかし、軽率な政治論議をさらすことになった。

王党派は、国王の私生活のこの冒涜《ぼうとく》を恐ろしいことと言明した。彼らはいう。アテネ人は、押収したマケドニアのフィリッポス二世の書簡を、開封しないで彼の妻に返送した、なぜなら、夫婦愛の秘密をのぞき込むのは「恥ずべくして、不正直なこと」と考えたからである、と。しかし、最近、この種の行為の例があった。一六二〇年、プラハ郊外の「白山の戦い」で、プロテスタントのボヘミア王（イギリス王チャールズの義兄弟で、ルパートの父）の中心的顧問が、彼の個人的書簡を逃げる途中なくした。勝利した皇帝によって公刊されたこれらの資料は、ボヘミア王の選挙に勝とうとした陰謀的な、疑惑にみちた策略を暴露した。この暴露は、ヨーロッパのプロテスタントの問題にとっては重大な打撃を意味した。用心深い国王、慎重な外交官たちが、その後、公開される可能性のある秘密の政治文書に言質を与えようとしなくなるのは、少なからずこの事件のせいである。小さいが、もっと稠密《ちゅうみつ》な国王チャールズの友人たちと潜在的同盟者たちのサークルにおいても、『暴かれた国王の内閣』の出版は同様な結果をもたらした。それは、国王の深刻な敗北によって彼に助言がもっとも必要とされる、まさにそのときに、善意を滅ぼし、不信を深めたのである。パリでは、亡命した王妃が、敗北を勇敢に直視し、だれに向かっても、夫は戦争に勝つためには、ほんのちょっとの援助があれば十分だ、と保証していた。しかし、これ以後、彼の問題は、ヨーロッパ中の洞察力のある政治家たちによって、破滅したものと見なされるにいたったのである。

第五節　国王軍、徐々に後退

国王は、騎兵隊とともに、リチフィールド、ウォルヴァーハンプトン、ビュウドリーの道をたどって、安全なヒアフォードに着いた。ディグビーに対して辛うじて隠されていたルパートの不快感が、荒々しく表面に出てきた。戦闘を指揮したルパートが敗戦の悪評をすべて背負わねばならなかったのは、事態の皮肉であったが、他方、ディグビー――その勧めで戦われることになった――は、その結果について決して責任を問われることはなかった。ルパートは、さしあたっては、フェアファックスとクロムウェルとが、その広範な有利性を生かして、南西部へと力任せに殺到してくる前に、騎兵隊の残存部隊となお手付かずの西部軍とを連携させようとした。しかし、ウェールズ歩兵全体の降伏によって意気阻喪《そそう》した国王は、ジャラードのウェールズ軍と一緒に、もっと多くのウェールズ兵を徴集しようとしたが、これによって生ずる遅れを無視したものであった。ルパートは憂慮し、睡眠不足におちいり、怒りっぽくなり、疲労していた。国王は、ディグビーの微笑した静けさの方を好んだ。

「もっとも望みの満ちた戦いの不運な敗北」であったネーズビーの五日後、オーモンドへ通知して、次のように言明するにいたっている。国王軍は、西部でゴーリングの部隊と合流し、アイルランドから期待される部隊の援助を得て、まもなく損害を回復するであろう、と。「この敗戦の結果は、それほど大きな広がりをもってはいない……われらは、それを、アイルランドとの平和が締結されることでは、もはや容認済みのものと受け取っている」。アイルランド連合体が国王を助けようとする平和条約は、なお締結される見通しになかったが、国王はなおもそれを頼りにし、機会をとらえては、アイルランドへの密使にグラモーガン伯を任命し、ぐずぐずしている彼を旅立ちするように促しているのである。その見込みについて、国王はこう書いている。「わたしは、最近の不運についてで決して落胆している訳ではない……わたしは、その王国（アイルランド）からの救援によって、最近の損失をすぐに回復できるものと信じている」。ルパートが、彼の手下で、酷使されて疲れ切ったラングデイルによって補佐されながら、敗北を癒し、軍の偉大さを国王の手に取り戻させる方策について進言したのに対し、国王は彼の助言を無視し、ディグビーの滑らかな助言を採用した。すべてが失われた訳ではない。数千のアイルランド人がまもなく彼と一緒になり、スコットランドからは、モントローズが過去数週間の彼の成功を伝えてきているではないか。

モントローズ、スコットランドで活動を続ける

モントローズは、ダンディーの襲撃の後、スパイサイドへ退いていた。バイイー将軍は、怒ったエディンバラ政府によって駆り立てられて、用心深い前進によって、彼をアトホールに引きずり出そうとしたが、モントローズは、スパイ河を下って、海岸の方へ降りていった。バイイーは、その補佐官に追跡するように命じたが、補佐官としては、背教者で、最近、スコットランド軍に奉公するようになったサー・ジョン・ハリーしかいなかった。五月九日、海から遠くない、ナイルンとオールディアーンのあいだで、ハリーは濃いもやに隠れて、モントローズに追いついた。思いがけない獲物を眼前にして、数分間、彼は部下たちに、攻撃の準備のため、銃身から固着した火薬をきれいにするため、ムスケット銃を発射させた。この抑えられた発射音は、ハリーが彼に襲いかかる前の一〇分足らずのうちに、モントローズにその危険を察知させた。

モントローズ、小都市オールディアーンの攻防で完璧な勝利

モントローズの背後には、小都市オールディアーンがあったが、緑々した山の尾根にあり、町は灰色の石造の教会を取り囲み、それへの接近路は、見せかけであるが、一連の険しい小丘によって迷彩がほどこされていた。モントローズは、これらを利用して、自分の小人数を隠した。彼には、最近、一五〇〇の歩兵と三〇〇のゴードン家の騎兵が帰ってきていた。彼はこの騎兵隊を尾根の南側、前線に配置し、丘陵の高さによって彼らを前進してくるハ

リーの部隊から隠しておいた。マクドナルド指揮下のアイルランド歩兵隊は、町のすぐ前にある、耕作された、部分的に囲い込まれた土地におかれ、ゴードンの部隊の右翼、ないしその背後を固めた。これら二つの主力の隙間、いわば最弱点に、モントローズは、ハリーをして奪取しようと誘うかのように自分の軍旗を掲げたが、じつはここが戦闘の中心部であった。もしハリーがこのおとりに釣られ、ありもしない中心に攻撃を仕掛けてきたならば、彼の部下たちは、一方ではマクドナルドの攻撃に、もう一方からは隠れていたゴードンの騎兵隊の攻撃にさらされるはずであった。

この巧妙な作戦はうまく実行されなかった。「頭よりも手が先」のマクドナルドは、敵がやってくるまでおとなしく待つことができなかった。彼の部下だけで攻撃を開始し、ハリーの主力の攻撃を引き受けることになってしまった。アイルランド人という並はずれの特性と、彼らがその中で戦った石造りの壁、囲い込みの柵という援護物がなかったら、彼らは制圧されていただろう。彼らがみずから招いた攻撃を支え切れないと見たモントローズは、見せかけの元気のいい顔付きと言葉でもって、ゴードン卿のところへ駆けつけた。曰く「君は、マクドナルドに勝利の栄光をみんなやるつもりかね？」。勝利をみんなかっさらわれるという示唆にかっとなって、また彼ら一族の名誉を妬《ねた》んで、ゴードンの騎兵隊は、ハリーの剥き出しになった側面へと丘を一斉に駆け降りた。思いがけない部隊の突然の出現は、ハリーの隊長の一人をして、余りにも大急ぎで部下たちを向き直らせ、それによって事態を悪い方向に回転させてしまった。三〇〇のゴードン騎兵隊は全力をあげて混乱した敵陣の中へ突っ込み、低地地方騎兵隊を戦場から追い出してしまった。ハリーの歩兵隊は、いまやゴードンの側面攻撃を受けることになり、他方、救われ、生き返ったアイルランド兵はなおもその戦線を保っていた。盟約者団はもはや二重の襲撃に抵抗することはできなかった。モントローズが国王に報告したように、それは「完全な勝利」であったのである。

その夜、オールディアーンでは、モントローズが、この小さな町で用意できる最良の飲食物で宴会を開いた。――英雄中の英雄であるモントローズは、北スコットランドの激しい戦いの歴史詩を聞き、西洋囲碁に沈思黙考し、ケルト語風の言葉で雄弁にしゃべった。インヴァネスでは、ハリーは軍法会議を開き、誤った命令を下した将校を射殺した。そして、彼の破れた遺品をたずさえて、バイイー将軍に合流すべくクロマールへ帰った。

北部からそうしたニュースが届いても、本拠に近付きつつあった国王は、彼の状況の冷酷な真実を受け入れることはできなかった――彼のウェールズ歩兵の全部、カノン砲、車輛、火薬倉庫、引き馬、そして、彼の秘密の往復書簡全部が失われたのである。彼は敗北の意味を理解することができず、フェアファックスとクロムウェルが、遮られることなく、出来る限りの速さで西部に向かって前進しつつあることを、ほとんど理解しなかったようにおもわれる。しかし、彼とて、自分の個人的危険に完全に盲目であった訳ではなく、威厳と平静さをもって、プリンス・オブ・ウェールズに対し、もし父である自分が捕虜に取られ、国王の生命を脅かしても、叛徒の持ち出す条件にどうしても合意できない場合に、自分自身について気を付けるように、と書いている。しかし、彼がぎりぎりの不慮の出来事から現在直接の計画に考えを転換させると、スコットランドからの幸せなニュース、彼がアイルランドで構想している軍隊の形態についての、喜びと自信を伴った計画に心を安じたのであった。

国王、南ウェールズに移動

ヒアフォードでの長い三日間ののち、最近のウェールズからの徴集兵を集め、新規に徴集さるべき兵士、そして、既存の守備隊員たちから成る部隊がどれだけの強さをもつかを評価するため、ルパートは国王から離れ、カーディフへ騎行し、そこからボートで海を渡ってバーンステイプルにいたり、そこでプリンス・オブ・ウェールズに会って、六月二六日、西部の防衛措置について合意にたっした。

騒々しい甥の存在から解放されて、国王は南ウェールズへ移動し、七月三日、忠実なウースター侯によって、ラグラン城へ迎え入れられた。彼はグラモーガン伯の誇るべき父であり、その伯爵のアイルランド部隊に国王は熱烈な期待をおくっていた。国王は、グラモーガン伯のほかに、お気に入りの随行者を伴っていた。彼の穏やかな従兄弟のリッチモンド、その弟のバーナード・スチュアート卿、宮廷詩人リンゼイ伯、陽気で口達者なディグビーなどがそれである。ラグランで――そこで、ウースター侯は快適で、礼儀を守った生活をしていた――国王は、普通の生活の切れた糸を取り戻すことができた。彼は規則立った生活の時間を守り、毎日ボール遊びに興じ、馬車で随員全員を連れて村の教会の週半ばの礼拝行事に参加し、友人との会話を楽しみ、教訓癖があって人のいい城の主《あるじ》と宗教や政治について論じあい、彼から古いイギリスの詩人ガワーの著作を借りた。「われらはみな、スポーツと娯楽で心静かな眠りについています」と、サー・エドワード・ウォーカーは書いている。「まるで、王冠が棒杭に懸けられて、失われようとしていることなどないかのように」。

国王は、政治とは自信ありげな表情を取ることだ、ということを考える相当な理由をもっていた。このことを、少なくとも、彼は、秘書官ニコラスに伝えている。ニコラスは、民間の事項を処理するため、オックスフォードに残されていた人物である。チャールズは、自分の思慮分別のある顧問たちが、いまや公にされた書簡から、次のことを知って、悩むであろうことを恐れたのであるが、その書簡では、彼と王妃とが、「雑種議会〔ウェストミンスターの議会のこと〕」よりも、オックスフォードの議会に伺候《しこう》して、その財産と評判を危険にさらした自己犠牲的王党派議員に対してあまりいい評価をしていないことが明らかにされたのである。ニコラスは、ののしりの文句付けに対してさらりと釈明し、ネイズビーの損失はウェールズからくる新しい徴集兵によって埋め合わされるというニュースで彼ら不満分子を和《なご》ませるように依頼された。憔悴した世間に対しては、それだけのことをしておかねばならない。しかし、個人的にニコラスに対して、チャールズはこうも書いている。自分は、自分が「憂愁人間」であることを許そうとはしていない、そして、ウェールズの兵士徴集が完遂された暁には、実際に、最近の損失は償われるであろう、と。この最後の望みは、まもなく失望に変わる。『公開された国王の内閣』の形で出された議会の宣伝は、まもなくウェールズのジェントリーたちのところに届き、彼らは、外国勢力やアイルランド連合との同盟という彼の画策を読み、疑惑を抱き、冷たくなったのである。

その間にも、ディグビーは王妃に、「ネイズビーの暗い一日ののち、われらは多くの小さな成功を収めています」と、元気一杯の手紙を書いていた。そして、保証している。議会とスコットランドの勢力は消え去り、王の勢力がふたたび強くなるでしょう。地方の住民が敵に対して蜂起し、「毎日、良い方への変換が起こるでしょう」。彼の書簡の日付けは、ラグラン城の静かなハルシオン halcyon の日、一六四五年七月一〇日となっているが、その日こそ、西部における国王の運命にとって、悪しき方向への変換が起こった日であった。

国王軍の状態、次第に悪化す

ルパートは、西部における国王軍の状態が以前よりも悪くなっている状況を視察するため、プリンス・オブ・ウェールズとバーンステイプルで会った。ジョージ・ゴーリングは、ネイズビー以前に、国王軍に合流できない、なぜなら、西部における敵をやっつけ、タウントンの包囲を再構築しなければならないから、といっていたが、その彼が、タウントンの守備隊に、彼が見落としていたルートを通って物資が運び込まれるのを許してしまっていた。時折り、彼は、部隊の秩序を改善することを将校たちに納得させて、地方のジェントリーの人気を博し、また、神が彼の所業を嘉《よみ》し給うように「すべての教会で、彼のための厳かな祈りがあげられる」ことを要求している。さもないときには、彼は、義兄弟で将軍補佐官であるジョージ・ポーターとともに、日中から放蕩にふけっていた。

逃亡がゴーリングの兵士数を着実に減らしていた反面、西部軍の増強計画は、グレンヴィルやバークレーの競争によって、成果があがっていなかった。この二人は、他に対して、糧秣《りょうまつ》や寄付金の徴発の権利を譲渡する気はなかった。彼らを和解させようとする努力は無駄に終わった。グレンヴィルは妻（彼女はずっと以前に離婚していた）の所領を横領し、そこで沢山の盗んだ牛を飼育していた。この二人とゴーリングは、身代金を目的として民間人を捕虜にしたが、見るに見兼ねた治安判事が、人々に対して、平和の共同背反者としてグレンヴィルとその部下たちを訴え、自分自身を防衛するように指示したほどである。

まさにこうした励ましがなくとも、州の住民はいつでも武装する用意ができており、「棍《こん》棒組」は国王軍隊にとって深刻な問題となっていた。プリンス・オブ・ウェールズはカリー城で彼らの一派と会見し、彼らに正々堂々とふるまうことについて語っているが、その語り口には、すでにいくらかの熟練を示していた。ゴーリングは、彼の生まれつきの魅力を発揮することに目覚め、他人に国王の軍隊に合流するように説得し、彼らに武器と将校を貸し与えた。こうして堅固にされた彼らは、危険な存在となり、スチュアミンスター・ニュートンでマッセイ指揮下の議会軍と鋭い小競《こぜ》り合いを演じた。この攪乱的ニュースをもって、マッセイは、フェアファックスとその進軍途上の軍とにブランドフォードで出会った。すでに道すがら、「棍棒組」についてなにほどかの知識をもったフェアファックスは、彼らから民間人の代表としての要請を受け、民間人にふさわしい返事を返した。彼は良き秩序を保ち、できるだけ農村に対して困難をかけないようにする、と約束した。そのほかには、彼はネイズビーで入手した国王の書簡について語り、議会が速やかな最終的勝利をあげないかぎり、外国勢の侵入を恐れなければならないと警告した。彼の真面目で真剣な態度、彼の立派な風采と彼らの抵抗に対するてきぱきとした処理の仕方、とりわけ部隊の秩序の良好さ、これらが必要とされる結果をもたらした。「棍棒組」は、とりあえず、満足したようにおもわれる。

この会見は、一六四五年七月三日、ブランドフォードとクリュウカーヌのあいだの公道でおこなわれた。ニュー・モデル軍は国王の西部軍に接近していたのであり、西部軍の分裂した兵士たちに、プリンス・ルパートは秩序も統一も与えることができなかった。余りにも多方面に引き裂かれて、彼は、タウントンの前でごく短い会見をしたゴーリングに、サマーセットの防衛を委ねるほかはなかった。それからルパートはブリストルへ騎行したが、ブリストルこそは、いまや国王の問題の生命線を意味し、外の世界への玄関口、収入の主要な財源となっていたのである。

クリュウカーヌで、七月五日、フェアファックスの前衛部隊は、若干のゴーリングの部隊と衝突したが、後者はほとんど抵抗することなく逃走した。ニュー・モデル軍の兵士は、五日間で八〇マイル強の行軍をしたが、重装備の兵士にとっては、夏のさ中、未知の悪路をそれだけ歩くというのは十分精力的であったといわなければならない。

クリュウカーヌで、フェアファックスは一休みを命じ、そののち、彼らはタウントンの守備隊救出のために、必要とあれば徹夜してでもと、突っ込んでいった。しかし、ゴーリングはまたもや、すでに包囲を解いており、タウントンは救済される必要はなかった。もはや急ぐ必要はなかった。兵士たちは、クリュウカーヌで長い安息日の休養を取り、次いで、ゴーリングを求めて北方へ転じた。

ゴーリングに計画がなかった訳ではない。彼は、ブリストル海峡に到達するために、フェアファックスがそのあたりを徘徊《はいかい》するのを阻止する必要があり、そのためには、西部軍を他の国王軍から切り離す必要があると考えていた。大変に人数の落差のある部隊——とくに騎兵隊がそうであった——を率いて、ゴーリングは、自分の動きについてフェアファックスに謎を掛け、フェアファックスの軍を分割させようとした。彼はこのことをうまくやった。彼はタウントンの方角に見せかけの軍をおき、だまされたフェアファックスは、なにが起こったかを偵察させるため、四〇〇〇の騎兵を率いたマッセイをそこへ派遣した。途中、マッセイは、ゴーリングの義兄弟にあたるポーターが、完全に護衛を解き、その兵士たちが馬からおりて、イルミンスター河の川岸で水浴びや日向ぼっこを楽しんでいるのを見た。マッセイはポーターの兵士たちを追い散らし、あるいは捕らえたが、その間に彼は、フェアファックスから一〇マイルも離れることになり、しかもそのあいだには三つの河が挟まっていた。

ラングポートの戦い、クロムウェルの鉄騎兵の突撃

その間、ゴーリングは、大砲と軍事用車輛をブリッジウォーターに送り返させて、ラングポートで戦力をつよめていた。もしフェアファックスが、装備すべてを携えたゴーリングの安全なブリッジウォーターへの撤退を阻止しようとおもえば、(マッセイの帰還を待たずに)このラングポートで戦わねばならなかった。この地域はでこぼこしていて、丘のつらなりであり、道路は柔らかい赤土の中にめりこんでおり、ひどい夏の雨でぬかるみになっていた。そして、葉の茂りやすいこの季節、繁茂したハシバミ、サンザシ、柳が道路にかぶさって、ほとんどトンネル状を

なしていた。「この地域には」と、フェアファックス付きの牧師が書いている。「真っすぐな通路が沢山あって、やる気のない敵と交戦するのは大変困難である」。このような「真っすぐな通路」、刺《とげ》のある生け垣のあいだにある中空の小道は、ひざにまでたっする水に浸《つ》かり、しかも二人並んで歩けないくらい狭く、ゴーリングの司令部からラングポートへは下り坂で、そこからフェアファックスの司令部のあるロンゴ・サットンへは上り坂になっていた。

一六四五年七月一〇日の朝、議会軍の斥候は、ゴーリングが動き出したと報じた。彼は二門の大砲を小道の上手におき、生け垣にムスケット銃隊を配置した。フェアファックスが攻撃のために駆け降りてくると、まず死のトンネルと格闘しなければならないことを計算にいれての配置であった。規律ある、断固としたニュー・モデル軍はその攻撃をやってのけた。選《え》り抜きのムスケット銃兵が生け垣までの道を戦い取り、王党派と交戦して、これを追い出している間に、騎兵隊は流れと化した道路を制圧したのち、小道をも押さえ、大変人数も少なく、攻撃隊形をつくる空間もなかったが、ゴーリングの好位置にいる騎兵隊にぶっつかっていった。丁々発止の剣の交戦ののち、彼らは後退を余儀なくされたが、しかし、彼らの攻撃は、彼らの同僚が出現して、敵の側面に効果的攻撃を加える時間的余裕を与えた。王党派の騎兵隊は次第に崩壊しはじめ、これまで整然とブリッジウォーターへ退却しつつあった歩兵隊に追いつき、「みな駆け足になった」。フェアファックスの前進を食い止めるため、ゴーリングはラングポートに火を放ったが、しかし、クロムウェルの鉄騎兵は、「火を物ともせず、勝利を追求した」。彼は自身で、「両側で燃えている火炎の中を」村のはずれまで兵士を導き、王党派騎兵隊をブリッジウォーターへの途中まで追撃した。

このラングポートの戦いで、クロムウェルは二〇〇人の捕虜を、少なくとも良好な馬一五〇〇頭とともに、捕らえたと計算している。王党派の大砲はブリッジウォーターにあって無事であったが、歩兵隊は大部分逃亡した。しかし、落伍者は情け容赦なく蹂躙《じゅうりん》され、「棍棒組」によって殺された。皮肉なことに、ゴーリングが武器と将校を供給したその集団によってである。ゴーリングは、その腐敗した残存部隊をもって、ブリストルとの連絡線を確保しようと努力はしなかった。しかし、彼ら自身を守るため、ブリッジウォーターに守備兵を残し、自分の部下は現在、戦いうる状態にはないと宣言して、はるかバーンステープルまで落ち延びた。ニュー・モデル軍の勝ち誇った将校たちは、驚きあきれてお互いを見やった。ハリソン大佐は、戦いのさ中にあって恍惚感におそわれ、人を奮い立たせる神をたたえている。そして、クロムウェルもまた、驚異の言葉でもってその勝利を報告している。「これを見るのは、神の顔を見ることではないのか?」と。

第六節　国王、ひそかにスコットランド行きを考慮

ラングポートの敗戦のニュースは、ラグラン城の幸せなサークルのうえに、時ならず破裂した。仰天した国王は、カーディフを訪ねて、新しいウェールズ徴集兵がいかに作られているかを視察し、それから七月二二日木曜日、ルパートと急遽協議をしたが、ルパートはブリストル海峡を渡って、国王に会いにクリックにやってきたのであった。プリンスにとっては、この週は多忙な週であった。先週の水曜日、西部部隊の落ち込んでいる士気を高めるため、彼は彼の騎兵隊を率いて、ウェールズの敵陣営に夜襲をかけ、成功を収めていた。金曜日には、サマセットの「棍棒組」の代表者とブリストルの外で会い、彼らを国王軍に登録させようとしたが、これは失敗であった。月曜日には、彼は、地域住民の別の集まりとランスダウンの丘で会い、それから、バースのふさぎこんだ守備隊を再組織する試みをし、その夜、セヴァーン河を渡り、木曜日、国王と話すことになったのである。同日、ブリストルへ帰り、同市の物資供給と防衛強化をより完全なものにしようとしているが、国王がここを自分の総司令部にしたいと提案したからである。

ブリッジウォーター、陥落す

ルパートは、西部へより近付き、そこでの彼の地位を強化することになる、遅まきの決断に少なくとも感謝して

いた。しかし、ブリストルへ帰ると、すぐに、ブリッジウォーターが短い襲撃ののち、フェアファックスに降伏したことを知った。周囲のすべての地域から安全な地としてそこへ引き取られていた莫大な備蓄物資、貴重品を温存していたこの町の陥落は、西部における王党派にとってはもう一つの重大な打撃であった。しかし、もっと深刻な結果は、ブリストルとデヴォン、コーンウォールの西部軍との連絡線が断たれたことで、もはやブリストルを国王の安全な総司令部とは見なし難かった。国王は西部を固める意味でその決定をおこなったのであるが、それは遅きに失した。国王がその計画を変えねばならないことは明白であったが、彼は、しばらく、内心の修正した計画をルパートに打ち明けようとはしなかった。

そのときルパートは、カーディフで、新しいウェールズの徴集兵のことで忙しかった。これらの兵士は、サー・チャールズ・ジェラードを免職しないかぎりは、ルパートに奉仕しないといってきかなかった。このジェラードは、南ウェールズ軍の指揮官であった過去一八カ月のあいだ、その部下たちの暴力と無秩序によって住民の恨みを買っていたのである。国王は、だれをも喜ばせようとしたが、だれも喜ばなかった。彼は、ジェラードに、傲慢な言葉付きのウェールズ・ジェントリーの非難に対して答弁することを許したが、それからジェラードを司令官の職から解いた。ウェールズ人は、ジェラードの言った言葉に怒りを発し、何がなされようと、心を和ませようとはしなくなった。ジェントリーとその小作人たちは、国王に奉公することを欲せず、四散してしまった。つまり、彼は住民を怒らせてしまった訳であるが、そのジェラードは、男爵位の授与で報いられたが、同じ爵位の授与によって、国王は、もう一人の忠実な奉公人を怒らせてしまった。その男とは、サ・トーマス・グレンハムで、彼はカーリールから到着したばかりであったが、彼とその守備隊とは、過去数カ月、悲惨な苦しみの中でこの町を持ちこたえ、絶えず救済の約束をされながら、ずっと失望させられてきたのであった。

カーリールなどの陥落

カーリールの陥落に次いで、七月の終わりに、ポムフレート、スカーバラーの降伏が続いたが、両者とも、敗れた国王から救済の希望がもてなくなったからであった。こうした状況の中で、チャールズは、スコットランドのモントローズからいいニュースを受け取ったが、彼の希望を高揚させるにはいたらなかった。なぜなら、スコットランド低地方だけでなく、イングランド全体が、彼を北部の優勝者から切り離すにいたったからである。しかし、チャールズはもう一つの危険な幻想を追っかけていた。その夏を通じて、盟約者団とその同盟者の関係は悪化していた。ロンドンで、スコットランドの委員たちは、悲しいことに引き続いて、議会と、ニューカッスルの石炭の船積みと、その利益に対する彼らの権利について、そして、不当に扱われ、無視されている彼らの軍隊の支払いと宿営地について、口論を交《まじ》えていた。軍隊にいたスコットランド人領主の中には、いまや議会軍を支配するにいたった独立派に対抗して、同盟したいと国王にヒントを与える挨拶文を送ってくる者さえ現れた。チャールズは、盟約者団との同盟は、どんなものであろうと、彼の寛容のうえに築かれねばならないことを忘れて、長老派の受容はともかくとして、イギリス人叛徒に対するモントローズと盟約者団とのあいだの大同盟を夢見はじめた。これら二つの党派を、彼が確信をもって予想しているアイルランドからの一万人の兵士と合同させよう。そうすれば、自分は勝利するに十分な強さになるであろう、と。

国王、スコットランド行きを決意

この無駄な希望の中で、彼はひそかにスコットランド行きを決意した。その意図は、他の彼の秘密全部がそうであったように、まもなく一般的な噂の種となった。ルパートは、公式な通知が届く前に、風の便りで知らされ、彼の親友で国王側近の一人であるリッチモンド公に、逆上して書いている。「国王がスコットランドへ行くというのは、いまだれの口にものぼっていることです。しかし、彼があとに残すもののすべてが、いかなる条件のもとにおかれるか、あちらで彼が得るであろう見込みはどんなものであろうか、と考えると、わたしは、それは奇妙な決心だと告白せざるをえません。いま、わたしに、卿を通して国王に伝えてほしい意見があるとすれば、それは、国王陛下には、彼の子孫に王国とその気高さを保持させるには、平和条約以外に道は残されていないということです。すべてを失うよりは、なにほどかのものを保持し続けることが、分別ある仕方ではないかと信じます」。チャールズがアイルランド連合から期待している軍隊に関して、ルパートは、彼の考えをこう述べている。「五〇〇〇人以下の兵士しかもっていない彼らは、明らかに国王をだまそうとしているのです」。

それに対する国王の返答は、最悪に対する気高いあきらめが、最良に対する不変の希望と交錯している記録文書となっている。「わたしの事業に関する君の意見、それに対する助言について」と、彼は書いている。「もしわたしが、わたしの宗教、王冠、友人たちの防衛以外のことで争っているのであったら、君の助言は十分根拠がある。たしかに、わたしが、単なる一兵士、あるいは一政治家として話をしているのであれば、わたしも、破滅以外のなんの見込みもないことを認めねばならない。しかし、一キリスト教徒として、わたしは君にいわねばならない。叛徒のしていることを打倒されるべきでなく、繁栄させるべきであるならば、神はあのように叛徒・反逆者を苦しめられることはないだろう、と。そして、神がわたしに負わされている個人的な罰がいかなるものであろうと、それはわたしにとって不満とするところではない。まして、この争いについて、わたしに与えられた罰については、なおさらである。そして、小さな問題かもしれないが、この時点では、彼らとの和解は彼らの屈従以外にないということである。その条件は、神のお恵みによって、わたしが、いかなる犠牲を払ってでも、そうしようと決心したことである。なんとなれば、わたしは良心と名誉にかけて、神の問題を放棄せず、わたしの後継者を傷付けず、友人を見捨てないことをわたしの義務と心得ているからである。……この時点で、わたしとともにいる友人たちは、大義のために死ぬか、あるいは、（もっと悪い場合）叛徒の侮辱的暴力によって強いられた悲惨な生活をおくるか、そうした予想をし、決意しているにちがいない。……わたしのいうことを信じなさい。君が望ましいとしている平和条約の構想は、それが早ければ早いほどわたしを滅ぼすだろう。アイルランド人に関しては、確言する。彼らは自身をだませないように、わたしをあざむくことはできない、と」。

国王は、保証された王権への継承を教育された者、神のもとでの権利という宗教的確信のなかで養成された者の平静さで書いている。廃位された国王の息子として、*追放された宮廷の仰々しい貧しさに中で教育されたルパートは、彼もまたよく知っている運命から叔父を救おうと熱烈に欲したのである。すべてを失うことがなにを意味するかを十分に心得ていて、彼は、屈従によってでも「なにかを保持すること」がより分別のある仕方だと考えたのである。彼の前におかれた最悪の事態を理解する知識も洞察力ももたないチャールズは、なんらか妥協するよりは、全面的敗退に直面する方をよしと考えた。国王とプリンスとは、気質においてのみならず、人生の経験によっても違っていたのである。

＊　ルパートの父親はボヘミア王フリードリヒ五世で、一六二〇年に廃位された。

一つの点においては、国王は正しかった。もし彼が最後まで戦うつもりであったなら、ルパートが平和条約を欲している様子なのは、最高度合に望ましいことではなかった。しかし、チャールズは、降伏しないよう彼の決意を表明する以上のことをしなければならないことを理解してはいなかった。彼は、不可能事を計算に入れることをやめて、残っている軍隊を保持するという現実的段階を踏まなければならなかったのである。ウェールズの状況は、西部におけるそれよりも、やや深刻でなかったというだけであった。南ウェールズでは、「ウェールズ人は生意気になり始めていた」。ローガーヌ将軍は、ペムブロークシャイアーの勢力を再結集し、コルバイ・ムーアの王党派を、八月一日、蹴散らし、ハーヴァーフォードウェストから追い出し、カリュー・カッスルへと進んだ。北ウェールズでは、大主教ウィリアム・アト・コンウェーが、地域の課税と徴兵をめぐって、いつものようにサー・ジョン・オーウェン、バイロン卿と争っており、彼らを和解させようとした国王の試みは失敗に終わった。この間に、チャールズとその護衛たちは、計画されたスコットランドへの進軍に隠しようもなく緊張して、用心深くウェールズの境界線を北上していた。

この進軍過程の牧歌的単純さは、国王を喜ばせた。それはいわば狩猟旅行と呼んでもよく、国王は夏の暑さの中、野外での食事や、農家の粗末な屋根の下での献立を楽しんだ。彼のいつもの形式主義は放擲《ほうてき》された。最上の家が見付かったラドナーでは、彼は、特別室でチーズと雌鳥の夕食を取ったが、人の良さそうな――議事録は天真爛漫と書いている――主婦が特別室のドアに頭をこすりつけながら、「非常に落ち着いた口調で、国王は、お嫌でも、ジェントルマン用のチーズを召し上がりますか」と尋ねるまで、従者たちは腹を空《す》かせて調理場の火のぐるりに座っていた。

ブレコンから国王は、プリンス・オブ・ウェールズに指示を書いている。もし自分が、「叛徒の手に落ちそうな危険が明白になった暁には」、フランスへ退去し、宗教以外では、なんでも言い付けに従うように、と。彼は今一度、オーモンドへ使者をおくり、彼が徴集できるかぎりの兵員を連れてみずからやって来るように求めている。オーモンドへの情報のために、自分たちの現在の絶望的状況についての率直な考察をまとめあげるようにと指示されたディグビーは、忠実に悲惨な有様のすべてを数えあげたが、最後まで、その文書から元気さを失わせることはなかった。彼はいう。コーンウォールのホプトンは六〇〇〇人をもっており、まもなく、前年エセックスを追い出したように、フェアファックスを海に追い落とすであろう、と。

二つのアイルランド軍導入協定案、遅々として進まず

オーモンド伯は、春においてさえも、国王の援助の必要性を過小評価していなかった。ネイズビー後、彼は、暗示なくしても、必要性が絶望的なものであることを知っていた。しかし、たとえ彼が試みたとしても、彼でも、あるいは、彼の中心的代理人で、ローマ・カソリックの王党派であるクランリカードでも、アイルランド連合となん

らか結論にいたることはできなかったであろう。最近の五カ月間、交渉はただ一つの出来事をめぐって暗礁に乗り上げていた。国王が、オーモンドにローマ・カソリックに対して寛容する許可を与えたという出来事である。しかし、アイルランド連合は、教皇代理人スカランピと夏に会合した彼らの聖職者たちの全体集会とによって励まされて、彼らの信仰の公然たる実施、戦争の過程の中で奪われたすべての大聖堂、教会の返還を要求していたのであった。その間にも、アントリム伯は、国王の利益、あるいはオーモンドとの交渉を無視して、彼の一族に属する数千人を、ネーデルラントの戦いのためにスペイン王に提供しているのである。

グラモーガン伯は、はじめはウェールズにおける自分自身の問題から、次には折りの悪い船の難破によって遅れ、最後にダブリンに着いたのは一六四五年七月であった。彼はオーモンドによって快く迎えられたが、オーモンドは伯の秘密の使命についてはなにも知らず、キルカニーの説教者集会に国王との協力という叡知とその必要性を説明したいというグラモーガンの提案を了承した。しかし、日々が経過しても、オーモンドが語る限りでは、グラモーガンは、クラリカードがしたほど、アイルランド連合との交渉により近付こうとはしなかった。実際には、グラモーガンはアイルランド側に、国王は後日公にされる秘密協定によって、彼らの要求をすべて満足させるつもりであると打ち明けていたが、しかし、アイルランド連合側は取引における自分たちの役割を満たし、国王に軍隊を派遣することを急がず、あるいは、表面を取り繕う必要から、オーモンドの提案を受け入れるという形を取ろうとし、グラモーガンの仲介は、彼が望んだようには成功したとはいえなかった。アイルランド人自身が分裂していた。少数の者はグラモーガンの秘密の提案を完全に信用していたが、アングロ・アイリッシュ系の支配的領主たちは、オーモンドとの公開の協定のみが究極的には有効とされるのを好んだ。当面、公開の、あるいは秘密の交渉のどちらもうまくいかなかった。

イングランドでは、チャールズが北方へと移動しているとき、神は、南部における「反乱者と反逆者たち」に対し好意を与え続けていた。ルパートは、バースにおける守備隊を再組織し、強化しようとしたが、無駄であった。

彼の介入は、単に兵士や市民のあいだに暴動含みの不満を惹起しただけであり、フェアファックスが町の前面に現れたとき、彼らはすぐに降伏したのであった。

フェアファックスは、いまやシェアボーン・カッスルへと動いたが、そこでは、八月二日、ジョージ・ディグビーの異母兄弟、サー・ルイス・ダイヴがディグビーに頑強な抵抗をするように命じていた。そのとき、フェアファックスは、火薬の欠如から、市壁の前にキャンプを張り、新しい供給品が届くまでそこで待つ以外にすることがなかった。地域の「悪しき棍棒組」――クロムウェルは彼らをそう呼んでいた――が、またもや活動を始め、国王の将校が彼らと接触していることが知られるにいたった。騎兵の一部隊を付けて、クロムウェルによって送り込まれたフリートウッド大佐は、シャフツベリーで王党派からの伝言者との協議中の「棍棒組」の指導者を急襲し、彼らを捕虜としてシェアボーンのキャンプへ連行した。次の日、「棍棒組」が大勢、議会軍キャンプを襲撃し、指導者を解放しようと武装しているという報告があった。クロムウェルは彼らに向かって前進し、一グループと話し合い、彼らは解散し、家へ帰った。第二の、大きな集団は、あらゆる提案を拒否し、そそっかしくも猟銃を発射し、国王のために自分たちをとりなしてくれるホプトンを待っているのだ、とわめいた。そこでクロムウェルは、彼の竜騎兵の一部に攻撃を命じた。彼らはたちまち撃破されたが、ぐずぐずしていた者は捕虜とされ、シェアボーンへ連れていかれた。

心配なロンドンでは、「棍棒組」の脅迫は誇張されて受け取られていた。なにか新しい農民一揆のようなものとして恐れられ、フェアファックスの敗北が、陰鬱に、根拠もなく報じられた。クロムウェルによってそれらに加えられた抑止行為によって、動きは大きくならず、ニュー・モデル軍の良好な秩序が農村に知れ渡るにしたがって、「棍棒組」も漸次解散させられた。国王の無秩序な軍隊の消滅とともに、彼らの抗議する原因が取り去られた。ある地方では、夏の終わり頃まで、二、三の執念深いギャング団が、負けた騎士党に復讐を遂げたいと待っていたが、しかし、双方の党派に大きな援助、あるいは被害を及ぼした第三勢力としての彼らは、事態の変化とともに、舞台から消えていった。

議会では長老派、独立派の論争、喧《かまびす》し

ウェストミンスターの議会は、より深刻な紛糾に直面していた。勝利は、彼らの困難の終わりではなく、その始まりを意味していた。ロンドンは、長老派と教会分派の不満で喧《かまびす》しかった。プリンヌは、リルバーンに対して、その学識ある非難を注ぎ続けていたし、ハンリー・バートンは、セント・メアリー・オルダーメアリーの説教壇から独立派の教義をがなっていた。より上品で、洗練され、影響力をもった声は、セント・シュテファン・コールマン・ストリートで説教したジョン・グッドウィンの声であった。グッドウィンの会衆とジョン・リルバーンとのあいだには繋がりがあり、リルバーンは、夏を通じて、プリンヌの名誉を毀損したという廉《かど》で二度逮捕され、二度釈放されている。新しい攻撃――この度は、レントホールの説教者に対してなされたものであったが――は、ニューゲイトへの収監で終わった。しかし、グッドウィンの会衆は困難の中にいるリルバーンを支持し、説教者たちは声を張り上げた。「主よ、あなたの下僕リルバーンを牢獄から放ち給え」。そして、彼の釈放のための請願は裕福な商人ウィリアム・ウォルウィンによって組織されたが、彼の資産、彼の知性はともに教会分派にとっては貴重なものであった。

こうした潮流と関連して、ウェストミンスター聖職者集会――かつて、あらゆる改革がそこから流れ出た感動的中心であった――も、不適切ではないにしても、愚劣な存在と化していた。教会分派のもっとも生きのいい連中が共通して会合した居酒屋「風車」は、最後にはより重要になるはずであるが、この居酒屋はすでに一六四五年夏には、聖職者集会に挑戦していた。そこでの、ウォルウィンとリルバーンの二人が居合わせた集会で、分派の一グループは請願書を作成して、聖職者集会の神父たちはその説教の義務を果たすため国へ帰るべきであると主張している。請願書は、薄いものであったが、集会の解散要求であったのである。

古い保守主義者がずっと以前から予告していたように、国王の権力だけでない、いまや教会と国家におけるすべての権威が攻撃の対象となった。反乱を養ってきた議会はその結果を抑制しようとしたが、無駄であった。『メルクリウス・ブリタニクス』誌が、チャールズという名前の尋ね人の広告を出したとき、庶民院で衝撃を受けなかった者は少なくなかった。その広告は、チャールズを反逆者、無宿者で、吃音者で、真実を語ることができないとされているのである。フランス公使は抗議し、貴族院も行動を起こし、広告の筆者を攻撃し、彼らを牢獄にぶち込めとする文書を発表して、世間に感銘を与えた。広告の筆者というのは、ニュー・モデル軍の二人の将校、マーヴィン・オードリーとロバート・ホワイトであった。

第七節　キルジスの戦い、スコットランド軍敗れる

その間にも、国王は北進を続け、無事リッチフィールドに着いた。ここで彼はルーバラー卿を逮捕した。ルーバラーは、戦争の開始時からミッドランドにおいて王党派の問題を熱意をもって支持し、少なからず成功を収めてきた人物で、ネイズビーの直後に捕らえられ、降伏したときには、レスターの司政官を務めていた。彼にはほかにやりようがなかったのであるが、しかし、国王は降伏すべてを犯罪と見なす気風にあった。それにルーバラーは、ルパートと同様に、究極の勝利の可能性を疑っていたようで、国王は、自分のぐるりに「憂鬱な人間」をもちたくないとはっきり宣言していたのである。ディグビーは、ますます、国王はただ冬を持ちこたえさえすればよい、その次には、沢山なアイルランド人、外国人の援助を得て、春には勝利するであろう、と確信するようになっていたが、今度の場合、深刻に悩んだ。というのも、兵士の中の少数の者がルーバラーに同調し、国王を失望させることから彼らを遮断することが難しかったからである。

リッチフィールドへは、北と南から急使がやってきた。モントローズとゴーリングからであるが、両者ともディ

グビーの楽観主義を支えるものであった。ゴーリングは書いている。自分は西部で新しい徴兵をおこなっており、それはまもなく、この地域の国王軍をかつてなかったほど強くするであろう、と。モントローズは盟約者団に対する勝利を報じてきたが、彼は彼らの最後の戦列 ad Triarios に打撃を与えたと確信しているのである。

荒れ模様のスコットランドの夏の六週間、モントローズとその一団は、オートミールと頻繁な射撃ゲームで生活していたが、気軽にグランピアン峠を出たり、入ったりし、彼らが十分に心得た襲撃に当たっては、ある氏族、あるいは、他の氏族の協力を受けた。その襲撃は、バーデノッチ、スパイサイド、もっと南のクーパー・アングスからも報告されている。バイイーは、山中で戦うこともできず、自分が山麓から離れると、部隊に適当な物資を供給することができなかったので、怒りのままに無闇に追跡行をしたが、自分たちが通った跡を示す踏みつけられたヘザーの花以外には、敵の痕跡を見付けることはできなかった。六月の終わり、モントローズは、バイイーと戦うときと考え、スパイ河が海に注ぐところまで降りてきた。バイイーはケイスにあって、強力な状態にあった。モントローズは通知をおくり、自分が公然と姿を現し、襲撃をおこなうのを知りたいかどうか、と尋ねてきた。バイイーは、不承々々、「彼が好きなときに」戦う意志があると答えた。このとき、モントローズとその部下たちは、またもや山中に姿を消した。少し躊躇したのち、バイイーは後を追った。彼には、モントローズが峠を越えて、アバディーン、あるいは彼が訪ねたいと考えている他の都市へ降りてくるのを待つ余裕がなかった。バイイーはストラスボギーへ急進撃したが、モントローズが東方へ打撃を加えようとドン渓谷を降りてくることを予想して、これを根拠地から遮断しようと意図したのである。この追跡を知らされたモントローズは、バイイーを追い抜いて、先にアルフォードに着いたが、そこは、無数の浅瀬に分かれてドン河が湿地状態になっていた。ここで、彼の部隊を丘の路肩に隠して、バイイーの接近を待ちうけた。

バイイーは、このとき、人任せで、自身は戦うつもりはなかった。彼は、モントローズのアバディーンへの攻撃を阻止したが、それが彼の基本的目的であったからである。しかし、騎兵隊の指揮を委ねられたバルカーレは、バイイーの警告に激高し、抜け目のない、あたかも敵を見るような危険な顔付きで、騎兵隊を浅瀬の中へ乗り入れることを強制し、バイイーは従わざるをえなかった。いまや盟約者団の全軍隊が、広い、湿地状の、ゆるやかに高まっているドン河の岸辺に整列し、それをモントローズは、低い丘の突出部から見下ろしていた。バルカーレは、モントローズが撤退するものと考えていたようである。もしモントローズが高地を放棄しないならば、彼が後退しようとしたとき、攻撃されるか、あるいはその位置から追っ払われるまでである。

バイイーはそれほど確信的ではなかった。彼の疑問は、丘の突出部に延びたモントローズの戦線の長さを見たとき、大きくなった。両軍とも、およそ二〇〇〇人の歩兵から成っていた。バイイーは六〇〇の騎兵をもっていたが、モントローズの騎兵はその半数にも足りなかった。しかし、モントローズは、その部下を長い戦線に配置し、以前そうであったように、相手側により大きな勢力という印象を与えた。両翼には、ゴードンの騎兵隊が配置され、その側面は、アイルランド歩兵の集団によって守られていた。中央には、残りの歩兵隊、マクドナルド・オブ・グレンガリー、ゴードン、グラハム、スチュアート・オブ・アトホールらの一門がおり、少数の予備軍が後衛についた。

ティッパーミュイル、アバディーン、インヴァーロキーにおけるように、モントローズは、攻撃にあたっては彼の部下たちのがむしゃらな力に依存しており、彼は総攻撃の命令を下した。騎兵、歩兵から成るバイイーの部隊は、頑としてその地盤を確保していたが、それも、アイルランド歩兵たちがその短剣でもって馬の足を切りつけるまでであった。盟約者団の騎兵隊は崩れ、バイイーの歩兵隊だけが取り残された。その瞬間、モントローズはその予備部隊を呼び出し、丘の突出部から現れた新しい敵を見たバイイーの兵たちは、ドン河の増水した浅瀬へと逃れた。アイルランド兵とハイランド兵とは、彼らが浅瀬を渡りきるまえに襲いかかり、盟約者団の歩兵およそ一五〇〇人が河中、あるいは岸辺で死体となった。騎兵隊の一部だけが、ドン河を越え、逃げた。これらはただ偶発事故によって逃亡したのであり、モントローズとその軍隊にとっては、勝利の喜びが奪われたのも同然であった。勝利の瞬間、ゴードン家の若い当主が戦死した。オールデアーン後、モントローズの兵士たちは、宴会を開いて終夜その反響が絶えなかったが、アルフォードの一夜は涙の夜であった。ゴードン卿は、その短い生涯を通じて、どっちつかずの役割を演じてきた。彼は、アーガイルによって一族の者が略奪を受けるのを黙ってみとめていた。だから、一王党派員として以上に、彼を呪う原因をもっていたのである。しかし、モントローズと一緒になって、彼の疑惑は解消し、われを忘れた献身ぶりで彼に従い、彼をモントローズ伝説の一部にしたのであった。「短い期間の親交ではあったが、この二人はこれ以上の親しさはないほど、敬愛し合った」。

バイイーはパースへ逃れた。誠実な将軍として、彼は、全能の主がどの点でお怒りになったのか、良心を挙げて深く探索したと、スコットランド中に告白した。ロンドンで、将軍の従兄弟、ロバート・バイイー博士は、摂理の来る道についてほとんど疑問視している。「驚いたことに、神の喜びというのは、われらをこの地上の最悪の人間集団の前に五度投げ出されることにあるという」。彼の友人であるロンドンの使節団員たちは、彼の悲嘆に同調している。「われらは、ペストと剣の引き続いての重い処罰に表明されている神の大いなる怒りの原因がどこにあるか、そして、こちらの国民の軍隊が勝利に勝利を重ねているというのに、そちらでは、われらの軍隊が卑しむべき、取るに足りない敵から五度にわたって敗退、また敗退を甘受しなければならないのは何故なのか、神に祈りを捧げよう」。それはきわめて苦い杯であった。イングランドでは、独立派の軍隊が成功を収めているのに対し、スコットランドでは、長老派の兵士たちが破門されたジェームズ・グラハムの剣のまえに倒れているのである。

盟約者団にとっては、暗い年であった。エディンバラで荒れ狂った疫病が、三部会会議が開会中のスターリングへと広がった。会議はパースへ移動し、モントローズに対するために新たに、大掛かりに兵士を徴集することを決定した。ディヴィド・ディクソン博士は、イザヤ書をテキストとして、説教をした。「だれがジェイコブを痛め付け、イスラエルを強盗どもに引き渡したのか? それは、われらが罪を犯した人、主ではなかったか? それゆえ、彼らは、神の法に従わないかぎり、神の道を歩けないのだ」。バイイー将軍が査問に呼び出され、論難は厳しいものであった。彼は指揮官の辞任を申し出た。しかし、他に適当な将軍がいなかったので、会議は、当面彼をとどまらせることにし、その代わり、彼の行動を見守るべく、会議員の中から選んだ戦争委員会を設置した。疑惑と怖れの中で、彼らは小さな点をめぐって喧嘩し、お互いをののしり、非難しあった――アバディーンの代表者は、かつてモントローズのために祝杯をあげたのではないか？イギリス人がもはや彼らの援助を必要としなくなったという、みんなのうえに掛けられた重い認識から、カーリール占領という彼らの権利の行使に挑んだのではないか、イングランドにいる彼らの軍隊を物資不足のまま放置したのではなかったか？さらに、あら捜しの好きな者によって、スコットランド兵士が、よく装備され、大事にされたニュー・モデル軍に比較して、装備が悪く、規律を欠いているのは何故なのか、と不満が述べられた。スコットランド人は、イギリス人と協議するためアーガイルを再び南方へ派遣することを考えた――それほど、彼らは、危機に当たって、彼を信頼することが厚かった――が、ジェイムズ・グラハムが滅ぼされるまでは、彼を行かせなかった。

彼らがパースで話し合いを続け、その軍隊が彼らに抗議して、タイの牧草地に集まっていたころ、モントローズが、パースのすぐ上のメスヴェンの森の縁《ふち》に現れた。攻撃するには人数的に弱かったが、絶えず警戒を怠らない部下たちを連れてである。このスポーツの三、四日後、彼は退いたが、敵の徴兵を妨害するために、ファイフを襲って一連の略奪行をするためであった。それから、彼は、彼自身の領地のある地域を通って南に進み、フォース渓谷でスターリングの方に転じ、そこでは友人によって歓迎され、祝宴が催された。パースを出発した盟約者団の軍隊は、しっかりと彼の軌道を追っていた。フォースの南、クライズデイルで、ハミルトンの弟、ラナーク伯が、広いハミルトン家の領地で、盟約者団のために、第二回目の徴兵をおこなった。モントローズは本拠地から離れ過ぎる冒険をし、彼自身の部隊よりもいずれも大きい二つの軍のあいだの罠に陥っているように見えた。

キルジスの戦い、スコットランド軍敗れる

追跡者たちは考えた。フォース河の水路を彼に渡らせないようにしなければならない、なぜなら、渡る唯一の橋

はスターリングに架かっており、強力に守られたこの町で彼を迎え撃とう、と。しかし、モントローズの軍隊は、大砲も軍事行李もないという軽装備で、スターリングから一〇マイル上流のところで河を渡り、バイイーが知ったときには、彼らは丘陵を越えて南に向かっていた。アーガイルを長とした戦争委員会は、即座に追跡を決定し、バイイーの兵士たちは、疲れきって、蒸し暑い八月の気候のなか、険しいカムプシーの丘を越える行軍を強いられた。バイイーは、モントローズが、クライズデイルを出発したラナークの軍隊によって挟み撃ちの危険に陥る以前に、反転して来て彼と戦おうという意志が十分にあることを知っていた。バイイーは正しかった。八月の午後の凪のない暑さのなかで、盟約者団が荒れ地をとぼとぼと歩いているとき、彼らは敵を発見した。モントローズは、丘のなかのカーブを描いた窪地の縁という強力な場所に位置し、そこには、キルジスという小村の外回りの耕地片が、一連の守るに容易な壕や壁を形成していた。バイイーは戦う気はなかったが、戦争委員会は戦うと決意し、モントローズと自軍のあいだにある小さな丘を占拠することによって、大きな優位を占めることができると主張した。バイイーは、その土地が石の壁や耕作中の小地片によって非常にでこぼこしており、その中にはハリエニシダやベントグラスという邪魔物が生い茂っている、自分たちは戦闘の序列を組んでそれを越えることができない、越えたとしても、その前進中を通じて、モントローズの素早く、執念深い高地兵の攻撃にさらされるであろう、と指摘したが、無駄であった。バルカールは、アルフォードでは軽率であったが、軍事委員会の中では傑出した軍人であり、バイイーの議論に賛成した。残りの委員は、モントローズの部隊がまもなく塹壕《ざんごう》にたてこもった位置を放棄して、より大きな、より良い装備をした兵力と平地で戦うことを余儀なくされるであろう、という考えに軽蔑の念を注いだ。蒸し暑い暑さのなかで、彼らは、アイルランド兵、高地兵がシャツを脱いで裸になっているのを見、半裸の状態の彼らが戦うつもりであるとは信じ難くなった。バイイーは投票で制せられ、一六四五年八月一六日午後早く、盟約者団は運命的な前進を開始したのである。

彼らの軍隊が、騎兵を先頭に、歩兵隊を後衛において、でこぼこの土地を重々しく前進しはじめたとき、バイイーは、マクドナルドの一隊が、ハリエニシダの茂みに隠れて、彼らの方に向かってくるのに気が付いた。彼のムスケット銃兵たちは、命令を待たずに発砲したが、距離を間違えた。弾丸は敵のすぐ前で落ちてしまい、再度弾込めする前に、マクドナルド隊は跳躍して彼らに襲いかかった。その一方、少数のゴードン騎兵隊が他の戦線を攻撃した。二重の衝撃で盟約者団は混乱に陥ったが、二つの攻撃とも軽微であったので、彼らはなおそれから脱出することができた。二つとも、機の熟さない――モントローズの戦闘の場合、いつでもそうであったが――高地兵たちが独自に仕出かしたことであったのである。しかし、モントローズは、友軍を支持し、これを救出するために総攻撃を発動した。老いてはいるが、頑強なエアリーが残りの騎兵隊を指揮し、モントローズ自身は、部下と同様、暑さのなかで動きやすいように裸になり、歩兵隊を指揮して攻撃した。盟約者団の騎兵はすでに混乱に陥り、荒れ地での行動が不可能になっており、エアリーの眼前で尻尾《しっぽ》を巻き、自分の歩兵隊をひずめに掛けて、潰走した。その歩兵隊は、同時に、モントローズの高地兵によって側面を攻撃されていた。少数の盟約者団の将校たちは、そこここに散らばっている、汗水たらし、混乱し、驚愕している兵士たちを集めようとしたが、しかし、彼らの軍隊にはもはや中心がなく、計画がなく、集結の合言葉さえなかった。なぜなら、その日、合言葉は与えられていなかったからである。

アーガイル、ロシアン、その他の委員会の諸卿は、真っ先に逃げ出した。二〇マイル離れたクインズフェリーで、彼らは船に乗ってバーリックへ逃げたが、そこでラナークも合流した。敗戦のニュースに、彼は新たに徴兵することをやめ、自分の領地から逃げ出した。それから彼らは、イングランドにいる彼らの将軍たちに即刻の援助を懇願するため、ルードゥーンをロンドンへ派遣した。そこで彼は、涙にくれながら、危難にある祖国を救うように哀願した。スコットランドを通じて、モントローズに対抗する軍隊は残っていない、と。哀れなバイイー博士は、非難するような当惑ぶりで、神に向かっている。「主は、明察きわまりない洞察力からはるかに懸け離れて下賤なわれらに対して、主みずからの手で、（このような敗戦を示されようとは）なにをお考えになっているのであろうか。わたしには判らない――モントローズのこの六番目の勝利の特殊性については、わたしはまだ十分には聞いていない。虐殺、捕虜、逃亡は、もっとも恥ずべきことだ。ある人の言うところでは、グラスゴーは略奪を免除され、免除金一万八〇〇〇ポンドを積んだといわれる。……わたしは、ずっと以前から、わたしの女房、子供がどうなるかは、十分に覚悟してきた。……グラスゴーに次いで、クライズデイル、リスゴウシャイアーの大部分も免除金を積んだ。エディンバラはモントローズに使者をおくり、捕虜をすべて釈放させたが、三万ポンドを積んだといわれる」。

エディンバラは、ほとんど選択の余地がなかった。守備隊の半ばは、荒れ狂う疫病ゆえに、逃亡し、死者は葬られずに、空っぽの街路に放置されていた。モントローズは、自分の友人たちがトルブースの牢獄から釈放されないならば、放火し、剣を振るうであろうと脅かしたが、脅迫するまでもなかった。牢獄の管理人自身、大胆にも「モントローズは立派な貴族だ。彼のような人物はこの王国にはいない」、逃げ出したラナーク、ルードゥーン、とくにアーガイルといった貴族は、卑劣な人間であり、抑圧者だ、と放言しているのである。のちに彼はこの軽率な発言を後悔することになるが、しかし、一六四五年八月の後半では、スコットランドの王党派はみなそういっており、低地方の決断力のない、臆病な連中はみな、モントローズと平和を結んだ。スコットランド宰相の妻であるルードゥーン夫人自身、ハンサムなマクドナルドとキスして、歓迎の挨拶とした。

そうしたロマンティックな中傷は別として、スコットランドは最低の状態にあったので、国王の国務大臣サー・ロバート・スポッティスウッド――彼のスコットランド司政長官補佐という職務の発令は、国王から迂回した道を通って、彼の手元に届いた――の到着は時宜を得たものではなかった。八月一八日、彼は鳴り物入りの歓迎でグラスゴウに入り、市民の祝宴に臨んだが、その日、彼は、国王の名前において、ここで議会を招集するとの宣言を発表した。自分が連れてきた兵士たちが都市に損害を与えないようにと、彼は司令部を市外のハミルトンの大きな邸宅に置いたが、照りつける八月の陽光のなかで、彼は勝利した軍隊を閲兵し、国王の名において、アラスター・マクドナルドを騎士に叙任したのであった。

第八節　ルパート、ブリストルを譲渡

東部のハンチンドン市、国王軍の手に落つ

このキルジスの戦いの空想的ともいえるニュースの一部が、勝利の翼に乗って国王のところに到着したのは、戦いの八日後のことであった。彼の宣伝ぶりはほとんど狂気の様相を取った。というのも、モントローズがグラスゴーにいる間、国王は軍の先頭に立って、東部連合の核心都市ハンチンドンへ入っていたからである。はじめ彼は北部へは、精々ドンカスターまでゆく計画であった。これまでに騎兵二〇〇〇をかき集め、彼の状態を「奇跡的に良好」と書いているほどであったのだが。しかし、ロザーラムに近くなって、スコットランド軍の接近というニュースが入り、「通常の早さ」よりもスピードを上げて、撤退することにした。コースを南東寄りに変更し、議会軍が西部へ出撃して居合わさないのを利用して、まさに東部連合の地域の核心部に入ったのである。スティルトンで、彼は、抵抗した小部隊を蹴散らしたが、ハンチンドンの守備隊は逃げた。国王の兵士たちは素晴らしい装備を手に入れた。各人用の「背甲、胸当て、兜、揃いのピストル」が手に入ったが、長いあいだ、こんなに完全に揃ったことはなかったのである。ハンチンドンの抑圧されていた王党派その他が、突然、王党派意識に目覚め、「みな帽子をかぶり、腰をかがめ、沢山の祝辞を述べながら」出掛けて来、チャールズは、街路を歩くとき、歓呼の声を受けた。しかし、まもなく彼の兵士たちは、居酒屋で「手桶で」酒を飲み、略奪を始めた。彼らはすべての馬を自分たちのものにした。また七〇〇頭の牛を追い出し、それを現金でもとの所有者に買い戻させている。国王は、反乱者として知られていない者から何物も取ってはいけないという布告を発したが、しかし、彼の騎兵隊は「その宿営地の周辺の人々をみな非行者にしてしまった」。ハンチンドンのピューリタン地域では、人々はおそらくそれほど悪化はしなかったとおもわれる。国王は、少なくとも自分の善意を示すため、商人を略奪した一兵士と、教会から物を盗んだ他の

兵士を絞首刑に処した。

すべてこうした間に、ウェールズの国境から遠く離れたヒアフォードの都市は、レーヴン卿指揮下のスコットランド兵主力によって、なお強く圧迫されていた。勝利に意気揚がった国王とその取り巻き連中は、それを救済すべく西方へと転じた。ミッドランド中に散らばっていた議会派諸集団は、急いで彼の通過する道から立ち退《の》いた。テームズ河では、一群の学校生徒たちが、夕食用に調理された鹿肉のパスタを賞味したが、兵士たちが食べる暇がなくて、鍋のまま残しておいたものであった。オックスフォード、ウースターを経て、国王は九月四日、ヒアフォードに着いたが、しかし、レーヴンは彼の到着を待ってはいなかった。食料と支払いの不足、そして、イギリス人村民たちに憎まれ、妨害されて、ヒアフォード前面のスコットランド兵たちは、包囲されている守備隊よりも悪い状態にあった。モントローズの最近の勝利という衝撃的なニュースが彼らを絶望に陥れ、国王の接近という報に、彼らはグロースターへと撤退したのである。チャールズは、喜ぶ市民のあいだを通ってヒアフォードへ入った。気持ちを高ぶらせたディグビーは、パリのジェミンに宛てて書いている。モントローズはスコットランドの主人公だ、もし彼がそれ以上のことをすれば、デイヴィド・レスリーを凌ぐだろう。それに、まもなく、ルパートがブリストルの前面でフェアファックスに終わりを与え、もちろん、アイルランドからは、大部隊が来るであろう、と。

ディグビーは、ほかのところでもそうであったが、西部についてもだまされていた。ゴーリングの新しい徴兵の約束を除いては、ラングポートの敗戦以来、西部からはいいニュースはきていなかった。ゴーリングは、約束を履行するところからはるかに遠く、飲酒に浸り込み、分解した軍隊の残りの中で怠惰にふけっていた。彼は、折りにふれて、グレンヴィルとの喧嘩の再燃に立ち上がる気力は十分にもってはいたが、両者ともバークレーを中傷し、プリンス・オブ・ウェールズの顧問会議を批判し続けていた。その若い王子を委託された顧問たちは、強情な将軍のあれこれが、王子を虜《とりこ》にしないか、王子を敵に売り渡しはしないか、あるいは、人質にしてしまわないか、を真剣に怖れていたのである。

西部では、シェアボーン・カッスル、フェアファックスの手に落つ

八月の最初の二週間、フェアファックスは、国王が保持しているドーセットの最後の地点、シェアボーン・カッスルの包囲によって手間どらされた。ディグビーの異母兄弟のサー・ルイス・ダイヴは、挑戦的な勇気をもって砦を守っていたが、守備隊中の狩猟監視人夫婦、すぐれた射手によって支持され、その射手は実際に、鳥撃ち銃によって議会軍の将校を狙い撃ちにした。しかし、フェアファックスは重砲の到着だけを待っており、それに対してはシェアボーンも抵抗できなかった。重砲は海から運ばれ、八月一四日、その位置に据えられた。彼はダイヴにもう一度降伏のチャンスを与えたが、ダイヴはそれを軽蔑するかのように断り、その夜、城は強襲によって落ちた。ダイヴは捕虜としてロンドンへ送られた。城に所蔵されていた武器、弾薬は議会側の倉庫を豊かにした。また兵士たちは、報酬として沢山の家具の戦利品を取ることがゆるされたが、彼らは次の日、シェアボーンの青空市場でそれらを売りに出し、周辺地域から買い手が集まった。

フェアファックスが恐れていた唯一の危険は、彼がさらに西方に進んだときに、ルパートがブリストルから、地域を挙げて彼の背後を襲うのではないかということであった。そこで、フェアファックスは、シェアボーンが陥落するや否や、ブリストルへ動く決心をしたのであった。ルパートは確かに騎兵と大砲においては強かったが、歩兵においては弱かった。バースの喪失がブリストルを危険にさらすことになり、地域の「棍棒組」が物資供給の邪魔をした。ドーセットの「棍棒組」に対するフェアファックスの強力な支配とニュー・モデル軍の良好な規律がその効果を発揮しはじめていた。ブリストル周辺の地域住民はすでに議会の助力者となっていた。

ルパート、ブリストルの強化に努める

一《ひと》月以上をかけて、ルパートは、ブリストルを予想される包囲に対して強化した。彼は大量の火薬を蓄え、およそ一〇〇門のカノン砲を準備した。彼は南ウェールズから穀物を、周辺地域から牛を手に入れる手配をした。すべ

ての市民には、六カ月間の食糧を蓄えて置くように命令された。しかし、中核的市民は大部分離れており、結果として残っているのは、市民人口の中の下層、あるいは、発言権の小さな者たちであった。疫病が発生し、都市は絶え間のない取引の中断によって、わびしく、ふさぎこんでいた。ブリストル自警団もウェールズ出身の新しい徴集兵も、熱狂した気持ちをもたなかったし、兵士としての経験も乏しかったが、第一、一五〇〇人の守備隊では、ほとんど長さ五マイルにたっする市の防壁を守るには余りにも少なすぎた。都市の接近路にある生け垣、くぼみ、垣根のある小道、溝などが、前進してくる敵の隠れ蓑《みの》になったが、これらをルパートは、自由になる時間帯で、取り除くことができなかったのである。

フェアファックス、ブリストルの包囲を開始

フェアファックスの前進を知って、ルパートは戦争委員会を招集した。国王からのなんら明確なニュースもなく、あるいは、ゴーリングがブリストルの救済に駆けつける確実性のない現状にあっては、都市の防壁を確保するには砲兵隊の強力さに頼るのが最上とおもわれた。その間に、ルパートとその騎兵隊とが出撃して、敵を悩まそうというのである。その砲兵隊を過信して、ルパートは、国王、ならびにプリンス・オブ・ウェールズに、ブリストルを六カ月間、持ちこたえると保証した。つねに囲壁の巡回を怠らないで実施することを想定して、その備蓄品と大砲によって長期の抵抗が可能である、と。

フェアファックスは、一六四五年八月二一日より包囲を開始した。そして、その次の数日間、ルパートの騎兵隊は情け容赦なく、彼を悩ませた。恐るべき大佐オケィ――その竜騎兵はネイズビーでいい働きをした――が捕らえられた。ルパートの成功はロンドンに報ぜられ、議会を不安にさせたが、最近における国王のハンチンドン襲撃と相俟《あいま》って、王党派のあいだに、勝ち誇った国王とルパートのあいだの罠にはまったフェアファックスの敗北の近さを予言する、いつもの楽観主義を生み出した。

しかし、ルパートの幸運は続かなかった。彼の護衛のサー・リチャード・クレイン大佐が出撃して戦死した。フェアファックスは反撃を開始し、市の外側にある防衛の砦一つを取った。叩きつけるような雨が、フェアファックスの総攻撃を発動することを妨げたが、しかし、それはまた、ルパートの騎兵隊の襲撃を停止させた。土地の状態が余りにも不安定になったからである。およそ一万二〇〇〇の議会軍は、エイヴォン河の両岸を挟んで都市を包囲し、王党派に妨害されることなしに河を渡れるように、橋を建設した。都市の中で、裏切り者が発見され、処罰されたが、このことは、王党派市民に依存するところが少なかったことを示すものであろう。その間にも、議会側の船団が到着して、フェアファックス軍を強化し、海上からするブリストル支援の試みを阻止するため、同市への航路の監視を強めた。ハルとプリマスの包囲にさいしては、議会軍司令官は絶えず海上から支援を受けたが、しかし、ブリストルの場合は、王党派は陸上だけでなく、海上においても封鎖されたのである。

九月三日、前週の風と雨が天候をさわやかなものに変え、フェアファックスはプリンスに召喚状をおくった。フェアファックスは、ヨーロッパのプロテスタントのために戦っているという自分の職務を教えた。それゆえ、彼からすれば、同様にプロテスタントのために戦い、皇帝の要塞での長い投獄に苦しんできたルパートは、嘆かわしいほどに誤らされた立派な青年であった。彼は丁寧に、現在の行為について再考するように促した。「わたしは、君が王家の生まれであることを考慮に入れた」と、書いている。「そして、イングランド王室との関係、君の名誉、君の個人的勇気と美徳……イングランドの王冠がどこにあろうと、われらはそれを維持するために戦ってきた。しかるに、国王は悪しき顧問たちによって惑わされ、議会と人民から離れた。もし神が、われらに対してそうしたように、君にもこのことを明らかにすれば、神は君に、この地を譲り渡そうという気持ちを与えられると信じて疑わない。……もし君が、このような信念にもとづいて降伏するならば、それは、われらにとって、名誉ある、喜ばしい出来事である。なぜなら、それは、世界中で君の家族に対してもっとも信頼をおいているイングランドの議会および人民の待ち構えた愛情への君の復帰を意味するからである」と。

ルパート、ブリストルを譲渡す

ルパートは、この訴えに動かされることはなかった。国王への使者の派遣を求め、これが拒否されると、プリンス・オブ・ウェールズの顧問からの、あるいは、迷ったのか、音信不通の国王から、なにかが聞けるかもしれないあと数日の返答の猶予を求める、いつものごまかしの交渉を提案した。悪いときに、彼がフェアファックスと交渉していたときに、ロンドンでは、彼の母親の年金、彼の兄の収入について論議され、ファルツ選帝侯の収入は年八〇〇〇ポンドと、議会で票決された。この不適切な出来事は、不吉な破滅的関連性を得ることになる。

九月九日、フェアファックスは、ルパートが時間稼ぎをしていると理解し、交渉を打ち切り、兵力を総攻撃のために整え、九月一〇日午前二時、狼煙《のろし》を上げて、ブリストル防衛の市壁まわりでは、もっとも強固な地点とされるプライアー・ヒル・フォートを囲む最強の四軍団に攻撃開始の合図を与えた。ルパートの大砲がそれに応えた。攻撃側は人数も多く、いい位置を占めていて、防壁のうち長くて、守り手の少ない箇所に襲撃をかけたが、フェアファックスが予想した以上に犠牲を払い、かつ危険をはらんだ攻撃であった。しかし、彼の部下たちは、ラングポートのとき彼らを際立たせた、それと同じ熱狂的な果断さを示した。一時間もたたないうちに、彼らはエイヴォン河沿いの防壁の二カ所を破壊したフロム河の側――二年前、コーンウォール兵が、恐るべき損失を被りながら襲撃した場所――では、プライアーズ・ヒル・フォートの兵士が、猛烈な襲撃に長時間、耐えた。ここでは、のちにクロムウェルが報告しているように、ヘンリー・ボウエン大佐が、「パリサードの上に立て並べられた槍の穂先を押しのけるため」王党派と二時間も闘った。攻める側も守る側も、ともにその頑強さにおいて英雄的であった。しかし、王党派は圧倒的に人数が少なく、その戦線は徐々に破られた。午前五時、プライアーズ・ヒル・フォートは奪取され、防衛者はすべて殺された。外側の防衛線を放棄して――二年前、哀れなフィエンヌは、ルパートの攻撃に直面して、そうした――ルパートは城の中へ兵を後退させた。しかし、クロムウェル騎兵隊の殺到――ルパートの部下たちも、フィエンヌに対し、防壁の割れ目から突撃した――は、城の中へ逃れた者たちと市の外郭防衛陣地にあって、なお孤立的に抵抗している者たちのあいだを切断した。九月一〇日午前八時、ルパートはフェアファックスに休戦交渉を求めた。

二つの考慮事項が重くルパートのうえにのしかかっていた。彼は、自分の最高の部隊が、防壁のもっとも強い諸点で破られるのを見た。もしこのまま戦いを続ければ、プライアーズ・ヒル・フォートの雄々しい兵士のうえにふりかかるであろう情け知らずの殺戮について、非難されることになる。それ以上に気に掛かったのは、プリンス・ルパートの派閥の、オックスフォードに残っている者たち――彼は彼らのことを「カムバーランド人」と呼んでいた――が、国王の顧問たちの中から、あらゆる犠牲を払ってでも、ディグビーを排除しようと決心しており、反乱の個人的序曲を奏でていたことであった。五月の初め、フェアファックスもだまされた根拠のない噂が流布していたが、それによると、レッグ大佐がディグビーの信頼を裏切るつもりをしているというのである。ルパートに対しては、一つの明白な、恐るべき議論が存在していた――すなわち、ウェストミンスターに彼の兄ファルツ選帝侯が議会の客人として、また年金受領者として滞在しているが、それは何故か、という議論である。さらにオックスフォードの毒をふくんだペンは、ブリストルから帰ったルパートがクライスト・チャーチの庭を歩きながら、レッグ大佐と不吉なほど深く話し込んでおり、その間、貴族たちや廷臣たちは、あたかも彼が国王であるかのように、脱帽していた、と報告している。「ファルツ家は、自分たちに王冠が確保されたかのように考えている」と。

諸事件の連続が、まるで人を騙《だま》しているかのように、国王に明白になった。ルパートとフェアファックスとがブリストルで丁重な言葉を交わしている間に、議会は、ファルツ選帝侯のために年金八〇〇〇ポンドを支給する票決をしていた。その直後、ルパートはブリストルを手渡したが、彼に心服している部隊に対する命令権は保持したままであり、オックスフォードに向かって直行した。オックスフォードには、国王の二番目の息子とその財宝とが残されていたが、ルパートは、自分の子分であるレッグに命令を下していた。国王が急速に行動しないかぎり、ゲームはルパートの手中にある。自分はオックスフォードを敵に渡し、彼の軍隊を国王に向かってさし向け、自分の長兄〔ファルツ選帝侯〕の助力を得て、彼の叔父を全面降伏に追い込む。それも悪くはないではないか、と。

国王、ルパートの職務を解任す

だまされたと信じた国王は、冷酷な決断をもって行動した。彼は公的にプリンス・ルパートの職務を解任した。彼はまた、レッグ大佐のオックスフォード司政官職を解き、彼の甥に対しては、厳しい非難の手紙を書いて、直ちに国を去るように命令した。「ブリストルの喪失はわたしにとって大きな打撃ではあるが」と、彼は書いている。「しかし、君自身がそれを明け渡したということが、わたしをより多く苦しめているので、この地について配慮することを、またわたしにふりかかったわたしの節操に対する最大の試練として、忘れさせないであろう。なんとなれば、わたしがこれまでなしてきたことは、行動を起こすに当たって、血と友情双方において、君のようにわたしに近かった者——簡単にいいすぎたが——に従うことにあったからだ。……君は、もし反乱が起こらなければ、四カ月ブリストルを支えると保証した。君は四日も持ちこたえなかったではないか？ 反乱かなにか起こったのか？ 多くの問題を問いたいが、いまは小さな意図するところを告白しよう。わたしの結論は、君が生活の場をどこか海の向こうの地に求めるということである。その目的地まで、わたしは同封の旅券で君を送り届けよう」。彼は、ルパートがこの命令に従わない危険はないものと考えていた。なぜなら、彼はオックスフォードの国務大臣サー・エドワード・ニコラスに、プリンスとレッグ大佐を拘束するように命令を下していたからである。

ルパートの友人であるニコラスは、夏中、無気力に、ルパートに対する徒党の陰謀を見張っていた。そして、いま、国王の誤りのひろがりを知ったが、背《そむ》く訳にはいかない。彼は、レッグと夕食をともにしているルパートを見付けた。国王の意向に従うことによって、彼の忠誠を示す以外に、プリンスにはなにも残されてはいなかった。しかし、ルパートは手紙を書いて、国王が自分の防衛についてなにか聞かれているかどうかを尋ねた。その小さな、取り留めのない書簡——彼はペンの達人ではなかった——は、国王よりも盲目ではない人間を動かしたにちがいない真の苦悩の叙述で終わっている。「たとえ、わたしは、あなたがなさることによって、ずっと不幸であり続けようとも、陛下、あなたへの義務を保ち続けるでありましょう。ずっと楽しませていただいた、陛下のもっとも忠実なる甥にして、誠意をもった、下賤な召使いルパートより」。手紙を送付したニコラスは、プリンスがオックスフォードに監禁されているとき、そして、海外へ渡るにさいして、広い世界の中にあって、自分用の金としては五〇ポンドももっていなかったと付け加えている。いまや明けっぴろげになった噂で、彼がブリストルを裏切り、引き渡すさいに取ったといわれる莫大な金額というのは、これっぽっちにすぎなかったのである。

第九節　国王、北へ転ずる

ディグビーは勝った。ブリストルの喪失は、他のすべての喪失と同様、急速に我慢されることになった。その一週間以内に、彼は、二つの計画をもっていることをニコラスに通知した。「そのうちのどれかが成功すれば、もはやわれらは、損害をうけたわれらの状態を考えなくてもよくなるであろう」。国王がルパートを追っ払ったいま、「われらの軍事問題の指導は、より幸運な手に与えられるであろう」と、彼はジャーミン卿に書いている。そして、まもなくモントローズが二万の兵力をもってイングランドへ入ってくる、という安心させるようなニュースを付け加えている。彼の元気のいいニュースは、それを受け易い耳に入った。というのも、ジャーミン卿は、王妃とともにパリにいて、彼もまた同様に、春先には三〇〇〇の外国人部隊が船出をすると保証されていたからである。

ディグビーの二つの計画というのは、もちろん、アイルランドとの交渉とスコットランドからの救援であった。実際、スコットランドの方が、彼の希望は高かった。低地方の盟約者団がモントローズと平和を結んだいま、イングランドの盟約者団もそうするのではなかろうか？　彼らのある者は、議会による彼らの取り扱いに憤激していて、イングランドの盟約者団もそうするのではなかろうか？ すでに国王にたいして試験的に予備交渉をおこなっていた。ディグビーは、胸をふくらませて、イングランドにいるスコットランド人指揮官たちは、国王軍との合流にこの好機をつかむべきだ、と書いている。

国王とその助言者たちは、またもや、彼らの相手方が彼らのそれよりも強い原則をもっていることを理解することができなかった。反乱は利益、権力、官職に対する貪欲以外には、なんらの大義ももっていないと頑固に信じて、チャールズは、数カ月のあいだ、モントローズが盟約者団と統一したいとするほどには、盟約者団の方がもはやモントローズとの統一を欲しなくなっていた、ということを理解していなかった。数週間前、盟約者団のある者たちが、国王に試験的に交渉をもちかけたのは事実である。彼らが、アックスブリッジ条約で、国王と融合しようと試みたのも事実である。しかし、彼らがそうしたのは、単に、傲慢なまでに勝利に意気揚がった議会よりは、敗れた王権側が、盟約者団の政策に対して、もっと素直になるのではないかと信じたからであった。しかし、いま、モントローズによる彼らの国元の征服によってずっとさせられて、スコットランドの委員会は全面的に議会の好意に依拠するようになり、スコットランドにおける王党派のさし迫った勝利に対抗するための支援を懇願し、彼らの不満をもった軍人の一部が、以前、国王に対して働きかけた、無分別な運動を圧殺しはじめていた。二つの国の強固な同盟だけが、彼らが恐れているスコットランドの「完全な荒廃」を防ぐことができる。「かつてはあれだけ立派で、恐るべし」といわれた、いまは哀れに打ちのめされた彼らの軍隊が、少しでも生き延びるとすれば、それは、イギリスの軍隊との友好関係を維持することによってのみ可能であろう。「われらの軍隊の信頼性が疑われるよりは、その弱さがはっきりと知られているほうが都合がいい」。

モントローズが、そのすべてを引っ提げて、イングランドへ入ってきたという噂が広くミッドランド中に、さらにロンドンにまで流布した。王党派はそれを確かなものとして信じた。彼の侵入はペンリス、次いでケンダルから報告されてきた。コーンウォールからは、プリンス・オブ・ウェールズの気力を失った顧問たちさえもが彼の到来を確信し、国王に彼との合流を促しているのである。

国王はもはやラグランにいることができなくなった。ブリストルの陥落が、南ウェールズを彼にとって安全なところとはしなくなったのである。海岸はスワンシーから東にかけて、議会側艦船によって見張られていたし、陸上では、勝ち誇ったロウランド・ロウガーヌがペムブロークから、まもなく前進しようとしていた。チャールズは再び、モントローズの無駄な要望に応じて、北へ転じた。残された騎兵隊を引き連れての、うんざりするような四日間の進軍で、彼は「北ウェールズの広い、自然のままの山岳地帯」を越えたが、途中、バイロン卿から、チェスターの外郭部が敵にだまされて、引き渡され、都市自体もいずれ陥落するであろうという話を聞いた。チェスターは、彼の最後の海への重要な出口であり、アイルランドにもっとも近い港であった。アイルランドの部隊が来た場合、彼らの上陸地点としてチェスターは確保されねばならない。国王は、この都市の救済のため進路を一部変更し、九月二三日、「歩き過ぎて疲れた」彼の騎兵隊は、ウェールズ側からチェスターに入ったが、そこはなお防塞が施されていなかった。次の日、ラングデイル指揮下の騎兵隊は、作業をしている包囲者を追っ払うため、ロウストン・ヒースへ出撃した。しかし、彼らの到来はすでに知られていて、ポインツ将軍指揮下の強力な騎兵隊がホワイトチャーチからの途上にあった。この思いがけない議会側援軍は、ラングデイルにとって余りにも強力でありすぎ、彼は重大な損害をだして、市内への後退を余儀なくされた。死者の中に国王の従兄弟にあたるバーナード・スチュワート卿がいたが、彼は国王の護衛隊の隊長であり、やはり戦争で死んだリッチモンド公の三番目の末弟であった。ディグビーさえも悲しんだ。「この若者の死は」と、彼はオーモンドに書いている。「勝利したとしても償えない損失だ」と。この戦いは、彼が元気よく報告しているように、ある意味で敗北ではなかった。それは、チェスターの防衛側にその防壁を修復する時間を与え、そして、都市はウェールズ側が封鎖されていなかったので、来るべき一定の時間まで、それは保持されたのである。この点で、少なくとも、彼の報告は正しかった。

市壁から騎兵隊の総崩れを見ていた国王は深く投げ出された。彼は市長に語った。もしわたしが適切な時期にこの町を救うことができないならば、彼らがわたしの大義を守ることを放棄したとしても、咎《とが》め立てしないであろう、と。「おー、主よ、おー、主よ」と、彼は悲劇的な事態の複雑さに溜め息をつきながら言う。「人民に、わたしとこのように論ずることをさせるとは、わたしは一体なにをしてきたのだろうか？」。バイロン卿に、できるだけ長くチェスターを保持するようにと残して、彼はデンビーに退き、気落ちした部隊を集め、モントローズがレスリーを破り、まもなく自分たちと合流するという話をして、彼らを激励しようとした。ディグビーの精神さえも、少々、意気消沈していた。彼はオーモンドに宛てて、アイルランド人――その到来のしるしはまだないが――が多分、スコットランドに上陸しているであろう、だが、ルパートに代わる人物がまだだれも任命されていない、と示唆する手紙を書いている。そして、その仕事を引き受けるためにオーモンドに来てほしい、という意見を思い切って述べている。

国王、ニューアークに落ち着く

差し当たっての問題は、国王が進むに際して、安全な守備隊のいる場所を見付けることであった。はっきりとしたニュースのないいま、そういう拠点なしに、北方へ進軍することは余りにも危険だ、と国王は判断したのである。まずウースターが明白な場所であった。この町は、オックスフォードが維持できないと分かったとき、国王の総司令部がおかれる可能性のある地として、ネイズビーの戦い以降、入念に防塞が施されてきていた。しかし、この町の司政官はプリンス・モーリスであり、彼がデンビーへ国王に会いに出掛けたとき、彼は、兄弟のルパートの恥辱のさばきを受け入れることができないこと、ディグビーこそが責任を問われるべきであることを明白にした。もし国王がウースターに来るというのであれば、ディグビーは、モーリスの個人的敵意と国王に対するモーリスの影響力とを恐れねばならなかった。さらに、ウースターはオックスフォードにきわめて近く、ルパート自身が、国王に対して自分の身を守るためにここへ来ようとしたほどであった。その機会はそれまで彼には否定されてきたのであったが。チャールズをウースターから遠く離しておこうというディグビーの政治的意図は、他の議論によっても強められた。九月二六日、バークレイ・カッスルがフェアファックスに降伏したが、その喪失はウースターをあまり安全ではなくした。ディグビーの助言にもとづいて、国王はニューアークへゆく決心をしたが、そこは十分に防衛された守備隊駐屯地であり、ディグビーは、ルパートの手が届かないことを計算に入れていた。ブリッジノースでウェールズを去り、国王は無事リッチフィールドに着き、それから「多くのほの暗い、のちの軍用道路を含んだ未知の道路、小道を通って」ニューアークに着き、そこでモントローズからのニュースを待ち、期待を寄せたのであった。

噂はいまや敗北のものばかり、どこにも誤った希望を点滅させるような成功のニュースはなかった。チェスターの市壁の外側では、ポインツ将軍とその騎兵隊が包囲軍と合流し、市の守備隊に、モントローズは破られたとはやしたてた。市内では、バイロン卿が陰気に不思議がっていた。「わたしはポイニッツの騎兵隊の復帰は好きじゃないが、モントローズ卿との不具合は、なにか恐ろしい」。

クロムウェル、ウィンチェスターを制圧

国王がミッドランドを横断中、クロムウェルはウィルトシャー、ハンプシャーの王党派守備隊を弱めた。彼がデヴァイズを取ったのは、九月末前のことであった。散々打撃をうけたウィンチェスターが降伏したのは一〇月五日である。地域の騎士党員の全員、そして、何人かのオックスフォードからの脱走者は、このとき、壮大な囲壁の中の避難所に立てこもったが、その囲壁は、一般にベイジング・ハウスと呼ばれる新旧二つの大きな邸館を囲むものであった。ここでウィンチェスター侯は、この館をずっと保持するつもりであることを宣言した。彼の館の別名は、彼のいうところによると、「忠誠邸」ということであった。美しい言葉ではあるが、以前、ウォーラーとエセックスの攻撃に対して、雄々しく抵抗した侯爵とその守備隊は、ニュー・モデル軍のなんたるかを知らず、その兵士たちの熱狂的な目標、大砲の威力を計算に入れていなかった。クロムウェルは、一〇月八日、ベイジング・ハウスを包囲し、包囲して七日目、彼のカノン砲は重々しく外壁を破壊し、信じ難いような勇猛さの総攻撃において、彼の部下たちは防衛者たちを制圧し、一時間足らずで、館の中へと突進したのであった。それは、「皇帝の宮廷とする

のにふさわしい邸館であった」と、クコムウェル付き牧師、ヒュー・ペーターは書いている。ただし、偶像崇拝の巣であったが。征服の過熱のなかで、勝利者は市民の脱走者、兵士を殺した。熱狂的なハリソン大佐は、みずからの手で、「俳優ロビンス」を殺害したが、彼は喜劇俳優で、かつてロンドンで観客を楽しませてくれた男であった。また、ある牧師の娘である若い女性は、父を救わんものと、町中を走り回った。しかし、兵士たちはまもなく、住民の不信心よりは、町の壮麗さに心を奪われ、殺害をやめて略奪の方にかかり、運べるものを片っ端から我が物にし、壁掛け、富裕な捕虜の衣類を奪って、それらを裸にした。偶像崇拝的な絵画、ロザリオ、教皇の書物などが、ロンドンでの祝賀大篝火を催すために、車に山と積まれた。その外に、兵士たちには、以前シェアボーンでおこなったように、略奪品を売ることが認められた。大皿、壁掛け、宝石、家具、窓からはずした鉄の棒、雨樋の鉛板などである。略奪とその売却とは数日間、続いた。そして、買い手は、ベイジング・ハウスの金持ちのために、安く買い戻してやるために、ロンドンからやって来た。

征服の混乱の中、鉄騎兵の傲慢で、おしゃべりの牧師、ヒュー・ペーターは、ウィンチェスター侯を、帽子も外套もなく、わびしく立たせたままで取り調べたが、誤った忠誠心から彼をひるがえさすために、一気に彼のうえに議論を浴びせかけた。しかし、彼は対等の議論のできる年寄りではなかった。「彼はすぐに黙った」と、ペーターは書いている。「ただ、国王がもう一度勝利するのを望んで」。

ベイジングの陥落は、窒息しかかっていた商業の動脈を再び生き返らせた。羊毛の梱包がいまや自由に、ロンドンへ向けての道路を下りはじめ、首都から西部への幹線道路も、再び安全となった。クロムウェルは、それを維持する費用を節約するために、ハウスを壊すように指示した。ニューベリーの守備隊は、と彼は論じている。ウォーリングフォードとファリングドンの騎士党の最後の拠点を見張るだけで十分だろう、と。

王党派にとって最悪のニュースは、北方からやってきた。その後、モントローズから急使はこなかったが、しかし、議会派の陣営では、九月末以前に彼の敗北が確実なものとしていいふらされており、ロンドンでは、すでに神への感謝の祈りが捧げられていた。国王はそれを信じてはいなかったが、しかし、それは事実であった。スコットランド王党派はついに国境を越えることができなかったのである。

第一〇節　モントローズ、敗れる

モントローズは、低地方が蜂起するであろうと信じていた。彼のキルジスの勝利によってつくりだされたうろたえの中で、多くの盟約者団員たちが彼のところにやってきた。ほとんどアーガイル自身も動揺した。しかし、グラスゴウで彼に合流した風見鶏的同盟者のある者たちは、変装した敵であり、彼らはだまされ易く、喧嘩好きな高地人に働きかけて、彼らをその指導者から分裂させようとしていた。モントローズが南へ動こうとしたその前、ハントリーの若い方の息子で、いまやゴードン一家の指導者となったアボイヌ卿がむら気を起こし、気まぐれな些細なことから、一門を連れて北へ引退してしまった。栄光を求めながら、脇役的役割しか宛がわれないことに辛抱しきれなくなったアルスター・マクドナルドは、ギャロウェイの襲撃にあたっては、自分の配下のアイルランド人半分を引き揚げてしまい、モントローズにはただの七〇〇人を残したにすぎなかった。南へ来いという国王の命令に促され、またロックスバーグ、ホーム、トラケール各伯の支援の約束に応じて、モントローズは、九月五日、南への進軍を開始した。ケルソーへ到着する前に、彼はロックスバーグ、ホーム各伯が彼を見捨てたことを知った。ディヴィッド・レスリーが騎兵隊を率いてイングランド側から国境を越えて来、モントローズの高地方への退却を阻《はば》もうと前進してきたためである。七〇〇人の部下を連れたモントローズは方向転換し、レスリーに先んじようと考えて、セルカークに向かった。そこで丘陵を確保し、勝手知った地域でレスリーと戦おうというのである。彼の動きは発見された。あるいは、同日夜脱走したトラケールの息子によって密告されたのである。

進路を変更し、秋の深い霧に包まれて、九月一三日早朝、ヤロウ河畔のフィリップアウグに現れたレスリーは、アイルランド兵を驚かした。モントローズとその騎兵、全部で二〇〇足らずは、そこから一マイル離れたセルカークに宿営していた。通報が余りにも遅く、モントローズが少数の騎兵を率いて駆けつけたときには、アイルランド歩兵隊は絶望的戦闘のさ中にあった。彼らは三分の一以上の少数で、すでに包囲されていた。モントローズは部下たちと一緒に死のうと、望みのない激動の中へ身を投げ出そうとしたが、友人によってはばまれ、逃亡するほかはなかった。議会軍は、トラケール邸に駆け足で着いたが、ずるい変節者はそのドアを開けようとはしなかった。安全のため分散して、迂回路によって、彼らの大部分はペントランド丘陵を越える道をとり、フォース河を渡り、ストラトハーンを経て、アトホールの山腹へ帰った。

フィリップハウグで、アイルランド歩兵隊は降伏した。レスリーは彼らに生活する場所を与え、この了解のもとで、彼らは武器を置いた。しかし、軍隊に付き添っていた神父は抗議し、司令官たちにだけ宿営場所を与えたことを弱々しく認めたレスリーは、部下に対しては、虐殺することを許した。まず、キャンプの同伴者、女、子供をであり、のちには、進軍にさいして、次第しだいに男たちを吊るし、水に浸けた。

三部会会議は、レスリーに金の鎖と相当な褒賞金を与えることを議決した。フィリップハウグの勝利は広く喧伝されたけれども、しかし、地元の三部会会議もロンドンのスコットランド委員会も、モントローズの新しい、恐るべき再来に対する恐怖を容易に投げ捨てることはできなかった。モントローズがアトホールで兵を募集し、ダンケルトへ集まるようにと布告したと聞いて、彼らはふるえ、戦《おのの》いた。彼は敗れはしたが、滅ぼされた訳ではない。そして、彼が新しい勝利の門出へ再び出発しないとだれも確言できなかったのである。

第一一節　国王軍、解体す

モントローズの敗北は、ほとんど正確には報じられなかった。その後、再び強くなったという噂がイングランドに届いたが。当惑した国王は、あれこれと道を転換して、スコットランド人と個別平和を結ぶ計画を追求したが、駄目であった。この話を、在イングランドのスコットランド部隊の司令官としてのレーヴェン伯にもちかけたのはディグビーであったが、レーヴェンは、単に事実を議会に報告しただけであった。ニューアークの真北、ウェルベックで、一〇月三日、チャールズは戦争委員会を招集した。ここで、ディグビーはモントローズを見付けだすためにスコットランドへただちに進軍することを熱心に説いた。彼は軍事的得策のほかに、他の理由をもっていた。プリンス・ルパートとモーリスとがその町への途上にあり、そこの守備隊――そこの司政官は熱心なプリンスの支持者であった――の状況は、穏やかならざるものがあった。

ニューアークでの数日間に、国王は、厄介な問題の解決に区切りを付けた。新たに敗北したり、降伏したりする度毎に、王党派軍隊の一般兵士は、逃亡するか、敵側の兵士として登録されるのが常であった。将校については、その名誉条項は厳格なものであったが、行く先の宛てもない者は、国王への奉仕にとどまった。兵士をもたない将校という現象は、この時期のすべての戦争においてしばしば見られたところで、これら「レフォルマドス reformados（解役）」――彼らはそう呼ばれた――は、通常、部隊、あるいは大隊のなかで、グループを形成し、新たな軍隊の拡張が彼らにより良い雇用のチャンスを与えるまで、個人的兵士として戦った。軍隊の中における「レフォルマード」集団の大多数は、ほとんど常に、もめごとの源であった。

国王の軍隊は、最後の月々になると、急速に分解し、なんら効果的な再編成などありえなかった。そのうえ、若い将校たちが「解役」されたのに対し、高い地位の将校はそうではなく、そのため、やせ細った国王の軍隊は、ひどいことに、将校過剰に陥っていた。ニューアークでは、武器をもったわずか二〇〇〇の兵士に対し、二四人もの将校が、大佐級、ないしそれ以上の者に属する地位、特権、給与、その他の諸権利を要求しているのである。地域に課せられる現金と現物の上納義務は、これら将校たちの数に応じて計算された。そして、国王の軍隊は、結果的には、ニューアークの周辺の人口を急速に減らすことになったが、その原因は頭でっかちな守備隊のために徴収される賦課金のせいにあったのである。

問題は、軍に信頼を得ている有能な一将軍によってなら解決されるものであったかもしれない。しかし、そのような司令官は、手近にはいなかった。たとえ、いたとして、彼が自分の人格に献身の念を喚起したとしても、国王は、彼の軍事的判断に多くの敬意を払うことはなかった。彼とともに、いまや全権をにぎるにいたったディグビーは、常に兵士によって軽蔑されてきたし、いまや、プリンス・ルパートの支持者全体によって憎まれるにいたっていた。ニューアークに二四人の大佐の要求を制御しようという国王の試みは、怒りの文句を呼び起こし、ディグビーは、しばらくのあいだ、ニューアークから離れるのが彼にとって得策——ルパートの接近というニュースが、そうすることを彼にとってほとんど至上命令としていた——かどうか、すでに思案していた。

ディグビーが、ウェルベックで戦争委員会が開かれたとき、スコットランドへの進軍を強く主張したのは、こういう根拠があってのことであった。しかし、国王は、北へ行く決意をしかかったとき、モントローズからの使者が到着した。彼は途中で捕まり、旅行に手間取っていたのであるが、いま、ようやく国王たちに、憂鬱な真実を話すことができた。それによると、低地方の主人公は盟約者団であり、モントローズはスターリングの北方に退き、国王が彼に少なくとも騎兵の一個連隊も送らなければ、効果的なことはなにもできない、というのである。いまの環境にあっては、国王は、そうした危険な要求に個人的に賛成できなかったが、ディグビーは、のちに彼が断言しているように、驚いたことにマーマデューク・ラングデイルの支持を受け、人々の拍手喝采を受けて、北方の騎馬兵をモントローズと合流する方向へ導いていくことに同意した。「これまで、こうした事柄について夢見もしなかった、という半時間にわたる警告ののち、わたしは合流へ向けての遠征を引っ張っていくことにした」——と、彼は断言しているが、人々を元気付けるために、ディグビーが指揮を執るべきだ、というラングデイルの要求が、国王の考えと打ち合わせたものであったことに、ほとんど疑いはない。国王には、ディグビーのなにか異常な指揮官への任命は、彼の自然な（北進への）要求に対応するように思われるのである。この遠征のため、国王は、トレント河北方の全軍の将軍補佐から成る委員会を、ディグビーに付けることにした。それは、ルパートの失脚後、おこなわれた最初の重要な任命であった。そして、チャールズがニューアークに帰ると、そこの不満をもった兵士たちは、プリンスを失脚させた男がいまや指揮権の大部分を掌握するにいたったことを知って、落胆しない訳にはいかなかった。

ルパート派と国王顧問ディグビーの対立激化す

このとき、ルパートとモーリスとは、およそ一〇〇騎を率いて、ベルヴォアール・カッスルにいた。彼らは一度、敵の攻撃を撃退したが、しかし、進路の大部分は間道を通って、敵を避け、ある箇所では、八年前、ルパートが少年として狩猟をしたときに覚えている道を取って地域を横切った。ルパートをはじめ国王への恭順へ追いやった第一の衝撃は、国王が彼の弁明を聞かないときに、国王のうちにも起こったかもしれない〔ルパートがおこなった〕不正という鋭い感覚であった。ロンドン、パリ、ネーデルラント、そして、イングランド中に、彼がブリストルを譲渡したときに金を受け取ったという名誉棄損の話が繰り返され、広げられた。彼とレッグ大佐がオックスフォードの降伏を企んだ、またルパートとモーリスが、過ぐる二月、シュリューズベリーを乗っ取ろうと共謀した、とさえ主張された。彼の友人たちは彼のぐるりに集まり、中傷された彼から話を聞いて憤慨し、国王に残っている軍事的資力の浪費――専門的指導によるという口実がすべて失われていた――に怒った。友人に励まされ、拘留という国王の命令を振り切って、彼は、プリンス・モーリス、数人の将校、そして、自分の騎兵隊と語らって、彼の非難者と対決し、ブリストル降伏についての事情調査を要求することに踏み切ったのである。

チャールズは、彼の行動をちがったふうに解釈していた。彼は、反逆しやすい甥が剣先で、彼を議会と平和を結ぶことを強制しようとしていると信じていて、もし交渉の話し合いをもちたいならば、もう一度オックスフォードに帰るようにと、ルパートに冷静な命令をおくった。ルパートはこれを無視し、一〇月一六日、かつての彼の大勝利の舞台、ニューアークに近付き、司政官サー・リチャード・ウィリス、最近貴族に上げられたジェラード卿によって丁重に迎えられたが、二人とも国王の意志を無視して行動する人物たちであった。

町に到着したルパートは、真っすぐ国王のいるところへ入り、通常の儀礼もなく、陛下に向かって話しかけた。自分はブリストルの喪失の件について話をするために来たのだ、と。国王は答えず、夕食を取ったが、その間にも、モーリスと話はしても、ルパートには一言もしゃべらなかった。次の日、彼は、戦争委員会がルパートの問題を審議することに同意した。ブリストルでなにが起こったか、についての甥の説明を聞いて、国王は意見を述べた。自分は、それでもなお、救済を見込んでいま少し長くカッスルを保持する以外に、「わたしに対する勇気も忠誠を欲しなかった」と。これに対してルパートは答えた。ブリストルの戦争委員会は、救済が見込まれないという点で彼に同意し、そのような親密な指示を国王から受け取らなかった、自分は、「かくも長く、忠実に国王の問題に奉仕してきた者たちを救うために降伏したのである」、と答えた。第二回目の聴聞会において、戦争委員会は、ルパートに勇気と忠誠さの欠如という罪がなかったことを、全員一致で認め、ブリストルはもう少し長く保持できたという国王の主張を黙って聞き流した。

審判は、ルパートとその友人たちにとって満足すべきものであったが、国王にとっては、喜ばしいことではなかった。彼はまさに、ニューアークの守備隊の無規律と農村部の不満によって心をかき乱されていたのであり、ルパートとその友人たちの不服従を大目に見る気には容易にならなかった。南ウェールズへ、彼はウェールズのジェントリーを喜ばすために、ジェラード卿を派遣し、自分と貴族階級とのあいだを宥和《ゆうわ》させよう——無益なことのようにおもわれた——としていたが、いまや、彼は、ウィリスをそちらへ移動させ、明らかにより重要な司令権を彼に賦与した。ニューアークは、敵の接近によってすでに脅かされており、チャールズはすぐにオックスフォードへ出発する計画であった。出発する前に、彼は、ニューアークの司政官職を、この地方でよく知られ、好まれていたベッラーシス卿に授与する決定を下した。ウィリスはオックスフォードへ連れて帰り、騎馬守衛隊の司令官に任命する予定であった、この地位は、最近死んだ国王の年下の従兄弟、バーナード・スチュアート卿によって保持されていたものであった。

計画は実現されなかった。しかし、国王がウィリスに提供した地位がいかに名誉あるものであったにせよ、ニューアークからの彼の移動は、国王の不興のしるしと解釈されねばならない。一〇月二六日、日曜日午後、国王が危険になったこの都市を離れる数時間前、二人のプリンス、ウィリス、ジェラード、その他一ダースばかりの人間が、彼が昼食に座った部屋へずかずかと入ってきた。ウィリスが作法通りではあるが、怒りの言葉で、沈黙を破った。都市全体が、彼が司政官としての地位から左遷させられたことを知っており、自分はこれに抗議する、と。彼は公的に侮辱されたのであり、公的な釈明を要求した。「彼がわたしの友人だからか」と、ルパートが口を挟んだ。ジェラードは、南ウェールズにおける免職以来、数週間押さえ込まれていた復讐心を解き放って、この背後にはディグビーがおり、ディグビーこそが裏切り者だ、と大声で叫んだ。

国王は彼らに室外に退去するように命じた。夕刻前、サー・リチャード・ウィリスに関する裁判を要求し、ルパート、モーリス、ジェラード、その他二〇人ばかりが署名した請願書が、拍手喝采のうちに、国王にもたらされた。請願者の一人は、おそまきながら用心して、国王がこの行動を反乱と呼ばないように希望している。「わたしはそう呼ばないけれど、似たようなものではないか」と、国王は述べている。

その夜、引き留める間もなく、彼はベッラーシスの司政官任命を発表した。都市は大騒ぎとなった。ルパートの友人たちは、人々を武器へと呼集するためにドラムを打ち鳴らし、主な騎兵将校たちは逃げ出す用意を始めた。翌朝、暴動を起こしそうな騎兵隊が、ルパートに率いられて、市場広場を埋め尽くした。国王は、彼らと対面するため、冷静、かつ平静に馬上で出向いた。「自分への奉仕に不満をもつ者はベルヴォアール・カッスルへ退き、解散するなり、なんなりとしてよろしい」と、彼は言った。君たちを遮ろうとはおもわないし、また君たちに譲歩しようともおもわない、と。

もはや語るべき事柄はなかった。抗議は失敗し、ルパートも、その他のだれも、なおその信念をもっている国王、ないし、それに類した人々に対して、最後の手段としての暴力を振るう気はなかった。恥ずかしそうに、ほとんど温順に彼らはベルヴォアールへ去って行った。彼らのなかの最良の者たちは、いまになって、自分たちがいかに不正のもとで苦しんだか、自分たちの反乱は許されないものかもしれないが、そのいくらかは、のちに、ルパートやその他の人によって償われるであろう、と認めている。正午、都市は静かになった。しかし、国王は彼の最上の騎兵隊将校たちを失い、彼の軍隊は、回復の希望のはるか彼方どころか、完全に破滅したのである。

ディグビー軍、シェアボーンで勝つも、ダムフリーズで敗れる

国王と甥のあいだでの意志の最終的衝突が、ニューアークの軍隊を破滅させている間に、ディグビーは、議会側の北部騎兵隊を解体させるより単純な手段を発見していた。ヨークシャーのシェアボーンで、彼は議会側の歩兵一個連隊を驚かし、機敏に、彼らの大部分を捕虜にし、その武器と軍事用行李全部を自分のものにした。小部隊の騎兵隊が彼らを救いにきたが、ディグビーは、彼自身の考えで、彼らに対しても完全な勝利を収めた。しかし、それは、不運な偶発事によってぶちこわされた。彼が町を通って逃げる敵を追っている間に、ラングデイルの部下たちは、この彼ら自身の同僚たちを、敗れて逃亡しつつある敵と錯覚して、誤って追い立てたのである。追い立てられた彼らは、彼らの以前の勝利で獲得したものをすべて後に残していった。つまり——ディグビーはこれをおのれの不運と考えているが——国王の事柄に関するディグビーの私的書簡全体を残していったのである。

ディグビーとラングデイルは、いまやランカシャーに向かって進んだが、ここでは、彼らは、活発な議会側徴集兵によって妨げられた。モントローズが再結集し、グラスゴーにいるという誤った噂に、彼らは、スコットランドのダムフリーズまでにじり寄ったが、そこで真実を知り、再び引き返し、山々と海に挟まれたカートメル周辺の、あまり適当でない地域で越冬し、ここで、いつものように、アイルランド人の到着を待とうと計画した。しかし、活発な敵側は、ディグビーたちが、計画した塹壕《ざんごう》を掘る前に、彼らを発見した。ディグビーの部隊は、信念を欠い

た部隊であったがために、一〇〇人が単位となって脱走し、ディグビーと少数の将校たちは、船に乗ってマン島へ逃れた。そこでアービー伯と伯夫人の手厚いもてなしを享受し、この楽しい場所から、ディグビーは、恥ずかし気もない、上品なユーモアを込めて、彼の数々の敗北について報告し、アイルランド連合によって約束された救援がどうなっているかを見るために、アイルランドへ渡るつもりであると知らせてきた。

イングランドでも、王党派の敗北のニュースが続いていた。南ウェールズでは、ロウランド・ローグハーンがカーマーゼンを取り、トーマス・モーガンがチェプストウへの道を猛進し、二週間後には、モンマスを襲撃し、坑道作戦によって城を弱体化した、ラグラン城は、いまや明けっ広げで攻撃されることになり、ウースター侯は国王を助ける力を失った。

プリンス・オブ・ウェールズとその顧問団は、フェアファックスがティヴァートンを降伏させ、さらに西へ前進してきたので、コーンウォールへと退いた。いまや国王に残された有力な地点といえば、少数の外郭守備隊をともなったオックスフォード、ニューアーク、ウースター、ヒアフォード、イグゼター、コーンウォール地域、北ウェールズの一部に過ぎなくなっていたが、そのなかでも、もっとも価値ある町は、強い圧迫を受けているチェスター市であった。この町が、冬を通じて保持されるならば、国王としては、アイルランド兵の上陸が期待されたのであった。

国王、ニューアークを脱出

議会は、直ちに戦争を終結しようと試みた。両王国委員会は、レーヴェン指揮下のスコットランド兵、ポインツ指揮下の北方部隊に、ニューアークに進軍するように命じた。そのことをはっきりと予告された国王は、締まりつつある包囲網から逃れることはできそうになかった。彼は、彼らの思惑を欺いた。彼は一一月三日、夜一〇時、ニューアークを離れた。残された献身的護衛兵に守られて、急ぎ行動し、地域を横切り、間道を通り、一一月五日午後、オックスフォードへの危険な逃避行をなしとげた。新しいオックスフォードの司政官はサー・トーマス・グレンハムであったが、彼はこれまでに二つの非運の都市、ヨークとカーリールの行政官を務めてきていた。彼は、救済のあらゆる希望が失われたときにも、防衛を長引かせることのできる練達者であった。過去三年間、助言を求めてきた二人の若者、楽観的なディグビーと精力的なルパートを奪われて、国王は、悲しい、窮乏化したオックスフォードの宮廷にあって、ほとんど幻想を抱かず、ほとんど希望もなく、冬に直面していたのである。

第三部　戦争と平和のあいだ　一六四五年一〇月—一六四七年一月

第一章　長老派と独立派　一六四五年一〇月―一六四六年四月

第一節　リルバーンとウォルウィン

イングランドにおける戦争はほとんど終わった。国王が、国民のうえに高位聖職者的、国王大権的な軛《くびき》を張り巡らすために、征服した首都に入るという危険性はすっかりなくなった。しかし、国王、貴族院、庶民院、統一したプロテスタント教会による安定した統治――国王の反対者たちが、一六四一年に守るべきものとして立法化し、そして、彼らが維持すべきものとして戦ってきたもの――は、戦いの過程のなかで滅ぼされてしまった。

一六四五年秋、国王の権力は停止した。全員出席したとしても、二〇人の議員の貴族院は権威もなければ、影響力もなかった。権力の指導と政治の支配は、庶民院ではなくて、両王国委員会を構成する少数のグループの手中にあった。教会は、財産没収と迫害によって荒廃し、ウェストミンスター聖職者集会のぐずぐずとした努力によっても改革されず、もはや、なんらか一般的に認められた精神的秩序というのは存在しなくなっていた。

戦前から始まっていた「スキャンダルのささやかれる神父」に対する攻撃は、戦争が進み、議会軍がその掌握地域を拡大するにつれて、その視野と影響を広げていった。しかし、どちらの側にも、説教壇上において相手に寛容であるような反対者はいなかった。ただし、王党派によって迫害され、排除された神父は数少なかったけれど。議会は、個々の委員の配慮のもとで、これら「略奪された神父」の苦境と「スキャンダルのささやかれる」神父たちの処罰とを結び付けた。だから、国王党によって教区から追放された聖職者が活動場所を見付けようとすれば、議会が（国王派の）旧在職者を追放した場所以外にはなかった。

大主教ロードのときに導入された教区巡察制は、イギリス人聖職者のあいだの無学、飲酒癖、職務怠慢を暴露し、議会によって追放された者のなかには、事実、そうした「スキャンダルのささやかれる神父」がいた。しかし、そうした一連の人間的弱さのほかに、議会は他の罪も付け加えた。聖職者、ならびに学校長はすべて盟約者団と盟約することが要求された。すべてが、そうすることを可能にする十分に柔軟な良心をもっていないにしてもである。新しい「礼拝指示書」の導入以来、「祈祷書」の使用は許されず、白衣を脱ごうとしない神父、即席の代理説教者、通常の教義問答のための長い説教、古い公式の礼拝、これらは危険として排除された。たとえ神父が新しい方式に反する重大な罪を犯した場合でも、（慎重に対処しなければならない）。通報者が悪意をもった教区民であるかもしれないし、その場で神父を中傷したような場合は、個人的怨恨とみられるであろう。根拠のない不満に対する太鼓判も支持も、エール酒場のふらついた手と泥酔した頭からでも獲得できるというものである。

余りにも多くの人々を困窮に陥れることは望ましいことではないので、追放された聖職者の女房、子供に十分の一税から幾分のものが支給されたが、しかし、独身男性にはなんら考えられておらず、他の人々に分配される惨めな救済金は確保するのが困難であった。ブリストルの聖堂主任司祭の妻は、街路でローズマリーの花束を売るほどおちぶれた。ノーフォークのある学識豊かな聖職者は、友人に発見されたとき、冷たい、団子入りのオートミールで生活を支え、ポットで湯を沸かし、手を暖める火の気をもってはいなかった。

盟約者と盟約することに失敗した学校長や学者たちは、同じような罰にさらされた。ケンブリッジ教師たちは、戦争の初期に、情け容赦なく追放された。ロンドンの悪名高い王党派の学校、チャーターハウス・スクールの校長は、その職から追われた。しかし、議会さえも、恐るべきバスビー・オブ・ウェストミンスター博士の前ではひるまざるを得なかったが、彼は、彼の机から歩いて三分間しか離れていないところで権力の座に座っているごろつきや反乱者に、なんら譲歩することなく、少年たちの世俗的宗教的教育を指導し続けた人物であった。リチャード・バスビーは顕著な例外をなすものであった。議会の命令を無視した他の学者や聖職者はエリー・ハウス、ランベス・

パレスの牢獄に入れられたが、そこは、締めつけられるはずの場所であるにもかかわらず、彼らの多くは、王党派両親によって送りこまれてくる生徒たちのクラスをもつ工夫を思いついている。迫害は教会を混乱と荒廃におき、純真な、あるいは、なんらか罪を背負った多くの人々の強い苦しみを生みだした。老いた聖職者にとっては、死が、ショックと追放の厳しさによって早められた。ピューリタンのパンフレット作成者が追放された聖職者の罪を誇大化して報じたのに対し、王党派の執筆者は、彼らが受けた不当な苦痛を列挙した——ある者は「悩まされ、沈黙させられ、殺された」、他の者は「死にいたるまで、苛々させられ」、また他の者は「教会で攻撃され」、「ののしられ、虐待され、死にいたらしめられた」と。

教会を改革するよりは、崩壊させることの方が容易である。ウェストミンスター聖職者集会は果てしなく議論した。彼らの「礼拝指示書」は議会によって受け入れられた。しかし、彼らのもっと重要な「訓戒、破門、赦免指示書」は、なお議論の最中であった。このあとの方の文書は、目下スコットランドでおこなわれている制度をそっくりモデルにして、イングランドを、処罰、規律化のほとんど無制約の権限、究極的には恐喝権を聖職者に与えて、神政政治の国家に変えようとするものであった。スコットランドの同じ制度は、アーガイルの政治的影響力と真正の宗教的熱意によって、神父たちを支配している党派にとって適したものであった。それはイングランドにとっては適してはいなかった。ここには、アーガイルに独特の権威を与えているような、世俗権力と精神的熱情という属性を一身に統一しているような大貴族も、ましてや、そうした庶民などは存在していなかったからである。

独立派は、もちろん、教区という人為的枠組のうえに立った厳格な神政政治のために戦ってきたのであって、彼らが欲したような、神父と会衆とのあいだの自由な結合のために戦ってきたのではない。しかし、彼らは、その神政政治に反対している点において、法的思考をもった議会人多数の強力な支持を得たのであった。イギリス人の歴史的法的思考においては、世俗権力が究極的には精神的権力にまさる、というのは自明の理であった。ヘンリー二世はこの理由でベケットと争ったのであり、ヘンリー八世は教皇を拒否したのであった。教会儀礼の細部についてあまり注意を払わない多くのひとにとって、国王チャールズの主要な罪は、教会に余りにも大きな権力を与えようとしたところにあった。彼らは、高等委員会やすべての教会裁判権が廃止されたところで、それがすぐに他の形で設置された場合、なにか得るところがあるだろうか？　教育のあるイギリス人の多数は、主教の裁判権行使に反対ではなかった。しかし、いかなる形にせよ、あまりに大きな権力を行使する教会には反対であったのである。

スコットランドの長老派、イギリス教会の改革を意図す

スコットランド人は、急速に、宗教だけでなく、考え方の違いに対してしつけられた。彼らの国では、宗教が、数世紀にわたって、荒々しく、血気盛んな、多数に分裂した人民を抑制し、支配し、法のもとにもたらす手段であった。しかし、イングランドでは、世俗法の文明化する影響力が、宗教のそれから分離し、等しい強さをもつにいたった。イギリス人は、市民の行政管理者を秩序と行政の効果的な手段と見なし、精神的権力の介入に不信の念を抱いてきた。ウェストミンスター聖職者集会それ自体においてさえ、なおもっと強く庶民院においてさえ、スコットランド人は、立案された新しい規則が攻撃され、修正されるのを見た。もしそれがイングランドで少しでも受け入れられるならば、神父たちによって破門された人々は、議会に提訴する権利をもつはずである。議会もまた、最終の段階で、神父たちの選任、および任命、長老の選出についての支配権をにぎるはずであった。

スコットランド人が、世俗権力に好意を抱いたイギリス人兄弟団の議論を、苛々しながら聞いていた間に、ウェストミンスター集会の少数派である独立派は、狡猾《こうかつ》にも、多数派の長老派を策略にはめ込んだ。彼らは、数カ月前まで、彼らの教義の宣言に服従するように、同僚たる牧師たちに求めていた。しかし、彼らは、そうしたからといって、少しも利益を得ないことを予見していた。なぜなら、彼らの見解は、他方の側から問題にされず、票決の対象にもならなかったからである。かくして彼らは、八月集会の見解を受け入れることを拒否した頑固で、風変わりな少数派と見なされた。彼らが議会において大きな支持を得ていることが十分に知られるにいたって、彼らは、七カ

月躊躇したのち、ついに、彼らの議論を全面的に棚にしまいこみ、窒息させてしまったという、長老派を非難する声明を集会に提出し、世間に公表した。経験によって、彼らは、同僚の神学者たちの公平な聴聞を期待できないことを知っていたので、彼らの教義のより詳しい説明書の作成に着手した。

長老派、とくにスコットランド委員たちの怒りは、つづいて起こった彼らの狼狽《ろうばい》を反映したものであった。独立派は、結局、聖職者集会から支持を得ることを断念し、それによって、すべての人の目、とくにもっとも熱心な長老派の目から見て、ピューリタン神学の最上の部分の総合と統一をつぶしてしまった。独立派は、集会の囲いの中に入れられて、統制されようとはおもわなかった。彼らはいまや、議会のなかの友人たちの援助、彼ら自身の大きくなりつつある会衆とニュー・モデル軍の支持を受けて、自分たちの選んだ道に沿って行動する自由を得た。ニュー・モデル軍は出現してまだ六カ月しかたたなかったが、すでに、同派の将校の中の強力な人物たちは、敏感な観察者の目から見ると、その軍隊に、これまでの軍隊に欠けていた、とくに憂鬱なまでに、長老派・スコットランド人の、給料未払いで、腐敗した軍隊に欠けていた政治的指導と凝集性を与えた。知られ始めた一定の名前をあげれば、将軍補のクロムウェルと並んで、アイアトン、ハリソン、オーケー、レインバラーがいた。これらの人々は、問題にしなければならないなにかを代表する人物たちであった。

独立派の拡大

独立派の拡大は、社会的、宗教的秩序に対する一つの脅威であった。その反対者たちは、実態をとらえそこなったあいまいさにおいてではあるが、このことを理解していた。彼らが、しつこく独立派を再洗礼派と類型化してとらえ、前世紀〔ドイツの〕ミュンスターの再洗礼派で一時期おこなわれた財産と女性の共有を（悪しきものとして）非難しているのは、その現れである。しかし、実際に彼らの怒りを買ったのは、下賤な、教育のない民衆でも神の言葉を解釈できるという要求であった。バイイー博士は、スコットランド軍の中の「愚かで、単純な若者たち」が彼らを堕落させる意見に接触するかもしれないことに不安をおぼえている。彼らの魂の平安に対する彼の心配は本物であった。しかし、その配慮は、無邪気にも、神の導きのもとで、「愚かで、単純な若者たち」にとって、なにが最上のものであるかを常に知っておかなければならない、という確信から生じたものであった。彼らは、自分自身について考えることを激励されている訳ではない。

しかし、博士たちをびっくりさせたことに、彼らは自分自身について考え始めていた。彼らは、馬小屋のうえで、物の値段についてではなく、聖ヨハネ第一書簡、第五章、第七節について押し問答されているのを聞いたといわれる――否、実際に聞いたのである。この特殊な議論の参加者の一人は、再洗礼派かと問われたとき、こう叫んだ。「ノー、しかし、わたしは全くの分離主義者であり、神のお恵みと力とによって、わたしの血をもってそれを確証していこうとおもう」と。

普通の男と女が、頭の中で、神のお恵みと力とによって、「全くの分離主義者」になることが素晴らしいことだと思いついたとすれば、世俗的、さらには精神的秩序は脅かされることになる。分離主義者の「集まった教会」というのは、民主的制度であった。その会衆は、自分の意志をもった人から成り、自由な選挙によって神父を選び、自由に組織され、寄せられた寄付金によって彼を支えることになる。いまやすべての権威は動揺させられ、あらゆる思索が可能となる。「集合教会」は、まもなく、ある人々によって、改革された世俗秩序の範例――その社会は、治められる者の自由な賛意、人々の同意によって成り立っていた――として取り入れられることになろう。

独立派を、次の年に社会革命へ向けての推進力たらしめるには、個人における偶然事、こうした宗教的理念と二人の注目すべき人の政治的熱中の融合があれば十分であった。一六四五年秋、社会的叫びはなお抑えられており、宗教的争論と戦争の最後の砲声とによって混乱させられていた。しかし、それは始まっていた。

ジョン・リルバーン

ジョン・リルバーンの思想

ジョン・リルバーンの声は、不満の荒野のなかで叫ばれた声であった。彼は軍隊を去っていたが、盟約者団の盟約に署名しなかったからであり、またそのような強制的誓約行為は彼の良心に反することであったのである。それ以来、彼はニューゲイトの内外、庶民院の委員会、貴族院の委員会のまえで、復讐心に燃えた、根気強いプリンヌと論争したが、そのさいリルバーンは、プリンヌの議会至上権説に猛烈に食ってかかった。議会の権威の上に、リルバーンは、勝ち誇ったかのように、「イエス・キリストの、だれもが認める特権」を上げ、それによって国王、高位聖職者、議会、そして、プリンヌも支配されるべきであると説く。「イエスが選んだ人の魂と良心を支配しているのも」イエスのこの特権である。自分自身の中に感じているキリストの至上的権威に服従して、リルバーンはウィリアム・プリンヌ、議会議長のレントホールに反対する発言をし、長老派の宗規、戦争遂行の拙劣さ、ロンドン市の行政を公然と非難したのである。

議長レントホールを攻撃するため、彼はニューゲイトにいたが、そのとき、パンフレット『イングランドの生得権England' Birthright』の原稿をこっそりと秘密出版に手渡した。それは、一六四五年一〇月一〇日、著者不明で現れたが、良心の自由と生粋のイギリス人の市民的自由とを誇らしげに等置した、精力的で、混乱しているが、生き生きとした資料であった。『イングランドの生得権』は、リルバーンのパンフレットの多くと同様、彼自身の経験から書かれたものである。軍隊を離れたのち、彼は毛織物商で身を立てようとしたが、ロンドンでの毛織物の売り買い、輸出が、古くからの、特権をもった冒険商人組合によって支配されているのを発見しただけであった。

会社は、戦争中、議会に大量の金を献金し、その特権的地位は、それゆえ、庶民院が問いただす必要があるとした対象にはなんらならなかった。リルバーンの攻撃は、それが真実を突いたがゆえに、それだけ人々を困惑させた。彼は、冒険商人組合は汚くて、不当な独占であり、自由に生まれた臣民に対する犯罪であり、物資不足のこの時期、欠乏の大きな原因、自分のように商売で身を立てようとした真面目な同僚たちはいうまでもなく、羊飼い、毛織物匠、商人、船乗りにとっての苦しみの大きな原因以外のなにものでもないと主張した。

ロンドンで生活するようになって、リルバーンは、自分や自分と同様な者がロンドン市の行政の監視から排除されているのを発見した。戦争の前夜、ある突然の叫び声がロンドン市議会に一つの変化をもたらした。しかし、変化といっても、有力な王党派のグループに、これまた有力なピューリタン長老グループが取って代わったというにすぎない。市民全般に権力の分け前の幾分かを与えることもなかったし、長老クラス以下の者に市長選挙の投票権を認めることもなかった。一六四五年四月、議員の被選出範囲を広げよとの請願が市長に提出されたが、しかし、ほとんど関心は示されなかった。それをめぐって、おそらくなにかをしようとしていたリルバーンは、そのことを『イングランドの生得権』のなかで表明し、市政のより民主化を繰り返したのである。

去年、リルバーンが商売をしようとして受けた制約、印刷に課せられた検閲制、長老派神父たちの主張、プリンヌとの激しい論争、これらが、彼をして、神父、検閲官、商人、法律家というギャング全体を、キリストの支配の道を作るにあたって滅ぼされねばならない悪魔の力に一括させることになった。「法律家とはなにか」と、彼は、軽蔑を込めた毒舌をもって問いかける。「下賎で、おとなしい者たちに対して、金持ちや権力者、特権者を持ち上げることに、おのれの込み入った知識を利用している、特権をもったcum privilegio盗っ人ではないのか？」と。『イングランドの生得権』の中で、良心のための自由に対する叫びが世俗化されている。それは、まさに社会のための自由の叫びとなった。リルバーンは、星室庁裁判所が彼を鞭打ち追っ払った日々に、高位聖職者に対してあえて挑んだ闘争をずっと続けてきたと信じていた。ある意味において、彼は正しかった。なぜなら、彼はなお権威に対して闘い続けているからである。しかし、彼がいま挑戦している権威は、教会のそれではなかった。それは、法と財産と特権の権威であった。

W・ウォルウィン、思想の自由と良心の尊重を主張

『イングランドの生得権』の出現後、それを支持する、より控え目で、分別に富んだパンフレットが現れた。これが、ウィリアム・ウォルウィンの作品である『イングランドの嘆かわしき奴隷制 England's Lamentable Slavery』であるが、彼はロンドン市民で、商人であったにもかかわらず、新しい教義の解説者であった。彼は独創的で、なにごとも疑ってかかる人物であったが、広い読書家で、とくにセネカ、プルータルク、モンテーニュを読み、ムーアフィールドにある自宅の図書室や庭園へ、友人たちを招き議論するのを好んだ。彼の議論の鋭い論理、彼の知性の魅力、それらは、彼の生まれついての雄弁、彼の言動、書き物を際立たせている良き品性とあいまって、限られてはいたが、無視できない影響力を彼に得させた。一六四四年に現れた、著者不明だが、明らかに彼の手になるパンフレット『哀れなるサマリア人 Compassione Samaritane』において、彼は、他の人々もいまや四方から抗議していたが、神の言葉の独占的解釈権をもつという長老派神父の主張に対して抗議している。これは、と彼は示唆している。古い高位聖職者の専制主義の名前を変えたものにすぎないのではないか、と。なぜなら、「自分たちの考えや判断に反して、人々が、他の人々が正しいと判断したことを信ずること」を余儀なくされるのを、究極的に耐え切れないからである。彼の教理は、キリスト的感情によってかもし出されたものであるが、また彼の広い人文主義読書から生まれたものでもあった。彼は考える。人間は、愛によって導かれ、牧師や法律家の権威から解放された理性の涵養《かんよう》によって正しい社会に到達できるのだ、と。牧師や法律家は、真実や正義に対する敬意よりは、他の諸原因によって余りにも頻繁に、かつ余りにも明白に影響を受けていすぎるからである。

ウォルウィンは、リルバーンの勇気と熱心さを称賛している。たとえ、リルバーンの議論の論理性に時折り疑問

を感じたにしてもである。彼らがいつ出会ったかは確かではないが、しかし、長老派とプリンヌとの夏の長い論争のあいだ、一緒に過ごした、彼らの同盟から、この世紀最大の注目すべき政治的運動が起こるのである。

リルバーンは、殉教への召命を自覚していた。彼は故意に迫害を呼び起こし、決して沈黙させられることなく、それに英雄的に耐えた。彼は、自分が呼び覚ました紛争の中心人物、あるいは、英雄としての虚栄の名前を無視するかのように、平然と自分自身を見ていた。しかし、この素朴で、激情的な自己中心主義にもかかわらず、否、むしろその故に、彼は称賛されただけでなく、愛されたのである。彼は峻厳で、近寄りがたい熱狂者ではなく、陽気で、身なりのきちんとした若者であった。議論が白熱してくると、彼の突っ込み、受け流し、反撃ぶりは、見ている者にとっては、一つの見物《みもの》であった。演劇や熊いじめなどの娯楽に不足をきたしたロンドンの民衆は、いまや流行の論争に同じ楽しみを見出し、かつてより野蛮なスポーツに送っていた強い興味をもって、論争出演者、説教者、パンフレット作成者を観察したのであった。リルバーンは断然、もっとも愛された出演者であり、そのゆえに、ただ一人、ロンドンっ子の人気者であった。彼はまた、彼らの特殊な苦情を声にした最初の男であった。冒険商人組合、長老議員、法律家たちに対する彼の抗議の中に、言葉に出せない何千人もの小商人、職人たちは、彼らがもっとも切実に聞きたいとおもう言葉を聞いたのであった。リルバーンは、自分から聞き取られた告示を示されて喜びとし、それに再回答した。たとえ彼は煽動家であったとしても、彼はまた聖者であった。彼の性格の核、彼の教理の核をなしたのは、彼の同僚にかかわることであった。自分自身のために闘いながら、彼は、彼らのために闘っていた。そして、成人に達してからの二〇年、彼は繰り返し、苦痛に耐えながら、真実を抱いて妥協を拒否し、不正に対して沈黙を強いられることを拒否した人々に対して、怒りくるった権威が加える刑罰がいかに恐るべきものであるかを顕示してきたのであった。

彼の友人で援助者であるウィリアム・ウォルウィンは、もし政治理念をもった人々が上から組織され、結合され、指導されるならば、理念というものがもっとも有効に行動に転換されるということを理解した、イギリス政治における最初の人であった。一年足らずのうちに、ウォルウィンは、リルバーンの背後にあって、ロンドン、そしてニュー・モデル軍において、平等派を創り出した。一六四五年秋には、まもなく脅迫の意味をもつはずの言葉が、リルバーンとその友人たちにとっては、脅迫でもなんでもなくなり、四〇年代末に暴徒たちがなしたこと以上を意味しなくなった。すなわち、暴徒たちは、新しい囲い込みの障壁を打ち倒したのである。

しかし、一六四五年秋の政治的情勢を観察した人にとっては、もっとも鋭い分裂は、長老派と独立派のあいだのそれのようにおもわれ、それこそ宗教の改革、王国の未来にとってもっとも重大な問題であるとおもわれた。だれも、独立派が、自身の理念の発酵によって、徹底的に分裂しようとは予見できなかったし、少数の人だけが、戦争によって財産と階層制支配とがいかに深くゆさぶられたか、あるいは、イングランドの人々が亀裂をとおして、いかなるより良き世界のうっとりさせられるようなきらめきを見たかを推量するにとどまったのである。

第二節　教皇特使のアイルランド問題介入

国王の消されることのない希望は、彼の敵のこうした分裂から新たに燃え上がってきた。もちろん、彼は、臣民のあいだで動き始めていた動きの深さやその意味についての認識において、彼の中心的反対者以上に知覚できたとはいえなかったが。なお彼にあっては、政治とは、彼の友人である外国の主権者から援助を得る、あるいは、独立派から長老派を分裂させる、権力と愛顧というわいろを使ってスコットランド人をイギリス人から分裂させる、そういう表面的な外交の問題でしかなかった。そして、冬は早産に終わる交渉、空想に終わる陰謀の迷宮のなかを過ぎていった。去る夏にスコットランド軍によってなされた平和予備交渉も早産に終わった。しかし、その情報は議会に達し、同盟者間の不信をさらに深めたが、少なくとも国王にとっては望外の利益であった。間欠的に、彼は寛容の約束をすることによって、独立派獲得の考えをもてあそんだ。こうした一グループ、あるいは、他グループを誘惑するという試みによって、彼は、それらの各々の疑惑と恐怖を増大させたが、彼らとの緊張した同盟を破ることはなかった。彼は提供できるものをほとんど持っておらず、彼の言葉も判断も敬意に値しなかった。

それは、直接、あるいは、王妃を通して、彼が援助を訴えた外国権力者との交渉についても、同じことであった。彼らは、彼の運命に関心をよせたのは、援助をしてどれくらいの利益が引き出せるかにかかっていた。ここ数年、国王チャールズは、権力のある時代にまいたヤハズエンドウを収穫していた。彼の外交政策が利己的で、日和見主義的であり、物質的目的だけをめざすものであったことは、さほど重要なことではない。感謝の気持ちと寛大さは、国際外交において広くおこなわれた美徳というものではなかった。しかし、彼の政策は弱々しく、空威張り的で、ずるいところがあった。彼の同僚である支配者たちが国王としての彼を判断したところでは、彼は強い目標をもって、それに応じた政策を遂行したことがほとんどない人物であり、また彼の外交官は、彼の判断の不安定さによって絶えず制約されていたというのである。それゆえ、自分の人民によって負かされたいま、一つの理由、あるいは、他の理由から、介入するのが賢明であると考えた支配者たちは、彼らが信頼をおいていない国王の示唆とか要求を無視して、それぞれの間柄、それぞれの仕方を通して、介入したのであった。

議会、外交においても優位

議会は、戦争の初発から、外交政策においては優位をもっていた。なぜなら、彼らが海軍を支配下においていたからである。そして、ダンケルクの海賊を使ってこれに対抗しようとした国王の試みは、オランダ人をして、共通の敵（海賊）に対して、イギリス議会の海軍と協力する行動を起こさせた。イギリスとの商業上での競争がたかまりつつあった間には、オランダは、海賊を大目に見ていたのであるが。トロンプ提督とウォーリック伯は、戦争のもっとも危機的な時期、ダンケルク海賊とその同盟者、アイルランド海のローヴァー（海賊）――国王の命令を奉じている、あるいは、それを遂行していると主張した――に対して、有効な同盟者をなした。

議会の有能な外交家ヴェイン

そのほか、議会は、サー・ヘンリー・ヴェインに、きわめて有能な外交官を見出したが、彼は、最悪のときにおいてさえも、さまざまな外国の駐在外交官——フランス、スペイン、ヴェネツィア、ポルトガルの——に、議会との良好な関係を保つことが、彼らの主人にとって利益になることを確信させた。彼らの中の最大の王党派であるポルトガルのアントニオ・デ・スーサさえも、国王の手紙をこっそり持ち出す奉仕以上のことをしなかった。スペイン人は、初期から、スペイン船に対するイギリス海軍の中立性を守らせること、イギリス国内で捕虜となった王党派員のなかから、スペイン軍への兵士を徴募する権利を確保すること、これらを追求するに値すると見ていた。権力のある日々にチャールズが多くの援助をしたスペイン王が、議会をイギリスの政府として公式に承認した最初のヨーロッパ権力者であったというのは皮肉なことである。

フランス政府——敵意をもったリシュリューの死後、国王は空しくその援助を期待していた——は、時折、王党派の港を目指したフランス船の拿捕《だほ》をめぐって、議会と争論することはあったが、それで精々不愉快を忍ばねばならなかったにせよ、戦争に突入する意図などはなかった。まだ幼児の国王ルイ十四世とその母で、摂政であるアンヌ・ドートリッシュは、事実、一六四四年夏、チャールズと公式の友好条約を結んでいたが、単なる優雅さの恰好《かっこう》づけにすぎず、なんの意味ももたなかった。

イングランドの内戦が、ヨーロッパの争い（ドイツ三十年戦争）と時期を同じくし、そのためフランスにもスペインにも、外交的介入以上のことが許されなかったというのは、議会にとっても、イングランドにとっても幸運であった。ヨーロッパの覇権をめぐってのこれら強大な競争者のどちらも、軍隊の力によってチャールズを復活させ、飾り物の政府とイギリス海峡の支配を確保するというのは、やり甲斐のあることであったからである。しかし、そうした行動は、一六四〇年代には、双方ともその力の限界を越えていた。双方とも、心配そうな眼差しを海軍の動きに注ぎながら、中立の選択肢へ尻込みし、かくしてイギリス人に自分たちの島国の運命だけに意を注ぐことを可能にしたのである。

しかし、国王の敗北は、少なくとも、フランスの王冠にとっては威信の問題であった。そして、一六四五年晩《おそ》く、マザランは、少なくとも、威信と権力のバランスの取れた王位にチャールズを復位させるには、なにをなすべきかを発見する特殊な使命を帯びた新しい代表者をおくるのが賢明であると考えた。同じとき、国王の苦境は、教皇を行動へと促した。もちろん国王を助けるというのではなく、アイルランド人、否、むしろアイルランド教会が、彼らの部隊に対する教皇の訴え掛けによって、そこから最大限の利益が引き出せるようにしてやるというものであった。国王の苦境はアイルランドにとってはチャンスであった。これを失うようなことがあってはならない。

かくして最後に、一六四五年秋、外国の介入に対する国王の訴え掛けに、チャールズが期待したような仕方ではなかったが、回答が寄せられた。これら二つの外交的侵略が、彼にとってより致命的なものであったことはいうまでもないであろう。

教皇の外交的介入

教皇のアイルランドへの介入がおこなわれたのには、正当な理由がない訳ではなかった。科学者で、趣味人、そして、哲学者でもあったケネルム・ディグビー――ジョージ・ディグビーの従兄弟に当たる――は、国王の承知と王妃の支持を受けて、密命を帯びて、ローマへ赴いた。そこへの途中、彼は数人のイタリアの君主に国王のさしせまった必要性を説明したが、しかし、彼らは「つつましやかな世代」であって、頼りにはならなかった。ローマでは、スペイン大使によって教皇との会見を拒否され、控えの間で、大衆とともに順番を待つようにと指示され、彼は、自分の主人のおかれている軽蔑的地位を知った。サー・ケネルムの中心的計画は、国王を助けるためグラモーガン伯爵が立ち揚げたアイルランド軍に武器と資金を寄贈するように教皇を説得することにあった。この嘆願に対して、教皇インノセント十世は、国王がまずローマに帰属するという声明を出すならば、助けるであろうと答えた。

これは、チャールズにとって不幸なことに、教皇の介入の終わりではなく、始まりにすぎなかった。二年間のあいだ、ヴァティカンは、アイルランド連合に一人の代表、ピエール・フランチェスコ・スカランピをもっていた。しかし、連合自体はすでに、教皇の特使以外のものをもちたくないと希望していた。一六四四年、ウルバン八世を継いだインノセント十世は、アイルランド人に対してより積極的政策を採用した。そして、一六四五年夏、彼らの要望に応じた。彼の選択はフェルモ大司教ジョヴァンニ・バッテイスタ・リヌチーニに下ったが、彼は、初老の、傑出したフィレンツェ人であり、真面目で、献身的、かつ勤勉であり、多少法律上の訓練を積んでいたが、政治的判断力は乏しく、アイルランドについてはなんの知識もなかった。その困難な使命に対して、生まれついての性質上、向いてはいなかったが、リヌチーニには、さらに教皇からの指示という障害が付いて回っていた。

ヴァティカンは、アイルランドにおけるプロテスタンティズムの根絶以外には求めなかった。いかなる妥協的解決も許されなかった。王妃アンリエッタ・マリアは腐敗していると非難された、なぜなら、彼女は、過去数カ月のあいだ、アイルランド人にオーモンドの協定を受け入れるように促していたからである。この協定は、教皇の目から見れば、聖なる教会の利益のまえに、彼女の夫の利益を置くものであり、リヌチーニは、プロテスタントのオーモンドによって提案されたいかなる解決も受け入れてはならない、アイルランド人と国王とのあいだの同意を権威付けることがあってはならない――それらは、アイルランドの教会の完全な復活を許さないであろう――、そして、国王には、将来、ローマ・カソリックの副総理卿に任命するであろうと保証しておけ、と指示されたのである。それゆえ、急がれているアイルランド協定（の阻止）から、連合体の激励、国王の救済にいたるまで、リヌチーニは、いかなる犠牲を払ってでも、オーモンド協定の調印だけは阻止しなければならなかった。彼にはさらに、アイルランド教会の全体的な改革という仕事が課せられた。アイルランド人が長らく蒙《こうむ》ってきた抑圧は、抑制されねばならない弊害をつくりだしていた。説教師たちは、独立という危険な習性を獲得した。修道士や修道女は追い出されて、信心深い個人の家で生活していたが、この秘密集会所の規律に反抗するようになっていた。人々は、これらの集会所から鼓舞された訳ではなく、秘密裡にミサを聞いていたが、教会に出席することにいささか困難を感じ、抑圧の諸年代の乱雑な実情を呈し続けたのである。教皇特使に鎮めるように課せられた課題というのは、こうした弛《し》緩《かん》であった。

教皇特使リヌチーニ、アイルランドへ派遣さる

こうした指示を受けて、リヌチーニはイタリアから送り出された。途中、パリで、彼は王妃アンリエッタ・マリアの都合に悪い意見を承認したが、彼女は、ヴァティカンからの援助を欲しながらも、ヴァティカンの政策を受け入れる気のない助言者たちに取り巻かれて、中途半端なカソリックであった。ここでまた、リヌチーニは、高等委員会の書記をつとめるリチャード・ベリングスと出会ったが、彼は、過去六カ月のあいだ、アイルランド連合のために財政的支援を得るためにヨーロッパ中に働きかけていた。「すべての人が問題に好意を抱いていた」と、ベリングスはのちに書いている。「しかし、だれもわれらを助ける状態にはなかった」。この書記官の非幻想的現実主義と、彼とオーモンド派のアイルランド貴族たちとの連携は、リヌチーニに悪い印象を与えた。彼は、ヴァティカンに心酔している人達、アイルランドの聖職者党派だけに信頼をおこうと決心した。

ラ・ロシェルで、乗船を待っていたとき、彼はグラモーガン伯の手紙を受け取ったが、彼は恭《うやうや》しい仕方で、途中でリヌチーニを待っている、そして、自分としては、国王と連合のあいだの秘密協定の締結だけを望んで助言をし、援助をするつもりだ、と伝えてきた。この知識に励まされ、あらゆる点でオーモンドの企画を抹殺しようと決心して、教皇特使は一〇月初め、いみじくも「セント・ピーター」と名付けられた船に乗って船出した。聖者の保護が祈願され、かつそれを必要とした。セント・ペーター号はもやの中を航行してウォーターフォードから離れてしまい、さらには西方へと海賊によって追っかけ回された。船が最後に錨を降ろしたのは、カーリー海岸のケンメアという哀れな小村の沖合であった。特使は、羊飼いの小屋で一夜を過ごし、船荷の獣たちのあいだで横になり、

この窮状は、幼児の救世主のそれとよく似ていたな、と彼はのちに敬虔に振り返っている。
彼が聖なる戦いにおいて連合を援助するためにもたらした弾薬の供給品は、数日後、より便利な港に無事陸揚げされた。その間、教皇特使は、湿っぽい、緑の、見知らぬ土地を横切って、リメリックへ向かったが、そこで彼は正式にスカランピと会見し、不安なニュースに接した。カステルへーヴン指揮下の連合が、際立った出来事として、南海岸のユーガール港を弱体化することに失敗したというのである。失敗は、中途半端な、あるいは、裏切りの気配のするアングロ・アイリッシュ系のカステルへーヴンのせいにされたが、この失敗の真の原因は、武器と食料品をライム・レーギス、リヴァプール諸港からユーガールへ運ぶ議会側の船を阻止できなかったアイルランド・ダンケルク船隊の無能にあった。それゆえ、プロテスタントの敵は、なおコークから東の方にかけての重要な地域を確保しており、インチキンの指導下に強さをましていた。モンロー指揮下のスコットランド軍は北方においてなお強力であり、最近の小さな襲撃において、トゥアム大主教を殺し、彼の文書すべてを押収した。リヌチーニは、大主教の文書の喪失が、数週間のうちに、一定の悲惨な影響をもつにいたることを知らなかった。むしろ、彼はこの精力的な高位聖職者の喪失を悲しんだ。彼は、ヴァティカンの政策の全面的支持を期待できたのに、と語っている。少し気落ちしたが、しかし、なお心乱されることなく究極の成功を確信し、彼はキルケニーに赴いた。彼はそこへ、一一月一二日、たえず土砂降りとなる雨のなかを、おごそかに入っていった。

教皇特使、オーモンドの妥協策を拒否し、グラモーガンを使ってアイルランドの再カソリック化を推進
特使は、このとき、オーモンド侯が、彼の義兄弟のマスカーリーによって指導された高等委員会の主要なメンバーを説得しているのを知った。オーモンドはこういった。いまこそ真剣に、カソリック教徒として従属させられてきた最悪の無力状態からの脱却以外のなにものもアイルランド人に保証しない条約を結ぶことを考えるべきであり、それこそイギリス議会からの独立の一手段なのだ、と。私的にではあるが、グラモーガン伯は、アイルランド人に

教会とその土地を返還すること、彼らの信仰の公然たる実施を申し出た。彼は、国王からの私信を彼に手渡すことによって、これらの提案が本物であることをリヌチーニに納得させた。その私信の中で、チャールズは、自分としては、いかなるものであろうと、グラモーガンの解決策に耐え忍ぶことを約束してきたので、特使としても彼に全幅の信頼を寄せてほしいと懇願しているのである。秘密条約と公然の条約の混淆《こんこう》が、これまで双方の署名を妨げてきた。このことがリヌチーニにとって都合がよかった、彼は双方とも嫌ったからである。オーモンドの条約を彼は支持できないものと見なし、グラモーガンの諸条項を賛成するには不十分なものと考えた。彼は目の前に、ひたむきな理想主義者として、統一カソリック・アイルランドの像――その中では、教会の権利と財産が完全に、かつ自由に復興されている――しかもっていなかった。もしイングランド国王が、実際に、土地なり、諸権利なり、すべてのものを復帰させることを容認するならば、次には、宗教改革によって失われた宗教的実践――そして、ただそれだけ――について、国王はヴァティカンからの援助が期待できる、と。

誠実にそう信じたリヌチーニは、集会において意見を異にする党派を「統一」しにかかり、これまでなされたいかなるものよりも、より極端な要求を支持させようと高等委員会に働きかけたのであった。アイルランド人の領主と土地所有者は、リヌチーニの理想が達成不可能であり、彼らを経済的に破滅に追いやるものであることを知っていた。この政策に諸党派を統一しようという彼の努力は、それゆえ、直接の結果として、分裂の激化、疑惑の増大、国王への援軍派遣の延期をもたらすことになった。彼の介入の最初の結果として、オーモンド侯、あるいは、グラモーガン伯どちらも、条約への署名を無期延期することになった。オックスフォードの国王がなお、春にはアイルランドの軍隊が見られると期待していた間に、キルカニーで教皇特使は、彼の大きな地位の威厳をもって、情け容赦なく、条約のあらゆる見込みをぶち壊し、しかも誤って、自分はアイルランドと教会のために最善を尽くしたと信じているのである。その考え方においてより現実的であった高等委員会の諸卿は、彼にプロテスタントの勢力の強さ、たとえ一度でも彼らが国王をして戦いに破れるのを許したとしても、彼らとして戦わざるを得ない相手の強さを指摘したが、無駄であった。リヌチーニは、オーモンド条約に対する抵抗を聖職者のあいだにも広げる仕事を続け、あらゆる点において、またいかなる犠牲を払ってでも闘う覚悟を固めていたのであった。

ヴァティカンがこのように国王・アイルランド問題に致命的にかかわっていた間に、フランス政府は彼にそのスコットランド政策を見直すように迫っていた。ブリテン諸島における戦争しつつある諸王国間に平和を回復させようというマザランの政策は、一部には、スコットランドと同盟する古くからのフランスの伝統に、一部には、戦闘員たちがその利益を促進しようという彼らの理念を放棄するであろう、という誤った観念に負うものであった。そこで彼は、夏の終わりに、一人の使節ジャン・ド・モントルイーユをスコットランドに派遣したが、彼は数年前、ロンドンに滞在していたとき、国王チャールズの問題についていくらか経験を積んだ器用な、若い外交官であった。モントルイーユはまず、ロンドンのスコットランド委員会を訪ね、次いでエディンバラ、オックスフォードを訪ね、説得力のある議論によってフランス、スコットランド間の古くからの理解を築き上げ、国王とスコットランド人をイギリス人叛徒に対抗する同盟へ導いていくはずであった。かくすれば、勢力均衡が国王と議会のあいだに樹立され、満足のいく妥協的解決が達成されることは疑いなかった。戦争が続くあいだ、戦費を償うため多くの芸術作品が売られるであろうとマザランは踏んでいて、彼はモントルイーユに、市場に出てきた綴れ織り、あるいは手書き写本に注意するように私的支持を付け加えている。

フランスの外交官モントルイーユ、国王と盟約者団の同盟を策す

ロンドンに到着後の数週間、盟約者団とイギリス人とのあいだの緊張は、同盟破棄のモントルイーユの期待を喜ばせるものであった。イギリス人は、スコットランド軍がニューカッスル占領以外には何もせず、略奪によってこの国を消耗させるばかりであると不満をこぼした。スコットランド委員会の方は、七カ月間なんの金も支払われていない、議会は故意に彼らに田舎で生活するように節約を申し渡し、おかげでわれらは人民に憎まれる存在になっ

てしまったと答えた。秋になって、彼らの全部隊は靴と衣服が必要となったが、飢えた兵士たちと彼らが駐屯する土地の住民とのあいだに紛争が頻発した。議会がついに金と靴と銃をおくったとき、カーリールとニューカッスルを明け渡すようにという要求が付け加えられた。これらの都市のスコットランド守備隊は、イギリス人の誇りにとって不快極まりないというのである。スコットランド筆頭書記官ルードゥーンの手際のいい如才なさと魅力だけが、現地で、次いでロンドンで、分裂を阻止し、議会側指導者との円滑な関係を適度に維持しえたのであった。

彼がサー・ハーリー・ヴェーンやオリヴァー・セント・ジョンと着実で如才のない関係にあった間、ラウドゥーンはモントルイーユに対して友好的であった。というのも、彼は、広く広がった状況に対してどのような答えが最上かを見極めるまでは、二、三の政治家とうまく付き合う術《すべ》を十分に心得ていたからである。交渉は主として他の委員、バルメリーノ卿に託された。一方、サー・ロバート・モレィがフランスに派遣されたが、雄々しいモントローズとその高地カソリックの同盟者を見放し、異端くさい長老派をひいきにするという計画に王妃アンリエッタ・マリアを引き入れようというのである。ロンドンでは、不平を抱いたホラント伯と一癖《ひとくせ》のあるカーリール伯とが、モントルイーユに助言の便を与え、諸党派間の敵対関係がいまやいかに厳しいものになりつつあるか、ほんのちょっとした幸運に恵まれれば、スコットランド人だけでなく、ロンドン市やイギリス長老派さえも国王との同盟にひきずりこまれるかもしれないと示唆した。明晰で合理的な男、モントルイーユは、明白な形をとった型を見て取り、疑問の余地なく、もし国王と盟約者団とが合流すれば、戦争は妥協的解決によって申し分なく終結するであろうと見通した。

モントルイーユの合理的見解は、思い違いに負うものであった。なぜなら、彼が解決しようと期待した争いは、理性の範囲を越えたものであったからである。ラウドゥーンとバルメリーノは公平に彼に話して聞かせたが、その公平な言葉の背後でおこなわれている盟約者団の行為は、なんらかの仕方で国王と和解しようと気遣う人間のすることではなくて、自分たち自身の条件で振る舞う行為であった。フィリップアウグでおこなわれたモントローズの兵士たちの取り扱いの軽減ぶりは、言葉よりもより明確に、彼らの妥協への欲求を示すものといわれている。しかし、実際には、軽減はなかったのである。アーガイルもウォーリストンも、冬、セント・アンドリューズで開かれた身分制会議をしっかりと踏まえて、エディンバラの高等弁務官サー・ジョン・スミスの試み、キルジスの恐慌後モントローズのもとに入り、いまではその結末の処刑を免れようと苦慮している動揺分子を助命しようというゆるやかな雰囲気をつくろうという試みを挫《くじ》いた。支配的な一派は、ウォーリストーンの言によれば、この「汚い野獣たち」を「箱舟」から取り除くことに懸命で、モントローズ（という箱舟）の、もっとも「よこしまな乗組員」全員に死刑を投票し、より軽い者には罰金と汚名を課した。彼らは、スコットランド国務大臣サー・ロバート・スポッティスウッドを死刑に処して、国王に対する彼らの激しい怒りを表明したが、彼の罪というのは、モントローズをスコットランド副総督に任命するという任命書を彼のところに持参したというものであった。これは計算された挑発であり、その意味について、モントルイーユは盲目であってはならなかった。有罪を宣告された王党派員は処刑された。グラスゴーで何人か、セント・アンドリューズで何人か、その数の多さは、貴族たちの復讐の諸例によって証明されている。その中には、変装してモントローズとともに国境を越えた、びっこのサー・ウィリアム・ロロ、その沈着さでオールデアーンで盟約者団の騎兵隊を壊滅させたナット・ゴードン、アイルランド人の中のもっとも有能な軍人マグヌス・オカーハン、などがいた。一八歳の二人の少年もいたが、そのうち負傷していた一人は、椅子に乗せて処刑台に運ばれねばならなかった。戦争の捕虜で裁判上の犠牲者になった者のうち、神父の一人については、ごく普通のように、「（処刑の）仕事はきれいにおこなわれた」と報告されている。

第三節　アイルランド・カソリック派の国王救援出兵不可能となる

国王の年中絶えない楽観主義は、冬の敗北によってしおれてしまった。彼の最後の砦は、どこでも明け渡されていた。ドイツで職業訓練を受け、ロウトン・ヒースで国王の護衛兵を殲滅《せんめつ》したシドナム・ポインツは、北部ミッドランドを漁《あさ》り回って、スキプトン、ウェルベック、ボルソヴァーの孤立した守備隊を脅かしていた。ベルヴォアールで撃退されると、彼は、不成功におわった襲撃で捕らえた捕虜全員の処刑を命令した。ウェールズ国境のビーストン・カッスルは、ほとんど餓死状態におかれ、征服者が入っていったときには、七面鳥のパイ一切れ、数枚のビスケット、一羽の生きた孔雀以外には、食べ物をなんら発見できなかった。ラーソム・ハウスは、その長い抵抗の歴史ののちに、一二月に降伏した。

フェアファックスの着実な前進

西部では、フェアファックスが前進を続けていた。タイヴァートン・カッスルで、彼の部下は、幸運な砲撃によって、はね橋の鎖を粉砕し、守備側が再びそれを引き上げるまえに、橋にむかって殺到した。プリンス・オブ・ウェールズの顧問たちは、その貴重な預かり人をトルーロへ後退させたが、フェアファックスは愛想よくプリンスに使者をおくり、部隊を解散させて、議会に帰依《きえ》するか尋ねさせている。「ごろつきの反乱者め」と、意気盛んな少年はその伝言を聞くや叫んだ。「奴らは反乱者であることで満足せず、このわたしを一員に加えようと考えているのではないか?」。国王の西部軍は分解しつつあった。ゴーリングは、一カ月あまり病気を言い訳にしていたが、フランスへ去った。グレンヴィルは、少なくともプリンスのお守り役の援助をするように要求されたとき、プリンスに、彼の父、国王の同意の有無にかかわらず、議会に対して平和条約の訴えをするように助言している。それはともかく、フランスからは、ゴーリングの父親、ノリッジ伯がペンデニスの司政官になりたいと要請してき、そのさい元気のいい調子で、自分は一大騎士道物語を読んで、希望のない英雄的仕事に尽力する用意ができていると言明しているのである。

北ウェールズでは、サー・ウィリアム・ヴォーガンが、チェスター救済のため、兵を挙げていたが——そこは、なおバイロン卿が持ちこたえていた——前進の途中で遮られ、デンビーの近くでブレルトンによって破られた。もしアイルランドからの兵士が継続的にくるというのであれば、チェスターはその受け入れ港として確保されていなければならなかったが、いまやこの都市は絶望的状態にあった。市の郊外は焼き払われ、その飢えた住民は都市内でキャンプを張り、暴動を起こしかねず、怒りっぽくなっていた。サ・ウィリアム・ヴォーガンの敗北後、北ウェールズから援軍は来なかったが、彼らは過去二夏、武器と兵員を消耗し尽くしており、住民はいまや公然と敵対的であり、大主教ウィリアム・オブ・コンウェイは軍の司令官たちと言い争っていた。飢餓はチェスター中に広がり、長く苦しんできた人々は、涙と脅迫でバイロン卿に迫り、卿は、最近結婚したばかりの愛らしい若い女性を使者としてオックスフォードへ送り、救援を要請した。彼女は全霊をあげて感動を呼んだが、救援を得ることはできなかった。

ただ一つの事柄が、ロンドンにおいて心配のゆらめきを呼び起こした——プリンス・ルパートの国王への復帰である。彼は外国へ行く旅券を申請していたが、議会は、彼が二度と叔父のために戦わないというならば発行してもよいとしていたが、彼はこれに同意しなかった。ウースター——そこの司政官アストレー卿はかつてのルパートの家庭教師であった——で、味気なくぐずぐずしていたが、彼は一二月初め、モーリスを連れてオックスフォードへ向かった。国王に宛てた彼の書簡は、最初、改悛不十分として拒絶されたが、ウッドストックから送った彼の弁明書は、つつましやかに、かつ完全に彼の過ちを認めたものであり、国王も最後には折れ、彼をオックスフォードへ迎えいれたのである。しかし、議会は心配する必要はなかった。国王の他の顧問官たちの嫉妬心が、国王に働きかけて、彼に最上の軍隊、その司令官職を与えることを阻止し、国王の護衛隊長にすら任命されなかったのである。

冬が例外的な厳しさで始まった。一二月八日からほとんど七週間、鉄の凍結が土地をとらえた。道路は通過不可能になり、河川は凍った。凍結した二週間目、バーチ大佐は、バース、ブリストル、グロースターの議会側守備隊から義勇兵を募り、それでもって雪の中をヒアフォードに急襲をかけた。王党派の司政官サー・バーナバス・スカダモアは、スコットランド兵に対してこの町を防衛したということで、騎士に叙せられた男であるが、市民の不満と部隊の無規律によって悩まされていた。一六四五年一二月一八日早暁、長い勤務を終えた後、短い眠りに就いたところで、起き上がった。敵が市壁内に入り込んでいるというのである。バーチは、冬の夜を徹して前進し、都市の東門の近くのくぼみに部隊を隠していた。夜明けとともに、彼の兵士の十数人が労働者に変装して、ここへ働きにきたという口実で都市に入ろうとした。彼らが守衛と押し問答している間に、同僚たちが門に殺到した。たまげた王党派はほとんど攻撃に抵抗できず、スクダモアはおよそ五〇人の従者を連れて、凍ったワイ河を渡って逃げ、都市をその運命に任せた。

議会側兵士は、冬の夜中の進軍の報酬として略奪の一日が与えられたが、その後、バーチは規律を回復した。ヒアフォード大聖堂の参事会長で、国王の礼拝堂付き牧師のハーバート・クロフツは、二、三カ月前、敵地を横切って通信文を運んだという勇気の報酬として参事会長になったばかりであった。いま大聖堂の説教壇から、彼はピューリタン兵士たちのイメージ破壊行為を非難したが、バーチ自身の邪魔にあって、一狂信的隊長によって火刑に処せられた。

ヒアフォード、ウースターの陥落

ヒアフォードの陥落は、辺境領ウェールズに、国王に自領と呼びうるものをわずかしか残さないことになり、重大なことに、アストリー卿をして、最後の軍隊を編成するためにウェールズで募兵することを妨げた。アストリーが募兵の行脚《あんぎゃ》をしている間に、ウースターの司政官はワシントン大佐の手に帰したが、彼も同じように勇敢で、どう猛な軍人であり、騎士党の勝利の日々、ブリストルの陥落にさいしてその囲壁の破壊口から入った最初の人物であった。ウースターの最後の日々には、彼はその下級将校たちと、酒を飲み、罵詈雑言《ばりぞうごん》をほしいままにし、向こう見ずに馬や金を徴収して、農村部を苦しめた。のちに敵が都市を包囲すると、彼らは凶暴な精力を発揮して戦い、敵方の宿営地を荒らし、痛め付け、彼らから捕虜、馬、軍旗を奪った。ヘンリー・ワシントンのたけり狂った粘り強さが、ウースターにその誇るべき称号「忠実なる都市 civitas fidelis」を与えることになったが、この都市こそは、王冠に対して忠誠を誓った最初の都市であり、その防衛において持ちこたえた最後の都市であったのである。

国王側では、軍に規律を与えようとする試みはどこでもうまくいかなかった。隊長たちはいまや、ほとんど絶望した人間であった。ある貴族たちは、滅んでしまった大義に対する忠誠さにおいてそうであり、また他の者は、なおもつべき楽しみとか利益とかを得ようと苦慮している卑しさにおいてそうであった。一種の政治のようなものが、王党派の精神錯乱の中に見出された。彼らの部隊は、略奪行で地方を漁り回り、彼らの敵に、大義のための熱病の脈拍がなお打ち続けているのを証明した。戦争が終わったかにみえたこの冬、ピューリタンのベッドフォードシャーは、彼ら襲撃隊の怒りを痛感させられるのである。

南ウェールズで国王側によって唯一保持されていたラグランの部隊は、時折、この地方に警報を発し、マンモス、チェプストウ両市を奪取しようしたが、無駄に終わった。ルドラウ、リッチフィールド、ウースター、ウッドストック、バンベリー、ボアストール、オックスフォード、ウォーリングフォード、そして、アシュビー・ド・ラ・ズーチから、国王の気ままな騎兵隊が周辺地域を脅かしていた。とりわけ西部では、彼らの名前は忌み嫌われた。「もし彼らがもっと戦い、略奪を少なくしていたら」と、プリンス・オブ・ウェールズの顧問団のクルペッパーは書いている。彼らは非常にいい騎士党と考えられたであろうに。見捨てられた若い無法者たちは、襲撃とスポーツを同一視していたのである。西部の信心深いひとは、それを、荷物運搬人に変装しているが、クレディトンの近くで見かけた悪魔以上のものと考え、三人の騎士を捕らえ、恐るべき硫黄の匂いで殺したのであった。

これらのいざこざは、少なくとも、戦争の色彩を帯びていたが、それも戦争とともに終わった。しかし、農村部の全般的な混乱は急速には収まらなかった。そこには、初めから、そこここの大義名分――しかし、大部分は国王に関するものであった――でもって自分の私的な犯罪を隠そうという厚かましい冒険家たちがいた。馬泥棒は企業家的盗賊にとっては容易なことであったが、彼は最寄りの守備隊の隊長であると宣言し、半ダースばかりの仲間を従えて人気《ひとけ》のない農場に侵入し、見付けられるかぎりの馬や金品をひっさらっていった。国王の将軍たちは、悪行を抑えようと闘ったが無駄であった。

王党派軍の崩壊の中にあって、多くの若者たちは、その家庭から根を失い、どのような商売にも不馴れで、冒険に対する経験と略奪の習性だけはもって、農村部を徘徊した。何人かの者は外国へいき、フランス、スペイン、ヴェネツィアの代理人によって外国の戦争のために徴募された。多くの者はロンドンへやってきて、その知恵で暮らしたが、それも、騎士党の撹乱を恐れた、また首府といういい名前が傷付けられはせぬかと案じた当局が、浮浪民を狩り立てる特殊警備隊を組織し、あまり効果的であったとはいえないが、法律を定めて、これら文無しを生まれ故郷の教区へ強制的に帰らせるまでであった。漂流する兵士たちの大胆さは盗賊の群れを膨れ上がらせ、その古い職業に新しい空気を吹き込んだ。彼らは自分たちのぐるりに追随者の群れを引き付け、彼らを隊長の位に押し上げ――彼らは、実際に、王の戦争の全盛期には将校でありジェントルマンであったと信じられている――、道路上で馬車を襲った。立身した追剥《おいはぎ》は、地下世界の貴族になった。彼は知恵とよき作法を得ようと熱望し、流行の伊達《だて》男のいで立ちの真似をし、冗談をいいながら財布を取り、婦人たちに言い寄った。チピング・ノートンの鞍作り匠の息子、ジェミー・ヒンデは、道路上のジェントルマン、「ヒンデ隊長」として有名な最初の男である。彼は多くのなかで、唯一、もっとも悪名高い者であった。騎士党の難破から、来るべき世紀の新聞紙上、そして、舞台を活気付けたイギリス人の追剥が現れたのである。

敗れた国王は、ある計画から他のそれへと揺らいだ。彼は、アイルランドからの救援を急がせるように繰り返しオーモンドに手紙を書き、自分のよき信仰の人質として若い方の息子ヨーク公を送ろうかと提案している。彼はまた教皇に手紙を書き、彼の代理人グラモーガンが教皇特使と結んだ条約ならば、どんなものであろうと堅持すると保証している。彼は、プリンス・オブ・ウェールズの顧問たちに、彼を安全にフランスかデンマークに連れて行くように命じた――顧問たちは、王太子の出発が西部における国王党にとって致命傷になると信じて、その指示を無視した。彼は、スコットランド軍が彼を受け入れる用意があるというデイヴィッド・レスリーのほのめかしを受けて、元気づけられた。しかし、彼は、独立派指導者への内密の接近を続けていた。そして、彼が平和条約を議論するための伝言伝達者に通行安全保障を発行するように求めたとき、議会は、「以前の協定が、平和の口実のもとに、他の目的に使われた」と称して、旅券の交付を拒否し、国王の希望は砕かれた。交渉の時間稼ぎの意味で、チャールズは再び手紙を書いた。今度は、もし議会が彼に自由に安全に行くことを保証するならば、議論するためにみずからウェストミンスターに出掛けてもよい、という提案であった。

新しいフランスの公使モントルイーユがオックスフォードに到着したのは、一六四六年二月二日のことであった。彼は、国王に、他の計画を脇において、盟約者団と友愛を結ぶように促したが、国王は非妥協的であった。彼はどのような環境になろうとも、イングランドの長老派を認めようとはしなかった。霊魂を失うくらいなら王冠を失うほうがましだ。モントルイーユが必要と考えたモントローズを放棄することに関しては、それは考えられていなかった。このスコットランドの勝利者に対しては、優しさがあふれて、国王は、モントローズはわが子の一人のようなものであり、モントローズが受け入れられないかぎり、自分も盟約者団と協定を結ぶことはないであろうと、こういった。「われらは白昼公然と結ばれた手と手の仲」。長い議論の末にモントルイーユが彼から引き出した返事のすべては、イングランドの長老派に対して寛容を考慮しよう、そして、盟約者団がモントローズに対して安全と名誉を約束するならば、彼らとの交渉に応じてもよい、ということであった。モントルイーユはロンドンへ帰ったが、スコットランドの委員たちはなかなか言うことを聞かなかった。しかし、国王の彼らに対するひそかな接近という噂はいまや広がってしまい、議会は、オックスフォードとニューアークのあいだの部隊を増強した。国王にこれらの都市を包囲しているスコットランド軍との合流をさせないためである。チャールズと盟約者団とのあいだのやり取りは、フランスにある王妃の宮廷に出入りするすべての人と内密に知り合っている通信員を通じて、独立派の指導者たちにも知られていた。他方、モントルイーユのロンドンにおける主要な二人の助言者、ホラント卿とカーリール嬢とは、慎重さに欠けていた。彼自身の同僚で、フランス人の居留民サブロンもまた、おそらく嫉妬心からであろう、イギリスの友人たちに、時には国王がロンドンに来ようとしているとか、スコットランド人と合流しようとしているとか示唆して、ヒントをもらす癖があった。

教皇特使、グラモーガンのアイルランド秘密協定案露見す

こうした話とか噂の結果として、議会とスコットランド人とのあいだの敵意の増大がもたらされたが、彼らがともに害されるということはなかった。モントルイーユがロンドンへ帰り着くやいなや、他の地区の思いがけない大失態が国王の問題を混乱に陥れ、モントルイーユの確信を粉々にした。一六四六年一月一六日、アイルランド連合との秘密協定の草稿がウェストミンスターの入手するところとなったのである。破滅がグラモーガン卿を捕らえた。

草稿は、前年一〇月、スリゴの近くで殺されたトゥアム大主教の書類の中から発見された。しかし、この文書の性質が認識されるには少し暇がかかり、その写しがロンドンへ着いたのはもっと以前のことであった。ダブリンのオーモンド侯にそれを知らされたのは、三週間前のクリスマス・イヴのときであった。グラモーガンが、国王の名前において、こんなことをしていたのか、というのを発見してぎょっとなったオーモンドは、すぐにディグビーと相談した。ディグビーもオーモンドも錯覚はしなかったが、前者はこの発見にショックを受けた。彼ら二人は、それを見たとき、国王の手蹟を認めた。彼らがしなければならなかったのは——もう秘密は論外であった——、国王がその筆跡を自分のものと認めるかどうかを決定することであった。彼らが、国王がそれを認めないことに決定したのは正しかった。彼らができる最上のことは、議会が国王の名前においてただちにグラモーガンに対する行動を取る、その国王の名前を救うことであった。

発見のことを全く知らなかったグラモーガンは、なおキルケニーに滞在していて、教皇特使への敬意で呆然となっ

て、そのごまかしの迷宮の中に巻き込まれていた。リヌチーニの影響のもとで、彼は秘密条約をアイルランド人にとってもっと有利なものにしようとし、副総理卿は将来はローマ・カソリック教徒でなければならないという条項を挿入していた。プランは出来上がり、連合が公にオーモンド条約を受け入れるべきときが来たのであるが、念のため、国王が公のオーモンド条約ではなくて、秘密のグラモーガン条約――ただその条約だけにもとづいて、彼らは行動しようとしていた――を裁可するまでは、アイルランドからは一兵も送らないということを明確にするために、文書がグラーモン個人によって国王に送られることになった。この恐喝《きょうかつ》が作動するのを確実にするため、グラモーガン自身が、イングランドへ向けてのアイルランド兵力の軍司令官になるはずであった。自分のこの成功に喜びを抱いて、彼はダブリンへ急いだが、そこで待ち受けていたのは、正当な権限もなく行動したことに対する政府協議会の非難であり、逮捕令状であった。

オーモンドは、国王の名誉を救うため、できるかぎりのことをしたが、しかし、グラモーガンが企てた条約はそれ以前に議会に知られていた。この国王とアイルランド人との新しい関係の証拠に憤激した庶民院は、それゆえ、条約について交渉したいという国王の個人的に思い詰めた訴えかけにも、疑惑を含んだ沈黙でもって応えた。私的にではあるが、独立派指導者のある者たちは、彼を廃位し、彼らの友人であるノーザンバーランド伯の摂政下に、まだ小さいグロースター公を王位に立てる計画を議論しはじめていた。アイルランドのニュースとほとんど同じときにパリから届いた報告は、カソリックの聖職者から金を集め、密命を帯びたサー・ケネルム・ディグビーをヴァティカンへ送ろうという王妃の計画を暴露した。それらはまた、スコットランドの委員たちを困惑させたことに、彼ら自身の委員のある者がフランスの公使と陰謀めいた討論をしていることを明らかにしていた。スコットランド委員たちにできたことは、精々、自分たちについていわれていることがなんであれ、それは真実ではない、と強く弁明することであった。

言い訳する国王に対しアイルランド・カソリック不信感を募らせ、出兵不可能

国王は、しばらくのあいだは、事態を回復させることに努力し、同時に、独立派、長老派、アイルランド・カソリック連合との関係をどうにか維持しようとした。一六四六年一月二九日、彼は議会に宛てた公式文書において、公式にグラモーガンを告発した。しかし、オーモンドに宛てた書簡ではもっと柔らかな調子でこう書いている。「キリスト教徒の言葉にかけて」、自分はオーモンドの承知と了解なしには、なにごともしないつもりだ、しかし、グラモーガンは、彼の信ずるところによれば、不誠実からではなく、熱意の行き過ぎから行動したのであって、やさしく取り扱ってやらねばならない、と。事柄の様相について、グラモーガンに対して裁判を開くべきだが、決して結論を出してはいけない、と彼は忠告している。グラモーガン自身に対しては、国王は、彼の軽挙を柔らかく叱り付けるとともに、これからは、なにごとをするに当たっても、ジョージ・オーモンドの助言を求めるようにと忠告しているのである。オックスフォードからダブリンへの手紙は、スコットランド兵と議会側艦船の警戒する占領地域、海を何マイルも横切って運ばれなくてはならなかった。ニュースが断続的に入って来、オーモンドは、国王の直接的欲求を知ることなしに、最上と考えられるところに従って行動しなければならなかった。彼にとって、一つのことだけは明瞭であった、アイルランドからの部隊なしには、国王は取り返しのつかない敗北を喫するということであった。しかし、彼がアイルランド人との交渉をまとめようとしたとき、彼が出会ったのは、教皇特使の影響を受けたアイルランド人が、グラモーガンが釈放されるまでは、交渉に応じないということであった。事実、聖職者たちは、グラモーガンが逮捕されたと聞いただけで、ダブリンへ押しかけようとしたが、なお高度な政治思考をもった、リヌチーニが「オーモンド派」と呼んだところの貴族たちの支配的な影響力によって辛うじて食い止められた。アイルランドの連合も、これから深く分裂することになる。リヌチーニは、聖職者の大部分を自分の考え方に引き入れ、オーモンド侯によって提案された「屈辱的でいまわしい」平和を、いかなる状況にあっても受け入れようとしない非妥協的集団を作ったのであった。しかし、特使はもっと進んでいた。釈放されたグラモーガンがキ

ルケニーに現れたとき、特使は彼にこう語った。ローマにいる国王の使者、サー・ケネルム・ディグビーは、もっと有利な条件、礼拝の自由、アイルランド議会の独立だけでなく、アイルランドの強力な場所すべてがアイルランド人の手中に置かれる、という条件を提案している。それゆえ、自分としては、ケネルム・ディグビーがローマから帰ってくるまでは、いかなる条約の結論にも反対する、と。

表面的な見方からすれば、復興したローマ・カソリック・アイルランドを国王に受け入れることを強制しようとする教皇特使の決心については、いうべきことが多々あるようにおもわれる。アイルランドのカソリック教徒は資金に不足し、アルスターやミュンスターにおける困難事を解決する経験にも乏しかったが、連合は国土の大部分を掌握しており、武力によってすでに手に入れた状態をただ国王に承認させさえすればよかった。事実、自由とキルケニーの自治政府の四年余ののち、彼らは、オーモンド条約によって提供されようとしている、そんな貧弱な譲歩に安んじて満足すべきであろうか？

しかし、特使と彼を支えた非妥協的分子は、アイルランドが孤立した国であり、そこにイングランドはなんら関心をもっていない国であるかのように議論していた。彼らは、イングランドの国王が負ければ、議会の強力な軍隊が彼らに向かって殺到してくることを忘れていた。すでに試論的示唆がなされていたが、それによると、イングランドでの仕事を了《お》えたとき、副総指揮官クロムウェルはアイルランドへ進軍してくるであろう。全体的にどの道を選ぼうと、もし彼らがイングランドにおいて国王が敗れるままに放置するならば、アイルランド連合の勝利のチャンスは著しく減退するであろうし、彼を征服した諸力は、彼らをもまた滅ぼす自由を得たことになる、と。

アイルランド系、あるいはアングロ・アイルランド系であろうと、貴族の多くは危険を見抜いており、連合の中の法律家、職業軍人など比較的少数グループによって支持されていた。彼らは、条約を延期し、余りに多くを得ようと努力することによって、すべてを失うと見ていた。しかし、彼らの意見は、あまりにも明白な利己心によって汚されていた。彼らの多くは、教会財産の略奪から土地を獲得しており、略奪財産の返還をふくんだ解決には、どんなものであれ反対であった。彼らの反対におけるこの要素が、彼らを、リヌチーニが説教師や人民に及ぼした影響に対して、道義的に弱くしたのであった。

こうした貴族たちの影響――その中の中心は、マスカーリー卿であった――は、さしあたって、即刻、国王に軍隊を送ることに傾いていた。この差し迫った必要性という観点から、彼らは複雑な暫定協定にたっしたが、それによると、ヴァティカンからのニュースがはっきりしないうちは、オーモンド条約もグラモーガン条約も受け入れるべきではないが、国王に対する援助の用意はただちに着手しなければならないというものであった。一六四六年二月、三〇〇〇人の兵士が、船便が見つけられ次第、すぐに出航できる用意がなされた。グラモーガンはこの達成を自分の影響力によるものとし、プリンス・オブ・ウェールズの顧問団に対し、六〇〇〇人――安易に誇張されている――の兵士がイングランドへ出航する用意ができている、と書いている。幸先のいいことに、チェスターはなお国王の手中にあり、彼らを迎える用意ができている、と彼は付け加えた。

彼のにぎっている情報は時期遅れであった。チェスターは陥落していた。餓死寸前で、反抗的な都市にあって、食糧も火薬もなくなって、もはや抵抗できなくなったバイロン卿は、一六四六年二月三日、サー・ウイリアム・ブレルトンに降伏した。グラモーガンの急いで救援を送るという約束は、負けた人間にとっては冷笑ものであった。彼の書簡は、プリンス・オブ・ウェールズとその顧問団が、ペンダニスからシーリー諸島へ向けて出航しようというときに、入手された。西部は、国王から失われたのである。

第四節　国王、さまざまな同盟者を求めて、いずれも成らず

フェアファックスの前進再開、ダートマウスを陥れる

新年に入って、凍結が解け始めると、フェアファックスは行動を再開した。国王の西部軍は抵抗できなかった。

ゴーリングがフランスへ去ったのち、騎兵隊の指揮権はウェントワース卿に帰していたが、彼は「野蛮なボーイ」の中でも、その最たる者であった。彼はグレンヴィルとの私闘を受け継いでおり、フェアファックスが前進している最中でも、最上の宿営地をめぐって、お互いにすさまじく争っていた。「彼らの上には、神の手によって恐るべき恐怖が振りかけられ」と、フェアファックスは父親に書いている。「わが方の兵士三人だけで、彼らの一〇〇人を追い立てることができるほどです」。絶望したプリンスの顧問団は、一六四六年一月一五日、「身持ちの悪い、無規律、ふらちで、疲れ果てた軍隊」の指揮権をホプトンに委ねた。心では怒っていたが、頭脳は冷静なグレンヴィルは、服従することを拒否し、病気を理由に、司令官の辞任を申し出た。

いかなる妨害をするか、という彼の野心を恐れたプリンス・オブ・ウェールズは、彼を慰留した。ホプトンはがっかりしたが、思い直して元の地位についた。彼は二〇〇〇弱の歩兵、八〇〇の騎兵を率いていたが、彼らは勇敢ではあっても、無規律であった。ただ、プリンス・オブ・ウェールズ自身の騎馬護衛隊はなお「非常にその義務に忠実であった」。最初の計画は、デヴォンへ進出し、なおサー・ジョン・バークレーが保持しているイグゼターを救済することにあった。しかし、ホプトンが指揮を執って四日目、フェアファックスは、ダートマウスを急襲し、これを取った。彼は、敗れた守備隊の各人に、平和に出身地に帰れるように半クラウンの金を与えた。もしニュー・モデル軍に登録したい者があれば、彼には三シリングを与えた。ダートマウス後、王党派の逃亡兵たちは、日々、フェアファックスの前進してくる部隊に合流した。

ダートマウスの陥落には、飢えた兵士にとって歓迎すべきことに、湾内における奇跡的な大量漁獲という景品が付いていた。また一隻の船が捕獲され、そこから王妃の手紙が発見された。船長は小包みを船橋から投げ捨てたのであるが、拾われ、少ししみがついたが、ロンドンへ送られた。その内容から、両王国委員会は、フランスで兵を集めようという王妃の計画の詳細を知った——その内容は委員会をかき乱しはしなかった。なぜなら、国王を助けるべき時点、あるいは、いまになっても、いかなる外国勢も上陸していないからである。彼らはまた、そこから、国王のための、スコットランド委員会とフランス公使とのあいだの陰謀の詳細を知ったが、この証拠は、自分たちは国王との交渉についてすべて潔白である、といい続けてきたスコットランド委員会の最近の公式的言明と著しく矛盾するものであった。しかし、ニュー・モデル軍の引きつづいての勝利に確信をもって、イギリスの指導者たちは、スコットランド人との関係の清算を先に延ばしても困らないと信じたのであった。

イグゼター降伏

ダートマウスの陥落は、イグゼター救済の直接的希望に終止符を打った。その代わりホプトンは、北デヴォンへ進出し、敵の側面を突こうと考えた。彼自身はトーリングトンで要塞を構えた。そこを二月一〇日、フェアファックスは攻撃を仕掛け、都市のなかで彼流の戦いをした。ホプトン自身は顔面に負傷し、馬が殺された。「もし彼（ホプトン）の将校たちが彼の例にならっていたら、この都市に入ることは、われわれにとって困難なことであったろう」と、議会軍の賢明な専門家は書いている。フェアファックスは、ホプトンに劣らず、軍の先頭に立って戦い、砲撃の轟音と弾幕の中で、トーリングトン教会の屋根が宙に飛び、焼けた木材、石材、鉛の雨となって落ちてきたときには、ほとんど死ぬかとおもわれたほどであった。八四バレルの火薬の詰まった王党派の兵器庫は、ホプトンの命令で焼かれた。続く混乱の中で、狭い道路を通っての追跡は断念された。ホプトンは敗れた残軍を集めたが、軍用行李も大砲もなく、数本の軍旗だけをもって、コーンウォールの境界を越え、ストラットンに着いた。ここの彼のところへ、フランスからの使者が到着したが、五〇〇〇の兵が国王を助けるべく急スピードで募兵されているという空しい情報をたずさえていただけであった。

トーリグトンの市場では、夜が明けると、ヒュー・ペーターが残骸物のあいだで説教したが、人々はいまや、解放者としてフェアファックスを歓迎する用意ができていた。彼はコーンウォールへ進軍し、ローンセストンに入り、そこから海岸線に沿って北コーンウォールへ転じ――ホプトンは彼の前から退却していた――ボドミンを取り、パドストウ港ではアイルランドからきた一隻の船を捕まえたが、そこでジョージ・ディグビーとグラモーガンの手紙が見付かった。アイルランドの乗組員は絞首刑に処せられ、手紙は、ヒュー・ピーターによってボドミン・ムーアに集まった大群衆に大声で読み上げられた。彼はいつもの雄弁で、議会軍がちょうどいいときにお前たちを救わなかったならば、国王はお前たちを人殺しのアイルランド教皇主義者に売り渡していただろう、と説明した。

ホプトンはトゥルーロへ引きこもった。プリンス・オブ・ウェールズとその民間人の雇従者とは、すでに海を渡って亡命していた。騎士党の将校たちは反乱気味であり、すべてを失うまえに、身を譲り渡す相手を求めて騒いでいた。ホプトンは、二、三日間は彼らを国王側につなぎ止めるため骨を折ったが、その間に、ペンデニス・カッスルに残されていた数門の大砲を手に入れた。急速に接近したフェアファックスは、騎兵隊のいくつかを撃破し、捕虜の中の裕福そうな者をホプトンのもとへおくり、降伏を勧告した。ホプトンは何もしなかった。彼の兵士はもはや戦わなかった。彼らは、議会軍がトゥルーロの向かい側の外郭部に入ってくると、活気付いて、休戦だと叫びながら、軍を歓迎した。三月九日、真夜中、ホプトンは交渉の提案者をおくった。フェアファックスは、トゥルーロを占領するという彼の意図を宣言して、休戦実施委員の任命を求めた。ホプトンはトゥルーロから完全に撤退し、あとに数百人の兵士を、受け入れに当たって良質の酒をふるまうようにと、征服者に残すことになった。交渉の三日間に、彼の兵士たちは群れをなして敵方へ移り、将校たちもそれにならい、ホプトンは軍を解体し、自身は外国にいくことに同意した。みじめな諸条項が一六四六年三月一三日調印され、フェアファックスによって被征服者に手際よく提供された、しかし、悲しみに満ちた夕食がそれを保証した。

フェアファックスは、次いでペンデニス・カッスルに降伏を勧めたが、そこの司令官、年寄りのジョン・アランデルは、熱に浮かされたような頑強な抵抗でもってそれに応えた。この最後の、コーンウォール王党派の要塞に立て籠もる「国王に奉仕するジャック」を後程やっつけることにして、フェアファックスはイグゼターへ引き返した。その地は、国王の末子の王女アンリエッタを保護して、サー・ジョン・バークレーがなお保持していたのである。

こうした間にも、オックスフォードの国王は、少数の忠実な者たちに取り巻かれて、絶望のなかでとるべきあれか、これかの選択肢のあいだをためらっていた。彼が楽しんだ大ざっぱな計画というのは、突如南東部を襲って、イングランド五港の一つ——おそらく、イングランド侵入の古典的地点 locus classicus であるヘイスティングスであろう——を取ろうという計画であった。王妃が彼に（「あなたがわたしを愛しているように、神を愛するがゆえに」）フランスから五〇〇〇人の兵士を送ってくるまで、そこを保持しようというのである。どの急使からも悪いニュースがもたらされた。ベルヴォアール・カッスルが降伏し、アシュレー・ド・ラ・ズーチ、リッチフィールドもそれにならった、と。高等裁判卿バンクの未亡人とその娘たちの部隊に数カ月防衛されてきたコルフ・カッスルも、裏切りによって失われた。南ウェールズでは、ラグランの守備隊が、カーディフを占領したローガーヌ将軍の勝利の自信をもった軍によって閉じ込められ、南ウェールズ海岸は封印されたのである。

オックスフォードでは時折、かつての陽気さと伊達男ぶりがちらちらと姿を見せた。宮廷詩人オーレリアン・タウンゼンドの娘メアリーは、傾きつつある宮廷の「称えるべき美女」であり、クライスト・チャーチ大聖堂での彼女の冬の結婚式には、国王みずから彼女の手を引いて祭壇に導いた。しかし、軍事的義務の呼び出しが、国王の寝室の整理にまで介入してきた。それは、リンゼー卿がかしずく月のことであったが、彼と洗練された会話を身近でしようと、彼の到着を急がせるように手紙を書き、彼を見るのを待ち兼ねて、『二人の陽気な淑女』物語で、自分をいじめて時を過ごした。しかし、ウッドストックの司令官であるリンゼーは、彼の留守のあいだに反乱の恐れがあって、守備隊を離れることができなかった。

国王、なおも議会内の亀裂に期待

国王の希望は、敵の動きと味方の計画とのあいだの亀裂に関するニュース——ロンドン、パリ、スコットランド、アイルランドから来た——につれて、一つの観点から別のそれへと絶えず動いた。庶民院では独立派が優勢であったが、神父集会やロンドン市会では、長老派が最強であり、両者のあいだの敵意は激しくなるばかりであった。長老派の神父トーマス・エドワード——ミルトンの、人を馬鹿にしたソネット詩に出てくる「浅はかなエドワード」のモデル——は、二月遅く、教会分派の乱暴な行動や言辞について、『壊疽《えそ》 Gangraena』という表題の不快な小話集を出版した。それは非常によくできた読物であり、非常に多く読まれた。盟約者たちやその友人たちは、いたるところでそれを引用した。独立派は、集団的に、また個人的に憤激させられた。

こうした分裂は、国王、盟約者団、長老派の一般的統一をつくろうという計画を推し進めているモントルイーユにとっては、歓迎すべきことであった。しかし、オックスフォードのチャールズは、自分自身の欲求、信条に従っていた。彼は独立派への接近、あるいは長老派への接近になんの危害も感じていなかった。三月二日、彼は書記のニコラスに命じて、若いヴェインに手紙を書かせ、もし彼らが彼らの競争相手に対して自分を支持してくれるならば、教会分派に譲歩する用意があると提案した。

「もし長老派が、自分たちなしには、いかなる平和もありえないと強く主張するならば、君たちは、わたしの主人が行使できるすべての権力と、君たちのそれとを合わせて、この王国から長老派の専制的政府を根絶やしすることができるであろう。こうした条件であれば、この容易な仕事が終わったときには、わたしの主人はその良心をかき乱されることはないであろう（君たちの良心は自由だ）。この絶好の機会を逃すな」。

チャールズは次の日、王妃に手紙を書いて、自分がした譲歩によって、王権は失うものはなにもないであろうし、イギリス教会を失うことを意味するならば、スコットランド人との合意に入ることもないであろう、と保証している。「長老派政府の性質は、国王の頭から王冠を盗む、あるいは、王冠を強要するところにある」と、それゆえ、彼女は、彼が彼らに対してなんらか活気をもたらすものと予想しなくてもよい、と王妃に語っている。

国王が王妃にこうした条項について書いている一方、ヴェインは、独立派に対する国王の友好の表明を、疑惑のうちに受け取った。彼は、パリの情報員から、盟約者団と国王のあいだの大掛かりな同盟がフランスの側から推し進められていることを知った。だから彼は、国王の手探り的提案になんら返事をしなかった。三月五日の庶民院では、長老や神父たちが破門権、道徳的裁判権を行使できるという条例が、長ったらしい論争ののち、通過した。それは、スコットランド人長老派にとってもとより、多くのイギリスの長老派にとっても、満足できるものではなかった。なぜなら、道徳的罪があるかどうかの最終判断は、神父や長老にではなく、議会に残されていた、つまり、教会ではなく国家のより高い地位が強調されたからである。ロンドン市長は、通常の長老派の実際のこの逆転に対して、議会に請願して迫ったが、庶民院はそれを考慮しなかった。スコットランド委員会委員たちは、ロンドン市会のこの憤慨に注目し、もし議会との決裂が起こるようなことがあれば、市会のこの友好に期待できると信じたのであった。

しかし、事態が、独立派に対してスコットランド、イングランド長老派の統一の方向に順調に進んでいる間に、オックスフォードの国王は乱暴な政策を追求していた。三月四日、彼はグラモーガン伯に使いを送った。国王は、五週間前に彼をサマセット公に叙任するという決定を公式に拒否していたのであるが、そのさい彼にアイルランド条約の締結に努力するという明確な条件付きで、公爵叙任の内々の特許状を発行したのである。三月一二日には、国王は王妃に宛てて手紙を書き、ローマ・カソリックの支援を得て、長老派と独立派を滅ぼすことができるという希望を表明し、彼女にヴァティカンののろい支援を急がせるように依頼し、教皇には、チャールズを王座に復帰させることに「心を込めて、はっきり」と支援してくれるならば、イングランドにおけるカソリック処罰の法律を、差し当たっては内密にではあるが、廃止すると提案している。

国王の最後の将軍アストリー卿敗れる

国王側に残っている数名の軍司令官のうちの一人、アストリー卿は、ウェールズでおよそ二〇〇〇の騎兵を集めてまわり、オックスフォードへ行くばかりにして、ウースターにいた。この小部隊をもってして、国王は、フランスの部隊が整うまで、ヴァティカンの資金援助が現実化するまで、モントローズが再び征服するまで、そして、いつになるか判らないが、アイルランド兵が上陸してくるまでの、やりくりの手段にしようとした。

アストレーは経験を積んだ軍人であり、彼を補佐する有能なチャールズ・ルーカスをもっていたが、アストレーは、グロースター、イーヴシャム、ウォーリックにいる議会側守備隊の注意を避けながら、ウースターからオックスフォードへ行かねばならなかった。グロースターの司政官、モーガン大佐は、エイヴォン河を渡河するすべての地点を守るだけの十分な兵力をもっていなかった。モーガンはブレルトンに騎兵の援軍を送るように使者を送ったが、ブレルトンが駆けつける前に、アストレーがストウ・オン・ザ・ウォルドへほんの数マイルの地点にさしかかったときに、モーガンはその側面に奇襲をかけ、その進軍を遅らせようと計《はか》った。三月二〇日の夜になったときのことである。同夜九時、ブレルトンとその騎兵隊はモーガンに合流した。夜を通じて、アストレーはストウ・オン・ザ・ウォルド下の丘の深い側面に強固な陣地を築き、ここから、一六四六年三月二一日、夜明け前半刻、モーガンとブレルトンはアストレーへ攻撃を掛けたのであった。ウェールズ徴募兵は、こうしたことには慣れておらず、ほんの少し戦っただけであった。一六〇〇人が、武器、火薬ともども降伏した。騎兵隊はオックスフォードへ逃げた。アストレーは馬にも乗らず、降伏し、自分の剣をバーチ大佐の部下の一人に放棄した。「君は君の働きをしてきたし」と、老アストレーはいった。「その働きを続けるだろう。そして、君は、君たち自身の中で、倒れるのだ」。

次の日、国王は王妃に手紙を書き、自分には「抵抗するだけの十分な力がないし、どこか安全な場所に逃れるだけの力もない」と嘆いた。しかし、彼は、心の中ではなお、いくつかの可能性を考えていた。彼は、王妃に対してヴァティカンへの訴えを続けるように求める一方、議会に対しもう一度手紙を書き、もし彼らが自分の名誉と人格に敬意を払うならば、自分としては平和を討議するために自身出掛けることを認めるように提案している。さもなければ、スコットランドへ行くこともできるぞ、と示唆しながら。オックスフォードへ帰ってきたモントルイーユは、このあとの方の計画を強調していたが、彼の元気のない状態から、国王は信用か希望かどちらか一方しかもてなかった。彼は、同国人がモントルイーユよりは、はるかにうまくいいくるめること、ロンドンのスコットランド人委員会の説得力ある言葉にだまされてはならないことを知ったが、同委員会はモントルイーユに、宗教問題に関するほんのちょっとした譲歩でも同盟を締結させることができるかのように信じ込ませたのである。だからモントルイーユは、なぜチャールズが長老派に対して断固反対しているのかが判らなかったし、彼の婉曲な表現によると、モントローズに「なんらかの時のために遠ざかること eloign pour quelque temps」を許しておくことに同意しなかったのである。

国王、スコットランドとの同盟に乗り気になる

独立派と個別平和を結ぼうという国王の希望は、ヴェインの拒絶にあって消されていた。ロンドンへ個人的に行きたい彼の提案は、冷淡な疑惑をもって受け取られた。彼らは恭《うやうや》しく、彼を受け入れることはできないと通知した。彼らは、おそらく正しい推測と思われるが、彼がなんらか政治的一撃によって、ロンドン市の主人になろうと計画していると考えたのである。議会前広場は、名だたる王党派員によって息が詰まりそうになった。彼らのある者は捕らえられたのち、なお獄中にある者、釈放された者たちで、議会と正式な平和を結びたいと求めていた。これら騎士党の突然の運動は、おそらくロンドン市会の長老派によって助けられたもので、庶民院を圧倒しようというものであった。議会は、王党派員たちにロンドンを立ち退くように命じ、国王の身柄に接近してくるかもしれない危険から彼を守るため、都市自警団を呼び寄せた。この出来事は、自由人としてロンドンへ入るという国王の希望に終止符を打った。選択肢を狭められて、疲れ果てた彼は、盟約者団へ好意を寄せようというモントルイーユの提案に乗っていった。彼は、彼らの宗教に関する討議を聞くことに同意し、彼の良心に全面的に反しないものを、なにか受け入れることにさえも同意した。彼らがモントローズと和解することに反対するならば、モントローズをフランスへ大使として派遣することも考慮しているし、もしモントルイーユが、彼の側で、レスリーの軍隊を説得

して、彼（国王）の「安全と名誉」を十分に保証するならば、彼を同軍に受け入れさせ、その代わりとして、ニューアークの守備隊に彼らへの降伏を命ずるであろう、としている。四月二日、モントルイーユはオックスフォードを離れ、ニューアーク前面のスコットランド兵のキャンプへおもむいたが、その前に、自分が国王の受け入れについて手続きをすませたときには、すぐに国王に従うようにという手紙を送るという約束をしている。

国王の不安定な楽観主義が返ってきたのは、モントルイーユがニューアークをほとんど出発しようかどうかというときであった。多分、本質的に異なる諸党派――その関心は、国王を支持するところにあった――を一緒に織り成すこと、すなわち、盟約者団とモントローズとアイルランド連合を単一の同盟に結び付けることは、可能であったかもしれない。国王は、モントルイーユの伝言を待たずに、ニューアークへ出発する決心をしたが、ただ、そのような疑わしい冒険行に彼に付き添っていくことにルパートが同意せず、これが彼を思い止まらせた。彼は次から次へと伝言を、ニューアークに残っている闘士におくり続けた。彼は、（アイルランド）部隊（の徴募を激励してくれたこと）への返礼に、グラモーガンが教皇特使に対してなした約束をすべて批准することを保証している。彼はオーモンドに対しては、自分の信頼しているスコットランド兵をモントローズと合流させ、敵に対して共同作戦を企画させようとしていると通知している。モントローズに対しては、イングランドの盟約者団の総司令部に向かって前進し、「手ずからそれを取れ」と書いているのである。

政治的には、政治的都合がすべてであるとすれば、この最後の驚くべき示唆は、全く合理性がないわけではない。盟約者団はそのイギリス人同盟者によってひどく悪《あ》しざまにいわれていた。彼らは、議会がもっとも危険なときに戦争へ投じられ、しかし、危険が去るや否や、彼らの兵士は賃金を値切られ、苦情によって悩まされ、惨めな不適合な宿営地を強いられ、その一方で彼らの宗教的考えや政治的必要性はウェストミンスターによって無視されてきたからである。

議会、国王への平和提案の作成にかかる

過去二カ月のあいだ、貴族院も庶民院も、究極的に国王に提案すべき平和の提案の仕上げにかかっていたが、しかし、その諸条項が文章化され、これ以上変更できないといわれるまでは、スコットランド人には相談もなかった。軍事の支配権は、いつものことであるが、議会のもっとも重要な要求であったが、しかも、彼らはその支配権を議会だけに要求した。スコットランド人もそれにかかわってはならなかった。イングランドとスコットランドが別々の国家になって以来、イギリスの軍隊の支配権について、スコットランド人がなんらか発言が許されるといった議論は、もちろん、なかった。しかし、すでに大きな軍隊を支配下におき、大部分、独立派から将校を任命して、軍事力の絶対的支配を握ろうと決意した、憎々しい、攻撃的なイギリス議会を見ることは、スコットランド人にとっては、少なからず、心穏やかならざるものがあった。この点で、また他の点でも、スコットランド人と庶民院は馬鹿者であった。そして、悪感情は、スコットランド委員会が四月一一日、議会との同盟の破棄にひとしいような、軍隊支配に関する解決案に対する不同意の文書を公刊したとき、怒りが炎となって燃え上がった。貴族院、庶民院ともにこの文書を非難し、絞首刑吏をしてそれを焼き捨てさせた。同時に彼らは、スコットランド人の無規律、軍隊の誤った取り扱い、戦争遂行にあたってのイギリス人との協力の欠如を非難する答弁書を公にした。公然たる決裂はなかったが、敵意はそう先には延ばせそうになかった。

庶民院の多数派である独立派は、スコットランド人に対して、この侮辱に引き続いて、神父集会に対するより鋭い侮辱によって追い打ちをかけた。集会は、教会の長老、神父たちに対する統制権を議会に与えるという法令に反対の請願をしたのである。正当にも彼らは、長老や神父たちがイエス・キリストの意志によって任命され、神の法iure divino に従って、その道徳的権威を行使しているのだ、と主張した。庶民院は答えを二週間ずらした。それから彼らは投票し、請願を彼らの特権の破棄でもって応えた。さらにもう二週間ずらして、彼らは、ジョン・セルデンの合理的で、皮肉をふくんだ精神が明白に見付けだした一連の問題を神父たちに突き付けた。庶民院は厳粛に、神父、長老、国民的・地域的教会会議の権威が「イエス・キリストの意志と任命による」ものであることを示す聖書の箇所を示してほしい、と求めた。さらにこれら諸団体の不同意のなかで、神の法に従って行動することを示すことができたのは、意見を異にする者のどちらの者か、という質問がだされた。

かくして、政治的便宜だけを考慮に入れるならば、盟約者団はこの一一時間で、彼らの恩知らずの同盟者を放棄してもよかった。国王の言葉ではないが、「彼らが素手でモントローズを捕まえる」ということは、彼らにとっても、彼モントローズにとっても、誇りと原則の大きな犠牲を意味していた。しかし、彼らは、独立派とその軍隊に対して、国王と居残っているイギリス人王党派と彼ら盟約者団の合流を可能にする譲歩をすることも可能であった。しかし、彼らの計算の中では、不運なモントルイーユが懲《こ》りごりしたように、政治的便宜はただ小さな役割を演じたに過ぎなかった。信頼できない議会、罪深い国王、国王の従犯者アイルランド・教皇党のあいだにあって、彼らは、その宗教的義務が命ずる困難な道をたどることになった。彼らは国王を自分たちの権力下におくことに十分な喜びを見出していたが、しかし、彼を誘惑するためにいささかの譲歩をするつもりはなかった。

国王は、自分のうえに四方から詰め寄ってくる敗北を見る同じ毅然とした態度で、彼の良心の命ずるところに従った。私的にではあるが、このとき、彼の誓約を書き物にし、それを信頼できる召使いに保存するように命じた。彼は、イングランドにおいて長老派を決して許さないと厳粛に誓っている。そして、彼がその権威に復帰した場合には、宗教改革以来、王冠によって収奪されたすべての財産を教会に返還するとも誓っているのである。

とかくする間、四月の月日は過ぎ去り、モントルイーユはニューアークから帰って来なかった。国王は、宮廷付き牧師の一人、マイケル・ハドソンを伝言者として彼のところへ送ったが、この男は、器用な人物で、国王が以前、危険な用向きのときにも使いとして用いたことのある寵臣《ちょうしん》であった。しかし、それでも、モントルイーユからはなんの音沙汰もなかった。

プリンス・オブ・ウェールズ、シリー諸島に逃亡す

その他のニュースはみな悪かった。サー・ジョン・バークレーはイグゼターで降伏条項を懇願し、四月一三日、彼の守備隊は市外へ出た。「主を信じての西部の戦いは終わった」と、フェアファックスは書いている。王女アンリエッタとその侍女頭は議会の捕虜となった。この戦いで一つ残念なことは、プリンス・オブ・ウェールズがシリー諸島に逃亡していたことであったが、それも、議会の艦隊二〇隻が彼の逃亡地を襲えば、捕らえることは確実とおもわれた。一度だけ、王党派は幸運に恵まれた。突然の嵐が議会海軍の船を分散させ、歓迎すべきその合間に、プリンスとその一党は、国王の海賊船の一隻、「誇り高き黒鷲号」へのがれ、追い風にのってジャージーへ走った。王子はこの新しい冒険を喜び、白髪交じりの海賊ヘンリー・メインウォーリングの、生涯をかけて得られた手と頭の熟練の指導で、二時間ばかり舵を取った。王子がさしあたり安全であったので、心配のあまり消耗したお付きの人々は、「元気よく、人の良さそうな住民たち」にまじってくつろぎ、日陰の街路を歩きつつアーカディアの静けさを楽しみ、ジャージーの緑の放牧場を眺めた。王子は、サン・マロで彼のために作られたヨットをもっていたが、その時間を操縦術の習得に過ごした。ジャージーの司政官サー・ジョージ・カートレットは、その強固な城と差配下にある海賊船によって、この小さな支配地の事実上の独裁者であった。しかし、チャンネル諸島においてさえも、個人的な争いが国王の友人たちを分裂させ、サー・ジョージ・カートレットは、ギュンアンの王党派司政官、サー・ピーター・オズボーンに少しも援助を与えようとはせず、オズボーンが自力でやっていくのに任せた。

王子が安全であった間、国王の有様は刻一刻、より絶望的になっていった。イグゼター陥落後の一週間に、バーンステイプル、ダンスター、そして、セント・マイケルズ・マウントが降伏した。国王にとってなお保持されているペンデンニスの孤立した要塞を残して、フェアファックスはオックスフォードへ進んだ。もし国王が閉じられようとしている罠を逃げ出さねばならないとしたら、彼には無駄に費やす時間などはなかった。オックスフォードの国王の部隊は堕落しており、ウッドストック、バンベリー、ファーリングドン、ボアストルの守備隊は、もはや無

愛想な農村住民から、兵士、あるいは馬たちの食料を得ることができなかった。敵の巡察隊は、兵士たちが馬の飼料をもとめて市外へ出ると、彼らを市内にまで追っかけてきた。「われわれは、陽気に、丘を越え、場所から場所へと彼らを狩り立てた」と、ある議会軍将校は書いている。

国王の最後の支持者たちの内部からの崩壊過程が冬を通して進行した。議会は、王党派に対して、個別的解決策を提案した。彼らの領地を示談の手段に使うこと、すなわち、彼らの土地の価値を計算して、その金額を現金で支払わせ、それによって平和と宥《ゆる》しを買い取らせようというのである。とくに有利な取り扱いが、一六四六年五月一日以前に示談に応じた者に約束された。春になると、国王の貧しい、そして、不安げな支持者たちは、二人、三人と、そして、四月に入ると、集団をなして、なお救うことのできるものを救おうという哀れな必要性に屈したのであった。

四月二一日まで、国王はモントルイーユからなんらの言葉も得なかった。フランスの公使は完全に放棄された。ニューアークのスコットランド兵は、「憎たらしい、邪道にかえったごろつき」の様相を示し、ロンドンにいる彼らの委員会が指示したことを完全に拒絶した。もし国王が彼らのところへきたとしても、彼らはなにも約束していない。議会によって捕らえられた彼の召使いを保護することもしない。彼らの主張によれば、国王は長老派の天の配剤をうけるべきである、というのである。モントローズに関しては、あらゆる宥しの外にあった。モントルイーユは、もしモントローズが国外にいってもいいというならば、彼を大使としてフランスへ送り込み、これが彼に名誉ある色彩を与えることになるのだが、と示唆していた。彼らはこの考えを軽蔑していた。モントルイーユはいまや、チャールズが自分よりもスコットランド人をよく知っている、国王の疑問は正しかったと、つつましやかに認めた。彼の使命は失敗した。彼はもはや、ニューアークへ行くことを国王に助言できる状態にはなかったのである。

国王、独立派に接近をはかるが失敗

次の日、四月二二日、国王はもう一度、独立派に訴えかけた。彼はオックスフォードのもっとも近くにいる司令官、まず兵站《へいたん》部将軍のアイアトンへ、次いでもっとずっと離れたところにいたレインズバラー大佐へ使者を派遣して、提案した。もし彼らが、自分が「生きて、なお国王でいられること」、そして、自分の特別な友人たちによってかしずかれることの保証を、フェアファックス、および議会から得てくれるならば、自分の軍隊を解散してもよい、と。しかし、彼は、この提案をしている間にも、変装して、キングス・リン――そこには、彼に船の便を提供する王党派がいることを彼は知っていた――へこっそり抜け出すという新しい、乱暴な計画をもてあそんでいた。一度海に出れば、スコットランドのモントローズのところへ合流することができるし、それに失敗したとしても、アイルランド、デンマーク、フランスへいくことができる。

国王のメッセージによって困惑させられたヘンリー・アイアトンは、そのことをクロムウェルに通知した。クロムウェルは、その週、ウェストミンスターにいたが、彼もまた、独立派がそのような陰謀に巻き込まれることを警戒した。スコットランド人は、このところ、独立派による国王の不誠実な取り扱いに怒りの声をあげていた。独立派は、この冬を通じて、同じようにふさぎこんでいたが、ここにきて、国民の問題に対する自分たちの率直な誠実さを示威するときだと考えた。四月二五日、庶民院で、クロムウェルは国王のメッセージの内容を説明し、巧みに、彼の友人アイアトンがそれを直接、議会に送らず、彼に送ったことの処置の正しさを弁護した。もちろん、アイアトンがなんらか答弁をする、あるいは、クロムウェルとの間の私的相互融通の考えを抱いたことに対する釈明などは、問題にならなかった。

ウェストミンスターの人々が見る限りでは、国王は罠を仕掛けたのであった。忙しいフランス公使が、彼のためにスコットランド人について計画したことは、明らかに、なんにもならなかった。独立派は、彼に応ずるようなあらゆる意図を否定した。オックスフォードは軍隊によって砲撃され、国王の議会への降伏は時間の問題であった。

そんなにまでの多くの憂慮、多くの変化、多くの喪失、多くの努力ののちに、長い戦争は終わろうとしていた。

すでにヒュー・ピーターは、いまや農村部——二、三の最後の要塞を除いて——までも包み込むにいたった平和への感謝の説教をしていた。「おー、いまやエディンバラからコーンウォールの端まで旅行できるわれらが見る光景のなんと幸せなことであろう。それらはもはや扉のところで閉ざされてはいないのである。再び人が詰め掛けている公道を見よ。荷馬車が骨を折っている同業者に向けて吹き鳴らす角笛を聞け。毎週、恒常的に市場へ通っている運搬車を見よ。喜んでいる丘、笑っている谷を見よ」。

国王、逃亡す

庶民院でのクロムウェルの発表の四日後、四月二九日、国王の逃亡が議会へ報告された。彼がどこへ向かったのか、いまどこにいるのか、だれも知らなかった。あっというまに、束の間の静けさは破られた。長老派と独立派、イギリス人とスコットランド人は、怒りを込めた警戒心をもってお互いを見た。ある者は、国王が公共の問題を裏切ったのだといい、ある者は、だれかが国王を隠したのだといった。差し当たって一般的に考えられたのは、彼がロンドンに来たのにちがいないということであった。だれかが突然蜂起するかもしれないという恐れから、ロンドン市自警団の査閲は延期され、国王を隠している者は反逆罪に相当するという布告がロンドン市全体に出された。ざわめきも、さざ波も、この声明に応えなかった。どの情報屋も動かなかったし、謎めいた動きをする家庭は一軒もなかった。国王は、ロンドンにはいなかったのである。

一週間ばかり、腹立たしい緊張が続いた。それから一六四六年五月六日、水曜日に、庶民院はニューアーク前面の軍からの手紙によって、国王が五月五日早朝、サウスウェルのスコットランド軍宿営地に馬で乗り入れ、我が身を投じたということを知った。スコットランド人自身は、それから二四時間後に、出来事を通知した。国王の入来は、自分たちにとっても、「大変驚くべき事柄である」と彼らはいい、自分たちは、「盟約」に表現されている以外の目的のために、この見かけ上の有利さを用いるつもりはない、と盟友イギリス人に保証したのであった。

議会は、スコットランド人に対し、国王をウォーリック駐屯のイギリス人守備隊の監禁下に移すこと、ロンドンのスコットランド委員会の手紙類を持ち出して公開すること、その中心的書記官を逮捕することを要求した。これは効果がなかった。なぜなら、彼らもいまニューアークから手紙を受け取ったばかりで、それによると、国王がその守備隊を指揮して、スコットランド軍に降伏するように命じ、そのスコットランド軍は、捕虜を連れて、いま意気揚々と北方へ進軍しつつある、というのであった。イギリス人が国王の引き渡しを要求したが、無駄であった。スコットランド兵士たちには、彼らの（身柄引き渡しの）怠慢に対して、またイギリス・スコットランド同盟の軽視に対して、（国王から）喜んで支払いがなされた。国王を真ん中に抱えたレスリーの部隊は、議会の抗議のメッセージがロンドンから発信されるまえに、すでに二日間、北方へ向かって進んでいたが、彼らは、議会のメッセージが届くはるか以前に、そうするように、国王の褒美によって、促されていたのである。

イギリス人は思い違いをしていた訳ではなかった。国王はなお国王であり、ゲームの本質的駒であり、それなくしてゲームの最終的結末は得られない。スコットランド人は、なんの援助もなく、あらゆる戦いに勝利をした場合よりも、国王の人格に対する支配権を得ることによって、より真実の意味での勝利者となった。ニュー・モデル軍の興隆、ネイズビー、ラングポート、ストウ・オン・ザ・ウォルドの諸戦闘、かくも多くの神の手からするお恵み――すべては、スコットランド人に勝利を与えるためであったのか。

第二章　国王とスコットランド人

第一節　チャールズ、投降す

チャールズ、オックスフォードを離れる

スコットランド人が、国王の到来を驚きをもって受け取ったと宣言したとき、それは率直に真実を述べたものであった。彼らとモントルイーユの交渉は、暗礁に乗り上げて終わっていた。そして、チャールズは、オックスフォードを離れたとき、なにをしようとしているのか、自分でも判ってはいなかった。一六四六年四月二六日、彼は顧問たちに、おそらくロンドンへ行くであろうと語っていた。彼はただ二人の同伴者、牧師のマイケル・ハドソン、寝室の世話役の一人、国のことをよく知っている物知りのジョン・アシュバーナムを伴って出発していた。夜遅く国王は頭髪を短く切り、偽のあごひげをつけ、鈍い黄がかった服を着用していた。この卑下した変装に、騎士党の詩人ジョン・クレーヴランドは、驚くべき変貌を見出している。

おー、運命の呪われた速記術よ、
われらの主君然たる鷹は、こうもりに変じた

四月二七日朝三時、オックスフォード司政官サ・トーマス・グレンハムは、ハドソンとアシュバーナムに、包囲されている都市から外へ出させるため東門を開けた。「ご機嫌よう」と、彼は、少し距離をおいてうやうやしくつ

いて来て、彼らの荷物を馬の鞍にくくりつけていた奉公人にいった。

三人の一行はまずロンドンを目指したが、敵の哨兵の疑惑を招くことはなかった。国王はロンドンからのなんらかの合図があるものと期待していたが、なにもなく、ウェストミンスターを目指して、ハーロウからヒリングトンの丘の尾根をぐずぐずと進んだ。それから気を変えて、北へ向かい、セント・アルバンズからマーケット・ハーバラーへとたどり、そこで彼は、スコットランド人がその要求を和らげたというモントルイーユからの報告の来るのを待った。マーケット・ハーバラーでは、なんのニュースも手に入らなかったので、彼は警戒しつつスタムフォードへ進み、次いで、マイケル・ハドソンをモントルイーユを探すように送り出すとともに、キングス・リンから船出しようという彼の第三の、乱暴な計画にしたがって、アシュバーナムとともに東へ転じた。彼の脱出というニュースは、この時点で公になり、発見の恐れのある日中は旅行しなかった。ニューフォークのダウナムで、彼とアシュバーナムは、スワン・インで四日間、ハドソンからのニュースを待った。そのさい、部屋で火を燃やすように求め、宿屋の亭主の好奇心を呼んだことに、数枚の紙片が燃やされた。彼らの調髪のために理髪師が呼ばれたが、彼は、彼らがナイフで髪を切ろうとしていたことを認めている。運よくハドソンが帰って来、尋問がおこなわれる前に出立するようにせきたてたのであった。

国王チャールズ一世

ハドソンによれば、モントルイーユはスコットランド人からなんら書き付けを得ることはできなかったが、以前よりは少しだけいい約束をしてくれたというのである。自分たちは国王を安全に、名誉をもって受け容れよう、彼の良心を損なうことはないであろう、ハドソンとアシュバーナムも一緒に引き取ろう。この保証のもとに、国王はニューアークにおもむくことにした。彼にはほかに選択の余地はなかった。なぜなら、どこでも見張られており、海上からの脱出は不可能であったからである。

彼らは夜、旅行し、脇道を取り、リトル・ギディングで気分を新たにするため少休止を取ったが、イギリス人の平和の空の下に長く止まる気はしなかった。彼らはコピングフォードのエール飲み屋で一夜を過ごしたが、彼らは宿の亭主、女房、子供と炉辺のベッドを共にした。五月五日朝六時、彼らはサウスウェルのサラセン・ヘッドにあるモントルイーユの宿舎に到着した。モントルイーユは彼らを見つけるため外出しており、途中で行き違ったようである。彼が帰るまで、国王は彼のベッドに横たわり、眠った。

チャールズ、ニューカッスルに連行さる

モントルイーユは、国王の取り扱いについて、中年過ぎのダンファームライン伯と話し合ったが、この男は同僚の盟約者団からは軽く見られていた。しかし、サウスウェルで最初に国王が見付けた中心的使節団員は、ロシアン伯であった。この世界主義的な若者は、父親が傑出した存在であった宮廷で飯を食い、世界を知り、芸術愛好家であり、一六四三年には盟約者団によって大使としてフランスへ派遣されていた人物であった。帰国すると、彼はオックスフォードで逮捕され、これは彼にとって忘れ難い出来事であった。彼は堅苦しいが、正しい作法で主上に挨拶したが、儀式の手袋の中に懲罰の鉄の手を感じさせるものがあった。盟約者団は、なすべきことをすぐに見てとった。まず、イギリス人の到着から賞金を得ること、次にモントローズの排撃を彼に強制すること、盟約を受け入れること、両国における宗教的問題を彼らが欲するように解決する権限を国王として与えることである。国王は、と彼らは論じている、「われらの欲求をまさしく満足させるという決心なくしては、ここへやって来はしなかったであろう」と。彼らはモントルイーユとの合意を否定し、ただちに宗教について国王を猛攻撃しはじめた。チャールズは、彼らを和らげることを期待して、ニューアークの司政官に遅滞なく降伏するように命じ、五月六日夕刻、条約が調印された。三日後、スコットランド兵は国王を伴ってニューカッスルへ旅立った。旅立つにあたって彼らの神父の一人が、サムエル第二の書をテキストにして、彼の前で次のような説教をした。

そして、イスラエルの人々はユダの人々にいった。「われわれは王のうちに十の分をもっています。またダヴィデのうちにもわれわれはあなたがたよりもより多くを持っております。それであるのに、どうしてあなたがたはわれわれを軽んじたのですか。われらの王を導き帰ろうと最初に言ったのはわれわれではないのですか」。

このような言葉は、スコットランド人と国王とのあいだの愛情の吉兆を示すものであったが、しかし、二、三日のうちに、彼らが彼を盟約に署名させる意図であることを見抜いた。彼らは彼の良心を強制することには同意していなかったが、彼に説教し、蹂躙《じゅうりん》し、彼との討議は強制と変わらないものであった。チャールズは、模範的な平静さですべてに耐えた。その間、ロシアンとその同僚たちは、モントローズが身分制会議に屈服することを要求していたが、彼はすでに絞首刑が言い渡されていた。後付けの思いつきとして彼らは、彼のいわゆるスコットランド総司政長官〔モントローズ〕によって破壊された財産について三万六〇〇〇ポンドの負債を認めるように国王に求めた。モントルイーユが中へ入って、モントローズとアルスター・マクドナルドたちは、その部隊を連れてフランス王のところへ行くことが許されたいと示唆した。ロシアンは、冷ややかに、自分としては、強盗団の一群を国王に押し付けるには、あまりにもフランス国王の名誉を重んじている、と答えた。

国王がニューカッスルへ来て三日も経たないとき、カランダー伯はアシュバーナムに警告した。彼とハドソンは、イギリス人に囚人として引き渡される前に逃げるべきではないか、このヒントを受けて、彼らは逃げたが、そのさいアシュバーナムは、チャールズが〔この地で書くことのできた〕王妃にあてた最初の手紙を持参した。

国王は、スコットランド人の勝利を阻止するため、議会が彼と合意を結びにくるであろうと大胆にも期待するようになった。宥和のしるしとして、オックスフォードの守備隊に降伏するように命じ、議会に対し、全般的平和、宗教の改革についての熱烈な欲求、議会とスコットランド人のあいだを裂こうと意図するものでないこと、アックスブリッジで彼が拒否した諸条項を受け入れる用意のあること、あらゆる軍隊の任命権を次の七年間議会に委ねること、を書き送った。ウェストミンスターでは、貴族たちとロンドン市は好意的であったが、独立派によってなお支配されている庶民院は、動かされることはなく、交渉には応じなかった。

国王のしつこい楽観主義は、北部の不毛の土地においてしぼんでいった。その困難な時期を通じて、彼はつねに恭しい従者たちによって取り巻かれていた。そして、敗北の過去数カ月のなかで、彼らの忠誠心は憂鬱な気分のなかに、しかし、真実の献身のなかに彼を包みこんだ。いまや、突然、公然と彼をとがめ、非難する人々に取り巻かれることになったが、彼はそのある者を好んだが、そのだれも信用しなかった。モントルイーユの都合のいい職務を通じて、彼はなお王妃に手紙を書くことができ、彼女に絶望の気持ちを吐露した。それは、彼をスコットランド人のもとへ行かせようとしたフランスの計画の結末であった。彼はいまや一人の友人もなく、盟約者団によって「手荒く利用され」、彼らは彼を再び国王にするつもりはなさそうである。彼は彼女にプリンス・オブ・ウェールズをジャージーから連れ出して、彼女の安全なところへおいてほしいと頼んでいる。彼についてそうすることができれば、なおいいのだが。

こうした条件の中にあって、ハミルトンの年下の兄弟で、その手先であったラナーク伯は、彼にとって歓迎されるべき人物であった。かつてスコットランドの国務書記官を務めたラナークは、一六四四年盟約者に合流し、彼の後継者、王党派のサー・ロバート・スポッティスウッドにその職務を引き継いだ。しかし、少なくとも、国王は若いときから彼を知っており、ラナークは敬意をもった、礼儀正しい男であった。臆病な希望が根付いてしまった。ハミルトンの援助を得て、彼はみずからスコットランドで一党を作ろうとしたのである。国王は、ラナークを通じて、彼の長兄をもう一度愛顧のうちに受け入れたらどんなに嬉しいか、という言葉を送った。

スコットランドでは、国王の挑戦者モントローズとマクドナルドがなお戦い続けていた。マクドナルドは、アーガイルとハミルトンの外側に散らばった領地、アラン、ブューテの島々、キンタイヤー半島を荒らし回っていた。インヴァーロキーの敗北で弱まったキャンベル一党はその勢威を保つことができなかった。マクドナルド派は漁村に税金をかけ、食料と貢納金が入ってくるかぎり滞在した。オートミールと鮭の供給をこの地方に依拠していたアーガイル——彼は恒常的にこれらをアルスターのモンロー指揮下のスコットランド兵に送り込んでいた——は、混乱させられ、アイルランドに渡るにあたって、なにをなすべきか、なにができるかを十分に考えることができなかった。エディンバラから西方へ渡るにあたって、彼はスターリングで、キャンベルの連隊が、モントローズの従兄弟インチブレイキー指揮下のアトホール家の部隊とカランダーで小競り合いし、最悪の結果に陥ったのを見た。王党派はスコットランドではなお活発を極めていたのである。

モントローズ、敗北す

彼らは活発であり、人数も多かったが、統一はしていなかった。モントローズはハントリーに彼と共同して行動するように説得したが、駄目だった。ハントリーは独自の命令権を欲し、あまり効果はなかったが、自分自身の戦争をしたがったのである。他方、彼の若い方の息子、凶暴なルイス・ゴードン卿は、モントローズに反抗して、スパイサイドからインヴァネスの地方を荒らし回った。しかし、マッケンジー一家の長シーフォースは、長い間の動揺ののち、国王に味方して宣戦布告をした。モントローズは北へおもむいて彼と相談し、しばらくのあいだは、インヴァネスの彼方の地方も蜂起するかに見えた。シーフォースはアーガイル党に宣戦布告を発し、噂では武装兵士五〇〇〇をもっているといわれたが、噂の五〇〇〇〇人はモントローズがインヴァネス包囲のために使おうとおもったときには著しく減っていた。モントローズはその会戦において初めて一連の大砲――王妃によって船で送られてきたものである――を「都市に向けて物々しく整列させてみせた」。しかし、彼は、インヴァネスを救うために盟約者団から送られた良好な装備をした軍に太刀打ちできなかった。先年の冒険を犯し、奇跡を呼ぼうという熱意はもはや彼の心にはなかった。彼はグラムピアンへ逃亡した。

スコットランド王党派の外観は希望のもてるものではなかったが、モントローズが山の中で自由にしているかぎり、盟約者は安全とは感じられなかった。もし新しいアイルランドの兵士がキンタイヤーに上陸し――その到来は噂されていた――マクドナルド軍と合流したら、このアイルランド軍がアトホールへ押し通り、そこの王党派と合流したら、モントローズがゆらいだ権威を取り戻し、全軍に行使したら、と盟約者団はまたもや由々しい悩みに陥ったのである。彼らがニューカッスルで国王に圧力を加えて、彼の英雄的戦士に武器を置かさせようとしたのはその故である。

国王の運命が暗くなるにつれて、彼はストラッフォードに対する彼の裏切りをじっと考えた。この実にひどい過ちに対して神はいま彼を罰しようとしていると信じて、彼は、モントローズに無条件降伏、そして、おとなしく絞首刑台にゆくようにと命令することによって、違った形態ではあるが、同じ過ちを繰り返すまいとおもっていた。このためらいを理解したラナークは、同僚たちにその要求を変えるように説いた。「放逐された反逆者ジェームズ・グラハム〔モントローズ〕」を国外追放に処するということでみなを納得させ、国王にはただ、軍を解体する命令を出すことを求めた。これに満足して、チャールズは五月一九日、必要な命令をモントローズにおくった。エディンバラでは鐘が鳴らされ、祝福の大篝火が焚《た》かれたが、他方、国王のしたこととは知らず、モントローズとシーフォースとは来るべき夏の戦争に備えて、高地人兵士たちを武装させているのである。

アーガイルの政策の回顧

アーガイルは、このときアイルランドから帰国したが、五月の終わりにニューカッスルで国王に会った。彼は自分の経歴上の危機がやってきていることを知っていた。過去七年間、盟約者団の政策を指導してきて、時には不運に見舞われたが、誤りを犯すことはまれであった。彼は一六四一年、国王を策略にかけ、盟約者団に国政上の鍵となる地位を確保した。彼は巧みに、国王における破壊しようという確信を利用して、穏和派、あるいは王党派の伸張を阻止した。彼はアルスターのスコットランド軍を鼓舞し、かくして再征服されたアイルランドという獲物に対する激しい非難から同国人を守ったのであった。彼は一年以上イギリスでの戦争においては中立を保ち、盟約者団の資力を節約し、イギリス人が戦場にいるスコットランド兵に支払いをし、平和を結ぶなら、長老派教会の教理と規律を進展させ、確保するかぎり認めるという条件で戦争に突入した。

その時点から事柄はスムーズに進まなくなった。スコットランド兵は、イギリス人を同盟に忠実につなぎ止めるには、戦争において十分な成功を収めたとはいえなかった。イングランドにおけるニュー・モデル軍、スコットランドにおけるモントローズの成功は、それぞれ違った形においてではあったが、盟約者団の兵士たちの評判を落とした。アーガイル自身も不運であった。良心的な首長として彼は、過去二年間にキャンベル家に降りかかった土砂降りのような紛糾によって深く悩まされることになった。しかし、国王の降伏は運命の転換をもたらすものであった。すべてはうまくいきそうであった。もしアーガイルが新しい状況を彼のいつもの巧妙さで取り扱うならば、盟約者団は三王国を通じて勝利を博することになろうし、スコットランドにとっての永続的名誉と神の栄光のために なる改革という大仕事も完成されるであろう。

権力と地位とは、アーガイルにとっても無関心でいられるものではなかった。しかし、彼は――分野がちがうが、国王もそうであった――自分が神の道具であり、そのために権力を振るうべく定められている、そして、それを振るうのが義務である、と確信していた。彼は神の意志として発見したところを遂行したが、国王と同様、神に没頭したのは一日のうち二時間足らずであった。「非常に庶民的で、ずるい」と、国王は彼のことを王妃に書いている。しかし、二人のあいだには、深い、それがもっともな不信感があったが、気質のうえではある共通性があった。二人とも、斜めに物をみる複雑な心をもっており、それが真摯な精神と結び付いていた。二人とも、いい事柄にはだまされやすかったが、それだけの話で、それ以上にはいかなかった。しかし、国王とちがって、アーガイルは利口な人間であった。

直接的目標は、国王に長老派体系の受け入れを強制するか、説得することであった。老練のアレクサンダー・ヘンダーソンがこの大仕事を達成するために送り込まれ、四人の神父がこれを助けた。二日、ないし三日毎に、国王はヘンダーソンと書いたものを交換した。そして、他のチーム全体とは、口頭での討論に参加したが、それは、ヘンダーソンとロバート・ブレアを除いては、だれとも話したくないとおもわせるほど彼らが攻撃的になるまで続いた。この二人は庶民的で、時々、膝を折って、彼の心を堅くしないようにと頼んだ。しかし、彼はその心を堅くした。彼はヘンダーソンには我慢し、ブレアに対しては寛容に接したが、なじめない議論の圧力を憎み、いいなりになるつもりはさらさらなかった。「以前、こういう議論は中途半端で中断されてはならない、ということをわたしは知らなかった」と彼は王妃に書いている。「わたしはできることはすべてしてします。しかし、病気による遅延はどうしようもありません……わたしは慰めのすべてをあなたの愛と明白な良心のなかにもっています」。

「病気による遅延」は、いまや彼を救うなにかが起こるまでの最良の期待であった。モントルイーユは、彼らの政策が国王にもたらした失敗というニュースをもってフランスの宮廷へ帰っていった。チャールズは、ヘンダーソンによって彼に提出された覚書に注釈し、答えるという形で、教会政府に関する議論を引き伸ばし、時間を稼いだ。教会の問題については、彼は論争を無限に引き伸ばすことができた。政治の問題については、遅延は容易なことではなかった。六月の第二週、アイルランドで一つの危機が起こっていたのである。

ほんの束の間であったが、国王は盟約者団を説得して、彼らをイギリス人に対抗してモントローズとアイルランド人に合流させることができると信じ、その幻想をオーモンド侯に説明して、書いて送っていたことがあった。この計画が放棄されたことを数週間知らなかったオーモンドは、そのことを、アルスターのスコットランド軍の将軍モンローに伝えた。モントルイーユと彼の国元の人々との交渉を知らなかったモンローは、国王が盟約者団の部隊と破門されたジェームズ・グラハム〔モントローズ〕とそのアイルランドの肉屋とを合流させようとしていることにまさしく憤慨し、議会に手紙で通報し、それは一六四六年六月六日、読まれた。スコットランド人委員たちは、国王との過去の交渉に関する証拠をより増やすものに直面してどぎまぎしながらも、モンローの手紙の議会への引き渡しは、自分たちがこのような奇怪な計画を喜んでいるものでないことを証明するものだと主張した。アイルランド人との共謀という疑惑をすべて払拭するために、彼らは国王に強制して、オーモンドに連合との交渉を止めるように手紙を書かせ、モントローズには、まだ服従していない部隊を解体するようにという命令を再度出させた。チャールズは、自分が強制下で行動しなければならないことを、これら忠実な家臣のどちらにも伝える手段はなかったのである。

彼は議会とスコットランド人のあいだの裂け目を広げることによって、悪い時期から些少でも利益を引き出そうと努めた。彼は議会に対し、彼らがどんな条件を提示しようとも、それについてもう一度協議しようという気楽な提案をして手紙を書いている。そして、それには、イングランドとウェールズでまだ残っている二、三の彼の守備隊に送る降伏の一般的命令書が同封されていた。

ベンバーブの戦い

議会がモンローの暴露について考え込んでいる間に、アルスターの彼の上に異変が降りかかり、それはアイルランドにおける事態の様相を突然一変させた。それまでアルスターでおとなしくしていたオーウェン・ロエ・オニールが行動を起こしたのである。教皇特使によって勧められ、特使がもっていたいくらかの補給によって強化されて、オニールはその配下の者を攻撃へとかりたてた。飼料の欠乏から危機に追い詰められたモンローは、アイルランド人から奪い取れる「生き物、あるいは牛」を求めて、ベルファーストから前進を始めた。六月五日、オニールはベンバーブのブラックウォーターを渡ろうとしたところで彼を遮《さえぎ》った。回避することは可能であったようだが、モンローの部下たちは、長期間耐えてきた物資不足で弱まっていたので、戦おうと決心した。オニールは、多くのヨーロッパでの戦闘を経験した熟練の士であり、ほとんどが歩兵から成る彼の部隊を展開した。そこは荒れ地で、ハリエニシダの茂みが攻撃者を遮っていた。戦闘が始まったのは午後のおそく、六時頃であったが、オニールの部下たちは二時間以上もスコットランド兵の襲撃に抵抗した。日の入りとともに、モンローの火器の利益が奪われると、オニールは歩兵たちに突撃を命令した。スコットランドの疲れた騎兵隊はこの新しい攻撃のまえに後退し、だんだん濃くなる薄暗がりのなかで、味方の歩兵と衝突し、後退を総崩れの退却へと変えた。彼らは六門のカノン砲、ほとんどすべてのムスケット銃、軍事用行李、二二本の軍旗、そして、多くの死者を戦場に遺棄したままであったのである。

「軍の長たちは、われわれが卑下するまで、われわれの顔に恥をなすりつける論争をした」と、モンローは書いているが、他方、キルケニーでは、教皇特使が、アルスターからスコットランド兵が一掃されると信じて、「テ・デウム」を歌って祝っていた。これで、プロテスタントのオーモンドとの平和を署名しなくても、彼らだけで戦争を勝利することができると信じたが、これは合理的なことではなかった。カソリック・アイルランドの最終的解放は間近だという彼の希望は、はるかローマでも反響を呼び、そこではオニールの勝利を祝福して、「テ・デウム」がサンタ・マリア・マジョーレの大聖堂で歌われた。

ベンバーブの敗北は、分裂したイギリス議会人の多くに、盟約者団との相違がどんなものであろうと、アイルランド人の危険が続くかぎり、彼らが議会から分裂する訳にはいかないことを理解させた。スコットランド本国の問題を解決し、反乱を鎮圧し、アングロ・スコットランド人の財産権とプロテスタント宗教の再建のために実効力のある軍隊をアイルランドへ派遣するのはじつに五年後のことである。彼らは、イギリス人の戦争が終わったいま、アイルランド向けの軍隊のために義勇兵を募り、ニュー・モデル軍から何人かの将校をそのために任命した。過去数カ月の責め合いは、アイルランド人の危険の想起のまえに沈黙させられた。そして、六月の後半、アーガイルがウェストミンスターに現れたときには、彼は敵意なく迎え入れられたのである。イギリス人とスコットランド人とは、国王に対して共同して提出する条項を作成する仕事にかかった。

国王がスコットランド人に身を委ねて以来、彼の残された守備隊は次から次へと降伏した——ウッドストックが四月末に、ボアストール・ハウス、バンベリー、ラドロウ、カーナーヴォン、アングルシー、ボーマリスが五月と六月に降った。オックスフォードを包囲したフェアファックスは、まだ市内に残っていた若いヨーク公へ鹿、子牛、羊、雄鶏の肉類、バターを贈り物として持参して、司政官と交渉に入ろうと告げた。包囲が長引いていた間に、クロムウェルは長女のブリジットに手紙を書きおくっているが、彼女は、大柄ですらりとした真面目な女性であったが、父に似ており、六月一五日、同じように真面目で、恐るべきヘンリー・アイアトンと結婚していた。結婚に当たっての父親としての忠告は、これら信心深い若者たちにとって共感を覚えるものであった。「夫に対して、何事に対すると同様、キリストにしたがっての愛情を絶やすな。わたしは、彼が、そうした愛情を呼び覚ます機会になればと願っている。夫のなかでもっとも愛情に値するのは、彼が帯びているキリストのイメージである。それを見付けよ。愛は最高であり、すべてはそれにかかっている」。

オックスフォード降伏

一〇日後、オックスフォード降伏の条件が締結された。ヨーク公は、セント・ジェイムズで名誉ある捕らわれの身として兄弟や妹に合流する。プリンス・ルパートとモーリスは国外へ去る、守備隊は、戦時の名誉を与えられ、淑女・紳士を乗せた悲しい馬車、上級・下級の将校たち、好意的随伴者、立身を望む人——これらはみな国王の戦時の宮廷を去る人たちであった――によって先導されながら、市外へと出ていった。

なお少数の地点で守備隊が残っていた。サ・トーマス・ティルズレーはリッチフィールド・カシードラルとその周辺を守っていた。ヘンリー・ワシントンは、ウースターで叛徒の抵抗を宣言していた。かつてオックスフォードを取り巻いていた強力な場所のなかではただ一つトーマス・ブラッゲ指揮下のウォーリングフォードだけが陥落されずにとどまった。サー・ジョン・オーウェンは、大主教ウィリアムズの説得にもかかわらず、コンウェイを保持していたが、ウィリアムズは、すべてがいまや無駄であり、北ウェールズの貧しい地元民の利益になる最上の平和を結ぼうと努力していたのである。ウェールズの辺境では、グッドリチでサー・ヘンリー・リンゲンが、ラグランでウースター侯が国王のために城を保持しようとしたが、空しかった。ペンデンニスのジョン・アランデルとその長期にわたって耐え抜いた守備隊は、外国から援軍が来た場合、コーンウォールでの最後の上陸地点として同地を頑強に保持して来たのであるが、しかし、彼らは食料の欠乏で絶望した。チャンネル諸島、シリー島はなお国王の側を守っていた。ランディーの屹立した岩の上で、サー・トーマス・ブッシェルが降伏を遅らせており、ダービー伯と夫人はマン島の邪魔の入らない所有者であり続けたのである。

第二節　議会の対国王平和提案

議会の対国王平和提案

戦争は終わり、国王党はあらゆる希望なく敗れた。彼には、どのような解決であれ、スコットランド人、イギリス人が彼に提案する解決を受け入れる以外なにものもないようにおもわれた。六月の第三週、議会は諸条項の最後の草案を仕上げた。それらは、次のことを要求した。国王は盟約を受け入れ、主教制教会を廃止し、スコットランド人、イギリス人が同意する宗教上の改革に同意すること。さらに諸条項は求める。イングランド、スコットランドのローマ・カソリック教徒に諸制限、課税、罰金を課するが、この両国では、認可されたプロテスタントによる子供の義務教育の実施によって、短期間のうちにカソリック信仰は消滅させられるであろう。国王は、さらに、軍隊に関する統率権すべてを今後一二年間、議会に引き渡すべきである（アックスブリッジでは、七年間であった）。最後に一六四二年一月以降に創られたあらゆる称号を無効とし、全体として、あるいは部分的に特赦から免除される王党派党員の名前のリストが付け加えられたが、それは、名前、あるいは定義にもとづいて、両王国の主要な支持者を含むものであった。

提出された条約案は、二つの異なった思想の混合した作品であった。国王が盟約に署名すべきだという条項は、スコットランド人を喜ばすために挿入されたものである。個人的に国王を盟約者団に獲得することは、スコットランドにおける長老派教会の安全を可能にする最大の獲得物であった。イングランドにおける宗教の解決については、関連条項からも明らかなように、なお解決されるべき問題であった。宗教の条項が全体としてスコットランド人を満足させるものではなかったとしても、双方どちらの側にも満足できないものではなかった。しかし、軍事条項はなお深く彼らを混乱させた。両国の過去の歴史も、つい最近の五年間の経験も、軍事力の絶対的支配権をもった議会がその軍事力をスコットランドを威圧するために使わないという確信を彼らに与えなかったのである。スコットランド人の観点からすれば、少なくともイングランドの軍事力は国王の支配下に置いておくほうがより安全のようにおもわれた。彼らは盟約によって彼を統制できるとおもわれたからである。

国王の宗教を統制できるとするスコットランド人の主張と、国王の軍事権を奪い取らねばというイギリス人の主張は、二つの国民の異なった政治的必要性を反映している。軍事問題は、ピムが一六四一年に見抜いているようにイングランドの本質的問題であった。戦争の末期に、開始期も同様であったが、議会にとっての問題は、国王がその権威の再建と拡張に使う諸手段をいかにして彼の手から取り上げるかであった。戦争それ自体は危険な現実を示すものであった。国王の反対者たちは、一六四三年の恐るべき敗退によって、それがいかに身近なものかを忘れなかった。あるいは、国王がいかに容赦なく前進し、彼らに対して軍事力を行使したか。あるいは、彼と王妃のあいだの書簡において、軍事力による人民の支配の意図が率直に語られていることをも、忘れなかった。他方、スコットランド人は国王から権力を取り去る必要性を感じていなかった。彼はそのような権力をもったことがなかったからである。スコットランドの軍事的反乱の歴史が示すように、有効な軍事力は国王にあるのではなく、貴族、部族長、領主にあった。スコットランドで問題なのは、そうすることのできないように国王を道徳的に拘束することであり、そこでスコットランドの国王のしたことは、一つの党派を他の党派にけしかけ、有力な党派に与《くみ》することであった。

この新しい諸条項は、もう一度権力を回復するにいたった同盟者と合意にたっしようというイギリス議会側の真剣な試みを反映するものであった。スコットランド委員たちは、少なくとも統一の様相を取ることにイギリス人よりはるかに熱心であった。一部はアイルランドの危険性があったからだし、また一部には、彼らが国王の行動の中に、これまで慣れ親しんできた政治の型を認めたからである。これまで彼らがイギリス議会と争ったさい、国王は一方を他方にけしかけ、分裂をつくりだし、しかもどちらの要求にも屈しないという伝統的ゲームを演じてきた。〔そのような事態が起こらないように〕スコットランド委員たちは、条項を受け取って四八時間以内に賛成し、それらを送り返した。

スコットランド側、平和提案に賛同

アーガイルがみずから貴族院にそれを持参したのであるが、一六四六年六月二五日、彼はそこで率直さと自制された点で印象的な演説をおこなった。確かに、と彼は認めている。これらの提案の細部には、スコットランド人の好みではないところもあるが、平和を遅らせる時間はないし、そこでわれわれとしても提案を推し進めさせることに同意した。二つの国民が同盟して、かくも多くのことを成し遂げてきたことを神に感謝したい。主教戦争のとき

のように、イギリス人がスコットランドの宗教問題を見捨てていたならば、疑いなくスコットランド人は大きな困難に陥っていたであろう。スコットランド人が、最近の戦争の暗い時期にイギリス人を見捨てていたならば、「あなた方貴族は、なにが危険であるかをすべて知ったことでしょう」。それゆえ、と彼は促す。「幸いなことに、われわれのあいだに樹立された統一をしっかり守りましょう。なにごとによっても、多くの仕方で一つにまとまっているわれわれを再び二つにさせることがあってはなりません。言語も一つ、島も一つ、すべては一人の国王のもとにあり、宗教も一つです。しかり、一つの盟約者の宗教です」。国王側に与したスコットランド人に対して最近投げ付けられた誹《そし》りに触れて、彼はこう保証した。「彼らの主上」に対する自然な愛情が彼らをして、国王が滅ぼされるよりも、改革されるのを、「破滅させられるよりは、規制される」王政を期待したのである。この期待において、イギリス人も同一の心である、と信ずる。そのほかの点では、彼はつつましやかに、如才なく、イングランドで喧しく不満が述べられているスコットランド兵の無規律は、もし議会が、残り少なくなった滞在に対し、彼らに適当な宿営地と物資を保証するならば、すぐに是正されるであろう、と指摘している。

スコットランド人の条項の受け入れの敏速さと盟約者団の知識ある指導者の称賛すべき演説の気持ちのいい感じとは、同盟間の切れ目を癒しただけではなかった。アーガイルは、状況の本質的な違いをしっかりと把握していた。彼は、国王が盟約に署名することを拒否しているように、軍事権の剥奪をも承知しないであろうことを十分に承知していた。この問題についてイギリス人と言い争う必要はなかった。いずれにせよ、いまスコットランド人は国王を所有している。イギリス人がこの条項を受け入れるように圧力をかけている間、スコットランド人の方は、盟約の署名を日夜働きかけていればよいのである。彼が署名したとき彼らはイギリス人と分裂すればよい。しかし、それ以前であってはいけない。

第三節　国王側分子による戦争再発の企て

ロンドンで諸条項の作成にたずさわった人々は、国王が戦争に敗北したことを計算に入れていたが、いまや彼が王位をも失ったことを知った。しかし、チャールズは、自分の前に置かれた条項の性格を予期していて、紛争を再燃する手段にならないかと工夫していた。七月中、王妃とアシュバーナムにフランスへ脱走する手段を工夫するように促す手紙を書くかたわら、ウースターの司政官ワシントン大佐に宛てては、もう一《ひと》月支えるように求め、アイルランドにいるグラモーガンには、もう一度、彼自身全部をグラモーガンの手、そして、教皇特使の手に委ねる、と提案している。——つまり、彼らが決定するアイルランド条約案を受け入れるということである。

ウースターでは、ワシントン大佐が、国王が彼に手紙を書いた日に降伏していたが、アイルランドからは、孤独な国王はなお希望のちょっとした要素を引き出していた。信頼できるオーモンドが、彼を励まし、助言を与えてくれるディグビー卿の援助を受けて、アイルランド連合との条約に向けて働いている間に、グラモーガンが教皇特使と策動を続けており、その計画によれば、さらにイタリア、フランスを旅行して、夏の半ばには戦艦二〇隻、一万丁のムスケット銃、四万ポンドの資金を調達してこようというのであった。この数字には笑いたくなる。というのも、チャールズは一月に公式にグラモーガンとの協同を否定することを余儀なくされていたからであり、また教皇特使の方では、オーモンドの企画を抹殺するためにグラモーガンを利用しつつ、静かにその影響力を行使して、アイルランド兵士を一兵も気まぐれな国王に送らせないようにしていたからである。熱血漢のジョージ・ディグビーさえも、グラモーガンの実行力に疑問をもち、彼の約束に敬意を表したが、皮肉たっぷりの説教師の言葉「主よ、我らの信仰を増し給え」を付け加えるのを忘れなかった。

ディグビー卿の戦争再発の企て

ディグビーはダブリンに到着するとすぐに、国王のアイルランド政策の基本的な立案者に自任した。彼はそのまぶしいような魅力をオーモンドの顧問たちや、キルケニーの連合指導者たち、あまり効果はなかったが、疑い深い教皇特使のあいだに、交互にふりまいた。彼は、グラモーガンを憂鬱にさせたことに、資金と船とアイルランド兵三〇〇人を調達し、プリンス・オブ・ウェールズを連れ出すためジャージーに向かった。ジャージーに着いて、ディグビーは、プリンスの顧問たちが彼をアイルランドへ行かせるのに不承知であることを知った。プリンスを誘惑する形を取ることを許してほしいと提案して、エドワード・ハイドを怒らせたが、彼は王妃と協議するため旅立った。アイルランドの兵士を後に残したまま、しかも彼らを養う金を一文も置かず、にである。

パリの短い滞在中、彼はその明るい希望で王妃の宮廷を照らした。彼は彼女に保証した。アイルランド連合との条約はすでに結ばれており、彼らはまもなく一万二〇〇〇の兵士をスコットランドに派遣し、モントローズに合流させるであろう、その一方、アーガイルはこの新しいハイランド・アイルランド兵に彼のキャンベル党を早急に合流させるであろう、と。これらの雲をつかむような話を信じ込んで、ディグビーは、大きな確信をもって枢機卿マザランに、フランス国王は国王チャールズを援助してもなんら失うものはないであろう、彼はカソリック・アイルランド、スコットランド盟約者団の支援を受けて、王位を回復する途上にあると話しかけた。マザランはだまされはしなかった、彼は、フランス公使の暗いニュースから、スコットランド人が国王の受け入れで苦慮していることを知っていた。しかし、国王の全面的崩壊と攻撃的イギリス共和制の樹立がフランスにとって有害になるということを心配しはじめ、アイルランドの沿岸に戦術的拠点を得ることも有用だと考えた。彼は、もし総司政長官オーモンドが、連合と有効な同盟を結ぶならば、国王を援助することに同意した。ディグビーはパリの教皇特使と会見して、その仕事を完了した。彼にその影響力を行使して、リヌチーニを更迭してほしいと頼んだ。なぜなら、彼の介入は国王の問題だけでなく、アイルランド問題にとっても有害であるから、というのである。

アイルランドへ帰る途中、ディグビーは、息子を彼女のもとに送るようにという王妃の要求をたずさえて、再びジャージーに上陸した。このことはプリンスの顧問たちのあいだに激しい論争を巻き起こしたので、プリンスは会議の休会を宣言した。彼はいまでは一六歳になり、決定権をおのれの手中ににぎるにいたっていた。一一カ月前、父親から受け取っていた私的書簡を根拠にして、彼は王妃に合流する決心をした。彼は六月二五日、フランスに向かって発《た》った。彼に反対してジャージーに残り、エドワード・ハイドはそこですでに反乱の歴史を書き始めているのである。

ディグビー卿は、七月初め、ダブリンへ帰り、そこで彼は、オーモンドに、国王が捕らわれているいま、以後は王妃があらゆる政治の問題の彼の権威を代理執行するものと見なされるべきであると伝えた。困惑した総司政長官にとってなお重要であったのは、彼が連合と条約を結んだ場合にのみ、フランスが援助を約束したということを知ったことである。キルケニーにいるフランス公使によってはっきりと確認されたこの約束は、連合の指導者の大多数をオーモンドの条約に向けて傾けさせていった。

オーモンドのアイルランド連合との同盟案ようやく成る、グラモーガン、これを覆さんとす

不幸なことに、同じとき、グラモーガンは国王から、自分自身を無条件で教皇特使の手にゆだねるという約束を受け取っており、これを、オーモンド条約を放棄し、それに代わって、以前否定された彼自身の条約に置き換えることの直接的激励と解釈していた。チャールズは、かくして、オーモンドがほとんど三年来の苦労ののちにようやく達成したアイルランド連合との同盟を、自分で壊してしまうことになったのである。七月三〇日、マスカリー卿とその同僚たちは、特使の頑強な反対のうちに、条約を批准し、オーモンドはダブリンで公式にそのことを声明した。最後にやっとアイルランド兵がイングランドへ向けて出発する用意ができたかに見えた。コンウェイの港がサー・ジョン・オーウェンのもとで国王のために確保されており、それは彼らの上陸地点を保証するものであった。

しかし、リヌチーニは冬以来、オーモンド条約の受容を阻止するために民衆を扇動するようにアイルランド聖職者たちに働きかけており、彼は（連合のなかの）高等委員会の争いや分裂を少なからざる巧妙さでかきたてていた。すぐにオーモンドは、マスカリーによる彼の条約の受容が、連合に実行させる保証ではないということを知った。

すべてこうしたことの間、ニューカッスルの国王は、暇つぶしに、ヘンダーソンと取り留めのない宗教論争を追及していた。そんな七月の陰気な一日、ハミルトン公が彼のところへやってきた。ハミルトンの長い牢獄生活の後の彼らの和解は無様なものであった。双方とも困惑し、顔を赤くし、ためらいがちであり、黙りがちであったが、最初の気まり悪さがすぎると、チャールズはハミルトン君と呼びかけ、一時間半の会話の中で、彼らの破れていた友情は修復されたように見えた。ハミルトンは、神父たちの議論に彼の外交官としての所信を付け加えた。王よ、長老派の教会政府の道を受け入れなさい、さすれば、スコットランド人は、勝ち誇ったイギリス議会から、いろいろな事柄のほかに、もっといいものを得る手助けをしてくれるでしょう。

ハミルトンの忠告は思いがけないものではなかった。国王は王妃の懇願とフランス政府の圧力とによって抑圧されていた。マザランは、モントルイーユの使命の失敗に不安になっていた。マザランは、フランスに対する全体的な敬意が盟約者団をして、彼が彼らに指示したコースをたどり、国王との心からの合流にいざなうものと想像していたのである。彼の見解では、スコットランド人の行動は部分的にはモントルイーユの不慣れからくるものとおもわれた。そこで彼は年齢のいったジャン・ド・ベリエーヴルを臨時大使として送りこんだが、次のように訓令した。スコットランド人はフランスを大いに怒らせており、不幸な国王に対する彼らの要求を引き下げないかぎり、彼らとの同盟を一回限りで打ち切ることもありうる、とスコットランド人にいってやりなさい、と。そのほかに、マザランは、長老派と独立派のあいだの亀裂をつくることに努力するようにと指示を与えた。国王の救済については、ただ前者の場合にのみ可能であると彼は考えており、国王は救済されねばならない。海戦を行うに足るだけの税金を臣下に課す力をもったイギリス共和国は、こらしめられ、窮乏化したイギリス国王が以前の通り存在するイギリスよりも、隣国にとって不愉快なものにちがいないであろう、と。

フランスの影響力と強制力を過信したマザランは、他の実務的政治家と同様、その他にも、実際の可能性について重さを測り、考慮したものを書いて与えている。しかし、王妃アンリエッタ・マリアは、ベリエーヴルに彼女の助言を与えることが認められた。ディグビーによれば、この哀れな女性は、述べたという。たとえチャールズが長老派であると宣言しても、彼では、盟約者団、アイルランド人、モントローズを戦いへと統一することは容易ではないであろう。もしこれが失敗した場合には、次には独立派を長老派から分離させ、アイルランド人、スコットランド高地人を合流させるべきである。彼女の考えは、夫のそれと同様、現実離れをしていた。盟約者団とアイルランド人とが、どのように強制されようとも同じ同盟のもとにもたらされないことは、理解力のある者に自明のことであった。王妃とその夫とのあいだの唯一の違いは、国王が、いくぶん良心の呵責《かしゃく》をもちながら相手方を信用できなかったにしても、自分自身には歴《れっき》とした良心をもっていたことである。それに対して王妃の方は、スコットランド人も国王も信用していなかった――彼らはみな異端者ではないか？ 彼らの誓いというのはなんなのか？――が、盟約署名を拒否している夫の頑固さに戸惑いを感じていた。

七月、パリでプリンス・オブ・ウェールズが王妃と合流したとき、新しい心配事が国王を襲った。彼の妻と頑固なその顧問たちが、彼の意志に反して、彼がすることを拒否してきたような譲歩を、息子の名前ですることによって、彼の救出を図るかもしれないという可能性である。そこで彼は、プリンス周辺の人々、プリンスにかしずいているクルペパー卿、ジャック・アシュバーナム、王妃の信頼する奉公人ジャーミンに、彼らが無視できないような命令を書きおくった。「わたしは諸君たちの汚れなき信頼性、君たちが愛しているすべて、すべての善なるものにかけて、わたしの身柄にとって危険となるような脅威や不安になることを、生まれたばかりの息子の権威を根拠にして、わずかでもしないようにお願いしたい。わたしは、神のお恵みによって、わたしが出会う苦しみに、わたしにふさわしい恒常性をもって耐えることを、すでに考えあげた。わたしが欲しているのは、ただ君たちからの慰め、わたしの問題がわたしの不運だけで終わらず、そのため、わたしに同情するあまり、息子の権利を危険にさらすことがないように保証してくれることである」。国王が決して屈しようとしない二つの主要な点は、軍隊の統率権と教会政府の問題であったが――このうち、「人民にとって、より死活に関するものであったのは、剣によるよりは、教壇から支配する教会の問題であった」。

長老派にちょっとやそっとで屈しない彼の決意は、単なる気まぐれではなく、他の教義に対して一つの教義をより好む気まぐれでもなかった。彼はしっかりと、正しく、長老派の教会政府の道が、神が王に授けた聖なる権威と両立しないと信じていたからである。しかし、ニューカッスルで、彼は生涯で初めて、彼自身と同様な熱狂的スコットランド人に取り囲まれて、逃げもできず、その団体から中休みすることもできなかった。初めて彼は、敵の中でひとりでいる塗油された国王になにが起こるかを、恐るべき明確さで見て取ったが、ひるむことはなかった。彼はその頑固さのゆえに生命を犠牲に払わねばならないとは、予想もしなかったし、予見もしなかった。そのような考えが彼を深くつかむのをゆるすには、生来、彼はあまりにも気持ちが移りやすく、あまりにも血の気が多かった。しかし、これ以後は、彼はそれを可能性のなかに入れなければならなかった。

議会、国王に平和提案を示す

一六四六年七月三〇日、彼が注意深くこれらの通信をしたため、秘密手段で送り出して一週間後、ペンブローク伯を団長とする議会の使節団がニューカッスルに到着した。チャールズは、かねてから拒絶しようと決心していた諸条項を聞いた。そして、使節団にそれらについて議論する権限をもっているかと尋ねた。彼らはただ王の答えをもって帰る権限しかないと答えた。「真面目なトランペット吹きにはそれでも十分だろうな」と、国王は、変節者ペンブロークと横柄な団員をじろっと眺めながらいった。

その同盟者にしっかりと結びついたスコットランド人たちは、それを受け入れるように彼に促し、そのさい官房長官ラウドゥーンは、国王がいまや慣れっこになった遠慮のない言葉を使った。もしも彼が条項を拒否すれば、とラウドゥーンは確言した。「議会におけるあなたの友人のすべて、都市、すべての農村を失うでしょう。イングランドは一人の人間のようにあなたに対して統一しています。……彼らはあなたを廃位し、違った政府を立てようとしています。彼ら陛下を引き渡すようにわれわれに圧力をかけてくるでしょう」。このあたりは本当の脅迫である。なぜなら、ラウドゥーンは続けてこういっているからである。「もしあなたがそのわがままのためにイングランドを失うならば、あなたはスコットランドへ来て、統治することも許されないでありましょう」。脅迫から説得へと一変して、彼はいう。確かに提案されている条約のなかには、スコットランド人にも好ましくないものがある。しかし、平和という利益の前では人は違いを没しなければならない、と。

チャールズは、スコットランド人が条約のすべての条項を好んではいないことを十分知っていた。彼が犯した誤りは、彼らがそれを嫌うあまり、土壇場には彼らが議会と決裂し、彼の側に付くと信じたことであった。彼は、イギリス人に降伏せよというラウドゥーンの脅迫を、スコットランド人の助けの代償として盟約に彼を飛びつかせようという空虚などなり声として受け取った。彼は議会の提案に拒否の返答をしたが、つまらぬことを口実に、その〔正式な回答の〕遅れを要求した。彼の返答が与えられたのち、ロンドンのスコットランド委員会が、彼らの軍隊の撤退と国王の降伏に同意すると宣言したとき、彼は、これを、彼らの要求のすべてに彼を屈服させようという熟考の政策にすぎないとなおも信じ続けた（それもまったく理由のないことではなかった）。彼は自分の計画をもっていた。彼はパリの友人に通知を送って、アイルランドの計画を急がせる一方、彼の逃亡の計画をもたくらんでいた。彼はアーガイルとラウドゥーンをウェストミンスターに行かせて、イギリス人と折衝して条項を修正するよう依頼している。他方では、ハミルトンをエディンバラにおくって、スコットランド身分制会議から、盟約に対する全面的同意ではなく、部分的同意で済まされないか、それへの同意を引き出せないか打診もさせている。しかし、これらはすべて時間稼ぎのごまかしであった。

議論において彼を悩ませた人々によって救われた、さしあたって、国王は平静に見えた。彼は常日頃好んだチェスを付き添いのものと楽しみ、ロンドンのスコットランド常設委員会から送られてくるニュース誌を楽しそうに受け取ったが、その紙面では、ローダーデイル伯が、長老派に対する敵意の増大を報告してきていた。国王は不愉快であるはずがなかった。もし敵意が今少し増大すれば、盟約を受け入れるか否かにかかわらず、独立派に対して彼を擁護することになるであろうと彼は信じた。

国王の諸条項に対する拒否のほのめかしは、ウェストミンスターでは種々の感情をもって受け取られた。その全体的な特徴は数年後の逸話にまとめられている。ある長老派議員の一人が、独立派の同僚をうろたえさせたことにこう大声で叫んだ。「国王が拒否したからといって、一体われわれに何が起こるというのだね？」。相手方はこう答えた。「いや、彼が受け取ったのはわれわれのところで起こっていることではないのかね？」。夏を通じて、ロンドンでは、独立派と長老派のあいだの緊張は増大していた。イングランドにおける厳しい分裂は、もはや国王と議会、騎士党と坊主頭党のあいだのそれではなく、教会分派とその反対者の対立であったのである。

第四節　議会軍兵士たちの思想的急進化

バイイー博士がすでに観察したように、教会分派は、バイイーやスコットランド人にとって「恐るべき自由」とみなされる理念を推進し、保持することに腐心していた。この追及のなかで、彼らは「新しい種類の民衆的政府を樹立し」、国王との正しい平和を結ぶことを考えるようになり、その度合いがましていった。

議会長老派の指導者デンジル・ホールズ

春と夏を通じて、ロンドンは彼らの活動で混乱させられ、議会は、ヴェインとクロムウェルによって指導された彼らの同調者たちと、デンジル・ホールズに支配されたより保守的一派とのあいだに引き裂かれていた。ホールズはクロムウェルと同年齢で、彼より遅れていたが、長い議会生活をもっていた。彼の父親クレア伯は一万五〇〇〇ポンドでジェームズ一世から爵位を買い取っていた。息子の一人デンジルは、前世紀に家の財産を築いた商売人としての鋭敏さと貪欲なエネルギーを受け継いでいた。彼は高邁《こうまい》ではあったが、喧嘩早く、強情で、感情に走りやすく、大きな政治的勇気をもっていたが、敏感さには欠けていた。彼は世界の広い人間であり、宮廷で飯を食い、若いときには国王チャールズとダンスを踊ったことがある。彼の可愛いがっていた妹はストラッフォードと結婚しており、彼女の思い出のために、彼は苦しみつつストラッフォードの生命を救おうとし、無駄に終わった。しかし、この逸脱から、彼は、最後の二〇年間、国王の不断の敵方となった。一六二九年三月、議会議長が国王の命令で、庶民院の休会を宣言しようとしたとき、「神のお呼びによって、お前は、われわれが立てというまで、そこに座ってろ」と、体ごとぶつかっていったのは彼であった。戦争が始まると、彼は連隊を立ちあげた最初の者であった。そして、戦争指導の最初期の委員会では傑出した存在であったが、時折、平和を交渉する可能性を考えるようになり、独立派の台頭に憤慨したが、両王国委員会からは排除され、最近の数カ月の間に、ヴェイン、クロムウェルの中心的反対者と見なされるようになった。彼が指導者となった集団は一般に「長老派」党と呼ばれた。

名称というのは便利なもので、その日からホールズとその支持者に付与されたが、それは厳密には正確ではなかった。議会における「長老派」は、宗教における長老派と必然的に一致するものではなかった。彼らは、圧倒的に長老主義者から成るウェストミンスター集会において票決された礼拝指導書を支持し、教区制という枠組のなかで組織された教会を欲していた。しかし、それは、純粋な宗教的動機からではなく、秩序、市民統治の観点からそうであったのである。バイイーが見て取ったように、イギリス長老派の最大の弱点は、精神的確信の欠如であって、それが、教会分派と対したとき、つねに彼らを不利な立場においた。現在の時点では、独立派に対する恐れが、彼らの関心をスコットランド人のそれと一致させていた。しかし、彼ら長老派の中心的欲求は、国王の身柄を得たいということと、スコットランド兵を本国に送還させ、ニュー・モデル軍を解体し、平和と議会政治を再樹立することであった。

ホールズは、戦争執行の方法について、時折、ピムと衝突したが、一六四六年の夏には、彼と彼の支持者の戦争に対する希望と理念は、戦いが始まったころのそれと全く変わらなかった。彼らは教会分派とその粗雑な自由の理念に反対であった。彼らは、人民政府の立ち上げ、そうするぞという脅迫に反対であった。彼らは議会の特権、それを構成してきたジェントリーの特権を信じていた。そして、新しい教理と危険な自由の乱用をあこがれている説教師、兵士、議会の同僚たちを、憎しみと軽蔑、それほどでもない恐怖をもって眺めていた。ホールズが三年後に、厳しい気持ちで書いているように、彼とその真面目な友人たちは、「国王の名誉、人民の幸せと安全のうちに国家を再建する以外にはなにも欲していなかった。そして、剣を置くことができるときには、国王の平和の笏《しゃく》に対して、以前彼の権力に抵抗した以上に、喜んで従うであろう」。しかし、彼らの敵、議会の胸の中のマムシ、独立派は「国王とできるかぎり多数の貴族、ジェントリーを滅ぼし、政府を変え、教会に秩序がなく、自分たちを支配する国家権力がなくなることを」意図していた、と。

一つの事柄においてだけ、長老派と独立派は一致していた。双方とも、スコットランド軍の最後を見ることである――ホールズとその友人たちにとっては、イギリス人の土地にそれが存在することで、長老派の評判を落としており、独立派から見れば、もし力比べが起こるならば、ニュー・モデル軍に対抗できる軍がいるとすれば、それはまさしく唯一彼らであったからである。この一つの問題に全庶民院が統一していた。他の問題では、二六〇名の議員、あるいは、大体常時登院してくるそれくらいの人数の議員たちは、その職業によって、あるいは地域的利害に応じてグループに分かれ、議員は今日はこのグループ、明日は他のグループに集まるといった具合であった。ヴェインあるいはホールズが依拠した支持者たちは、議論される問題の性質に応じて不確かに動揺した。法律家たちは、長老派のやり方が教会に対する国家の従属の恐れを来《きた》すような場合には、独立派に付いたが、しかし、独立派に反ロンドン市民は、反主教主義者ほどには、長老派に反対するものではなかった。ロンドン市が起債した大きな借款は、部分的には主教の財産と土地の安全性に基礎をおいており、したがって、彼らにとっては、議会が没収した教会の財産をしっかりと保持してくれることがなによりも重大事であったのである。

ヨークシャー出身の議員の大多数は、サー・フィリップ・ステイプルトンの指導を受けたがっていた。この鋭い小さなテリア犬のような男は、大きな地方的な影響力をもち、戦争における華々しい行動でその評判を高めていた。彼はデンジル・ホールズの心からの追随者であった、また重要であったのはアイルランドの大地主サー・ジョン・クロトウォーシーで、彼は、アイルランドに利害関係をもち、そのさいクロトウォーシーを模範とするのを常としていた議員たちの票を集めてホールズを支持した。サー・フィリップ・ステイプルトンは、両王国委員会において秀でた人物であったが、そのことが、そこで起こっていることの情報を得たいホールズを彼に引き付けることになった。しかし、戦争が長引くにつれて、彼は政治を議論し、それを主導する集団から排除され、それが彼にとって重大な妨げとなった。戦争が終わると、再び議院の床から発動される政治、戦場における軍隊の運命を危険にさらすことなく、委員会の派閥の力がためされる政治が可能になった。そこでホールズは、一六四六年夏には、ピムの憲政政治家の後継者、真の庶民院議員として、ヴェインやクロムウェル、一般に独立派によって交互に推し進められている内閣の影響、民衆の要求の政治に対立する者として現れたのである。

ひからびた貴族院は、出席者は大体二五人強であったが、大体、長老派に与《くみ》した。マンチェスター侯は教会分派を憎む理由をもち、不機嫌なエセックス伯もそうであった。しかし、貴族のなかでもっとも強力な人物のある者の思考は反対であった——敏感で鋭い知性をもったセイ、静かだが、力をもっていたノーザンバーランドがそれであり、後者の無関心なふうの高尚ないでたちは、素早くて正確な観察を隠しており、ストラッフォードの友人であったその日から、だれかが戦争は勝つと知覚する以前から勝利者の側に、控えめながら付くという、的確な能力をもっていた。

議会の補欠選挙の結果は従来と変わらず

ホールズとその友人たちの保守主義の癖であったが、戦争の勃発以来、死亡、除名、引退などによってほとんど二〇〇人近くに減った議員の充足のための選挙に嫌々ながら同意した。彼らは、成り上がり者、兵隊からなる新議員が院の独立派を膨れ上がらせることを恐れた。しかし、彼らは、州が次から次へと国王の軍隊から明け渡させるにつれ、選挙の明瞭な必然性に屈しなければならなかった。彼らの恐れは杞憂《きゆう》にすぎなかった。一六四五年夏以来実施された選挙は、院のグループの形をほとんど変化させなかった。投票は、地方的名士、あるいは影響力ある人物の行使するいつもの圧力をのぞいては、だれからも自由におこなわれた。院は将校や兵士たちに選挙人を妨害することを禁止し、ある者は疑いなくその影響力を行使したけれども、投票者は決して萎縮することはなかった。スタッフォードでは、フォクサル隊長が彼の一団の部下を、武装を解除して、彼の推す候補者を支持するために送り込んだが、この行動のため彼はのちに議会特権委員会に召喚される羽目になった。議会軍の将校たちの上級者の相当な数が議会に帰って来たが、その議席は多く、家族の繋がりで確保されていたものであった。ノッチンガム州のハッチンソン大佐がそれであり、ロバート・ブレイクはその家のあるブリッジウォーター市においてそうであった。

ある人々は、ジェントリの半数の王党派が投票対象から除外されて、「上等な種類」の欠乏が、院のなかへ下層階級をもたらすのではないかを恐れた。しかし、補欠議員——新メンバーはそう呼ばれた——同じ種類の家族の出身であり、しばしば、先任者と同じ家族から選出された。一六四五～四六年の選挙は、ほとんど社会的混乱を反映しなかった。ある強力な人物が院の独立派に加わったが、しかし、長老派もそれ相応の分け前を得た。独立派は兵站部長官で、クロムウェルの娘婿のヘンリー・アイアトン、ハリソン大佐、ビンガム大佐、ヒアーウッド大佐、ハッチンソン、ブレイク各大佐などである。彼らの党の最左翼にはレインバラー大佐がいたが、成年男子投票権の採用を確信し、選挙後まもなく平等派（レヴェラーズ Levellers）に合流した。あまり知られていないが、トーマス・スコット少佐もそうである。しかし、独立派に敵意をもった将校たちも議会に帰っていた。グロースターの防衛者マッセイ大佐、ヒアフォードの司政官バーチ大佐、ロンドン出身で温和なブラウン将軍、サマーセットのウェールズの新議員に選出されたのはクレメント・ウォーカーであったが、権力に上昇する独立派が遭遇したもっとも厳しい、悪性の敵手であった。

議会においては、ホールズとその友人たちは、密接さを堅持していた。しかし、強力な教会分派反対者であるロンドン市長の援助にもかかわらず、彼らはロンドン民衆のなかでの教会分派の拡張を抑えることはできなかった。ロンドン市長は、会衆教会の抑圧、すべての教会分派に対する旺盛な提訴を要求していた庶民委員会から一つの陳情書を作り上げた。それが議会に到着する前に、ウィリアム・ウォルウィンはそれに対する穏和だが、説得力のある答弁を書いた。ジョン・グッドウィンの群衆たちは、それを三〇〇〇部印刷する資金を集め、それをジョン・リルバーンその他がウェストミンスター周辺の街路でばらまいた。庶民院のホールズは全力を集中して、ロンドン市長の陳情書を受け取ろうと動議し、一〇八対一五一票で独立派を抑えた。貴族院でも、それは悪く進行した。というのも、大多数は感謝してそれを受け取ったが、出席議員二五名中、ノーザンバーランドとセイに指導された九名はそれに強く抵抗したからである。

一週間後の一六四六年六月二日、ロンドン市の独立派は彼らの立場を説明した陳情書を院に提出した。彼らは、反対者たちよりはより慎重に立ち回った。ホールズとその一党は明らかに驚かされたが、独立派はわずか四票の差で投票を制し、教会分派の陳情者たちの感謝を受けた。しかし、議会における独立派は、ロンドン市内の彼らの友人たちの抵抗を励ましたが、様々な教会政府のための条例が庶民院を通るのを阻止しようとはしなかった。そして、分派の陳情がたまたま通過して一週間後、院は全会一致で、ロンドン教区における長老たちの選挙をおこなうよう指令した。宗教におけるスコットランド人の見解になんらか外見上の譲歩をすることなしには、スコットランド兵士を立ち退《の》かせることは決してできないと、独立派の指導者たちは十分心得ていたのである。それに、彼ら指導者たちは、ニュー・モデル軍において独立派が支配的であり、議会の長老派への譲歩は一時的なもの、害のないものであることを知っていた。ホールズもスコットランド人も、闘いは院の床から街頭、キャンプに移っていたことを理解していなかった。議会、およびロンドン市の長老派党は戦争が作り出した新しい勢力に対して、結局、無力であった。

リルバーン、政治における民衆の権利を主張し、投獄さる

ジョン・リルバーンは、自分個人の問題の燃えるような弁護のなかから、宗教的自由をもとめる教会分派の叫びを、市民政府における民衆の権利をもっと求める、もっと危険な叫びへと変えていった。彼は正義の問題を放棄することができなかった。一年以上前、クロムウェルは、マンチェスター伯と彼の将校たちの戦争におけるやる気のない行動について証言するように励まされた。リルバーンの証言の目的は、クロムウェルも見抜いていたように、マンチェスターの軍からの追放であった。この目的は、結局、辞退条例によって達成され、その通過後は、クロムウェルはそれ以上マンチェスターを攻撃することを放棄したが、リルバーンはそう簡単には納まらなかった。もし人が悪いならば、その人はそのために苦しまなければならないと、彼はマンチェスターとその将校たちの裁判で問い続け、しまいには、彼らの一人によって名誉棄損で訴えられ、二〇〇〇ポンドの損害賠償の判決を受けた。リルバーンは金がなかったし、たとえあったとしても支払わなかったであろう。その代わり、彼はパンフレットを出版した。『正しい人間の正しさ Just Man's Justification』がそれであり、そのなかで、彼はありったけの非難を続けている。そのため、マンチェスターはついに忍耐の度を失った。リルバーンは貴族院の前に喚問されたが、彼はイギリス人の不可譲の権利として同輩の庶民によって裁かれることを主張し、いかなる質問にも答えることを拒否した。貴族院は彼にニューゲイト牢獄ゆきを決定したが、そのとき、一六四六年六月一一日、彼は『立証された自由人の自由 Freeman' Freedom Vindicted』を出版し、貴族たちを庶民の抑圧者としてののしり続けた。院は再び出頭を命じたが、彼は彼らの裁判権を否定し、ニューゲイトの彼の部屋のぐるりにバリケードを張り、ウェストミン

スターまで力ずくで引きずっていかねばならなかった。貴族たちの前へ出ても、帽子をかぶったままであり、ひざまづこうとせず、話しかけると耳をふさぎ、最後には大声をあげて、挑戦的演説をし、貴族たちの専制をののしった。院は彼の最近の二つのパンフレットの焼却を命じ、追加して二〇〇〇ポンドの罰金を課し、七年間のロンドン塔行きをきめ、それに「接見禁止」という無益な命令を付け加えた。リルバーンの攻撃的抵抗は、彼をしてロンドンでもっとも有名な人間にした。市民たちは塔へ殺到し、「接見禁止」が実際に行われているかどうか確かめに、貴族院へ押しかけた。彼の妻エリザベスは、夫の方法の忠実な模倣者であったが、神の法律に明瞭に反する、男と女を離ればなれにしたと非難し、貴族たちをどぎまぎさせた。彼らは彼女に彼のもとへ自由に出入りすることを許した。

塔でリルバーンは新しい友人を得た。王党派の軍人で、ディグビー卿の義兄弟にあたるサ・ルイ・ダイヴであるが、彼はリルバーンのトラブル・メイカーとしての能力を励まさなければならないと早くも見て取り、彼の意見に同調する耳を貸した。リルバーンにとってもっと有用であったのは、ウェールズの裁判官のサー・デイヴィド・ジェンキンズと友情を結んだことで、彼はヒアフォードで捕らえられ、数人の議員たちを非難した廉《かど》で反逆罪に問われ、裁判を待つ身であった。ジェンキンズは、リルバーンの貴族を痛め付けようという態度に共感し、これからの争論において熟達した法律家の助言によってリルバーンを強めた。リルバーンは、そのすばしっこい、貪欲な精神で、急速に学んでいった。彼はまた、塔に所蔵されている多くの記録類を発見し、勤勉に学んだ。彼は牢獄から出てきたときには、入獄する以前よりも、イギリス人の生得権について闘うにあたって、よりよく武装されていたのである。

リルバーンは、精力的で勇敢であったが、肉体的に強い訳ではなかった。彼は、支持者なしに残した彼の妻や子供のことを心配していた。そして、自分よりも裕福で、いい生まれの囚人の優先的取り扱いに憤慨していた。彼の苦しみは、少なからず、勝利の空気をもっていた。怒れる貴族院のおかげで、彼は、塔のなかで中心的、英雄的位置を占めるにいたった。だから、彼はロンドンの下賤な市民に、彼らの抑圧者、つまり、貴族、金持ち、特権階級の軛《くびき》を投げ捨てるように勧めることができた。彼は、いまや彼が入ることになった迫害される第二のサークルのなかで、自由民ジョン、一般庶民のなかの著名な闘士となったのである。

ウォルウィン、リルバーンの主張を支持

塔の外では、賢いウィリアム・ウォルウィンが反響し、リルバーンが身をもって目に見える具体例を示した理念を広げていた。著者名のない彼のパンフレット『ごみの堆積のなかの真珠 Pearl in an Dunghill』のなかで、彼はリルバーンの挑発を正しいとし、戦いが終わったいま、それを勝利に導いた人々、戦争に忠実に耐え、それを支持した庶民に、議会は報いる義務があると警告を発している。その人々は、奴隷でもないし、子供でもない。彼らは争いの四年間、多くのことを見、苦しみ、考えてきた。彼らは「ものを知り、ものを判断できる人々である。災難は彼らを賢くし、いまそれを抑圧するのは賢い人間を気違いにするだけである」。

リルバーンもウォルウィンも受け継がれてきた伝統のヴェールによって盲目にされてはいなかったが、議会にいる多くの人々は、それによって、一体なにが起こっているのかを明瞭に見抜くことが不可能にされていた。ホールズは愚かではなかったが、封建的階層制の枠組によって支持されている社会以外の社会を考えることができなかった。そして、教育と生まれと財産のある人間の権威に挑戦が仕掛けられるとは信じられないことであった。のちに彼は、すべては邪悪な独立派の陰謀、クロムウェル、セント・ジョン、ヴェインといった少数の明敏だが、破廉恥なものたちの結果であったと説明している。彼は、その独立派の指導者も、彼と同様、彼らが辛うじて理解できている諸勢力の犠牲者であるということを理解しなかった。自分たちが長らく所有してきた権威を根拠として、安定した社会での権力の行使になれてきた人間は、彼らのこれまでの経験外の諸勢力の危険性、価値、あるいは勢力の存在自体について認識することがしばしばできないものなのである。

戦争の社会的影響

過去四年間にイングランドで起こった変化は単純で、明白であったが、それは権力をもった人々によって見過ごされ、あるいは、誤解された。戦争は国のあらゆる都市、村落に影響を及ぼした。それがひきおこした苦しみは、同じ時代のヨーロッパの紛争の基準からすれば緩やかものであったが、民衆の大部分が運命の変転を耐え忍ばねばならず、ある者は実際の困窮に苦しまなければならなかった。ただエセックス州だけが、部隊の宿営地が及ばなかったため、戦争の全期間を通じて、パンの値段は安定していた。軍隊が食料、あるいは、飼料を求めて宿営したところではどこでも、人為的な物資不足が起こった。現金、ないし、現物に対する兵士の要求はすべてのうえに重荷となって降りかかった。たとえ少数の者には補償による利益があったにせよ、である。というのも、州委員会によって集められた金のいくらかは、それを取り扱う人々の手中に貯めこまれたからである。兵士に鞍、長靴、腹帯、シャツ、外套、銃尾を供給する契約を結んだ業者は、一財産を作った。鉄砲鍛冶、刀剣鍛冶、蹄鉄鍛冶、粉砕水車、カノン砲鋳造工場の所有者たち、軍隊の必要とするものを供給でき、価格と供給について取引できるだけの強さをもった人々もまた同様であった。失うもののすくない臨時労働者は、通過する部隊への売り込みや物資運搬、通過後の損害の修復で臨時の仕事にありついた——たとえば、踏みにじられた溝の掘り返し、破られた垣根の修理などがそれであり、時には殺された者の埋葬が頭一ついくらでおこなわれ、その頭数はもっとも高く見積もられた階級に応じて評価された。非常に貧しい人たちは、もっとも苦しんだ人々ではなかったのである。

もっとも苦しんだのはヨーマンであり、小商人であり、販売と配布の機能をすべて乱されたウェスト・ライディングの織物匠であった。また北ウェールズ、ヒアフォードの牛追い、ウィルトシャー・ダウンズの羊飼育者、州内を上下する馬を奪われた、あるいは牛や羊を追い散らされた重労働のヨーマンがそれであった。国中に苦しみが、そして、不満があった。しかし、窮乏はそれほど広がらなかった。疫病が予言されたが、戦争中は起こらなかった。運命の皮肉というべきか、全く不作に終わり、その結果を次の年に投げ出したのは一六四六年の、最初の平和のときの収穫であった。

戦争を通じて国王も議会も、反対党の人々からまきあげ、軍隊によってその財産を没収することによって、失費を埋め合わせようとした。戦争の終わるころ、王党派党員たちからの計画的な収奪が始まった。国王の腕となるように生まれた人々は、差し押さえられた財産を実価値の二〇分の一から半値で売り払った。示談のこの過程は、一時的にせよ、ジェントリーの多くを窮乏化させ、ある者をして、急いで金を調達するために、材木を切り倒したり、財産を譲渡したりさせた。しかし、破滅したのはほんの少数で、それは、法律家に仕事を与え、金貸しを富ませる一方、土地保有の型における変化を広がらせず、土地占有についても同様であった。しかし、それは、不安定さと不穏の雰囲気、苦情と不正感のひろがりを誘い出した。そのうえ、国の羊地帯と山羊地帯への分裂――これは、羊飼育のジェントリーによって他方の側に行使された罰の結果である――は、不可避的に、全体としてのジェントリーに対するささやかな種類の尊敬をゆるがしたのであった。

戦争は、双方の側において、都市・農村のごく普通の階層出身の若者たちによって戦われたが、彼らの究極の意図は出身地の生活に戻ることであった。戦場にある軍隊ではどれとても、スコットランド兵のそれでさえも、職業軍人が多数を占めるということはなかった。彼らはその風貌、その関心のもちようによって、民間人出身者とは別種の団体を形成していた。犯罪を犯そうか、あるいは、放浪生活に出ようかという冒険的精神から離れると、国王の部隊はその民間生活にすぐに戻っていった。ただし、ある者は、敗北の時点で郷里からあまりにも離れている場合に、議会軍に登録される道をえらんだが。彼らは、経験によって富ませてきた犂や仕事場に帰っていったが、彼らがそこで成長し、かつてその場所を占めていた社会秩序に、つねに適合できた訳ではない。

社会の階層制は、社会の便宜、衣服とか動作の詳細、それ自体としては取るに足らないが、大きな象徴的意味合いをもったものによって特徴付けられていた。貴族にとって、頭にものをかぶらずに公衆の面前に現れることを強いられるのは、本当の意味で屈辱であった。一般的によく知られ、敬意を払われた非常に厳格な規律が支配したのは居場所の形であって、だれそれは群衆のなかのだれそれに場所を譲った、だれそれの側に立っていた、座るために立ち退かせた、などである。戦争のぎりぎりのなかでは、これらの便宜は、もちろん、すべて破られた。恐怖と危険と苦しみのなかで、忍耐と英雄主義のいる諸瞬間に、男も女も瞬間の緊急の必要性のもとで行動し、仮面を脱ぎ捨ててお互いを見詰めあった。この衝撃から、社会的便宜はただちには回復できなかった。要塞を取るなかで、敗北の混乱のなかで、大きな家を荒らし、略奪するなかで、「中位の連中」――彼らは通常そのように呼ばれた――は、無防備で、威厳を取り払った、痛ましい状態のなかで、彼らのいいところを見出した。国王軍の兵士たちは、相手側をごろつきと蔑称して励まされ、議会軍の将校はすべて下賤な成り上がり者だという不正確な宣伝が絶え間なくおこなわれた。同様に議会軍の兵士たちも、国王側の人間をひとしくみな、神がその活動の合間にぽんと作り出した最大の「有害物」と考えるように教えられた。双方とも兵士たちは、軍隊の階級が優雅さの次元と合わなくなったところでは、逆さまの世界に生きることになった。貧しい労働者の息子が、ジェントルマンのズボン吊りの先端部をちょっと小突いて、その義務以上のことをしなくなった。日常的な略奪、許可された徴発とならんで、反対党の地代や財産の略取、一地域のすべての、帽子のリボンから領地の収益にいたるものの収奪は、少なくとも一時的に起こったが、最強者の仕事であった。

数世紀かかって成長してきた社会の型を壊す混乱の四年間の後、現実に社会階層制の礼儀作法や便宜が一般的に双方の側で、行動真っ最中は別として、敬意をもって認められるようになった。しかし、挑戦的不満の雰囲気は、戦争の経験と宣伝から必然的に大きくなった。その雰囲気は、苦情の他の種類――経済的損失や商業上の不況に関するもの――と社会秩序を問題視する怒りとの結び付いた性質のなかで生まれたものであった。

この雰囲気は、一部は解体した兵士たちによって、民間人と同じような経験を分けもったことによって、国中に広がった。下層民に対する正義というリルバーンの要求は、それゆえ、共鳴の反応があがるべき時点であげられたのである。この感情は、ニュー・モデル軍のなかでもっとも強かった。大部分若者である兵士たちは、良心の自由の話に鼓舞された。彼らには、君侯や高級聖職者を引き倒すことによって神の仕事をしているのだと話された。将校の大多数はジェントリー出身であったが、そのある者はそうではなかった。ハリソン大佐はスタッフォードシャーの肉屋の息子であった。ベリー大佐、プライド大佐の両親は不明な点が多いが、鍛鉄水車と醸造所で立派に働いていた。

議会軍兵士たちの思想的急進化

戦争が終わると、ニュー・モデル軍の兵士は、すぐさま平和と給与支払いを待っていた。ときには、彼らはその不快さを州の委員会にぶっつけた。ナントウィチでは、彼らは委員を一般の刑務所に拘置し、彼らの欲するだけの金がくるまでは、釈放しようとはしなかった。これはジェントリーを取り扱う新しい方法であった。ロンドン近辺の人々は、ウォルウィンやリルバーンのパンフレットを読んだり、他の人々に読んで聞かせたりしたが、彼らへの支払いを速やかにしようとしなかったり、真面目な、神を恐れるイギリス人の必要と欲求に応じて平和を樹立しようとしない議会のお偉方に対する彼らの反発は大きくなっていった。彼らは強いられた怠惰のなかで、宗教や政治について考え、論争した。彼らは心を脇にそらさせたり、訓練するものをあまりもっていなかったのである。彼らは教会分派の説教師ピーター、デル、ソルトマーシュの雄弁に聞き入ったが、これら説教師は、主教たちや長老派のそれよりも、より広く、より分かりやすい、より寛容な信仰を説き、彼ら自身について考えるきっかけと権利を与えた。

部隊は噂に沸き、疑惑のささやきに反応した。春には、彼らの多くは、議会のホールズとその友人たちが国王のスコットランドへの逃亡をうながし、独立派と軍からその勝利の果実を奪ったと信じていた。夏になると、違った噂が出回った。ウェストミンスターのホールズとその一味は、彼らをアイルランドで奉公させるため船に乗せ、彼らを追っ払おうと画策している、と。

イングランドの戦争は、大体、アイルランドの反乱鎮圧をめぐっての国王との論争から始まった。だから、国王が敗北したいま、軍への最初の呼びかけが、アイルランドにおけるイギリス人の支配の再建に変わったのは当然という訳である。ある将校たちは、大多数、アイルランドにおける家族の利害関係から、すでにそこで戦う連隊の指揮を自発的に引き受けていた。しかし、ミヒャエル・ジョーンズ大佐の場合、彼がアイルランド遠征のため部隊を武装させようとしたとき、反乱の脅威に直面させられた。部隊は、支払いがおこなわれるまでは、身動き一つしようとはしなかったのである。

議会が兵士を船でアイルランドへ送ろうとしたことは十分理由のあることであった。スコットランド軍は、アルスターで見苦しいほど負けていた。オーモンド政府は叛徒と平和を結んでいた。つい最近の敗北は、リメリック近くのバンラティーの大要塞の降伏があげられるが、議会海軍の失費と断固たる努力で海上から強化がおこなわれたにもかかわらず、である。モンローのアルスターにおける敗北以来、ミュンスターのインチキン卿はただ一人で住民の保護のためにもその軍隊を効果的に動かしていた。そして、イングランドからの援軍は来なかった。しかし、ニュー・モデル軍の兵士たちによって弄《もてあそ》ばされた疑惑は、根拠のないものではなかった。なぜなら、たとえ、アイルランドの反乱を鎮圧するのが勝利した議会側の義務であるにせよ、独立派の軍隊を解体し、船で送り出すというのは、ホールズおよび長老派にとって大きな利益になることであったからである。

一六四六年七月三一日、まばらになった院で、ホールズはアイルランドへの六個連隊の派遣を動議した。彼は時期を誤った。動議は、一票の差で破れた。おそらく、それは、六個連隊を全般的反乱へと陥れる動きを食い止めた天の配慮というべき敗北であった。そして、議会はその連隊なしには手に余る困難を手中に抱えていたのである。

第五節　アイルランドからの国王救援、絶望的となる

議会、盟約者団、当面分離を欲せず

スコットランドとイングランドの緊張はどんどん大きくなっていたが、盟約者団は国王を彼らの意志に屈服させたと確信するまでは、議会との分裂を欲《ほっ》しなかった。そして、ホールズと議会多数派も、国王が国王としての特性を回復するまでは、スコットランドとの分離を欲しなかった。古くからの法の維持に乗っかった保守派にとっては、国王はなお最高の重要さをもっていた。なぜなら、彼の同意だけがなされるべき解決に権威を与えるものであるからである。彼らは、文字通り、国王を廃位し、グロースター公（可愛らしい、ロンドンっ子に人気のある六歳の少年であった）によって取って替える、あるいは共和制政府を樹立するという、独立派党員によって時折発言される気安い、乱暴な話を、非難した。意味深いことに、いまやだれもプリンス・ルパートの兄のファルツ選帝侯のことを口にしなくなったが、彼は二年前、暗黙のうちに後継王位候補者として名乗り出ていたものである。カルヴィニストの君主として、長老派が欲すれば、長老派の候補者となるはずであった。しかし、いまや、国王の交替は盟約者団ではなくて独立派と結び付いており、デンジル・ホールズの一党はなんらか廃位の考えを弄《もてあそ》ぶのは安全ではないと考えているのである。尊厳よりは便利な道具扱いされることに満足した選帝侯は、議会が差し押さえた騎士党の財産から支払われる手当で、叔父の不在のあちらこちらの宮殿で快適な生活をおくることで満足していた。彼の色好みは、スキャンダル好みのニュース紙面を賑わしたが、彼の滞在のこの年月、学者、とくに科学者の保護者としてのその生活はつねに知的で、時には高邁でさえあった。

議会のなかの支配的グループが、国王を所有するにいたるまでは、スコットランド人との分裂を欲しなくなったので、彼らは盟約者団と独立派のあいだの敵意を抑えるように心掛けた。八月半ば、彼らは庶民院の前に、スコッ

トランド人について小冊子を書いたり、出版をすることを抑える法令を提出した。これはホールズとクロムウェルとのあいだに口論を呼び起こすことになった。クロムウェルは出版の自由を激しく擁護し、ホールズは、あざ笑うように、どうしたら「社会的底辺の名誉棄損」の原因を取り締まることができるかを問いただして、彼に論争をいどんだ。この機会にホールズは、彼の追随者を組織しなおし、彼の制限法案が三〇票の大差で通過した。

クロムウェル、議会活動に主舞台を移す

平和が一六四六年夏、国中に広がるにつれて、クロムウェルは、もはや戦場では必要でなくなり、軍とともに、議会における独立派の指導を引き受けることになった。彼の右腕であるハスレーリッグと協力しながら、彼は独立派政治の積極的指導において、次第にヴェインの影を薄くしていった。彼はもはや遠方にいて、遠くから吠えることをせず、日々ウェストミンスターで活動し、それによって、鉄騎兵の創立者として戦場で得た名声、一六四三年夏の恐るべき敗退をかろうじて乗り切った人間、そして、マーストン・ムーアで無敵のルパートを打ち破った人間像を目の前にもたらした。そして、彼は議会での彼の仕事に、兵士として数年間学んだ権威や決断を織り込んだのである。

盟約者団、国王の盟約署名を説得できず

クロムウェルとホールズが支配をめぐって争っている間に、スコットランドの悲劇はさらに進んでいた。盟約者団は、アーガイルの表現にしたがえば、「滅ぼされないで、改革された国王」を見たいものと欲し、彼の改革のためにあらゆることを打ち込んだ。しかし、彼は、彼を納得させることなくして、改革されなかった。そして、もし彼があらゆる懇願に対してなおも強情を張り、盟約に署名せず、一度でも長老派の宗律を受け入れることをしないならば、彼らは修復できない悲惨事に直面することになる。

国王の改宗がいつに委ねられていたアレクサンダー・ヘンダーソンは、すでに敗北を認めていた。彼はニューカッスルのゲームの前から病気がちであったが、国王との格闘の二カ月後、エディンバラへ引退し、そこで死んだ。その直前、友人ロバート・バイイーに「最大の痛恨事」と書いている。盟約者団中最大の首謀家であったヘンダーソンは、それに反対する人の中にさえ美徳を認める力を温存していた。その他の人——荒っぽいウォーリストン、あるいは、単純なバイイーなど——は、国王を「辛抱し切れない頑固者……わがままで、助言を聞き入れない君主」と非難した。ヘンダーソンは彼のなかに一つの信仰を認めた。明らかに誤解なのであるが、彼自身のものとして、定着させられ、明白で、真面目なものであった。国王の誠実さが明らかになるにつれて、ヘンダーソンには解決できない問題に直面させられることになった。盟約者は確かに正しい。しかし、それを受け入れない国王もまた正しい。神ならば、正義対正義がせめぎあうこの謎を解決なさっているかもしれない。しかし、ヘンダーソンにはそれができない。答えを求めての錯乱のなかで、彼はエディンバラで八月一九日死んだ。最後の瞬間に彼は同国人に、不可能事を実行することを戒め、盟約者、国王それぞれに忠実に止まるように勧告した。

アーガイルと党の指導者たちは、なおもチャールズが屈することを期待していた。彼を絶え間ない熱心さで説教したのは敬虔なアンドリュー・カントであったが、彼は王党派のアバディーンを威圧して従属させ、改宗者として著名であった。ハミルトンは彼の全精力によってそれに同調することになった。新しいフランス大使ベリエーヴルもそうしたし、王妃、そして、在パリの国王のもっとも忠実な奉公人、顧問官たちもそうした。アシュバーナム、カルペッパー、ジャーミン、この三人に、国王は教会を決して放棄しないという不動の決意をはっきりと箇条書きにして書き送っているが、いまやこの三人は、三つの王国の国王でなくても、「長老派の国王」であってほしいと、暗号で書かれた手紙に懇願しているのである。絶望の大きくなった盟約者団は、彼を屈服させるために、身分制会議の委員団を送り込んだ。彼は〔ほかの仕方では〕王冠を回復することができない、ということをよく知っているのであろうか？　独立派は信用ならないと、ローダーデイルは熱心に論じている。たとえ国王自身が、長老派をして彼を救援することを困難にしているにせよ、彼は教会分派に真実を見出していないし、いかなる援助も求められなかった。しかし、ローダーデイルは行き過ぎていた。国王は、すでに、スコットランド人が彼の取り扱いについて以前から話し合っていたことを知っていたにちがいない。彼は彼らのいうことを信じなかったが、噂を信じたし、脅威の噂は彼の良心を恐怖によって強制しようとたくらまれたものだ、というローダーデイルの論議も信じた。国王は、同様な真実をもってローダーデイルに反論した。もしスコットランド人が単に、彼が盟約に署名しないという理由だけで彼を放棄するならば、それによって利益を得るのは独立派だけである、と。独立派にそのような利益を与えていいものであろうか？　国王、盟約者双方ともに過ちを犯している。なぜなら、国王の考えでは、そうなると、とどのつまり、スコットランド人はその良心によってではなく、利己心によって支配されることになり、彼らの方からみれば、国王について同様のことがいえる。

実際には、カランダー伯が、一つの点において議論をさえぎり、国王が救援を期待できる源泉を隠し持っているとぶっきらぼうに非難した。チャールズは言い掛かりだと否定し、良心という一点で屈することができないのだ、と断言した。

国王、なおもアイルランドからの救援を期待

国王が良心の一点で屈することができないといったことには真実があった。しかし、国王が他の救援の源をもっているとカランダーが信じたのも、また正しかった。彼は、オーモンドが一六四六年九月一六日、アイルランド連合と平和を結んだということを聞いていた。オーモンドはひそかにそれをカランダーに書いてきていたのである。コンウェイの港と都市とは八月に降伏していたが、カッスルはなお保持されており、アイルランド兵の上陸になんらかの援助を果たすことができるし、あるいは、他のなんらかの港がランカシャーの海岸で占拠できるかもしれない、と。

オーモンドのアイルランドとの協定は教会特使、グラモーガンの画策で無に帰す

しかし、国王には知られていなかったが、アイルランドについての国王の希望はすべて潰《つい》えていた。彼のより以前のグラモーガン宛の手紙、教皇特使の手中に無条件で自分を委ねようという手紙が七月にニヌチーニに届いていた。いまや敗れた国王に教会財産の完全復活を認めさせることができる――オーモンドはそれを否定していた――との確信を強くした教皇特使は、オーモンド条約を無効にするのに全力を払った。ウォーターフォードに集められたアイルランドの聖職者たちは、特使の意志にしたがって、条約を否認した。特使は、条約が宣言された都市に対して教皇の破門を下すといって脅かした。ウォーターフォード、ウェックスフォード、クロンメルは、オーモンドの使者に対して門を閉ざした。リメリックでは、一修道士に扇動された暴徒が、条約を宣布しようとした市長に石を投げ付け、それから騒然としたなかで他の市長を選んで、彼に替え、市内のすべてのプロテスタントから略奪した。「俗っぽい中性な、あるいは、冷たいカソリックの悪しきデザインが、一時間のうちに、神の名誉と栄光のため、投げ捨てられ、損なわれた」と、ある特使付きの説教師は書いている。

グラモーガンは、絶えずリヌチーニの側にいて、無邪気な役割を演じていたが、オーモンドに抗議してこう書いている。すなわち、自分は「これらの不幸にして、新たに起こった狂気の沙汰になにもかかわらなかった」と。しかし、彼の秘密の条約の諸条項は、いまや公然と、善良なるカソリックが平和を結ぶに当たっての唯一の基礎として前面に押し出されていた。そして、特使ははっきりと彼をオーモンドに代わって総司政官に任命しようと考えているのである。

オーモンドは、キルケニーへ急いだが、そこで、条約に調印した高等委員会の指導者たちが、新しい事態の転換に手の下しようがない状態にあるのを見た。決して困惑することのないディグビーは、ミュンスターにいるインチキン卿に、議会との同盟を放棄し、この時点になってからではあるが、国王に味方すると宣言してはどうか、と訴えた。インチキンは動かなかった。オーモンドは、なおも支持者を集めることができると期待して、カッセルへ進

んだが、市門のところで跳ね返された。他方、特使はオーウェン・ロエ・オニールに、彼を攻撃するようによびかけた。オニールは、過去数カ月のあいだにディグビーによってなされた和解への接近を脇において、特使の呼びかけに応じた。「すべての協約は破棄され、われわれは公然たる戦争に入った」と、リヌチーニは喜びを込めてヴァティカンに報告している。オーモンドは辛うじて捕虜を免れ、ダブリンへ逃げ帰ったが、他方、オニールは特使とともに勝利のうちにキルケニーに入った。一六四六年九月一八日のことである。

キルケニーの軍事的占領は、すぐに高等委員会における革命を引き起こした。支配的党派、この国にとってオーモンド条約を最善と希望を寄せていたアイルランド系、ノルマン・アイルランド系の領主、法律家たちは打倒された。年輩の委員長で、一五九八年のエリザベスのときの蜂起に参加したモンガレットが逃げた。中心となってオーモンド条約の交渉にあたったマスカーリー伯も同様であった。委員会書記で、モンガレットの娘婿リチャード・ベリングスは投獄された。聖職者たちは、説教する修道士の熱烈な予言を安易に信じ込んだ都市民衆の歓呼の声に支援され勝利した。オーモンド条約は、新しい連合政府によって拒絶され、特使の条約が、自由な、ローマ・カソリックの、統一アイルランドという輝かしい姿のなかでもてはやされ、そのアイルランドは、総司政官グラモーガンのもとで、有能な軍隊をイングランドの岸辺に派遣し、国王を復位させ、異端を根絶することになるだろう。特使は、キルケニーにおける王妃の代理人の憂慮を軽い軽蔑の念で取り扱っているが、代理人は、オーモンドのところに派遣されるはずであったフランスの特使の粗暴な特使の計画を支持するためには派遣されないだろうと見ているのである。

ダブリンでは、オーモンドが、絶望的諦念をもって彼の砕かれた条約、惑わされている地元民、彼がいまやはっきりと恐れたように、「いつものように民衆が欺かれ、最大の破滅に陥りつつある」彼らを見詰めていた。アイルランドの悲劇は救いようがなかった。オーモンドにとって明白なことは、彼の条約に調印した連合の指導者たち、貴族、ジェントリーにも同様であったが、アイルランドの未来は、見せかけではあろうが、国王の権力への復位にかかっているということであった。反対側の勝利は、スコットランド人であろうが、イギリス人であろうが、長老派、あるいは、独立派であろうが、アイルランド人にとっては等しく悲惨事であった。究極的に彼らの上に弾丸を放つのが、盟約者団の軍隊であろうが、ニュー・モデル軍であろうが、それは問題ではなかった。しかし、アイルランド人との自分の条約を結び、維持するだけの十分な権威をもった地位に国王を復位させておくかぎりは、彼らは侵入はできないのである。

連合の現在の成功は幻想にすぎなかった。彼らは、ウェストミンスターの政府が違った具合に占拠されていたので、その反乱を維持することができた。特使は、よき支配のためのよき未来を誤った。彼は、アイルランド軍が実際にヴァティカンの支援を受けて、イギリス政府に対抗でき、イングランドを征服できるとさえ信じ込んでいた。彼にとって国王チャールズは信用に値しない異端であり、王冠の保持についてはなんの関心もなかった。

彼は王冠を、彼の意見に従えば、国王が敗れたときにアイルランドをより良く統治できる者に与えてもいいとされ、必要とあれば彼に支援をおくってもよいという考えであった。しかし、彼がオーモンド条約を破棄したことでなしたことは、その延期が致命的であったその時点で、国王に対する支援を遅らせたことであった。彼は悪いことをしてしまった。なぜなら、オーモンド条約の拒絶は、国王に救援をおくることのできたカソリック権力のなかに、アイルランド人に対する絶対的不信感をつくりだしたのである。枢機卿マザランは、この気違いじみた冒険に人と金と信用を供与する冒険家ではなかった。ヴァティカンからくる唯一の援助は、来たとしても、アイルランドを救うのに十分ではなかった。特使自身が認めているように、ここ数カ月、サー・ケネルム・ディグビーが条約の承認について教皇と交渉しているという話以外はなんの話も聞いていないというのである。

アイルランド人、ノルマン・アイリッシュ系、イングリッシュ・アイルランド系の人々のあいだの亀裂は、その出発時から連合を妨げ、土地所有者と土地無所有者のあいだの利害関係の相違がいまや和解を不可能にしていた。一六四二年に揚げられた「アイルランドに一つの心を Hiberni unanimus」という叫びは、教皇特使とオニールの軍隊が高等委員会を乗っ取るとともに、暴力によって空文句にされた。彼らは彼らの道をもっていた、しかし、それでもってアイルランド全体を引っ張っていくことはできなかった。聖職者や都市民衆は特使を支持していたが、法律家や小ジェントリーは激しく特使に不信感を抱いていた。というのも、彼は、彼らから折角教会から奪い取ったものを再び取り上げようとしたからである。都市の外では、アイルランド人は、いつもそうしたように、部族の指導者のいうままであった。たとえオニールが特使のためにラッパを吹いたにしても、マッカーシー一族は、オーモンド条約に調印したマスカリーに従った。マクドネル一族は、アントリムに従ったが、彼はいまやただ一人、外国の君主の傭兵になることに興味を抱いていた。バトラー一族はマウントガレットに従っていたが、彼はオーモンドの親戚であり、オーモンド条約の支持者であった。バークス一族は、その王党派の中心人物クランリカードに従っており、オブライエン一族は、他のアイルランド人とは異なって、インチキンと議会の側に付いていた。特使はこうしたアイルランドを少しも理解しておらず、彼および修道士、少数の都市民とで、土地所有者の権力、部族長の根を張った影響力に対して、農村を支配できると考えたのである。特使はまたアイルランドを少しも知らなかったので、アングロ・ウェールズ人のグラモーガン伯が総司政官として受け入れられていないと気付かされたときは、もう遅かった。その時点まで、このフィレンツェ出身のリヌチーニには、その白髪頭の少年［グラモーガン］が正しい競争からはずされるということが明白には判らなかったのである。

連合の軍隊は、王党派内の新しい紛争（対オーモンドとの戦争のこと—後出）——によって分裂することになった。オーウェン・オニールは特使の側に付くと宣言したが、南アイルランドのもっとも有能な司令官カステルヘイブンは辞退した。特使はすぐにそれを受け入れた。彼はこの男を生ぬるいカソリック教徒、ひょっとしたらオーモンドのスパイと考えていた。マスカーリ、マウントガレットは支持の手を引き、彼らの部下もそうした。南アイルランド軍の将軍トーマス・プレストンは、一時的には特使に従うことに同意したが、しかし、彼のオニールとの競争という過去の歴史を知る者にとっては、この共同が永続するとは思えなかった。

教会特使、オーモンドに戦争を仕掛ける

捕らわれ人国王の総司政官、居残っているプロテスタント居住民、王党派アイルランド人の生命と財産に責任を負ったオーモンド侯は、一六四六年九月末、生涯で経験した最大の問題に直面することになった。特使が彼の平和を打ち砕き、彼に対する新しい戦争を仕掛けて来たのである。もし彼が特使に屈従すれば、彼自身の宗教、ひいては彼の主君の宗教に深く反する政策――彼はその政策を究極的には成功しないと信じていた――を犯すことになる。また、そうすれば、彼のために多くを耐えてきた住民、王党派の人々を欺くことになろう。現在の連合勢力の気分にあって、どんな危険がこれらの人々を時期を失した降伏へともたらすか、彼は知らなかった。唯一の選択肢は、他に助けを求めること、イギリスの議会に助けを求めることであった。国王への書簡にしたためたように、彼は「正当な助けもなく、かくも多くのプロテスタントの血が叛徒の剣で流される、あるいは疫病によって飲み込まれるのを、頭をもたげて見ている訳にはまいりません」。どのような費用がかかろうとも（その費用が高くつくことは確実であった）、彼はイギリスの議会に救援を依頼しなければならない。

国王の最後の忠良な官吏は、事柄の論理に頭を下げたのである。

第六節　オヴァートン、人間の生得権の不可譲を主張

エセックスの死

国王は数週間の長きにわたって、アイルランドで起こっていることに気が付かなかった。その間、彼は、ロンドンにおける長老派と独立派のあいだの抗争から新たな希望を引き出していた。九月半ば、貴族院と長老派は、エセックス伯の死という別の打撃に苦しんでいた。彼は戦争の初期の頃に享受した広範な人気を再び取り戻すことはなかったが、彼の富、彼の土地、彼の商業上の関係を通じて著しい影響力をふるい、貴族院とロンドン市の長老派の

強い絆をなしていた。彼は「四日間、おこりにかかったようなディステムバーに罹《かか》り、それから昏睡状態に襲われ」たのち、思いがけず死んだ。ウェストミンスター修道院に葬られた。下手くそなパンフレット作家を信頼するとすれば、彼は最後には彼の無能ぶりを印象的なものとして記憶にとどめさせている。

いやに派手な先導役、ビロードで包まれた霊柩車
悲しい詩文をこめた謎めいたぼろきれ
そして、悲しい説教がそのなかのものを推測させる
これがあの贅沢な偉大なエセックスの弔いなのだろうか？

修道院の中の肖像画と紋章は、数日後、破り捨てられた。政治的理由からではなく、常軌を逸した偶像破壊論者の仕業であった。

庶民院における長老派と独立派の論争は、ロンドン中の説教壇や酒場で反響を呼んだ。新しい危機が、不運なポール・ベスト、キリストの神性に関して不満を抱いていた穏やかな人間によって呼び起こされた。彼は自分の見解を公刊しなかったし、だれかを改宗させようとした訳でもなかった。うっかり一枚の意見書を友人に示しただけであったが、友人は彼に反対したのである。彼は一年あまり牢獄につながれ、一六四六年春、その神性冒涜さに身震いした庶民院は、彼を絞首刑に処すると票決した。しかし、考え直して、彼らは、厳密に言って、この罰を科する権限があるかどうかを疑問におもい、そこで九月、教会分派のより狂信的反対派は、異端と不敬罪を重大罪とするという法案を前面にうちだした。独立派の反対はしつこく、いつまでも続いた。その月の終わり、その凶暴な法案は委員会のなかで静められた。ポール・ベストは、牢獄のなかで穏やかに最悪の事態を待っていたが、街頭と説教壇では、精神的自由に関する戦争がすすんでいた。その戦争には、個人の権利に関する新たな要求が密接に結びつ

けられることになった。

オヴァートン、人間の生得権の不可譲を主張

ウィンドミル酒場の一員で、ジョン・リルバーンやウィリアム・ウォルウィンと結び付いたリチャード・オヴァートンは、ビショップスゲイトの家で秘密出版をおこなっていた。夏の間、「彼の地域の有名人にして、自由のために苦闘している人、陸軍中佐ジョン・リルバーン」に好意をよせた一連のパンフレットを出版した。これらのなかの一つで、率直な仕方で、庶民院は、「毎年一度、議会のために自由に選ばれた人々」から成るもの以外には権力をもたないし、もつべきではない、と宣言した。この真の民主主義の樹立に対する飾り気のない要求は、彼を牢獄にぶち込むことになるが、その腹立ちから、思い止まることなく、『恣意的な貴族院の傲慢な内蔵の中へニューゲイトの牢獄の中から放たれたあらゆる専制者に向けられた一本の矢』と題する論争的な矢を放った。このなかで、彼は雄弁に「あらゆる人間の自然権として、その自然の環境によって、国王にも、説教師、予言者にもなれる」と主張した。神は個人に力と判断力を授け給うた。彼らは――神ではなく――自分たちを統治すべく選んだ人々に権限を委託したのである。それゆえ、通常の人間の考えや信念を抑制しようという議会のいかなる試みも「正当な人類の権利と特権」に対する侵害である。

政府はオヴァートンを、リルバーンにしたように、誤って取り扱った。彼もまた、彼の権利と自分の身体を守った。彼は逮捕されるのに服従しようとはせず、「ファーザー青銅貨（四分の一ペニー貨）二本の燭台のように」街路を引きずられるままになっていた。最後に役人が辛抱し切れなくなって、頭と足のかかとを抱え込んでニューゲイトへほうり込んだ。そこで彼は尻の下にねじこんできたコークの『制度論』を開き、彼についてきた群衆に向かって「イギリス人民の法的、不可譲の権利」について講義した。

リルバーンは、すべてのイギリス人の生得権のための闘いの非公式の指導者であった。ロンドン塔に幽閉されな

がら、そこから彼は、一六四六年九月二九日、新ロンドン市長が選ばれたとき、ギルドホールにデモを仕掛けるように扇動した。戦争を戦ってきたコーンヒル出身の一時計職人に指導された下賤な市民のグループは、彼らの投票権を主張した。これらは怒りの表情で拒否されたが、これに対し、彼らはロンドンの自由民、市民、一般庶民の名において抗議を突き付けた。リルバーンは、入手できるこれらの出来事の記録を素早く調べた後、一、二週間ののち、『鎖につながれているロンドンの自由』を出版し、成年男子の投票権はサクソン時代からの政府の原則であり、ジョン王は、特許状はすべてのロンドン市民に市長選挙の権利を与えていると主張した。

にもかかわらず、ロンドン市長は、過去に選ばれたごとくに選ばれた。この結果はリルバーンを不快にしたことはいうまでもないが、それはまた、議会にとっても満足すべきものではなかった。一六四三年、この職務がペニントン家の保持するところとなって以来、彼らは完全にロンドン市長を意のままにしてきた。ロンドン市の王党派の共鳴者たちは絶えずこのことを主張し続け、一六四六年秋に選ばれた市長サー・ジョン・ガイヤーは悪名高い王党派であった。彼は一〇年前、国王のために船舶税を集めさえしていた男であった。

第七節　国王、議会に引き渡さる

盟約者団、なおも国王説得に全力をあげる

長老派は、イングランドでもスコットランドでも、事態の形がもはや彼らが予想していたものではなくなっていることを、容易ならざる憂慮をもって感知しはじめていた。教会分派がロンドンとウェストミンスターにおいて静かに増大している一方、ニューカッスルでは国王が、あらゆる助言にもかかわらず、盟約に署名する代償としてスコットランド人の援助を買収する、ということを拒否し続けていた。無駄な知恵でもって、チャールズは、ウィル・マリーの助けを得て、教会問題の解決を三年間延期する、その間、いまあるイングランドの教会体制を現状維持す

ることにし、教会の将来は将来の議論にゆだねようというものであったが、主教たちに有利なような決定を得ようという国王の意図が見え透いていた。この遅延工作を楽しみながら、彼はロンドンの高潔な主教ウィリアム・ジャクソンにこう書いている。必要のため一時的に教会を放棄するが、彼が権力を回復するやただちにそれを「回復し、もとの状態を維持する」決心であるが、そのようなことが許されるかどうか知りたいというのである。ジャクソンは、追放されていたソールズベリーの主教ブリアン・デュッパと相談したが、あまり助けになる結論には達しなかった。国王は、イングランド、スコットランドにおいていまある教会の状態を受け入れてもよろしいが、その状態の継続を権威付けたり、保証したりしてはならない。国王の計画に対するあまり重要ではないこの返答は、だれも満足させるものではなかった。

国王は、いまでは正すことのできない誤解のうえに立って盟約者団と相対峙してきたのであった。彼は、最後の瞬間には、彼のため、友人と並んでなお戦場にあって戦っている彼らの地元出身の国王のために戦うであろうと信じていた。スコットランド人の方は、彼らの心がそこに懸っている宗教改革の大事業に同意を与えない限りは、彼がスコットランドへ来ることはできないと信じていた。彼らのうちの少数者しか、彼の主教制へのこだわりが真実、良心の問題なのだということを理解しなかった。彼が自分たちのところへやって来たのは、彼らの宗教を受け入れる用意のあることを示すためであり、彼がその後そうすることを拒否したのは、心のなかの周到に考えられた、悪しき変化から生じたものと彼らは解したのであった。

危険のなかにあって、たった一人で敵の誘惑にさらされながら、なお抵抗する決意をしっかりもつという国王の苦境は、彼を誘惑している人々の苦境よりも、明らかにはるかに恐ろしいものであった。しかし、スコットランドの指導者は、それほど直接的には同情される立場にあった訳でもないのに、もっと悲劇的なジレンマに陥っていた。彼らは、彼らなりの仕方で、国王に忠実であった。過去二世紀間、スチュアート家の彼の先任者たちは、強力な貴族たちの派閥のあいだにあって、スコットランドの王冠をやれやっと保持してきた。しかし、反乱を起こしやすかったにもかかわらず、スコットランド人は、自分たちの所有物であるかのように、傲慢な、しかし、たえず批判的な献身ぶりで彼らの王政に付着してきた。スコットランドの国王は、家政の頭であり、家族の父であった。彼の臣下は彼のことを悪くいっていたが、彼らにはそうする特権が与えられていたのであり、彼らのサークルの外側からする攻撃、批判に対しては彼を防衛したのである。この君主を所有しているという態度は、いまや、旧約聖書から取られた理念によって修正されることになった。ユダヤの王たちに対してサムエルが振り回した権力は、神の党の牧師たちやそれに類した人々が国王チャールズの誤りを正している自由に等しいとされ、盟約者団のあいだで流行《はや》っている国王の理念は、もはや聖書的なものではなくなっていた。彼らはチャールズの神政王権を、長老派教会を世俗的権力で十分に支えるものにしようと希望していた。たとえ、彼が死ぬ身であるがゆえに、罪を犯し、老いたダヴィデのように、その罪を悔いるとも、である。神の牧師のまえでみすぼらしい国王も、国王としては偉大であり、栄光に満ちている。彼らはこのことの多くの証明を聖書のなかに見出した。なぜ、国王チャールズは、ユダヤの最大の王ダヴィデがしたような振る舞いに反対しているのか?

王権に関するこうした考え方は、スコットランドでは、一六〇三年以来の長い世代を通じて発展した。その時点では、スコットランドには、見かけ上その態度が抑制されねばならないような活動的な国王はいなかった。そのような国王は、異常な環境の異常な産物であり、それはただ、国王の理念に対する献身が、その宗教的信念と同様、強まった人々によって作られたものであったが、その国王からは物理的実体は奪われていた。

国王、スコットランドにとって危険な存在となる

一六四六年秋、八年間そのような国王、そのような王政の存在を信じて生きてきた盟約者たちは、彼らの希望が消滅するのに直面した。率直で、口達者なバイイーは、このことを手紙のテーマにして書いている。「国王の狂気がわれわれすべてを混乱させている」。アーガイルとウォーリストンは口を固く閉ざしているが、彼らの敗北感は

少なからざるものがあった。なぜなら、両者ともこの気持ちで生きてきたし、働いてきたからである。そして、長老派の国王になることを国王が拒否したということは、少しでも国王として彼を遇したいという彼らの希望の終末であることに気付かざるを得なかった。彼らが「滅びないで、改革された国王」――アーガイルの表現である――として彼を保持することができないならば、このままでは、彼らの教会、国家観全体がゆるがされることになる。

国王が平和の提案を拒否して以来ずっと、ロンドンのスコットランド使節団は彼らの囚人の将来について憂慮していた。チャールズが盟約に署名しなければ、彼は無用であるばかりでなく、彼らにとって危険な存在となる。彼らが彼をスコットランドへ連れ帰れば、不満の焦点になるであろう。しかし、彼らは、チャールズがイギリス人の手中に落ちたとき、彼が陥る危険について憂慮した。廃位の話をもっている独立派が権力に就きつつあったからである。戦争が終わり、彼らの軍隊が二、三週間以内に国境を越えて撤退しようとしているいま、彼らになにができるというのであろうか？　イギリス人は、彼らが国王を逃亡させるのではないかを疑っていたし、庶民院では、彼を即座に引き渡すよう要求する議論がおこなわれていたが、最後にはそうした動議は否決された。しかし、国王を逃亡させることは、盟約者団にあっては起こってはならない唯一の解決策であった。もし彼が逃亡すれば、それは彼をフランスにいる教皇派の王妃と合流させ、彼自身をまきこみ、彼は盟約者団、モントローズ、アイルランドの反乱者たちと同盟することができず、ただヴァチカンと同盟するばかりであろう。神父の良心にかけて、そのような馬鹿げたことはできない。

議会によるスコットランド兵に対する給与支払いの問題

盟約者団は、彼らの軍隊に帰属する金が、部下を満足させられる程度に支払われるまでは退く訳にはいかなかった。このことが、少なくとも、遅延の原因となり、彼らに窮状について考慮する時間を与えた。スコットランド人は、その債権を六〇万ポンドと評価していた。それに対して、庶民院は反対給付は一〇万ポンドとしていた。こうして上限と下限が定められ、スコットランド使節団と庶民院は合意できる中間点に向かって注意深く取引を開始した。取引は、国王の措置をめぐって彼らが立てたプランとは切り離されていた。しかし、彼らは、自分たちがしようとしていることの意味合いについて盲目ではなかった。彼らは、金と撤兵とが、イギリス人をして国王を丁重に取り扱わせる手段に使い得ることを理解した。のちになって彼らは、国王の名前が少しでももちだされれば、自分たちの動機が誤解される可能性に気付いた。彼らは一時、撤兵の条件として国王を廃位しないことをイギリス人に課すことの可否について議論した。アーガイル、ラウドゥーン、ローダーデイル、そして、ウォーリストンは、金の交渉と結び付けて国王の問題をもちだすのは「時宜に適さない」と声明した。しかし、どんなに警戒し、またその意図がどんなに良くても、最後には、執拗で、誤った、しかし、まことしやかな中傷、一六四六年秋、スコットランド人は彼らの国王を売り渡したという中傷を防ぐことはできなかった。ロンドンのスコットランド使節団は、国王の将来について、「彼の名誉と安全」を保証するという合意を議会に押し付けた。しかし、九月一八日、なんら相談も前触れもなしに、庶民院は、国王の身柄は両院の一致した考えにしたがって処置すると声明した。この攻撃的声明に対して、ラウドゥーンは三つの説得的な演説で、「国王は、身柄こそ一つであるが、両王国の国王である」と反撃した。国王の運命は、彼らのあいだで決定されるべきもの、二つの国民にとって一つの問題であるというのである。庶民院は、この場合、貴族院の支持を受けて、国王は無条件で彼らに引き渡されるべきであり、将来、スコットランド人と相談する義務を負うものではないという決心に変わりはなかった。この幸福な時間を早めるため、盟約者団の軍隊に支払われるべき金を調達するため、主教たちから没収していた土地の売却を命じたのであった。

ひとたびスコットランド軍への支払いがおこなわれると、盟約者団は、彼を彼らとともにスコットランドへ連れていくか、イギリス人の無条件の囚人として背後に残しておくか、あるいは、イングランドに滞在させ、彼らのものとの同盟者が国王を奪い去ろうとしたときにおこる武力衝突の危険にさらすか、を決断しなければならなかった。最後の選択肢は、考えられたが、すぐに放棄された。それはあまりにも危険であり、あまりにもうんざりさせられるものであった。残るは単純な選択肢、国王を連れていくか、残すかである。

チャールズは、彼の同国人が最後の瞬間には彼を見捨てないであろうと信じていた。信じ難いことに、彼はなお、相手方の気違いどもの大多数に権力と地位という毒でもって勝利を収めることができると信じていた。老いた検事総長サー・トーマス・ホープがその秋死んだとき、だれからも促されることもなく、この影響力のある職務を、彼の一貫して激しい敵である熱狂的なウォーリストンに賦与した。ウォーリストンがその見返りとして同僚たちを物柔らかにする影響力を行使するのに失敗したとき、彼は驚かされ、かつ深く傷付いた。彼は同様の楽天主義から、ハミルトンが彼のイギリス人への引き渡しを救ってくれるものと信じ、スコットランド人が危険性を理解したならば、彼らは彼を放棄したりしないであろうという確信を彼に書きおくっている。イギリス人はと、彼はいう、「わたしを手中に得ようとしたがっている。そして、同国人に、わたしを囚人にするつもりはないのだ、と語っている。おー、ノー。とんでもない。ただ、わたしに名目は護衛だが、実質は見張りを与え、身柄の安全を保障すると称して始終つきまとわせるだけだ。だから、わたしは君にいわねばならない……君の軍隊が撤退するとき、わたしはイングランドに残されようとはおもわない」。

彼は忘れていた。盟約に署名せずに、彼らの党派と宣言し、スコットランドに連れていかれた場合、重大な反対が起こるということを、である。彼の命令にしたがってモントローズは七月に軍を解体していた。そして、八月、国王が心変わりをして戦闘の継続をうながしたとき、時はすでに遅すぎた。しかし、北スコットランドでは、ハントリーがなお武装した軍隊を維持していた。彼はつねにモントローズに嫉妬しており、国王の軍解体命令が来たとき、彼はよく考えて、彼と相談しなかった。この敵意を含んだ、秘密の政策によって、彼は彼自身の特種な目標に到達した。なぜなら、ひとたびモントローズが退けば、彼がスコットランドにおける中心的闘士であることを主張できるし、事実、主張した。揚げ足取りのハントリーと並んで、キンタイヤーのアルスター・マクドナルドの存在も大きく、ベンバーブにおけるモンローの敗北以来、アルスターから補強を受けてさえいた。

残存する国王派の蜂起の最後の企て

わずか一年前のキルジスの戦いののち、多くのジェントリーの離反は、盟約者団の実際の弱さを露呈した。彼らは相手方（国王）と和解する、あるいは、相手を改宗させるといったことをなにもしなかった。その手続きはあまりに問題をふくんでおり、かつその方法は荒っぽすぎたからである。のちになって、彼らのうちの最大の人物の一人、サムエル・ラザーフォードはその過ちを後悔している。「われわれの公の仕事は、〔離反したジェントリーの〕財産の押収、罰金の賦課、投獄で手一杯であって、仕事に反対している人々に哀れみの情をもつ余裕はなかった……恥辱と断食に日々がもっと続き……新しい断固とした召喚手続きがつくられるまで、現在の使命がしばらく延期されたら……もっとよかったであろうに。そして、もしわれわれの主の柔和さと優しさとがわれわれの心の中に大きな場所を占めていたならば、われわれは、反対の意見者や党派を獲得したであろうに。そして、こき使われることを愛されなかったが、胸のなかに羊を抱いておられるイエス・キリストのように、われわれも優しく振る舞ったであろうに」。しかし、彼らは、異なった、キリスト教徒らしからぬ方法を追及し、彼らに対して、増大しつつある少数派の憎しみを積み上げることになった。もし国王が盟約を受け入れることなくスコットランドに来た場合には、彼の存在は、公然、あるいは秘密のうちに、国土全体を通じて力をもった党派の反対を励ますことになるであろう。

盟約者団の指導者が直面したジレンマから脱出する唯一の道は、国王をぎりぎり最後の瞬間に改宗させることであり、それに向かって彼らは、王妃、そして、彼女の友人の援助を得ながら、なお精力的に働きかけた。彼女はなお、もし彼が宗教問題で屈服すれば、彼はスコットランド、フランス、アイルランドの援助だけでなく、失ったものすべてを回復すると信じていた。「わたしの希望は大きい。もしあなたが普段通りで、毅然としているならば、あなたはもとの主人になれるでしょう。そして、わたしたちは、以前よりもまして喜びをもって再会できるでしょう。さよなら、わたしの愛するひとよ」。

一〇月、フランスはダンケルクを占領したが、その港こそ国王の海賊船が出入りし、戦争の間、作戦した根拠であった。一度は、プリンス・ルパートが司政官に任命されるのではないかという噂が流れた。彼は最近パリで王妃に合流し、フランス王によって、フランスに奉公するイギリス人部隊すべての司令官に任命されたばかりであった。このような噂が出てくる根拠はいくらかあった。というのも、在イングランド・スペイン大使で、まっ正直なドン・アロンソ・デ・カルデーニャは、フランス人がスコットランドとの陰謀に関して独立派に近付こうとしているのではないかを疑い、そこで、逆に独立派に接近し、ダンケルク防衛を支援するニュー・モデル軍の兵士をおくりこもうと考えていたからである。フランス側が、国王チャールズの司令官の一人を、狭い海峡をへだててイングランドに面している戦術的に重要な港に配置しようと考えたのは、カルデーニャの不成功に終わった計画の反映であったとおもわれる。しかし、そこから、なにも生じなかった。

議会側では兵士たちの勢力、大きくなる

国王は、イングランドの積み重なる不満のなかに希望のもっとよい根拠を見出していた。軍隊のなかの反乱の噂がふえていた。大きな危険なしに、それは解体できない。なぜなら、スコットランド兵への支払いが困難なうえに、議会はひどく滞っているイギリス軍部隊への支払いもしなければならなかった。一〇月七日、ニュー・モデル軍は、もう六カ月継続すると決議された。その間、兵士たちは、リルバーンのパンフレットを読むか、教会分派の説教師の話を聞くか、することがなかった。アマーシャムで、学識のある長老派の神父リチャード・バクスターは、兵士の大きな集会を前にして、教会分派の者と公開討論をおこなったが、敗者になってしまった。ヨークでは、未払いの軍隊が、なんら宗教上の特技をもたないポインツ将軍に権威に対して反乱を起こした。フェアファックスは、一一月一二日、形式的には大変な歓迎ぶりでロンドンに受け入れられ、正式に議会によって感謝された。しかし、軍隊において、クロムウェルがより大きな影響力をもっており、彼が長老派にあまり良くおもわれていないことは一

般的に知られていた。オリヴァー・クロムウェルが議会のデンジル・ホールズとその一味に対して怒ったのには、二つの大きな理由があった。司令官として彼は、部下の奉仕を承認するように常に求めてきたが、その彼らが当然の支払いのごくわずかしか得ていないというのである。神の追求者として彼は、自分自身、ならびに他人に対して、議会の否定した良心の自由を信じ、要求した。クロムウェルと彼が昇進させた分派に将校たちは、リルバーンとそのパンフレット愛読者の友人たちよりも、長老派にとっては、より大きな、より身近な脅威のようにおもわれた。少なくとも、そのように見えた。

王党派は勇気をだした。国中のいたるところから、彼らが不満を抱いている議会の奉仕者、南ウェールズのロウランド・ローグハーン、強壮な船長、いまでは艦隊提督になっているバッテンと小競《こぜ》り合いをしているという報告が届いた。いたるところで陰謀の火を点《つ》けてまわっているマイケル・ハドソンは、プリンス・オブ・ウェールズに指揮された王党派の全般的蜂起の概略プランをもって国王に会おうとした。しかし、国王はすぐには納得しなかった。あまりにも多くの失敗が彼を幻滅させていたからである。彼は脱走を考えていた。そして、オラニエ公によって送られて来た船が「傾いていて、修理が必要という名目で」ニューカッスル港に長く係留されていた。しかし、彼は動かなかった。彼は不思議なことに冷淡であった――「不愛想」という素気ない言葉が観察者によって使われている――あたかも「彼の事柄の突然の発作」に無関心であるかのように。

盟約者団は彼の沈黙の原因を種々考えていた。ある者は、彼がすでに独立派と秘密条約を結び、それゆえ、平静でいられるのだと信じた。とかくする間、スコットランド兵引き上げの時が刻々と迫っていた。一二月四日、ニューカッスルでは、三日前に二〇万ポンドがすっかり支払われたと報告されている。取り乱した盟約者団は、いまや国王に改宗を迫った。ラナークは、彼に服従するように哀願した。神父たちは二倍の激しさで説教した。一二月六日、日曜日、大集会を前にして、説教師は賛美歌五二番を引き合いにだした。「なぜ、あなたは専制者である自身を誇りにしているのか。あなたはいたずらをしようとしているのか？　あなたの舌はいたずらを考えているのか。そして、それは、鋭い刃物のように、あなたを切り倒そうとしている」。チャールズの彼に対する対応もまた素早かった。答える代わりに、危機のときにもそうであった威厳のある声で、賛美歌五六番を歌っている会集のなかに合流した。「おー、神よ、わたしを哀れみたまえ、人はわたしを滅ぼそうとしています」。

ベリエーヴルとモントルイーユとは、一緒に、盟約に署名して、スコットランドへ行こうと勧めた。それに対するマザランの報酬はフランスの援助であった。しばらく彼は退位のこと、必要な譲渡を息子にすることを考えたが、王冠を再び取り上げ、そのようにすることを否認した。それはあまりにも危険におもわれたし、王妃とその顧問たちが熱狂的にその考えを取り上げたときには、彼は怒りをもってそれをやめさせたのであった。「善なる神の企てられた」と、彼は書いている。「これらのことは。すべてわたしの忍耐を試されようとしているものである。わたしの理性を確信させられないようなことが可能であろうか？　たとえあなたが、わたしの良心に反して、わたしが、あなた、あるいは、だれかに服従しようとおもっていると信じたとしても、である。……わたしが否定したことを息子が許すであろうとおもわれるとき、一体あなたはどんな安全を考えているのですか？　お願いだから、キリスト教徒としてもうわたしをいじめないで欲しい……いいことの思い出にとって、人の友人より放棄し難いものはありません」。

アーガイルは深く苦悩していた。彼は、独立派が国王に暴力を振るうのではないかを恐れた。彼は、彼らがまだ文句のつけようのない権力についていないのだ、と考えて、自分を慰めたが、しかし、議会に対するデンジル・ホールズの支配がいかに不確かなものかを悟らねばならなかった。しかし、彼は、盟約という神聖な大義を危険にさらすことなしに、スコットランドに国王を受け入れる道を見出すことはできなかった。フランスの使節と話しながら、その声を出しながら、なかば考え、国王を厳重な囚人として――背中を横棒で締め付けられて、まさに跪いた国王にふさわしいものとして期待されていたものであった――スコットランドへ安全にもたらすことができるかどうか考慮した。

一六四六年一二月一六日、スコットランド三部会会議は国王受け入れ拒否を決議

一二月一六日、エディンバラで三部会会議は、国王をスコットランドへ受け入れることができるかどうか討議し、大多数の投票によって、できないと決定した。ハミルトンとラナークは抗議した。二人は心から嘆いたが、別の解決策を提案できなかった。国王自身は、ニューカッスルで、スコットランド人が彼を拒否したと聞いたとき、平静にチェス・ゲームを続けた。

同一二月二〇日、国王ロンドン行きを申し出、受け入れらる

一二月二〇日、彼は、身柄の取り扱いについて調整するため自由にロンドンへ行きたいと訴えた。自分としては、「人民の平静に正しく、寄与することと信ぜられること以外は要求しない」というのである。国王たる者は、と彼は書いている。一人の臣下の声を聞かなくても、専制者とみなされている。その議会が、その臣下に国王の声を聞くことをどうして拒否できるのか?

同一二月二三日、スコットランド兵撤退の財政的条約締結さる

彼らは拒否しなかった。ウェストミンスターで、彼らは彼の監禁——議会は彼の宮殿をこう呼んでいた——の場所をイングランドに設定した。彼らはホームバイ・ハウス、ノーザンプトシャーに田舎のマンションを選んだが、そこは大都市から離れ、警備が容易であった。一二月二三日、彼らはスコットランド兵撤退の財政的条約を締結した。

クリスマスの夕べ、国王は脱走を試みて、すぐに阻止された。彼の住居のぐるりの警備は倍増され、彼は今後は捕らわれ人と心得るべしと通告された。にもかかわらず、フランスの使節はもう一度脱走させようと試みた。ハントリーは武装した部族民を連れてエルジンに待機し、もしチャールズが、海上によって、ゴードン地方の海岸に到

着したら、新しい王党派の蜂起がスコットランドで起こるはずであった。ベリエーヴルは、国王の脱走を見逃すようにとデイヴィッド・レスリーに接近した。その見返りとして彼はオークニー伯に任ぜられ、ガーター勲章騎士に叙せられるはずであった。この賄賂は、貧しいスコットランド家系出身の幹部候補生にとっては十分すぎるものであった。そうベリエーヴルは考えたが、レスリーが強固な良心の持ち主であることを忘れていた。提案は拒否された。

なすべきことはもはやなにもなかった。脱走は阻止された。スコットランドの部隊は、この将来の囚人から離れて、次々とイングランドから退去していった。アーガイルはその敗北の舞台から退いた。

チャールズは表面的には静かであった。レスリー将軍に恭《うやうや》しく距離をおいてかしずかれながら、彼はゴルフを楽しんだ。彼はスコットランド人の取引上の愚鈍さをからかった。彼らはあまりにも安価に自分を売り過ぎた、と彼はいう。暗号文でしたためた手紙を、フランスの使節の手を通じて、密かにオーモンドに寄せた。彼は、「アイルランドの平和を再びつなぎ合わせたい」と彼に語っている。なぜなら、かすかな新しい希望、かすかな前進の合図が、アイルランドの沼地のうえにひょいと動いているから、というのである。オーモンドは、少しもイギリス人議会に降伏する気はなかった。ダブリンの守備隊は彼以外の司令官に従うことを拒否した。この都市を脅かしていた盟約者団の軍は移動させられた。というのも、教皇特使を軽蔑したオニールとプレストンとが特使と喧嘩をし、その政策を疑い、その実施を遅らせたからである。この紛糾した時期になにが起こるかは判ったようなものであるが、疲れを知らないジョージ・ディグビーはこの機会をとらえて、国王のために特使とオニールに近付いた。

一二月三一日、国王は、ベリエーヴルを通じて、二人の王妃――彼の妻とフランスの王妃で摂政――に通信文をおくった。それは、彼から発せられた闇夜に沈みゆく船からの最後の悲痛な合図のようなものであった。自分はいま囚人のように厳重に捕らえられている、彼の状態はイギリス人という敵の手中にあると同然である。彼はこれら二人の大いなる淑女――このどちらもある意味においては王権の守護者であった――に、自分の問題はキリスト教世界のあらゆる国王の問題であることを思い出してほしいと懇願する。もし自分が死ねば、王権それ自体が脅威にさらされるであろう。それゆえ、彼は同僚である国王たちによって救われねばならない。彼の希望は、いまやキリスト教世界を分割する最後の最後の長い戦争を調停するために〔ドイツの〕ミュンスターに集まっているヨーロッパ諸権力によって結ばれようとしている条約のうえに注がれていた。平和がドイツで樹立され、スペインとオランドのあいだの長い争いが終わり、フランス、スウェーデンとその同盟国が満足しているとき、彼は、自分のこと、そして、彼の哀れな忠実な臣下（その人数はなお多かった）を思い出すように勧めているのである。そして、いまや彼の上に権力をふるうにいたっている邪悪な、多数に分裂している反乱者に対して彼を助けにきてくれと懇願しているのである。

一六四七年一月二日、国王引き取りの議会議員団、ニューカッスルに到着

一六四七年一月二日、ノーザンバーランド伯とペンブロークに率いられた議会の使節団がニューカッスルに到着した。ロンドンにいる子供たちについての友好的な会話ののち、ホルムバイに行くことに同意した。ほかに選択のしようがなかったのである。彼に仕えるはずの召使いの任命は議会によって管理下におかれ、彼は、やれやっと、ジェイムズ・ハリントンをお付きにつけることに同意をえた。彼の家族は宮廷に長らく仕えていた家で、彼自身は経験論哲学者であり、共和思想の持ち主であった。また同意をえた人物にトーマス・ハーバートがいたが、彼はえらそぶったペンブローク伯の親戚の者で、若いときにペルシアを旅行したということが他とちがっていた。これら二人のジェントルマンは議会にとって非の打ち所のない忠誠者であった。彼は自分の牧師たちのだれひとりも同行をゆるされなかった。彼らにとって残念なことに、彼は、使節団に同行してきた、いまや流行児となった牧師、スチーヴン・マーシャルとジョセフ・マーシャルの説教を聞くことを拒否したことであった。ただ不本意ながら、彼は食前の祈りをすることを許さざるを得なかった。

一六四七年一月二一日、ノルウェーに逃亡していたモントローズにこっそりと一通の手紙を書き、王妃のところに行くように懇願している。彼の盟約者団との同盟が挫折し、またハントリーと合流するためハイランドへ逃亡しようとして失敗したいま、この忠実な召使いからまたもや奇跡を期待したのである。もしモントローズが王妃アンリエッタ・マリアが営むパリの近くの小宮廷に合流すれば、そこから彼女とともに、ダブリン、ダンケルク、ローマのあいだの、か弱いが、はるかに広範囲の陰謀が編まれるであろう、と。

一六四七年一月二八日、スコットランド使節団、別れを告げる――国王、金で売り渡さる

一六四七年一月二八日、木曜日、スコットランド使節団は国王に別れを告げた。彼は平静であったが、しかし、穏やかに非難した。「わたしは保護してもらうために、サウスウェルの君たちのところへやってきた」と彼はいう。「そして、それは許されたはずだ」。だれもなんとも答えなかった。彼らの大多数はすでに、どうにもならない情けなさのうちに、彼らの部隊への支払いと「反逆者スコットランド人は国王を売った」という叫びとが軌《き》を一《いつ》にして起こるという、不器用な混同を認めねばならなかった。しかも、その叫びはすぐには消え去らなかった。彼らは無《む》垢《く》であって、そうしたことを意図した訳ではなかったが、だれも証明はできなかった。一六四七年一月三〇日、彼らは出発し、国王の窓の下を、軍旗をひるがえし、ドラムをとどろかせて通過した。「あたかも彼らの悪評をみせびらかすようであった」とモントルイーユは書いているが、その器用だが、賢くない外交がこれらの事柄を引き起こしたのである。ニューカッスルの魚屋の女房たちは彼らのあとを追って、煉瓦を投げ付け、「このユダめ」と叫んだ。

ある政治家詩人が、まもなく同じ比較で、この悲惨な数カ月のハミルトンのみじめな狼狽《ろうばい》ぶりについて、格好はよくないが、十分に判る詩を書いた。

彼は自分の最後を誤ったというよりは
主人にキスをしてごまかした

スコットランド人が出て行ったあと、フィリップ・スキポン指揮下のイギルスが入ってきた。国王の取り扱いになんら変化はなかった。日中のある時刻になると、彼は窓の外で、衛兵交替のガチャッという音と足を踏み付ける音を聞いたが、デイヴィッド・レスリーによって任命されていた歩哨は、フィリップ・スキポンによって任命されていたそれに地位を譲っていた。

第八節　イングランドの未来は明るかった

戦争の最後、そして、平和の最初の年である一六四六年は悪い年であった。政治における動揺と考え違い、疾病、物資不足の一年であった。ロンドンにおける疫病からくる死亡率の高さは、一六三六年の黒い数カ月以来、どの年より高かった。国全体をみても、収穫は低かった。微笑にあふれた平和はイングランドには帰ってこなかった。不確かな、不満だらけの休戦が帰ってきただけであった。スコットランド人は荷物をまとめ、母国、イングランドよりは混乱と疾病において負けず劣らずの国へ帰っていった。

燭台に火をとぼす一二月三一日、国王はキリスト教世界の主権者にあてた訴えを書き、議会は庶民院は俗人によるあらゆる説教を禁ずる法案を通した。独立派による修正動議は五七票対一〇五票で敗れたが、クロムウェルとハスレーリッグは彼らの党派の代弁者として活躍した。人数の少なくなった議院において、さらに情けない位の少人数で、独立派は分裂することなく法案を通した。議会という壁のなかでは長老派とその同調者がなお大手をふるっており、その背後には、数人のロンドン市の有力者が立っており、彼らは最近、軍隊を急いで解体するように請願していた。

クロムウェルはすべてを神にゆだね、出来事を待った。議会の外では、教会分派がその主張を広げつつあった。ビショップスゲイトの家から、リチャード・オヴァートンの妻とその兄弟たちが、彼のパンフレットを印刷し続けており、一六四七年一月初頭、法律はその無許可の活動のゆえに彼らを捕らえた。貴族院のまえに連れて来られたオヴァートンの妻はリルバーンと夫の行動を見習い、牢獄行きを命じられたとき一歩も動こうとはせず、赤ん坊を胸に抱いて、街路を引きずられていき、その間、自分を逮捕した権威を否定し、反発し続けた。

「寛容が多くの悪の原因であり、国家における病弊、あるいは、社会的不安を、癒すというよりはより強め、強力なものにした」と、アーガイル侯は反省している。そして、確かに、スコットランドでは、厳格な長老派の規律が、その主張の自国での広がりを妨げ、イングランドでの感染速度よりも、おそくさせていた。スコットランドでなお影響している唯一の悪は、北スコットランドにおけるハントリー侯のごく少数の追随者をともなっての潜伏であり、アルスター・マクドナルドがアイルランド人を引き連れてキンタイヤー半島を支配していたことであった。王なきスコットランド王国は、その他の点では平和であり、秩序だっており、混乱したイングランド王国に比ぶれば、大きな対照をなしていた。しかし、盟約者団は闘うべきものを失い、国王なくしては、むなしい未来に直面するだけであった。

イングランドの未来は、見かけは無秩序で不安定であったが、希望を抱いて明るかった。教会分派のあいだでは、千年王国、聖者の支配の到来が語られていた。ときには、それは十分実現するかもしれないという条件で考えられた。ヒュー・ピーターは、国元の人々の眼前に、ニュー・イングランドの生きた例を繰り広げてみせた。その約束の土地での七年間に、と彼は自慢している。「乞食をみることはなかったし、誓いが交わされたと聞いたこともないし、飲んだくれをみたこともない」と。こうしたことが大西洋を越えた彼方で達成できているのに、なぜ本国では実現しないのか？　新エルサレム建設の時は近い。もし、これが、ヒュー・ピーターにとって、勤勉で、中庸を得た、純潔な社会を意味するならば、それはまたリルバーンや、ウォルウィン、オヴァートンにとっては、人が自由で、法の前で平等であり、自分たちの心をすべての人々に語り、不正でないとされている禁止令や不公正に維持されている特権によって束縛されない社会であるはずであった。

ジョン・ピムも、ジョン・ハムデン、その他、国王に対して議会の反対党を形成した人々も、臣下の権利が議会の権利によって保護されると信じていた。彼らにとってマグナ・カルタの規定、コモン・ロウは、自由の防壁であった。しかし、オヴァートンはマグナ・カルタを「みじめったらしいもの」として突き放し、ウォルウィンはそれをノルマン征服の作品として自由イギリス人の権利にふさわしくないものとして非難している。

イギリス人を平等、自由にするには、もっと、もっとなにかが必要である。法と法律家に関していえば、それらは最近になってやってきて、人民の敵のなかでもっとも重きをなすにいたったものである。それゆえ、それらは、不可避的に、戦争が育てた行動や意見の繁茂を支配下におこうと企てる人々の側に立っていた。彼らは既存の法や特権の解釈者、擁護者として最前列にくることになった。そうした法律家、そのある者が少なくとも、日和見主義者であり、腐敗していたことは、一般に認められていた。セルデンは、あっさりと、法の大部分について冗談をいっている。「彼らは法を解釈して判決を出すが、その判決がなにをするためにつくられるかを、われわれはとうに知っている」。法の抜け穴を通して富を蓄積した悪い男として示されたごろつきの法律家が、閉鎖されるまでの劇場のステージの常連であった。しかし、一般的に、通常の男女の法に対する態度は、親しみをもったもの、自分たちのものというものであった。ときには、皮肉屋、批判家がいない訳ではなかったが。戦争の後期になると、軍隊から遠い法律家は、ウェストミンスター・ホールで、貧民に対して富裕民を保護して手数料を引き出し、法によって樹立されたものとして特権を擁護し、宗教および政治の革新家の野望を冷たくあしらい、リルバーンとその友人たちの揚げ足をとるため伸縮自在の名誉棄損の法を活用して、激しい敵意を喚起した。

この世紀の初めのころから、コモン・ロウが王権に対して臣下の権利を保護する主要なものとなった。四法学院は国王に対して反対派の法律家の養成所となった。長期議会の初めの年、法律家グリーン、メナード、ホワイトロックの助言と熟練が、議会の政策の形成とその指導に大きく寄与した。国王と臣下の争いの開始にあたっては、当時の最高の法律家サー・エドワード・コークの影響が卓越していた。一六四二年秋には、国王チャールズに対する闘いを指導した人々は、彼らが法律であると信ずるところを擁護した。「法と自由」というのが、彼らの叫びであった。「法によって確定された古き特権」「地域の受け継がれて来た法」などとも呼ばれた。

ニュー・モデル軍の人々は、そのようなことはなんら知らなかった。ジョン・リルバーンとその友人は法律を、単純な民衆をだまし、法律家を富ませることを目的にして、「行商人の言葉」で書かれた「おしゃべり」とけなした。彼らは法に従った自由を求めず、ただ単純に、直接的に自由を求めた。彼らは法を保持するために戦ったのではなく、失われた自由の回復のために戦った。この自由こそ、国王と同じく法律家も悪賢く隠してきたものなのである。

新しく出現してきた状況のなかで、敗れた国王は、諸権威（議会、長老派、教会、法律）と人民の争いのなかでは、単なるゲームのなかの一枚の札、隅に追いやられる札にすぎなくなった。国王と議会のあいだの戦争はなんら解決をもたらさず、新しい、より危険な争いを生み出したにすぎなかった。

王党派から共和主義者にかけての様々な信条のパンフレット作家たちは、彼らの地域での「流血し、死んでいく状態」について書く傾向があった。しかし、彼らは誇張していた。戦争は国民的資源を極度に消耗し、商業や製造業を阻害し、重い公的負担を生み出し、農業における大きな消耗、木材・家畜の損耗をきたした。しかし、活動的な人々が修復できないほどの損害というものはなかった。不満と無秩序はエネルギーと希望の合図ではあったが、絶望の合図ではなかった。いまや、古い道へ帰ろうという強い叫びはなかったが、奮闘を要する変化、新しい解決への叫びはあった。ここには耐え切れない断念ではなく、新しい要求、大胆な理想があった。三年以前に書かれたミルトンの記述は、彼が見聞したところに忠実であった。「この国民は、のろくて、鈍いということはなく、敏捷《びんしょう》で、利発であり、鋭い精神をもっている。新しいことに敏感で、議論には明敏、かつ力強く、人間の能力が舞い上がる、その頂点を下回ることはない」。中断的な年月のあいだにも、なにものも彼の同国人の知恵を鈍らせることはなかったし、彼らをして、大いなる仕事に適合した道具たらしめることをやめはしなかった。その大いなる仕事、すなわち、第一には彼ら自身の国の自由化、改革であり、次いで、世界を啓蒙するという仕事に、多くの人々はいまや呼び寄せられていると信ずるにいたっていたのである。

Scale of Miles
0
50
100
N
Tongue
Inverness
Aberdeen
Dundee
NORTH
Glasgow
Edinburgh
Berwick
Newcastle
Carlisle
SEA
Belfast
Isle of Man
York
Hull
IRISH SEA
Dublin
Liverpool
Chester
Newark
Shrewsbury
Nottingham
Kilkenny
Waterford
Gloucester
Oxford
LONDON
Tenby
Bristol
Dover
Exeter
Portsmouth
CHANNEL
Scilly Is.
Falmouth
ENGLISH

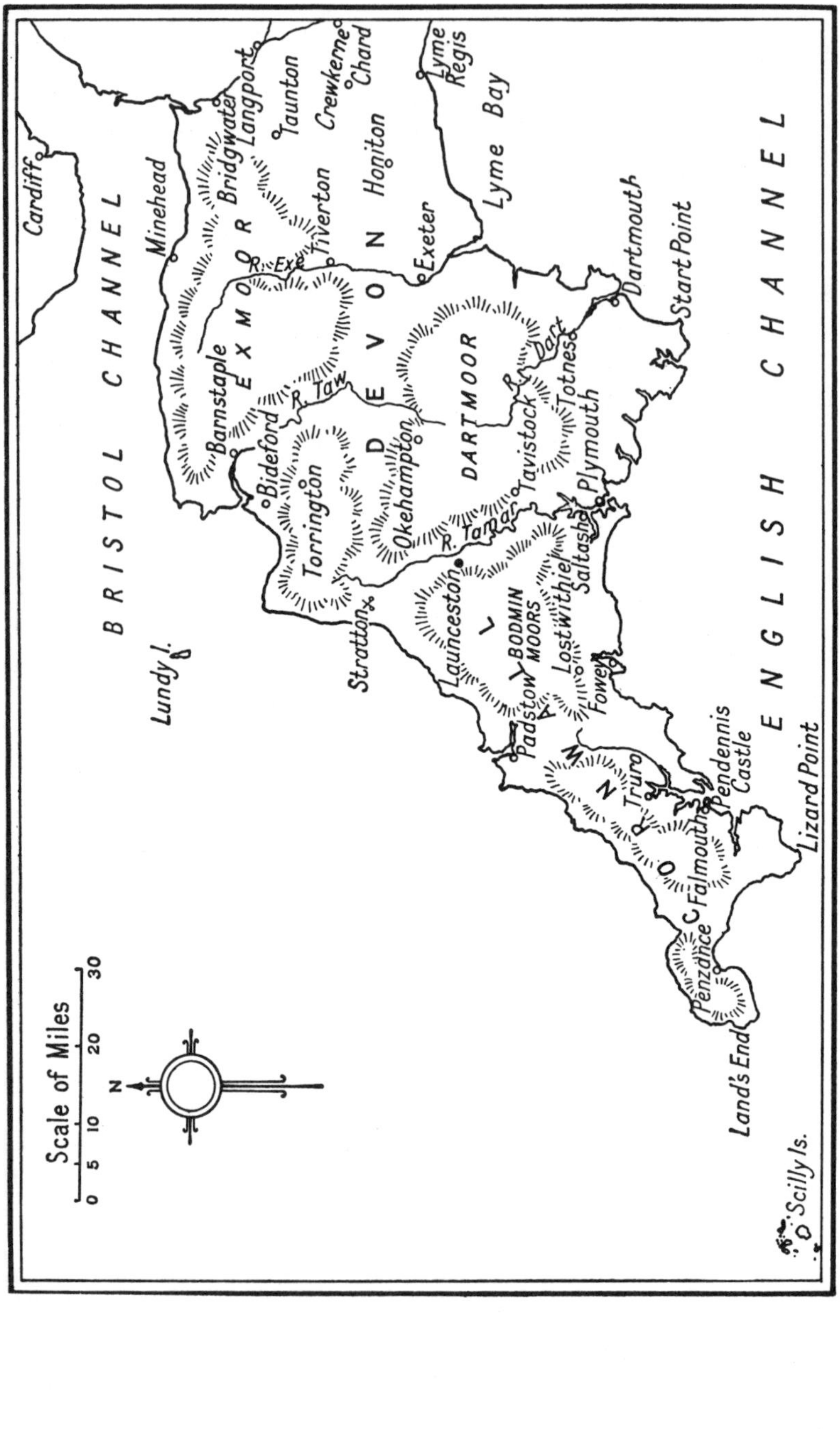
BRISTOL CHANNEL
ENGLISH CHANNEL
Cardiff
Minehead
Bridgwater
Langport
Taunton
Crewkerne
Chard
Lyme Regis
Lyme Bay
Honiton
Tiverton
R. Exe
Exeter
EXMOOR
DEVON
Barnstaple
R. Taw
Bideford
Torrington
Okehampton
DARTMOOR
R. Dart
Dartmouth
Start Point
Totnes
Tavistock
Plymouth
R. Tamar
Saltash
Lostwithiel
Launceston
BODMIN MOORS
CORNWALL
Stratton
Lundy I.
Padstow
Fowey
Truro
Pendennis Castle
Falmouth
Lizard Point
Penzance
Land's End
Scilly Is.
Scale of Miles
0 5 10 20 30
N

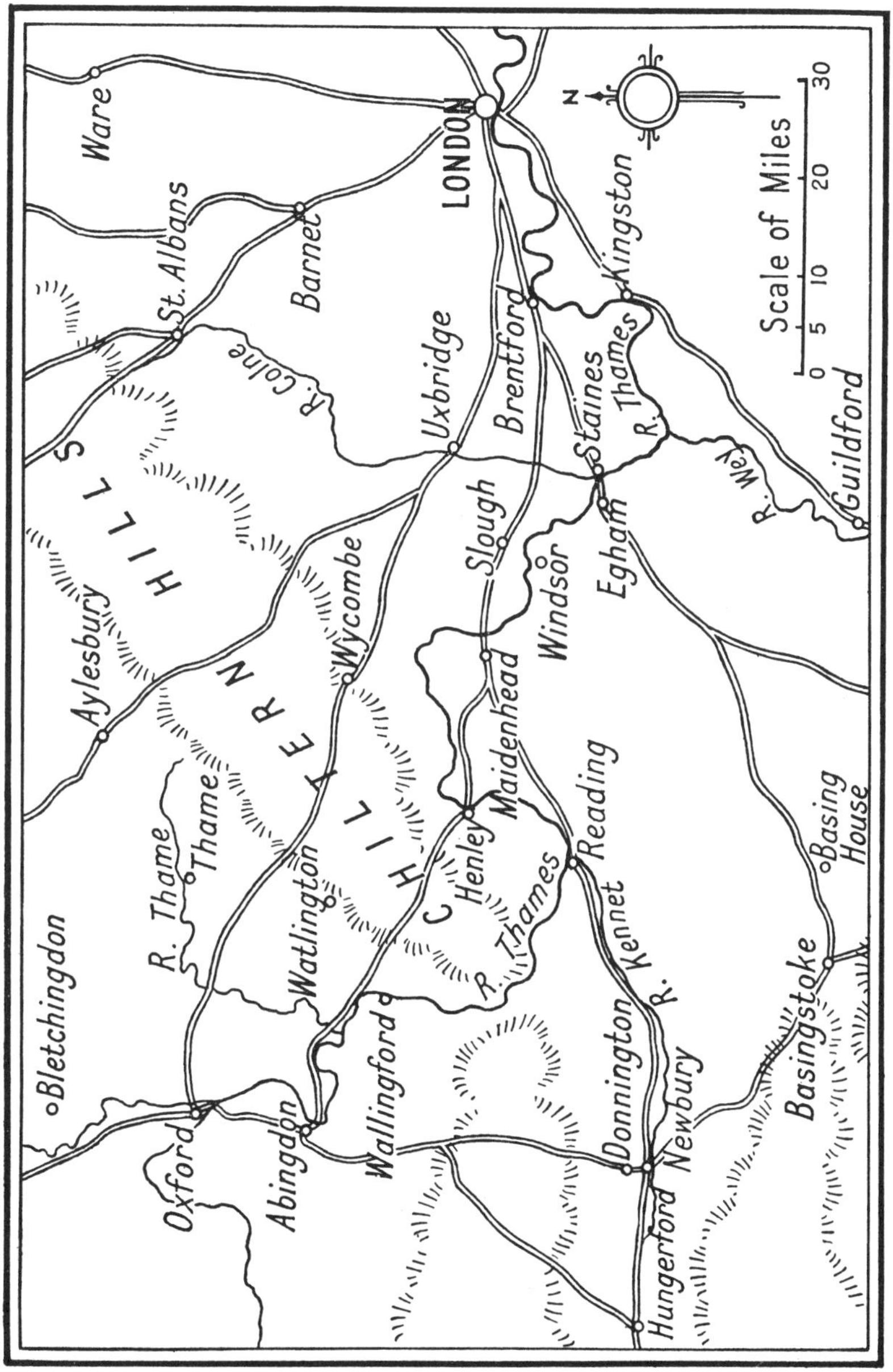
Ware
St. Albans
Barnet
LONDON
N
Scale of Miles
0
5
10
20
30
Kingston
R. Thames
Brentford
Uxbridge
R. Colne
Staines
Guildford
R. Wey
Egham
Windsor
Slough
HILLS
CHILTERN
Aylesbury
Wycombe
Maidenhead
Reading
Henley
R. Thames
Basing House
Thame
R. Thame
Watlington
Bletchingdon
Wallingford
Abingdon
Oxford
Donnington
R. Kennet
Newbury
Basingstoke
Hungerford

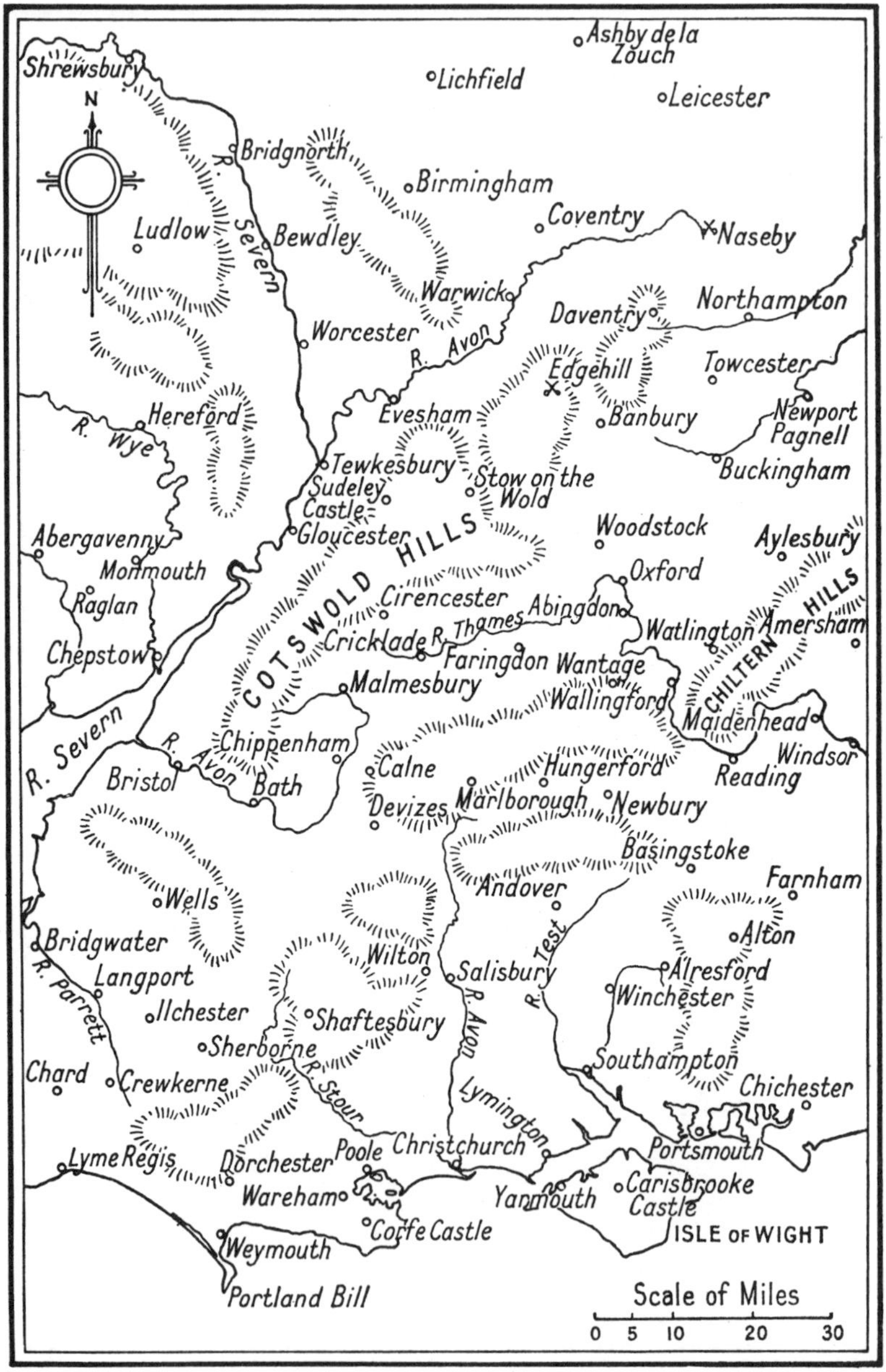
N
Shrewsbury
Ashby de la Zouch
Lichfield
Leicester
Bridgnorth
Birmingham
R. Severn
Ludlow
Bewdley
Coventry
Naseby
Warwick
Northampton
Daventry
Worcester
R. Avon
Edgehill
Towcester
Hereford
R. Wye
Evesham
Banbury
Newport Pagnell
Tewkesbury
Stow on the Wold
Buckingham
Sudeley Castle
Gloucester
COTSWOLD HILLS
Woodstock
Aylesbury
Abergavenny
Monmouth
Oxford
Raglan
Cirencester
Abingdon
Watlington
Amersham
CHILTERN HILLS
Chepstow
Cricklade
R. Thames
Faringdon
Wantage
Malmesbury
Wallingford
Maidenhead
R. Severn
Chippenham
Windsor
R. Avon
Calne
Hungerford
Reading
Bristol
Bath
Devizes
Marlborough
Newbury
Basingstoke
Farnham
Andover
Wells
Alton
R. Test
Bridgwater
Wilton
Alresford
R. Parrett
Langport
Salisbury
Winchester
Ilchester
Shaftesbury
R. Avon
Sherborne
Southampton
Chard
Crewkerne
R. Stour
Lymington
Chichester
Portsmouth
Lyme Regis
Dorchester
Poole
Christchurch
Yarmouth
Carisbrooke Castle
Wareham
Corfe Castle
ISLE OF WIGHT
Weymouth
Portland Bill
Scale of Miles
0 5 10 20 30

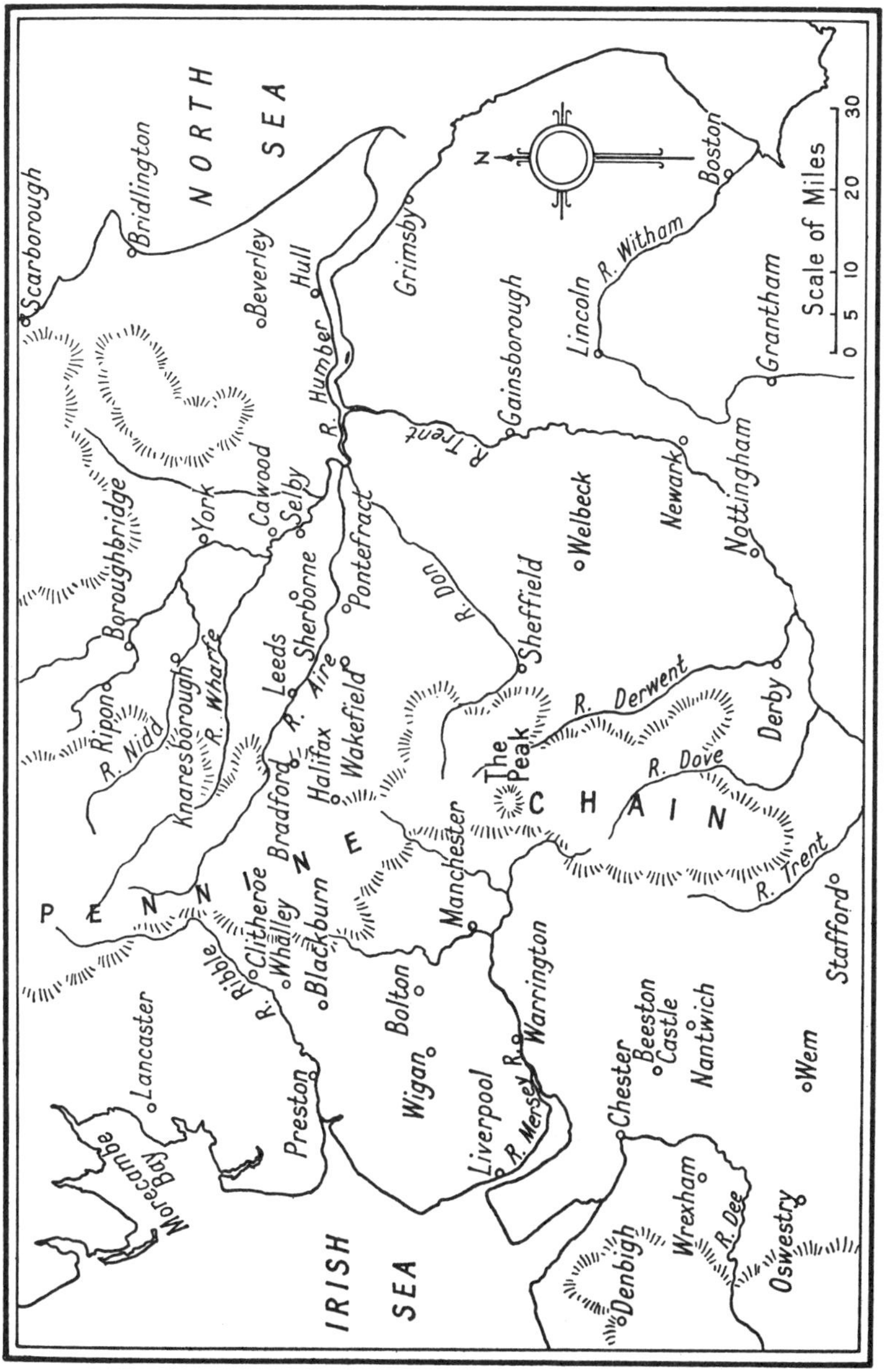
NORTH SEA
Scarborough
Bridlington
Beverley
Hull
R. Humber
Grimsby
Boston
Lincoln
R. Witham
Gainsborough
Grantham
N
Scale of Miles
0 5 10 20 30
R. Trent
York
Cawood
Selby
Boroughbridge
Sherborne
Pontefract
Welbeck
Newark
Nottingham
R. Don
Sheffield
Leeds
R. Aire
Wakefield
Ripon
Knaresborough
R. Nidd
R. Wharfe
R. Derwent
Derby
The Peak
Bradford
Halifax
PENNINE CHAIN
R. Dove
R. Trent
Manchester
Stafford
Clitheroe
Whalley
Blackburn
R. Ribble
Bolton
Warrington
Lancaster
Wigan
Preston
Liverpool
R. Mersey
Chester
Beeston Castle
Nantwich
Wem
Morecambe Bay
Wrexham
R. Dee
Oswestry
Denbigh
IRISH SEA

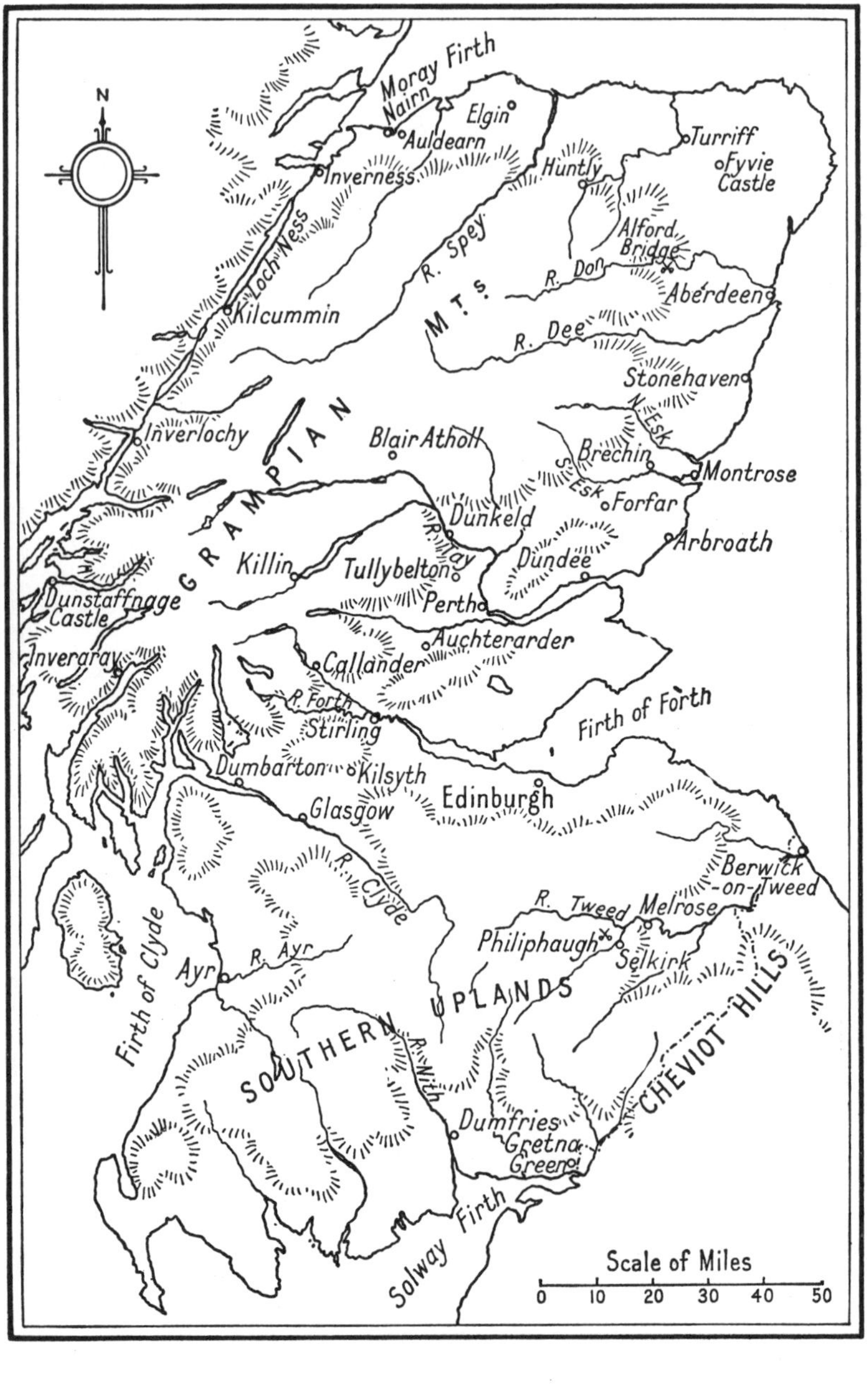
N
Moray Firth
Nairn
Elgin
Auldearn
Turriff
Fyvie Castle
Inverness
Huntly
Loch Ness
R. Spey
Alford Bridge
R. Don
Aberdeen
Kilcummin
MTS.
R. Dee
Stonehaven
N. Esk
Inverlochy
GRAMPIAN
Blair Atholl
Brechin
Montrose
S. Esk
Forfar
Dunkeld
Arbroath
R. Tay
Killin
Tullybelton
Dundee
Dunstaffnage Castle
Perth
Auchterarder
Inveraray
Callander
R. Forth
Firth of Forth
Stirling
Dumbarton
Kilsyth
Edinburgh
Glasgow
R. Clyde
Berwick-on-Tweed
R. Tweed
Melrose
Philiphaugh
Selkirk
Firth of Clyde
Ayr
R. Ayr
SOUTHERN UPLANDS
CHEVIOT HILLS
R. Nith
Dumfries
Gretna Green
Solway Firth
Scale of Miles
0 10 20 30 40 50

解説

一　ウェッジウッド女史の経歴と業績

本書は、C. V. Wedgwood, The King's War 1641-1647, Collins 1958. の全訳である。本来の書名は「王の戦争」であるが、それではなんのことか判らないので、読者に馴染みの『イギリス・ピューリタン革命』とし、「王の戦争」は副題にまわした。

C・ヴェロニカ・ウェッジウッドについては、既に他書において説明したが、煩を厭わず、ここでも繰り返しておこう。女史は一九一〇年、陶磁器で名高いウェッジウッド家系の一員として生まれた。ロンドン、パリで教育を受け、最後にオックスフォード大学、Lady Margaret Hall で学び、歴史学科の優等生として卒業した。彼女は歴史研究だけでなく、文学、芸術にも関心が深く、多くの著作をあらわし、いくつかの賞とともに、グラスゴー、ハーヴァード、オックスフォード各大学の名誉博士の称号を授与され、その他イギリス王立歴史家協会会員、国際ペンクラブ・イギリス支部長、アメリカ文芸アカデミー名誉会員など多くの名誉ある地位に推された。一九六八年には、ナイトに相当する「デイム Dame」の称号を授与されている。没したのは一九九七年である。いま歴史書にかぎって彼女の作品をあげれば、まず外国史関係では次のものがある。

The Thirty Years War, 1938（瀬原義生訳『ドイツ三十年戦争』刀水書房、二〇〇三年）

Charles V., by Carl Brandi（trans.）1939

William the Silent, 1944.（瀬原義生訳『オラニエ公ウィレム』文理閣、二〇〇八年）

Richelieu and the French Monarchy, 1949.
彼女の地元であるイギリス史、とくにピューリタン革命史については六書がある。
Strafford, 1593-1641, 1935.
Oliver Cromwell, 1939.
Montorose, 1952.
The King's Peace 1637-1641, 1955.
The King's War 1641-1647, 1958.
The Trial of Charles I, 1964.
ピューリタン革命の順序にそって出版されているが、なかでも第四書と第五書は五〇〇頁、七〇三頁を数え、詳細かつ重厚そのものであり、当然のことながら彼女の力の入れようがわかる。

二　イギリス革命史とは

ところでイギリスを近代民主制国家として飛躍させ、一時期、世界史の覇権をにぎらせる契機となったイギリス革命、その一環であるピューリタン革命とはどのようなものであったのであろうか。

一六〇三年、エリザベス女王が亡くなると、スコットランド王のスチュアート朝ジェイムズ一世が迎えられてイギリス王となるが、王権神授説を信奉し、「国王・貴族院・庶民院」三者のバランスを重んじるイギリスの伝統的国制を無視しがちであった。一六二五年、ジェイムズが亡くなり、その息子チャールズ一世が後継者となったが、彼も同様に王権神授説を信じ、議会の同意を得ない外交や臨時の課税などをおこない、反発を買った。議会は一六二八年、第二のイギリス憲法といわれる「権利の請願」をおこなって、国王を諫《いさ》めたが、チャールズはこれを無視し、カンタベリー大主教ウィリアム・ロードとトーマス・ウェントワース（ストラッフォード伯）を登用して、いわゆるロード・ストラッフォード体制と呼ばれる独裁政治を展開した。その典型として、トン税・ポンド税（関税）、船舶税などを課したが、これに対して、議員ジョン・ハムデンが納税拒否の闘争に立ち上がり、人々の共感を呼んだ。

イギリス革命の直接的発端は、スコットランド問題からであった。スコットランドでは一六世紀後半、宗教改革者ジョン・ノックスの努力によってカルヴァン派のなかの主流、長老派が普及し、長老派教徒らは盟約 Covenant を結んで結束を固め、一五六〇年にはスコットランド議会によって国教として公認されていた。しかるにチャールズ一世の治世にいたり、イギリス国教会の制度を導入しようとして対立が起こり、ついに一六三九年、戦争（第一次主教戦争）の勃発となった。これが革命の発端である。

国王側は敗れ、チャールズは戦争の継続を決意し、戦費調達のため一一年間開いていなかった議会を一六四〇年四月招集した。しかるに議会は、国王の要求である課税について審議するどころか、この間のロード・ストラッフォード体制の悪政について論難するばかりであったので、国王は三週間でこれを解散した。これを短期議会と呼ぶ。しかし、資金を調達するめどはたたず、その間、八月、スコットランド軍が国境を越えて進撃してくる事態（第二次主教戦争）となり、和解のための賠償金支払いのため、一六四〇年一一月、再度、議会を招集するほかはなかった。この議会は一六五九年まで継続したので長期議会と呼ばれる。

長期議会はまず専制政治の人的支柱であるロードとストラッフォードを逮捕し、後者を一六四一年五月死刑に処した。次いで少なくとも三年に一度の議会の招集が定められ、議会の同意なき課税が禁止され、星室庁裁判所と高等宗務官裁判所という二つの弾圧機関が廃止された。しかし、議会にはそれ以上の政治的目標はなかった。これに新たな紛糾の種を提供したのはアイルランド問題であったのである。

アイルランドではイギリス政府の総督府がダブリンに置かれていたが、南アイルランドにはイギリス人、スコットランド人の入植民の拠点としてはキルケニー（ダブリンの西南一〇〇キロ）があった。多くの土地を収奪されていたアイルランド人は、王政の動揺を見て好機ととらえ、一六四一年一〇月、反乱に立ち上がり、数千人のイギリス人、スコットランド人入植者を殺害したといわれる。折から国王はロンドンを離れており、ジョン・ピムを指導者とする議会は単独で一万二〇〇〇の討伐軍派遣を決定したが、この行動は国王の反発を買い、軍事的対決を決意させたが、この出来事こそ内戦勃発の契機であり、本書もまたここから始まるのである。

　ピムはこれと並行して、国民に広く議会の立場を訴えるべく、一六四一年一一月、国王やロード派の悪政を総括した二〇四箇条にわたる「大抗議文」にまとめあげ、議会にかけた。この訴状はわずか一一票差で議会を通過したが、この間、ロンドン市民は騎士党と坊主頭党に分かれ、それぞれを支持したが、後者は下層市民を主体とし、彼らは職人、徒弟を動員して議会に圧力をかけたが、当時、徒弟たちは坊主頭をしており、この党派名はここから生まれた下層市民に対する蔑称である。「大抗議文」の通過をみた国王は一六四二年一月四日、ハムデン、ピム、デンジル・ホールズら五人の議員を逮捕し、いわばクーデターを企てたが、失敗し、ロンドンを離れて、北方へ向かい、戦争準備に着手した。議会側も一六四二年二月、「民兵条例」を制定して軍事権を掌握し、一六四二年六月、国王がノッチンガムで開戦を告げるや、議会もエセックス伯を議会軍総司令官に任命し、軍事的衝突は避けがたくなった。とはいえ双方の軍事的準備はのろく、本格的衝突は一六四二年八月、エッジヒルの会戦からであった。以後、一六四五年六月のネイズビーの戦い、フェアファックスによる国王軍の制圧まで一進一退の戦闘が続くが、その経過については次節でみよう。戦い敗れた国王は一時、スコットランド人のもとに逃れ、その受け入れを願ったが、宗教上の折り合いがつかず、結局、一六四七年二月、議会側に引き渡され、内戦は終わり、本書もここまでである。

　この間、議会内外では三つの勢力が拮抗《きっこう》していた。一つは、長老会の指導のもとに、教区教会制を維持する、いわば正統カルヴァン派であり、ジェントリー層、上層市民に基盤をおいていた。いま一つは、カルヴァン派ながら、窮屈な指導を嫌い、言論・思想の自由、個人の良心を尊重する独立派であり、下層ジェントリー、中・下層市民、兵士を中心としていた。第三のグループは平等派であり、教会分派の寄り集まりで、人民主権論を唱え、成年男子普通選挙権の実現を主張する派であり、下層庶民・兵士大衆に基盤をおいていた。兵士の急進化に驚いた軍幹部は一六四七年一〇月から一一月にかけて、パトニ会議を開き、兵士代表の意見を述べさせたが、そこに提出されたのが『人民協約』であった。受け入れられるはずは勿論なかったが、これによって軍幹部は兵士たちの不満を一時緩和した。

こうした情勢をみた国王派は、一六四八年四月、スコットランド軍と組んで挙兵し、第二次内戦となったが、同年八月プレストンの戦いで撃破された。独立派は反対勢力の一掃を企て、一六四八年一二月、長老派議員を議会から追放し（プライド大佐のパージ）、議会は独立派議員だけで構成されることになった（残部〈ランプ〉議会）。そのうえで国王裁判の実行に移る。一六四九年初め、高等裁判所が設けられ、クロムウェルらが裁判官となり、同年一月末、国王は「専制君主、反逆者、殺人者、国家に対する公敵」として、公衆の面前で処刑された。これでピューリタン革命は終わりを告げるのである。

このあとは簡単にたどっておく。一六四九年三月、平等派の指導者を逮捕して、後顧《こうこ》の憂いをなくしたうえで、いよいよ残部議会による共和制の運営へと乗り出す。まず着手したことはアイルランド反乱の鎮圧であり、クロムウェルが司令官となって、一六四九年八月、ダブリンに上陸し、非戦闘員をふくめた多くのアイルランド人を虐殺したといわれる。続いて、チャールズ一世の遺児チャールズ二世を戴いたスコットランド軍との対戦に移り、一六五一年九月ウースターの戦いでこれを決定的に撃破し、ここに内戦は完全に終結した。

クロムウェルは一六五三年四月、六〇人ほどに減った残部議会を解散し、代わって軍隊と教会の推薦による四〇〇名余の議会（指名議会）を招集したが、この議会には一群の千年王国論者が含まれており、急進化したので、クロムウェルは同年一二月解散し、同月一六日、軍幹部が用意した「統治章典」を受け入れ、ロード・プロテクター（護国卿）の地位に就任したのである。内外の反発は厳しく、クロムウェルは軍政を敷くほかはなかったが、十分な成果をみないうちに、一六五八年九月三日、その輝かしい生涯を閉じたのであった。彼の治世中の特筆すべき事項としては、一六五一年航海条例を発して、第一次英蘭戦争を展開し、一六五四年にはジャマイカ島を占拠して、スペインとの戦争を開始し、植民地獲得、海外発展への努力を怠らなかったことであろう。息子リチャード・クロムウェルが彼のあとを継いだが、混乱した事態を収拾する力はなく、護国卿政権は一六五九年五月崩壊した。一六六〇年五月、チャールズ二世が国王に迎えられる。王政復古である。

チャールズ二世は、はじめ「ブレダの宣言」のように寛容な態度を示していたが、革命派に対する報復を抑えることができず、一六六一年末から「クラレンドン法典」と総称されるピューリタン弾圧立法や、非国教徒の都市自治体の役職就任を禁ずる「自治体法」、国教会の典礼を強化する諸法律を制定するなど、しだいに反動を強めていった。のちになるとチャールズは、亡命中世話になったフランス王ルイ十四世への報恩もあって、カソリック復活の企てをはじめ、これには一六六一年招集されていた騎士議会も反対せざるを得ず、一六七三年三月、公職につく者を国教徒に限定する「審査律」を制定して、反国王路線を強めた。

そうしたなかで一六八五年二月、チャールズ二世が死去し、弟のジェームズ二世が位に就いたが、彼は公然たるカソリック教徒であり、カソリック復活をめぐって議会と激突するのは目に見えていた。この間、解散、招集を繰り返していた議会内には、ピューリタン派の流れを包括した「ホイッグ派」、国教を堅持する「トーリー派」が形成されていたが、反ジェームズで結束を固め、一六八八年六月、ジェームズに男子が誕生し、カソリックの国王継承が明確になったとき、オランダ総督で、代表的プロテスタントであるオレンジ公ウィリアム――彼は一六七七年、ジェームズ二世の長女メアリーと結婚していた――に救援を求めた。ウィリアムは、「プロテスタント擁護者」として一六八八年一一月、オランダ軍を率いてイングランドに上陸し、大歓迎を受けた。ジェームズは軍の支持を得られず、一二月フランスに亡命した。これが名誉革命であり、かくしてイギリス革命は終わりを告げるのである。

三　本書の内容

以上、訳者の復習もかねて、イギリス革命について長々と述べたのであるが、本書はそのなかの一六四一年末から四六年末までの五年間にすぎない。しかし、その間の戦いは苛烈であり、その後のイギリス史のうえに大きな影響を及ぼしたものとおもわれる。

内戦の直接的発端をなしたのは、一六四一年末、アイルランドで反乱が起き、議会がスコットランド人、イギリス植民者を十分に保護していないと非難したところから始まる。非難の応酬があり、立腹した国王チャールズ一世が翌一六四二年一月四日、指導的議員五名を逮捕しようと議会に乗り込んだが、うまく逃げられ、この行為が彼のロンドンにおける支持を失わしめた。またこの間に、議会が軍隊統帥権に類似した「民兵条例」を通したため、国王は議会との対決を決意し、ロンドンを脱出し、北へ向かったのである。さしあたってヨークに宮廷を構えたが、その直前、ドイツのファルツ選帝侯（のちボヘミア王）フリードリヒの息子ルパート（ドイツ名ループレヒト）が彼に合流した。ルパートの母親はチャールズの姉であり、したがって甥にあたるが、軍事的才能にすぐれ、のちに国王軍全体の指揮を委ねられたほどである。国王はさらに北へ向かい、軍需品の備蓄地ハルへの入場を望んだが、司政官ジョン・ホーサムはこれを拒否し――このことは議会側にとって大変な幸運であった――、チャールズは各地を転々として、一六四二年一一月、ようやくオックスフォードに落ち着いた。

議会軍は大体四つに分かれ、最北端のヨークシャーではフェアファックス家（中心は若いトーマス・フェアファックス）が中心となり、ノーフォーク、サフォークなど東部諸州はマンチェスター伯、イングランド南部と西南部はウォーラー将軍が、そして、中央部隊を率い、かつ総司令官となったのはエセックス伯であった。のちに頭角を現すオリヴァー・クロムウェルはマンチェスターの下僚にすぎなかった。国王軍は、各地方の有力領主が自発的に軍隊を集めて拠出したもの、あるいはジェントリーの個人的参加からなり、統率の取れたものではなかった。この両者の本格的衝突は、一六四二年一〇月二三日、ウォーリック近傍のエッジヒルで起こった。兵力は互角の一万三〇〇〇、初めは国王軍が有利であったが、ねばり強いエセックスの反撃を受け、勝敗つかず、国王はオックスフォードに引き上げたのであった。

一六四二年から翌年にかけての戦況は一進一退であった。イングランド南西部のコーンウォールで強力な王党派が組織され、在地の議会軍を撃破した。これによってフランスとの連絡のもっとも近い地点が確保された訳である。しかし、北方では芳しくなく、ランカスター城は議会軍によって確保され、ヨークシャーでは熾烈な戦いが展開された。この毛織物生産の中心地ウェスト・ライディングでは、ブラッドフォード市が一六四三年一月一八日、市民の死に物狂いの戦いで国王軍を追っ払い、その一週間後には、若いフェアファックスがリーズ市を王党派から奪った。しかし、ルパートは同一月末、サイレンスター（オックスフォード西方四〇キロ）を奪取し、議会側の毛織物輸出路を遮るとともに、グロースター、ひいては西海岸への進出を図ったものであった。そのグロースターでは、議会側将軍ウォーラーがこれを堅持し、三月二四日の国王軍の侵入を一蹴した。東部諸州でクロムウェルが王党派を制圧し、注目を浴びるようになるのもこのころである。

長い冬のあいだに、議会では、和平派の議員とシティの代表者が使節団を編成し、オックスフォードを訪問し、平和交渉をおこなったが、その気のない国王は軽くいなし、交渉は不調におわった。

一六四三年は、王党派の攻勢で始まる。三月、議会軍（ダービー卿）がロッチデイルで油断から大敗を喫したのを始めとして、四月三日、ルパートがバーミンガムを、三日後にはリッチフィールドを陥れる快挙を成し遂げた。ただし、ルパートがオックスフォードに召還されている間に、奪回されたが。このころになって、長引きそうな戦争を維持するため恒常的資金の確保が痛感されることになり、議会は財産課税、その査定法の導入に成功した。そういう手段をもたない国王は、領主やジェントルマンの寄付、二、三の関税収入、後見裁判所からの収入に依拠していたが、それらには限界があり、不利を免れなかった。諸外国からの資金援助もそう容易には可能ではなかった。だから、国王軍の場合、比較的多く略奪が起こったのである。武器供給が議会側にとって有利であったことはいうまでもない。

一六四三年五月に入ると、ヨークシャーでフェアファックスが攻勢に出、ウェイクフィールドで勝利をあげた。これに対して国王側は、五月一六日、ストラットンの戦いを制して、デヴォンシャーへの進出を果たした。イングランド西南部を抑えたことになり、残るは議会軍によって包囲されている大都市ブリストルの解放である。七月に入って国王軍は動きだし、七月四日、ブリストルの東、ランスダウンで勝利したのち、ルパートは七月二三日から解放にかかり、七月二六日達成した。これで国王側は西部を完全に制圧したことになるが、グロースターだけはなお議会側によって守られていた。勢いに乗じた国王側ではロンドン進攻案が浮上し、九月二〇日、イングランド南部への進出を目指してニューベリー（オックスフォードの南四〇キロ）に迫ったが、エセックスの適切な防衛にあって、ロンドン防衛網を突破できず、引くほかはなかった。

形勢悪しと見て取ったスコットランド人は、イングランドへ使節団をおくり、一六四三年九月二五日、議会とのあいだに「厳粛なる盟約同盟」を結んだ。スコットランドとの同盟を結んだところで、長年庶民院を指導してきたジョン・ピムが死んだ。代わってその地位についたのがセント・ジョン、ヘンリー・ヴェインであった。これに対抗するかのように、国王は一六四四年一月、オックスフォードに別の議会を招集したが、実質的意味はなにもなかった。軍事面では、東部諸州で押し気味であった議会軍が、一六四四年三月、そこに残された国王側の拠点ニューアークの攻撃にかかったが、三月二一日、ルパートによって撃破され、彼の評価を一層高めた。その間にもスコットランド兵は南下し、フェアファックス軍と合流し、一六四四年四月、ヨーク市の包囲に着手した。その救援に向かったのは、またもやルパートであったが、六月末彼は奇策を用いて囲みを破るのに成功した。しかし、オックスフォードへ帰陣しようとするところを議会軍によって迎撃された。七月二日、マーストン・ムーアの戦いとなり、クロムウェルの活躍によって議会軍の勝利するところとなった。七月四日にはヨーク市が降伏し、この戦いは内戦中の一大画期をなすものとなった。

このころスコットランドでは、モントローズ伯が奮起し、上陸して来たアイルランド義勇軍を率い、残存していたスコットランド王党派を糾合して、ゲリラ作戦を展開しはじめていた。まず一六四四年九月一三日、アヴァディーンで大勝利を収めた。四五年四月四日にはダンディを荒らし、北スコットランドの急峻な山々、湖水地帯を利用して、追跡軍を振り切り、一六四五年八月一六日にはキルギスの戦いで、アーガイル伯の率いるスコットランド本隊を撃破する有様《ありさま》であった。

マーストン・ムーアの勝利後、しかし、戦況は議会側にとって芳しいものではなく――その最大のものは、一六四四年夏、エセックスが作戦を誤って国王軍によってコーンウォールに追い詰められ、みずからは脱出したが、率いた全軍が九月一日、降伏するという悲惨事があった――軍隊改革の声があがった。その中心は上司のマンチェスター将軍と対立したクロムウェルであり、彼は議会に訴え、その成果は一六四四年一二月一九日、「辞退条例」となって結実した。これは議員の軍職兼任を禁止したもので、これによって貴族員議員であるエセックス、マンチェスターは退場し、クロムウェル――彼は特例とされた――が自由に手腕が振るえることになった。彼は下層のジェントリー、庶民をどしどし将校に採用し、ここにニュー・モデル軍が誕生することになった。

クロムウェルはあくまでも控えの地位に徹し、総司令官にフェアファックスを任命したニュー・モデル軍は、一六四五年春にはまだオックスフォードを攻撃する力がなく、その周辺で行動していたが、ルパートがレスター市を攻略しての帰路をとらえて、六月一四日、ネイズビーで決戦を挑んだ。これに勝利し、さらに九月一〇日、ルパートが包囲されたブリストルの放棄・譲渡を決意するにいたって戦いの帰趨は決したのである。

この間、アイルランド問題はどうなっていたか。一六四二年春、政府軍将軍オーモンド伯が軍事的に勝利し、その後彼が総司政官に任命され、反乱を抑えてきたのであるが、事ここにいたって、国王はアイルランド兵の導入を決意し、その工作をオーモンドに依頼した。彼は苦心惨憺《さんたん》、一六四六年一月、ようやくアイルランド・カソリック連合とのあいだに、出兵の代わりに彼らに事実上の信仰の自由を認める協定案を締結したが、ところが他方において、国王は、教皇特使リヌチーヌの影響を受けたグラモーガンに、アイルランドにカソリック完全復活の許可を与え、グラモーガンはオーモンド妨害に出た。もちろん、両者とも通るはずがなく、アイルランド兵の国王救援策は幻におわったのである。

絶望的となった国王は、一六四六年五月五日、スコットランド人に投降した。おりから起こっていた議会を巡る三派の抗争からまぎれを求めての行動である。しかし、スコットランドには「盟約」という国是があり、これに署名しないことには受け入れられない。盟約者団の指導者は必死になって説得にあたったが、良心の自由を楯に、国王は頑として応ぜず、アーガイルもついに諦めるほかはなかった。一六四七年一月二八日、スコットランド兵未払いの給与支給、彼らの退去と引き換えに、国王は議会に引き渡された。「売り渡されたのだ」と世のひとは嘲《わら》ったという。

四　補

本書を読んで驚かされるのはその詳しさである。実質五年間の出来事を六〇〇頁にわたって延々と、しかも、叙述の対象があっちへいったり、こっちへきたり、ときに冗漫に述べているので、読者は覚悟してかからねばならない。しかし、その価値はあるとおもう。英国人のなめた苦痛がこれによってはじめて実感できるからである。

考えてみれば、世界史のなかで、革命とはいえ、このような熾烈な内戦が展開されたのは、英国とロシアだけであろう。しかも狭い国土のなかで、一都市、一町村の争奪が繰り返されるのであるから、その凄まじさは想像にあまりあるものがある。賢明な英国人がこの体験から学び、ピューリタン革命後の諸変動にさいしてほとんど武力衝突を避けてきたのは、ここからくるのではなかろうか。

最近、学界では「ピューリタン革命」に代わって「三王国戦争」というテーゼが提起されているようであり、本書を読めば、その提起の正しさを納得させるが、ただし内戦の主体があくまでもイギリス人にあったことも見逃してはならないであろう。

諸外国の動向を適度にとりいれているのもウェッジウッドらしい配慮であろう。たとえば、ドイツのファルツ選帝侯の弟のルパートが国王の右腕となってこれほど活躍するのをはじめて知られた読者も少なくないはずである。理論的考察が欠けていることは甘んじて受けなければならないであろうが、あくまでも細部にこだわり、事実をして語らしめるのが彼女の本領なのである。

なお本書には、節に表題がないし、本文中の小見出しもない。これらは読者の多少の便宜にもと考えて、訳者がつけたものである。また本文末にある史料・文献リスト、註釈も省略した。

なお、解説を書くに当たって参考にした文献は次の通りである。

For Veronica Wedgewood These : Studies in Seventeenth Century, ed. by R. Ollard & P. Tudor-Craig, 1986.
ヒル、C.『イギリス革命』(田村英夫訳、創文社、一九五六年)
リチャードソン、R. C.『イギリス革命論争史』(今井宏訳、刀水書房、一九七九年)
青山・今井・越智・松浦編『イギリス史研究入門』(山川出版社、一九七三年)
越智武臣『近代英国の起源』(ミネルヴァ書房、一九六六年)
後藤はるみ「ピューリタン革命から三王国戦争へ」(『世界史の研究』二三六、山川出版社、二〇一三年)
田村秀夫編『クロムウェルとイギリス革命』(聖学院大学出版会、一九九九年)
浜林正夫『イギリス市民革命史』(未来社、一九七一年)

あとがき

ウェッジウッドのこの翻訳を計画したのは、一〇年前頃と記憶している。一〇〇頁ほど訳したところで、あまりにも長大すぎて、飽きてしまって放擲《ほうてき》してしまった。その後、他の翻訳や著作に夢中になって、この仕事はそのままになっていたが、著作類の執筆が一段落したところで、再び取り上げることにしたのである。

今度の翻訳ほど苦労したことはなかった。妻の介護や訳者自身の気力・体力の衰え、長年愛用してきたワープロの故障などで、まさに四苦八苦の作業であった。とにかくここまで漕ぎつけることができたのは、天の配剤であったといわなければならない。

イギリス史を専門としない者の仕事であるから誤りも多いとおもわれるが、ご容赦いただきたい。訳者が多少ともイギリス革命に興味をもったのは、大学院生のころの京大西洋史研究室の雰囲気にあった。当時、助手をしておられた星田輝夫さんは我が国ではじめて平等派に注目され、その「人民協約」を翻訳されて、雑誌『西洋史学』第一号に発表されていたし、また越智武臣さんは、リチャード・バクスターやR・H・トーニーの研究を手掛かりに、マックス・ウェーバーの『プロテスタンティズムの倫理と資本主義の精神』批判を展開されていた。のちにその理論の我が国における代表的研究者である大塚久雄先生に呼ばれて、越智さんとともにその研究室をおうかがいすることがあった。越智さんと大塚一派の論争が展開された薄暗い研究室の雰囲気がいまでも忘れられない。また、学生時代、井上智勇先生の外国書講読に用いられたランケの『世界史概観』(エポッヘン)第七期に、クロムウェルがジャマイカに出兵し、制圧したという一句があり、革命のさなかにそんなことをしていたのか、エーッとびっくりしたことが不思議に印象に残っている。こうしたことがウェッジウッドを翻訳させるきっかけとなったのである。

このたびも文理閣のお世話になった。快く引き受けていただいた代表者、黒川美富子さん、大変お世話になった編集長、山下信さんに心からの謝意を表するものである。

二〇一四年一〇月一四日

京都下鴨にて　瀬原義生

族、有力な軍人。

ハ　行

バイロン Byron, Sir John　ロンドン・タワー警備司令官。国王の信頼厚く、のちチェスター司政官。マーストン・ムーアの戦いに参加。

ハミルトン　Hamilton, James, Marquis　チャールズ一世の側近でよき相談相手。

ハムデン　Hampden, John　ジェームズ一世のとき、トン税、ポンド税に反対して、勇名を轟かしたが、革命に入っても、ピムを支えて、議会の指導にあたった。1643年6月の戦闘で戦死した。

ハントリー　Huntly, Marquis, of　北部スコットランドの王党派有力貴族。

ピム　Pym, John　革命が始まってからの、議会の中心的指導者。

フェアファックス（老）　Fairfax, Lord, Ferdinando　ヨークシャーを中心とした北部イングランドを抑えた議会側政治家。

フェアファックス（若）　Fairfax, Sir Thomas　上記の息子。軍事的才能に秀で、エセックスを継いで議会軍総司令官となり、革命を勝利に導いた。

ホールズ　Holles, Denzil　議会内の実力者であるが、反ピューリタン派であり、クロムウェルらと対立。

ホプトン　Hopton, Sir Ralphs　強固な王党派議員。

マ　行

マンチェスター　Manchester, Earl of　東部諸州議会軍の司令官に任じられたが、軍事方針をめぐってクロムウェルと深刻に対立した。

メルドラム　Meldrum, Sir John　ミッドランドの議会派政治家。ミッドランドで勢力を拡大しようとしたが、ルパートによって惨敗を喫した。

モーリス　Maurice, Prince　ドイツのファルツ選帝侯の弟。

モントローズ　Montorose, Earl of　スコットランドの王党派貴族。ゲリラ戦に傑出し、スコットランド北西部山岳・湖水地帯でアーガイルの盟約者団を散々に悩ました。

ラ　行

リルバーン　Lilburne, John　人間の自由・平等思想の強烈な主張者。「平等派」の思想的推進者。

リヌチーヌ　Rinnuccinu, Giovanni Battista　教皇特使。アイルランドのカソリック完全復活を唱えて、オーモンドの成功しかかったアイルランド兵のイングランド派遣政策を無にした。

ルパート　Rupert, Prince　ファルツ選帝侯の弟で、チャールズ一世の甥。軍事的天才で、国王軍全体の指揮に当たり、多くの勝利を収めたが、最後には兵員の不足とクロムウェル、フェアファックスの果敢な攻勢に遭って敗れた。

ロード　Laud, William　カンタベリー大主教。チャールズ一世の信頼を受け、その専制を宗教面で実施したが、革命勃発とともに逮捕、処刑された。

主要人名録

ア　行

アイアトン　Ireton, Henry　クロムウェルの忠実な部下で、その娘婿。

アーガイル　Argyll　スコットランド盟約者団の中心的人物。

アンリエッタ・マリア　Henrietta Maria　チャールズ一世の王妃、大陸にわたり国王援助のため種々画策す。

ヴェイン　Vane, Sir Thomas　ピム亡きのち、セント・ジョンとともに、議会の指導にあたる。

ウォーラー　Waller, Sir, William　議会西部軍の司令官として活躍。

ウォルウィン　Walwyn, William　リルバーンの熱烈な支持者。

エセックス　Essex, Earl of　議会軍の総司令官として多くの功績をあげたが、最後のコーンウォールの作戦に失敗し、引退。

オーモンド　Ormonde, Earl of　アイルランドの総司政官として、アイルランド人を国王のために動員すべく、種々努力す。

オヴァートン　Overton, Richard　リルバーンの思想を受け継ぎ、人間の諸権利の不可譲を説き、議会の毎年招集を主張。

カ　行

グラモーガン　Glamorgan, Earl of　チャールズ一世の信頼厚く、教皇特使リヌチーヌと密接な関係を保ち、アイルランドのカソリック完全復活まで、オーモンドのアイルランド政策の実施を阻止し、アイルランド兵の国王救援を不可能にした。

クロムウェル　Cromwell, Oliver　イギリス革命の中心人物。ジェントリー出身で、はじめ東部諸州の軍事活動に従事していたが、次第に頭角を現し、マーストン・ムーアの戦い、ネーズビイの戦い勝利の原動力となり、ついに議会の中心的指導者となる。

ゴーリング　Goring, George, Lord　国王側の西部軍司令官。

サ　行

スキポン　Skippon, Phlip　議会派、ロンドン民兵隊隊長、のちニュー・モデル軍の総隊長となる。

ストラッフォード　Strafford, Earl of　国王チャールズ一世の信頼を受けてその専制に辣腕を振るったが、革命勃発とともに逮捕され、のち処刑さる。

セント・ジョン　St. John, Oliver　ピム亡き後の議会指導者。

タ　行

ディグビー　Digby, George, Lord　チャールズ一世の寵臣。ルパートと対立す。

ナ　行

ニューカッスル侯　Newcasle, Marquis of　北部リンカーンシャーに根拠をおく王党派貴

訳者紹介

瀬原義生（せはら・よしお）

1927年　鳥取県米子市に生まれる。
1951年　京都大学文学部史学科西洋史専攻卒業。
1956年　京都大学大学院（旧制）修了。
現　在　立命館大学名誉教授、元京都橘女子大学教授、文学博士。
主　著　『ドイツ中世農民史の研究』未来社、1988年。
『ヨーロッパ中世都市の起源』未来社、1993年。
『ドイツ中世都市の歴史的展開』未来社、1998年。
『スイス独立史研究』ミネルヴァ書房、2009年。
『ドイツ中世後期の歴史像』文理閣、2011年。
『ドイツ中世前期の歴史像』文理閣、2012年。
『皇帝カール五世とその時代』文理閣、2013年。
主訳書　M. ベンジンク／S. ホイヤー『ドイツ農民戦争―1524～26』未来社、1969年。
E. ヴェルナー『中世の国家と教会』未来社、1991年。
M. モラ／Ph. ヴォルフ『ヨーロッパ中世末期の民衆運動』ミネルヴァ書房、1996年。
R. H. ヒルトン『中世封建都市―英仏比較論』刀水書房、2000年。
C. V. ウェッジウッド『ドイツ三十年戦争』刀水書房、2003年。
K. ヨルダン『ザクセン大公ハインリヒ獅子公』ミネルヴァ書房、2004年。
C. V. ウェッジウッド『オラニエ公ウィレム』文理閣、2008年。
アンドリュー・ウィートクロフツ『ハプスブルク家の皇帝たち―帝国の体現者』文理閣、2009年。
デレック・マッケイ『プリンツ・オイゲン・フォン・サヴォア―興隆期ハプスブルク帝国を支えた男』文理閣、2010年。

イギリス・ピューリタン革命 ―王の戦争―

2015年2月10日　第1刷発行

著　者　C. V. ウェッジウッド
訳　者　瀬原義生
発行者　黒川美富子
発行所　図書出版　文理閣
京都市下京区七条河原町西南角〒600-8146
電話(075)351-7553　FAX(075)351-7560
http://www.bunrikaku.com

ISBN978-4-89259-751-0